本书受重庆工商大学融智学院市级经济学特色专业建设项目经费支持。

二十一世纪普通高等教育人才培养“十三五”系列规划教材
ERSHIYI SHIJI PUTONG GAODENG JIAOYU RENCAI PEIYANG SHISANWU XILIE GUIHUA JIAOCAI

西方经济学习题集

（微观部分）（第二版）

主　编○彭子洋
副主编○胡　欣　潘　曦

西南财经大学出版社
Southwestern University of Finance & Economics Press
中国·成都

图书在版编目(CIP)数据

西方经济学习题集(微观部分)/彭子洋主编．—2版．—成都:西南财经大学出版社,2016.12
ISBN 978-7-5504-2749-5

Ⅰ.①西… Ⅱ.①彭… Ⅲ.①西方经济学—高等学校—习题集②微观经济学—高等学校—习题集 Ⅳ.①F091.3-44

中国版本图书馆CIP数据核字(2016)第306952号

西方经济学习题集(微观部分)(第二版)

主　编:彭子洋

副主编:胡　欣　潘　曦

责任编辑:冯　梅

责任校对:王青清

封面设计:何东琳设计工作室

责任印制:封俊川

出版发行	西南财经大学出版社(四川省成都市光华村街55号)
网　　址	http://www.bookcj.com
电子邮件	bookcj@foxmail.com
邮政编码	610074
电　　话	028-87353785　87352368
照　　排	四川胜翔数码印务设计有限公司
印　　刷	郫县犀浦印刷厂
成品尺寸	185mm×260mm
印　　张	10
字　　数	235千字
版　　次	2017年1月第2版
印　　次	2017年1月第1次印刷
印　　数	1—3000册
书　　号	ISBN 978-7-5504-2749-5
定　　价	24.00元

前言

本书可作为高等院校经管类专业本科生学习西方经济学课程的参考书，也可为各类经济学考试（期末考试、自学考试等）提供应试训练。西方经济学信息量大，系统性强，要准确把握有一定的难度。在某些高校，许多学生反映上课虽然都能听懂，但习题一做就错，因此必须做大量习题以通过考核。为此本书作为高鸿业编写的《西方经济学》教科书的配套参考书，结合教学内容，在章节安排上与教材是基本一致的，这样可以帮助读者在学习西方经济学每章内容的同时，通过做相应的练习题巩固已学内容。

本书在体例上分为四个部分：内容简介、重要概念、习题练习和拓展阅读。我们希望读者按照如下顺序进行学习：首先，结合课本，利用内容简介，巧妙理解基本内容；接下来，根据重要概念的提示，在脑海中回忆所学新定义，遗忘之处，可做强化记忆；然后，结合习题练习中的典型例题详解，理解知识点的实际运用；最后，利用习题练习巩固对知识的理解和把握。

为了便于自学，我们对各章的习题练习，都配备了参考答案。但对于参考答案的使用，我们做一些建议：希望读者练习时，不要看书，更不要查看参考答案，好好利用题目间的空白，先写下自己的解题思路或者方法，然后与参考答案进行对照，进一步加深记忆，清晰自己的逻辑，提高自己的解题能力。

本书在知识内容和章节设计上主要参考了高鸿业教授主编的《西方经济学》（第五版），同时，还参阅了许多国内外教科书和文献资料，借鉴了尹伯成教授、张五常教授、刘文忻教授等专家以及某些高校西方经济学团队的部分公开出版成果的知识内容。在此，我们对这些参考书和文献资料的作者表示深深的谢意。

本习题集的编写工作是由彭子洋、潘曦、胡欣、胡文静、向艳、王路云、周映伶等共同完成。西南财经大学出版社的编辑为本书的最终出版提出了很多建设性的意见，并承担了大量细致入微的编审工作，这里我们也致以诚挚的谢意。对于本书的错误和疏漏，恳请读者指正。

编者

2013 年 12 月

目 录

第一章 1 引论

一、内容简介

（一）提纲挈领

- 引论
  - 经济学的起因：人类欲望无穷而资源有限
  - 经济学的研究对象
    - 微观经济学
    - 宏观经济学
  - 经济学的分析方法
    - 总量分析和个量分析
    - 实证分析与规范分析
    - 均衡分析与非均衡分析
    - 静态分析、比较静态分析与动态分析
  - 经济学的发展过程
    - 古典学派
    - 反古典学派
      - 历史学家
      - 社会主义学派
      - 边际效用学派
    - 新古典综合派
    - 新剑桥学派
    - 凯恩斯学派
    - 货币学派
    - 理性预期学派
    - 供给学派
    - 公共选择学派
    - 新制度经济学派

（二）本章要点

1. 经济学的定义。经济学是研究人们和社会如何对稀缺资源进行配置，以满足人类的欲望和需要的一门社会科学。为了有效率地使用稀缺资源，以满足人们的各种欲望和需求，任何社会或国家都必须解决以下四个基本经济问题：①生产什么产品，各生产多少？②用什么方法去生产？③如何在社会成员之间进行分配？④何时生产？这四个问题被称为资源配置问题。不同的社会经济制度解决这四个基本经济问题的方式是不同的。

2. 根据研究对象，经济学可以划分为：微观经济学和宏观经济学。微观经济学以单个经济单位（居民户、厂商及单个产品市场）为研究对象，研究单个经济单位的经济行为以及相应的经济变量的单项数值如何决定。微观经济学的核心问题是价格问题，主要内容包括价格理论、消费者行为理论、生产理论、成本理论、厂商均衡理论、收入分配理论以及福利经济学和一般均衡理论。如果说微观经济学研究的是森林中的树木，那么宏观经济学研究的是森林整体。宏观经济学以整个国民经济活动作为考察对象，研究社会总体经济问题、相应的经济变量的相互关系及其总量是如何决定的。宏观经济学的中心和基础是总供给-总需求模型，具体来说主要包括总需求理论、总供给理论、失业与通货膨胀理论、经济周期与经济增长理论、开放经济理论、宏观经济政策等内容。微观经济学采取个量分析的方法，它假定资源利用已解决，以经济资源的最佳配置为目标，宏观经济学则采取总量分析的方法，假定资源配置已经解决，以经济资源的有效利用为目标。

微观经济学和宏观经济学是互为前提、彼此补充的两个分支学科。它们互相把对方所考察的对象作为自己的理论前提，互相把对方的理论前提作为自己的研究对象。同时它们又存在紧密联系：一方面，总量是由个量构成的，微观经学是宏观经济学的基础；另一方面，个量总是在一定的总量中运行的，只有了解了宏观经济学，才能更深刻地理解微观经济学。

3. 西方经济学的分析方法有多种：①规范分析和实证分析；②总量分析和个量分析；③均衡分析和非均衡分析；④静态分析、比较静态分析和动态分析。

二、重要概念

稀缺　经济资源　经济学　微观经济学　宏观经济学　经济人　均衡分析　规范分析　实证分析　静态分析法　比较静态分析　动态分析

三、习题练习

（一）单项选择题

【例1】经济学家讨论“人们的收入差距大一点好还是小一点好”这一问题属于（　　）所要研究的问题。

A. 实证经济学　　B. 规范经济学

C. 宏观经济学　　D. 微观经济学

解答：选择B。规范分析法是一种对经济事物进行主观评价的方法，研究“应该是什么”“应该怎样解决”等问题，带有一定的价值判断。而实证分析是描述与预测经济事物的方法，它研究或回答“是什么”“为什么”“如何解决”等问题。采用实证分析法研究所得出的结论可以用经验数据加以证实或证伪。“人们的收入差距大一点好还是小一点好”是对收入差距大小的孰优判断，不同的人的价值判断不同，出发的角度不同，得出的结论也就不同，所以不能像实证分析那样用经验数据加以证实或证伪。

【例2】下列四个命题中，与微观经济学相关的命题是（　　）。

A. 货币数量影响价格水平　　B. 技术水平影响经济增长

C. 石油价格影响汽车需求　　D. 预算赤字影响储蓄水平

解答：选择C。微观经济学是研究社会中单个经济单位（单个生产者、单个消费者、单个市场经济活动）的经济行为，以及相应的经济变量的单项数值如何决定的经济学说。汽车市场作为一个市场，其价格的确定受到需求和供给的影响，对于单个市场的价格确定的研究属于微观经济学的研究范围。而宏观经济学是以国民经济总过程的活动为研究对象，是研究国民收入决定理论、就业理论、通货膨胀理论、经济周期理论、经济增长理论、财政与货币政策理论等，ABD属于宏观经济学研究的范畴。

【例 3】人们在资源有限而需求无限时必须（　　）。

A. 使个人利益优于公共利益　　B. 做出选择

C. 降低期望　　D. 以国家利益为重

解答：选择 B。因为资源是稀缺的，所以我们必须做出选择。在经济学上的选择问题包括：对于消费者而言，有选择如何配置现有的资金以达到最佳的消费效果或投资效果，选择如何利用有限的时间，选择如何满足自己的欲望，在必要时如何牺牲某种欲望来满足另外一种欲望，等等。对于生产者而言，有选择生产什么物品和劳务以及各生产多少，选择如何生产，选择为谁生产这些物品和劳务，何时生产这些物品和劳务，等等。这是每个消费者和生产者面临的问题，也是经济学需要解决的问题。

【例 4】当经济学家说人们是理性的时，这是指（　　）。

A. 人们不会做出错误的判断

B. 人们总会从自己的角度做出最好的决策

C. 人们根据完全的信息而行事

D. 人们不会为自己所做出的任何决策而后悔

解答：选择 B。理性经济人假定是西方经济学家在做经济分析时关于人类经济行为的一个基本假定，意思是作为经济决策的主体都充满理性的，所追求的目标都是使自己的利益最大化，通过深思熟虑，再三权衡，才做出抉择。

1. 现有资源不能充分满足人的欲望这一事实被称为（　　）。

A. 机会成本　　B. 稀缺性

C. 规范经济学　　D. 生产什么的问题

2. 说“资源是稀缺的”是指（　　）。

A. 世界上大多数人生活在贫困中

B. 相对于资源的需求而言，资源总是不足的

C. 资源必须保留给下一代

D. 世界上资源最终由于生产更多的商品和劳务而消耗光

3. 下列问题中，经济学研究的是（　　）。

A. 在稀缺资源约束条件下，实现资源有效配置的方法

B. 如何实现中国人均收入水平翻两番

C. 中国传统文化的现代化问题

D. 充分就业和物价水平的稳定

4. 区分宏观经济学和微观经济学的关键在于（　　）。

A. 微观经济学研究经济个体行为，宏观经济学研究总体经济现象

B. 微观经济学研究厂商行为，宏观经济学研究政府行为

C. 微观经济学研究产品市场，宏观经济学研究失业问题

D. 微观经济学研究范围狭小，宏观经济学研究涉猎广泛

5. 研究个别居民户与厂商决策的经济学称为（　　）。

A. 宏观经济学　　B. 微观经济学

C. 实证经济学　　D. 规范经济学

6. 以下问题中哪一个不是微观经济学所考察的问题？（　　）

A. 一个厂商的产出水平　　B. 失业率的上升或下降

C. 某个消费者对商品的购买量　　D. 某一行业中雇佣工人的数量

7. 宏观经济学主要研究（　　）。

A. 一国资源的充分利用问题　　B. 一国资源的合理配置问题

C. 如何生产　　D. 为谁生产

8. 经济学研究的基本问题包括（　　）。

A. 生产什么，生产多少　　B. 怎样生产

C. 为谁生产　　D. 以上问题均正确

9. （　　）是现代宏观经济学的创始人。

A. 亚当·斯密　　B. 约翰·梅纳德·凯恩斯

C. 米尔顿·弗里德曼　　D. 阿弗里德·马歇尔

10. （　　）是微观经济学的创始人。

A. 亚当·斯密　　B. 约翰·梅纳德·凯恩斯

C. 米尔顿·弗里德曼　　D. 阿弗里德·马歇尔

11. 下列命题中不属于实证经济学的命题为（　　）。

A. 专家认为我国目前的失业率高达 10%

B. 高失业率在短期没有下降的趋势

C. 我国的高失业率是由很多原因引起的

D. 失业率应该降低到 8%

12. 下列命题中不属于规范经济学命题的是（　　）。

A. 将富人的一部分收入转移支付给穷人能提高社会福利

B. 不完全竞争市场不能合理配置资源

C. 资本家的利润来源于工人创造的剩余价值

D. 收入分配应该公平

13. 经济资源与非经济资源的区别主要在于（　　）。

A. 它们是否有用　　B. 获取它们时，是否要付出一定的费用

C. 它们价格的高低　　D. 它们效用的高低

（二）多项选择题

【例 1】微观经济学与宏观经济学的主要区别在于（　　）。

A. 研究对象不同　　B. 研究的假定前提不同

C. 研究方法不同　　D. 实证分析和规范分析的比重不同

解答：选择 ABC。微观经济学是研究家庭、厂商和市场合理配置经济资源的科学。它以单个经济单位的经济行为为对象，以资源的合理配置为解决的主要问题，以价格理论为中心理论，以个量分析为方法。其基本假定为稀缺性假设、利己主义假设、理性假设。宏观经济学是研究国民经济的整体运行中充分利用经济资源的科学，以国民经济整体的运行为对象，以资源的充分利用为解决的主要问题，以收入理论为中心理论，以总量分析为方法，其基本假定为市场失灵、政府有效。所以选择 ABC。

1. 经济学研究的基本经济问题包括（　　）。

A. 生产什么、各生产多少　　B. 如何生产

C. 为谁生产　　D. 经济如何才能快速稳定地增长

2. 经济学主要是研究一国的稀缺资源（　）的科学。

A. 如何合理配置　　B. 如何充分利用

C. 如何储存　　D. 如何运输

3. 宏观经济学主要研究（　）等基本经济问题。

A. 国民收入短期波动的决定因素　　B. 稀缺自愿如何合理配置

C. 收入如何分配　　D. 国民收入长期增长的决定因素

4. 微观经济学与宏观经济学的联系表现在（　）。

A. 双方都以对方的研究对象作为研究的假定前提

B. 宏观经济学是微观经济学的基础

C. 微观经济学是宏观经济学的基础

D. 两者相结合共同组成西方经济学

5. "经济人"假定的含义主要有（　）。

A. 经济主体的行为动机是最大化私人利益

B. 经济主体有能力最大化私人利益

C. 经济主体的自利行为将增加社会福利

D. 经济主体的自利行为将损害社会福利

6. 在经济学中，均衡的主要特征是（　）。

A. 社会福利达到最大化

B. 各经济主体都没有改变自己决策的激励

C. 模型中的各经济主体都选择了最优决策

D. 市场出清或供求相等

7. 微观经济学中，均衡分析一般划分为（　）。

A. 单个经济主体的均衡　　B. 单个市场的均衡

C. 产品市场均衡　　D. 所有市场的同时均衡或一般均衡

（三）辨析题

【例1】阿弗里德·马歇尔是现代宏观经济学的创始人。

解答：错误。约翰·梅纳德·凯恩斯是现代宏观经济学的创始人。

【例2】在计划经济体制下，整个社会生产什么、如何生产和为谁生产等基本经济问题，主要是由市场机制决定的。

解答：错误。在市场经济体制下，整个社会生产什么、如何生产和为谁生产等基本经济问题，主要是由市场机制决定的。

【例3】微观经济学与宏观经济学两者有本质的区别，没有任何联系。

解答：错误。微观经济学和宏观经济学虽然有本质的区别，但两者还有一定的联系。它们的联系主要表现在相互以对方的研究对象作为自己研究的前提条件。微观经济学在假定资源已经被充分利用的基础上，研究资源的合理配置问题；宏观经济学在假定资源已经被合理配置的基础上，研究资源的充分利用问题。微观经济学与宏观经济学的综合构成经济学，其中，微观经济学是宏观经济学的基础。

1. 如果社会不存在资源的稀缺性，也就不会产生经济学。

2. 亚当·斯密是古典经济学的奠基者。
3. 经济学、西方经济学、政治经济学，它们共有一个祖先。
4. 经济学根源于资源的稀缺性与人类欲望的无限性之间的矛盾。
5. 资源稀缺性的含义是指资源的绝对量比较少。
6. 微观经济学主要研究一国稀缺资源的充分利用问题。
7. 资源的合理配置问题涉及生产什么、如何生产和为谁生产等基本经济问题。
8. 市场机制就是亚当·斯密所说的“看不见的手”。
9. 市场机制和计划机制是实现资源配置的两种不同方式。
10. 市场经济体制下的资源配置效率明显高于计划经济体制。
11. 资源的稀缺性决定了资源可以得到充分利用，不会出现资源浪费现象。
12. 凯恩斯认为，在市场机制作用下，一国的资源能够经常地被充分利用。
13. 微观经济学是宏观经济学的基础。
14. 微观经济学的基本假设是市场失灵。
15. 是否以一定的价值判断为依据是实证经济学与规范经济学的重要区别之一。
16. 采用规范分析法研究所得到的结论都可以证伪。
17. 实际生活中，人们有时会产生利他心，并不追求私人利益的最大化。因此，经济人假定是错误的。
18. 静态分析法与比较静态分析法的主要区别在于是否撇开了时间因素。

（四）问答题

1. 为什么说“经济人假定”是经济学赖以产生和发展的重要前提？
2. 为什么稀缺性是产生经济问题的根源？
3. 西方经济学的理论体系是由哪两部分构成的？它们之间的关系怎样？
4. 学习经济学的意义主要有哪些？
5. 微观经济学为什么又叫作价格理论？
6. 宏观经济学为什么又叫作国民收入决定理论？
7. 为什么说经济学根源于人类欲望的无限性与资源的稀缺性之间的矛盾？
8. 为什么我国学员学习西方经济学的目的不同于西方？

四、拓展阅读

经济学家的6张底牌

近几年，经济学家讨论社会现实问题，尤其是道德问题，成为一种时尚。代表作有茅于轼《中国人的道德前景》、张宇燕《说服自我》、吴敬琏《何处寻找大智慧》、汪丁丁《我所思考的经济学》、厉以宁《经济学漫谈录》等。海外经济学者如张五常、林行止、高希均等，也以擅长分析社会现状而著名。

经济学家讨论社会问题，不同于道德家的说教，更不同于舆论界的宣传，而是强调“分析”二字，着重点明社会现象背后的经济原因。分析，离不开一些基本概念和基本论断，这些东西是经济学家的“底牌”，是他们区别于道德家或政府官员的最明显标志。据我看来，经济学家的底牌并不复杂，大体上有如下6张：

黑桃 A——经济人。经济学家认为，人的本质属性，不是“社会人”，更不是“政治人”，而是“经济人”，即为了追求自身经济利益的最大化而“利来利往”的人。其特征有三个：利己，具有充分理性，追求利益的最大化。这听起来有点凉飕飕的感觉，但是试想，如果人人都“毫无自私自利之心”，就像《镜花缘》里的君子国那样，那么社会稳定的平衡点何在？茅于轼认为，人性自私是人类社会之福（大意），这是多数经济学家的共识。所以，经济人理论尽管只是一种假说，却是经济学家们讨论社会问题的前提和基础，是最重要的一张底牌。

黑桃 K——效用与边际效用。效用又叫有用性，即一种物品能够带给消费者的满足度。效用是一种主观评价，因人而异，因时因地而异，有人认为它可以量化，有人认为不能量化。边际效用是一个增量概念，即每增加一个单位的消费所产生的新的效用。边际效用可以是正数也可以是负数，在一个连续的消费过程当中边际效用是递减的。以萨伊为代表的西方政治经济学认为，效用是一切价值的基础，创造财富的过程实际上就是创造效用的过程。（注意，这一点与中学课本上所讲的政治经济学和劳动价值论有着极大的差别。）财富的创造离不开资本、土地和劳动这三种生产要素，因此，财富的分配也应当按照各种生产要素的贡献率进行分配。党的十六大报告已经明确把“按生产要素分配”与传统的“按劳分配”并列起来，这不仅仅是政治问题和经济问题，也直接关系到道德导向和价值观问题。

黑桃 Q——成本与机会成本。成本不限于有形的金钱、物资，还包括时间、精力、知识投入等。我们干什么事都要计算一下成本，比如学雷锋活动作为一种社会行为（而非个人行为），需要投入大量人力、物力、财力，那么这些成本是由谁负担的？谁会从中获益？收益与成本的比率如何？划得来划不来？等等。一个讲道德的社会，与一个不讲道德只讲法律的社会相比，前者的社会运行成本就要低得多，所以提倡讲道德。机会成本，从字面上看，就是指为了获取某一机会所要付出的代价。比如只有十万元钱，买了房子就不能买汽车，那么汽车就是房子的机会成本。日常生活中很多问题可以用机会成本来解释，比如排队等车，早来的人先上，因为人家付出了更多的时间和体力；你想先上也行，但要付给人家一定的补偿。你说这是道德问题也行，说是经济问题也行。

红桃 J——博弈论。这一理论本来是制度经济学中公共选择理论的前沿课题，但近年来由于诺贝尔奖和好莱坞大片《美丽心灵》等多方面的炒作，约翰·F. 纳什的大名与他所创造的“囚徒困境”已经差不多家喻户晓了。博弈者，下棋也，下棋的时候需要根据对手的选择来做出自己的对策，很像经济活动和其他社会活动中人们为了自己的利益而互相切磋、互相牵制、最后实现均衡。通过博弈实现的均衡有两种，一种叫“纳什均衡”（不合作均衡），另一种叫合作均衡。要想实现不合作均衡向合作均衡的转化，公认的办法是，重复博弈、扩大博弈范围、增加信息透明度等。这一理论对于社会制度构建大有用处。比如诚信建设，只靠道德上的呼吁是不行的，只有建立一种连续博弈、终身相随的信用制度，从制度上改变人们从事“一锤子买卖”的社会环境，才有可能做好。

草花 A——外部性。一种经济行为给“局外人”带来的影响叫作外部性，多数时候是负面影响，比如造纸厂污染河水，影响了附近渔民的生计；有时候也指正面影响，比如放养蜜蜂造成果园增产。对于负的外部性，需要政府出面干预，如对造纸厂不断增加税收和罚款，直到它觉得出钱改善水质比交罚款更划算为止。这一概念对于讨论社会问题的积极意义在于，改变了我们对“缺德”行为的认识角度，并提供了从经济角度解决败德问题的思路。“非典”期间，北京一些有良心的餐馆老板对属下员工不辞退、不减薪、不放假，自己付出很大代价，却给社会造成了良好的外部性。对此等义举，政府就不应该视而不见。

红桃 K——市场失灵与信息对称。当交易的一方无法观测另一方的行动，或无法获知另一方的完全信息，抑或观测、监督和获取对方信息的成本过高的时候，就会出现市场失灵，造成“优汰劣胜”、次品驱逐优等品；扩展到道德领域，就是老实人吃亏、奸猾之徒占便宜。解决之道，是建立“委托代理模式”，委托人自由选择代理人，由代理人负责了解信息、处置情况。诸如承包制、证券监理制、保险代理制、效益工资制等，都是为了解决信息不对称导致败德行为这一难题而进行的制度设计。当前讨论颇多的政府公信度问题，也可以运用这一理论进行分析。

以上 6 张牌，都是最常见、最容易上手的牌，经济学家们会使，你我之流经过学习也能使。戏法人人会变，道德人人能谈，只要把经济学家的底牌看清记牢，我们也有机会像教授一样侃侃而谈的。至于其他一些与道德有关的高深理论，如“好篱笆造出好邻居”（产权制度理论）、“一辆汽车装几个人最好”（帕累特最优）等，毕竟太过专业。好比人家会打桥牌，你我之流只能玩玩拱猪，智力有高下，术业有专攻，如此而已。

——转载自新浪经济学人论坛

第二章 2 需求供给与均衡价格

一、内容简介

（一）提纲挈领

- 需求供给与均衡价格
  - 需求
    - 需求的含义
    - 需求函数
    - 需求曲线
    - 需求变动与需求量的变动的区别
  - 供给
    - 供给的含义
    - 供给函数
    - 供给曲线
    - 供给变动与供给量变动的区别
  - （需求、供给）→ 供求均衡、均衡价格
  - 弹性
    - E_d，E_S（注意：E_d，E_S 的关系）
    - 应用：E_d 与总收益（TR）的关系
      - $E_d>1$　TR 与 P 成反比
      - $E_d=1$　TR 与 P 无关
      - $E_d<1$　TR 与 P 成正比
    - 弹性的类型
      - 完全无弹性：$|E|=0$
      - 缺乏弹性：$|E|<1$
      - 单位弹性：$|E|=1$
      - 富有弹性：$|E|>1$
      - 完全有弹性：$|E|\to\infty$
    - 交叉弹性
      - 替代品：$E_{xy}>0$
      - 互补品：$E_{xy}<0$
      - 独立品：$E_{xy}=0$
    - 收入弹性
      - 正常商品：
        - $E_M>1$ 则为奢侈品
        - $0<E_M<1$ 则为必需品
      - 劣质品：$E_M<0$（如吉芬商品）

（二）本章要点

1. 需求

（1）需求的概念：在经济分析中，需求（demand）是指在各种可能的价格水平下，消费者愿意而且有能力购买的商品和劳务的各种数量，反映了消费者与商品、劳务之间形成的一种市场关系。

需求的形成必须同时具备两个条件：一是有购买欲望，二是有购买能力。在一定时期一定条件下，消费者愿意且能购买的商品或劳务数量通常称为需求量（quantity demanded）。这里，“一定条件”指影响需求的各种因素：商品自身的价格，消费者的收

入，相关商品的价格（替代品和互补品），消费者的偏好，厂商的营销手段，消费者的价格预期……

（2）需求的三种分析工具——需求函数、需求曲线、需求表

①需求函数：将需求所反映的需求量与需求因素之间的数量关系用数学语言表述出来，就是需求函数。一般形式：$Q_d=f(P_x, I, P_y)$ 将商品自身价格以外的其他需求影响因素统称为需求条件，假设需求条件为既定，则需求函数简化为：$Q_d=f(P)$

②需求曲线：是研究市场需求和运行的重要工具，理解需求曲线需把握以下要点：

第一，一条需求曲线表示的是同一时点商品价格与需求量的关系，或者说表示的是在除商品价格以外的其他因素不变，即需求条件不变时的商品需求量与价格之间的关系。

第二，需求曲线随商品和条件的不同而不同。不同的商品有不同的需求曲线，同一商品需求条件不同，也可能有不同的需求曲线。

③需求表：将价格与需求量之间的对应关系列成表格，就是需求表。

（3）需求规律（法则）：在需求条件保持不变时，商品的需求量与其价格之间存在反方向变动关系。需求曲线向右向下倾斜，斜率为负。价格下降会引起需求量提高。

2. 供给

（1）供给的概念：供给（supply）是指生产者能够而且愿意生产并向市场提供商品或者服务的一种市场关系。同需求一样也必须具备两方面的条件：一是生产和提供产品、服务的愿望，二是生产能力，即提供产品和服务的条件。

供给量（quantity supplied）是指在一定时期一定条件下，生产者向市场供应商品和服务的实物量。这里，"一定条件"指影响供给的各种因素：商品自身价格、生产要素价格、技术与管理水平、厂商市场价格预期、获得信贷的难易、政府的税收和产业政策、考察期限……

（2）供给的分析工具——供给函数、供给曲线和供给表

供给函数 $Q_s=f(P, C, P_y, E, \cdots\cdots)$：一般将商品自身价格以外的其他供给影响因素统称为供给条件，假设供给条件为既定，则供给函数简化为：$Q_s=f(P)$。它反映商品自身价格与供给量之间的关系。

（3）供给规律（法则）：供给条件保持不变时，商品的供给量与其价格之间存在同方向变动关系。供给曲线向右向上倾斜，斜率为正。

3. 供求曲线的共同作用

（1）均衡的含义（Equilibrium）：均衡是指经济变量在经济运行中达到平衡和稳定的状态。均衡可以是个别经济主体达到最优决策的结果，如均衡产量、均衡投入，也可以是经济主体之间相互作用，共同达到最优所取得的结果，如市场均衡。市场均衡又分为局部均衡和一般均衡。

（2）均衡价格的决定（静态分析）：在供求两种力量的相互作用下，市场价格保持稳定不变的状态称为市场均衡。满足条件 $Q_s=Q_d$，此时的价格称为均衡价格 P_e，交易数量称为均衡产量 Q_e。

（3）均衡的实质：市场均衡是利益均衡，表明实现了资源合理配置，社会福利（消费者剩余加生产者剩余）最大。市场机制发生作用的结果是最终趋向于市场均衡，也称为市场出清（Market-clearing），即不存在超额需求或超额供给。

（4）市场均衡的变化（比较静态分析）

市场均衡是供求两种力量相互作用的结果。如果供给或需求发生了变化，则均衡随之发生改变。这种情况是经常和普遍的。

①需求量的变动和需求的变动；

②供给量的变动和供给的变动；

③需求的变动和供给的变动对均衡价格和均衡数量的影响。

4. 需求弹性与供给弹性

（1）需求价格弹性

①定义：当其他因素保持不变时，某种商品价格的变化引起需求量的变化。影响需求价格弹性的因素：商品的可替代性、是否为必需品、购买商品的支出占消费者总收入的比重、市场饱和度、观察期……

②需求价格弹性的应用：价格、需求价格弹性与销售收入之间的关系

当需求富有弹性时，降价使总收益增加，涨价使总收益减少；

当需求缺乏弹性时，降价使总收益减少，涨价使总收益增加；

当需求弹性为1时，价格变动不影响总收益。

（2）需求收入弹性

①定义：当其他条件保持不变时，消费者收入的变化所引起需求量的变化。

②需求收入弹性的应用：在已知需求收入弹性、未来收入变化的趋势情况下，可以对产品的未来市场需求量进行预测；分析企业产品结构策略，在经济高速增长时期，生产收入弹性大的产品的企业可以获得更大的增长机会；而在经济衰退时期，这类企业可能首当其冲地受到冲击。

（3）需求交叉弹性

①定义：当其他条件保持不变时，一种商品的价格变化对另外一种商品需求量的影响。

②需求交叉弹性的应用：分析与竞争对手之间的关系；分析企业内部不同产品之间的关系；

（4）供给弹性

指供给因素改变百分之一时供给量变化的百分比，它反映供给量对供给因素的敏感性。供给的价格弹性一般是大于零的。此外还可以分析供给的利率弹性、工资率弹性、原材料价格弹性等。

5. 供求分析的应用

运用供求曲线，可以分析、解释、评价各种经济现象。例如：谷贱伤农、政府对价格的干预效果。

学习微观经济学首先要了解微观经济学的研究对象、基本假设条件和理论体系的框架。读者了解了微观经济学的特点，才能够在掌握微观经济学的研究对象和基本假设条件的基础上，对微观经济学理论体系的框架以及据此所安排的微观经济学各章之间的相互关系有一个大致的了解。

微观经济学也被称为价格理论，价格分析是微观经济学分析的核心。在微观经济学中，任何商品的价格都是由商品的需求和供给这两个因素共同决定的。正因为如此，对需

求曲线和供给曲线的初步论述，通常被当作为微观经济学分析的出发点。通过考察单个商品市场的供给、需求及其与价格的关系，从理论上说明供求定律、市场均衡的实现；对供求与价格的关系进行深入地定量分析，阐明需求价格弹性的大小与收益的关系；通过引入时间变化因素，阐明动态分析方法的运用，并引出蛛网理论。

通过本章的学习，学生能够对市场运行的基本要素及运行规律有更具体化的了解，并能运用有关原理对现实市场变化及其某些现象进行分析。

二、重要概念

需求　需求函数　需求表　需求曲线　供给　供给函数　供给表　供给曲线　均衡价格　需求量　供给量　需求量的变动　需求的变动　供给量的变动　供给的变动　供求定理　需求的价格弹性　需求的交叉价格弹性　需求的收入弹性　供给的价格弹性　恩格尔定律　最高限价　最低限价

三、习题练习

（一）单项选择题

【例1】需求曲线是一条向（　　）倾斜的曲线。

A. 右下方　　B. 右上方

C. 左下方　　D. 左上方

解答：选择A。需求定理表明，需求曲线是一条向右下方倾斜的曲线，即需求量与需求价格呈反方向变动。

【例2】需求定理说明（　　）。

A. 药品的价格上涨会使药品的质量提高

B. 计算机价格下降导致需求量增加

C. 丝绸价格提高，游览公园的人数增加

D. 汽油的价格提高，小汽车的销售量减少

解答：选择B。需求定理说明，商品的需求量与价格的变动是反方向的。

【例3】如果某种商品需求曲线的斜率为负，在保持其他因素不变的条件下，该商品的价格上升会导致（　　）。

A. 需求增加　　B. 需求量增加

C. 需求减少　　D. 需求量减少

解答：选择D。该商品需求曲线斜率为负，表明是一条向右下方倾斜的曲线。该商品价格上升，那么该商品需求量下降。

【例4】供给曲线是一条向（　　）倾斜的曲线。

A. 右下方　　B. 右上方

C. 左下方　　D. 左上方

解答：选择B。供给定理表明，供给曲线是一条向右上方倾斜的曲线，即供给量与供给价格呈同方向变动。

【例 5】对大白菜供给的减少，不可能是由于（　　）。

A. 气候异常严寒　　B. 政策限制大白菜的种植

C. 大白菜的价格下降　　D. 化肥价格上涨

解答：选择 C。供给的变化是由影响供给的除价格外的其他因素的变动引起的，而供给量的变动是由商品价格变动引起的。因此，大白菜供给减少不可能是由于大白菜价格下降引起的，大白菜价格下降只会引起大白菜供给量减少。

1. 表示在一定时期内一种商品的需求量的相对变动对于它的相关商品价格的相对变动的反映程度是需求的（　　）。

A. 价格弹性　　B. 供给弹性

C. 交叉弹性　　D. 收入弹性

2. 线性需求曲线中点的点弹性为单一弹性，中点以下部分任何一点的点弹性为（　　）。

A. 富有弹性　　B. 缺乏弹性

C. 完全弹性　　D. 完全无弹性

3. 如果某商品价格变化引起厂商销售收入反方向变化，则该商品是（　　）。

A. 富有弹性　　B. 缺乏弹性

C. 完全弹性　　D. 完全无弹性

4. 在某一时期内彩色电视机的需求曲线向左平移的原因是（　　）。

A. 彩色电视机的价格上升

B. 消费者对彩色电视机的预期价格上升

C. 消费者对彩色电视机的预期价格下降

D. 黑白电视机的价格上升

5. 如果某商品价格变化引起厂商销售收入同方向变化，则该商品是（　　）。

A. 富有弹性　　B. 缺乏弹性

C. 完全弹性　　D. 完全无弹性

6. 如果一条线性需求曲线与一条曲线型的需求曲线相切，则在切点处两条需求曲线的价格弹性系数（　　）。

A. 不相同　　B. 相同

C. 可能相同，也可能不相同　　D. 根据切点位置而定

7. 当两种商品中一种商品的价格发生变化时，这两种商品的需求量都同时增加或减少，则这两种商品的需求的交叉弹性系数为（　　）。

A. 正　　B. 负

C. 1　　D. 0

8. 某月内，X 商品的替代品的价格上升和互补品的价格上升，分别引起 X 商品的需求变动量为 50 单位和 80 单位，则在它们的共同作用下，该月 X 商品的需求数量为（　　）。

A. 增加 30 单位　　B. 减少 30 单位

C. 增加 130 单位　　D. 减少 130 单位

9. 已知某商品的收入弹性等于 0.6，则这种商品是（　　）。

A. 低档商品　　B. 一般的正常商品
C. 奢侈品　　D. 吉芬商品

10. 假如买者可以按不变价格购买任何数量的某商品，这意味着该商品的需求价格弹性等于（　　）。
A. 零　　B. 无穷小
C. 1　　D. 无穷大

11. 在下列价格弹性的表述中，正确的是（　　）。
A. 需求量相对变动对价格相对变动的反应程度
B. 价格变动的绝对值对需求量变动的绝对值的影响
C. 价格的变动量除以需求的变动量
D. 需求的变动量除以价格的变动量

12. 需求的（　　）弹性，又通常被简称为需求弹性。
A. 需求的交叉弹性　　B. 需求的收入弹性
C. 需求的价格弹性　　D. 需求的推销弹性

13. 已知某商品的收入弹性等于-0.8，则这种商品是（　　）。
A. 低档商品　　B. 一般的正常商品
C. 奢侈品　　D. 必需品

14. 已知某商品的收入弹性等于1.2，则这种商品是（　　）。
A. 低档商品　　B. 一般的正常商品
C. 奢侈品　　D. 吉芬商品

15. 假如生产某种商品所需原料的价格上升了，这种商品的（　　）。
A. 需求曲线向左方移动　　B. 供给曲线向左方移动
C. 供给曲线向右方移动　　D. 需求曲线向右方移动

16. 已知某两种商品的交叉弹性等于-0.4，则这两种商品是（　　）。
A. 独立品　　B. 替代品
C. 互补品　　D. 完全替代品

17. 已知某两种商品的交叉弹性等于1.8，则这两种商品是（　　）。
A. 独立品　　B. 替代品
C. 互补品　　D. 完全补充品

18. 当消费者的收入增加80%时，某商品的需求量增加40%，则该商品极可能是（　　）。
A. 必需品　　B. 奢侈品
C. 低档商品　　D. 吉芬商品

19. 其他条件不变，牛奶价格下降将导致牛奶的（　　）。
A. 需求下降　　B. 需求增加
C. 需求量下降　　D. 需求量增加

20. 当出租车租金上涨后，对公共汽车服务的（　　）。
A. 需求下降　　B. 需求增加
C. 需求量下降　　D. 需求量增加

21. 以下几种情况中，需求定律例外的是（　　）。

A. 某商品价格上升，另一种商品需求量也上升

B. 某商品价格上升，需求量也上升

C. 消费者收入增加，对某商品的需求增加

D. 消费者偏好改变，对某商品的需求量减少

22. 供给定律说明（　　）。

A. 生产技术提高会使商品的供给量增大

B. 政策鼓励某商品的生产，因而该商品的供给量增大

C. 消费者更喜欢消费某商品，使该商品的价格上升

D. 某商品价格上升将导致对该商品的供给量增大

23. 某商品价格上涨 2%，其需求量下降 10%，则该商品的需求价格弹性是（　　）。

A. 缺乏弹性　　B. 富有弹性

C. 单位弹性　　D. 无限弹性

24. 假设某商品的需求曲线为 Q=3-9P，市场上该商品的均衡价格为 4，那么，当需求曲线变为 Q=5-9P 后，均衡价格将（　　）。

A. 大于 4　　B. 小于 4

C. 等于 4　　D. 无法确定

25. 当某商品的供给和需求同时增加后，该商品的均衡价格将（　　）。

A. 上升　　B. 下降

C. 不变　　D. 无法确定

26. 下列（　　）将导致商品需求量的变化而不是需求的变化。

A. 消费者的收入变化　　B. 生产者的技术水平变化

C. 消费者预期该商品的价格将上升　　D. 该商品的价格下降

27. 某类电影现行平均票价为 4 元，对该类电影需求的价格弹性为 1.5，经常出现许多观众买不到票的现象，这些观众大约占可买到票的观众的 15%，采取以下（　　）项方法，可以使所有想看电影而又能买得起票的观众都能买到票。

A. 电影票降价 10%　　B. 电影票提价 10%

C. 电影票降价 15%　　D. 电影票提价 15%

（二）多项选择题

【例 1】在得出某种商品的个人需求曲线时，下列哪些因素被假设为常数（　　）。

A. 个人收入　　B. 其他商品的价格

C. 个人偏好　　D. 所考察商品的价格

解答：选择 ABC。需求曲线是用图形表示的一种商品的需求量和该商品的价格之间一一对应关系。除去商品的自身价格外其他因素全部是假设为常数。

【例 2】在得出厂商的某种商品的供给曲线时，下列哪些因素均假定为常量（　　）。

A. 技术水平　　B. 投入价格

C. 自然特点　　D. 所考虑商品的价格

解答：选择 ABC。供给曲线是用图形表示的一种商品的供给量和该商品的价格之间一一对应关系。除去商品的自身价格外其他因素全部是假设为常数。

【例3】在某一时期彩电的需求曲线向右平移的原因是（　　）。

A. 彩电的价格上升　　B. 消费者收入水平的上升

C. 消费者对彩电的预期价格上升　　D. 等离子电视机的价格上升

解答：选择BCD。需求曲线向右平移，需求增加，引起需求增加的因素有消费者收入增加，预期价格上升和替代品价格上升。

【例4】某种商品的供给曲线的移动是由于（　　）。

A. 商品价格的变化　　B. 互补品价格的变动

C. 生产技术条件的变化　　D. 生产这种商品的成本发生变化

解答：选择BCD。供给曲线移动即供给发生变化，引起供给变化的因素有互补品价格变动，生产技术条件的变化，生产这种商品的成本发生变化。

【例5】对西红柿需求的变化，可能是由于（　　）。

A. 消费者认为西红柿价格太高了　　B. 消费者得知西红柿有益健康

C. 消费者预期西红柿将降价　　D. 种植西红柿的技术有了改进

解答：选择BC。引起需求的变化，有消费者对商品价格预期，消费者偏好。消费者认为西红柿价格太高了只能改变需求量，种植西红柿的技术有了改进是影响西红柿供给的因素。

1. 影响需求弹性的因素主要有（　　）。

A. 商品的可替代性　　B. 所考察的消费者调节需求量的时间

C. 商品用途的广泛性　　D. 商品对消费者生活的重要程度

2. 一种商品的需求是由许多因素决定的，主要因素还有（　　）。

A. 消费者偏好　　B. 商品的预期成本

C. 相关商品价格　　D. 消费者对该商品的价格预期

3. 在得出某棉花种植农户的供给曲线时，下列（　　）因素均保持为常数。

A. 土地的肥沃程度　　B. 技术水平

C. 棉花的价格　　D. 棉花的种植面积

4. 影响供给弹性的因素主要有（　　）。

A. 生产成本随产量变化而变化的情况

B. 所考察的消费者调节需求量的时间

C. 时间因素

D. 产品的生产周期

5. 一种商品的供给是由许多因素决定的，主要因素还有（　　）。

A. 消费者的收入水平　　B. 相关商品价格

C. 生产者对未来的预期　　D. 生产的技术水平

6. 下列需求缺乏弹性的商品有（　　）。

A. 食油　　B. 彩色电视机

C. 食盐　　D. 大米

7. 某些类型的商品，消费者在某些特殊环境下对它们的需求存在需求定理例外情况，这些商品有（　　）。

A. 音响　　B. 手表

C. 珠宝　　　　　　　　　　　　D. 照相机

8. 若某商品的需求的收入弹性为负，则该商品可能为（　　）。

A. 正常品　　　　　　　　　　　B. 低档品

C. 必需品　　　　　　　　　　　D. 吉芬商品

9. 下列（　　）将导致商品需求的变化而不是需求量的变化。

A. 消费者的收入变化　　　　　　B. 生产者的技术水平变化

C. 消费者预期该商品的价格将上升　D. 该商品的价格下降

10. 以下（　　）项的需求和价格之间的关系是需求定律的例外。

A. 面包　　　　　　　　　　　　B. 吉芬商品

C. 低档品　　　　　　　　　　　D. 炫耀性商品

11. 如果一种物品的供给曲线是价格富有弹性，下列表述不正确的有（　　）。

A. 供给量对物品的价格变动是敏感的

B. 供给量对物品的价格变动不是敏感的

C. 需求量对物品的价格变动是敏感的

D. 需求量对物品的价格变动不是敏感的

12. 若某商品需求的收入弹性为正，则该商品可能为（　　）。

A. 正常品　　　　　　　　　　　B. 低档品

C. 奢侈品　　　　　　　　　　　D. 必需品

13. 如果一种物品的价格上升对那个市场的总收益没有影响，这个市场不可能是（　　）。

A. 价格缺乏弹性　　　　　　　　B. 价格富有弹性

C. 单位价格弹性　　　　　　　　D. 价格完全有弹性

14. 下列哪些情况是支持价格的例子（　　）。

A. 租金控制

B. 当汽油的均衡价格是每加仑 1.5 元，把汽油的价格限制为每加仑 1 元

C. 最低工资

D. 农产品保护价格

15. 旨在保护生产者利益，刺激生产的政策组合及其福利效果是（　　）。

A. 最高限价，余额收购，生产者受损

B. 最低限价，余额收购，生产者受益

C. 最高限价，余额收购，消费者受损

D. 最低限价，余额收购，消费者受损

16. 假设公寓的均衡价格是每月 500 元，而政府规定租金控制是 260 元。由于租金控制，下列哪些情况是可能发生的（　　）。

A. 住房短缺　　　　　　　　　　B. 房东可以对公寓租赁者进行歧视

C. 公寓的质量将提高　　　　　　D. 等待租房的买者会排长队

（三）辨析题

【例 1】假如卫生组织发布一份报告，称某种蘑菇会致癌，则这种蘑菇的需求曲线会向右移。

解答：错误。因为卫生组织发布该蘑菇会致癌的报告会使人们减少对此种蘑菇的需求量，因此其需求曲线会向左下方移。

【例 2】预计某产品的价格会下降，则该产品的供给将会增加。

解答：正确。因为当预计某产品的价格下降时，生产者会在价格下降前尽量多地生产产品，因此该产品的供给会增加，供给曲线向右上方移动。

【例 3】如果政府对某种商品的生产者给予现金补贴，会使该商品的供给曲线向左上方移动。

解答：错误。如果政府对某种商品的生产者给予现金补贴，会使该商品的供给曲线向右下方移动。这与生产者生产成本减少或生产技术改善使供给曲线向右下方移动是一样的。

【例 4】需求曲线的斜率和需求的价格弹性是相同的概念。

解答：错误。两者是两个紧密联系却又不相同的概念。需求曲线在某点的斜率为 dP/ dQ，而需求的点弹性不仅取决于斜率的倒数值 dQ/dP，还取决于 P/Q。

【例 5】假如某城市运输的需求的价格弹性为 1.2，则为了增加运输的收入，运输价格应该降低。

解答：正确。因为运输的需求的价格弹性为 1.2，说明运输的需求是富有弹性的。富有弹性的商品的价格与销售收入呈反方向变动。因此要增加收入必须降价。

【例 6】均衡价格就是供给等于需求时的价格。

错误。因为供给是条线，需求也是条线，供给等于需求，就是供给曲线与需求曲线重合，而这是不可能的，因为供求定律决定了需求曲线向右下方倾斜，供给曲线向右上方倾斜，这两条线永远不会重合，供给不会等于需求，均衡价格因此不是供给等于需求时的价格。

【例 7】均衡价格就是供给价格等于需求价格时的价格。

错误。因为支持价格和限制价格时的供给价格都等于需求价格，但是它们肯定不在均衡点上。

【例 8】均衡价格就是供给量等于需求量时的价格。

错误。因为买卖双方供给和需要的数量很可能相等，但是他们的价格往往谈不拢。所以均衡价格只能是供给曲线和需求曲线相交时的价格。它必须同时满足供给量等于需求量，供给价格等于需求价格这两个条件。

【例 9】政府限定价格使得商品的需求量大于供给量，则该价格为均衡价格。

解答：错误。政府制定价格使得需求量大于供给量，这个价格政策被称为限制价格。限制价格低于均衡价格，导致在限制价格水平上需求量大于供给量。

【例 10】最高限价将引起商品短缺，如果政府或企业对需求方实行配给制，则又可能产生黑市，造成市场混乱。

解答：正确。最高限制价格低于均衡价格，导致需求量大于供给量，引起商品短缺。如果政府对需求实施配给制，那么可能导致产品配给了最高支付意愿较低的消费者，从而最高支付意愿较高的消费者将通过黑市交易，从获得配给的消费者购买产品，从而改善双方福利水平。

1. 线性需求曲线上点的位置的高低与该点的弹性系数值的大小无关。

2. 若线性供给曲线的延长线与坐标横轴相交的交点位于坐标原点的左边，则该供给曲线上所有的点弹性都是大于1的。

3. 需求曲线的斜率就是需求弹性。

4. 如果两种商品之间存在着替代关系，相应的需求的交叉弹性系数为负值。

5. 一般来说，一种商品用途越广泛该商品的需求弹性就越小；反之，就越大。

6. 消费者在某商品上的消费支出在预算总支出中所占的比重越大。该商品的需求弹性就越大；反之，就越小。

7. 线性需求曲线上每点的斜率都相等，因此每点的点弹性也都相等。

8. 一般来说，一种商品的替代品越多，该商品的需求弹性就越大；反之，就越小。

9. 在其他条件不变的情况下，需求变动分别引起均衡价格和均衡数量的同方向变动。

10. 如果两种商品的需求交叉弹性系数为正值，则这两种商品之间为互补关系。

11. 如果两种商品之间存在着互补关系，相应的需求交叉弹性系数为负值。

12. 在其他条件不变的情况下，供给变动分别引起均衡价格的反方向变动和均衡数量的同方向变动。

13. 陡峭的需求曲线弹性一定小，而平坦的需求曲线弹性一定大。

14. 已知某两种商品的交叉弹性小于零，则这两种商品是替代品。

15. 已知某商品的收入弹性小于1，则这种商品是奢侈品。

16. 已知某商品的收入弹性大于1，则这种商品是低档商品。

17. 已知某两种商品的交叉弹性大于1，则这两种商品是互补品。

（四）问答题

1. “均衡价格是供给等于需求时的价格”是否正确？说明理由。

2. 说明需求弹性与销售收入之间的关系。

3. 简述交叉弹性对企业经营决策的作用。

4. 什么原因导致了典型的需求曲线向右下方倾斜？

（五）计算题

1. 某公司生产的A产品的需求函数为 $Q=500-2P$，

（1）假定公司销售A产品200吨，其价格应为多少？

（2）如果公司按每吨180元的价格出售，其销售量为多少？总收益如何变化？

（3）价格弧弹性是多少？

2. 据估计，居民消费的电力需求的长期价格弹性为1.2，收入弹性为0.2，电力与天然气需求的交叉弹性为0.2。问：如果长期中电力价格上升1%，天然气的价格需要变化多少才能抵消电力价格上升对电力需求量的影响？

3. 某商品的需求弹性为2，当价格为3 000元/台时，日销售量为100台。现在价格下调10%，问：该商品的销售收入如何变化？

4. 大明食品公司对其产品与消费者收入的关系估计如下：$Q=2\,000+0.2I$，Q为需求数量，I为平均家庭收入，请分别求出 $I=5\,000$ 元，15 000元，30 000元的收入弹性。

5. 明光服装公司生产男式上衣，在1997年中，这家公司出售23 000件，平均每件13元，在1998年1月初，明光服装公司的主要竞争者，太和服装公司削减其男式上衣裳的价格，每件从15元下降到12元。结果使明光服装公司的男式上衣销量急剧下降，在1998

年2月和3月，每月销量从以往的23 000件降至13 000件。

（1）计算在2月、3月期间明光公司和太和公司销售男式上衣裳之间的交叉弹性？这两家公司生产的男式上衣是不是好的替代品？

（2）假定明光公司的价格弹性系数是2.0。假定太和公司维持12元的价格，那么明光公司要削减价格多少才能使销售量回升到每月23 000件？

6. 1998年1月某航空公司的机票价格下降5%，使另一家航空公司的乘客数量从去年同期的10 000人下降到8 000人，试问交叉弹性为多少？

（六）作图题

1. 用图说明商品的均衡价格是怎样形成的？

2. “谷贱伤农”是我国一种流传已久的说法，它描述的是这样一种经济现象：在丰收的年份，农民的收入反而减少了。试用所学的需求弹性原理解释这种现象，并做出图形。

四、拓展阅读

案例1：燃油税幕后利益博弈：中国逼近10元1升油价时代

Ⅰ. 油荒袭来

刚刚过去的这个夏天，留给国人一个心慌的集体记忆。这不，电荒、水荒刚刚有所缓解，油荒就来了。

王女士是北京一家媒体的工作人员。8月12日下班前，她接到在中央国家机关工作的丈夫打来的电话，让她马上把车加满油，因为他听说第二天汽油又要涨价了，而且那消息还说得有鼻子有眼，说93号无铅汽油每升涨4毛钱。

王女士开始还有点将信将疑，因为距上一次汽油涨价才过了仅仅半个多月，心想不会在这么短的时间内又一次涨价吧。不过，她随即想起了各地正在闹油荒的新闻和所谓国内外汽油价格“倒挂”的报道，也就确信无疑了，并随即将这一消息转发给几个要好的朋友。

第二天并没有等来汽油涨价的消息，不过王女士并不认为这是一则谣言，因为她确信目前的油价还远远没涨到头，再一次的涨价只是时间早晚的问题。

身在首都北京的王女士对油价的忧心忡忡，在另外一些人看来也许根本不值一提。从7月底以来席卷南中国的大面积油荒，使很多加油站前挤满了怒气冲天的人们，他们唯一的渴望就是：甭管花多少钱、排多长时间的队，能加上油就成。

在广州，为了加油，一些司机半夜不睡觉排队到天亮，各加油站前都排起了蜿蜒数百米的车辆队伍，警察们被紧急派往加油站维持秩序。而深圳的一位副市长在当地电视台发表直播讲话，宣布采取紧急措施保证油品供应。上海市政府也紧急从外地调油，以缓解排队现象。与此同时，浙江、江苏、福建和江西等省也都发生了供应短缺现象。甚至在大庆油田所在的黑龙江省，也破天荒地发生了油品短缺的情况。

油荒就是这样在中国人毫无准备的情况下，走进了人们的生活。一切都源于前不久的成品油调价，而火上浇油的则是国际市场石油价格的持续上涨。

7月23日，国家发改委宣布，从当天起，调整汽油、柴油的出厂价。这是在一个月内，发改委第二次上调油价，也是今年油价的第五次调整。

与此同时，世界石油市场价格持续上涨，每天的油价都创新高。在纽约原油期货价格继8月29日创下每桶70.80美元纪录之后，第二天又提高至每桶70.85美元。于是，眼看着“年底可能达到70美元”的预测已经提前“达标”，人们越来越相信油价“突破100美元”的说法不再是天方夜谭了。原来那些并不关心什么纽约石油期货价格、北海布伦特原油的人们，也开始关心起每天的国际油价了。

频繁的油价调整，使人们产生了很强的心理预期：油价还会上涨。在北京一家律师事务所工作的孟女士是一年多前买的车，当时93号汽油的价格是每升3.2元，目前价格已升至4.26元，整整涨了1元多，这样她每月的用油支出就多出来近200元。“照这样的幅度涨下去，真是有点吃不消了。”孟女士对本刊记者说，“有专家说价格还要与国际接轨，还说香港的油价是12港元。你说这心里能不慌吗?”

而就在国内油荒蔓延的同时，一则石油出口大幅增加的消息则让人们更加群情激愤，舆论的焦点直指国内石油巨头中石油和中石化，甚至有评论称两个石油寡头人为制造或者放纵油荒，以此要挟国家发改委大幅提高成品油价格，甚至争夺“定价权”。

“很显然，这是一场博弈。”中国矿业大学能源安全专家富桂教授在接受本刊记者采访时说，“目前的焦点已集中在油品价格形成机制上。”

据富桂教授介绍，目前我国成品油价格形成机制是在1998年和2001年两次改革方案的基础上形成的，国家发改委参照新加坡、鹿特丹和纽约三地市场前一个月成交价格（简称三地率），当“三地率”波动超过8%时，就相应调整国内零售基准价。这种单一而僵硬的定价方式有很多缺点，前几年石油巨头正是利用这种定价机制赚取了超额利润，并借机强化了自己的垄断地位，而目前的价格“倒挂”、油荒和投机现象也都与这种定价机制有关。

也许很多人并不了解，去年香港联交所的盈利“冠军”是来自内地的企业——中石油。据本刊记者查阅到的中石油营运资料显示，2004年度该公司营业收入为3 886亿元人民币，净利润竟达到1 029亿元人民币，堪称暴利。这一盈利水平一举将香港股市老牌利润冠军汇丰银行拉下马。而8月24日的一则消息更是给人们愤怒的情绪火上浇油，当天中石油宣布今年上半年净利润为616.24亿元人民币，增长达36.1%。海外股东们得到的那些真金白银可都是国内消费者忍受垄断之苦换来的。目前，中石油、中石化两大巨头垄断了从石油开采、加工，到成品油销售的上游、中游和下游产业。正是这样的体制造就了石油巨无霸“唯我独尊”。

所以面对油荒，以及两大巨头所说的“用油高峰”“台风影响”等原因，人们的心态无法再保持平衡了。既然国家赋予你控制经营的特权，享有垄断利润的甜头，就应该在油价出现波动的情况下保持平稳并确保持续供给，起到维持经济稳定、确保国家安全的作用，而不是孩子气地来个什么油荒让大家恐慌心惊。

据了解，8月13日，一个由国家发改委、商务部、国务院发展研究中心召集相关部门和企业官员以及专家学者出席的高规格会议在北京召开，中心议题就是制订石油市场改革的方案。也许在不久的将来，人们就会看到一些改革措施的出台。

Ⅱ. 燃油税十年难磨一剑

在油荒肆虐的同时，一则“燃油税的税率最终达到100%”的消息更是让人们绷紧了神经。人们很容易算出来，在油价冲破5元已指日可待的情况下，100%的税率意味着几年前专家所预测的中国将进入“十元一升”高油价时代的预言并不是那么离谱。

国人对于燃油税可说是并不陌生，每年媒体都会炒作一番的“燃油税将择机出台”的消息让大家甚至有些麻木了。

据国务院发展研究中心一位不愿透露姓名的专家介绍，开征燃油税的动议，早在1994年就正式提出来了。1997年，全国人大通过《公路法》，首次提出以“燃油附加费”替代养路费等。当时燃油税是新一届政府作为税费改革的突破口提出来的，1998年10月，国务院提请全国人大审议的公路法修正案草案里，将“燃油附加费”改为“燃油税”。由于各界意见分歧较大，全国人大曾经两次否决了这个议案。经过多方协调，当1999年10月31日，《公路法》修正案终获通过时，又恰逢国际油价大涨，从当初的20美元以下涨到30美元以上。燃油税的实施就以“择机出台”的方式搁置下来。没想到这油价一路上行就没再回头过，择机出台的“时机”一择就是五六年。

“其实不仅仅是油价的问题，围绕燃油税展开的是各方的利益博弈。燃油税涉及的部门包括交通部、税务局。地方和中央如何分配燃油税收入，也是个很大的问题。”

这位专家介绍说，2000年前后燃油税推出功亏一篑，最大的阻力来自交通部门。除了养路费的收益外，人员安置是最大的问题。“那之前，税务部门提出要接收路桥收费人员12万人，没料到一下子多出了15万人，需要安置的达27万之多。而且现在已经远远不止这个数了。”

除了交通部门，另一个阻力来自地方政府。现在的养路费属于地方政府收入，改为燃油税后就会中央占大头；现有的路桥收费也是由公路监管部门来收取，其中相当一部分也会进入地方政府，而改成燃油税后，这笔钱将上缴国家财政。

据中国矿业大学富桂教授介绍，今天所说的燃油税的概念与10年前已经完全不同了。当初推出燃油税时，主要着眼点是当时的“费改税”，是国家财政体制改革的一部分，即增加国家税收，减少偷漏税。现在人们发现了开征燃油税的更多好处。目前中国已成为全球第二大石油进口国，能源供需矛盾越来越突出，“节约能源”已被提升到基本国策的战略高度。现在几乎所有人都承认，实行燃油税改革，总体而言利大于弊，它体现了公平原则，可以抑制公路乱收费，也可以动用价格杠杆，利用税收手段推进节能。可这样一个势在必行的好政策，从最早提出到现在，已经10年了，燃油税一直难产。这也算是一个中国特色吧。

“其实，燃油税何时出台，当初国际市场高油价的因素已经不重要了，甚至高油价还使得燃油税改革增加了紧迫性。在价高时出台燃油税政策，更可以促进节油，抑制消费。”富桂教授说，目前出台燃油税遇到的主要难点包括：税率应该定多高，征收应该在生产环节还是销售环节，农用车、出租车及船舶用油的燃油税如何确定，燃油税是部分还是全部取代路桥收费，形成的税收收入在中央与地方之间如何分配等。

对于燃油税最新的政策支持来自国务院。在日前发布的《国务院关于做好建设节约型社会近期重点工作的通知》中提出，要“适时开征燃油税”。将开征燃油税提高到建设节约型社会这样的战略高度，燃油税的出台也就呼之欲出了。

Ⅲ. 生活在能源危机阴影下

接踵而来的电荒、水荒、油荒，鲜明地折射出中国这个发展中的巨人所面临的成长的苦恼。有专家预言，中国的发展将伴随着世界第四次石油危机的脚步共舞。

20世纪70年代以来，西方国家经历的三次石油危机，令人至今回想起来仍不寒而栗。在那个可怕的年代，经济停滞、物价飞涨、股市下跌。中国的经济能否度过能源危机这个发展瓶颈，避免重蹈覆辙，无疑考验着这个国家政府和人民的智慧。

作为能源专家，富桂教授对能源的现状的认识无疑是十分清醒的。他介绍说，在替代化石能源的新能源广泛应用之前，世界性的危机随时可能爆发。因为全世界已有30年没有发现大型油田，现有储量只够开采20年，天然气大概只能再开采30年，而可替代能源的研究仍进展缓慢。可以说低油价时代是一去不复返了，我们中国人应该学会适应生活在一个石油紧缺时代，对超出我们预期的高油价应该有一个心理准备。

我们应该重新考虑我们的发展战略。那种高投入、高能耗、高增长的发展模式已经难以为继。富桂教授说，“能源瓶颈正成为制约中国经济增长的最主要因素。自2004年以来，‘煤电油运’全面告急，全国近九成省份曾经拉闸限电。在经过一轮狂风暴雨式的宏观调控后，进入2005年，我们发现能源紧缺的局面并未缓解。应该说，我们目前经济的快速增长在很大程度上是依赖资源的高消耗，例如我们万元国内生产总值（GDP）能耗水平超过发达国家3~11倍，我们的建筑能耗超过发达国家2~3倍，而高消耗的发展模式使中国本来紧张的资源形势日趋严峻，资源和环境的承载力已近极限。如果我们不能切实改变现行的生产模式和消费方式，势必进一步加剧资源短缺的压力，甚至有可能丧失发展机遇。”

富桂教授特别提及了目前热炒的“节约型社会”的运动：“思路是十分正确的，这也是我们的必由之路。例如石油，如果我们按美国现在的标准消费，每年需50亿吨以上，全世界生产的石油都给中国用也不够。”

但富桂教授也提到，虽然我们能源供应形势严峻，但能源浪费、低效使用情况也很严重，一些政策也有彼此矛盾的地方。我们可以借鉴发达国家节约资源的成功经验，而法制是一个重要手段。

20世纪70年代的能源危机，导致了美国经济的大衰退，美国国会为此通过了能源政策的立法，其中包括建筑和设备节能的激励政策，能源部发布了新建建筑使用的国家强制性节能标准和非强制性的国家建筑节能示范性标准。1976年，《固体废弃物处置法》出台，目前已有半数以上的州制定了不同形式的再生循环法规。

而日本在经历了20世纪70年代的能源危机后，于1979年颁布实施了《节约能源法》，并根据情况进行了若干次修改，成为日本厉行节约并取得重大成就的根本保证。目前，日本的燃油税税率是120%，德国是260%，法国是300%，高燃油税政策促进了节能小型车的发展。除此之外，积极推进技术创新，加快设备革新，也是他们建立低能少耗、无污染生产体系的关键。

富桂教授特意提到了目前有关“全国有22个省份84个城市都存在对小排量汽车的歧视政策”的报道。他说，我们要实现建设节约型社会的目标，就是要通过相关法律、法规的实施，改变我们的发展思路和政策价值取向，扭转经济粗放型增长，消费盲目追求奢华的现象。例如对焦炭、电解铝等破坏生态及高耗能产品，就可以考虑开征能源税。另外，大力倡导循环经济，把降能、降耗列入政府工作的考核指标也是重要的手段。

不过，富桂教授对中国能源的未来倒并不悲观。他说，高油价将成为一种常态，这是人类的宿命。但事情总还是祸福相依。国际原油价格的攀升与国内的石油乱象的逐渐显现，终究会促使以前被忽视了的问题浮上水面。20世纪的能源危机促使西方国家加快了对新能源、新材料的研究，并日益得到广泛应用。生物柴油、燃料电池等一大批新技术产品开始涌现，核能、太阳能、风能、地热等替代能源被广泛接受和使用，大大减少了对石油的依赖。

“像石油、煤炭这样的化石能源早晚有枯竭的一天，聪明的人类完全可以在此之前开发出经济、适用的新的替代能源。”富桂教授说，“不是有国外的科学家预测说，50年后，人类目前因为争夺能源的战争都不存在了，因为那些能源都没有了。相反，像中国的新疆、非洲的撒哈拉大沙漠倒成了世界的能源中心，因为那里建设的超大规模的太阳能电站完全能满足全世界的能源需求。到那时，目前的西部大开发也就水到渠成了。”

没有想到，像能源危机这样沉重的话题，在能源专家的眼里，竟还那样轻松。

（摘自《法律与生活》半月刊2005年9月下半月刊）

本案例选自：北京大学经济学院《中级微观经济学》案例教学 张元鹏编写

思考题：

（1）目前决定我国油价的供给的因素有哪些？其中哪些是主要的因素？

（2）根据你掌握的情况，分析今后几年内我国燃油油价的价格走势。能够达到近10元1升油价吗？要有理有据地回答。

案例2：农产品价格

农业保护是一个世界性的课题，是目前许多国家普遍采取的一项经济政策。它是指政府在处理农业产业和其他产业关系时，对农业所采取的一系列支持与保护政策的总称。农业的天生弱质性和在市场竞争中所处的不利地位，是政府对农业保护的直接原因。农业是一个自然再生产与经济再生产交织的过程，各种自然条件对农业生产的影响很大，使农业具有明显的不稳定性和脆弱性。农业生产不仅面临自然风险，而且还常常遭受由各种经济和社会的不确定因素造成的市场、技术、社会等风险。由于农业本身的特点，承担各种风险的能力又远远低于其他产业，在市场竞争中处于不利地位。

通过实施农产品价格支持与保护措施，保护生产者的经济利益。价格支持是农业保护政策最明显的途径，也是世界各国保护农业最常用的手段。保护价格是政府在考虑农产品供给和农民收入目标的基础上，以农产品生产成本为基础确定的价格，由生产成本和农民的利润构成。农产品价格保护政策的目的在于通过补贴支持农业收入和价格，确保农产品的稳定供应，解决农产品过剩及价格下跌问题，保护农产品生产者的利益。基本做法是政府事先规定农产品的保护价格，包括目标价格和干预价格。目标价格通常在农产品上市季节前规定，一般高于市场价格是农产品价格变动的上限；干预价格即收购价格是农产品价格变动的下限。当市场上农产品价格低于干预价格时，由政府按干预价格收购，差额由国家补贴；当市场上农产品价格上涨高于目标价格时，国家向市场上投放储存的农产品，平抑市场价格。美国23%左右、欧共体70%的农产品享受保护价格。1996年发达国家农业补贴在农业总产值中占36%，日本农业补贴额达405亿美元，美国为235亿美元。发展中国家对农产品价格保护也非常重视，印度农产品价格由支持价格、收购价格、发售价格之分；在泰国农产品价格有保障价格和合同价格之分。

试问在我国目前的情况下是否应该采取对农业的支持价格政策？为什么？

案例 3：航空价格管制

我国民航总局在 1997 年放松了对航空价格的管制，实行“一种票价、多种折扣”。由于多数企业陷入价格战的漩涡，民航总局于 1998 年 5 月上收企业定价权力，并规定各航空公司不得滥用折扣。然而迫于竞争压力和任务指标，航空公司的各种暗扣行为使得禁折令流于形式。

结合我国飞机票价的最低限价说明价格管制的恶果。

第三章 3 效用论

一、内容简介

（一）提纲挈领

- 效用论
  - （1）基数效用分析
    - （边际效用分析）
      - 边际效用递减规律
      - 消费者均衡：$\frac{MU_1}{P_1}=\frac{MU_2}{P_2}=\cdots\cdots=\frac{MU_n}{P_n}=\lambda$
      - 由 MU 导出需求曲线
      - 消费者剩余：$CS=\int_0^{Q_0} f(Q)\,dQ-P_0Q_0$
  - （2）序数效用分析
    - （无差异曲线分析）
      - 无差异曲线分析：含义、特性、斜率（MRS 递减规律）
      - 消费者均衡
        - 预算线：$P_1X_1+P_2X_2=I$
        - 均衡条件：$\frac{MU_1}{P_1}=\frac{MU_2}{P_2}$
      - 价格—消费曲线：导出消费者的需求曲线
      - 收入—消费曲线：导出消费者的恩格尔曲线
      - 替代效应和收入效应
        - 正常物品
        - 低档物品
  - （3）不确定性和风险（不作考试要求）

（二）本章要点

1. 效用的概念

效用是指商品满足人的欲望的能力评价，或者说，效用是指消费者在消费商品时所感受到的满足程度。一种商品对消费者是否具有效用，取决于消费者是否有消费这种商品的欲望，以及这种商品是否具有满足消费者欲望的能力。

2. 基数效用与序数效用比较

（1）基数效用论。基数效用论者认为，效用如同长度、重量等概念一样，可以具体衡量并加总求和，具体的效用量之间的比较是有意义的。

（2）序数效用论。序数效用论者认为，效用仅是次序概念，而不是数量概念。在分析商品效用时，无须确定其具体数字或商品效用多少，只需用第一、第二、第三等序数来说明各种商品效用谁大谁小或相等就足够了，并由此作为消费者选择商品的根据。

（3）基数效用论与序数效用论的比较

差异：①假设不同。基数效用论假设消费者消费商品所获得的效用是可以度量的，可以用基数表示。每个消费者都可以准确地说出自己所获得的效用值。边际效用具有递减规律。序数效用论则认为消费所获得的效用只可以进行排序，只可以用序数来表示。效用的大小及特征表现在无差异曲线中。②使用的分析方法不同。基数效用论使用 MU 即在预算约束下求效用值得最大化作为工具；而序数效用论则使用无差异曲线、预算线作为分析工具。③均衡条件的表达不同。基数效用论表达式为 $MU_i/P_i=\lambda$；序数效用论则表达为 $MRS_{XY}=MU_X/MU_Y=P_X/P_Y$。

相同点：①都是从市场的需求一方着手，通过推导需求曲线，说明需求曲线上的任一点都表示消费者获得了效用最大化。②都是一种消费者行为理论，都把消费者的行为看作是在既定的收入限制条件下追求最大化效用的过程。③都以边际效用理论为基础，认为商品的价值或价格是由商品带给消费者的边际效用的大小来决定的。④他们推导的需求曲线具有相同的趋势，都符合需求规律。

3. 边际效用递减规律

(1) 边际效用递减规律的内容

在一定时间内，在其他商品的消费数量保持不变的条件下，随着消费者对某种商品消费量的增加，消费者从该商品连续增加的每一消费单位中所得到的效用增量即边际效用是递减的。

(2) 边际效用递减的原因

一是因为生理或心理的原因，人的欲望虽然多种多样、永无止境，但生理等因素的限制，就每个具体的欲望满足来说则是有限的。最初欲望最大，因而消费第一单位商品时得到的满足也最大，随着商品消费的增加，欲望也随之减少，从而感觉上的满足程度递减，以致当要满足的欲望消失时还增加消费的话，反而会引起讨厌的感觉。二是设想物品有多种多样的用途，并且各种用途的重要程度不同，人们总会把它先用于最重要的用途，也就是效用最大的地方，然后才是次要的用途，故后一单位的物品给消费者带来的满足或提供的效用一定小于前一单位。

4. 货币的边际效用

基数效用论者认为，货币如同商品一样，也具有效用。商品的边际效用递减规律对于货币也同样适用。但是，在分析消费者行为时，基数效用论者又通常假定货币的边际效用是不变的。

5. 消费者均衡

(1) 消费者均衡的含义

消费者均衡是研究单个消费者如何把有限的货币收入分配在各种商品的购买中以获得最大的效用。也可以说，它是研究单个消费者在既定收入下实现效用最大化的均衡条件。这里的均衡是指消费者实现最大效用时既不想再增加，也不想再减少任何商品购买数量的这么一种相对静止的状态。

(2) 消费者均衡的条件

如果消费者的货币收入水平是固定的，市场上各种商品的价格是已知的，那么，消费者应该使自己所购买的最后一单位的各种商品的边际效用与价格之比相等。即消费者应使自己花费在各种商品购买上的最后一元钱所带来的边际效用相等。

消费者用既定的收入 I 购买 n 种商品，P_1，P_2，…，P_n 分别为 n 种商品的既定价格，λ 为不变的货币的边际效用。以 X_1，X_2，…，X_n 分别表示 n 种商品的数量，MU_1，MU_2，…，MU_n 分别表示 n 种商品的边际效用，则上述的消费者效用最大化的均衡条件可以用公式表示为：

$P_1X_1+P_2X_2+\cdots+P_nX_n=I$

$MU_1/P_1=MU_2/P_2=\cdots MU_n/P_n$

6. 无差异曲线

（1）无差异曲线的含义

无差异曲线是用来表示消费者偏好相同的两种商品的所有组合的曲线。或者说，它是表示能给消费者带来相同的效用水平或满足程度的两种商品的所有组合的曲线。

（2）无差异曲线的性质

①在同一坐标平面上的任何两条无差异曲线之间，可以有无数条无差异曲线。

②离原点越远的无差异曲线代表的效用水平越高，离原点越近的无差异曲线代表的效用水平越低。

③在同一坐标平面上的任何两条无差异曲线不会相交。

④无差异曲线向右下方倾斜，且凸向原点。

7. 预算线

（1）预算线的含义与数学公式表达

预算线又称为预算约束线、消费可能线和价格线。预算线表示在消费者的收入和商品的价格给定的条件下，消费者的全部收入所能购买到的两种商品的各种组合。

预算线方程：$P_1X_1+P_2X_2=I$

其中，I 表示消费者既定收入，X_1和 X_2分别为商品 1 和商品 2 的购买数量，P_1和 P_2分别为商品 1 和商品 2 的价格，P_1X_1和 P_2X_2分别为购买商品 1 和商品 2 的支出。

8. 消费者均衡条件

（1）均衡的前提条件

①最优的商品购买组合必须是消费者最偏好的商品组合。也就是说，最优的商品购买组合必须是能够给消费者带来最大效用的商品组合。

②最优的商品购买组合必须位于给定的预算线上。

（2）均衡的条件

无差异曲线与预算线相切时，消费者实现效用最大化。这时，无差异曲线的斜率等于预算线的斜率。无差异曲线的斜率的绝对值就是商品的边际替代率 MRS_{12}，预算线的斜率的绝对值可以用两商品的价格之比$\frac{P_1}{P_2}$来表示。由此，在均衡点有：$MRS_{12}=\frac{P_1}{P_2}$

在一定的预算约束下，为了实现最大的效用，消费者应该选择最优的商品组合，使得两商品的边际替代率等于两商品的价格之比：

$$I=P_1X_1+P_2X_2$$

$$MRS_{12}=P_1/P_2$$

即在消费者的均衡点上，消费者愿意用一单位的某种商品去交换的另一种商品的数量，应该等于该消费者能够在市场上用一单位的这种商品去交换得到的另一种商品的数量。

9. 替代效应与收入效应的含义

一种商品价格变动所引起的该商品需求量变动的总效应可以被分解为替代效应和收入

效应两个部分，即总效应=替代效应+收入效应。

（1）替代效应。由商品的价格变动所引起的商品相对价格的变动，进而由商品相对价格变动所引起的商品需求量的变动为替代效应。

（2）收入效应。由商品的价格变动所引起的实际收入水平变动，进而由实际收入水平变动所引起的商品需求量的变动，为收入效应。收入效应表示消费者的效用水平发生变化，替代效应则不改变消费者的效用水平。

10. 消费者剩余的概念

消费者剩余是指消费者愿意支付的金额与其实际支付的金额的差额。它虽然并不真正代表消费者在购买之后所剩下的真实的东西，但它代表了消费者以低价购买商品所获得的利益。一般地，它与商品价格成反比。消费者剩余通常被用来度量和分析社会福利问题。

二、重要概念

边际效用　边际效用递减规律　基数效用与序数效用　消费者偏好　无差异曲线　边际替代率　边际替代率递减规律　预算线　消费者均衡　消费者剩余　价格—消费曲线　收入—消费曲线

三、习题练习

（一）单项选择题

【例1】假定X、Y商品的价格P_x、P_y已定，当时$MRS_{xy}>P_x/P_y$，消费者为达到效用最大化，他将（　　）。

A. 增购X，减少Y　　B. 减少X，增购Y

C. 同时增购X、Y　　D. 同时减少X、Y

解答：选择A。$MRS_{xy}>P_x/P_y$，可转换为：$MU_x/MU_y>P_x/P_y$，再次转换：$MU_x/P_x>MU_y/P_y$，表示花在商品X上的最后一元钱带来的边际效用大于花在商品Y上的最后一元钱带来的边际效用。根据边际效用递减规律，其他条件不变情况下，某物品给人的边际效用随其消费量的增加而减少。故此可以判断，商品Y消费过多，而商品X消费偏少。当减少Y的消费并增加X的消费的时候，总效用会增加。

【例2】对于一种商品，消费者想要有的数量都已有了，这时（　　）。

A. 边际效用最大　　B. 边际效用为零

C. 总效用为零　　D. 平均效用达到最大

解答：选择B。对于一种商品，消费者想要有的数量都已有了，表示对该商品已没有更多的需求，总效用达到最大，边际效用为零。

【例3】一个消费者宣称，他早饭每吃一根油条要喝一杯豆浆，如果给他的油条数多于豆浆杯数，他将把多余的油条扔掉，如果给他的豆浆杯数多于油条数，他将同样处理（　　）。

A. 他关于这两种食品无差异曲线是一条直线

B. 他的偏好破坏了传递性的假定

C. 他的无差异曲线是直角的

D. 他的无差异曲线破坏了传递性的假定，因为它们相交了

解答：选择C。对于该消费者，油条与豆浆有一个固定的配比，即1∶1，油条或豆浆单方面多了对该消费者来说效用都不会发生改变。说明两者是完全互补品，画出来的无差异曲线应是呈直角。

【例4】若某商品的消费量随着消费者收入的增加而减少，则该商品是（　　）。

A. 替代品　　B. 互补品

C. 正常品　　D. 低档品

解答：选择D。如果一种商品的消费数量随着消费者收入的增加而提高，那么这种商品就被叫作正常品。对于低档品来说，情形恰恰相反：它们的消费量随着收入的提高而减少。大多数情况下，低档品与经济生活困难的消费者相关联。

【例5】无差异曲线为斜率不变的直线时，表示相结合的两种商品是（　　）。

A. 可以替代的　　B. 完全替代的

C. 互补的　　D. 互不相关的

解答：选择B。完全替代品是指两种或者两种以上可以互相替代来满足同一种欲望的商品，因此，构成完全替代品的任何两种商品之间的替代比例是固定不变的。比如一碗米线和一碗面条的效用完全相等，那么米线和面条这两种商品就是完全替代品。在完全替代的情况下，两商品之间的边际替代率就是一个常数，相应的无差异曲线是一条斜率不变的直线。

1. 序数效用论认为，对于同一消费者，商品效用的大小（　　）。

A. 取决于它的使用价值　　B. 取决于它的价格

C. 不可比较　　D. 可以比较

2. 无差异曲线的形状取决于（　　）。

A. 消费者偏好　　B. 消费者收入

C. 所购商品的价格　　D. 商品效用水平的大小

3. 同一条无差异曲线上的不同点表示（　　）。

A. 效用水平不同，但所消费的两种商品组合比例相同

B. 效用水平相同，但所消费的两种商品的组合比例不同

C. 效用水平不同，两种商品的组合比例也不相同

D. 效用水平相同，两种商品的组合比例也相同

4. 无差异曲线上任一点上商品X和Y的边际替代率等于它们的（　　）。

A. 价格之比　　B. 数量之比

C. 边际效用之比　　D. 边际成本之比

5. 预算线的位置和斜率取决于（　　）。

A. 消费者的收入　　B. 消费者的收入和商品价格

C. 消费者的偏好　　D. 消费者的偏好、收入和商品价格

6. 预算线向右上方平移的原因是（　　）。

A. 商品X的价格下降了　　B. 消费者的收入下降了

C. 商品Y的价格下降了　　D. 商品X和Y的价格按同一比率下降了

7. 当总效用增加时，边际效用（　　）。

A. 为正值，且不断增加　　B. 为负值，且不断减少

C. 为正值　　D. 为负值

8. 当某消费者对商品 X 的消费达到饱和点时，则边际效用 MUx 为（　　）。

A. 正值　　B. 负值

C. 0　　D. 不确定

9. 货币的效用要大于消费者所购入的商品的效用，则他会（　　）。

A. 停止购买　　B. 继续购买

C. 扔掉已经买入的商品　　D. 大量购买

10. 商品的价格不变而消费者的收入增加，消费预算线（　　）。

A. 不动　　B. 向右上方移动

C. 向左下方移动　　D. 绕着某一点转动

11. 消费者的收入不变，但其中一种商品的价格变化，则消费可能线（　　）。

A. 不动　　B. 向右上方移动

C. 向左下方移动　　D. 绕着某一点转动

12. 某种商品的边际效用是（　　）。

A. 消费该商品产生的总效用与消费其他商品的总效用之比

B. 等于该商品的价格

C. 消费该商品产生的总效用与该商品的数量之比

D. 每增加一单位某种商品的消费所带来的效用增量

13. 商品 X 和 Y 的价格以及消费者的收入都按同一比率同方向变化，预算线（　　）。

A. 向左下方平行移动　　B. 向右上方平行移动

C. 不变　　D. 向左下方或右上方平行移动

14. 若无差异曲线上任一点的斜率 $dY / dX = 1/4$，这意味着消费者愿意放弃（　　）单位 X 而获得 1 单位 Y。

A. 1/2　　B. 4

C. 1　　D. 1.5

15. 若消费者的消费低于他的预算线消费，则消费者（　　）。

A. 没有完全用完预算支出　　B. 用完了全部预算支出

C. 或许用完了全部预算支出　　D. 处于均衡状态

16. 消费者均衡的条件是（　　）.

A. $Px/Py = MUy/MUx$　　B. $Px/Py = MUx/MUy$

C. $Px \cdot X = Py \cdot Y$　　D. 以上三者都不是

17. 如果消费者甲的 MU_y/MU_x 小于消费者乙的 MU_y/MU_x，甲可以（　　）来增加效用。

A. 用 X 从乙处换得更多的 Y

B. 用 Y 从乙处换得更多的 X

C. 用 X 从乙处换得更多的 Y 或者用 Y 从乙处换得更多的 X

D. 无法判断

18. 对一个消费者来说，民族音乐磁带对流行音乐磁带的边际替代率是 1/3，如果（　）。

A. 民族音乐磁带的价格是流行音乐磁带价格的 3 倍，他可以获得最大效用

B. 民族音乐磁带的价格和流行音乐磁带的价格相等，他可以获得最大效用

C. 民族音乐磁带的价格是流行音乐磁带价格的 1/3，他可以获得最大效用

D. 他用 3 盘流行音乐的磁带交换 1 盘民族音乐的磁带，他可以获得最大效用

19. 消费者预算线发生平行移动时，连接消费者诸均衡点的曲线称为（　）。

A. 需求曲线　　B. 价格—消费曲线

C. 收入—消费曲线　　D. 恩格尔曲线

20. 消费品价格变化时，连接消费者诸均衡点的曲线称为（　）。

A. 收入—消费曲线　　B. 价格—消费曲线

C. 恩格尔曲线　　D. 需求曲线

21. 恩格尔曲线可以从（　）导出。

A. 价格—消费曲线　　B. 收入—消费曲线

C. 需求曲线　　D. 无差异曲线

22. 需求曲线可以从（　）推导出来。

A. 价格—消费曲线　　B. 收入—消费曲线

C. 无差异曲线　　D. 预算线

23. 由于收入和价格的变动，消费者的均衡也发生变化。假如在新均衡下，各种商品的边际效用均低于原均衡状态的边际效用，这意味着（　）。

A. 消费者的满足程度降低了

B. 消费者的满足程度提高了

C. 消费者的满足状况并没有发生变化

D. 无法判断其满足程度

24. 已知商品 X 的价格为 10 元，Y 的价格为 5 元，若某消费者买了 6 个单位 X 和 4 个单位 Y，此时 X、Y 的边际效用分别为 20、14，那么为获得效用最大化，该消费者应该（　）。

A. 停止购买两种商品

B. 增加 X 的购买，减少 Y 的购买

C. 增加 Y 的购买，减少 X 的购买

D. 同时增加对两种商品的购买

25. 如果消费者消费的 X、Y 商品的价格之比是 1.25∶1，它们的边际效用之比是 2∶1，为达到效用最大化，消费者应（　）。

A. 增购 X 和减少购买 Y

B. 增购 Y 和减少购买 X

C. 同时增购 X 和 Y 两种商品

D. 同时减少 X 和 Y 的购买量

26. 假如消费者消费的几种商品的价格都相同，消费者为达到最大效用满足，他应该购买（　）。

A. 相同数量的这几种商品

B. 这几种商品并使其总效用相等

C. 这几种商品并使其边际效用相等

D. 以上答案都不对

27. 消费者购买每单位物品所支付的价格一定等于（　　）。

A. 消费者从消费第一单位的这种物品中获取的边际效用

B. 消费者从消费这种物品中获得的总效用

C. 消费者从平均每单位物品的消费中获得的效用

D. 消费者从消费最后一单位物品中获得的边际效用

28. 若无差异曲线是水平的，表示消费者对（　　）的消费已达到饱和状态。

A. X 商品　　B. Y 商品

C. X 商品和 Y 商品　　D. 既不是 X 商品也不是 Y 商品

29. 已知 X 商品的价格为 5 元，Y 商品的价格为 2 元，如果消费者从这两种商品的消费中得到最大效用时，商品 Y 的边际效用为 30，那么此时 X 商品的边际效用为（　　）。

A. 60　　B. 45

C. 150　　D. 75

30. 消费者剩余是消费者的（　）。

A. 实际所得　　B. 主观感受

C. 没有购买的部分　　D. 消费剩余部分

31. 某些人在收入比较低时购买黑白电视机，在收入提高时，则去购买彩色电视机，黑白电视机对这些人来说是（　　）。

A. 生活必需品　　B. 奢侈品

C. 低档商品　　D. 吉芬商品

32. 某消费者需求曲线上的各点（　　）。

A. 表示该消费者的效用最大点　　B. 不表示效用最大点

C. 有可能表示效用最大点　　D. 表示边际效用最大的点

（二）多项选择题

【例 1】决定预算线变动的因素有（　　）。

A. 消费者偏好　　B. 商品的价格

C. 消费者收入　　D. 价格弹性

E. 商品的边际替代率

解答：选择 BC。预算线表示在消费者的收入和商品的价格给定的条件下，消费者的全部收入所能购买到的两种商品的各种组合。预算线方程：$P_1X_1+P_2X_2=I$。其中，I 表示消费者既定收入，X_1 和 X_2 分别为商品 1 和商品 2 的购买数量，P_1 和 P_2 分别为商品 1 和商品 2 的价格。

【例 2】价格变动产生的效应有（　　）。

A. 收入效应　　B. 乘数效应

C. 弹性效应　　D. 互补效应

E. 替代效应

解答：选择 AE。商品价格变动所引起的该商品需求量变动的总效应可以被分解为替代效应和收入效应两个部分，即总效应=替代效应+收入效应。

【例 3】水的边际效用很低，是因为（　　）。

A. 水的数量很大　　B. 边际效用是递减的

C. 水的价格很低　　D. 水的总效用小

E. 以上均正确

解答：选择 AB。水虽然是人的生命不可缺少的，给人带来极高的效用，但由于世界上水的数量很多，增加一个单位的水给人们增加的效用就很低了，即水的边际效用很低，水的价格自然也就很低了。

1. 需求定理指出了需求量与价格呈反方向变动的关系，这是由于如下原因（　　）。

A. 替代效应的作用　　B. 消费者的偏好作用

C. 政府政策作用　　D. 收入效应的作用

2. 消费者行为理论中的消费者包括（　　）。

A. 一个团体　　B. 一个家庭

C. 一个厂商　　D. 一个人

3. 根据无差异曲线分析，消费者均衡是无差异曲线与预算线的（　　）。

A. 横轴截距相等之点　　B. 相切之点

C. 纵轴截距相等之点　　D. 斜率相等之点

4. 一种物品的数量增加时，总效用的变化可能是（　　）。

A. 随物品的边际效用增加而增加

B. 随物品的边际效用下降而增加

C. 随物品的边际效用增加而下降

D. 随物品的边际效用下降而下降

5. 某消费者的无差异曲线群中的两条不同的无差异曲线（　　）。

A. 不相交　　B. 不接触

C. 可相切　　D. 可接触

6. 无差异曲线具有如下一些特征（　　）。

A. 是一条向右下方倾斜的曲线

B. 是凸向原点的曲线

C. 是斜率为负的曲线

D. 同一消费者的任意两条无差异曲线不能相交

7. 在消费者收入与商品价格既定的条件下，消费者所能购买到的两种商品数量最大组合的线称为（　　）。

A. 等支出线　　B. 总效用线

C. 消费可能线　　D. 预算线

8. 序数效用论对偏好的假设包括（　　）。

A. 完备性　　B. 传递性

C. 不饱和性　　D. 边际替代率递减

9. 若张某关于牛奶对面包的边际替代率为 1/4，即一单位牛奶相当于 1/4 单位面包，则（　　）。

A. 牛奶价格为4，面包价格为1时，张某获得最大效用

B. 牛奶价格为1，面包价格为4时，张某获得最大效用

C. 牛奶价格为10，面包价格为2时，张某应增加对牛奶的消费

D. 牛奶价格为10，面包价格为2时，张某应增加对面包的消费

10. 如果在北京，芒果的价格比苹果的价格贵5倍，而在海南，芒果的价格只是苹果价格的1/2，那么两地的消费者都达到效用最大化时，则（　　）。

A. 消费者的芒果对苹果的边际替代率都相等

B. 北京的消费者多买苹果，而海南的消费者多买芒果

C. 芒果对苹果的边际替代率，北京的消费者要大于海南的消费者

D. 苹果对芒果的边际替代率，北京的消费者要大于海南的消费者

（三）辨析题

【例1】不同的消费者对同一件商品的效用的大小可以进行比较。

解答：错误。同一个消费者对不同商品的效用大小可以比较。但由于效用是主观价值判断，所以同一商品对不同的消费者来说，其效用的大小是不可比的。

【例2】效用的大小，即使是对同一件商品来说，也会因人、因时、因地而异。

解答：正确。同一商品给消费者的主观心理感受会随环境的改变而改变。

【例3】预算线的移动表示消费者的收入发生变化。

解答：错误。只有在收入变动，商品价格不变，预算线发生平移时，预算线的移动才表示消费者的收入发生了变化。

【例4】需求曲线上的每一点都是在不同的价格水平下的消费均衡点。

解答：正确。当某种产品价格变化时，会引起预算线的转动，形成许多均衡点，把均衡点连接起来形成消费者的价格—消费曲线，即转换坐标后的需求曲线。因此，需求曲线是均衡点连接而成的。

【例5】“如果所有的商品，包括闲暇，都是正常商品，那么如果小时工资率提高了，人们将一定愿意工作更多小时。”

解答：错误。一方面，闲暇为正常品，那么小时工资率提高后，闲暇的价格将上升，其需要将下降，人们将工作更长时间。但另一方面，小时工资率的增加将导致收入增加，那么对闲暇的需求将增加。因此小时工资率的增加对闲暇需求的影响不能确定，既可能增加也可能减少。

1. 同一杯水具有相同的效用。

2. 无差异曲线表示不同的消费者消费两种商品的不同数量组合所得到的效用是相同的。

3. 如果一种商品满足了一个消费者坏的欲望，说明该商品具有负效用。

4. 如果边际效用递减，则总效用相应下降。

5. 如果效用函数 $U(X, Y) = 5X + 6Y$，则无差异曲线的边际替代率是递减的。

6. 无差异曲线的形状越接近于直线，说明该消费者消费的两种商品之间的替代性就越大。

7. 预算线上的每一点均代表了当收入一定时，消费者可能购买的不同数量的商品

组合。

8. 一个消费者对某种商品的数量感到足够了，这说明他对该种商品的边际效用已达到了极大值。

9. 随着商品数量的增加，消费者的全部效用以常数比例增加，说明其边际效用等于零。

10. 两种商品的价格不相同，但对消费者来说，花在这两种商品上的最后1元钱的边际效用有可能相同。

11. 无差异曲线的斜率是根据两种商品的价格的变化而变化的。

12. 如果消费者的偏好和趣味不发生变化，效用极大化的均衡点也不会发生变化。

13. 收入—消费曲线是由于消费者收入的变化引起效用极大化变化的轨迹。

14. 消费者的效用极大化要求预算线与无差异曲线相交。

15. 在预算线上的各种商品的组合，其开支金额是相等的。

16. 消费者均衡就是指消费者所获得的边际效用最大。

17. 因为商品的边际效用递减，所以商品的需求曲线向右下方倾斜。

18. 低档商品就是其需求量随着消费者收入的增加而减少的商品。

19. 商品的边际替代率递减规律决定了无差异曲线的形状是凸向原点的。

20. 价格—消费曲线是用来说明消费者偏好的变化对消费者均衡的影响。

（四）问答题

1. 消费者行为理论的三个假设公理是什么？

2. 简述边际效用递减规律的内容。

3. 简述商品的边际替代率递减规律的内容。

4. 简述无差异曲线及其特点。

5. 试解释水和钻石的价值悖论。

6. 如果一辆需要四个轮子才能开动的车子有了三个轮子，那么当你有第四个轮子时，这第四个轮子的边际效用似乎超过第三个轮子的边际效用，这是不是违反了边际效用递减律？

7. 许多消费者愿意多付钱购买名牌产品，你怎么看待这个问题？（从效用角度予以解答）

8. 比较下列两对物品：

（1）可口可乐与百事可乐

（2）滑雪板和滑雪板上的皮鞋固定装置

哪一对物品你预期无差异曲线完全是一条直线，而哪一对物品你预期无差异曲线是非常凸向原点的？在哪一种情况下，消费者对两种物品相对价格的变动反应更大？

9. 行政配给制是计划经济一大特色，试说明在其他条件相同情况下，这种制度会减少消费者效用。

（五）计算题

1. 已知一件衬衫的价格为80元，一份肯德基快餐的价格为20元，在某消费者关于这两种商品的效用最大化的均衡点上，一份肯德基快餐对衬衫的边际替代率MRS是多少？

2. 假设某消费者的均衡如图3-1所示。其中，横轴OX_1和纵轴OX_2分别表示商品1和商品 2 的数量，线段 AB 为消费者的预算线，曲线 U 为消费者的无差异曲线，E 点为效用最大化的均衡点。已知商品 1 的价格 $P_1=2$ 元。

（1）求消费者的收入；

（2）求商品 2 的价格 P_2；

（3）写出预算线方程；

（4）求预算线的斜率；

（5）求 E 点的 MRS_{12}的值。

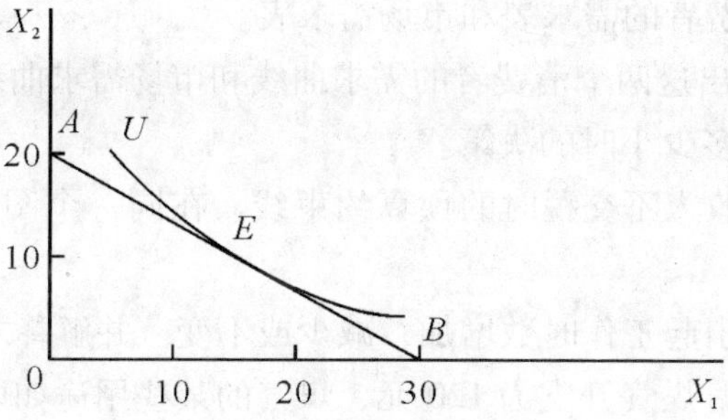

图 3-1　消费者效用最大化

3. 已知某消费者每年用于商品 1 和商品 2 的收入为 540 元，两商品的价格分别为 $P_1=20$ 元和 $P_2=30$ 元，该消费者的效用函数为 $U=3X_1X_2^{\ 2}$，该消费者每年购买这两种商品的数量应各是多少？每年从中获得的总效用是多少？

4. 设有一居民李四效用函数为 U（x，y）$=x^{14}y^{34}$，其中 x 为食品消费量，y 为其他商品的消费量，且该居民的收入为 5 000 元，x 与 y 的价格均为 10 元，请计算：

（1）该居民的最优消费组合。

（2）若政府提供该居民 2 000 元的食品兑换券，此兑换券只能用于食品消费，则该居民的消费组合有何变化？

5. 一个理性的追求效用最大化的人，生活在只有两种商品 X 和 Y 的世界里，其效用函数为：$U=a\ (xy)^{\frac{1}{2}}$，货币收入每月为 656 元，$P_x=8$ 元。请导出其对 Y 的需求曲线方程。

6. 汤姆每周花 3 元用于购买花生奶油和果冻。花生奶油每盎司 0.05 元，果冻每盎司 0.10 元。面包是免费的。汤姆只想吃 1 盎司花生奶油和 2 盎司果冻做的面包三明治，他的这一习惯将不会改变。试求：

（1）汤姆每周买多少花生奶油和果冻？

（2）如果果冻的价格上升到每盎司 0.15 元，则汤姆将买多少花生奶油和果冻？

（3）每周用于三明治的总支出应增加多少元，才能弥补果冻价格的上涨？

7. 假设某消费者每喝一单位咖啡总是放两单位的糖，如果糖和咖啡的价格分别为 P_1、P_2，收入为 m，分别计算出他购买的咖啡和糖的数量。

（六）作图题

1. 请画出以下各位消费者对两种商品（咖啡和热茶）的无差异曲线，同时请对（2）和（3）分别写出消费者 B 和消费者 C 的效用函数。

（1）消费者 A 喜欢喝咖啡，但对喝热茶无所谓。他总是喜欢有更多杯的咖啡，而从不在意有多少杯的热茶。

（2）消费者B喜欢一杯咖啡和一杯热茶一起喝，但他从来不喜欢单独只喝咖啡，或者单独只喝热茶。

（3）消费者C认为，在任何情况下，1杯咖啡和2杯热茶是无差异的。

（4）消费者D喜欢喝热茶，但厌恶喝咖啡。

2. 假设某商品市场上只有A、B两个消费者，他们的需求函数各自为 $Q_A^d=20-4P$ 和 $Q_B^d=30-5P$。

（1）列出这两个消费者的需求表和市场需求表。

（2）根据（1），画出这两个消费者的需求曲线和市场需求曲线。

3. 考虑你关于工作多少小时的决策。

（1）画出假设你的收入不交税时的预算约束线。在同一个图上，画出假设纳15%税时的预算约束线。

（2）说明税收如何引起工作时数增加，减少或不变。并解释之。

4. 某消费者原来每月煤气开支为120元，煤气的某些用途如取暖等可用电替代。现在煤气价格上涨100%，其他商品价格不变，若该消费者得到120元作因煤气涨价的补贴，试问他的处境改善了还是恶化了？为什么？作草图表示。

四、拓展阅读

案例1：是穷人幸福还是富人幸福

对于什么是幸福，美国的经济学家萨缪尔森用的“幸福方程式”来概括。这个“幸福方程式”就是：幸福=效用/欲望，从这个方程式中我们看到欲望与幸福成反比，也就是说人的欲望越大越不幸福。但我们知道人的欲望是无限的，那么多大的效用不也等于零吗？

因此我们在分析消费者行为理论的时候，我们假定人的欲望是一定的，那么我们在离开分析效用理论时，再来思考萨谬尔森提出的“幸福方程式”，真是觉得他对幸福与欲望关系的阐述太精辟了，难怪他是诺贝尔奖的获得者。在社会生活中对于幸福不同的人有不同的理解，政治家把实现自己的理想和抱复作为最大的幸福，企业家把赚到更多的钱当作最大的幸福，教师把学生喜欢听自己的课作为最大的幸福，老百姓往往觉得平平淡淡衣食无忧是最大的幸福。幸福是一种感觉，自己认为幸福就是幸福。但无论是什么人，一般把拥有的财富多少看作是衡量幸福的标准，一个人的欲望水平与实际水平之间的差距越大，他就越痛苦。反之，就越幸福。从“幸福方程式”使我想起了“阿Q精神”。鲁迅笔下的阿Q形象，是用来唤醒中国老百姓的那种逆来顺受的劣根性。而我要说的是人生如果一点“阿Q精神”都没有，会感到不幸福，因此“阿Q精神”在一定条件下是人生获取幸福的手段。市场经济发展到今天，贫富差距越来越大，如果穷人欲望过高，那只会给自己增加痛苦。倒不如用“知足常乐”，用“阿Q精神”来降低自己的欲望，使自己虽穷却也获得幸福自在。富人比穷人更看重财富，他会追求更富，如果得不到他也会感到不幸福。是穷人幸福还是富人幸福完全是主观感觉。

讨论题：

1. 什么是欲望？什么是效用？

2. 为什么欲望越大越不幸福？

案例评析：

我们消费的目的是为了获得幸福。“幸福方程式”就是：幸福=效用/欲望。从这个方程式中我们看到欲望与幸福成反比，也就是说人的欲望越大越不幸福。幸福是一种感觉，自己认为幸福就是幸福。但一般把拥有的财富多少看作是衡量幸福的标准，其实不尽然，一个人的欲望水平与实际水平之间的差距越大，他就越痛苦。因此，“知足常乐”“是可而止”“随遇而安”“退一步海阔天空”“该‘阿Q’时得‘阿Q’”，这些说法有着深刻的经济含义，我们要为自己最大化的幸福做出理性的选择。

案例2：

背景资料

这里给大家讲一个故事，让我们思考消费者效用的实现问题。故事是这样的：

有一对夫妻，花了3个月时间才找到了一只他们非常喜爱的古玩钟，他们商定只要售价不超过600美元就买下来。但是，当他们看清上面的标价时，丈夫却犹豫了。“哎哟”丈夫低声说，“上面的标价是800美元，你还记得吗？我们说好了不超过600美元，我们还是回去吧。”妻子说，“不过我们可以试一试，看店主能不能卖便宜点。毕竟我们已经寻找了这么久才找到了。”夫妻俩私下商量了一下，由妻子出面，试着与店方讨价还价，尽管她认定600美元买到这只钟的希望非常小。

妻子鼓起勇气，对钟表售货员说：“我看到你们有只小钟要卖。我看了上面的标价，而且价标上有一层尘土，这给小钟增添了几许古董的色彩。”停顿了一下，她接着说：“我告诉你我想干什么吧，我想给你的钟出个价，只出一个价。我肯定这会使你震惊的，你准备好了吗？”她停下来看了一下售货员的反应，又接着说：“哎，我只能给你300美元。”

钟表售货员听了这个价后，连眼睛也没眨一下就爽快地说：“好！给你，卖啦！”

你猜妻子的反应怎样？夫妻俩欣喜若狂了吗？不，事实的结果是正好相反。

“我真是太傻了，这钟本来恐怕就值不了几个钱……或者肯定是里面缺少了零件，要不为什么那么轻呢？再要么就是质量低劣……”妻子越想越懊恼。尽管后来夫妻俩还是把钟摆到了家中的客厅里，而且看上去效果很好，美极了，似乎走得也不错，但是她和丈夫总觉得不放心，而且他们一直被某种欺骗的感觉所笼罩。

面对出现的这种结果，我们的问题是：

1. 用消费者效用理论解释出现这种现象的原因。

2. 如果钟表店的售货员坚持不降价或只稍微降价，你认为这对夫妻还有可能购买这只钟表吗？为什么？

3. 此时消费者剩余是多少？如果这对夫妻经过艰难的讨价还价后以550美元成交，消费者剩余是多少？

案例评析：

效用是商品满足人的欲望和需要的能力和程度。从消费主体考察，消费者消费商品对自己某种需要满足程度的感觉，是消费者的一种主观感觉或感受；进一步说这种主观的感觉或感受，是一个心里的感知过程。故事中出现这种现象的原因就是那个钟表售货员居然以300美元把那只钟卖给那对夫妻，售货员这种爽快的行为使那对夫妻认为钟表不值300

美元，没有实现他们消费时的效用实现。深入到他们的内心分析一下他们的心理反应，就是他们在购买那只钟的同时，没有从购买行为中获得一种价值感，没有获得效用最大化的实现。也就是人们常说的这个价买这东西值了；相反，就感觉上当受骗了。如果售货员坚持不降价或只稍微降价，这对夫妻仍然可能购买这只钟表，因为他们花了3个月时间才找到了这只他们非常喜爱的古玩钟，他们对这只钟表具有特殊的偏好。尽管他们商定只要售价不超过600美元就买下来，但他们心里认定他们看上的这只钟表不止值600美元，所以如果经过艰难的讨价还价后，以大于600元购买后还能使这对夫妻获得心理满足，仍然可能购买这只钟表。如果你此时计算消费者剩余为600−300=300（美元），那就错了，因为当售货员爽快地答应把钟表卖给这对夫妻时，他们心里愿意为此支付的最高价格就不再是600美元了，也可能立即降为200美元，从他们的心里反应过程看，此时消费者剩余应该很小，甚至是负值。如果这对夫妻经过艰难的讨价还价后以500美元成交，消费者剩余是50美元。如果售货员掌握关于效用、消费者剩余等经济理论，可能就会在营销技巧上提高，使消费者在购买其商品时获得比较大的效用享受。

第四章 4 生产论

一、内容简介

（一）提纲挈领

- 生产论
  - 企业及其性质
  - 短期生产函数
    - TP_L、AP_L、MP_L
    - 边际报酬递减规律
    - 短期生产的三个阶段
  - 长期生产函数
    - 柯布—道格拉斯生产函数与固定投入比例生产函数
    - 等产量曲线
    - 边际技术替代率及其递减规律
    - 等成本线
    - 投入要素的最佳组合
    - 扩展线
  - 规模报酬 $Q=f(K, L)$
    - 递增：$f(\lambda L, \lambda K)>\lambda Q$
    - 不变：$f(\lambda L, \lambda K)=\lambda Q$
    - 递减：$f(\lambda L, \lambda K)<\lambda Q$

（二）本章要点

1. 生产函数。在生产技术水平不变的情况下，厂商使用可能的生产要素组合与所能生产的最大产量之间的关系。生产函数反映了一个生产过程的生产要素的投入与产出之间的技术关系，它与生产者所选择的生产技术有直接的关系，并随生产技术水平的变动而变动。如果厂商使用劳动和资本作为生产要素只生产一种产品，则生产函数可以表示为：$Q=f(K, L)$。其中，L 表示劳动投入量，K 表示资本投入量，Q 表示产出数量。

在分析上，生产函数分为短期与长期两种：短期指在生产中厂商至少有一种生产要素来不及调整的时期（一般为资本 K）无法调整（或变动）的期间。因此生产函数为：$Q=f(L, \bar{K})$。长期指在生产中厂商对于所有的生产要素都可以进行调整的时期，这时的生产函数可表示为 $Q=f(L, K)$。相应地，我们分别以短期生产理论和长期生产理论来讨论短期生产和长期生产的基本特征。

2. 柯布—道格拉斯生产函数。由数学家柯布和经济学家道格拉斯于 20 世纪 30 年代初一起提出来的一种函数。该生产函数的一般形式为：$Q=AL^{\alpha}K^{\beta}$。式中，Q 为产量；L 和 K 分别为劳动和资本投入量；A、α 和 β 为三个参数，$0<\alpha, \beta<1$。α 和 β 的经济含义是：当 $\alpha+\beta=1$ 时，α 和 β 分别表示劳动和资本在生产过程中的相对重要性，α 为劳动所得在总产量中占的份额，β 为资本所得在总产量中所占的份额。此外，根据柯布—道格拉斯生产函数中的参数。α 与 β 之和，还可以判断规模报酬的情况。若 $\alpha+\beta>1$，则为规模报酬递增；若 $\alpha+\beta=1$，则为规模报酬不变；若 $\alpha+\beta<1$，则为规模报酬递减。

3. 里昂惕夫生产函数。里昂惕夫生产函数又称固定投入比例生产函数，指在每一个产量水平上任何一对要素投入量之间的比例都是固定的生产函数。里昂惕夫生产函数的一般形式为：$Q=Min\ (L/U,\ K/V)$。其中，Q 表示产量，L 和 K 分别表示劳动和资本的投入量，U 和 V 分别为固定的劳动和资本的生产技术系数，它们分别表示生产一单位产品所需要的固定的劳动投入量和资本投入量。该生产函数的意义是：产量 Q 取决于 L/U 和 K/V 这两个比值中较小的那个，即使其中的一个比例数值较大，那也不会提高产量，因为在这里，Q 被假定必须按照 L 和 K 之间的固定比例生产，当一种生产要素的数量不能变动时，另一种生产要素的数量再多，也不能增加产量。

4. 边际报酬递减规律。这是短期生产的一条基本规律，它表示，在技术水平不变的条件下，在连续等量地把某一种可变生产要素增加到其他一种或几种数量不变的生产要素上去的过程中，当这种可变生产要素的投入量小于某一特定值时，增加该要素投入所带来的边际产量是递增的；当这种可变要素的投入量连续增加并超过这个特定值时，增加该要素投入所带来的边际产量是递减的。这就是边际报酬递减规律。

5. 短期生产的三个阶段。根据短期生产的总产量曲线、平均产量曲线和边际产量曲线之间的关系将短期生产划分为三个阶段。第一阶段，劳动的平均产量始终是上升的，且达到最大值；劳动的边际产量上升达最大值，且劳动的边际产量始终大于劳动的平均产量；劳动的总产量始终是增加的。第二阶段，平均产量开始递减，边际产量下降为 0 的阶段。第三阶段，劳动的平均产量继续下降，劳动的边际产量降为负值，劳动的总产量也呈现下降趋势。理智的生产者将会在第二阶段上经营，这是生产者进行短期生产的决策区间。

6. 等产量曲线。在生产技术水平不变的条件下，生产既定产量的两种生产要素投入量的各种组合的点的轨迹。等产量曲线具有以下重要特点：第一，等产量曲线是一条从左上方向右下方倾斜的曲线，具有负斜率，它表示增加一种生产要素的投入量，可以减少另一种生产要素的投入量。第二，坐标图上可以有无数条等产量曲线。它们按产量大小顺次排列，越接近原点的等产量曲线所代表的产量越少，越远离原点的等产量曲线所代表的产量越多。第三，任何两条等产量曲线不能相交。第四，等产量曲线向原点凸出。它表示随着一种生产要素每增加一个单位，可以替代的另一种生产要素的数量将逐次减少。

7. 边际技术替代率。在维持产量水平不变的条件下，增加一个单位的某种要素投入量时所减少的另一种要素的投入数量，被称为边际技术替代率。以 MRTS 表示边际技术替代率，ΔK 和 ΔL 分别表示资本投入的变化量和劳动投入的变化量，劳动 L 对资本 K 的边际技术替代率的公式为：

$$MRTS_{LK}=-\frac{\Delta K}{\Delta L}$$

等产量曲线上某一点的边际技术替代率就是等产量曲线在该点的斜率的绝对值。对于任意一条给定的等产量曲线来说，当用劳动投入去替代资本投入时，在维持产量水平不变的前提下，由增加劳动投入量所带来的总产量的增加量和由减少资本量所带来的总产量的减少量必定是相等的，即必有：$|\Delta L\cdot MP_L|=|\Delta K\cdot MP_K|$。整理得：$-\frac{\Delta K}{\Delta L}=\frac{MP_L}{MP_K}$

所以有 $MRTS_{LK}=-\frac{\Delta K}{\Delta L}=\frac{MP_L}{MP_K}$，该式表示边际技术替代率等于两要素的边际产量之比。

边际技术替代率具有递减趋势。即随着劳动投入量的继续增加，每增加一单位劳动所能替代的资本量将越来越少。这是因为，随着劳动替代资本的过程继续进行，劳动数量不断增加，劳动的边际产量必然呈现递减趋势；而资本投入量则越来越少，资本的边际产量递增。这样，在劳动替代资本过程中，随着劳动投入量的继续增加，每增加一单位劳动所能替代的资本量将越来越少。边际技术替代率递减规律是由技术因素所决定的普遍规律，由于边际技术替代率递减规律的作用，所以，等产量曲线是一条向原点凸出的曲线。

8. 等成本线。等成本线是在生产成本和要素价格给定的条件下生产者可以购买到的两种生产要素的各种不同组合的轨迹。等成本线可写成：$w \cdot L+r \cdot K=C$，斜率可以用两要素的价格之比来表示。

9. 最优生产要素组合。最优生产要素组合是指在生产技术水平既定和要素价格不变，在包含两种或者两种以上可变生产要素的生产过程中，生产者在成本既定条件下使产量最大或者产量既定时使总成本最小时所使用的生产要素数量的最优组合。为实现生产要素的最优组合，应同时考虑等成本线和等产量线。把等成本线和等产量线合在一个图上，等成本线必然和无数条等产量线中的一条相切，这一切点表示生产要素的最优组合，即在既定的产量下实现成本最小或在既定的成本下达到产量最大。实现生产要素最优组合所必须满足的条件是：使用任意两种生产要素的边际技术替代率等于这两种生产要素的价格比，或者说，每单位成本不论用于购买哪种要素所得到的边际产量都相等。最优组合的条件为：$\frac{MP_L}{w}=\frac{MP_K}{r}$。

10. 扩展线。扩展线是指在生产要素价格不变条件下，与不同总成本支出相对应的最优要素投入组合点的轨迹。扩展线表示：在生产要素价格、生产技术和其他条件不变的情况下，当生产的成本或产量发生变化时，厂商必然会沿着扩展线来选择最优的生产要素组合，从而实现既定成本条件下的最大产量，或实现既定产量条件下的最小成本。扩展线是厂商在长期的扩张或收缩生产时所必须遵循的路线，企业如何在生产要素价格不变的条件下选择最佳要素投入组合，以便达到既定的产量扩张（或收缩）的目的，是与生产要素的边际生产力（要素的边际生产力体现的边际技术替代率上）密切相关的。

11. 规模报酬。规模报酬指企业的生产规模变化与所引起的产量变化之间的关系。企业只有在长期内才可以变动全部生产要素，进而变动生产规模，因此，企业的规模报酬分析属于长期生产理论问题。在生产理论中，通常是以全部的生产要素都以相同的比例发生变化来定义企业的生产规模的变化。相应地，规模报酬变化是指在其他条件不变的情况下，企业内部各种生产要素按相同比例变化时所带来的产量变化。企业的规模报酬变化可以分为规模报酬递增，规模报酬不变和规模报酬递减三种情况：规模报酬递增是指产量增加的比例大于各种生产要素增加的比例；规模报酬不变是指产量增加的比例等于各种生产要素增加的比例；规模报酬递减是指产量增加的比例小于各种生产要素增加的比例。在企业扩大规模的长期生产过程中，一般会先后经历规模报酬递增、不变和递减这三个阶段。

二、重要概念

生产函数　柯布—道格拉斯生产函数　短期生产　长期生产　边际报酬递减规律　边

际技术替代率　等产量曲线　规模报酬

三、习题练习

（一）单项选择题

【例 1】当 AP_L 大于零，且递减时，MP_L 是（　　）。

A. 正的　　B. 负的

C. 零　　D. 可以是上述任何一种

解答：选择 D。MP_L 曲线和 AP_L 曲线相交于 AP_L 曲线的最高点。在最高点以后，AP_L 将开始下降，这时 MP_L 以快于 AP_L 的速度逐步下降，然后为零，最后下降为负。

【例 2】如图 4-1 所示，厂商的理性决策应在（　　）。

A. $3<L<7$　　B. $4.5<L<7$

C. $3<L<4.5$　　D. $0<L<4.5$

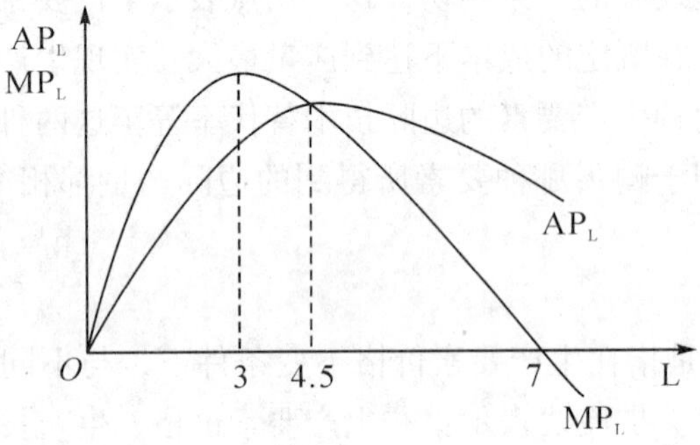

图 4-1　短期生产的三个阶段

解答：选择 B。厂商的理性决策区间应该是在第Ⅱ阶段，在第Ⅱ阶段的起点处，劳动的平均产量达最高点。在第Ⅱ阶段的终点处，劳动的边际产量等于零。所以厂商的理性决策应该在 4.5 到 7 之间。

【例 3】同一条等产量线上的各点代表（　　）。

A. 为生产同等产量，投入要素的各种组合比例是不能变化的

B. 为生产同等产量，要素的价格是不变的

C. 不管投入各种要素的数量如何，产量总是相等的

D. 投入要素的各种组合所能生产的产量都是相等的

解答：选择 D。根据定义，等产量曲线反映曲线上各种要素组合能够实现相同的产量，因此要素组合比例是可变的，A 错；等产量曲线仅反映投入产出之间的物质技术关系，与要素价格无关，B 错；等产量曲线上的点对应着要素投入组合，不能说各种投入量都有相同产量，C 错。

【例 4】在 $\frac{MP_L}{P_L}>\frac{MP_K}{P_K}$ 情况下，企业如何降低成本而又维持相同的产量？（　　）。

A. 增加劳动投入　　B. 增加资本投入

C. 提高规模经济水平　　D. 提高劳动的边际产量

解答：选择A。不等式表明，同样的钱用于劳动投入所获得的产出效率要高于资本，故应增加劳动的投入。

【例5】如果规模报酬不变，单位时间里增加了10%的劳动使用量；但保持资本量不变，则产出将（　　）。

A. 增加10%　　B. 减少10%

C. 增加大于10%　　D. 增加小于10%

解答：选择D。由于规模报酬不变，当增加10%劳动量，同时也增加10%资本量时，产出将增加10%，现在题目中假定资本量不变，故产出增加将小于10%。

1. 生产函数是指（　　）。

A. 企业不断进行投入的活动　　B. 企业将投入转化为产出的过程

C. 企业从生产到销售的全过程　　D. 企业研究和开展的活动

2. 经济学中短期与长期划分取决于（　　）。

A. 时间长短　　B. 可否调整产量

C. 可否调整产品价格　　D. 可否调整生产规模

3. 在其他生产要素投入量不变的条件下，随着一种生产要素的不断增加，总产量（　　）。

A. 一直增加　　B. 一直减少

C. 先增后减　　D. 先减后增

4. 边际报酬递减是在下述情况下发生的（　　）。

A. 按比例连续增加各种生产要素

B. 不按比例连续增加各种生产要素

C. 连续地投入某种生产要素而保持其他要素不变

D. 上述选项都正确

5. 在边际产量发生递减时，如果要增加同样数量的产品，应该（　　）。

A. 增加变动生产要素的投入量　　B. 减少变动生产要素的投入量

C. 停止增加变动生产要素　　D. 同比例增加各种生产要素

6. 当平均产量达到最大值时（　　）。

A. 总产量达到最大值

B. 总产量仍处于上升阶段，还未达到最大值

C. 边际产量达到最大值

D. 边际产量等于零

7. 当边际产量达到最大时，下列各项中正确的是（　　）。

A. 总产量达到最大值　　B. 平均产量处于递减阶段

C. 平均产量处于递增阶段　　D. 总产量处于递减阶段

8. 下列说法中错误的一种说法是（　　）。

A. 只要总产量减少，边际产量一定是负数

B. 只要边际产量减少，总产量一定也减少

C. 随着某种生产要素投入量的增加，边际产量和平均产量增加到一定程度将趋于下降，其中边际产量的下降一定先于平均产量

D. 边际产量曲线一定在平均产量曲线的最高点与之相交

9. 依据生产的三阶段理论，生产应处于（　　）阶段。

A. 边际产出递增，总产出递增　　B. 边际产出递增，平均产出递增

C. 边际产出为正，平均产出递减　　D. 以上都不是

10. 对于图 4-2 所示的等产量曲线，下列说法错误的是（　　）。

A. 规模报酬不变　　B. 固定比例生产函数

C. L 与 K 之间完全可以替代　　D. L 与 K 的边际技术替代率为零

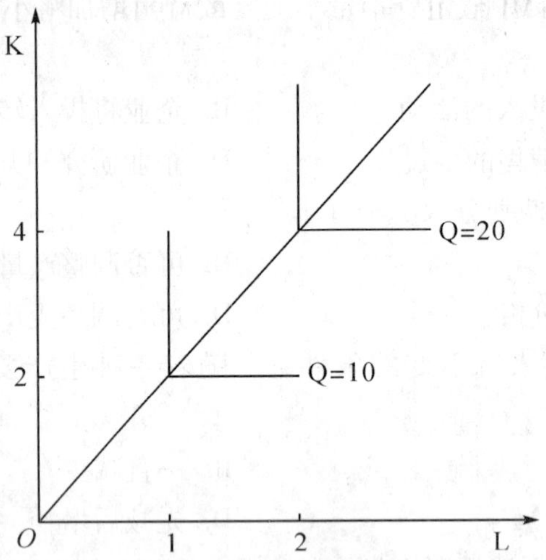

图 4-2　等产量曲线

11. 使用 50 个单位的劳动，一个厂商可以生产出 1 800 单位的产量，使用 60 个单位的劳动，一个厂商可以生产出 2 100 单位的产量，额外一单位劳动的边际产量是（　　）。

A. 3　　B. 30

C. 35　　D. 36

12. 等产量线凸向原点的经济含义是指（　　）。

A. 两种投入既可以相互替代，又不可以完全替代的

B. 两种投入是完全替代的

C. 两种投入是完全补充的

D. 两种投入是独立的

13. 等成本曲线围绕着它与纵轴的交点逆时针移动表明（　　）。

A. 生产要素 Y 的价格上升了　　B. 生产要素 X 的价格上升了

C. 生产要素 X 的价格下降了　　D. 生产要素 Y 的价格下降了

14. 向原点而凸的等产量线与等成本线相切的经济含义是（　　）。

A. 为生产一定量产出而需要的成本开支

B. 为生产一定量产出而需要的最低成本开支

C. 为生产各种产出而需要的各种投入组合

D. 为生产各种产出而需要的多种成本结构

15. 如果等成本曲线在坐标平面上与等产量曲线相交，那么要素生产等产量曲线表示的产量水平（　　）。

A. 应增加成本支出　　B. 不能增加成本支出

C. 应减少成本支出　　D. 不能减少成本支出

16. 当某厂商以最小成本提供既定产量时，那么他（　　）。

A. 总收益为零　　B. 一定获得最大利润

C. 一定未获得最大利润　　D. 无法确定是否获得最大利润

17. 在维持产量水平不变的条件下，如果企业增加二个单位的劳动投入量就可以减少四个单位的资本投入量，则有（　　）。

A. $MRTS_{LK}=2$，且 $MP_K/MP_L=2$　　B. $MRTS_{LK}=1/2$，且 $MP_K/MP_L=2$

C. $MRTS_{LK}=2$，且 $MP_K/MP_L=1/2$　　D. $MRTS_{LK}=1/2$，且 $MP_K/MP_L=1/2$

18. 一旦企业家发现，在现有投入组合下生产，劳动与资本间的边际产量之比大于劳动与资本之间的价格之比，那么该企业如何调整？（　　）。

A. 要增加产量，必须增加成本　　B. 应当引入新的生产要素

C. 应增大资本投入比例　　D. 应增大劳动投入比例

19. 在生产者均衡点上，（　　）。

A. $MRTS_{LK}=P_L/P_K$　　B. $MP_L/P_L=MP_K/P_K$

C. 等产量曲线与等成本曲线相切　　D. 上述选项都正确

图 4-3 等产量曲线与等成本线是 20~24 题的图：

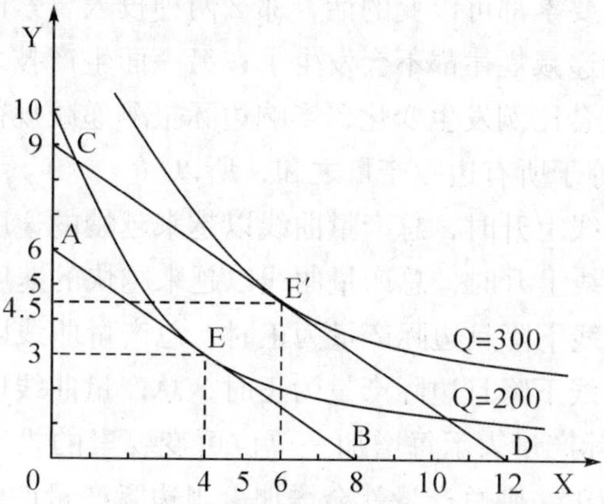

图 4-3　等产量曲线与等成本线

20. 若厂商总成本为 24 元，由等成本曲线 AB 可知生产要素 X 和 Y 的价格分别是（　　）。

A. 4 元和 3 元　　B. 3 元和 4 元

C. 8 元和 6 元　　D. 6 元和 8 元

21. 生产 200 单位产量的最低成本是（　　）。

A. 24 元　　B. 48 元

C. 12 元　　D. 36 元

22. 生产 200 单位产量的最优生产要素组合是（　　）。

A. 3 单位 X 和 4 单位 Y　　B. 4 单位 X 和 3 单位 Y

C. 8 单位 X 和 6 单位 Y　　D. 6 单位 X 和 8 单位 Y

23. 等成本曲线从 AB 平移至 CD，表明总成本从 24 元增至（　　）。

A. 32 元　　B. 36 元

C. 48 元　　D. 60 元

24. 如果有效地使用 32 元，则产量（　　）。

A. 小于 200 单位　　B. 大于 300 单位

C. 大于 200 单位小于 300 单位　　D. 等于 300 单位

25. 已知某企业的生产函数是 $Q=10L^{1/2}K^{1/2}$（Q 为产量，L 和 K 分别为劳动和资本），则（　　）。

A. 生产函数规模报酬不变　　B. 生产函数规模报酬递增

C. 生产函数规模报酬递减　　D. 企业处于内部经济阶段

（二）多项选择题

【例 1】边际报酬递减规律发生作用的前提是（　　）。

A. 存在技术进步　　B. 生产技术水平不变

C. 具有两种以上可变要素的生产　　D. 至少有一种不变要素的生产

E. 只有不变要素的生产

解答：选择 BD。边际报酬递减规律成立的原因在于，对于任何产品的短期生产来说，可变要素投入和固定要素投入之间都存在着一个最佳的数量组合比例，发生边际报酬递减就是因为在一种要素不变的情况下，另一种生产要素投入量过多，超过了最佳比例而带来的。一方面如果两种投入要素都可以变的话，那么两种投入要素的数量比例都会随着产量的变化而变化，边际报酬递减规律都不会发生了；另一面生产技术水平发生变革，也会使得两种要素的最佳数量组合比例发生变化，影响边际报酬递减规律的发生。

【例 2】由于总产量等于所有边际产量之和，所以（　　）。

A. 在边际产量曲线上升时，总产量曲线以越来越慢的速度上升

B. 在边际产量曲线上升时，总产量曲线以越来越快的速度上升

C. 在边际产量曲线下降且边际产量为正时，总产量曲线以越来越快的速度上升

D. 在边际产量曲线下降且边际产量为正时，总产量曲线以越来越慢的速度上升

解答：选择 BD。边际产量表示每增加一单位可变要素的投入量所带来的总产量的增量。所以只要边际产量为正，则总产量就会增加，当边际产量曲线上升时，意味着每增加一单位可变要素的投入量带来的总产量的增量在增加，所以总产量曲线以越来越快的速度上升。反之，在边际产量曲线下降时，意味着每增加一单位可变要素的投入量带来的总产量的增量在减少，虽然在减少，但是依然为正，所以总产量曲线依然会上升，只是上升的速度会越来越慢。

【例 3】已知生产函数 $Q=LK$，当 $Q=1\ 600$ 时，$P_L=4$，$P_K=1$，厂商最佳生产要素组合时资本和劳动的数量是（　　）。

A. $K=20$　　B. $K=80$

C. $L=80$　　D. $L=20$

E. $K=128$

解答：选择 BD。厂商的最佳生产要素组合即为厂商实现生产者均衡时的要素组合数量，此时$\frac{MP_L}{P_L}=\frac{MP_K}{P_K}$，将已知条件带入等式，可得$\frac{K}{4}=\frac{L}{1}$，又因为 $Q=LK$，$Q=1\ 600$，则带

入计算可得 K=80，L=20。

1. 生产要素指生产过程中能帮助生产的各种手段，它包括（　）。

A. 资本　　B. 土地

C. 劳动　　D. 企业家才能

2. 边际收益递减规律成立的条件是（　）。

A. 生产技术水平保持不变

B. 保持其他要素投入数量的不变，只改变一种生产要素的投入量

C. 边际产量递减发生在可变投入增加到一定程度之后

D. 扩大固定资本的存量

3. 某厂商在短期内保持资本（K）的投入量不变而改变劳动（L）要素投入量，则其生产的第二阶段应该是（　）。

A. 边际产量曲线 MP_L 高于平均产量曲线 AP_L

B. 总产量曲线 TP_L 处于递增速率上升阶段

C. 总产量曲线 TP_L 处于递减速率上升阶段

D. 开始于 AP_L 的最高点，终止于 MP_L 与横轴的交点

4. 如果仅劳动是可变投入，以边际产量等于平均产量作为划分生产三阶段的标志，则（　）是第二阶段的特点。

A. 边际产量递减　　B. 平均产量不断下降

C. 总产量不断提高　　D. 投入比例从比较合理到比较不合理

5. 属于通常情况下等产量曲线的特征有（　）。

A. 等产量曲线凹向原点

B. 等产量曲线向右下方倾斜

C. 等产量曲线有无数条，其中每一条代表一个产值，并且离原点越远，代表的产量越大

D. 等产量曲线互不相交

6. 下列对等产量曲线的描述中，错误的是（　）。

A. 说明为了生产一个给定的产量而可能的各种要素投入组合

B. 除非得到所有要素的价格，否则不能画出这条曲线

C. 表明了投入与产出的关系

D. 表明了无论投入的数量如何变化，产出量都是一定的

7. 边际技术替代率（　）。

A. 是在产出量保持不变的前提下，增加最后一个单位投入要素替代另一种投入要素的技术上的比率

B. 是在产出量变动的前提下，增加最后一个单位投入要素替代另一种投入要素的技术上的比率

C. 是负的，并且呈递减趋势

D. 是正的，并且呈递减趋势

E. 是负的，并且呈递增趋势

8. 有关等成本线变动的描述正确的是（　）。

A. 在两种要素价格不变的条件下，成本增加使等成本曲线向右上方平移

B. 在两种要素价格不变的条件下，成本减少使等成本曲线向左下方平移

C. 在成本和另一种要素价格不变的条件下，一种要素的价格变动将导致成本线旋转

D. 以上均正确

9. 对于生产函数 Q = f（L，K）和成本方程 C = ω · L+r · K，在最优的生产要素组合点上应该有（　　）。

A. 等产量曲线与等成本曲线相切　　B. $MRTS_{LK} = \omega/r$

C. $MRTS_{LK} = r/\omega$　　D. $MP_L/\omega = MP_K/r$

10. 无数条等产量曲线和等成本曲线的切点连接起来的曲线是（　　）。

A. 消费可能线　　B. 收入—消费曲线

C. 等斜线　　D. 扩展线

（三）辨析题

【例 1】微观经济学的生产理论分为短期生产理论和长期生产理论。短期和长期的划分是以时间为标准的。

解答：错误。微观经济学的短期和长期的划分以生产者能否改变全部生产要素的投入数量作为标准。

【例 2】边际产量总是小于平均产量。

解答：错误。在平均产量达到最大值以前，边际产量总是大于平均产量；在平均产量达到最大值以后，边际产量总是小于平均产量。

【例 3】如果连续地增加某种生产要素的投入量，总产出将不断递增，边际产量在开始时递增然后趋于递减。

解答：错误。如果连续地增加某种生产要素的投入量，总产出将先递增，达到最大值以后，转为递减，边际产量在开始时递增然后趋于递减。

【例 4】在一条等产量曲线的上部，其代表的产量大于该产量线的下部所代表的产量。

解答：错误。同一条等产量曲线上的不同点代表生产要素的不同数量组合，但产量是相同的。

【例 5】规模报酬属于长期生产理论问题。

解答：正确。企业只有在长期内才可能变动全部生产要素，因此规模报酬分析属于长期生产理论问题。

1. 随着某生产要素投入量的增加，边际产量和平均产量一定会同时趋于上升。

2. 边际产量曲线与平均产量曲线的交点，一定在边际产量曲线向右下方倾斜的部分。

3. 生产要素的价格一旦确定，等成本曲线的斜率随之确定。

4. 生产要素的边际技术替代率递减是边际收益递减规律造成的。

5. 厂商在既定产量下实现最小成本的两要素最优组合原则，与在既定成本下实现产量最大化的两要素最优组合原则，是不相同的。

6. 生产者均衡点只能是等成本和等产量线的公共点。

7. 既定成本条件下，厂商实现最优要素组合的条件是使得最后一单位的货币成本，无论用于购买何种生产要素所得的边际产量相等。

8. 规模报酬递增的厂商不可能也会面临要素报酬递减的现象。

9. 假定生产某产品要用两种要素，如果这两种要素价格相等，则该生产者最好要用同等数量的这两种要素投入。

10. 随着某生产要素投入的增加，边际产量和平均产量增加到一定程度后，将同时下降。

11. 如果两种投入要素的价格相等，当产出一定时，最低成本支出的要素投入组合将取决于等产量曲线切线斜率为-1的点。

12. 在生产函数中，只要至少有一种投入固定不变，便是短期生产函数。

13. 如果生产函数具有规模报酬不变的特征，那么，要素在生产上的边际技术替代率是不变的。

14. 随着生产技术水平的变化，生产函数也会发生变化。

（四）问答题

1. 简述边际报酬递减规律的内容及成因。

2. 简述规模报酬变动的三种情况及其原因。

3. 等产量曲线有哪些特征？这些特征的经济含义是什么？

4. 分析在一种可变投入生产函数下 TP、AP、MP 曲线之间的关系，依此分析说明在短期内企业对劳动要素的使用量并非越少越好。

5. 企业规模是不是越大越好？为什么？

6. 一个企业主在考虑再雇佣一名工人时，在劳动的平均产量和边际产量中他更关心哪一个？为什么？

（五）计算题

1. 表 4-1 是一张一种可变生产要素的短期生产函数的产量表：

表 4-1　一种可变生产要素的短期生产函数产量表

可变要素的数量	可变要素的总产量	可变要素的平均产量	可变要素的边际产量
1		2	
2			10
3	24		
4		12	
5	60		
6			6
7	70		
8			0
9	63		

（1）在表中填空。

（2）该生产函数是否表现出边际报酬递减？如果是，是从第几单位的可变要素投入量开始的？

2. 某企业在短期生产中的生产函数为 $Q=-L^3+24L^2+240L$，计算企业在下列情况下的

L 的取值范围。①在第Ⅰ阶段；②在第Ⅱ阶段；③在第Ⅲ阶段。

3. 已知生产函数 $Q=f(L, K)=2KL-0.5L^2-0.5K^2$，假定厂商目前处于短期生产，且 $K=10$。

（1）写出在短期生产中该厂商关于劳动的总产量 TP_L 函数、劳动的平均产量 AP_L 函数和劳动的边际产量 MP_L 函数。

（2）分别计算当劳动的总产量 TP_L、劳动的平均产量 AP_L 和劳动的边际产量 MP_L 各自达到极大值时厂商的劳动投入量。

（3）什么时候 $AP_L=MP_L$ 它的值又是多少？

4. 假设某厂商的短期生产函数为 $Q=35L+8L^2-L^3$。求：

（1）该企业的平均产量函数和边际产量函数。

（2）如果企业使用的生产要素的数量为 $L=6$，是否处于短期生产的合理区间？为什么？

5. 已知某企业的生产函数为 $Q=L^{2/3}K^{1/3}$，劳动的价格 $w=2$，资本的价格 $r=1$.

求：（1）当成本 $C=3\,000$ 时，企业实现最大产量时的 L、K 和 Q 的均衡值。

（2）当产量 $Q=800$ 时，企业实现最小成本时的 L、K 和 C 的均衡值。

6. 已知某钢铁厂的生产函数为 $Q=5LK$，如果每单位资本和劳动的价格分别为 2 元和 1 元，那么每期生产 40 单位的产品，该如何组织生产？

7. 某企业以变动要素 L 生产产品 X，短期生产函数为 $Q=12L+6L^2-0.1L^3$，AP_L 最大时，需雇佣多少工人？MP_L 最大时，需雇佣多少工人？TP_L 最大时，需雇佣多少工人？

（六）作图题

1. 用图说明短期生产函数 $Q=f(L, \bar{K})$ 的 TP_L 曲线、AP_L 曲线和 MP_L 曲线的特征及其相互之间的关系。

2. 画图说明厂商在既定成本条件下是如何实现最大产量的最优要素组合的。

3. 画图说明厂商在既定产量条件下是如何实现最小成本的最优要素组合的。

四、拓展阅读

案例 1：在土地上施肥量越多越好吗？

早在 1771 年英国农学家阿瑟·杨格就用在若干相同的地块上施以不同量肥料的实验，证明了肥料施用量与产量增加之间存在着这种边际产量递减的关系。这不是偶然的现象而是经验性规律。假如农民在一亩土地上撒一把化肥能增加产量 1 千克，撒两把化肥增产 3 千克，但每增加一把化肥的增产效果会越来越差，过量的施肥量甚至导致土壤板结粮食减产。边际产量递减规律是从社会生产实践和科学实验中总结出来的，在现实生活的绝大多数生产过程中都是适用的。如果是边际产量递增全世界有一亩土地就能养活全世界所有的人，那才是不可思议的了。

讨论题：

1. 边际产量递减规律的含义。

2. 举例说明生活中的边际产量递减规律的现象。

案例评析：

用两种（或两种以上）生产要素相结合生产一种产品时，如果其中一种要素是可以变动的，那么，在其他条件不变的情况下，随着这一可变要素连续地等量增加，其边际产量开始会出现递增的现象，但在达到一定数量后，会呈现递减现象。这就是经济学中著名的边际产量递减规律。边际产量递减规律提示我们，在一定的条件下，高投入未必带来高产出，因此要注意投入的合理限度，寻找最佳的投入数量。在现实生活中边际产量递减的例子很多，目前我国的就业压力很大，其实也是这个规律作用的结果，如果是边际产量递增，我们就不会有失业问题了。

案例2：中国人养活自己靠的农业技术进步

边际产量递减规律早在18世纪就由经济学家提出，有人把这一规律应用到农业领域却描述出一幅人类前景悲惨的画面来：因为耕地等自然资源毕竟是有限的，要增产粮食最终只能依靠劳动力的增加，但边际产量递减规律表明，劳动力投入带来的边际粮食产量递减，于是人口不断增长的必然结果是，人类不能养活自己。无独有偶，1994年，一位叫莱斯特·布朗的人重复类似悲观的预言，发表了一本题为《谁来养活中国》的小册子，宣称人口众多的中国将面临粮食短缺，进而引发全球粮价猛涨的危机。杞人忧天的布朗并不知道袁隆平的名字，袁隆平利用科学技术发明了杂交水稻，使每亩单产达到了405千克，小麦从50千克提高到目前的700千克。中国有出色的农业科学家，中国人养活自己靠的农业技术进步。布朗先生实在是用错了边际产量递减规律。要记住边际产量递减规律是有条件的。

著名经济学家克拉克较早地发现了这一规律，他曾指出，“知识是唯一不遵守效益递减规律的工具”。如美国微软公司为开发第一套视窗软件投入了5 000万美元，其额外生产上千万套只需复制即可，成本几乎可以不计，但仍能以与第一套同样的价格发行，这样，在新经济部门，就出现了不同于传统产业部门的“边际效益递增”的情况。

讨论题：

1. 边际产量递减规律适用的条件是什么？

2. 举例说明生活中的边际产量递增的事实，是否违背了边际产量递减规律？

案例评析：

边际产量递减规律适用的条件是在技术水平不变的情况下（其他条件不变）随着这一可变要素连续地等量增加，其边际产量开始会出现递增的现象，但在达到一定数量后，会呈现递减现象。如果技术等其他条件发生了变化，由于信息等高科技产业以知识为基础，而知识具有可共享、可重复使用、可低成本复制、可发展等特点，对其使用和改进越多，其创造的价值越大，“边际效益递增”。这一观点是对新古典微观经济学的巨大挑战。

第五章 5 成本论

一、内容简介

（一）提纲挈领

- 成本论
  - 成本的概念
    - 机会成本
    - 显性成本与隐性成本
    - 利润
  - 短期成本理论
    - 七条短期成本曲线
      - TC = TFC + TVC
      - AFC = TFC/Q
      - AVC = TVC/Q
      - SAC = STC/Q
      - SMC = dSTC/dQ
    - SAC 与 SMC 的关系
      - SAC 递减时，SAC>SMC
      - SAC 递增时，SAC<SMC
      - SAC 最低时，SAC = SMC
    - 短期产量曲线与成本曲线
      - SMC 与 MP_L 的关系
      - AVC 与 AP_L 的关系
    - 长期成本理论
      - 无固定成本与变动成本之分
      - LTC，LAC，LMC 曲线的推导
      - LAC 呈 U 形的原因：规模经济与规模不经济

（二）本章要点

1. 机会成本。机会成本是指生产者运用一定的生产要素进行生产时所放弃的使用相同的生产要素在其他生产用途中所能得到的最大收入。由此，厂商生产的成本不仅包括显性成本，还应该包括隐性成本。其中，显性成本是指厂商在生产要素市场上购买或租用所需要的生产要素的实际支出。隐性成本是指厂商本身自己所拥有的且被用于该企业生产过程的那些生产要素所应该得到的收入报酬。

2. 经济利润与正常利润。经济利润又叫超额利润，是指企业的总收益与总成本之差。正常利润是指厂商对自己所提供的企业家才能的报酬支付，是生产者继续留在原行业中经营所必需的最低报酬。根据机会成本的概念，正常利润应该以隐性成本的形式计入总成本。从本质上说，正常利润不是利润，而是成本。于是有：当经济利润等于零时，正常利润全部实现。

3. 短期成本的分类。在短期生产函数中，投入要素有可变与不变之分。相应地，成本在短期内也有可变与不变之分。短期成本一共有七种：总成本 STC 是指厂商在短期内为生产一定量的产品对全部生产要素所支出的总成本。它是总固定成本和总可变成本之和。总不变成本 TFC 是指不随产量变动而变动的成本，等于投入的固定要素的价值总和。总可变成本 TVC 是指随产量的变动而变动的成本，等于投入的变动要素的价值总和。平均总成本 SAC 是指平均每单位产品所分摊的总成本，等于总成本除以产量。平均不变成本 AFC 是指平均每单位产品所分摊的总固定成本，等于总固定成本除以产量。平均可变成本 AVC 是指平均每单位产量所分摊的总变动成本，等于总变动成本除以产量。边际成本 SMC 是指厂商每增加一单位产量所增加的成本。

在理解七条短期成本曲线的各自特征及其相互之间的关系时，关键是抓住短期生产的边际报酬递减规律。

不变成本 TFC 曲线是一条水平线。它表示在短期内无论产量如何变化，总不变成本是固定的。

可变成本 TVC 曲线是一条由原点出发的向右上方倾斜的曲线。在一定的产量水平上，总可变成本 TVC 存在着一个拐点。在拐点之前，TVC 曲线的斜率是递减的，在拐点之后，TVC 曲线的斜率是递增的。这一特征来源于边际报酬递减规律。

总成本 TC 曲线是一条由水平的 TFC 曲线与纵轴的交点出发的向右上方倾斜的曲线。在每一个产量点上，不仅 TC 曲线的斜率和 TVC 曲线的斜率相等，而且，TC 曲线和 TVC 曲线之间的垂直距离都等于固定的总不变成本 TFC。

平均不变成本 AFC 曲线是一条向两轴渐近的双曲线，它表示平均不变成本随产量的增加而减少。

平均可变成本 AVC 曲线、平均总成本 AC 曲线和边际成本 MC 曲线都呈 U 形，即它们都表现出随产量的增加而先降后升的特征。它们的这一特征也来源于边际报酬递减规律。

4. 短期成本曲线相互之间的关系。第一，关于 TC 曲线、TVC 曲线和 MC 曲线之间的相互关系：与边际报酬递减规律作用的 MC 曲线的先降后升的特征相对应，TC 曲线和 TVC 曲线的斜率也由递减变为递增。第二，关于 AC 曲线、AVC 曲线和 MC 曲线之间的相互关系：由于在边际报酬递减规律作用下的 MC 曲线有先降后升的 U 形特征，所以，AC 曲线和 AVC 曲线也必定是先降后升的 U 形特征。而且，MC 曲线必定会分别与 AC 曲线相交于 AC 曲线的最低点，与 AVC 曲线相交于 AVC 曲线的最低点。第三，AC 曲线和 MC 曲线的交点与 AVC 曲线和 MC 曲线的交点，前者的出现慢于后者，并且前者的位置高于后者：在平均总成本中不仅包括平均可变成本，还包括平均不变成本。正是由于平均不变成本的作用，才使得 AC 曲线的最低点的出现既慢于、又高于 AVC 曲线的最低点。

5. 短期产量曲线与短期成本曲线之间的关系。第一，边际产量和边际成本之间的关系：根据 $MC=\omega\cdot\frac{1}{MP_L}$，可得．边际成本 MC 和边际产量 MP_L 两者的变动方向是相反的，MP_L 曲线的上升段对应 MC 曲线的下降段；MP_L 曲线的下降段对应 MC 曲线的上升段；MP_L 曲线的最高点对应 MC 曲线的最低点；当总产量 TP_L 曲线下凸时，总成本 TC 曲线和总可变成本 TVC 曲线是下凹的；当总产量 TP_L 曲线下凹时，总成本 TC 曲线和总可变成本 TVC 曲线是下凸的；当总产量 TP_L 曲线存在一个拐点时，总成本 TC 曲线和总可变成本 TVC 曲线也各存在一个拐点。第二，平均产量和平均可变成本之间的关系：根据 $AVC=\omega\cdot\frac{1}{AP_L}$，可得：平均可变成本 AVC 和平均产量 AP_L 两者的变动方向是相反的。前者呈递增时，后者呈递减；前者呈递减时，后者呈递增；前者的最高点对应后者的最低点；由于

MC 曲线与 AVC 曲线交于 AVC 曲线的最低点，MP_L 曲线与 AP_L 曲线交于 AP_L。曲线的最高点，所以，MC 曲线和 AVC 曲线的交点与 MP_L 曲线和 AP_L 曲线的交点是对应的。

6. 长期成本。在长期生产中，生产要素投入都是可变的，因此，成本没有不变和可变之分，所有的成本都可变。因而长期成本中只有总成本 LTC、平均成本 LAC 和边际成本 LMC 三种。

长期总成本曲线表示长期生产中每一特定产量所有的最低成本点的轨迹，表示为：LTC=LTC（Q）。长期总成本曲线是无数条短期总成本曲线的包络线。在这条包络线上，在连续变化的每一个产量水平上都存在着 LTC 曲线和一条 STC 曲线的相切点，该 STC 曲线所代表的生产规模就是生产该产量的最优生产规模，该切点所对应的总成本就是生产该产量的最低总成本。因而 LTC 曲线表示长期内厂商在每一产量水平上由最优生产规模所能带来的最小生产成本。

LAC 曲线是无数条 SAC 曲线与之相切的切点的轨迹，表示为：LAC（Q）= LTC（Q）/Q。长期平均成本曲线是无数条短期平均成本曲线的包络线。在这条包络线上，在连续变化的每一个产量水平，都存在 LAC 曲线和一条 SAC 曲线的相切点，该 SAC 曲线所代表的生产规模就是生产该产量的最优生产规模，该切线所对应的平均成本就是相应的最低平均成本。LAC 曲线表示厂商在长期内在每一产量水平上可以实现的最小的平均成本。长期平均成本曲线呈先降后升的 U 形，主要是由长期生产中的规模经济和规模不经济所决定。

LMC 是厂商长期内每增加 1 单位产量所增加的总成本量。长期边际成本 LMC 曲线呈 U 形，它与长期平均成本曲线相交于长期平均成本曲线的最低点。其原因在于：根据边际量和平均量之间的关系，当 LAC 曲线处于下降段时，LMC 曲线一定处于 LAC 曲线的下方，也就是说，此时 LMC<LAC，LMC 将 LAC 拉下；相反，当 LAC 曲线处于上升段时，LMC 曲线一定位于 LAC 曲线的上方，也就是说，此时 LMC>LAC，LMC 将 LAC 拉上。因为 LAC 曲线在规模内在经济和规模内在不经济的作用下呈先降后升的 U 形，这就使得 LMC 曲线也必然呈先降后升的 U 形，并且两条曲线相交于 LAC 曲线的最低点。

7. 规模经济和规模不经济（内在经济和内在不经济）。规模经济是指厂商由于扩大生产规模而使经济效益得到提高的现象。规模不经济是指厂商由于扩大生产规模而使经济效益降低的现象。它们共同决定了长期平均成本 LAC 曲线的 U 型特征。

8. 外在经济和外在不经济。外在经济是由于厂商的生产活动所依赖的外界环境的改善而增加了经济效益。外在不经济是由于厂商的生产活动所依赖的外界环境恶化而降低了经济效益。它们决定了长期平均成本曲线 LAC 曲线位置的高低。

二、重要概念

机会成本　显性成本　隐性成本　经济利润　规模经济　规模不经济　外在经济　外在不经济

三、习题练习

（一）单项选择题

【例1】某先生辞去月薪1 000元的工作，取出自有存款100 000元（月息1%），办一独资企业。如果不考虑商业风险，则该先生自办企业按月计算的机会成本是（　　）。

A. 2 000元　　B. 100 000元

C. 1 000元　　D. 101 000元

解答：选择A。题中没有列出办企业发生的会计成本，故只要测算因办企业所损失的自有资源收益，其中资本收益每月为1 000元，劳动收益每月也为1 000元，故选A。

【例2】在短期，（　　）。

A. 所有成本都是固定成本　　B. 所有成本都是可变成本

C. 某些成本是固定成本　　D. 所有成本都是边际成本

解答：选择C。在短期，存在着一些固定成本，而在长期，所有成本都是可变的。

【例3】短期平均成本曲线成为U形的原因与（　　）。

A. 规模报酬有关　　B. 外部经济与不经济有关

C. 要素的边际报酬变动有关　　D. 固定成本与可变成本所占比重有关

解答：选择C。短期成本函数与短期生产函数存在对应关系，短期平均成本与可变要素的平均产量具有倒数关系，而可变要素的平均产量之所以呈倒U形，是因为要素报酬递减规律的作用。

【例4】已知生产函数$Q=20L+50K-6L^2-2K^2$，且$P_L=15$元，$P_K=30$元，$TC=660$元，则最优生产要素组合L∶K=（　　）。

A. 7∶3　　B. 20.5∶3

C. 3∶10　　D. 3∶20.5

解答：选择D。$MP_L=20-12L$，$MP_K=50-4K$，$MP_L/MP_K=15/30$，且$15L+30K=660$，故有$L/K=3/20.5$。

【例5】若某个产量的长期平均成本等于短期平均成本，但高于长期边际成本，则（　　）。

A. 规模报酬处于递减阶段　　B. 长期平均成本正在下降

C. 短期平均成本最小　　D. 短期平均成本等于长期边际成本

解答：选择B。当长期平均成本高于长期边际成本时，说明长期平均成本处于下降阶段，规模报酬递增。

1. 根据经济学家的说法，厂商根据（　　）来计算成本。

A. 考虑不变成本和可变成本　　B. 包括机会成本在内

C. 考虑不变成本和沉没成本　　D. 排除机会成本

2. 某机器原来生产产品A，收入为200元，现在改为生产产品B，所花的人工、材料费为1 000元，则生产产品B的机会成本是（　　）。

A. 200元　　B. 1 200元

C. 1 000元　　D. 800元

3. 用自有资金也应计算利息收入，这种利息从成本角度看是（　　）。

A. 固定成本　　B. 隐性成本

C. 会计成本　　D. 生产成本

4. 某厂商从每年的收入中扣除一部分作为自己的报酬所得，这部分资金可以被视为（　　）。

A. 显成本　　B. 会计成本

C. 经济利润　　D. 正常利润

5. 经济成本和经济利润具有以下特征（　　）。

A. 前者比会计成本大，后者比会计利润小

B. 前者比会计成本小，后者比会计利润大

C. 两者都比相应的会计成本和会计利润小

D. 两者都比相应的会计成本和会计利润大

6. 在长期生产中，下列成本哪一项是不存在的？（　　）

A. 可变成本　　B. 平均成本

C. 机会成本　　D. 隐性成本

7. 下列选项中最可能是厂商选择的短期调整的是（　　）。

A. 扩大已存在的工厂的规模　　B. 改变庄稼的品种

C. 雇佣工人以加长劳动的时间　　D. 关闭生产设备

8. 下列选项中最可能是厂商选择的长期调整的是（　　）。

A. 增加一般工人　　B. 建立新工厂

C. 增加已种植庄稼的灌溉量　　D. 短期解雇工人一个星期

9. 下面选项中对农夫而言最可能是不变成本的是（　　）。

A. 财产的保险费　　B. 用于灌溉的水

C. 种子　　D. 额外的帮手

10. 在通常情况下，当不变成本对一个企业而言重要性相对弱时（　　）。

A. 企业有集中趋势　　B. 厂商的数量会较少

C. 厂商的数量会减少　　D. 厂商的数目会较大

11. 得到 MC 是由（　　）

A. TFC 曲线的斜率

B. TVC 曲线的斜率但不是 TC 曲线的斜率

C. TC 曲线的斜率但不是 TVC 曲线的斜率

D. 既是 TVC 又是 TC 曲线的斜率

12. 假如增加一单位产量所带来的边际成本大于产量增加前的平均可变成本，那么在产量增加后平均可变成本（　　）。

A. 减少　　B. 增加

C. 不变　　D. 都有可能

13. 随着产量的增加，平均固定成本（　　）。

A. 在开始时减少，然后趋于增加　　B. 一直趋于减少

C. 一直趋于增加　　D. 在开始时增加，然后趋于减少

14. 已知产量为99单位时，总成本等于995元，产量增加到100单位时，平均成本等于10元，由此可知边际成本为（ ）。

A. 10元　　B. 5元

C. 15元　　D. 7.5元

15. 假定某企业的短期总成本函数为 $STC=30\ 000+5Q-Q^2$，则TVC应该是（ ）。

A. 30 000　　B. $5-Q$

C. $5Q-Q^2$　　D. $30\ 000/Q$

16. 由于（ ）的作用，才使得平均成本曲线的最低点的出现既慢于又高于平均可变成本曲线的最低点。

A. 平均成本　　B. 平均可变成本

C. 平均不变成本　　D. 边际成本

17. 在LAC曲线与一条代表最优生产规模的SAC曲线相切的产量上必定（ ）。

A. 相应的LMC曲线与代表最优生产规模的SMC曲线相交，以及相应的LTC曲线与代表最优生产规模的STC曲线的一个切点

B. 代表最优生产规模的SAC曲线达到最低点

C. LAC达到最低点

D. LMC达到最低点

18. 长期平均成本曲线成为U形的原因与（ ）。

A. 规模报酬有关　　B. 外部经济与不经济有关

C. 要素的边际报酬变动有关　　D. 固定成本与可变成本所占比重有关

19. 长期总成本曲线是各种产量的（ ）。

A. 最低成本点的轨迹　　B. 最低平均成本点的轨迹

C. 最低边际成本点的轨迹　　D. 平均成本变动的轨迹

20. 长期边际成本曲线与短期边际成本曲线相交于①长期总成本与短期总成本曲线相切处，②同时也是长期平均成本与短期平均成本曲线相切处，这一判断（ ）。

A. ①对，②错　　B. ①、②均对

C. ①错，②对　　D. ①、②均错

（二）多项选择题

【例1】在长期中，下列成本中哪些是存在的？（ ）。

A. 固定成本　　B. 平均成本

C. 机会成本　　D. 隐性成本

解答：选择BCD。在长期中由于所有生产要素的投入数量都是可变的，因此长期中所有的成本都可变，不存在固定成本。而平均成本等于总成本除以产出数量，不管是长期还是短期中，都存在总成本，因此平均成本存在，而机会成本、隐性成本是经济学中企业做决策需要考虑的各种成本，无论是长期生产还是短期生产都需要考虑。

【例2】有关经济学中的生产成本与企业会计的生产成本的叙述正确的有（ ）。

A. 经济学中的生产成本是指机会成本

B. 经济学中的生产成本包括生产过程中所有的显性成本和隐性成本

C. 企业会计的生产成本指会计成本

D. 会计成本仅包括经济学中的显性成本

解答：选择 ABCD。经济学成本是指机会成本，将一定的资源用于某项特定用途时，所放弃的该项资源用于其他用途时所能获得的最大收益，包括显性成本和隐性成本。会计成本是厂商在生产过程中购买和使用的且按市场价格直接支付的生产要素的货币支出，其在企业的会计账簿中会直接反映出来。

【例 3】随着产量的增加，厂商的平均固定成本（　　）。

A. 大于 0
B. 等于 0
C. 先减后增
D. 递减
E. 趋向于零

解答：选择 ADE。平均固定成本 AFC＝TFC/Q，随着产量 Q 的增加，等式的分母会越来越大，而分子却保持不变，每单位产量中所包含的平均固定成本就会逐渐减少，当产量 Q 趋近于无穷大时，平均固定成本就会趋向于零，但是永远大于零。

1. 短期总成本分为（　　）。

A. 平均成本
B. 边际成本
C. 不变成本
D. 可变成本
E. 平均可变成本

2. 总收益和总成本差额的部分为（　　）。

A. 经济利润
B. 贡献利润
C. 超额利润
D. 利润
E. 正常利润

3. 固定成本是指厂商（　　）。

A. 在短期内必须支付的生产要素的费用
B. 在短期内不能调整的生产要素的支出
C. 厂房及设备折旧等不变生产要素引起的费用
D. 长期固定不变的成本
E. 在短期内不随产量变动的那部分生产要素的支出

4. 下面不是短期平均成本曲线成“U”形的原因有（　　）。

A. 规模报酬
B. 外部经济与外部不经济
C. 要素的边际报酬
D. 固定成本与可变成本所占比重

5. 在下列几种曲线中，属于 U 形曲线的有（　　）。

A. 平均成本
B. 平均固定成本
C. 平均变动成本
D. 长期总成本
E. 边际成本

6. 已知 $Q=6\ 750-50P$，总成本函数为 $TC=12\ 000+0.025Q^2$，利润最大的产量和价格分别是（　　）。

A. $Q=105$
B. $Q=1\ 500$
C. $P=105$
D. $P=1\ 500$
E. $P=150$

7. 长期平均成本曲线与短期平均成本曲线的关系是（　　）。

A. 长期平均成本曲线是短期平均成本曲线的包络曲线

B. 长期平均成本曲线是所有短期成本曲线最低点的连线

C. 长期平均成本曲线的每一点都对应着一个短期平均成本曲线上的点

D. 长期平均成本在各短期平均成本曲线的下方

E. 所有的短期成本都与长期平均成本曲线相切

（三）辨析题

【例 1】支付给工人的工资和薪水是生产的隐性成本的例子。

解答：错误。这里考察显性成本与隐性成本的概念。工资和薪水是生产的显性成本的例子，因为企业有货币支出。

【例 2】如果在生产要素价格既定时，生产者可以买到任意数量的这些要素，而且用这些生产要素进行生产的规模报酬不变，那么厂商的边际成本曲线将是一条水平直线。

解答：正确。在规模报酬不变是指产量增加的幅度等于要素增加的幅度，也即每增加一单位产量所需的要素投入相同，在要素价格既定下，也即每增加一单位产量所需的成本相同。所以厂商的边际成本曲线将是一条水平直线。

【例 3】由于固定成本不随产出的变化而变化，因而平均固定成本也为常数。

解答：错误。随着产量的增加，总的固定成本被逐步分摊，使得平均固定成本趋于降低。

【例 4】如果产量减少到零，短期内总成本也将为零。

解答：错误。短期总成本曲线不始于原点，因为在短缺存在固定成本，产量为零时，短缺成本等于固定成本。而长期总成本曲线始于原点，因为在长期不存在固定成本，产量为零时，长期成本也为零。

【例 5】在长期中，随着企业扩大其生产设备，它通常先经历规模不经济，然后规模收益不变，最后是规模经济。

解答：错误。随着生产规模扩大，一开始可以利用专业化分工提高生产效率，但企业规模继续扩大时，很可能产生协调问题。所以企业通常经历规模经济、规模收益不变，以及规模不经济。

1. 平均总成本曲线与边际成本曲线相交于边际成本的最低点。

2. 在 TC 曲线给定时，就有可能相应地画出 MC 曲线。

3. MC 一开始递减是因为生产中的边际产量递增引起的。

4. LAC 曲线的上升是由边际收益递减规律引起的。

5. 可变要素的边际成本总是递增的。

6. 总成本是指生产一种产品或劳务所使用的全部资源的市场价值。

7. 长期总成本总是小于或等于短期总成本。

8. 平均短期平均成本总是大于等于长期平均成本。

9. LAC 曲线相切于 SAC 曲线最低点。

10. 由于固定成本不随产出的变化而变化，因而平均固定成本（AFC）也不随产出的变化而变化。

11. 长期平均成本曲线代表了在各种产出水平下的最低平均成本。

12. 如果一个人选择继续升学而不参加工作，他所付出的机会成本是他在学习期间的学费。

13. 短期内使平均产量最大的变动要素投入量，对应于边际成本最低的产量。

14. 机会成本是企业的一种成本，它可以衡量并反映到会计账表中。

15. 企业外在经济是由于厂商的生产活动所依赖的外界环境得到改善而产生的。外在经济会使 LAC 曲线向下方平移。

（四）问答题

1. 为什么短期平均成本曲线和长期平均成本曲线都是 U 形曲线？

2. 请分析一下私营企业的企业主一般要承担哪些显性成本和隐性成本？在购买或租借自身没有的生产要素时，必须支付什么样的价格？

3. 为什么会产生规模经济？导致规模不经济的原因主要是什么？

4. 考虑一个正在写一本书的教授，该教授无论写书还是收集资料都比大学中的任何一个人快。他仍然付钱让学生在图书馆收集资料。这样明智吗？并解释之。

5. 为什么 MC 与 AVC、AC 的最低点相交？

6. LAC 曲线是 SAC 曲线的包络线，为什么 LAC 曲线不经过每一条 SAC 曲线的最低点，而是有且只有一点经过？

（五）计算题

1. 表 5-1 是一张关于短期生产函数 $Q=f(L, \bar{K})$ 的产量表：

表 5-1　短期生产的产量表

L	1	2	3	4	5	6	7
TP_L	10	30	70	100	120	130	135
AP_L							
MP_L							

（1）在表中填空。

（2）根据（1），在一张坐标图上做出 TP_L 曲线，在另一张坐标图上做出 AP_L 曲线和 MP_L 曲线。

（3）根据（1），并假定劳动的价格 $\omega=200$，完成下面的相应的短期成本表（如表 5-2 所示）。

表 5-2　短期生产的成本表

L	Q	TVC = ωL	AVC = ω/ APL	MC = ω/ MPL
1	10			
2	30			
3	70			
4	100			
5	120			
6	130			
7	135			

（4）根据表5-2，在一张坐标图上做出 TVC 曲线，在另一张坐标图上做出 AVC 曲线和 MC 曲线。

（5）根据（2）和（4），说明短期生产曲线和短期成本曲线之间的关系。

2. 假设某产品的边际成本函数为 $MC=3Q^2+5Q+80$，当生产 3 单位产品时，总成本为 292。试求总成本函数、平均成本函数和可变成本函数。

3. 已知某企业的短期总成本函数是 $STC(Q)=0.04Q^3-0.8Q^2+10Q+5$，求最小的平均可变成本值。

4. 假定某厂商的边际成本函数 $MC=3Q^2-30Q+100$，且生产 10 单位产量时的总成本为 1 000。求：

（1）固定成本的值。

（2）总成本函数，总可变成本函数，以及平均成本函数，平均可变成本函数。

5. 假定生产某种产品的边际成本函数为 $MC=110+0.04Q$。求：当产量从 100 增加到 200 时的总成本的变化量。

6. 假定某厂商短期生产的边际成本函数为 $SMC(Q)=3Q^2-8Q+100$，且已知当产量 $Q=10$ 时的总成本 $STC=2\ 400$，求相应的 STC 函数、SAC 函数和 AVC 函数。

7. 假如某个企业生产的产品全部销往两个地方：美国和日本，其生产的总成本函数为 $C=0.25Q^2$，美国对该企业生产的产品的需求函数为 $Q=100-2P$，相应地，日本的需求函数为 $Q=100-4P$。要求：

（1）如果该企业可以控制它销往这两个国家的数量，为使利润最大，它应在这两国各销售多少数量？

（2）在这两个国家，应对其产品如何定价？

（六）作图题

试画图说明短期成本曲线相互之间的关系。

四、拓展阅读

案例 1：上大学值吗

从支付能力看，中国现阶段大学支出是世界最高的 3 倍以上。现在在居民的收入中教育支出占的比例是越来越大。计算一个大学生上大学四年的会计成本是上大学的学费、书费和生活费的总和，按照现行价格标准，一个普通家庭培养一个大学生的这三项费用之和是 4 万。大学生如果不上学，会找份工作，按照现行劳动力价格标准假如也是 4 万，也就是说一个大学生上大学四年的机会成本也是 4 万。大学生上大学经济学概念的成本是 8 万。这还没算上在未进大学校门前，家长为了让孩子接受最好的教育从小学到中学的择校费用。上大学成本如此之高，为什么家长还选择让孩子上大学，因为这种选择符合经济学理论、收益的最大化原则。我们算一下上大学与不上大学一生的成本与收益。不上大学 18 岁工作，工作到 60 岁，共 42 年，平均每年收入是 1 万，共 42 万。上大学 22 岁工作，工作到 60 岁，共 38 年，平均收入是 2 万元，共 76 万，减去上大学的经济学成本 8 万，剩下 68 万。与不上大学收入比较上大学多得到的收入是 26 万。这还没考虑学历高所带来的名誉、地位等其他效应。为什么家长舍得在子女教育上投入，就在情理之中了。这里说的

“选择”是有两种机会，你能考上大学的情况下。另外我们说的只是一般情况。但对一些特殊的人，情况就不是这样了。比如，一个有足球天赋的青年，如果在高中毕业后去踢足球，每年可收入200万人民币。这样，他上大学的机会成本就是800万人民币。这远远高于一个大学生一生的收入。因此，有这种天赋的青年，即使学校提供全额奖学金也不去上大学。这就是把机会成本作为上大学的代价。不上大学的决策就是正确的。同样，有些具备当模特气质与条件的姑娘；放弃上大学也是因为当模特收入高，上大学机会成本太大。当你了解机会成本后就知道为什么有些年轻人不上大学的原因了。可见机会成本这个概念在我们日常生活决策是十分重要的。

讨论题：

1. 什么是会计成本？什么是经济成本？

2. 如何理解机会成本？

3. 用学过的理论分析你自己上大学成本？

案例评析：

经济学所说的成本有两种：一是实际发生的成本，即会计成本；另一个是机会成本。会计成本是厂商在生产过程中按市场价格直接支付的一切费用，这些费用一般均可以通过会计账目反映出来。机会成本是经济学的十大原理之一，机会成本是某种东西的成本是为了得到它而放弃的东西。这是一个非常有用的概念，它有助于我们在几种选择中做出理性的决策。从这个意义上讲会计学是算账的学问；而经济学是决策的学问。

在这里顺便纠正一个错误的说法，有人说教育是消费行为，其实教育不是消费而是投资。消费与投资的区别是消费不会给你增殖一分钱，比如你今年买一台电视，明年再卖，会大大的贬值，不会增殖；投资有可能增殖，一个大学生尽管投资8万，但与不投资的相比，多得的收益是26万。但投资是有风险的，如果一个家长不考虑孩子的实际情况，从小学到中学在教育上的高投入，如果考不上大学或考上大学毕不了业，其投入与产出之比是可想而知的。

案例2：旅行社在旅游淡季如何经营

某旅行社在旅游淡季打出从天津到北京世界公园1日游38元（包括汽车和门票），一位朋友说不信，认为是旅行社的促销手段。一日他跟我提起这事，问我是真的会这么便宜吗？38元连世界公园的门票都不够。我给他分析，这是真的，因为旅行社在淡季游客不足，而旅行社的大客车、旅行社的工作人员这些生产要素是不变的，一个游客都没有，汽车的折旧费、工作人员的工资等固定费用也要支出。任何一个企业的生产经营都有长期与短期之分，从长期看，如果收益大于成本就可以生产。更何况就是38元票价，旅行社也还是有钱赚的，我们给他算一笔账：一个旅行社的大客车载客50人，共1 900元，高速公路费和汽油费假定是500元，门票价格10元共500元，旅行社净赚900元。在短期内不经营也要损失固定成本的支出，因此只要收益能弥补可变成本，就可以维持下去，换个说法，每位乘客支付费用等于平均可变成本，就可以经营。另外公园在淡季门票也打折，团体票也会打折。

讨论题：

1. 什么是短期成本？什么是长期成本？

2. 什么固定成本？什么是可变成本？什么是平均的可变成本？

3. 旅行社在什么情况下就可以经营？

案例评析：

短期成本是指厂商在短期内进行生产经营的开支。分为短期固定成本和可变成本。短期内使用的固定的生产要素（厂房、设备等）不能调整；短期内能够调整是可变的生产要素（工资、原材料等）。旅行社在短期内不经营也要损失固定成本的支出，因此只要收益能弥补可变成本，就可以维持下去。

第六章 6 完全竞争市场

一、内容简介

（一）提纲挈领

- 完全竞争市场
  - 特点：买卖双方人数众多，产品同质，可自由进出行业，信息完全畅通
  - 完全竞争厂商的需求曲线和收益曲线
  - 短期均衡
    - 厂商的均衡条件：MR＝SMC，MR＝AR＝P
    - 生产者剩余
  - 供给曲线
    - 个别厂商：P≥AVC 最低点的 MC 曲线
    - 行业：厂商的短期供给曲线的水平加总
  - 长期均衡
    - 厂商的均衡条件：MR＝LMC＝SMC＝LAC＝SAC，MR＝AR＝P
    - 行业的长期均衡
      - 成本不变行业
      - 成本递增行业
      - 成本递减行业

（二）本章要点

1. 在经济研究中，划分市场结构的标准有厂商数目、产品差别程度、对价格控制的程度和进出一个行业的难易程度。根据这些标准，市场结构可以分为四类：完全竞争市场、垄断竞争市场、寡头市场和完全垄断市场。

2. 在完全竞争市场的中，市场上有大量的买者和卖者；市场上每一个厂商提供的商品都是同质的；每一个厂商对市场的价格都没有控制能力；所有的资源具有完全的流动性；信息是完全的。

3. 在完全竞争条件下，完全竞争厂商只是市场价格的接受者，所以厂商所面临的需求曲线是一条由既定的市场均衡价格水平决定的水平线。由此，厂商的平均收益曲线、边际收益曲线和厂商的需求曲线三线重合。

4. 完全竞争厂商实现利润最大化或者亏损最小化的原则是边际收益等于边际成本，即 MR＝MC。此原则对于不同市场结构条件下的厂商短期生产和厂商长期生产都是适用的。

5. 在短期，完全竞争厂商是在既定的生产规模下，通过对产量的调整来实现 MR＝SMC 的利润最大化的原则。由于在完全竞争市场中，厂商的价格和边际收益相等，所以短期均衡还可以表述为 P＝SMC，在短期均衡时，厂商可以获得最大利润，可以利润为零，也可能蒙受最小损失。当厂商亏损时，厂商需要根据价格和平均可变成本的比较来决定是否继续生产。当 P>AVC 时，厂商虽然亏损，但继续生产；当 P<AVC 时，则厂商必须停止生产；当 P＝AVC 时，则厂商处于生产与不生产的临界点。

6. 从完全竞争厂商的短期均衡分析中，可以得到完全竞争厂商的短期供给曲线。完全竞争厂商的短期供给曲线就是完全竞争厂商的短期边际成本 SMC 曲线等于和高于平均

可变成本 AVC 曲线最低点的部分。显然，完全竞争厂商的短期供给曲线必定是向右上方倾斜的。将完全竞争厂商的短期供给曲线水平加总，便可得到完全竞争行业的短期供给曲线。

7. 由短期供给曲线可以得到生产者剩余的概念。生产者剩余是生产者愿意接受的产品卖价与他实际获得的产品卖价的差额。这个概念可以推广到一个行业。

8. 在长期成本中，所有的生产要素投入量都是可变的，完全竞争厂商通过对全部生产要素投入量的调整来实现利润最大化的均衡条件 MR = LMC。而完全竞争厂商在长期内对全部生产要素的调整可以表现为两个方面：一方面表现为厂商对生产规模的调整；另一方面表现为厂商进入或退出一个行业，这也就是行业内企业数量的调整。如果行业内的单个厂商可以获得利润，则会吸引其他新的厂商加入到该行业的生产中来。随着新厂商的加入，行业的厂商数目增加，整个行业的供给就会增加，市场价格就会下降，市场价格会一直下降到使单个厂商的利润消失为止。相反，如果行业内的单个厂商的生产是亏损的，则行业内原有厂商中的一部分就会自动退出生产。随着原有厂商的退出，行业内厂商的数目就会减少，整个行业的供给就会减少，市场价格就会上升，市场价格会一直升到使单个厂商的亏损消失为止。最后，由于行业中的每一个厂商都处于一种既无利润又无亏损的状态，行业内厂商的进入和退出也就停止了，于是，完全竞争厂商便处于一种长期均衡状态。

9. 在推导完全竞争业的长期供给曲线时，需要考虑当一部分厂商进入或退出一个行业时，它们对生产要素市场的需求以至于对要素市场的价格所产生的影响。当一部分厂商其产量变化所引起的生产要素需求的变化，生产要素的价格可能保持不变，或者上升，或者下降。因此，相应的有成本不变行业、成本递增行业和成本递减行业。在此基础上，推导出他们的长期供给曲线分别是一条水平线、向右上方倾斜的曲线和向右下方倾斜的曲线。

二、重要概念

市场　完全竞争市场　总收益　平均收益　边际收益　完全竞争厂商的供给曲线　停止营业点　收支相抵点　成本不变行业　成本递增行业　成本递减行业　生产者剩余

三、习题练习

（一）单项选择题

【例 1】下列哪一项不是完全竞争行业的特点（　　）。

A. 厂商众多　　B. 同质产品

C. 竞争对手之间有激烈的价格竞争　　D. 厂商可以自由出入这一行业

解答：选择 C。完全竞争行业买卖双方人数众多，产品同质，可自由进出行业，信息完全畅通。但完全竞争行业中单个厂商是价格接受者，提高价格产品将销售不出，降低价格会亏损，故而不会进行价格竞争。所以选择 C。

【例 2】完全竞争条件下的某一厂商在其当前的产出水平下，其索要的价格、边际成本和平均成本都是 1 元。边际成本将随着产出的增加而提高，则这一厂商（ ）。

A. 正好处于利润最大化位置

B. 不在利润最大化位置

C. 不一定在利润最大化位置，需要知道平均可变成本

D. 不一定在利润最大化位置，需要知道总成本

解答：选择 A。完全竞争市场均衡时 P = MC，而且边际成本处于上升位置，即达到利润最大化。此处“边际成本将随着产出的增加而提高”是处于利润最大化的必要条件，因为只有这样，才能保证二阶条件“MR′（Q）<MC′（Q）”成立。对于完全竞争厂商，边际收益为常数，因此边际收益的导数为 0，边际成本的导数是边际成本曲线的斜率，如果边际成本随产出增加而增加，肯定边际成本曲线的斜率为正，则二阶条件得到满足。

【例 3】完全竞争企业在长期均衡条件下，在成本不变的行业中，产量的增加量（ ）。

A. 完全来自新企业

B. 完全来自原有企业

C. 要么完全来自新企业，要么完全来自原有企业

D. 部分来自新企业，部分来自原有企业

解答：选择 A。成本不变行业产量变化不改变生产要素的价格，企业成本曲线的位置不变。因此单个厂商最终还是在原来的 LAC 曲线最低点实现长期均衡，单个厂商产量不变。市场均衡产量的增加完全由新加入的厂商提供。

【例 4】在完全竞争市场上，已知某厂商的边际成本和边际收益曲线的交点位于平均可变成本曲线以下，按照利润最大化原则，他应该（ ）。

A. 增加产量　　　　B. 停止生产

C. 减少产量　　　　D. 以上任何一个措施都采取

解答：选择 B。厂商停业点是 AVC 最低点，低于此点，厂商亏损且将停止生产。题目中，边际收益和边际成本的交点为厂商的最优产量点，位于 AVC 之下，所以厂商停止生产。

【例 5】一个完全竞争厂商每年获得 1 000 万元的利润，其规模收益不变，则（ ）。

A. 在长期，它可以通过增加一倍投入获得两倍的利润

B. 当利润开始下降时，它可以提高价格

C. 在长期，它的利润是稳定的

D. 当有更多厂商进入该行业时，它将得不到利润

解答：选择 D。完全竞争市场长期均衡时，厂商的利润为零。在完全竞争市场中，厂商是价格的接受者，只能被动接受市场价格。当一个厂商凭借技术优势、成本优势等获得利润后，会吸引其他厂商进入该行业生产，导致市场的供给增加，从而市场价格下降，厂商的利润减少，直至消失。所以选择 D。

【例 6】在完全竞争市场上，已知某厂商的产量是 500 单位，总收益是 700 元，总成本是 800 元，总不变成本是 200 元，按照利润最大化原则，他应该（ ）。

A. 增加产量　　　　B. 停止生产

C. 减少产量　　　　　　D. 以上任一措施都采取

解答：选择 B。根据题意，该厂商 AR 即 P 为 700/500＝1.4 元，AC 为 800/500＝1.6 元，AFC 为 200/500＝0.4 元，那么 AVC 应该为 1.6−0.4＝1.2 元，由于 $AVC<P<AC$，所以停止生产。所以选择 B。

【例 7】当一个竞争性市场中的厂商蒙受经济损失时，该行业在完全趋于长期均衡过程中可能发生的情况是（　　）。

A. 较高的价格和较少的厂商　　　　　　B. 较低的价格利较少的厂商

C. 较高的价格和较多的厂商　　　　　　D. 较低的价格和较多的厂商

解答：选择 A。竞争性的市场，长期均衡时，厂商的平均成本等于市场价格。若厂商蒙受损失时，其平均成本高于市场价格，部分效率较低的厂商将退出市场，而导致市场的供给曲线向左移动，从而市场价格上升。所以选择 A。

1. 厂商根据市场变化来改变自己的产量，意味着（　　）。

A. 该厂商是一个价格制定者　　　　　　B. 该厂商是一个价格接受者

C. 该厂商拥有垄断权力　　　　　　D. 厂商无法控制其产量

2. 完全竞争的市场是指（　　）。

A. 市场参与者的购销量只占整个市场交易量的极小一部分

B. 市场参与者只能接受价格，而不能影响价格

C. 交易的商品是同质的

D. 以上全对

3. 根据完全竞争市场的条件，以下哪些行业最接近完全竞争行业（　　）。

A. 家电行业　　　　　　B. 汽车行业

C. 蔬菜行业　　　　　　D. 手机行业

4. 完全竞争市场中的厂商总收益曲线的斜率为（　　）。

A. P　　　　　　B. I

C. O　　　　　　D. 无法确定

5. 在任何市场中，统一定价厂商的平均收益曲线可以由（　　）。

A. 厂商的产品的供给价格表示　　　　　　B. 厂商的产品的需求曲线表示

C. 行业的产品的价格表示　　　　　　D. 行业的产品的需求曲线表示

6. 在完全竞争条件下，个别厂商的需求曲线是一条（　　）。

A. 与横轴平行的线　　　　　　B. 向右下方倾斜的曲线

C. 向右上方倾斜的曲线　　　　　　D. 与横轴垂直的线

7. 在（　　）条件下，厂商的 AR 曲线、MR 曲线和需求曲线 d 三条线是重叠的。

A. 完全竞争　　　　　　B. 垄断竞争

C. 垄断　　　　　　D. 寡头

8. 在最优短期产出水平，厂商将（　　）。

A. 取得最大利润　　　　　　B. 使总损失最小

C. 使总损失最小或使总盈利最大　　　　　　D. 使单位产品中所获利润最大

9. 无论是竞争性厂商，还是垄断性厂商，只有在（　　）时才扩大产出。

A. $P>MC$　　　　　　B. $P<MC$

C. MR>MC　　D. MR<MC

10. 为使收益极大化，竞争性的厂商将按照何种价格来销售其产品（　　）。

A. 低于市场的价格　　B. 高于市场的价格

C. 市场价格　　D. 略高于距离它最近的竞争对手的价格

11. 完全竞争厂商能通过（　　）手段来获得非正常利润。

A. 制定一个高于其竞争对手的价格　　B. 制定一个低于其竞争对手的价格

C. 进行技术创新　　D. 使其产品有别于其他厂商的产品

12. 价格等于平均成本的点，叫（　　）。

A. 收支相抵点　　B. 亏损点

C. 停止营业点　　D. 获取超额利润点

13. 在一般情况下，厂商得到的价格若低于以下哪种成本就停止营业（　　）。

A. 平均成本　　B. 平均可变成本

C. 边际成本　　D. 平均固定成本

14. 已知某企业生产的商品价格为 10 元，平均成本为 11 元，平均可变成本为 8 元，则该企业在短期内（　　）。

A. 停止生产且亏损　　B. 继续生产且存在利润

C. 继续生产但亏损　　D. 停止生产且不亏损

15. 如果一个竞争性市场位于长期均衡状态中，那么，所有的厂商（　　）。

A. 采用完全相同的生产工艺　　B. 具有同一的最低平均成本

C. 经济利润都为 0　　D. 以上都对

16. 生产者剩余是指（　　）。

A. 生产者愿意支付的最高价格超过实际支付的价格的部分

B. 生产者实际支付的价格超过愿意支付的最高价格的部分

C. 生产者愿意得到的最低价格超过实际得到的价格的部分

D. 生产者实际得到的价格超过愿意得到的最低价格的部分

17. 在完全竞争市场上，厂商短期均衡条件是（　　）。

A. P = AR　　B. P = MR

C. P = MC　　D. P = AC

18. 一完全竞争厂商在短期均衡时可能是（　　）。

A. AVC 下降　　B. AC 下降

C. MC 下降　　D. 一可变要素的平均产量上升

19. 在完全竞争的条件下，如果某行业中的厂商的商品价格等于平均成本，那么（　　）。

A. 新的厂商要进入这个行业

B. 原有厂商要退出这个行业

C. 既没有厂商进入也没有厂商退出这个行业

D. 既有厂商进入也有厂商退出这个行业

20. 当完全竞争厂商（并非整个行业）处于长期均衡时，（　　）。

A. P = MR = SMC = SAC

B. P＝MR＝LMC＝LAC

C. P＝MR＝SMC＝LMC，SAC＝LAC，但前后二等式，即P≠SAC

D. P＝MR＝SMC＝LMC＝SAC＝LAC

21. 一完全竞争厂商的供给曲线与下列哪一个完全相同（ ）。

A. 整个边际成本曲线

B. 边际成本曲线的一部分

C. 平均成本曲线

D. 平均成本曲线随产出的增加而上升或保持不变的部分

22. 若生产要素的价格和数量变化方向相同，则该行业是（ ）。

A. 成本不变行业　　B. 成本递增行业

C. 成本递减行业　　D. 以上任何一个

23. 完全竞争市场的厂商短期供给曲线是指（ ）。

A. AVC>MC 中的那部分 AVC 曲线　　B. AC>MC 中的那部分 AC 曲线

C. MC≥AVC 中的那部分 MC 曲线　　D. MC≥AC 中的那部分 MC 曲线

24. 在完全竞争市场中，行业的长期供给曲线取决于（ ）。

A. SAC 曲线最低点的轨迹　　B. SMC 曲线最低点的轨迹

C. LAC 曲线最低点的轨迹　　D. LMC 曲线最低点的轨迹

（二）多项选择题

【例1】在完全竞争条件下，与平均收益曲线重叠的是（ ）。

A. 价格曲线　　B. 需求曲线

C. 边际收益曲线　　D. 总收益曲线

E. 边际成本曲线

解答：选择 ABC。完全竞争条件下，由于厂商是价格的接受者，所以商品不管需求量是多少，价格都保持不变。因此，市场价格、平均收益和边际收益三者相等，相应的三条曲线重合。

【例2】在完全竞争市场上，厂商短期均衡的条件是（ ）。

A. MR＝MC　　B. P＝MC

C. AR＝MC　　D. AR＝AC

E. TR＝TC

解答：选择 ABC，任何市场条件下，厂商短期均衡的条件均是 MR＝MC，所以 A 正确。又由于在完全竞争市场上 P＝AR＝MR，所以 P－AR－MR＝MC，D、C 正确。

【例3】厂商的停止生产点是（ ）。

A. P＝AVC　　B. TR ＝VC

C. TR＝TC　　D. 企业总亏损等于 FC

E. P＝AFC

解答：选择 ABD。厂商价格低于 AC 时会亏损，但是不一定停止生产。若 P 大于或者等于 AVC 时，厂商生产只亏损部分 FC 或者全部的 FC，而停止生产，损失更大，会亏掉全部的 FC 和部分 VC，所以 P＝AVC 是厂商停业点。此时厂商的总收益刚好等于 VC，他亏损掉所有的 FC。

【例 4】在完全竞争条件下，市场价格处于厂商的平均成本的最低点，则厂商将（　　）。

A. 获得最大利润
B. 不能获得最大利润
C. 无法确定厂商的利润状况
D. 获得正常利润

解答：选择 AD，市场价格处于厂商的平均成本的最低点时，厂商获得的经济利润为零，但是此时他获得了跟其他行业一样的正常利润，选择 D。在完全竞争条件下，市场价格等于平均成本最低点时，厂商获得了均衡，实现了利润最大化，故选择 AD。

1. 按竞争与垄断的程度，我们将市场分为（　　）。

A. 完全垄断市场
B. 垄断竞争市场
C. 寡头垄断市场
D. 完全竞争市场

2. 一个完全竞争的市场结构，必须具备下列条件（　　）。

A. 市场上有很多生产者和消费者
B. 行业中厂商生产的产品是有差别的
C. 行业中厂商生产的产品是无差别的
D. 厂商和生产要素可以自由流动
E. 购买者和生产者对市场信息完全了解

3. 关于完全竞争市场，以下说法中正确的是（　　）。

A. 所有消费者和厂商的个体行为总和决定了价格，且对单个市场参与者来说，该价格是一个既定的参数

B. 完全竞争市场的产品同质假定意味着，厂商生产的产品中，商标、品牌等都是不存在的

C. 完全竞争市场上的行业需求曲线是由单个厂商的需求曲线加总而成的

D. 外部经济的存在必然导致行业的供给曲线向右下方倾斜

4. 在完全竞争市场上，厂商的市场需求曲线（　　）。

A. 大于平均收益曲线
B. 等于平均收益曲线
C. 大于价格线
D. 等于价格线

5. 下列比较接近完全竞争市场有（　　）。

A. 汽车市场
B. 发达的证券市场
C. 农产品市场
D. 钢铁市场

6. 在完全竞争市场上，厂商处于长期均衡时（　　）。

A. SMC = SMR = SAC = SAR
B. MR = LMC = SMC
C. MR = AR = MC = AC
D. MR = LMC = SMC = LAC = SAC
E. P = LMC = LAC = SMC = SAC

7. 行业的长期供给曲线分为三种情况（　　）。

A. 成本不变的长期供给曲线
B. 成本递减的长期供给曲线
C. 成本先上升而后下降行业的长期供给曲线
D. 成本递增的长期供给曲线
E. 以上说法都对

8. 在成本不变的完全竞争行业中，长期中需求的增加会导致市场价格和市场产量（　　）。

A. 价格提高　　　　B. 价格不变

C. 产量提高　　　　D. 产量不变

9. 厂商要获得经济利润，一定是（　　）。

A. TR >TC　　　　B. P>AC

C. TR >TVC　　　　D. P>AVC

E. TR＝TC

10. 在完全竞争市场上，以下说法中正确的是（　　）。

A. 如果市场价格低于厂商的平均成本，或总收益小于总成本，厂商将停止营业

B. 规模收益递减与外部不经济都会导致行业的长期供给曲线线右上方倾斜

C. 长期当中，如果一个行业是成本不变的，那么，市场需求的变化将完全反映在产量的调整上

D. 如果在一个极短的时期内，一个行业的供给曲线是垂直的，那么，市场需求的变化将完全反映在价格的调整上

11. 以下说法中不正确的是（　　）。

A. 完全竞争厂商面对的需求曲线有市场价格所决定，故其完全缺乏弹性

B. 对于一个完全竞争厂商来说，其边际收益与市场价格是相同的

C. 完全竞争模型毫无意义，因为它的几个假设极不现实

D. 长期中，完全竞争厂商经济利润为 0 使得厂商倾向于退出该行业

12. 当一个完全竞争行业实现长期均衡时，每个企业（　　）。

A. 都实现了正常利润　　　　B. 利润都为零

C. 行业中没有任何厂商再进出　　　　D. 利润可以大于零

13. 在成本不变的完全竞争行业中，长期中需求的增加会导致市场价格和市场产量（　　）。

A. 价格提高　　　　B. 价格不变

C. 产量提高　　　　D. 产量不变

14. 当一个完全竞争行业实现长期均衡时，每个企业（　　）。

A. 都实现了正常利润　　　　B. 利润都为零

C. 行业中没有任何企业进入　　　　D. 行业中没有任何企业退出

15. 完全竞争厂商的短期均衡可分为以下几种情况（　　）。

A. AR>SAC，盈利

B. AR＝SAC，收支相抵

C. AVC<AR<SAC，亏损，但继续生产

D. AR＝AVC 或者 AR<AVC，停止生产

16. 生产者剩余等于（　　）。

A. 实际收入与愿意得到的最低收入之差

B. 实际收入与总变动成本之差

C. 利润与总固定成本之和

D. 利润与总变动成本之和

（三）辨析题

【例 1】完全竞争市场所面临的需求曲线具有完全弹性。

解答：错误。完全竞争市场所面临的需求曲线仍然向右下方倾斜，完全竞争市场的厂商面临的需求曲线具有完全弹性。

【例 2】完全竞争厂商长期均衡时可能出现亏损。

解答：错误。完完全竞争厂商长期均衡时利润为零，不会出现亏损。

【例 3】完全竞争厂商的短期供给曲线就是其相应的边际成本曲线。

解答：错误。完全竞争厂商的短期供给曲线就是其相应的边际成本曲线等于或大于平均可变成本最低点的部分。

【例 4】完全竞争厂商长期平均成本（LAC）成 U 型是缘于边际报酬递减规律。

解答：错误。完全竞争厂商长期平均成本（LAC）成 U 型是缘于规模经济和规模不经济。

【例 5】完全竞争厂商既不会以高于也不会以低于市场均衡价格的价格出售产品。

解答：正确。完全竞争厂商按照既定的价格可以售卖所有数量的产品，需求曲线为水平线。价格高卖不掉，价格低则亏损。

1. 市场竞争程度的强弱是微观经济学划分市场类型的一个重要标准。

2. 生产者的行为目标是产量最大化原则。

3. 完全竞争市场的产品买卖双方没有差别，但产品是有差别的。

4. 完全竞争市场的产品同质假定意味着厂商生产的产品中，商标、专利、品牌等的差异是不存在的。

5. 完全竞争厂商只能被动地接受既定的市场价格。

6. 在完全竞争行业中，企业的需求曲线是水平的，所以企业的 MC 曲线也是水平的。

7. 完全竞争厂商利润最大化的充要条件为 MR＝MC。

8. 当市场价格小于短期平均成本时，厂商一定会停止生产。

9. 企业在停止经营时，TR＝TVC，亏损则不能确定。

10. 当市场价格等于短期平均可变成本的最低点时，厂商的超额利润为零。

11. 企业获得经济利润则一定获得正常利润。

12. 完全竞争厂商长期均衡时可能出现亏损、利润为零和盈利三种情况。

13. 如果行业中每个企业都处于长期均衡状态，整个行业一定处于长期均衡。

14. 如果企业和行业都处于长期均衡，它们一定处于短期均衡。

15. 完全竞争厂商在短期中愿意获得的最低收入等于总变动成本。

16. 完全竞争厂商短期生产者剩余等于利润与总不变成本之和。

17. 完全竞争市场的短期供给曲线是水平的。

18. 成本递增行业的长期供给曲线为水平线。

19. 成本递增行业的长期供给曲线表示，随着供给量的增加，长期供给价格是不变的。

20. 完全竞争厂商所面临的需求曲线是一条水平线，它表示，完全竞争厂商可以通过改变销售量来影响商品价格。

（四）问答题

1. 完全竞争市场有哪些基本特点？

2. 有人认为，完全竞争在现实中很难存在，也就没有什么实际意义。对此，你是怎样认为的？

3. 为什么说完全竞争市场是一种最有效的市场结构？

4. 家电行业的制造商发现，为了占有市场份额，他们不得不采取一些竞争激烈策略，包括广告、售后服务、产品外行设计等。因此，家电行业被认为是完全竞争行业。这种说法对吗？

5. 在完全竞争市场上，为什么厂商的需求曲线是一条和横轴平行的线，而行业需求曲线是一条自左上方向右下方倾斜的曲线？

6. 有人说："由于长期内经济利润为零，厂商在完全竞争市场中没有利益驱动去生产产品，为什么还有人不赢利的情况下继续进行生产和销售？"你赞同这种说法吗？

7. "虽然很高的固定成本是厂商亏损的原因，但永远不会是厂商停业的原因。"你同意这种说法吗？为什么？

8. 分析完全竞争市场长期均衡的实现过程和特点。

9. 厂商的长期均衡和行业的长期均衡有何区别？

（五）计算题

1. 某企业新产品的需求曲线是 $Q=20\ 000-100P$，其固定成本是 1 000 元，每单位产品还需要支付 4 元的边际成本。

（1）求总收益函数 R（Q）。

（2）求总成本函数 C（Q）。

（3）为实现利润最大化，企业应生产多少该新产品？

2. 已知某完全竞争行业中的单个厂商的短期成本函数为 $STC=0.1Q^3-3Q^2+10Q+200$。当市场上产品价格 $P=100$ 时，求厂商的短期均衡产量和利润。

3. 某完全竞争厂商的短期边际成本函数 $SMC=0.6Q-10$，总收益函数 $TR=38Q$，且已知产量 $Q=20$ 时的总成本 $STC=260$。

求该厂利润最大化时的产量和利润。

4. 完全竞争行业中某厂商的成本函数为 $STC=Q^3-6Q^2+30Q+40$，假设产品价格为 66 元，求：

（1）利润最大化时的产量及利润总额。

（2）由于竞争市场供求发生变化，由此决定的新的价格为 30 元，在新的价格下，厂商是否会发生亏损？如果会，最小的亏损额是多少？

（3）该厂商在什么情况下才会退出该行业（停产）？

5. 假定某完全竞争行业中有 100 家完全相同的厂商，每个厂商的成本函数为：$STC=0.5q^2+q+10$。试问：

（1）市场的供给函数。

（2）假定市场的需求函数为：$Q_d=2\ 400-400p$，那么，市场均衡价格为多少？

6. 某厂商处于完全竞争性市场结构中，已知它的长期平均成本函数为 $LAC=200+0.05Q^2-4Q$，计算该厂商达到长期均衡时的产量水平、边际成本水平和市场价格。

7. 某完全竞争的成本固定不变行业包含多家厂商，每家的长期总成本函数为 $LTC=0.1q^3-4q^2+50q$（q 是厂商年产量）。产品的市场需求函数是 $Q=9\ 000-100P$（Q 是该行业年销售量，P 是产品价格）。

（1）计算厂商长期平均成本为最小时的产量和销售价格。

（2）求该行业的长期均衡产量。

（3）该行业长期均衡时有多少家厂商？

8. 已知完全竞争市场上单个厂商的长期成本函数为 $LTC=Q^3-20Q^2+200Q$，市场的产品价格为 $P=600$。求：

（1）该厂商实现利润最大化时的产量、平均成本和利润各是多少？

（2）该行业是否处于长期均衡？为什么？

（3）该行业处于长期均衡时每个厂商的产量、平均成本和利润各是多少？

（4）判断（1）中的厂商是处于规模经济阶段，还是处于规模不经济阶段？

（六）作图题

1. 用图说明完全竞争厂商短期均衡的形成及其条件。

2. 为什么完全竞争厂商的短期供给曲线是 SMC 曲线上等于和高于 AVC 曲线最低点的部分？

3. 用图说明完全竞争厂商长期均衡的形成及其条件。

四、拓展阅读

2012 年临近春节，我有机会对某村农贸市场的春联销售进行了调查，该农贸市场主要供应周围 7 个村 5 000 余农户的日用品。贴春联是中国民间的一大传统，春节临近，春联市场红红火火，而在农村，此种风味更浓。

在该春联市场中，需求者有 5 000 多农户，供给者为 70 多家零售商，市场中存在许多买者和卖者；供应商的进货渠道大致相同，且产品的差异性很小，产品具有高度同质性（春联所用纸张、制作工艺相同，区别仅在于春联所书写内容的不同）；供给者进入退出没有限制；农民购买春联时的习惯是逐个询价，最终决定购买，信息充分；供应商的零售价格水平相近，提价基本上销售量为零，降价会引起利润损失。原来，我国有着丰富文化内涵的春联，其销售市场结构竟是一个高度近似的完全竞争市场。

供应商在销售产品的过程中，都不愿意单方面降价。春联是农村过年的必需品，购买春联的支出在购买年货的支中只占很小的比例，因此其需求弹性较小。某些供应商为增加销售量，扩大利润而采取的低于同行价格的竞争方法，反而会使消费者认为其所经营的产品存在瑕疵（例如：上年库存，产品质量存在问题等），反而不愿买。

该农村集贸市场条件简陋，春联商品习惯性席地摆放，大部分供应商都将春联放入透明的塑料袋中以防尘保持产品质量。而少部分供应商则更愿意损失少部分产品暴露于阳光下、寒风中，以此展示产品。因此就产生了产品之间的鲜明对照。暴露在阳光下的春联更鲜艳，更能吸引消费者目光、刺激购买欲望，在同等价格下，该供应商销量必定高于其他同行。由此可见，在价格竞争达到极限时，价格外的营销竞争对企业利润的贡献不可小视。

在商品种类上，例如“金鸡满架”一类小条幅，批发价为0.03元/副，零售价为0.3元/副；小号春联批发价为0.36元/副，零售价为0.50元/副。因小条幅在春联中最为便宜且为春联中的必需品，统一价格保持五六年不变，因此消费者不对此讨价还价。小条幅春联共7类，消费者平均购买量为3到4类，总利润可达1.08元，并且人工成本较低。而小号春联相对价格较高，在春联支出中占比重较大，讨价还价较易发生；由此，价格降低和浪费的时间成本会造成较大利润损失，对小号春联需求量较大的顾客也不过购买7~8副，总利润至多1.12元。因此，我们不难明白浙江的小小纽扣风靡全国、使一大批人致富的原因；也提醒我们，在落后地区发展劳动密集、技术水平低、生产成本低的小商品生产不失为一种快速而行之有效的致富方法。

春联市场是一个特殊的市场，时间性很强，仅在年前存在10天左右，供应商只有一次批发购进货物的机会。供应商对于该年购入货物的数量主要基于上年销售量和对新进入者的预期分析。如果供应商总体预期正确，则该春联市场总体商品供应量与需求量大致相同，则价格相对稳定。一旦出现供应商总体预期偏差，价格机制就会发挥巨大的作用，将会出现暴利或者亏损。

综上可见，小小的农村春联市场竟是完全竞争市场的缩影与体现，横跨经济与管理两大学科。这也就不难明白经济学家为何总爱将问题简化研究，就像克鲁格曼在《萧条经济学的回归》一书中，总喜欢以简单的保姆公司为例得出解决经济问题的办法，这也许真的有效。

案例评析：

完全竞争是指有无数的买者和卖者组成的、无任何外在力量控制或人为因素干扰的市场结构。在这种市场上，既没有政府的直接干预和控制，也没有厂商的相互勾结或集体行动。完全竞争的市场具有以下四个特征：

1. 产品同质。在完全竞争的市场上，各个厂商提供的产品完全相同，没有任何差别。各厂商提供的产品，从原材料、加工工艺到包装、服务，都完全一样，可以相互替代。如果消费者购买不同厂商的产品，不会给消费者产生效用上的差别。

2. 厂商无数。在完全竞争的市场上，有无数多个买者和卖者。每个买者的购买量和每个卖者的销售量只占市场交易量的很少一部分。个体的行为不可能影响市场的供求关系和价格。产品的价格是由市场供求关系决定的。买者和卖者只能接受既定的市场价格，是价格的接受者。

3. 要素自由进出。生产要素不受任何限制，可以自由地流动，即厂商可以自由地进入或者退出完全竞争行业，不会遇到任何行业壁垒或人为因素的干扰，因此，竞争非常激烈。

4. 信息充分。在完全竞争市场上，所有的顾客和厂商都掌握了充分的市场信息。消费者完全知道所有厂商提供的产品的现在和未来的市场价格，厂商掌握了各种生产技术和有关要素、产品的价格信息，要素的所有者知道要素的各种用途及其相应的收益。任何买者都不可能以高于或低于市场的价格购买自己所需要的产品，任何卖者也不可能以高于市场的价格销售自己的产品。

显然，完全符合上述条件的完全竞争市场是一种理想的市场状态，是一种极端的市场情况，在现实经济中是不存在的。只有金融市场和农副产品市场接近于完全竞争市场，虽然在现实经济中并不存在完全竞争的市场，但是完全竞争的理论分析框架及其结论可以作为我们观察和分析现实经济问题的一个参照系，可以使我们所研究的问题得以简化。

就案例中所提到农村春联市场来看，从春联产品的同质性、厂商进入与退出市场没有障碍、买卖双方的数量很多以及信息的充分说明春联市场接近于一个完全竞争的市场。这种竞争的充分性主要来源于产品的同质性即产品之间的完全替代，而厂商的无数个保证单个厂商不能控制产品的价格，在模型中要求参与者数量是无数个，他们的经济行为对价格没有影响。在现实中，尽管厂商和消费者的数量很大，但总是有限的，也就不能满足个体行为对价格没有影响的条件。从信息的充分与对称性来看，忽略了获取信息是有成本的，人们对与信息的搜寻与获取也是建立在成本与收益的比较之上而做出决策，在现实中人们往往根据经验来做出产品相关性质的判断，所以在一些外观形状、颜色等较容易判断的低级产品上容易产生接近于完全竞争性质的市场，而在一些个体化的、对产品和服务需要更多信息的高级产品以及需要相关制度安排来保证交易的顺利进行的产品和劳务就不太容易形成接近于完全竞争性质的市场。在自由进出市场上，政府扮演一个非常重要的角色，我们似乎可以从政府是不是促进厂商之间（不论是国有企业还是私有企业）的充分竞争来判断政府的社会价值是不是从效率出发，如果人为规定某个领域不能让某几类性质厂商进入，那么可以肯定一点，那就是政府一定有经济效率之外的考虑即并没有完全从经济效率的角度来促进社会经济的发展。

——摘自中南财经政法大学微观经济学案例库

第七章 7 不完全竞争市场

一、内容简介

（一）提纲挈领

- 不完全竞争市场
  - 垄断竞争：形成条件
  - 寡头
    - 古诺均衡
    - Bertrand 均衡
    - Stackelberg 模型
    - 价格领导模型
    - 卡特尔模型
  - 完全垄断
    - 形成条件
    - 价格歧视
    - 垄断的无效率

（二）本章要点

1. 垄断是一家厂商控制了一个行业的全部供给的市场结构，故完全垄断市场就构成一个行业，垄断厂商的需求曲线就是市场需求曲线，向右下方倾斜，这与完全竞争厂商的需求曲线是一条水平线的情况不相同。但完全竞争厂商和垄断厂商的平均收益和产品单价都相等，故两者的平均收益曲线和需求曲线都重合。完全竞争厂商的平均收益和边际收益也相等，而垄断厂商的边际收益总小于平均收益，边际收益曲线的斜率大于平均收益曲线即需求曲线的斜率。

2. 由于垄断厂商的需求曲线向右下方倾斜，即只有价格下降一些才能多卖一些，因此，总收益与价格变动的关系要由需求弹性决定：$|\varepsilon_d|>1$ 时，TR 与 P 反向变动；$|\varepsilon_d|=1$ 时，TR 与 P 变动无关；$|\varepsilon_d|<1$ 时，TR 与 P 正向变动。边际收益、销售价格和需求弹性三者之间的关系是 $MR=P\left(1+\frac{1}{\varepsilon_d}\right)$。三者中知道了两者，即可得第三者。

3. 垄断厂商短期均衡的条件也是 MR＝MC，并且也有三种情况：P>AC，厂商获得超额利润 $\pi=PQ-TC$ 或 $\pi=(P-AC)Q$；P＝AC 时，厂商获得正常利润或者说收支相抵；P<AC 时，厂商亏损。若 P>AVC，可继续上产；若 P<AVC，则要停业。

若已知厂商成本函数（或生产函数及要素价格）及产品需求函数，则只要从成本函数中求得边际成本函数，从需求函数中求得边际收益函数，再使边际成本函数等于边际收益函数，从中就可以求得均衡产量、均衡价格、最大利润（或最小亏损，这是一个对偶问题）。

若知道均衡产量及均衡价格上的边际收益或者需求弹性，则利用 $MR=P\left(1+\frac{1}{\varepsilon_d}\right)$ 的公式就不难求得需求弹性或边际收益。若进一步已知需求函数为线性函数，则可求得厂商的需求函数。

4. 垄断厂商的长期均衡条件是 MR = LMC = SMC。这时短期平均成本一定等于长期平均成本。需要注意的是完全竞争厂商长期均衡时不会有超额利润，但垄断厂商长期均衡时会有超额利润。

5. 垄断权力的测定和来源：垄断权力可以通过价格超出其边际收益（或边际成本）的程度来测定。价格减去边际成本再除以价格的加价率被称为勒纳的垄断权力度。公式为：$L=(P-MC)/P=\frac{1}{|\varepsilon_d|}$。L 值属于区间（0，1），L 越大，垄断势力度越大。垄断权力决定于厂商需求弹性的大小。而决定厂商需求弹性的因素有三：市场需求弹性、厂商数量以及厂商相互关系。

6. 形成垄断的原因多种多样。我们根据市场进入壁垒，可以将其分为如下三类：第一，技术性壁垒。如自然垄断，即当企业的成本与其规模成反比因而存在规模经济时，相比小企业，大企业拥有成本优势，由此带来的产业集中程度上升所造成的垄断。第二，法律、行政性壁垒。法律壁垒的典型即专利和版权，即新产品、新工艺的发明者在一定时期内独家经营的特权，因而在专利有效期内形成垄断。行政性壁垒包括国家特性经营，特别如传统计划经济中的行政批文，也包括厂商是资源的唯一拥有者这种情况。第三，策略性壁垒。如利用广告、品牌等效应使市场进入者存在较高的进入成本因而形成壁垒，或已进入市场的企业制定一系列商业策略阻止其他企业进入。

7. 同一产品，根据顾客的类型不同，或者根据购买数量的不同，以不同的价格出售称为价格歧视。价格歧视是指对同一产品索取不同的价格，要行之有效，必须满足三个条件。首先，厂商得有一定的市场力量，即厂商的自身行为能对价格产生影响；其次，市场必须尽可能分割，产品倒卖非常困难，否则消费者自己存在套利机会；最后，消费者的偏好必须完全不同，换言之，就是需求弹性不同，而且厂商可以采取各种方式将不同偏好的消费者区分开来，这样才能保证索取不同价格。

8. 价格歧视的种类有三种。三种程度的价格歧视的划分最早是庇古（《福利经济学》，1920）做出的。一级价格歧视又称为完全的价格歧视。在该价格歧视下，垄断厂商可以对不同的需求量索取不同的价格，因而能够获得全部的消费者剩余。但是，实行这种完全的价格歧视，厂商必须拥有关于需求者的偏好的充分信息，这实际上是做不到的。于是，实际生活中的价格歧视通常是不完全价格歧视。这种价格歧视是以不完全的信息为前提的。不完全价格歧视又分为二级价格歧视与三级价格歧视。

二级价格歧视是通过间接的选择装置，即“自我选择装置”来分离不同的消费需求层次。这种价格歧视是应用“激励相容原理”来对需求提供不同的消费计划，让不同的消费者根据各自不同的情况而自选，但不同的消费计划需付不同的价钱。

三级价格歧视则是通过直接的信号来有区别地对待消费者。这些直接的信号包括对消费者的就业岗位、居住地域、年龄、性别等。根据这些不同的特征，同一物品对消费者收取不同的价格。

9. 对于垄断的治理，征税将是无效的，一般政府采用的是价格管制，包括边际成本定价或者平均成本定价。另外，只要存在潜在的竞争威胁，即使垄断市场也是有效率的。

10. 垄断竞争市场介于完全竞争和完全垄断之间。它由许多厂商构成，这些厂商的产品可互相替代，又有一定差别，因此这类市场有完全竞争和完全垄断市场的特点，产品需求曲线向下倾斜，但比完全垄断厂商的需求曲线平坦一些。垄断竞争厂商的需求曲线可设想为两条：一条是厂商认为自己产品价格变动时别的厂商不会跟着行动所存在的需求曲线，可称为主观需求曲线，以 dd 表示；另一条是厂商变动产品价格时别的厂商会跟着行动从而实际上会有的需求曲线，可称实际需求曲线，用 DD 表示。DD 曲线要比 dd 曲线陡峭些。

11. 垄断竞争市场上厂商的短期均衡发生于边际成本等于边际收益（主观需求曲线的边际收益）时。这时，主观需求曲线和实际需求曲线正好相交也必须相交。短期均衡时厂商是获利、亏损，还是盈亏平衡，由价格和平均成本的对比关系决定。长期均衡时，边际成本等于边际收益，且主观需求曲线与实际需求曲线相交，与长期平均成本曲线相切，因而只能盈亏平衡。同时，由于 dd 曲线向右下倾斜，垄断竞争厂商产量小于理性产量，即完全竞争条件下厂商长期均衡产量，其差额，即过剩生产能力，是消费者为产品差别而付出的代价。

12. 如同其他类型的经济决策一样，垄断竞争厂商的短期均衡也是一个关于成本与收益的最优化问题。其要点在于最优化的一阶条件：边际成本等于边际收益。如果对厂商的需求较大，或者说如果厂商的成本较低，那么在短期内，厂商可以获得经济利润。利润的大小取决于均衡点处得价格与平均成本的差额再乘以数量。

13. 垄断厂商的长期均衡与短期均衡一个关键差别在于：如果市场中存在经济利润，将会鼓励越来越多的厂商加入到这一行业当中，厂商的市场份额不断缩小，厂商的需求曲线不断地左移，直至与平均成本曲线相切。厂商之间的竞争导致了这一行业经济利润的消失。但是，行业中经济利润的小并不意味着任何厂商的利润均为零。其一，在于厂商之间的成本并不完全一样，低成本的厂商可能会有利润；其二，在于厂商的产品也并不完全同质，因此定价也可能存在差别。

14. 垄断竞争市场的条件有三点：第一，在生产集团中有大量的企业生产有差别的同种产品，这些产品彼此之间都是非常接近的替代品；第二，一个生产集团中的企业数量非常多，以至于每个厂商都认为自己的行为的影响很小，不会引起竞争对手的注意和反应，因而自己也不会受到竞争对手的任何报复措施的影响；第三，厂商的生产规模较小，进入和退出行业比较容易。

15. 寡头垄断又称寡头、寡占，意指为数不多的销售者。在寡头垄断市场上，只有少数几家厂商供给该行业全部或大部分产品，每个厂家的产量占市场总量的相当份额，对市场价格和产量有举足轻重的影响。寡头垄断的市场结构有一点与垄断竞争相类似，即它既包含垄断因素，也包含竞争因素。但相对而言，它更接近于垄断的市场结构，因为少数几个企业在市场中占有很大的份额，使这些企业具有相当强的垄断势力。寡头垄断企业的产品可以是同质的，也可以是有差别的。前者有时被称为纯粹寡头垄断，后者则被称为有差别的寡头垄断。

16. 古诺模型是最早出现的寡头垄断模型。古诺假定，某寡占行业中只有 A、B 两厂商生产同一种产品，且有相同成本函数（假定边际成本为零），两厂商都能及时了解市场需求，它们在决定自己产量时都天真地假定竞争对手不会改变原有产量，然后按利润最大化原则进行生产。在这样的情况下，A 和 B 的均衡产量等于市场最大需求量的 1/3，两厂商的总产量等于市场最大需求量的 2/3。如果该行业有 n 个厂商，则每个厂商的均衡产量为市场最大需求量的 1/n+1，总产量则为市场最大需求量的 n/1+n。

两厂商的成本函数不相同时，其均衡产量和价格也可用代数方法求得：从市场需求函数和两厂商的不同成本函数中分别求得两厂商的利润函数，再分别求出此两利润函数的偏导并令其为零，求得两厂商的反应函数，再从两厂商的反应函数的联立方程中求解可得到两厂商的均衡产量，进而求得均衡价格。

17. 卡特尔（Cartel）是一种正式的串谋行为，它能使一个竞争性市场变成一个垄断市场，属于寡头市场的一个特例。卡特尔以扩大整体利益作为它的主要目标，为了达到这一目的，在卡特尔内部将订立一系列的协议，来确定整个卡特尔的产量、产品价格，指定各企业的销售额及销售区域等。

18. 有些行业的生产具有这样的特点，生产的规模经济效益需要在一个很大的产量范围和相应的巨大的资本设备的生产运行水平上才能得到充分的体现，以至于整个行业的产量只有由一个企业来生产时才有可能达到这样的生产规模。而且，只要发挥这一企业在这一生产规模上的生产能力，就可以满足整个市场对该种产品的需求。在这类产品的生产中，行业内总会有某个厂商凭借雄厚的经济实力和其他优势，最先达到这一生产规模，从而垄断了整个行业的生产和销售，这就是自然垄断。

19. 在完全竞争条件下，均衡点在长期平均成本的最低点，而且水平的需求曲线相切于 LAC 的最低点。在长期均衡点 P＝LAC，利润为零。在完全竞争市场条件下，产品的均衡价格最低，它等于最低的生产平均成本；产品的均衡产量最高。在不完全竞争条件下，竞争程度越高，长期均衡时的均衡价格越低，均衡产量越高，它的经济效率越高；垄断程度越高，长期均衡时的均衡价格越高，均衡产量越低，经济效率越低。

另外，西方经济学家认为，一个行业在长期均衡时是否实现了 P＝LMC，也是判断该行业是否实现了有效的资源配置的一个条件。在完全竞争市场，P＝LMC，它表明资源得到了有效的配置。在不完全竞争市场，有 P>LMC，它表明资源在该行业的配置是不足的。尤其是在垄断市场，独家厂商维持了高价低产，资源配置不足的现象更为突出。

由此得出，市场的竞争程度越高，则经济效率越高；反之，垄断程度越高，则经济效率越低。所以，完全竞争市场的经济效率是最高的，垄断竞争较高，寡头市场较低，垄断市场最低。

二、重要概念

垄断 寡头 主观需求曲线 客观需求曲线 卡特尔 价格歧视 自然垄断 政府管制 垄断竞争 古诺均衡

三、习题练习

（一）单项选择题

【例 1】在完全垄断厂商的最好或最优产量处（　　）。

A. P＝MC　　B. P＝SAC 的最低点的值

C. MR＝MC　　D. P 最高

解答：选 C。MR＝MC 是均衡达到最优化的条件，故选 C，在垄断的情况下，MC＝MR <P 无论与 P 的关系如何，MR＝MC 总是一个不变的均衡条件。

【例 2】如果在需求曲线某一点上的需求的价格弹性 $e_d=5$，商品的价格 P＝6，则相应的边际收益 MR 为（　　）。

A. 7.5　　B. 4.8　　C. 1　　D. 24

解答：选 B。根据公式 $MR=P\ (1-1/e_d)$ 可得，$MR=6\ (1-1/5)\ =4.8$。

【例 3】对完全垄断厂商来说（　　）。

A. 提高价格一定能够增加收益

B. 降低价格一定会减少收益

C. 提高价格未必能增加收益，降低价格未必减少收益

D. 以上都不对

解答：选 C。垄断企业处于自身最优化的需要，在 MR＝MC 的水平上确定价格和产量。当商品的需求弹性小于 1 时，提高价格可以增加收益，降低价格会减少收益；但当商品需求弹性大于 1 时，提高价格却会减少收益，降低价格反而会增加收益。故选 C。

【例 4】垄断的供给曲线（　　）。

A. 是平均总成本以上的边际成本曲线

B. 是平均可变成本之上的边际成本曲线

C. 是边际收益曲线向右上方倾斜的那一部分

D. 不存在

解答：选 D。在垄断条件下，厂商可以同时调整其产量和价格来实现 MR＝MC 原则，厂商的价格和产量之间不在必然存在如同完全竞争条件下的那种一一对应关系，所以垄断的供给曲线不存在。

【例 5】在垄断竞争中（　　）。

A. 只有为数很少几个厂商生产有差异的产品

B. 有许多厂商生产同质产品

C. 只有为数很少几个厂商生产同质产品

D. 有许多厂商生产有差异的产品

解答：选 D。根据垄断竞争的定义：一个市场中有大量厂商生产和销售有差别的同种商品，故选 D。

1. 如果一家厂商供应整个市场，此市场结构为（　　）。

A. 完全竞争　　B. 寡头　　C. 垄断　　D. 垄断竞争

E. 上述各项皆不是。

2. 如果市场由几家厂商支配，此市场结构为（　　）

A. 完全竞争　　B. 寡头　　C. 垄断　　D. 垄断竞争

E. 上述各项皆不是

3. 垄断竞争不同于寡头，在于它的市场结构为（　　）。

A. 在垄断竞争中，厂商不必顾虑其他厂商的反应

B. 寡头中不存在竞争

C. 寡头是不完全竞争的一种形式

D. 在垄断竞争中，厂商面临的需求曲线向下倾斜

E. 在寡头中，价格大于边际成本

4. 当存在不完全竞争时，（　　）。

A. 厂商面临的需求曲线等于市场的需求曲线

B. 厂商面临的需求曲线是水平的

C. 厂商面临的需求曲线是向下倾斜的

D. 厂商面临的需求曲线是向上倾斜的

E. 厂商面临的需求曲线是垂直的

5. "边际成本等于价格"是下列哪种市场结构的利润最大化原则？（　　）

A. 完全竞争　　B. 垄断竞争　　C. 垄断　　D. 寡头

E. 上述各项均正确

6. 与竞争相比，垄断（　　）。

A. 索取更高的价格　　B. 销售更多的产量

C. 索取较低的价格　　D. 出售较少的产量

E. A 和 D

7. 以下都是垄断的特征，其中哪一种不是垄断竞争行业的特征？（　　）

A. 有进入限制

B. 企业以利润最大化为目标

C. 企业面临着向右下方斜率的需求曲线

D. 企业生产有差别产品

8. 下面都是垄断竞争的特征，其中哪一种不是寡头的特征？（　　）

A. 每个企业面临着向右下方倾斜的需求曲线

B. 企业以利润最大化为目标

C. 一个企业的销售量对其他企业没有什么影响

D. 在该行业中不止一家企业

9. 如果利润最大化的垄断者生产的产量水平是在边际成本大于边际收益时，那么，它（　　）。

A. 将提高价格并减少产量　　B. 将降低价格并增加产量

C. 会有经济亏损　　D. 可以实现利润最大化

10. 在下列哪一种条件下，垄断者将不再经营？（　　）

A. 它有经济亏损

B. 由于政府管制不能使利润最大化

C. 价格低于平均可变成本

D. 利润最大化的产量水平存在需求富有弹性的区间

11. 为了使垄断产生，就应该（　　）。

A. 某个行业的产品只有一个供给者

B. 这种物品没有相近的替代品

C. 限制其他企业进入

D. 以上全对

12. 下列哪一种情况可能对新企业进入一个行业形成自然限制？(　)

A. 发放营业许可证　　B. 规模经济

C. 实行专利制　　D. 政府特许

13. 垄断竞争厂商实现最大利润的途径有(　)。

A. 调整价格从而确定相应产量　　B. 品质竞争

C. 广告竞争　　D. 以上途径都可能用

14. 寡头垄断厂商的产品是(　)。

A. 同质的　　B. 有差异的

C. 既可以是同质的，也可以是有差异的　D. 以上都不对

15. 在垄断厂商的短期均衡时，垄断厂商可以(　)。

A. 亏损　　B. 利润为零

C. 获得利润　　D. 以上任何一种情况都可能出现

16. 在垄断厂商的长期均衡产量上可以有(　)。

A. P>LAC　　B. P<LAC

C. P 等于最小的 LAC　　D. 以上情况都可能存在

17. 完全垄断厂商的平均收益曲线为直线时，边际收益曲线也是直线。边际收益曲线的斜率为平均收益曲线斜率的(　)。

A. 2 倍　　B. 1/2 倍　　C. 1 倍　　D. 4 倍

18. 垄断利润或者说超额利润(　)。

A. 不是一种成本，因为它不代表生产中使用的资源所体现的替换成本

B. 不能为垄断者在长期中所获取，因为价格在最优产出水平上必须等于长期平均成本

C. 为保证资本继续进入该行业所必需

D. 能为完全竞争者和垄断者一样在长期中获取

19. 市场需求增加时，垄断厂商会(　)。

A. 增加产量以增加边际收益　　B. 增加产量以提高价格

C. 降低产量以增加边际成本　　D. 减少产量以降低价格

20. 若一个管理机构对一个垄断厂商的限价正好使经济利润消失，则价格要等于(　)。

A. 边际收益　　B. 边际成本

C. 平均成本　　D. 平均可变成本

21. 在完全垄断厂商的最好或最优产量处(　)。

A. P = MC　　B. P = SAC 的最低点的值

C. P 最高　　D. MR = MC

22. 如果垄断者的长期平均成本超过市场价格，则厂商将(　)。

A. 停留在这一营业水平上，因为它使资本得到了一个正常报酬

B. 停留在这一营业水平上，尽管其固定成本没有得到补偿

C. 歇业并清理资产

D. 暂时停业

23. 要能有效地实行差别定价，除了下列哪一条以外都是必须具备的条件？（ ）

A. 分割市场的能力

B. 一个巨大的无弹性的总需求

C. 每个分市场上不同的需求价格弹性

D. 保持市场分割以防止商品在较有弹性的需求时被顾客再售卖

24. 如果完全垄断厂商在两个分割的市场中具有相同的需求曲线，那么垄断厂商（ ）。

A. 可以施行差别价格　　B. 不能施行差别价格

C. 既能也不能实行差别价格　　D. 上述都不对

25. 完全垄断市场中如果 A 市场的价格高于 B 市场的价格，则（ ）。

A. A 市场的需求弹性大于 B 市场的需求弹性

B. A 市场的需求弹性小于 B 市场的需求弹性

C. 两个市场的需求弹性相等

D. 以上都正确

26. 垄断竞争市场上厂商的短期均衡发生于（ ）。

A. 边际成本等于实际需求曲线中产生的边际收益时

B. 平均成本下降时

C. 主观需求曲线与实际需求曲线相交，并有边际成本等于主观需求曲线中产生的边际收益时

D. 主观需求曲线与平均成本曲线相切时

27. 垄断竞争厂商短期均衡时（ ）。

A. 厂商一定能获得超额利润

B. 厂商一定不能获得超额利润

C. 只能得到正常利润

D. 取得超额利润，发生亏损及获得正常利润三种情况都可能发生

28. 垄断竞争厂商长期均衡时，必然有（ ）。

A. 价格大于长期平均成本

B. 在均衡点上，主观需求曲线上的弹性大于实际需求曲线上的弹性

C. 资源在广告中浪费

D. 边际成本等于实际需求曲线中产生的边际收益

（二）多项选择题

【例 1】以下是垄断竞争行业的特征（ ）。

A. 有进入限制

B. 企业以利润最大化为目标

C. 企业面临着向右下方斜率的需求曲线

D. 企业生产有差别产品

解答：选 BCD。垄断竞争市场的定义表明，该市场中的厂商规模比较小，进入和退出都比较容易。一般来讲，寡头和完全垄断市场才有进入限制。除 A 项外，其余均是垄断竞

争行业特征。

【例2】当市场结构是（　　）时，市场的需求曲线与厂商面临的需求曲线不相同。

A. 完全竞争　　B. 垄断　　C. 寡头　　D. 垄断竞争

解答：选ACD。在垄断市场中，市场的需求曲线就是垄断厂商所面临的需求曲线，它是一条向右下方倾斜的曲线。在其他市场结构中，由于至少存在两个以上的企业，所以市场需求曲线和企业需求曲线不会完全一致。

【例3】边际成本等于边际收益是下列哪种市场结构利润最大化的必要条件（　　）。

A. 完全竞争　　B. 垄断竞争　　C. 垄断　　D. 寡头

解答：选ABCD。无论哪种市场结构，企业利润的表达式都为$\pi = TR - TC$，故为使利润最大化，其一阶必要条件必为零，既有$MR = MC$。进一步地，为保证是最大值而不是最小值，我们还需要验证利润函数的二阶条件，如果二阶条件小于零，既有$dMR/dq - dMC/dq < 0$，则可保证是利润最大化点。

1. 价格歧视可以分为（　　）。

A. 一级价格歧视　　B. 二级价格歧视

C. 三级价格歧视　　D. 四级价格歧视

2. 下列属于自然垄断行业的有（　　）。

A. 供水行业　　B. 供电行业　　C. 零售行业　　D. 通信行业

3. 垄断厂商在短期，其利润状况会是（　　）。

A. 盈利　　B. 最小亏损　　C. 盈亏平衡　　D. 最大亏损

4. 垄断竞争厂商的非价格竞争包括（　　）。

A. 改进产品质量　　B. 商标

C. 改善售后服务　　D. 广告宣传

5. 垄断竞争厂商的需求曲线包括（　　）。

A. 主观需求曲线　　B. 客观需求曲线

C. 线性需求曲线　　D. 弯折需求曲线

6. 垄断产生选择停止生产的条件不包括（　　）。

A. $AR > AC$　　B. $AR < AVC$

C. $AR > AVC$　　D. $AVC < AR < AC$

7. 若不止一家企业供应整个市场，则该种市场结构可能是（　　）。

A. 完全垄断　　B. 垄断竞争　　C. 寡头　　D. 完全竞争

8. 下列属于三级价格歧视的是（　　）。

A. 团购打折　　B. 游乐场小孩半价

C. 酒吧女士免门票　　D. 肯德基的优惠券

9. 垄断竞争厂商长期均衡的条件包括（　　）。

A. $MR = LMC$　　B. $MR = SMC$　　C. $AR = LAC$　　D. $AR = SAC$

10. 下列关于垄断厂商供给曲线说法中，错误的是（　　）。

A. 向右上方倾斜　　B. 向右下方倾斜

C. 是一条水平线　　D. 不存在供给曲线

（三）辨析题

【例1】在长期竞争性均衡中厂商的利润为零，所以在竞争性行业的财务报告中不应看到普遍的正的利润。

解答：错误。经济利润是指属于企业所有者的、超过生产过程中所有的使用要素的机会成本的一种收益。零经济利润条件包含了企业的正常利润；企业的会计利润是厂商的总收益与会计成本的差，也就是厂商在申报应缴纳所得税时的账面利润。

【例2】如果市场需求曲线向下倾斜，则每个厂商面对的需求曲线也向下倾斜。

解答：错误。市场需求曲线描述的是消费者的总需求和他们愿意支付的价格之间关系；而单个厂商的需求曲线描述的是产品的市场价格和对该厂商产品需求量之间的关系。特别的，对完全竞争的市场而言，市场需求曲线向下倾斜，这是消费者的边际支付意愿递减的结果；而厂商的需求曲线则是水平的，这是因为单个厂商的产量相对于整个市场的需求微乎其微，所以不足以影响市场的价格。

【例3】垄断厂商的供给曲线是向上倾斜的。

解答：错误。垄断厂商不存在供给曲线。

【例4】垄断企业有可能在需求曲线上的任何点生产。

解答：错误。为保证利润最大化，垄断厂商只会在需求曲线富有弹性的地方生产。

【例5】如果利率为10%，垄断者将会选择在边际成本基础上加价50%。

解答：错误。该结论的是否成立依赖于生产函数的具体形式。

1. 不完全竞争市场的共同特征是，企业产品的市场价格高于边际成本。

2. 当达到古诺均衡时，市场供求不一定相等。

3. 古诺独立行动模型双头垄断的均衡产量，高于双头互相勾结时的均衡产量。

4. 无论在竞争市场、垄断市场还是垄断竞争市场，厂商选择的原则都是边际收益等于边际成本。

5. 因为垄断竞争产量低于完全竞争产量，所以在长期厂商仍可获得超额利润。

6. 只要市场价格高于边际成本，垄断企业必定扩大生产。

7. 就产品价格来说，寡头垄断低于完全垄断，但高于垄断竞争。

8. 垄断竞争企业短期内不一定存在利润，长期中一定不存在利润。

9. 在长期中，垄断竞争企业得不到超额利润，因此资源可合理配置，与完全竞争市场一样是一种有效市场。

10. 无论完全竞争还是不完全竞争，企业短期均衡时生产都安排在合理阶段。

11. 如果一个企业在长期中获得经济利润，这时的价格必定不在长期平均成本最低点上。

（四）问答题

1. 试说明垄断竞争厂商的两条需求曲线的含义及其相互关系。

2. 试比较不同市场组织的经济效率。

3. 说明与比较垄断市场和寡头市场形成的原因。

4. 成为垄断者的厂商可以任意定价，这种说法对吗？

5. 为什么 MR＝MC 是垄断厂商实现最大利润的均衡条件？

6. A 企业生产出售手表，B 企业是餐馆，哪一个企业更愿意实行价格歧视？为什么？

7. 垄断厂商一定能保证获得超额利润吗？如果在最优产量处亏损，他在短期内会继续生产吗？在长期内又会怎样？

8. 比较完全竞争厂商的长期均衡与垄断厂商的长期均衡。

9. 武汉黄鹤楼的入场券采取差别价格政策，国内游客的入场票价为 2 元，外国人的入场券为 5 元，试用经济理论分析：

（1）为什么采用差别价格？

（2）在怎样的条件下，施行这种政策才能有效？

10. 试阐明公用事业公司在高峰时期如何定价才能减少所需要的厂房设备？

（五）计算题

1. 某垄断厂商的短期总成本函数为 $STC=0.1Q^3-6Q^2+140Q+3\ 000$，反需求函数为 $P=150-3.25Q$，求该厂商的短期均衡产量和均衡价格。

2. 假设：只有 A、B 两寡头垄断厂商出售同质且生产成本为零的产品；市场对该产品的需求函数为 $Q_d=240-10P$，以美元计；厂商 A 先进入市场，随之 B 进入。各厂商确定产量时认为另一厂商会保持产量不变。试求：

（1）均衡时各厂商的产量和价格为多少？

（2）与完全竞争和完全垄断相比，该产量和价格如何？

（3）各厂商取得利润是多？该利润与完全竞争和完全垄断时相比情况如何？

（4）如果再有一厂商进入该行业，则行业均衡产量和价格会发生什么变化？如有更多厂商进入，情况又会怎样？

3. 大华公司生产产品的需求函数 $P=2\ 168-3Q$，$TC=2\ 000+8Q-3Q^2+2Q^3$，企业面临的是垄断性市场，试求短期利润极大化的产出、价格和利润额。

4. 已知一个垄断性竞争企业的产品需求曲线是 $P=11\ 100-30Q$，其生产成本函数为 $TC=400\ 000+300Q-30Q^2+Q^3$，决定该企业利润最大化的价格和产出是什么？

5. 一个歧视性垄断厂商在两个市场上销售。假设不存在套利机会。市场 1 的需求曲线为 $p_1=100-\frac{q_1}{2}$，市场 2 的需求曲线为 $p_2=100-q_2$。垄断厂商的总产量用 $Q\equiv q_1+q_2$ 表示。垄断厂商的成本函数依赖于总产出，$TC(Q)=Q^2$。试求：

（1）垄断厂商（q_1 和 q_2）的利润函数。

（2）计算垄断厂商分别在两个市场上的利润最大化的销售量。

6. 市场 1 的需求弹性是 $\varepsilon_1=-2$，市场 2 的需求弹性是 $\varepsilon_2=-4$。假设一个垄断厂商可以在两个市场分别定价（在市场 1 定价 p_1，在市场 2 定价 p_2）。请问市场 1 的价格比市场 2 的价格高多少倍？

（六）作图题

1. 画图说明垄断厂商短期均衡的形成及其条件。

2. 画图说明垄断厂商长期均衡的形成及其条件。

四、拓展阅读

当一家厂商为其产品做广告时，该产品的需求增长的理由有两条。首先，以前从来没有使用过那种产品的人会了解它，其中一部分人会开始购买。其次，一些正在使用其他品牌同类产品的人也许会因为广告进行品牌转换。前一条理由会增加整个行业的销售额，而第二条理由仅只是在厂商之间重新分配市场份额而已。

美国的烟草行业所进行广告宣传的主要效果就是品牌转换，在这样的行业中，个体公司做广告决策的时候通常会面临囚徒困境。表 7-1 给出了两家假想的烟草制造商的四个广告决策组合下的利润情况。如果两家厂商打广告，每家厂商只能赚 250 的利润；而是双方都不做广告的话，每家厂商就能赚到 500。显然，双方都不做广告是最优策略。

表 7-1　　广告宣传中的囚徒困境

		厂商 1	
		不做广告	做广告
厂商 2	不做广告	500，500	750，0
	做广告	0，750	250，250

从双方理性的角度出发，为获取最大利润，做广告是最优策略，但是最终却导致了一个较差的结果，即均获得 250 而不是 500 的利润。1971 年 1 月 1 日，众议院通过了禁止在电视上播出香烟广告的法案。此举的目的在于帮助人们免受旨在劝诱人们消费有损身体健康的产品信息的影响，这一法案至少部分实现了他的意图，因为数据说明美国人吸烟的比例在此之后有了下降。但该法案也产生了一个意想不到的效果，就是至少暂时解决了美国烟草制造商们面临的囚徒困境。在这一法案生效之前的一年，烟草制造商们花在广告上的总费用超过了 3 亿美元，而第二年这一数字下降了 6 000 多万美元，这其中大部分都转换为烟草行业的利润。广告禁令实现了烟草制造商们仅靠追逐利润动机难以实现的限制广告大战目的。但在随后几年，竞争压力又使得烟草制造商们增加他们在其他合法广告手段上的投入，从而又减少了他们的利润。

第八章 8 市场失灵和微观经济政策

一、内容简介

（一）提纲挈领

- 市场失灵
  - 垄断
  - 外部性：科斯定理
  - 公共物品
    - 非排他性
    - 非竞争性
    - 萨缪尔森规则
  - 信息不对称称
    - 道德风险
    - 逆向选择

（二）本章要点

1. 在垄断和其他不完全竞争市场中，厂商定价会大于边际成本，绝不会像完全竞争厂商那样把生产进行到长期平均成本最低时才达到长期均衡，结果是生产资源不能达到最佳作用，出现低效率的资源配置状态，损失了社会福利。为此，政府往往采取一些政策措施对垄断加以限制，而对那些由技术条件和需求条件共同作用而形成的自然垄断部门，尤其像一些公共事业部门，政府也往往要在定价方面进行必要的管制。

2. 外在性也称外部性。当一个消费者的福利或者一家企业的生产可能性直接受到经济中的另一个当事人的行为影响时，我们说该经济里出现了外在性。关于外在性，有三点需要注意：第一，“直接受到”。个人 A 的福利“直接受到”个人 B 的行为的影响，这种影响是直接的，而不是通过市场价格机制的中介而施加的。第二，外在性会出现在消费领域，也会出现在生产领域。第三，外在性可以分为正的外在性和负的外在性。知识的传播往往具有正外在性，而污染则是负外在性的好例子。

3. 科斯定理。当交易费用为零，且当事人的偏好（效用函数）为准线性的情况下，如果经济出现了外在性，则讨价还价过程会产生一个有效的结果，而且该结果与初始资源配置无关。

4. 公共物品是指公共使用或消费的物品（公共物品的分类如表 8-1 所示）。公共物品是可以供社会成员共同享用的物品，严格意义上的公共物品具有非竞争性和非排他性。所谓非竞争性，是指某人对公共物品的消费并不会影响别人同时消费该产品及其从中获得的效用，即在给定的生产水平下，为另一个消费者提供这一物品所带来的边际成本为零。所谓非排他性，是指某人在消费一种公共物品时，不能排除其他人消费这一物品（不论他们是否付费），或者排除的成本很高。单个消费者在享用公共物品时都想当“免费乘车者”。因此，公共物品不能由市场个人决策来提供，而只能由政府来提供。政府在做出提供公共物品决策时，常常运用成本—收益方法。

表 8-1　　　　公共品的分类

	非竞争性	竞争性
非排他性	纯公共品，如国防，天气预报	高峰期开车通过闹市区
排他性	上网，看电影	私人品

5. 逆向选择是卖者对所出售物品的特征了解得比买者多的市场上产生的问题。在这种情况下，买者要承担物品质量低的风险。这就是说，从无信息者的角度看，所出售物品的“选择”可能是逆向的。逆向选择的经典例子是二手车市场。

6. 道德风险是一个人，即所谓的代理人代表另一个人，即委托人完成一些工作时出现的问题。如果委托人不能完全监督代理人的行为，代理人就不会像委托人期望的那样努力。道德风险指代理人从事不适当或不道德行为的风险。在这种情况下，委托人就要试图用各种方法激励代理人更负责的行事。

7. 信息不对称是指交易的一方掌握着另一方所没有的信息，而这一信息又将影响前者的决策和后者的福利。该理论放弃了完全竞争中关于完全信息的假设。在完全竞争市场中，价格反映了决策者所需的所有必要信息；而存在信息不对称时，有些对双方有利可图的交易无法完成，并会导致各种的激励扭曲，因而可能会使市场失灵。应该注意：信息不对称并不一定就导致交易的障碍；信息不对称不等于信息不完全，后者可能来自不确定性，但这种不确定性可以是对称的，市场运行也不一定失灵。比如，资产市场可以是有效市场。

8. 市场失灵的存在，要求政府对经济进行干预和调节。政府的职能包括制定法律和规则，为市场机制有效发挥作用提供良好的经济环境；采取经济、行政和法律的手段，实现国民经济的稳定增长；通过提供公共产品和实施垄断管制，提供资源配置效率；通过税收和专业支付等，实现收入再分配；根据公平和效率的关系制定微观经济政策。但由于有限信息、对私人市场的控制有限、官僚主义和低效率、政府机构的自我扩张、寻租活动以及公共决策的有限性和时滞局限，政府这只“看得见的手”也会出现失灵的情况。

9. 垄断厂商利润最大化原则是边际成本等于边际收益，垄断厂商获得超额经济利润，此时确定的价格大于边际成本，资源配置偏离帕累托最优状态，整个经济均衡于低效率之中。不仅如此，垄断还可造成更大的经济损失，为了获得和维持垄断地位从而获取超额经济利润，厂商常常付出一定代价，这种行为是一种纯粹的浪费，它不是用于生产，没有创造出任何有益的产出，完全是一种非生产性的寻利活动，一般称其为“寻租”。治理垄断的办法：①公共管制。公共管制一般是指政府对垄断的干预，即并非由垄断企业自行确定产品的价格和产量，而是由政府管制，包括有边际成本定价法、平均成本定价法、双重定价法以及资本回报率管制。②反托拉斯法：政府反对垄断的法律规定。反托拉斯法规定，限制贸易的协议或共谋、垄断或企图垄断市场、兼并、排他性规定、价格歧视、不正当的竞争或欺诈行为等，都是违法的，对违法者可以由法院提出警告、罚款、改组公司直至判刑。

（1）课税与补贴

对产生外部成本者课税，对产生外部利益者补贴，其目的在于使外部效果的产生者自行负担其外部成本或享有外部收益。

（2）合并企业

合并企业的目的就在于使外在性问题内在化。如果生产 Y 商品的厂商对生产 X 商品的厂商施加了外在性，那么这一现象导致资源配置扭曲的原因是第二家厂商不考虑其行为对第一家厂商所产生的成本或者收益。因而，解决这一问题的思路是将这两家企业合并在一起。合并后的企业会继续以利润最大化为目标，这将导致社会资源的有效配置。

（3）赋予财产权

对能排他的公共财富或无主物赋予财产权，这样就能对享用者收取费用，对破坏者要求赔偿，使外部性削减，而提高经济效率。

（4）政府直接管制

政府直接管制主要是指政府对产生外部成本的情况加以管制。例如，对污染的管制。

二、重要概念

市场失灵　公共物品　搭便车　外部性　科斯定理　信息不对称　道德风险　委托—代理问题　政府失灵　寻租

三、习题练习

（一）单项选择题

【例 1】市场失灵是指（　　）。

A. 市场价格机制的运行不再具有灵活性

B. 商品需求对价格变化的敏感程度下降

C. 市场对稀缺性资源配置的无效率

D. 收入分配不均

解答：选 D。所谓的市场失灵是指价格机制无法引导资源有效配置，从而无法实现一般均衡中的帕累托最优状态。收入分配不均就是这种典型的市场失灵，而其他选项均与市场失灵无关。

【例 2】下列哪一种说法体现了外部不经济概念（　　）。

A. 连天大雨减少了小麦的产量　　B. 小麦减产引起农民收入下降

C. 吸烟有害于自身健康　　D. 吸烟有害于他人健康

解答：选 D。所谓外部不经济是指生产者或消费者的行为所带来的损失并不完全由自己承担，而是转移到其他人身上。题中，D 选项符合这一定义。

【例 3】不完全竞争市场中出现低效率的资源配置是因为产品价格（　　）边际成本。

A. 大于　　B. 小于

C. 等于　　D. 大于、小于或者等于

解答：选 A。经济理论认为完全竞争会导致理性中的效率，即帕累托效率。这时的价格刚好等于边际成本，实际产量也等于理性产量。但不完全竞争市场中，价格通常高于边际成本，这也导致其产量低于理性产量，这被认为存在一定程度的生产资源浪费。

【例 4】消费的非竞争性的含义是（　　）。

A. 只有一个消费者　　B. 只有一个生产者

C. 生产成本为零　　D. 增加一个消费者的边际成本为零

解答：选 D。非竞争性是指对该商品的消费不会减少其他人对此商品的消费，同时也可理解为增加一个消费者的边际成本为零，两者的意义是等价的。

【例 5】下列物品中更接近与纯公共物品的是（　）。

A. 互联网　　B. 电影院的电影

C. 市区公路　　D. 国防

解答：选 D。纯公共物品是指那些既具有非排他性，又具有非竞争性特征的物品，上述选项中国防属于此种产品。

1. 某项生产活动存在外部不经济时，其产量（　）帕累托最优产量。

A. 大于　　B. 小于

C. 等于　　D. 以上三种情况都有可能

2. 为了提高资源配置效率，政府对垄断行为是（　）。

A. 坚决反对的　　B. 不管的

C. 尽量支持的　　D. 加以管制的

3. “搭便车”现象源于（　）问题。

A. 公共物品　　B. 私人物品

C. 社会福利　　D. 不完全信息

4. 一项经济活动具有外部经济性质的含义是（　）。

A. 私人收益小于社会收益　　B. 私人收益大于社会收益

C. 私人成本小于社会成本　　D. 私人成本大于社会成本

5. 工厂排放的废水、废气、废料对社会产生的效应属于（　）。

A. 生产的外部经济　　B. 生产的外部不经济

C. 消费的外部经济　　D. 消费的外部不经济

6. 个人乱扔生活垃圾对社会产生的效应属于（　）。

A. 消费的外部经济　　B. 消费的外部不经济

C. 生产的外部经济　　D. 生产的外部不经济

7. 市场不能提供纯粹的公共物品是因为（　）。

A. 公共物品不具有排他性　　B. 公共物品不具有竞争性

C. 消费者都想“免费乘车”　　D. 以上三种情况都是

8. 如果上游工厂污染了下游居民的饮水，按科斯定理（　），问题即可妥善地解决。

A. 不管财产权是否明确，只要交易成本为零

B. 只要财产权明确，且交易成本为零

C. 只要财产权明确，不管交易成本有多大

D. 不论财产权是否明确，交易成本是否为零

9. 公共物品市场需求曲线可以通过消费者个人需求曲线的（　）得到。

A. 水平加总　　B. 垂直加总　　C. 重合　　D. 旋转

10. 下列情况哪一种属于寻租行为（　）。

A. 公司凭借自己所有的财产收取租金

B. 公司投入资源去劝说政府阻止新公司进入它的行业

C. 政府剥夺公司的垄断租金

D. 政府查出公司的垄断租金

11. 某人的行为给其他人带来利益，但其他人并没有为此利益支付费用，这种现象称为（ ）。

A. 公共物品　　B. 搭便车

C. 外部经济　　D. 外部不经济

12. 卖主比买主知道更多的关于商品的信息，这种情况被称为（ ）。

A. 道德风险　　B. 搭便车

C. 信息不对称　　D. 逆向选择

（二）多项选择题

【例1】下列属于纯公共物品的是（ ）。

A. 国防　　B. 法律　　C. 邮政服务　　D. 海鱼

解答：选AB。纯公共物品是指既具有非排他性又有非竞争性的产品，国防和法律符合这一特征。邮政服务和海鱼具有竞争性，故非纯公共物品。

【例2】下列哪些选项属于负外部性行为（ ）。

A. 吸烟影响健康　　B. 厂商排放污水

C. 工地噪音扰民　　D. 公共场所乱丢垃圾

解答：选BCD。所谓负外部性是指某一个人或生产者的行为对其他人带来危害，但他自己却并不为此支付足够抵偿此种危害的成本。选项A中，只是强调对自身健康的影响，而没有论及对他人的不利影响，故排除。其余选项均是负外部性的典型案例。

【例3】属于隐藏行动的道德风险包括下列哪些选项（ ）。

A. 员工上班偷懒　　B. 卖者向买者隐瞒产品质量

C. 投保人购买健康保险后大量饮酒　　D. 代理律师是否努力办案

解答：选ACD。按照非对称信息发送的时间，我们把事前非对称信息模型称为逆向选择模型，把事后非对称信息称为道德风险模型。选项中，ACD均指签订契约以后代理人隐藏行动的行为，而B选项是事前隐藏信息，属于逆向选择模型。

1. 解决外部不经济可以采取的方法有（ ）。

A. 征税　　B. 界定产权

C. 将外部性内部化　　D. 许可证制度

2. 导致市场失灵的因素主要包括以下哪些因素？（ ）。

A. 不完全竞争　　B. 公共物品

C. 外部性　　D. 信息不完全

3. 委托人解决代理人道德风险的方法包括（ ）。

A. 信任代理人　　B. 更好的监督

C. 效率工资　　D. 延期支付

4. 市场不能提供纯粹的公共物品是因为（ ）。

A. 公共物品不具排他性　　B. 公共物品不具有竞争性

C. 消费者都想“搭便车” D. 消费者买不起公共物品

5. 下列哪些物品具有竞争性？（ ）

A. 有线电视 B. 衣服 C. 石油 D. 国防

（三）辨析题

【例 1】垄断对社会造成的损害只在于企业获得了超额利润。

解答：错误。垄断对社会造成的损害不仅如此，为了获得和维持垄断地位从而获取超额经济利润，厂商常常进行“寻租”活动，这种行为是一种纯粹的浪费，它不是用于生产，没有创造出任何有益的产出，完全是一种非生产性的寻利，可造成更大的经济损失。

【例 2】当存在外部不经济时，厂商的私人成本高于社会成本。

解答：错误。当存在外部不经济时，厂商的私人成本低于社会成本。

【例 3】外部经济情况下，私人活动水平常常要高于社会所要求的最优水平。

解答：错误。外部经济情况下，私人活动水平常常要低于社会所要求的最优水平。

【例 4】对产生外部经济行为的企业或个人应采取征税或罚款的措施。

解答：错误。对产生外部经济行为的企业或个人应采取津贴或奖励的措施。

【例 5】任何人都消费同等数量的公共产品。

解答：错误。公共产品不具备竞争性，任何人增加对某公共产品的消费都不会减少其他人所得到的消费水平，所以并不意味着任何人都消费同等数量的公共产品。

1. 任何人都要支付相同数量的费用，才可以消费公共产品。
2. 不完全竞争市场中出现低效率的资源配置表现为产品价格低于边际成本。
3. 一项公共物品是否值得生产，主要依据公众的意愿。
4. 如果产权能够得到明确界定，且交易成本为零，那么通过市场机制就能够完全消除外部性所产生的无效率问题。
5. 当存在外部性时，福利经济学第一定理不一定成立。
6. SARS 病人的医疗费用应该由政府承担。
7. 如果一方在签订合同之后隐藏某些行为，使另一方的利益面临风险，称为逆向选择。
8. 一个人对某种物品的使用减少了其他人对该种物品的使用，我们称该种物品具有排他性。
9. 公共资源在消费中具有竞争性但无排他性。
10. 顾客必须通过搜寻才能了解产品价格和质量的市场对应的是完全垄断市场。
11. 由于垄断会使效率下降，因此任何垄断都是不合理的。
12. 政府提供的物品都是公共物品。
13. 国防属于公共物品。
14. 企业决策失误造成亏损属于负外部性。
15. 知识的传播具有正外部性。
16. 品牌可以为我们提供有用的质量信号。
17. 发信号是指有信息的一方为了获得信任而披露自己私人信息所采取的行动。
18. 二手车市场是研究道德风险的标准案例。
19. 私人物品既有排他性又有竞争性。

20. 得到一种物品的利益但避开为此付费的人称为“搭便车者”。

（四）问答题

1. 外部影响的存在是如何干扰市场对资源的配置的？

2. 公共物品为什么不能靠市场来提供？

3. 你如何看待“科斯定理”？

4. 为什么说垄断也可能促进经济效率？

5. 能否说政府提供的物品都是公共物品？

6. 什么是搭便车问题？它是如何产生的？

7. 公共产品生产的帕累托最优条件是什么？它与私人产品生产的帕累托最优条件有什么不同？

8. 什么是寻租行为，其特点是什么？

9. 什么是不完全信息和不对称信息？

10. 政府的经济职能有哪些？

（五）计算题

1. 假定 A、B 两厂商之间存在外部性，A 厂商给 B 厂商造成外部不经济。A 厂商生产 X 产品，B 厂商生产 Y 产品，其成本函数分别为 $C_A=2X^2$ 和 $C_B=Y^2+2XY$，B 厂商的成本受 A 厂商的产量 X 的影响。X 和 Y 的市场价格分别为 80 和 60。求：

（1）假定厂商不对外部性问题进行交涉，两厂商的产量各为多少？

（2）假定两厂商对外部性问题进行交涉，并且交易成本为零，两厂商的产量又各为多少？

（3）在（2）的场合，对 A 厂商的外部不经济有法规和无法规时，两厂商如何分配利润？

（4）假定政府为抑制外部不经济，对 A 厂商生产的每单位 X 征收数额 T 的税收，两厂商若追求各自利润最大化，政府税额应定为多少？

（5）假定政府向 A 厂商生产的每单位 X 征收数额 T 的税收，而向 B 厂商生产的每单位 Y 发放 T 单位的补贴。假设两厂商可以无交易成本地交涉，那么政府的税收、补贴政策会带来什么样的影响？

2. 市政府准备在淮河上建一座大桥，并对过往的汽车征收费用，估计汽车过桥的需求函数是：$P=25-0.5Q$。这里 P 是对通过的每辆汽车征收的费用（元），Q 是每天通过的汽车数。若大桥建成后，分摊折合每天的固定成本是 500 元，而没有变动成本。政府打算让一家公司承包，建设费用和收益都归公司。问：

（1）若没有政府的补贴，有公司愿意承包吗？

（2）如果政府根据每天通过的汽车数给承包公司补贴，每辆车至少要补贴多少？

（3）若政府一年一次给承包公司固定财政补贴，数量与通过的汽车数无关，至少要补贴多少，才有公司愿意承包（一年计 365 天）？

3. 假定某社会只有甲乙丙三个公民，他们对共用品的需求分别为：$P_1=100-x$，$P_2=100-2x$，$P_3=100-3x$。其中 x 是共用品数量，每单元共用品成本是 4 元。

（1）社会对共用品需求函数。

（2）该社会共用品最优数量是多少？

（3）每个公民的价格是多少？

4. 假定某垄断厂商生产的产品的需求函数为 $P=600-2Q$，成本函数为 $C_P=3Q^2-400Q+40\,000$（产量以吨计，价格以元计）。

（1）求利润最大时产量、价格和利润。

（2）若每增加 1 单位产量，由于外部不经济（环境污染）会使社会受到损失从而使社会成本函数成为：$C_S=4.25Q^2-400Q+40\,000$。试求帕累托最优的产量和价格应为多少？

（3）若政府决定对每单位产品征收污染税，税率应是多少才能使企业产量与社会的最优产量相一致？

（六）作图题

1. 作图分析垄断是如何造成市场失灵的？

四、拓展阅读

像环境污染这种负外部性肯定应该受到限制或消除，但美国有些地方政府却允许企业之间买卖排污权，而且还得到称赞。1992 年，设在美国加州多伦斯的美孚炼油厂从加州南门以 300 万美元购买了每天可排放 900 磅有毒瓦斯气的权力。美孚排放瓦斯气的污染行为合法化了，但加州环保部门批准了这次交易，环保主义者没有抗议反对。经济学家还把它称为治理污染的一个进步。这究竟是为什么呢？

有些企业的生产会给环境带来污染，这被称为负外部性，会带来社会成本。治理环境污染已成为人类面临的一个严峻任务。但既然要生产要发展经济就难免有污染，要完全消灭污染是不可能的。各国所追求的是把污染控制在一定程度之内。在治理污染上也要讲究效率，以最小的成本获得最大的治污效果，或者说减少治污的成本。

外部性是市场失灵的表现之一，消除外部性是政府的职责。政府用于治污的方法一般有两类。一类是对污染征收税收，这种税最早由英国经济学家庇古提出，故称为“庇古税”。这种税收一方面增加了生产有污染产品的成本，提高了价格，以减少社会需求和企业生产量，从而减少生产和污染。另一方面政府也可以用这种税收收入去治理污染。庇古税使生产者自己承担了治理污染的成本，把社会成本私人化了。另一类是管制，即对企业排放的污染量实行强制性限制，规定排污的最高量，超过这一规定给予重罚，迫使企业自己治理污染。

这些政策对治理污染起到了积极作用，但社会也为此而付出了代价。能不能有一种办法获得同样的治污成果，但又能减少成本呢？买卖排污权就是这样一部低成本治理污染的方法。

假设有一个钢铁厂和一个造纸厂排出同样有害的东西。政府规定每个厂每年的排污量为 300 吨，违反这一规定要重罚。如果这两个厂要求进行一笔交易：钢铁厂以 500 万元购买造纸厂的 100 吨排污权。这样，钢铁厂每年可排污 400 吨，造纸厂每年可排污 200 吨。这两个厂排污总量没变，对环境的影响也没变。那么，允许这种排污权的买卖会有什么影响呢？

这两个厂愿意进行交易，说明双方都能从这种交易中获得好处。其原因在于各个厂减少污染的成本不一样。假设钢铁厂由于生产技术特点，减少污染成本甚高，例如，减少

100吨污染需要600万元。造纸厂减少污染成本低，减少100吨污染仅需400万元。当双方以500万元100吨污染权成交时，对钢铁厂而言，多排100吨污染物，节省了600万元，以500万元购买100吨排污权增加收益100万元。对造纸厂而言，少排100吨污染物增加支出400万元，以500万元出卖100吨排污权，也增加收益100万元。

从社会的角度看，重要的是控制污染总量，这个量在企业之间如何分配是无关紧要的。当政府确定排污总量之后让各企业按市场原则进行交易就是按市场机制来进行配置。市场机制可以使资源配置达到最优化。无论最初的污染总量在企业之间如何配置，只要存在排污权自由交易的市场，最后的配置一定是最有效率的。在我们以上的例子中，两个厂的交易共有200万元的收益，等于减少了排污成本200万元，这当然小于不允许交易时的情况。

允许企业交易排污权和“庇古税”或管制方法的效果是相同的，都是把外部性内在化，强制企业自己解决污染问题，即企业排污要付出成本，这就把社会成本私人化。

允许企业交易排污权不仅减少了企业为排污所付出的成本，而且也减少了政府用于减少污染的支出。在征收“庇古税”和实行管制时，政府要支出大量管理费用，例如确定应征的税率，建立一套相应的管理机构等。而在允许企业交易排污权时，政府可以确定一个排污总量，然后发行可交易的污染许可证（就是排污权）。各企业可以根据自己的需要购买这种污染许可证。也可以由政府任意地把可交易的污染许可证分配给企业，然后由企业之间进行自由交易。在用这种方法治理污染时政府的支出少多了。

美孚炼油厂从其他企业购买了这种污染许可证，尽管它的排污量增加了，但另一个企业排污量减少了，这个地区总排污量不变，环保主义者自然不会反对。在经济学家看来，两个企业都从这种交易中获益，排污成本减少了，当然是好事，值得称赞。这样的好事，环保部门哪会不批准呢？

这个事例告诉我们，在市场经济下，政府也要尽量利用市场机制来解决市场失灵问题。

案例评析：

污染是一种比较常见的负外部性。其实，有多种方式减少或避免污染产生的外部性。利用法律禁止排污、颁布相关的气体或水质标准，或者制订允许的最高污染限量，向那些减少污染排放物的企业提供补贴，或者向那些排放污染物的企业征收特定的排污税，一体化等等。

当然，不同的解决外部性的办法的实施成本以及相应的结果不同。比如，限定企业的排污数量，企业就没有积极性投入资源去开发能够把污染水平进一步降低的新技术；而对降低污染水平的企业实施补贴的方法对纳税人也存在一定的不公平。

除了以上方式之外，国际上比较通行的方式就是排污权交易制度，即政府利用市场机制控制污染总量的方式。排污权交易发源于美国，美国的《联邦清洁空气法案》于1963年获得通过，但是该法案带来了新的问题。由于该法案以各地区当时的污染水平为基数，禁止增加新的污染排放量，所以，该法案实际上使得美国大部分城市地区由于可能出现的污染因素几乎不可能建立新的工厂。

美国环境保护署为了解决这一棘手的问题，就制定了一个在地区污染总量不变的条件下利用存量污染水平的所谓“抵消”政策，即若要在某地新开一家工厂，则必须设法相应地减少现有的某个企业的污染水平。但是，抵消政策的一个主要困难是需要寻找并降低一个已经存在（污染）企业的排污量。在此过程中，随着中间人出现的同时，交易污染指标的市场也相应诞生，这就是所谓的排污权交易。美国还于1990年修改了《清洁空气法》，将二氧化硫排出权交易在法律上制度化。美国通过这一方式基本上实现了从整体上削减污染物排放量的目的。

由于排污权交易价格由市场确定，市场确定价格的过程就是优化资源配置的过程，也是优化污染治理责任的过程。所以，只要交易双方污染治理成本存在差异，排污权交易就可能使交易双方都受益。在实施二氧化硫排污许可证及排放总量控制的前提下，排污权交易鼓励企业通过技术进步进行污染治理，最大限度地减少排放总量，企业节约下来的污染排放指标将成为一种可用来交易的“有价资源”。

由于排污权成了商品，将会使各企业竞相寻求有效的减排办法，以争取少买指标或出售指标，从而削减了整个区域的二氧化硫排放总量。另外，排污权交易制度建立以后，当政府觉得环境恶化时可以大量买进许可证和排污权以防止环境继续变坏，因此，排污权交易制度也为政府通过买进或卖出许可证进行宏观总量调控提供了可能。

不容否认，排污权交易是一种追求使用最少排放指标的市场手段，通过排污权交易控制大气污染是一种社会进步，而我国部分地区的污染控制实践也表明，排放总量控制与排污权交易制度具有显著的环境和经济效果。但是，公平公正地给企业发放配额将在一定程度上决定该项制度的最终推广与实施效果，所以，制定一套比较科学的指标分配方法成为排污权交易在我国成功推广的重要因素。

参考答案

第一章　引论

（一）单项选择题

1	2	3	4	5	6	7	8	9	10
B	B	A	A	B	B	A	D	B	A
11	12	13							
D	C	B							

（二）多项选择题

1	2	3	4	5	6	7
ABC	AB	AD	ABCD	ABC	BCD	ABD

（三）辨析题

1	2	3	4	5	6	7	8	9	10
√	√	√	√	×	×	√	√	√	√
11	12	13	14	15	16	17	18		
×	×	√	×	√	×	×	×		

（四）问答题

1. 答：经济人假定的含义主要包括三个方面：

（1）所有经济主体的行为动机和最终目标，都是追求自身利益的最大化：消费者追求满足的最大化，生产者追求利润的最大化。

（2）经济主体在追求私人利益最大化时，都能利用所有可以获得的信息以最小的成本追求自身最大的经济利益。他们精于计算，理性从事，不会犯任何错误。故经济人假定常常被叫作理性人假定。

（3）经济主体追求私人利益最大化的经济行为，在市场机制这只“看不见的手”的指引下，能够极大地增进整个社会的福利，其效果比个人直接追求社会福利最大化时的效果还要好。“经济人假定”是经济学赖以产生和发展的重要前提。经济学是研究社会如何选择，以便合理配置和充分利用稀缺资源，最大限度地满足人类欲望的科学。资源的稀缺性和选择的必要性从本质上来说，根源于个人最大化自身利益的无限的欲望。如果人们都不追求自身利益的最大化，那么，资源的稀缺性和选择的必要性就不复存在，进而也就没有经济学了。

2. 答：（1）稀缺性指人们的欲望总是超过了能用于满足欲望的资源的状态。这里的稀缺不是指这种资源是不可再生的或者可以消耗尽的，也不是指这种资源的绝对量是稀少的，而是指在给定的时间内，与人类需要相比，其供给量总是不足的。

（2）稀缺性是客观存在的。人类之所以有经济行为，之所以要从事生产、分配、交换、消费的经济活动，是因为人类的欲望和由此引起的对物品和劳务的需要是无限多样且永不停止的。可是，用来满足这些无限需要的手段即用来提供这些物品和劳务的生产资源是稀缺的。

由于稀缺性是任何社会和任何时期人们都会面临的一个基本事实，它反映了欲望的无限性和资源的有限性的矛盾，正是这种矛盾引起了人类的各种各样的经济活动，并产生大量的经济问题。

（3）由于稀缺性产生的经济问题主要有以下几个方面：第一，生产什么。面对稀缺的经济资源，人们需要权衡各种需要的轻重缓急，确定生产什么物品，生产多少，何时生产，以满足比较强烈的需要。第二，如何生产。由于各种生产要素一般都有多种用途，各种生产要素之间也大多存在一定的技术替代关系，所以同一种产品的生产往往可以采用多种方法，经济社会必须在各种可供资源组合中，选择哪一种组合是成本最低、效率最高的生产方法。第三，为谁生产。因为存在稀缺性，没有人能获得他想要的一切，每个社会都必须建立某种机制来为其成员分配产品。

上面三个问题被称为资源配置问题，正是为了解决这些问题，才产生了经济学。

3. 答：西方经济学根据它所研究的具体对象、范围的不同，可以分为微观经济学和宏观经济学两个部分。前者研究单个经济主体（居民户、厂商）的经济行为，采用个量分析方法，以市场价格为中心，以主体利益为目标，研究家庭和企业的经济行为以及怎样通过市场竞争达到资源配置。微观经济学又叫个量经济学、市场经济学及价格理论。后者研究整个国民经济运行，采用总量分析方法，以国民收入决定为核心，以社会福利为目标，研究产品市场、货币市场、公共财政、国际收支的协调发展，怎样通过宏观调控达到资源充分利用。宏观经济学又叫总量经济学、总体经济学、国民经济学以及收入理论。

微观经济学与宏观经济学既有区别又有联系。微观经济学和宏观经济学的目标都是为了实现稀缺资源配置的节省和经济效率，取得社会福利最大化。区别主要在各自的研究重点和论述的方式不同。在微观经济学中，总产量、价格总水平、总就业，量是作为已知变量看待，侧重用个量分析方法分析单个经济单位的经济行为。而宏观经济学所要研究的对象，正是微观经济学假定不变的经济总量。从微观或宏观分析同一问题，结论可能不同。例如，从微观上看，若一个企业降低工资，便可以降低成本，增加利润。但从宏观上看，若所有企业都降低工资，有效需求将不足，最后导致所有企业利润下降。但是，微观与宏观又是互相补充、相辅相成的。微观以资源充分利用为前提，研究资源最优配置，宏观则以资源最优配置为前提，研究资源充分利用。市场机制具有种种局限性，不能解决垄断、公平等重大问题，必须在宏观调控下才能真正做到资源的最优配置。宏观调控也必须以市场机制为基础，调动一切积极因素，才能真正做到资源的充分利用。

4. 答：学习经济学主要有以下几点意义：

(1) 了解现实世界中的经济运行机制

在生活中，你可能对这一事情惊奇不已：在没有任何人指挥与计划的情况下，各地的人们在市场上竟能够轻易地买到每天所需要的各种东西。学习经济学可以使我们理解现实的经济是如何运行的，市场经济体制为什么比其他经济体制在资源的配置与利用方面更有效率，并弄懂通货膨胀、财政赤字、汇率变动、失业率上升和政府对经济为什么要干预以及为什么这样干预等很多重大经济问题，最终使自己成为一个合格的有头脑的选民，投出理性的政治选票。

（2）可以帮助自己做出正确的选择，增加自己的效用

在人的一生中，无论是学习、工作、休闲与娱乐，还是进行政治选举和其他活动，

时刻都会遇到经济问题，经常要做出选择（是否考大学、是否好好学习、是否考研究生、是否考公务员、是否结婚、是否要孩子、是否储蓄、是否增加劳动时间等）。经济学本质上是有关选择的科学。学习经济学，可以帮助自己做出更加理性的选择，使自己的收益最大化。

例如，对于消费者来说，经济学中的资产组合理论、消费与储蓄的最优选择理论等可以指导他们的选择行为；对于厂商而言，经济学中的成本与收益分析、厂商定价理论、资本与投资理论等可以指导其投资、生产与销售决策。经济学中的机会成本分析比会计学中的成本分析对于企业经理人员的决策更具有指导意义。经济学理论对政府的决策行为同样具有指导作用。政府的许多决策如果能够科学地运用经济学知识，就会减少决策的盲目性。

（3）经济学除了有用以外，它本身也是一门充满魅力的科学

经济学介于自然科学与社会科学之间，博大精深，被萨缪尔森称为社会科学的皇后。它运用数学和统计工具，借鉴历史经验，经过缜密的逻辑思维，对各种经济现象和其他社会问题做出理性的解释与预测。越学经济学，人们的兴趣常常会越加浓厚。

（4）经济学理论是应用经济学等其他研究领域的基础

国际经济学、比较经济学、发展经济学、金融学、财政学、管理学、会计学等研究领域都以经济学理论作为基础。经济学理论甚至被引入法学、政治学、社会学的研究领域中，用于研究人的各种决策行为。学好经济学，对于更好地学习各种应用经济学与其他社会科学，具有十分重要的促进意义。

5. 答：微观经济学在假定资源已经被充分利用的基础上，通过对单个经济主体追求私人利益最大化的经济行为的分析，研究产品价格与要素价格的决定过程，说明在市场机制的作用下，稀缺资源如何在各部门和各经济主体之间得到合理的配置。

实际上，价格的决定过程就是资源的配置过程。一方面，人们总是根据产品价格的高低对生产什么、如何生产做出相应的选择；另一方面，要素价格的决定过程就是收入的分配过程。因此，微观经济学也叫价格理论。由于价格是在市场上形成的，所以，微观经济学又叫市场理论或市场经济学。

6. 答：宏观经济学在假定资源已经被合理配置的基础上，通过总量（一般价格水平、失业率、国民收入、货币存量等）分析，研究社会如何充分利用资源以促进一国的经济增长。经济增长常常用国民收入的增长来衡量。任何国家的收入在短期总是具有波动的趋势（有时繁荣，有时萧条），在长期则不断增长。宏观经济学主要研究国民收入短期波动（失业与通货膨胀）和长期增长的决定因素。故宏观经济学也称作国民收入决定理论。

7. 答：经济学根源于资源的稀缺性与人类欲望无限性之间的矛盾。资源的稀缺性是

指相对于人类无限的欲望来说，满足欲望的资源总是有限的、不足的。资源的稀缺性与人类欲望无限性之间的矛盾导致以下四个基本经济问题的产生。

（1）生产什么和生产多少

资源是有限的，人们不能生产出自己所需要的一切产品，而只能生产那些在当前人们最需要产品。但是，什么是当前最需要的产品呢？这些产品生产多少最适当呢？这就是生产什么和生产多少的问题。

（2）如何生产

由于资源的稀缺性，人们就必须考虑选择最有效的生产方法，使有限的资源发挥出最大的经济效果。但是，什么样的生产方法才是最有效率的呢？是多用劳动少用资本还是相反？是大规模生产还是小规模生产？是使用 A 种技术还是使用 B 种技术？是采用市场经济体制生产还是计划经济体制生产？这就是如何生产的问题。

（3）为谁生产

产品在进入消费之前，先必须进行分配，以确定每个社会成员所能得到的份额。资源的稀缺性必然导致产品的有限性，使得产品不能按照人们的需要或欲望来分配。那么，社会产品应该按照哪种方式在社会各成员之间进行分配呢？这就是为谁生产的问题。

（4）经济增长

为了自己和子孙后代过上更富裕的生活，人们必须谋求经济增长或经济发展。由于资源的稀缺性，把更多的资源用于积累，发展经济，供当前消费的资源就会减少。反之亦然。人们将怎样在未来消费与当前消费之间分配资源呢？这就是经济如何增长或发展的问题。西方经济学家认为，经济学就是为了解决上述四个基本经济问题而产生和发展起来的。为了解决生产什么、如何生产、为谁生产和经济如何持续、稳定、快速增长问题，人们就必须做出选择，以便对现有的稀缺资源进行合理的配置和充分的利用，最大限度地满足人类的欲望。由此，便引出了经济学的定义。所谓经济学就是研究人们如何合理配置和充分利用稀缺资源以最大限度地满足人类日益增长的需要或欲望的科学。

8. 答：由于西方经济学具有双重性质，它既是资本主义的意识形态，由是资本主义市场经济的经验总结，这就决定了我国学员学习它所应持有的态度：在整个的理论体系上或整体倾向上对它持否定的态度，而在具体的内容上应该看到它的有用之处，是否真正有用还需要考虑到国情的差别，应结合我国的国情加以借鉴吸收，做到“弃其糟粕、取其精华、洋为中用”。

（1）我国学习经济学的主要目的在于从中得到对我国有用的知识，即“学以致用”。对西方经济学而言，“为艺术而艺术”的学习目标是不适用的。因为，如果不是为了“实用”而学习，那么还不如去从事其他的活动。“经济学”这一名词的英文来源是希腊文的名词“家庭管理”。由此也可以看出西方经济学的“致用”的性质。

（2）既然学习西方经济学的目的是为了“致用”，那么就必须注意到它涉及对西方“致用”的两个特点：其一，它宣扬西方国家的意识形态，以便巩固西方社会的共识或凝聚力，即增加西方学者所说的“社会无形资本”；其二，它总结西方市场运行的经验，以便为改善其运行提供对策。西方经济学能够存在于西方的原因是由于他对西方国家有用。

（3）在以上两个特点中，第一个特点显然对我国不但没有用处，反而会引起有害的作用。因为，西方实行的是资本主义，而我国则为社会主义，而两者在原则上是对立的。把资本主义的意识形态施加于社会主义制度只能造成和激化后者的上层建筑与其经济基础之间的矛盾，导致思想混乱、社会行为失控，甚至走向自我毁灭的道路。类似的事例已经在世界上出现。

（4）以上述第二个特点而论，虽然西方国家实行的是资本主义市场经济，而我国则为社会主义市场经济，但是，二者在市场经济这一点上却有相当多的共同之处。因此，对西方市场经济运行的经验总结和总结的方法有许多内涵是值得而且必须加以借鉴的。以此而论，学习西方经济学又是对我国有利的。当然，在借鉴时，决不能生搬硬套，必须注意到国情的差别，在西方社会中行之有效的办法未必能在我国奏效。

（5）趋利避害。上述两个特点可以决定我们对西方经济学所应持有的态度，即：在整体内涵上，否定它的资本主义的意识形态，因为，在整体内涵上，它维护资本主义制度；在具体内容上，它总结出的经验和总结的方法却存在着大量的值得借鉴之处。

总结上述五点，我国学员学习西方经济学的态度应该是要做到“洋为中用”，即：能充分利用西方经济学中的一切有利于我国的知识，而与此同时，又能避免它在意识形态上所带来的不良后果。

第二章　需求供给与均衡价格

（一）单项选择题

1	2	3	4	5	6	7	8	9	10
C	B	A	C	B	B	B	B	B	D
11	12	13	14	15	16	17	18	19	20
A	C	A	C	B	C	B	A	D	B
21	22	23	24	25	26	27			
B	D	B	A	D	D	B			

（二）多项选择题

1	2	3	4	5	6	7	8	9	10
ABCD	ACD	ABD	ACD	BCD	ACD	BC	BD	AC	BD
11	12	13	14	15	16				
BCD	ACD	ABD	CD	BD	ABD				

（三）辨析题

1	2	3	4	5	6	7	8	9	10
×	√	×	×	×	√	×	√	√	×
11	12	13	14	15	16	17			
√	√	×	×	×	×	×			

（四）问答题

1. 答：不正确。因为供给是条线，需求也是条线，供给等于需求，就是供给曲线与需求曲线重合，而这是不可能的，因为供求定律决定了需求曲线向右下方倾斜，供给曲线向右上方倾斜，这两条线永远不会重合，供给不会等于需求，均衡价格因此不是供给等于需求时的价格。均衡价格也不是“供给价格等于需求价格时的价格”，因为支持价格和限制价格时的供给价格都等于需求价格，但是它们肯定不在均衡点上。均衡价格更不是“供给量等于需求量时的价格”，因为买卖双方提供和需要的数量很可能相等，但是他们的价格往往谈不拢。所以均衡价格只能是供给曲线和需求曲线相交时的价格。它必须同时满足供给量等于需求量，供给价格等于需求价格这两个条件。

2. 答：商品的需求弹性表示商品需求量的变化率对于商品价格的变化率的反映程度。商品的需求弹性和提供该商品的厂商的销售收入之间存在着密切的关系。这种关系可归纳以下三种情况：

（1）对于富有弹性的商品，降低价格会增加厂商的销售收入；提高价格会减少厂商的销售收入。即商品的价格与厂商的销售收入呈反方向变动。

（2）对于缺乏弹性的商品，降低价格会减少厂商的销售收入；提高价格会增加厂商的销售收入。即商品的价格与厂商的销售收入呈同方向变动。

（3）对于单一弹性的商品，降低价格或提高价格对厂商的销售收入都没有影响。

3. 答：交叉弹性是一个商品的价格变动对另一个商品需求量的影响程度，或者是此商品需求量的变动对彼商品价格变动的反应程度。它是此商品需求量变动的百分比与彼商品价格变动百分比的比值。如果该比值大于零，表明此商品与彼商品是替代商品，因为此商品价格上升，此商品需求量减少，致使彼商品需求量增加。如果该比值小于零，表明此商品与彼商品是互补商品，因为此商品价格上升，此商品需求量减少，彼商品的需求量也减少，此商品与彼商品共同消费才能满足人们的欲望。如果该比值等于或趋向于零，表明此商品与彼商品之间没有什么关系。对企业来说，如果它的商品与别的企业的商品的交叉弹性小于零，表明它的商品与别的企业的商品是互补商品，它们可以联合起来走共同发展的道路。如果这个企业的商品与别的企业的商品的交叉弹性大于零，表明这两个商品是替代商品，这两个企业将面临激烈的竞争，该企业要警惕别的企业抢占它的商品的市场份额。

4. 答：导致需求曲线典型形态的主要原因有两方面：

（1）由于商品之间在使用上往往会存在一定程度的替代性，从而，在其他条件不变的情况下，当某种商品的价格上升时，理性的消费者会采取减少对涨价商品的购买量而增加其替代品的购买量的方法来弥补减少涨价商品消费可能引起的效用损失，我们把这种特定条件下的消费转移称之为“替代效应”，由于替代效应的存在，使得需求量与价格之间的反向变动成为一种需求的内在机制。

（2）当人们的货币收入不变并且全部收入用于消费时，一种商品的价格下降也就意味着人们实际收入水平的提高，从而购买能力增强，在不改变对其他商品消费的同时，增加购买降价商品能够直接引起消费者获得的效用增加，我们把这种受消费者实际收入变动影响而产生的消费改变叫做“收入效应”。由于收入效应的存在，使需求量与价格的反方向变动也成为一种需求的内在机制。

（五）计算题

1. 解：（1）$200=500-2P$，$P=150$ 元/吨。

（2）$Q=500-2\times180=140$ 吨，

$TR_2=P\times Q=180\times140=25\ 200$ 元，

当 $P=150$ 时，$TR_1=150\times200=30\ 000$ 元，

$TR_2-TR_1=25\ 200-30\ 000=-4\ 800$ 元，即 A 产品价格上升后，总收益减少 4 800 元。

（3）$Ed=-(Q_2-Q_1/P_2-P_1)\times(P_1+P_2/Q_1+Q_2)=-(140-200)/(180-150)\times(150+180)/(200+140)=1.94$

2. 答：（1）由于电力需求的长期价格弹性为 1.2，因此，电力价格上升 1%，将使电力消费减少 1.2%；

（2）由于电力与天然气需求的交叉弹性为 0.2，两者又是替代品，因此，天然气的价格上升 1%，将导致电力的消费量增加 0.2%。所以，天然气的价格只有上升 6%，才能抵消电力价格上升而减少的电力消费 1.2%。

3. 解：$S_1=P_1\times Q_1=3\ 000\times100=300\ 000$ 元

$P_2=3\ 000\times(1-10\%)=2\ 700$ 元

$Q_2=100\times(1+20\%)=120$ 台

$S_2=P_2\times Q_2=2\ 700\times120=324\ 000$ 元

$S_2-S_1=24\ 000$ 元

因此，价格下调 10%，该商品的销售收入增加 24 000 元。

4. 解：$e_i=dQ/dI\times I/Q=0.2\times5\ 000/2\ 000+0.2\times5\ 000=0.33$

$e_i=dQ/dI\times I/Q=0.2\times15\ 000/2\ 000+0.2\times15\ 000=0.6$

$e_i=dQ/dI\times I/Q=0.2\times30\ 000/2\ 000+0.2\times30\ 000=0.75$

5. 解：（1）设明光公司的产品为 X，太和公司的产品为 Y，则；

$e_{xy}=\Delta Q_x/\Delta P_y\times P_y/Q_x=(23\ 000-13\ 000)/(15-12)\times15/23\ 000=2.17$

因此，这两家公司生产的男式上衣是好的替代品。

（2）$e_d=-\dfrac{\Delta Q}{\Delta P}\times\dfrac{(P_1+P_2)}{(Q_1+Q_2)}=-\dfrac{13\ 000-23\ 000}{(13-P)}\times\dfrac{(13+P)}{(13\ 000-23\ 000)}=2$

$P=9.83$ 元

6. 解：

$$e_{xy}=\frac{\Delta Q_x/Q_x}{\Delta P_y/P_y}=\frac{(10\ 000-8\ 000)/8\ 000}{5}=4$$

（六）作图题

1. 解：

（1）商品的均衡价格是指供求相等时的市场价格。

（2）商品的均衡价格是商品市场上需求和供给这两种相反的力量共同作用的结果。当市场价格偏离均衡价格时，市场上就会出现需求量和供给量不相等的非均衡状态，在市场机制的共同作用下，这种供求不等的非均衡状态会逐步消失，偏离的市场价格会自动回复到均衡价格水平。

（3）均衡价格的决定如参图 1 所示：

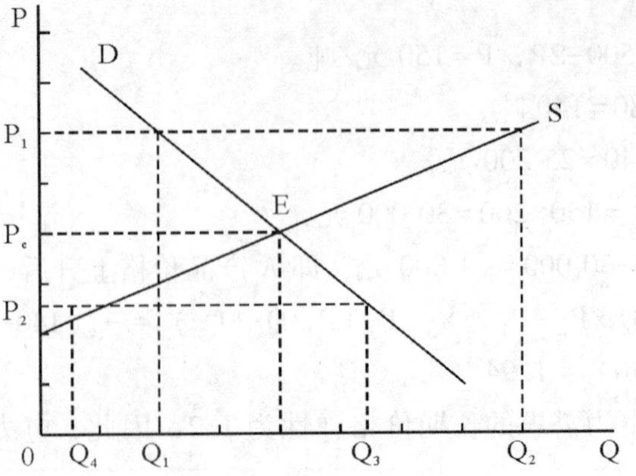

参图 1　均衡价格的决定

（4）当市场价格 P_1 高于均衡价格 P_e 时，供大于求（Q_2-Q_1），出现商品过剩的市场状况，这样，一方面会使需求者压低价格来得到他要购买的商品量，另一方面，又会使供给者减少商品的供给量。这样，该商品的价格必然下降，一直下降到均衡价格水平。相反地，当市场价格 P_2 低于均衡价格 P_e 时，供不应求（Q_4-Q_3），出现商品短缺的市场状况，这样，一方面会使需求者提高价格来得到他要购买的商品量，另一方面，又会使供给者增加商品的供给量。这样，该商品的价格必然上升，一直上升到均衡价格水平。均衡价格就是在供求双方的共同作用之下形成的。

2. 解：造成这种现象的根本原因在于农产品往往是缺乏需求弹性的商品。以参图 2 来说明。

参图 2 中的农产品的需求曲线 D 是缺乏弹性的。农产品的丰收使供给曲线由 S_0 的位置向右平移至 S_1 的位置，在缺乏弹性的需求曲线的作用下，农产品的均衡价格大幅度地由 P_0 下降为 P_1。由于农产品均衡价格的下降幅度大于农产品的均衡数量的增加幅度，最后致使农民总收入量减少。总收入的减少量相当于图中矩形 $OQ_0E_0P_0$ 和 $OP_1E_1Q_1$ 的面积之差。

类似地，在歉收年份，同样由于缺乏弹性的需求曲线的作用，农产品均衡数量减少的幅度将小于由它所引起均衡价格的上升幅度，最后致使农民的总收入量增加。在图中，只需先假定农产品的歉收使供给曲线 S_1 的位置向左平移至 S_0 的位置，其后便可以具体地说明与上面相反的情况了。

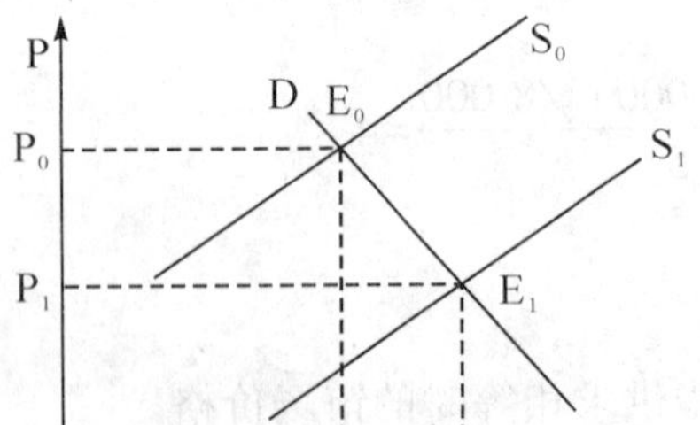

参图 2　缺乏弹性的需求曲线和谷贱伤农

第三章 效用论

（一）单项选择题

1	2	3	4	5	6	7	8	9	10
D	A	B	C	B	D	C	C	A	B
11	12	13	14	15	16	17	18	19	20
D	D	C	B	A	B	B	C	C	B
21	22	23	24	25	26	27	28	29	30
B	A	B	C	A	C	D	A	D	B
31	32								
C	A								

（二）多项选择题

1	2	3	4	5	6	7	8	9	10
AD	ABD	BD	BD	AB	ABCD	ACD	ABC	BD	BC

（三）辨析题

1	2	3	4	5	6	7	8	9	10
×	×	×	×	×	√	√	×	×	×
11	12	13	14	15	16	17	18	19	20
×	×	√	×	√	×	√	√	√	×

（四）问答题

1. 答：根据消费者偏好某一个商品组合，而不喜欢另一种商品组合，以及消费者对其所消费的商品组合间的关系的安排，西方经济学者提出了三个基本的假设。这些假设被称为消费者行为公理。

（1）完备性或顺序性（Ordering）。消费者总是有能力将多种商品的组合，按照其偏好大小而排列顺序和比较。

在这一公理的假设下，消费者对任何两组物品A与B，必须有能力辨别其偏好A优于B，或B优于A，或两者偏好相同，且此三者中只有一种状况能成立。

（2）传递性。假如某消费者面临A、B和C三个商品组合，消费者在商品组合A和B之间更偏好A，在B和C之间更偏好B，则该消费者在A和C之间就更偏好A。

（在这一公理的假设下，消费者的偏好具有传递性。例如，某甲偏好西瓜优于香蕉，且偏好香蕉优于橘子，则我们判断某甲偏好西瓜优于橘子。但是世界上并不是任何一件事皆具有传递性的。例如，某甲喜欢乙，而乙喜欢丙，则不能断定甲喜欢丙；还有下棋也一样，如甲赢乙，且乙赢丙，则不能说甲一定赢丙。）

（3）非饱和性。在非饱和状态时，消费者对愈多的物品其偏好愈大，即消费数量愈多，所获满足愈大。

［在这一公理的假设条件下，若消费者达到饱和状态或超饱和状态（厌恶）时，消费者不愿再消费，否则他一定不是有理性的人。一般所设定的假定是未达饱和状态前所做的分析。］

以上三个公理性假设构成了现代消费者行为理论的基础。它们并没有阐明消费者偏好本身，但它们的确使得这些偏好具有某种程度的合理性。

2. 答：在一定时间内，在其他商品的消费量保持不变的条件下，随着消费者对某种商品的消费量的增加，消费者从该商品连续增加的每一消费单位中所得到的效用增量即边际效用是递减的。

3. 答：在维持效用水平不变的前提下，随着一种商品消费数量的连续增加，消费者为得到每一单位的这种商品所需要放弃的另一种商品的消费数量是递减的。

4. 答：（1）无差异曲线是用来表示消费者偏好相同的两种商品的所有组合的。或者说，它是表示能给消费者带来相同效用水平或满足程度的两种商品的所有组合。相对应的效用函数为：$U=f(x_1, x_2)$，其中 X_1 和 X_2 分别是商品 1 和商品 2 的数量。

（2）无差异曲线具有以下三个基本特点：①由于通常假定效用函数是连续的，所以，在同一坐标平面上的任何两条无差异曲线之间，可以有无数条无差异曲线。所有这些无差异曲线之间的相互关系是：离原点越远的无差异曲线代表的效用水平越高，离原点越近的无差异曲线代表的效用水平越低。②对同一消费者而言，在同一坐标平面图上的任何两条无差异曲线不会相交。③无差异曲线是凸向原点的。这就是说，无差异曲线不仅向右下方倾斜，即无差异曲线的斜率为负值，而且，无差异曲线是以凸向原点的形状向右下方倾斜的，即无差异曲线的斜率的绝对值是递减的。这取决于商品的边际替代率递减规律。

5. 答：（1）水和钻石的价值悖论指水对人们很有用，必不可少，但水却很便宜；钻石相对于水对人们的用途有限，但却很昂贵。

（2）这一悖论可以从需求和供给两方面来共同说明，因为价格是由需求和供给共同决定的。①从需求一方看，价格取决于商品的边际效用，而不是总效用。对于水，水源充足，其消费量虽大，而边际效用却很小，价格也就很便宜。同理，由于钻石稀少，其边际效用很大，其价格也就相应的昂贵。②从供给一方看，由于水源充足，生产人类用水的成本很低，因而其价格也低。钻石则很稀缺，生产金刚钻的成本也很大，因而钻石很昂贵。

（3）综合需求和供给两方面，则水便宜，钻石昂贵。

（当然也有学者打趣提出这一悖论的亚当·斯密，认为终身未婚、对女性所知甚少的他恐怕低估了钻石在满足女性心理上的用途。）

6. 答：不违背边际效用递减律。因为边际效用指物品的消费量每增加（或减少）一个单位所增加（或减少）的总效用的量。这里的“单位”指一完整的商品单位，这种完整的商品单位，是边际效用递减规律有效性的前提。比如，这个定律适用于一双鞋子，但不适用于单只鞋子。对于四轮车而言，必须是有四个轮子的车才成为一单位。三个轮子不能构成一辆四轮车，因而每个轮子都不是一个有效用的物品，增加一个轮子才能使车子有用。因此，不能说第四个轮子的边际效用超过第三个轮子。

7. 答：（1）消费者愿意多付钱购买名牌产品，实际上反映的是名牌产品给消费者带来的效用问题。

（2）效用指商品满足人的欲望的能力，或者说，效用是指消费者在消费商品时所感受到的满足程度。一种商品对消费者是否具有效用，取决于消费者是否有消费这种商品的欲望，以及这种商品是否具有满足消费者的欲望的能力。效用这一概念与人的欲望是联系在一起的，它是消费者对商品满足自己的欲望的能力的一种主观心理评价。

（3）正因为效用是消费者对商品满足自己的欲望的能力的一种主观心理评价，因此决定效用大小的不是产品的实用程度，而是产品的稀缺性和商品对消费者主观的满足程度。消费者愿意多付钱购买名牌产品，正是因为名牌产品的稀缺性和名牌产品能够比普通产品给消费者带来更大的满足，导致名牌产品具有更多的效用，从而也导致了名牌产品更高的价格。

从稀缺性方面看，在同种产品类型中，名牌产品一般就只有几种，产品的稀缺性决定了消费者拥有名牌产品的有限性。而对于消费者来说，边际效用是递减的，因此稀缺性决定了消费者消费的有限性，继而决定了消费者对名牌产品的效用总是维持在一个较高的水平。

从带来的心理满足程度看，名牌产品属于一种炫耀产品，它不仅穿着舒服，更重要的是它能显示拥有者的身份和社会地位。因此，对名牌产品的追逐主要是满足心理的愉悦感和满足感，而不是产品的实用程度，也就是名牌产品心理满足程度远远大于非名牌产品。

（4）从经济学角度说，由于效用的主观决定性，消费者行为是追求理性的，所以消费者愿意多付钱购买名牌产品只是反映了消费者自己的选择，本身不存在价值判断问题。但在实际生活中，消费者行为并不是理性的，名牌产品给消费者的实际效用往往低于消费者的期望效用，从而导致名牌产品的价格高于其应该的价格水平。

8. 答：当两种物品是完全替代品时，无差异曲线完全是一条直线。因为可口可乐与百事可乐是完全替代品，所以它们的无差异曲线完全是一条直线。当两种物品是完全互补品时，无差异曲线是非常凸向原点的，因为滑雪板和滑雪板上的皮鞋固定装置是完全互补品，所以两者的无差异曲线是非常凸向原点的。当两种物品是完全替代品时，消费者对它们相对价格的变动反应更大，所以消费者对可口可乐与百事可乐相对价格的变动反应更大。

9. 答：行政配给制之所以会减少消费者效用，是因为在这种制度下，消费者无法在既定的预算约束下按自己偏好自由选购消费品。举个例说，假定某单位给其职工分发价值100元人民币的年货，一种办法是给每个职工发2.5千克油，5千克猪肉（共值100元），另一种办法是把100元钱发给每个职工，让他们根据自己需要选购商品，显然，后一种办法能给消费者带来更大效用。像前一种行政配给制就无法使职工更大满足，因为每个消费者的偏好不一样。这种情况用无差异曲线图形表示，就是无差异曲线未能和预算线相切。

（五）计算题

1. 解：按照两商品的边际替代率MRS的定义公式，可以将一份肯德基快餐对衬衫的边际替代率写成：

$$MRS_{xy}=-\frac{\Delta Y}{\Delta X}$$

其中：X表示肯德基快餐的份数；Y表示衬衫的件数；MRS_{xy}表示在维持效用水平不变的前提下，消费者增加一份肯德基快餐消费时所需要放弃的衬衫的消费数量。

在该消费者实现关于这两种商品的效用最大化时，在均衡点上有：

$MRS_{xy}=\frac{P_X}{P_Y}$

即有：$MRS_{XY}=\frac{20}{80}=0.25$

它表明：在效用最大化的均衡点上，对于该消费者来说，一份肯德基快餐对衬衫的边际替代率 MRS 为 0.25。

2. 解：

（1）参图 3 中的横截距表示消费者的收入全部购买商品 1 的数量为 30 单位且已知 $P_1=2$ 元，所以，消费者的收入 $M=2\times30=60$ 元。

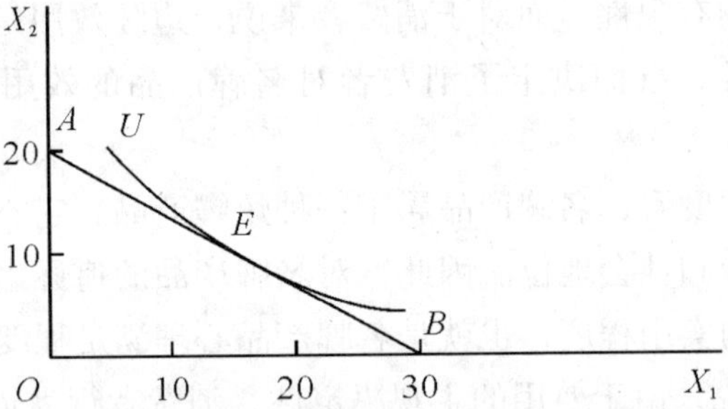

参图 3　消费者效用最大化

（2）图中的纵截距表示消费者的收入全部购买商品 2 的数量为 20 单位，且由（1）已知收入 M=60 元，所以，商品 2 的价格 $P_2=\frac{M}{20}=\frac{60}{20}=3$ 元。

（3）由于预算线方程的一般形式为：

$P_1x_1+P_2x_2=M$

所以，由（1）、（2）可将预算线方程具体写为：$2x_1+3x_2=60$。

（4）将（3）中的预算线方程进一步整理为 $x_2=-\frac{2}{3}x_1+20$，显然，预算线的斜率为 $k=-\frac{2}{3}$。

（5）在消费者效用最大化的均衡点 E 上，有 $MRS_{12}=\frac{P_1}{P_2}$，即无差异曲线的斜率的绝对值即 MRS 等于预算线的斜率的绝对值 $\frac{P_1}{P_2}$。因此，在此 $MRS_{12}=\frac{P_1}{P_2}=\frac{2}{3}$。

3. 解：（1）据题意有：$M=540$，$P_1=20$，$P_2=30$，$U=3X_1X_2^2$

根据消费者的效用最大化的均衡条件：$MU_1/P_1=MU_2/P_2$

其中，由 $U=3X_1X_2^2$ 可得：

$$MU_1=\frac{dTU}{dX_1}=3X_2^2$$

$$MU_2=\frac{dTU}{dX_2}=6X_1X_2$$

于是有：$\frac{3X_2^2}{6X_1X_2}=\frac{20}{30}$

整理得：$X_2=\frac{4}{3}X_1$ ①

将①代入预算约束式 $P_1X_1+P_2X_2=M$，即：$20X_1+30X_2=540$

解得：$X_1=9$，$X_2=12$，

因此，该消费者每年购买这两种商品的数量应该为：

$$\begin{cases}X_1=9\\X_2=12\end{cases}$$

（2）将以上商品组合代入效用函数，得：

$U=3X_1X_2^{\ 2}=3\ 888$

所以，该消费者最优商品购买组合给他带来的最大效用水平为3 888。

4. 解：（1）要实现消费者的效用最大化，应满足：

$$\frac{MU_x}{MU_y}=\frac{P_x}{P_y}$$

即 $\frac{14x^{13}y^{34}}{34x^{14}y^{33}}=\frac{10}{10}$

得 $y=\frac{17}{7}x$ ①

同时要满足收入约束：$10x+10y=5\ 000$ ②

联立①②得：$x=\frac{875}{6}\approx145.83$　$y\approx354.17$

（2）消费者的预算约束如参图4所示，政府提供该居民2 000元的食品兑换券后，消费者的预算线变为一条折线。此时，消费者的无差异曲线与其没有公切点。所以，该居民的最优消费组合为折点，即：x=200，y=500。

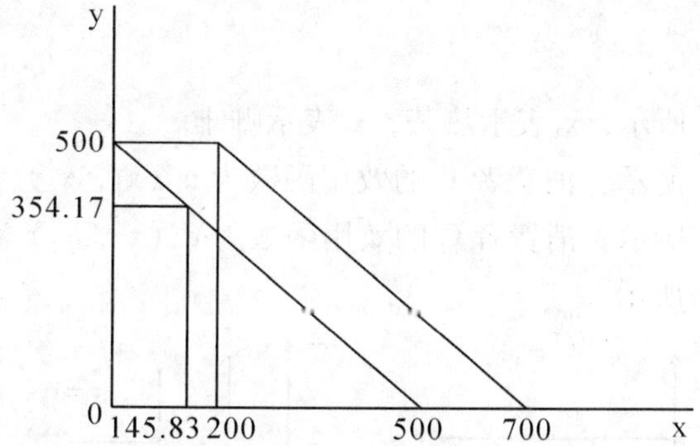

参图4　政府提供食品兑换券对居民消费组合的影响

5. 解：根据边际效用最大化的均衡条件

$\frac{MU_x}{P_x}=\frac{MU_y}{P_y}$　可以得出：$\frac{a\frac{1}{2}(xy)^{-\frac{1}{2}}y}{8}=\frac{a\frac{1}{2}(xy)^{-\frac{1}{2}}x}{P_y}$

$\frac{y}{8}=\frac{x}{P_y}$ 即：$8x=yP_y$ ①

根据预算线方程 $P_xX+P_yY=I$ 可得 $8x+P_yy=656$ ②

将①带入到②中可以得到：$y=328/P_y$;

6. 解：（1）设购买花生奶油 N 盎司，购买果冻 J 盎司，则

收入约束条件为：$0.05N+0.10J=3$ ①

消费偏好条件为：$\frac{N}{J}=\frac{1}{2}$, ②

解①②式，得：$N=12$，$J=24$

（2）同理，如果果冻的价格上升到每盎司 0.15 元，则汤姆每周购买花生奶油和果冻分别为 60/7 盎司和 120/7 盎司。

（3）要弥补果冻涨价带来的损失，也就是要恢复到原来的消费水平 $N=12$，$J=24$. 设此时需要收入 I 元，则

$I=0.05N+0.15J$,

$N=12$，$J=24$。

得：$I=4.2$（元）

因此汤姆每周用于三明治的总支出应增加 1.2 元。

7. 解：令 x_1，x_2分别表示糖和咖啡的购买量。

由题意可知

$X_1=2x_2$ ①

预算线为

$p_1x_1+p_2x_2=m$ ②

联立①和②可得

$x_1=\frac{2m}{2p_1+p_2}$；$x_2=\frac{m}{2p_1+p_2}$

（六）作图题

1. 解：

（1）如参图 5（a）所示，x_1表示热茶，x_2表示咖啡。

（2）如参图 5（b）所示，消费者 B 的效用函数为 $u(x_1, x_2)=\min\{x_1, x_2\}$。

（3）如参图 5（c）所示。消费者 C 的效用函数为 $u(x_1, x_2)=x_1+2x_2$

（4）如参图 5（d）所示。

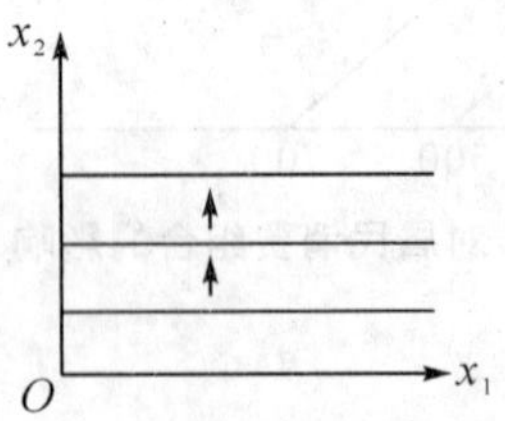

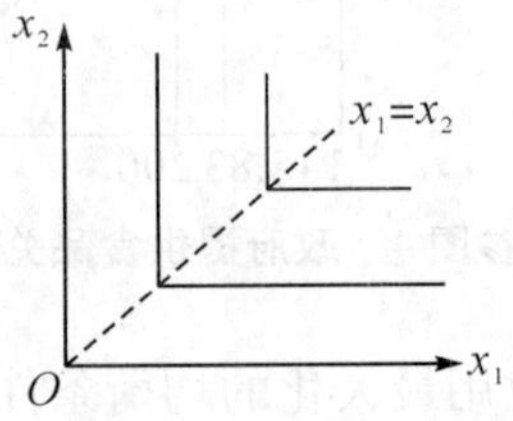

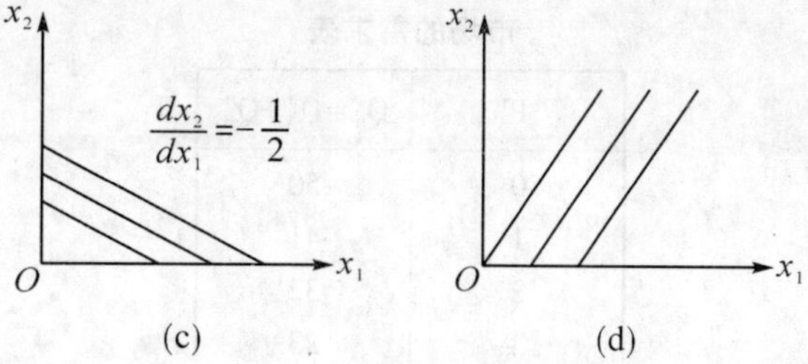

参图 5 消费者的无差异曲线

2. 解：（1）由消费者 A 的需求函数 $Q_A^d=20-4P$，可编制消费者 A 的需求表；由消费者 B 的需求函数 $Q_B^d=30-5P$，可编制消费 B 的需求表。至于市场的需求表的编制可以使用两种方法。一种方法是利用已得到消费者 A、B 的需求表，将每一价格水平上两个消费者的需求数量加总来编制市场需求表；另一种方法是先将消费者 A 和 B 的需求函数加总来求得市场需求函数，即市场需求函数 $Q^d=Q_A^d+Q_B^d=(20-4P)+(30-5P)=50-9P$，然后，运用所得到的市场需求函数 $Q^d=50-9P$，来编制市场需求表。这两种方法所得到的市场需求表是相同的。

按以上方法编制的 3 张需求表如参表 1，参表 2，参表 3 所示。

参表 1　　消费者 A 的需求表

P	Q_A^d
0	20
1	16
2	12
3	8
4	4
5	0

参表 2　　消费者 B 的需求表

P	Q_B^d
0	30
1	25
2	20
3	15
4	10
5	5
6	0

参表 3

市场的需求表

P	$Q_d = Q_A^d + Q_B^d$
0	50
1	41
2	32
3	23
4	14
5	5
6	0

（2）由（1）中的 3 张需求表，所画出的消费者 A 和 B 各自的需求曲线以及市场的需求曲线如参图 6 所示。

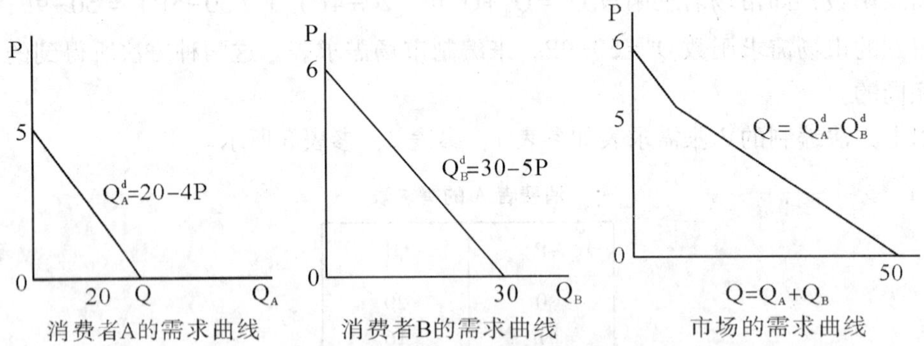

参图 6　从单个消费者的需求曲线到市场需求曲线

在此，需要特别指出的是，市场需求曲线有一个折点，该点发生在价格 P = 5 和需求量 $Q^d = 5$ 的坐标点位置。关于市场需求曲线的这一特征，可以从两个角度来解释：一个角度是从图形来理解，市场需求曲线是市场上单个消费者需求曲线的水平加总，即在 P≤5 的范围，市场需求曲线由两个消费者需求曲线水平加总得到；而当 P>5 时，只有消费者 B 的需求曲线发生作用，所以，它的需求曲线就是市场需求曲线。另一个角度是从需求函数看，在 P≤5 的范围，市场需求函数 $Q^d = Q_A^d + Q_B^d = 50-9P$ 成立；而当 P>5 时，只有消费者 B 的需求函数才构成市场需求函数，即 $Q_d = Q_B^d = 30-5P$。

3. （1）解：我的预算约束线如参图 7 所示。

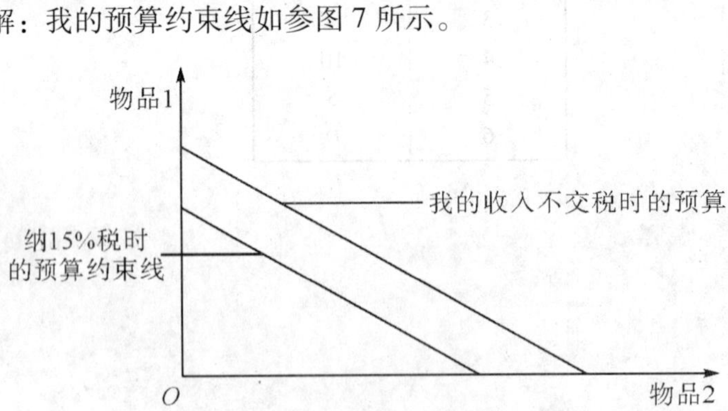

参图 7　我的预算约束线

（2）解：征税的效果等同于工资下降，因为工人的可支配收入减少了。

首先考虑替代效应，当征税时，我的工资减少了，相对于工作而言，闲暇变得便宜了，这就会鼓励我用闲暇替代工作。换言之，替代效应会使我由于更低的工资而减少工作时数。

现在考虑收入效应，当税收增加时，我的可支配收入下降，我会移动更低的无差异曲线上。现在我的状况比以前变坏了。只要工作和闲暇都是正常物品，我就倾向于增加工作时数，减少闲暇。收入效应会使我由于更低的工资而增加工作时数。

经济理论对于征税会导致我增加还是减少工作时数没有给明确的答复，如果收入效应大于替代效应，我会增加工作时数，如果替代效应大于收入效应，我会减少工作时数，如果 两者效应相等，我的工作时数会不变。

4.（1）解：该消费者处境改善了，因为该消费者得到 120 元补贴后，可以多消费电来替代煤气消费，由于电价不变，他完全可以用多消费电来改善自己的处境，如果煤气价上涨 100%，电价也上涨 100%，他处境就不会改善，煤气涨价及补贴前后的消费者均衡如参图 8 所示。

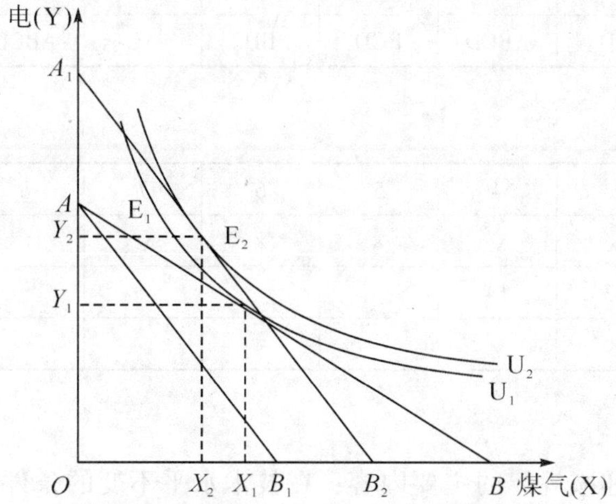

参图 8　煤气涨价及补贴前后的消费者均衡

在参图 8 中，AB 代表原来的预算线，AB′代表煤气涨价 100%但未给补贴的预算线，该预算线在横轴的截距应该正好是原预算线 AB 横轴截距的一半。A_1B_1 代表煤气涨价并给了 120 元补贴后的预算线，由于煤气涨价 100%，这样该消费者仍要消费数量 X_1 的煤气，就必须支出 240 元，而现在给 120 元补贴，与原来自己用于煤气的支出 120 元加在一起正好是 240 元，因而仍可以消费数量为 X_1 的煤气。故 A_1B_1 必和 AB 相交于原均衡点 E_1，又由于电价未变，因而 A_1B_1 必和 AB′平行，在 A_1B_1 预算线上，消费者找到了新的均衡点 E_2，在 E_2 点上，消费者得到的效用为 U_2，大于在原来均衡点 E_1 得到的效用 U_1。从图中可见，该消费者会用多消费电来代替煤气的消费，煤气消费量由 X_1 减少到 X_2，而电的消费量由 Y_1 增加到 Y_2。

第四章　生产论

（一）单项选择题

1	2	3	4	5	6	7	8	9	10
B	D	C	C	A	B	C	B	C	C
11	12	13	14	15	16	17	18	19	20
B	A	C	B	C	D	C	D	D	B
21	22	23	24	25					
A	B	B	C	A					

（二）多项选择题

1	2	3	4	5	6	7	8	9	10
ABCD	ABC	CD	ABCD	BCD	BD	AC	ABCD	ABD	CD

（三）辨析题

1	2	3	4	5	6	7	8	9	10
×	√	√	√	×	×	√	×	×	×
11	12	13	14						
√	√	×	√						

（四）问答题

1. 答：边际报酬递减规律的主要内容：在技术水平不变的条件下，在其他生产要素的投入不变的情况下，如果持续等量地增加某一种可变生产要素的投入，开始时，增加1单位该要素的投入量所带来的边际产量是递增的；当这种可变生产要素投入量增加到某个特定值以后，再继续增加每一单位该要素的投入量所带来的边际产量将是递减的。

引起边际报酬递减的原因：在技术水平不变的条件下，生产中客观存在一个能够使各投入要素都能够充分发挥使用效率的最佳比例，当生产处于要素组合的最佳比例状态时，各投入要素都能够充分发挥其使用效率，总产量达到最大。当只有不变要素的投入，而没有可变要素的投入时，生产不能进行，不变要素的投入完全是浪费；在生产过程的开始阶段，随着可变要素的逐渐增加，就会使得不变要素逐渐得到越来越有效的利用，即可变要素与不变要素的组合越来越接近于最佳比例，此时每增加1单位可变要素的投入所带来的边际产量是增加的；当可变要素的增加到要素组合最佳时的数量时，生产就处于要素组合的最佳比例状态，此时，各要素的使用效率都达到最大，可变要素的边际产量也达到最大；此后，如果再继续增加可变要素的投入，则意味着在与固定要素的组合中，可变要素相对过多，而固定要素相对不足，偏离了要素组合的最佳比例，这时继续增加可变要素，虽然可以使总产量增加，但总产量的增加量则出现递减现象，即增加1单位可变要素所带来的边际产量是递减的。

2. 答：规模报酬是指在长期中，在技术水平和要素价格不变的情况下，当所有生产要素的投入量都同时、同方向和同幅度发生变动时所引起的产量的变动。有规模报酬递增、规模报酬递减和规模报酬不变三种情况。

（1）规模报酬递增是指产出量的增加比率，大于所有生产要素同比例增加的比率。其原因主要有：第一，专业化分工。生产规模的扩大，能够使厂商在企业内部采用更加精细的劳动分工，也可以采用效率更高的专用设备，从而使单位要素投入具有更高的产出效率。第二，生产要素的不可分性。又分为生产流程费用的不可分性和生产设备费用的不可分性。前者是指生产流程中的固定费用是不可分的，当产量增加时，单位产品所分摊的固定费用将降低。后者指生产设备的费用是固定不可分的，当产量达到一定规模时，设备能力才能充分发挥出来，单位产品分摊的设备费用将低。第三，维量效应。物体的体积有一种维量关系，体积（容积）的增加比表面积的增加要快。因此，与维量相关设备的制造和维修，规模越大而单位成本越低。

（2）规模报酬递减是指产出量的增加比率，小于所有生产要素按比例增加的比率。其原因主要有：第一，管理费用。当生产规模过大时，过大的人员管理费用和内部信息传递费用等都可能导致产出递减，单位产品分摊的相关费用增加。第二，管理效率。当生产规模过大时，伴随着管理层次增加，管理效率不断降低，生产和经营的产出递减，单位产品分摊的相关费用将增加。

（3）规模报酬不变是指产出量的增加比率等于所有生产要素同比例增加的比率。一般来讲，企业的规模扩张的开始阶段是规模报酬递增，然后经历规模报酬不变，最后达到规模报酬递减阶段。最优规模应该在一定规模后产生，但并不一定是最大规模。因此规模报酬变动的三种情况并不是相互独立和隔绝的，而是贯穿于企业整个生产过程中、有内在联系的三个阶段。

3. 答：等产量曲线是在以技术水平不变的条件下，生产同一个产量的两种生产要素投入量的各种可能组合的曲线。其特征及特征的经济含义主要有以下四点：

（1）等产量曲线有无数多条，而其中每一条代表着一个相同的产量值，离原点越远的等产量曲线所代表的产量值越大。这个特征表明，在投入组合可以任意改变情况下，可以画出无数条等产量曲线，在这些等产量曲线中，离原点越远，意味着投入的劳动和资本的数量越多，产量自然也就越大。

（2）任意两条等产量曲线都不相交。这个特征表明，在生产技术水平既定的条件下，一个特定的生产要素的组合点所能生产的最大产量只能是一个数值，因而过这一点的等产量曲线只能是 条。

（3）等产量曲线向右下方倾斜。这个特征表明，如果厂商要减少一种要素的投入使用量，那么厂商必须增加另一种要素投入，才能保证相同的产出水平。

（4）等产量曲线是凸向原点的。这个特征表明，随着一种生产要素投入量的增加，其每增加一个单位，可以替代的另一种生产要素的数量逐渐减少，这表明存在边际技术替代率递减规律。

4. 答：（1）关于边际产量和总产量之间的关系。根据边际产量的定义公式 $MP_L = \frac{dTP_L(L, \bar{K})}{dL}$ 可以推知，过 TP_L 曲线任何一点的切线的斜率就是相应 MP_L 值。只要边际产量是正的，总产量总是增加的；只要边际产量是负的，总产量总是减少的；当边际产量为零时，总产量达最大值点。

（2）关于平均产量和总产量之间的关系。根据平均产量的定义公式 $AP_L=\dfrac{TP_L(L,\bar{K})}{L}$ 可以推知，连接 TP_L 曲线上任何一点和坐标原点的线段的斜率，就是相应的 AP_L 值。

（3）关于边际产量和平均产量之间的关系。当 $MP_L>AP_L$ 时，AP_L 曲线是上升的；当 $MP_L<AP_L$ 时，AP_L 曲线是下降的；当 $MP_L=AP_L$ 时，AP_L 曲线达极大值。

尽管根据边际报酬递减规律可知，当可变要素劳动的使用量过多之后会引起劳动的边际产量下降。但是并不意味着劳动的使用量越少越好，因为根据边际产量曲线可知随着劳动的使用量逐渐增加，MP_L 会呈现出先上升而后下降的趋势，进而引起 TP_L 曲线也先上升后下降，只要劳动的边际产量是正的，通过增加劳动使用量就可以使总产量得到增加，因此这个时候继续增加劳动的使用量就是有利的。所以，劳动的使用量并非越少越好，而是需要维持在一个适度的区域内。

5. 答：企业的生产规模不能过小，也不能过大，即要实现适度规模。就是两种生产要素的增加应该适度，生产规模的扩大正好使收益递增达到最大，当收益递增达到最大时就不再增加生产要素，并使这一生产规模维持下去。如果一个厂商不断地扩大工厂规模，到了一定程度，会因管理越来越复杂，管理效率下降；因增加生产要素供给和产品销售困难，使生产要素价格与销售费用增加。从而，规模报酬将会出现递减的趋势。

6. 答：一个企业主在考虑再雇佣一名工人时，在劳动的平均产量和边际产量中他更关心劳动的边际产量，我们知道，厂商的理性决策在短期生产的第Ⅱ阶段，在这个区域中，劳动的平均产量及边际产量都是递减的，但其中却可能存在着使利润最大化的点，第Ⅱ阶段的右界点是使劳动的边际产量为零的点。因此，只要增雇的这名工人的边际产量大于零，即能够带来总产量的增加，企业主就可能雇佣他。

（五）计算题

1. 解：（1）利用短期生产的总产量（TP）、平均产量（AP）和边际产量（MP）之间的关系，可以完成对该表的填空。其结果如参表 4 所示：

参表 4　　一种可变生产要素的短期生产函数的产量表

可变要素的数量	可变要素的总产量	可变要素平均产量	可变要素的边际产量
1	2	2	2
2	12	6	10
3	24	8	12
4	48	12	24
5	60	12	12
6	66	11	6
7	70	10	4
8	70	35/4	0
9	63	7	-7

（2）所谓边际报酬递减是指短期生产中一种可变要素的边际产量在达到最高点以后开始逐步下降的这样一种普遍的生产现象。本题的生产函数表现出边际报酬递减的现象，具体地说，由表可见，当可变要素的投入量由第 4 单位增加到第 5 单位时，该要素的边际产量由原来的 24 下降为 12。

2. 解：$AP_L=-L^2+24L+240$，$dAP_L/dL=0$ 时，AP_L最大。即$-2L+24=0$，$L=12$。

$MP_L=-3L^2+48L+240=0$ 时，$L_1=20$，$L_2=-4$（舍）

所以，在第Ⅰ阶段，$L<12$；在第Ⅱ阶段，$12\leqslant L\leqslant 20$；在第Ⅲ阶段，$L>20$。

3. 解：

（1）由生产数 $Q=2KL-0.5L^2-0.5K^2$，且 $K=10$，可得短期生产函数为：$Q=20L-0.5L^2-0.5\times10^2=20L-0.5L^2-50$

于是，根据总产量、平均产量和边际产量的定义，有以下函数：

劳动的总产量函数 $TP_L=20L-0.5L^2-50$

劳动的平均产量函数 $AP_L=20-0.5L-50/L$

劳动的边际产量函数 $MP_L=20-L$

（2）当总产量为最大值时，$MP_L=20-L=0$，解得 $L=20$，所以，劳动投入量为 20 时，总产量达到最大值。

平均产量的最大值：$-0.5+50L-2=0$，解得 $L=10$，所以，劳动投入量为 10 时，平均产量达到最大值。

关于边际产量的最大值：

由劳动的边际产量函数 $MP_L=20-L$ 可知，边际产量曲线是一条斜率为负的直线。考虑到劳动投入量总是非负的，所以，$L=0$ 时，劳动的边际产量达到最大值。

（3）当劳动的平均产量达到最大值时，一定有 $AP_L=MP_L$。由（2）可知，当劳动投入量为 10 时，劳动的平均产量 AP_L达最大值，及相应的最大值为：$AP_L=10$，$MP_L=20-10=10$，$AP_L=MP_L=10$

4. 解：

（1）平均产量函数 $AP_L=TP（L）/L=35+8L-L^2$

边际产量函数 $MP_L=dTP（L）/dL=35+16L-3L^2$

（2）短期生产的合理区间应为短期生产的第Ⅱ阶段，左端点的值为平均产量曲线和边际产量曲线的交点的横坐标，右端点的值为边际产量曲线与横轴的交点的横坐标，所以列出下列方程：

$35+8L-L^2=35+16L-3L^2$，解出 $L=4$，$L=0$（舍去），即左端点的值为 $L=4$

解出 $L=7$，$L=5/3$（舍去），即右端点的值为 $L=7$

综上，$35+16L-3L^2=0$，短期生产的合理区间为 4 到 7，如果企业使用的生产要素的数量 $L=6$，则属于合理区间。

5. 解：

（1）根据企业实现给定成本条件产量最大化的均衡条件：$\frac{MP_L}{MP_K}=\frac{w}{r}$

其中　$MP_L=\frac{dQ}{dL}=\frac{2}{3}L^{-\frac{1}{3}}K^{\frac{1}{3}}$

$$MP_K=\frac{dQ}{dK}=\frac{1}{3}L^{\frac{2}{3}}K^{-\frac{2}{3}}$$

w＝2，r＝1

于是有：$$\frac{\frac{2}{3}L^{-\frac{1}{3}}K^{-\frac{1}{3}}}{\frac{1}{3}L^{\frac{2}{3}}K^{-\frac{2}{3}}}=\frac{2}{1}$$

整理得：$\frac{K}{L}=\frac{1}{1}$

即：K＝L

再将 K＝L 代入约束条件 2×L+1×K＝3 000，有：

2L+L＝3 000

解得：L^*＝1 000

且有：K^*＝1 000

将 $L^*=K^*$＝1 000 代入生产函数，求得最大的产量：

$Q^*=(L^*)^{2/3}(K^*)^{1/3}=1\,000^{2/3+1/3}=1\,000$

以上结果表明，在成本为 C＝3 000 时，厂商以 L^*＝1 000，K^*＝1 000 进行生产所达到的最大产量为 Q^*＝1 000

（2）根据厂商实现给定产量条件下成本最小化的均衡条件：$\frac{MP_L}{MP_K}=\frac{w}{r}$

其中 $MP_L=\frac{dQ}{dL}=\frac{2}{3}L^{-\frac{1}{3}}K^{\frac{1}{3}}$

$MP_K=\frac{dQ}{dK}=\frac{1}{3}L^{\frac{2}{3}}K^{-\frac{2}{3}}$

w＝2，r＝1

于是有：$$\frac{\frac{2}{3}L^{-\frac{1}{3}}K^{\frac{1}{3}}}{\frac{1}{3}L^{\frac{2}{3}}K^{-\frac{2}{3}}}=\frac{2}{1}$$

整理得：$\frac{K}{L}=\frac{1}{1}$

即：K＝L

再将 K＝L 代入约束条件 $L^{2/3}K^{1/3}=800$，有：

$L^{2/3}L^{1/3}=800$

解得 L^*＝800

且有 K^*＝800

将 $L^*=K^*$＝800 代人成本方程 2L+1・K＝C，求得最小成本：

$C^*=2L^*+1K^*=2\times800+1\times800=2\,400$

本题的计算结果表示：在 Q＝800 时，厂商以 L^*＝800，K^*＝800 进行生产的最小成本为 C^*＝2 400。

6. 解：

由该厂的生产函数 $Q=5LK$ 可得，$MP_L=5K$，$MP_K=5L$

按照厂商组合生产的最优要素组合 $MP_L/MP_K=P_L/P_K$，可得 $5K/5L=1/2$

又由厂商每期生产 40 单位产品的条件可知 $40=5LK$

综上，可求出 $K=2$，$L=4$，即生产者应该购买资本 2 个单位，购买劳动力 4 个单位，进行生产。

7. 解：

（1）$AP_L=TP_L/L=12+6L-0.1L^2$，要求 AP_L 的最大值，则必须使得 AP_L 的一阶导数 $d(12+6L-0.1L^2)/dL=0$，即可得 $6-0.2L=0$，解得 $L=30$

（2）$MP_L=dTP_L/dL=12+12L-0.3L^2$，要求 MP_L 的最大值，则必须使得 MP_L 的一阶导数 $d(12+12L-0.3L^2)/dL=0$，即可得 $12-0.6L=0$，解得 $L=20$

（3）$TP_L{}'=d(12L+6L^2-0.1L^3)/dL=0$ 时，$12+12L-0.3L^2=0\to L\approx 21$

（六）作图题

1. 答：短期生产函数的 TP_L 曲线、AP_L 曲线和 MP_L 曲线的综合图，如参图 9 所示：

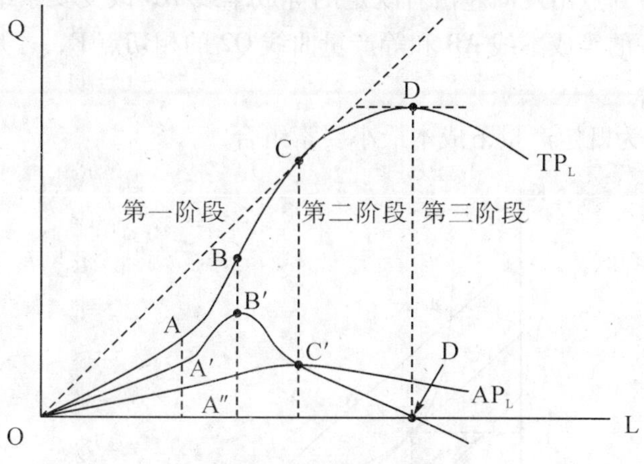

参图 9　生产函数曲线

在短期生产的边际报酬递减规律的作用下，MP_L 曲线呈现出先上升达到最高点 A 以后又下降的趋势。由边际报酬递减规律决定的 MP_L 曲线出发，可以方便地推导出 TP_L 曲线和 AP_L 曲线，并掌握它们各自的特征及其相互之间的关系。

一种可变生产要素的生产函数的产量曲线：

（1）过 TP_L 曲线任何一点的切线的斜率就是相应的 MP_L 的值。

（2）连接 TP_L 曲线上热和一点和坐标原点的线段的斜率，就是相应的 AP_L 的值。

（3）当 $MP_L>AP_L$ 时，AP_L 曲线是上升的。

当 $MP_L<AP_L$ 时，AP_L 曲线是下降的。

当 $MP_L=AP_L$ 时，AP_L 曲线达到最大值。

2. 答：参图 10 所示为既定成本下产量最大要素组合。

以参图 10 为例，分析三条等产量线 Q_1、Q_2、Q_3 与等成本线 AB 之间的关系。等产量线 Q_3 虽然高于等产量线 Q_2，但唯一的等成本线 AB 与等产量线 Q_3 既无交点又无切点。这表明等产量曲线 Q_3 所代表的产量是企业在既定成本下无法实现的产量。再看 Q_1 虽然它与

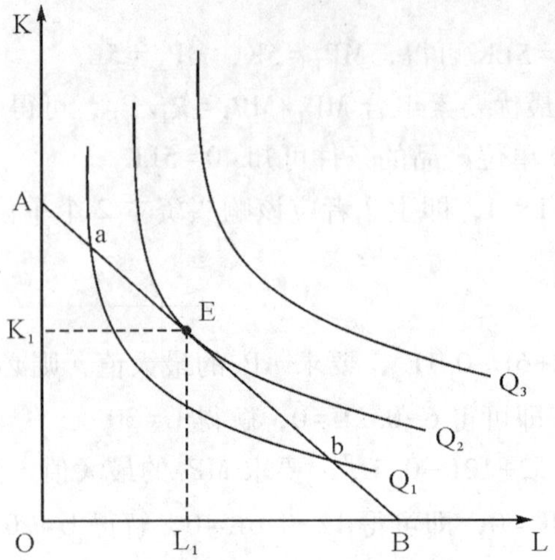

参图 10　既定成本下产量最大要素组合

唯一的等成本线相交与 a、b 两点，但等产量曲线 Q_1 所代表的产量是比较低的。所以只需由 a 点出发向右或由 b 点出发向左沿着既定的等成本线 AB 改变要素组合，就可以增加产量。因此只有在唯一的等成本线 AB 和等产量曲线 Q2 的相切点 E，才是实现既定成本下的最大产量的要素组合。

3. 答：参图 11 为既定产量下成本最小要素组合。

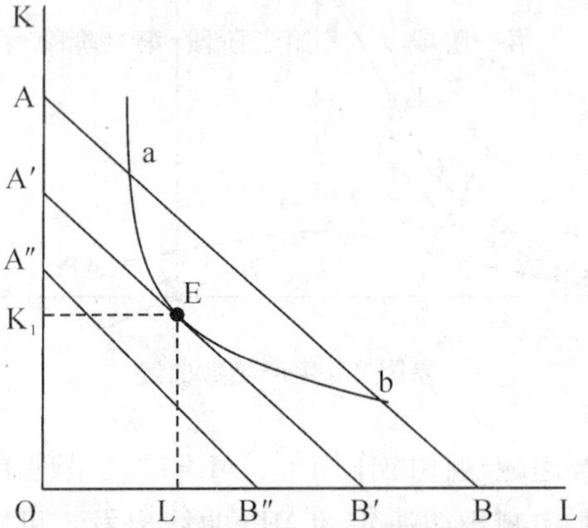

参图 11　既定产量下成本最小要素组合

如参图 11 所示，要点如下：

（1）由于本题的约束条件是既定的产量，所以，在图 4-3 中，只有一条等产量曲线；此外，有三条等成本线以供分析，并从中找出相应的最小成本。

（2）在约束条件即等产量曲线给定的条件下，A″B″虽然代表的成本较低，但它与既定的产量曲线 Q 既无交点又无切点，它无法实现等产量曲线 Q 所代表的产量，等成本曲线 AB 虽然与既定的产量曲线 Q 相交与 a、b 两点，但它代表的成本过高，通过沿着等产量曲线 Q 由 a 点向 E 点或由 b 点向 E 点移动，都可以获得相同的产量而使成本下降。所以只有在切点 E，才是在既定产量条件下实现最小成本的要素组合。由此可得，厂商实现既定产量条件下成本最小化的均衡条件是 $MP_L/w=MP_K/r$。

第五章　成本论

（一）单项选择题

1	2	3	4	5	6	7	8	9	10
B	B	B	D	A	A	C	B	A	D
11	12	13	14	15	16	17	18	19	20
D	B	B	B	C	C	A	A	A	B

（二）多项选择题

1	2	3	4	5	6	7			
CD	AC	BCE	ABD	ACE	BC	ACD			

（三）辨析题

1	2	3	4	5	6	7	8	9	10
×	√	√	×	×	√	√	√	×	×
11	12	13	14	15					
√	×	×	×	√					

（四）问答题

1. 答：（1）虽然短期平均成本曲线和长期平均成本曲线都呈U形，但两者形成U形的原因是不同的。短期平均成本（SAC）曲线之所以呈U形，即最初递减然后转入递增，是因为产量达到一定数量前每增加一个单位的可变要素所增加的产量超过先前每单位可变要素之平均产量，这表现为平均可变成本随产量的增加而递减（这是由于一开始随着可变要素的投入和产量的增加，固定要素生产效能的发挥和专业化程度的提高使得边际产量增加）。而当产量达到一定数量后，由于边际收益递减规律的作用，随着投入可变要素的增多，每增加一单位可变要素所增加的产量小于先前的可变要素之平均产量，即AVC曲线自此开始转入递增。

（2）长期平均成本（LAC）曲线之所以呈U形，是由规模的经济或不经济决定的。随着产量的扩大，使用的厂房设备的规模增大，因而产品的生产经历规模报酬递增的阶段，这表现为产品的单位成本随产量增加而递减。长期平均成本经历一段递减阶段以后，最好的资本设备和专业化的利益已全被利用，这时可能进入报酬不变，即平均成本固定不变阶段，而由于企业的管理这个生产要素不能像其他要素那样增加，因而随着企业规模的扩大，管理的困难和成本越来越大，再增加产量长期平均成本将最终转入递增。

2. 答：私营企业的显性成本一般包括雇佣劳动力的工资、购买原材料和半成品的支出、贷款利息和租用土地及建筑物时支付的租金等。隐性成本包括企业主为其他人工作所能挣得的最高工资、他自身拥有并使用的资源，如资本、土地和其他生产要素。在企业购买或租借生产要素时，它所支付的价格至少应当等于同样的投入在其他最好用途中所能挣得的收益，这就是所谓的“机会成本”。

3. 答：规模经济是指在技术水平不变的情况下，N 倍的投入产生了大于 N 倍的产出。在特定的限度内，企业规模扩大后，产量的增加幅度会大于生产规模扩大的幅度。随着产出的增加，单位产品的成本会逐步降低。产生规模经济的原因有：

（1）随着生产规模的扩大，厂商可以使用更加先进的生产技术。

（2）生产规模的扩大有利于专业分工的细化。

（3）随着规模的扩大，厂商可以更加充分地开发和利用副产品。

（4）随着规模的扩大，厂商的生产要素的购买和产品的销售方面就拥有更多的优势。导致规模不经济的主要原因是管理的低效率。由于厂商规模过大，信息传递费用增加，信息失真。

同时规模过大也滋生内部官僚主义，从而使规模扩大所带来的成本增加，出现规模不经济。

4. 答：这种做法是明智的，其原因如下：

（1）该教授充分利用了经济成本的概念，经济成本也就是经济学里的机会成本，机会成本是指将一定的资源用于某项特定用途时所放弃的该项资源用于其他用途时所能获得的最大收益。机会成本的存在需要三个前提条件：第一，资源是稀缺的；第二，资源具有多种生产用途；第三，资源的投向不受限制。从机会成本的角度来考察生产过程时，厂商需要将生产要素投向收益最大的项目，而避免带来生产的浪费，以达到资源配置的最优。在这里分析，教授写书的机会成本是在写书的时间里他去图书馆收集资料的代价。而如果他不付钱让学生去图书馆收集资料而是自己放弃一部分写书的时间亲自到图书馆去收集资料，那么他收集资料的机会是拿这些时间写书的代价。对教授来讲用同样的时间用来写书所获得的收益要远远大于用来收集资料所能带来的收益。所以，对他来讲，收集资料的机会成本要比写书的机会成本大，所以他会选择写书，而付钱让学生来收集资料。

（2）从付钱的角度来讲，他付这笔费用一定会小于他用这些时间写书所能获得的收益，也就是他很好的应用了成本-收益分析方法。即用最小的成本获取最大的收益，也充分体现了他是一个理性的经济人，以效用最大化来作为自己的目标。

（3）从学生的角度讲，学生无论写书还是去图书馆收集资料的速度都比教授要慢。所以，对学生而言，用同样的时间来收集资料和替教授写书所获得的效用或收益是差不多的。即写书和收集资料的机会成本相当的，教授这样安排，也充分利用了资源，使资源达到最优配置。

5. 答：MC、AVC、AC 三条曲线都呈 U 型，随着产量的增加先下降后上升。在 MC 下降阶段，AVC 也下降，且 AVC>MC，在产量变化的这一阶段，AVC 曲线在 MC 曲线之上。MC 上升，但只要 MC<AVC，AVC 就继续下降，直到 AVC=MC 为止。之后 MC>AVC，因此 MC 曲线交于 AVC 曲线的最低点。当 MC<AC 时，AC 下降，当 MC>AC 时，AC 上升，所以 MC 曲线交于 AC 曲线的最低点。

6. 答：长期平均成本曲线是短期平均成本曲线的下包络线，当规模数量无穷大时，该线变得平滑。在一般情况下，短期平均成本的最低点都高于长期成本。在 LAC 下降阶段，每一生产规模的 SAC 与 LAC 切点对应的产量都小于 SAC 最低点对应的产量；在 LAC 上升阶段，每一生产规模的 SAC 与 LAC 切点对应的产量都大于 SAC 最低点对应的产量；

仅在 LAC 最低点，与之相切的 SAC 也处于最低点。

（五）计算题

1. 解：（1）填写如参表 5 所示：

参表 5　　短期生产的产量表

L	1	2	3	4	5	6	7
TP_L	10	30	70	100	120	130	135
AP_L	10	15	70/3	25	24	65/3	135/7
MP_L	10	20	40	30	20	10	5

（2）TP_L 曲线坐标图如参图 12 所示。AP_L 曲线和 MP_L 曲线坐标图如参图 13 所示：

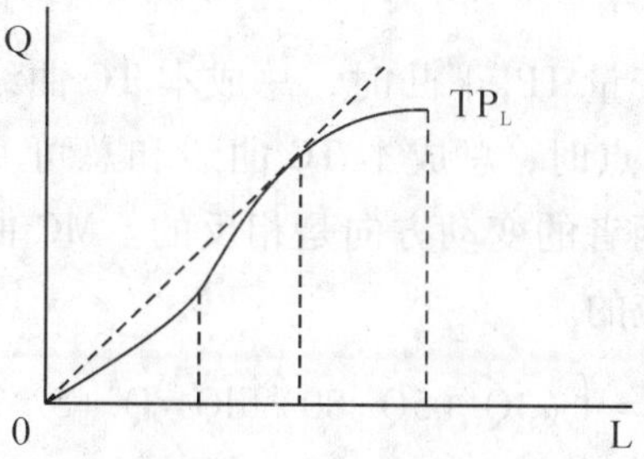

参图 12　总产量曲线

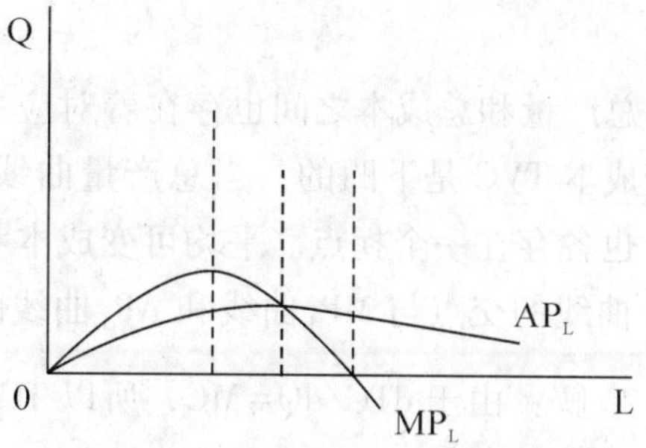

参图 13　平均产量和边际产量曲线

（3）短期生产的成本表如参表 6 所示。

参表 6　　短期生产的成本表

L	Q	TVC = ωL	AVC = ω/ APL	MC = ω/ MPL
1	10	200	20	20
2	30	400	40/3	10
3	70	600	60/7	5
4	100	800	8	20/3
5	120	1 000	25/3	10
6	130	1 200	120/13	20
7	135	1 400	280/27	40

（4）TVC 曲线坐标图如参图 14 所示，AVC 曲线和 MC 曲线坐标图如参图 15 所示。

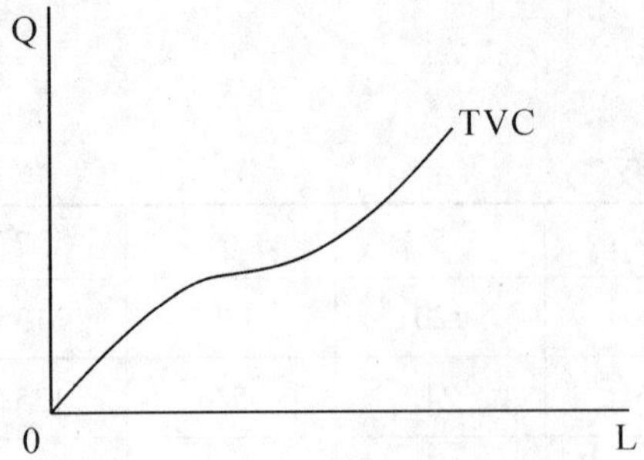

参图 14　总可变成本曲线

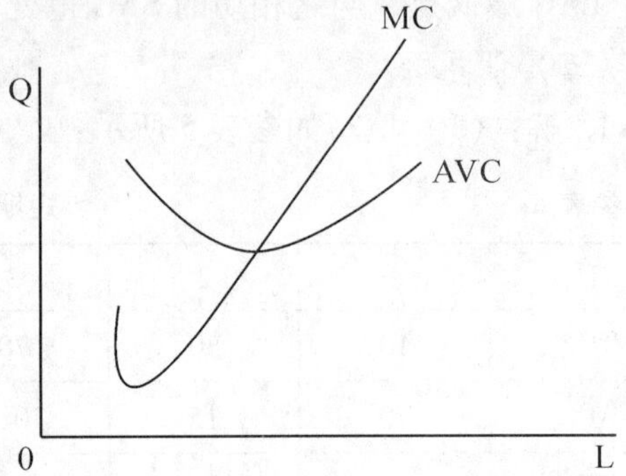

参图 15　平均可变成本和边际成本曲线

（5）边际产量和边际成本的关系，边际 MC 和边际产量 MP_L 两者的变动方向是相反的。

总产量和总成本之间也存在着对应关系：当总产量 TP_L 下凸时，总成本 TC 曲线和总可变成本 TVC 是下凹的；当总产量曲线存在一个拐点时，总成本 TC 曲线和总可变成本 TVC 也各存在一个拐点。平均可变成本和平均产量两者的变动方向是相反的。MC 曲线和 AVC 曲线的交点与 MP_L 曲线和 AP_L 曲线的交点是对应的。

2. 解：由于 dTC/dQ=MC，所以 $TC=\int MC\cdot dQ=\int (3Q^2+5Q+80)\ dQ=Q^3+5^2/2\times Q^2+80Q+\alpha$

当 Q=3 时，TC=292 带入上式可得：

$3^3+5/2\times3^2+80\times3+\alpha=292$ 求解得 $\alpha=5/2$

所以总成本函数为 $TC=Q^3+5/2\times Q^2+80Q+5/2$

由此可得

$AC=TC/Q=Q^2+(5/2)\times Q+80+(5/2)\times(1/Q)$

$TVC=Q^3+5/2\times Q^2+80Q$

3. 解：

$TVC(Q)=0.04Q^3-0.8Q^2+10Q$

$AVC(Q)=0.04Q^2-0.8Q+10$

令 $CS=\int_0^{400}(100-0.2Q)\ dQ-PQ=4\ 000$，解得 Q=10

$$W_1=100-T$$
$$W_2=150-2T$$
$$+W_3=200-T$$

又因为 $\overline{W=450-4T}$

所以当 Q=10 时，$\dfrac{dU}{dL}=rT-2rL-1=0$

4. 解：$MC=3Q^2-30Q+100$，所以 $TC(Q)=Q^3-15Q^2+100Q+M$

当 Q=10 时，TC=1 000，解得 M=500

（1）固定成本值：500

（2）$TC(Q)=Q^3-15Q^2+100Q+500$

$TVC(Q)=Q^3-15Q^2+100Q$

$AC(Q)=Q^2-15Q+100+500/Q$

$AVC(Q)=Q^2-15Q+100$

5. 解：

由边际成本和总成本之间的关系，可得 $MC=dTC/dQ$，因此对边际成本函数积分则可求得总成本函数方程：$TC=\int(0.04Q+110)dQ=0.02Q^2+110Q+a$，其中 a 为固定成本。

当产量由 100 增加到 200 时，总成本的变化量为 $\triangle TC=0.02(Q_2{}^2-Q_1{}^2)+110(Q_2-Q_1)$

将 $Q_1=100$ 和 $Q_2=200$，带入上式可得，$\triangle TC=0.02\times(200^2-100^2)+110\times100=11\ 600$

6. 解：

由总成本和边际成本之间的关系。有

$STC(Q)=Q^3-4Q^2+100Q+C=Q^3-4Q^2+100Q+TFC$

$2\ 400=10^3-4\times10^2+100\times10+TFC$

$TFC=800$

进一步可得以下函数

$STC(Q)=Q^3-4Q^2+100Q+800$

$SAC(Q)=STC(Q)/Q=Q^2-4Q+100+800/Q$

$AVC(Q)=TVC(Q)/Q=Q^2-4Q+100$

7. 解：设 A 代表美国，B 代表日本。

（1）$TC=0.25Q^2=0.25(QA+QB)^2$

$QA=100-2PA$，$PA=50-QA/2$

$TRA=PA\times QA=(50-QA/2)QA=50QA-QA^2/2$

$MRA=50-QA$，$MCA=0.5(QA+QB)$，$MRA=MCA$

$50-QA=0.5(QA+QB)$ ①

$Q_B=100-4P_B$，$P_B=25-Q_B/4$，$TR_B=P_BQ_B=25Q_B-Q_B{}^2/4$，$MR_B=25-Q_B/2$

$MC_B=0.5(Q_A+Q_B)$，$MR_B=MC_B$，

$25-Q_B/2=0.5(Q_A+Q_B)$ ②

由①②式得：

$3Q_A+Q_B=100$

$Q_A+2Q_B=50$

解得 $Q_A=30$，$Q_B=10$

（2）把 $Q_A\times Q_B$分别代入需求函数中得：$P_A=35$、$P_B=22.5$

（六）作图题

答：总成本、总固定成本和总变动成本曲线如参图 16 所示；平均成本、边际成本曲线如参图 17 所示。

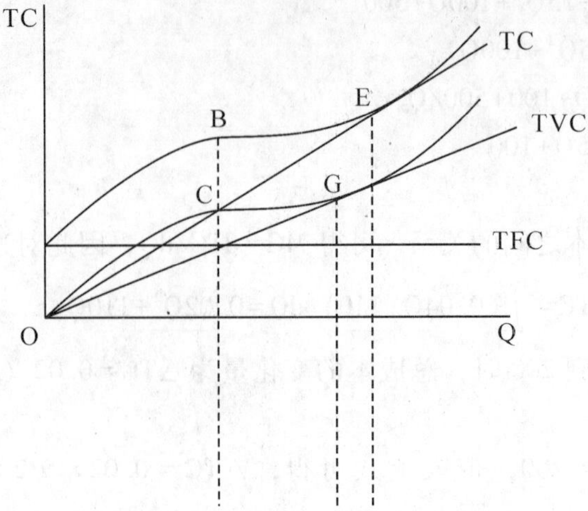

参图 16　总成本、总固定成本和总变动成本曲线

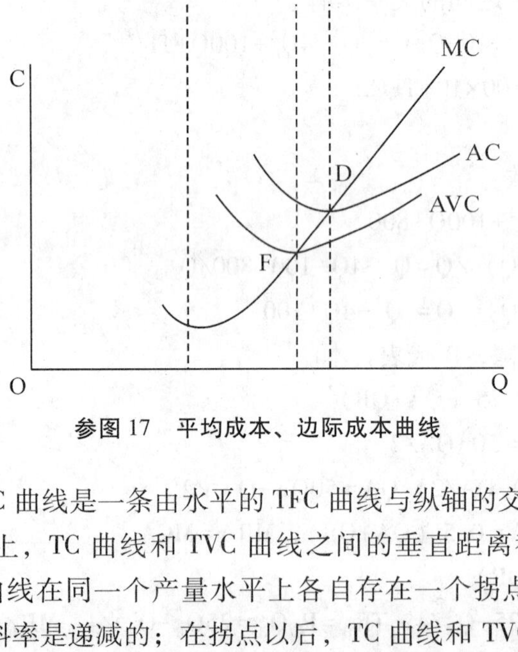

参图 17　平均成本、边际成本曲线

如参图 16 所示，TC 曲线是一条由水平的 TFC 曲线与纵轴的交点出发的向右上方倾斜的曲线。在每一个产量上，TC 曲线和 TVC 曲线之间的垂直距离都等于固定的不变成本 TFC。TC 曲线和 TVC 曲线在同一个产量水平上各自存在一个拐点 B 和 C。在拐点以前，TC 曲线和 TVC 曲线的斜率是递减的；在拐点以后，TC 曲线和 TVC 曲线的斜率是递增的。

如参图 17 所示，AFC 曲线随产量的增加呈一直下降趋势。AVC 曲线，AC 曲线和 MC 曲线均呈 U 形特征。MC 先于 AC 和 AVC 曲线转为递增，MC 曲线和 AVC 曲线相交于 AVC 曲线的最低点 F，MC 曲线与 AC 曲线相交于 AC 曲线的最低点 D。AC 曲线高于 AVC 曲线，它们之间的距离相当于 AFC，且随着产量的增加而逐渐接近，但永远不能相交。

第六章　完全竞争市场

（一）单项选择题

1	2	3	4	5	6	7	8	9	10
B	D	C	A	B	A	A	C	C	C

表(续)

11	12	13	14	15	16	17	18	19	20
C	A	B	C	D	D	C	B	C	C
21	22	23	24						
B	B	C	C						

（二）多项选择题

1	2	3	4	5	6	7	8	9	10
ABCD	ACDE	ABD	BD	BC	CDE	ABD	BC	AB	BCD
11	12	13	14	15	16				
ACD	ABC	BC	ABCD	ABCD	ABC				

（三）辨析题

1	2	3	4	5	6	7	8	9	10
√	×	×	√	√	×	×	×	×	×
11	12	13	14	15	16	17	18	19	20
√	×	×	√	√	√	×	×	×	×

（四）问答题

1. 答：完全竞争市场必须具备以下四个特点：

（1）市场上有大量的买者和卖者，每一个消费者或每一个厂商都是价格接受者。

（2）市场上每一个厂商提供的产品都是同质的。

（3）所有的资源具有完全流动性。所有资源可以在各厂商和各行业直接按完全自由地流动，不存在任何障碍，意味着厂商可以自由进出一个行业。

（4）信息是完全的。市场上的每一个买者和卖者都掌握了与自己的经济决策有关的一切信息。

2. 答：（1）完全竞争，又称为纯粹竞争，指不存在任何阻碍和干扰因素的市场情况，亦即没有任何垄断因素的市场结构。完全竞争具有以下几个特点：市场上有无数的买者和卖者；同一行业中的每一个厂商生产的产品是完全无差别的；厂商进入或退出一个行业是完全自由的；市场中的每一个买者和卖者掌握与自己的经济决策有关的商品和市场的全部信息。

（2）不能认为完全竞争在现实中很难存在就没有实际意义。实际上，对完全竞争研究具有重要的理论意义和实际意义。主要体现在以下几个方面：

第一，完全竞争市场理论为经济学比较分析实际部门的特征提供了标准，这一理论分析模式说明了非完全竞争市场中各个变量之间的关系，为认识实际情况提供了极其有用的基本思想、理论和分析工具。

第二，完全竞争市场为比较市场效率提供了一个标准。在完全竞争市场中，商品价格等于生产商品的平均成本和边际成本，因而消费者只需支付最低价格；在长期中不存在经济利润，所有厂商都运营于平均成本最低点，资源得到最充分配置。即资源配置最优化和净社会福利最大化。完全竞争市场结果为比较其他类型的市场提供了比较标准，可以衡量其他类型市场的效率。

（3）根据完全竞争市场必须满足的条件假设可以获得一些有关这种市场上的需求和价格决定等方面非常有意义的信息。如果上述条件都得到满足，那么必然产生的结果是：市场价格完全由整个行业的供求关系（市场机制）所决定；但对个别的市场参与者来说，可能的价格只有一个，那就是市场价格。正是因为完全竞争重要的理论意义和实际意义，经济学家分析市场时首先从完全竞争开始。

3. 答：（1）完全竞争，又称为纯粹竞争，指不存在任何阻碍和干扰因素的市场情况，亦即没有任何垄断因素的市场结构。完全竞争市场的主要特点：①市场上有无数的买者和卖者。他们都是价格接受者。②同一行业中的每一个厂商生产的产品是完全无差别的。产品具有完全相互替代性，消费者对购买哪一个生产者的商品不存在偏好，唯一影响消费者行为的因素是价格。③厂商进入或退出一个行业是完全自由的。④市场中的每一个买者和卖者掌握与自己的经济决策有关的商品和市场的全部信息，即信息是完全的。

（2）完全竞争市场在纯理论形式上是一切可能的市场中最完美的，是一种最有效的市场结构。

从长期来看，厂商给社会提供的是尽可能低的价格和尽可能高的产量。商品价格等于生产商品的平均成本和边际成本，因而消费者只需支付最低价格；在长期中不存在超额利润，所有厂商的价格都等于平均成本最低点，资源得到最有效配置。一般来说，完全竞争厂商实现均衡而具有以下两个方面的优势：第一，资源配置最优化。均衡点价格等于边际成本进行生产，意味着对产品价格的评价等于该产品的机会成本。如果 $P>MC$，则意味着对产品价格的评价大于该产品的机会成本，产品生产资源配置不足；反之，如果 $P<MC$，意味着对产品价格的评价小于该产品的机会成本，产品生产资源配置过度。所以，当 $P=MC$ 时，资源配置最优。第二，净社会福利最大化。简单来说，当价格高于均衡价格时，边际收益大于边际成本，意味着只要扩大产量就可以增加总收益，就会增加社会福利；反之，减少产量会增加总收益。在均衡点上，价格、边际收益与边际成本相等，实现净社会福利最大化。只有在完全竞争市场中，均衡点达到生产者剩余与消费者剩余最大化，净社会福利最大化。

4. 答：市场结构是否为完全竞争，并不依据市场竞争的激烈程度。完全竞争的一个重要特征在于市场的参与者都是价格的接受者，不能影响价格。家电产品存在产品差别，厂商可以影响价格，所以不是完全竞争行业。

5. 答：由于完全竞争条件下，每个厂商可以按照市场决定的价格销售任何数量的商品。此时厂商的需求曲线是一条水平线，它与横轴之间的距离等于商品的售价。而行业需求曲线是由所有消费者的商品的个人需求加总而成，当商品的价格上升时，需求就会减少；当商品的价格下降时，需求量会增加，故行业的需求曲线是自左上方向右下方倾斜的曲线。

6. 答：（1）不赞同。

（2）经济利润是指属于企业所有者的、超过生产过程中所运用的所有要素的机会成本的一种收益。企业的会计利润，是厂商的总收益与会计成本的差，也就是厂商在申报应缴纳所得税时的账面利润。

但是西方经济学中的利润概念并不仅仅是会计利润，必须进一步考虑企业自身投入要素的代价，其中包括自有资本应得利息、经营者自身的才能及风险的代价等。这部分代价的总和至少应与该资源投向其他行业所能带来的正常利润率相等，否则，厂商便会将这部分资源用于其他途径的投资而获取利润或收益。在西方经济学中，这部分利润被称为正常利润，显然，它等于隐成本。如果将会计利润再减去隐成本，就是经济学意义上的利润的概念，称为经济利润，或超额利润。上述各种利润关系为：

企业利润=会计利润=总收益-显成本

经济利润=超额利润=会计利润-隐成本=会计利润-正常利润

正常利润=隐成本

在完全竞争市场上，长期内如果行业内的单个厂商可以获得经济利润，则会吸引其他新的厂商加入到该行业的生产中来。随着新厂商的加入，行业的厂商数目增加，整个行业的供给就会增加，市场价格就会下降，市场价格会一直下降到使单个厂商的经济利润消失为止。相反，如果行业内的单个厂商的生产是亏损的，则行业内原有厂商中的一部分就会自动退出生产。随着原有厂商的退出，行业内厂商的数目就会减少，整个行业的供给就会减少，市场价格就会上升，市场价格会一直升到使单个厂商的亏损消失为止。但是，厂商只是没有获得经济利润，或者说没有获得超过其正常利润的超额利润。在长期内，厂商仍然获得了自有资本应得利息、经营者自身的才能及风险的代价，这些代价在会计中表现为会计利润，在经济学中表现为隐性成本。

所以，长期内厂商没有获得经济利润，但其资本投入、经营者才能、承担风险等都获得了补偿，即获得了会计利润，所以厂商在经济利润等于零的时候仍然会继续生产和销售。

7. 同意。在短期中，不管固定成本多高，只要销售收益可以补偿可变成本，厂商总可以营业。在长期中，一切成本都是可变的，不存在固定成本高不高的问题。

8. 答：完全竞争市场长期均衡的实现过程如下：市场的供给和需求决定市场的均衡价格和均衡产量。各厂商根据市场的均衡价格调整厂房设备规模，与此同时，不断有新的厂商进入和亏损厂商退出该行业，当该产品的供给量和需求量在某价格水平上达到均衡时，此时若价格 P 等于长期平均成本，则市场供给量和厂商数量不再变化。因为每个厂商既没有超额利润，也没有亏损，所以将不存在厂商的进入和退出，从而使得该行业处于长期稳定状态。

完全竞争市场长期均衡状态的特点是：①在行业达到长期均衡是生存下来的擦汗功能上都具有最高的经济效率，实现了最低成本。②在行业达到长期均衡时生存下来的厂商只能获得正常利润。如果有超额利润，新的厂商就会进入。③在行业达到长期均衡时，每个厂商提供的产量不仅必然是短期平均成本曲线的最低点对应的产量，而且必然是长期平均成本曲线最低点对应的产量。

9. 答：厂商的长期均衡意味着厂商实现其利润最大化（P=LMC）和厂商的经济利润为零（P=LAC）。行业的长期均衡意味着没有一个厂商倾向于改变自己的行为，包括厂商的产出水平是最优的，即实现其利润最大化（P=LMC）和该行业中厂商数目是均衡的，除非影响供给和需求的某些因素发生变化。

（五）计算题

1.解：

（1）$R(Q)=PQ=(20\ 000-Q)/100\times Q=-Q^2/100+200Q$；

（2）$C(Q)=4Q+1\ 000$；

（3）$MR=-Q/50+200$，$MC=4$，当利润最大时，$MR=MC$，即 $4=-Q/50+200$，得 $Q=9\ 800$。

2. 解：已知厂商的短期成本函数为 $STC=0.1Q^3-3Q^2+10Q+200$，

则短期边际成本 $SMC=dSTC/dQ=0.3Q^2-6Q+10$，

又知市场价格 $P=100$，根据利润最大化条件 $P=SMC$，得 $100=0.3Q2-6Q+10$，解方程得：$Q1=30$，$Q2=-10$（舍去），

所以厂商的短期均衡产量为 $Q=30$

利润 $\pi=TR-TC=100\times30-(0.1\times30^3-3\times30^2+10\times30+200)=2\ 500$。

3. 解：已知 $SMC=0.6Q-10$，$TR=38Q$，则 $P=MR=38$，利润最大化时，$MC=MR$，即：$0.6Q-10=38$

解得 $Q=80$，即当 $Q=80$ 时该厂的利润最大化。

根据 $SMC=0.6Q-10$，则利用不定积分原理可以解求 TC，解得：

$STC=\int MCdQ+FC=0.3Q^2-10Q+FC$

由产量 $Q=20$ 时的总成本 $STC=260$，得

$260=0.3\times20^2-10\times20+FC$

解得 $FC=340$

因而，短期总成本函数 $STC=0.3Q^2-10Q+340$

当 $Q=80$ 时该厂的最大利润为：

$\pi=TR-STC=38\times80-(0.3\times80^2-10\times80+340)=1\ 580$。

4. 解：（1）由 STC 求出 SMC，根据利润最大化条件：$P=SMC$ 列方程求得 $Q=6$，利润为 176 元。

（2）又根据 $P=SMC$，得 $Q=4$，此时利润为-8，亏损。

（3）退出行业的条件是 $P<AVC$ 的最小值。由 STC 求 $TVC=Q^3-6Q^2+30Q$，进而推出 $AVC=Q^2-6Q+30$，求 AVC 的最小值（对 Q 求导等于 0），解得 $Q=3$，$AVC=21$。所以，只要价格 $P<21$，厂商就会停产。

5. 解：（1）由 $STC=0.5q^2+q+10$，得：$MC=q+1$，

所以，单个厂商的供给函数为：$p=q+1$，即 $q=p-1$，

因此，整个行业（市场）的供给函数为 $Q_s=(p-1)\times100=100p-100\ (p\geq1)$

（2）当 $Qs=Qd$ 时，市场处于均衡。

由 $2\ 400-400p=100p-100$，得均衡价格为：$p=5$。

6. 解：完全竞争厂商的长期均衡条件为：$MR=LMC=SMC=LAC=SAC$；

可得 $LTC=LAC\times Q=200Q-4Q^2+0.05Q^3$；

$LMC=LMC(Q)=200-8Q+0.15Q^2$；

根据均衡条件 $LMC=LAC$，即 $200-4Q+0.05Q^2=200-8Q+0.15Q^2$，

可得 $Q=40$，$LMC=120$，$P=LAC=120$。

即该厂商达到长期均衡时的产量水平为40，边际成本水平为120。

7. 解：（1）已知总成本函数为 $LTC=0.1q^3-4q^2+50q$，

则平均成本函数 $LAC=LTC/q=0.1q^2-4q+50$，

欲求 LAC 的最小值，只要令 $LAC'=dLAC/dq=0$，

即（$0.1q2-4q+50$）$'=0.2q-4=0$，得 $q=20$。

所以 $LAC=0.1\times400-4\times20+50=10$，长期均衡为 $P=LAC=10$。

（2）由（1）可知厂商长期平均成本最小时价格为 $P=10$，此价格即为行业长期均衡价格（因为只有行业长期均衡时产品价格才等于最低平均成本），

则 $9\,000-100P=9\,000-100\times10=8\,000$。

（3）由（1）（2）知单个厂商的均衡产量为 $q=20$，行业长期均衡产量为 $Q=8\,000$，该行业厂商数为 $Q/q=8\,000/20=400$（家）。

8. 解：（1）由已知条件可得：

$$LMC=\frac{dLTC}{dQ}=3Q^2-40Q+200$$

且已知 $P=600$，

根据完全竞争厂商利润最大化的原则 $LMC=P$，有：

$3Q^2-40Q+200=600$

整理得：$3Q^2-40Q-400=0$

解得：$Q=20$（舍去负值）

由已知条件可得：

$$LAC=\frac{LTC}{Q}=Q^2-20Q+200$$

将 $Q=20$ 代入 LAC 函数，得利润最大化时的长期平均成本为：

$LAC=20^2-20\times20+200=200$

此外，利润最大化时的利润值为：

$\pi=P\cdot Q-LTC$

$=(600\times20)-(20^3-20\times20^2+200\times20)$

$=12\,000-4\,000=8\,000$

所以，该厂实现利润最大化时的产量为：$Q=20$，平均成本为：$LAC=200$，利润为：$\pi=8\,000$。

（2）令 $\frac{dLAC}{dQ}=0$，即有：

$$\frac{dLAC}{dQ}=2Q-20=0$$

解得：$Q=10$

且 $\frac{d^2LAC}{dQ^2}=2>0$

故 $Q=10$ 是长期平均成本最小化的解。

将 $Q=10$ 代入 LAC 函数，可得：

最小的平均成本 $=10^2-20\times10+200=100$

综合（1）和（2）的计算结果，可以判断（1）中的行业未实现长期均衡。因为，由（2）可知，当该行业实现长期均衡时，市场的均衡价格应该等于单个厂商的 LAC 曲线最低点的高度，即应该有长期均衡价格 $P=100$，且单个厂商的长期均衡产量应该是 $Q=10$，且还应该有每个厂商的利润 $\pi=0$。而事实上，由（1）可知，该厂商实现利润最大化时的价格、产量、和利润都大于行业长期均衡时对单个厂商的要求，即价格 $600>100$，产量 $20>10$，利润 $8\ 000>0$。因此，（1）中的行业未处于长期均衡状态。

（3）由（2）可知，当该行业处于长期均衡时，单个厂商的产量 $Q=10$，价格等与最低的长期平均成本，既有 $P=$ 最小的 $LAC=100$，利润 $\pi=0$。

（4）由以上分析可以判断：（1）中的厂商出于规模不经济阶段。其理由在于：（1）中单个厂商的产量 $Q=20$，价格 $P=600$，它们都分别大于行业长期均衡时单个厂商在 LAC 曲线最低点的产量 $Q=10$ 和面对的价格 $P=100$。换言之，（1）中的单个厂商利润最大化的产量和价格组合发生在 LAC 曲线最低点的右边，即 LAC 曲线处于上升段，所以，单个厂商出于规模不经济阶段。

（六）作图题

1. 答：如参图 18 所示，图中，厂商利润最大化的均衡点为 MR 曲线和 SMC 曲线的交点 E，相应的产量 Q^* 就是厂商实现最大利润时的均衡产量。这是因为，当产量小于均衡产量 Q^* 时，厂商的边际收益大于边际成本，即有 $MR>SMC$。这表明厂商增加一单位产量所带来的总收益的增加量大于所付出的总成本的增加量，这样，增加产量是有利的，可以使利润增加。只要 $MR>SMC$，厂商就会增加产量。同时，随着产量的增加，厂商的边际收益 MR 保持不变而边际成本 SMC 是逐步增加的，最后，$MR>SMC$ 的状况会逐步变化为 $MR=SMC$ 的状况。在这一过程中，厂商得到了所扩大产量所带来的全部好处，获得了他所能得到的最大利润。相反，当产量大于均衡产量 Q^*，有 $MR<SMC$（例如 Q_2），厂商增加一单位产量带来的总收益的增加量小于总成本的增加量，厂商增加产量是不利的，会是利润减少。所以，只要 $MR<SMC$，厂商就会减少产量。直到 $MR=SMC$ 为止。

完全竞争厂商的短期均衡条件为 $P=MC$，这是因为在资本主义市场经济中，厂商行为的唯一目的就是追求利润最大化，而实现利润最大化的一般原则和必要条件是 $MR=MC$。设想厂商生产和销售产品所获得的边际收益（MR）大于其边际成本（MC），表明该厂商还有潜在的利润没有得到，因而需要继续增加产量；如果产量增加到使边际收益（MR）小于边际成本（MC），则意味着厂商的利润因产量过多而减少，因此，需要减少产量。可见，当厂商的产量使 $MR>MC$，或 $MR<MC$ 时，都不能达到最大利润的目的，而唯有 $MR=MC$ 时的产量才能实现最大利润，所以 $MR=MC$ 是厂商实现利润最大化的必要条件。

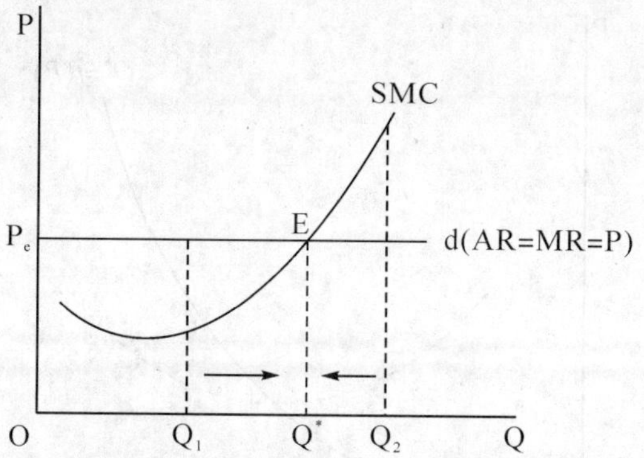

参图 18　厂商短期均衡（利润最大化）

2. 答：（1）厂商的供给曲线所反映的函数关系为 $Q^S=f(P)$，也就是说，厂商供给曲线应该表示在每一个价格水平上厂商所愿意而且能够提供的产量。

（2）通过对完全竞争厂商短期均衡的分析，如参图 19 所示，SMC 曲线上的各个均衡点，如 E_1、E_2、E_3、E_4点，都表示了在每一个相应的价格水平厂商所提供的产量，如当价格为 P_1时，厂商的供给量为 Q_1；当价格为 P_2时，厂商的供给量为 Q_2……

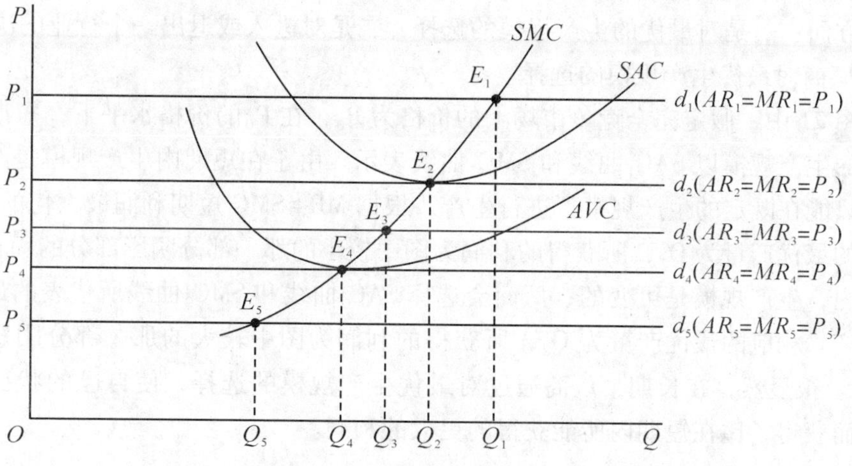

参图 19　完全竞争厂商短期均衡

于是，可以说，SMC 曲线就是完全竞争厂商的短期供给曲线。但是，这样的表述是欠准确的。考虑在 AVC 曲线最低点以下的 SMC 曲线的部分，如图 19 中的 E_5点，由于 $AR<AVC$，厂商是不生产的，所以，准确的表述是：完全竞争厂商的短期供给曲线是 SMC 曲线上等于和大于 AVC 曲线最低点的那一部分。如参图 20 所示。

（3）需要强调的是，由（2）所得到的完全竞争厂商的短期供给曲线的斜率为正，它表示厂商短期生产的供给量与价格成同方向的变化；此外，短期供给曲线上的每一点都表示在相应的价格水平下可以给该厂商带来最大利润或最小亏损的最优产量。

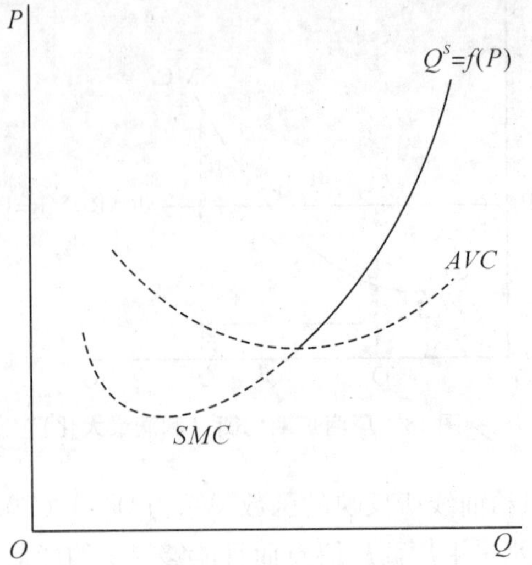

参图 20　短期供给曲线

3. 答：在完全竞争厂商的长期生产中，所有的要素都是可变的，厂商是通过对全部生产要素的调整，来实现 MR＝LMC 的利润最大化的均衡原则。厂商对生产要素的调整主要是两个方面：一是对最优的生产规模的选择，二是对进入或退出一个行业的决策。

（1）厂商对最优生产规模的选择

在参图 21 中，假定完全竞争市场上的价格为 P_0，在 P_0 的价格水平下，短期内假定厂商已拥有的生产规模以 SAC_1 曲线和 SMC_2 曲线表示。由于在短期内生产规模是给定的，所以，厂商只能在既定的生产规模下进行生产。根据 MR＝SMC 短期利润最大化的均衡条件，厂商选择的最优产量为 Q_1，所获得的利润为图中较小的那一部分阴影部分的面积 FP_0E_1G。而在长期内，生产规模是可变的，厂商会选择 SAC_2 曲线和 SMC_2 曲线所代表的最优生产规模进行生产，相应的最优产量为 Q_2，所获得的利润为图中较大的那一部分阴影部分的面积 HP_0E_2I。很显然，在长期，厂商通过对最优生产规模的选择，使自己的状况得到更大的改善从而获得了比在短期内所能获得的更大的利润。

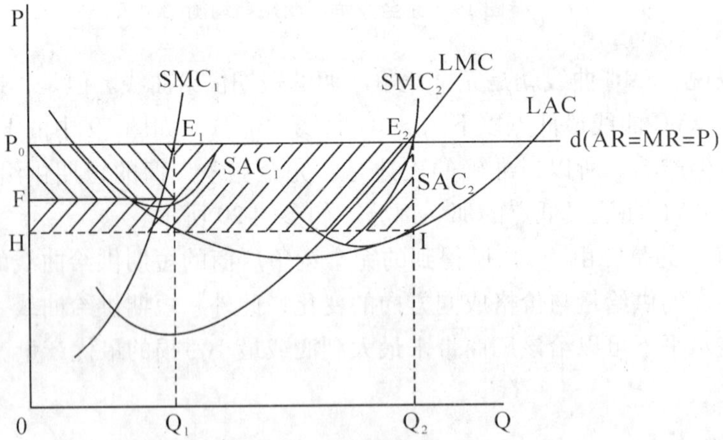

参图 21　长期生产中厂商对最优生产规模的选择

(2) 厂商进出一个行业

厂商在长期生产中进入或退出一个行业，实际上是生产要素在各个行业之间的调整，生产要素总是会流向能获得更大利润的行业，也总是会从亏损的行业退出。正是行业之间生产要素的这种调整，使得完全竞争厂商长期的均衡利润为零。具体以参图 22 为例说明：如果开始时的市场价格较高为 P_1，根据 MR = LMC 的利润最大化原则，厂商选择的产量为 Q_1，相应的最优生产规模由 SAC_1 曲线和 SMC_1 曲线所代表。此时，厂商获得利润，这便会吸引一部分厂商进入到该行业来，随着行业的厂商数量的增加，市场上的产品供给就会增加，市场价格就会逐步的下降，相应的，单个厂商的利润就会逐步地减少。只有当市场价格下降到使单个厂商的利润为零时，新厂商进入才会停止。相反，如果市场价格较低为 P_3 时，则厂商选择的产量为 Q_3，相应的最优生产规模由 SAC_3 曲线和 SMC_3 曲线所代表。此时，厂商是亏损的，这就使得行业内原有厂商中的一部分退出该行业的生产。随着行业内厂商数量的逐步减少，产品供给也相应减少，市场价格逐步上升。相应地，单个厂商的亏损就会减少。只有当市场价格上升到使单个厂商的亏损消失即利润为零时，原有厂商的退出才会停止。

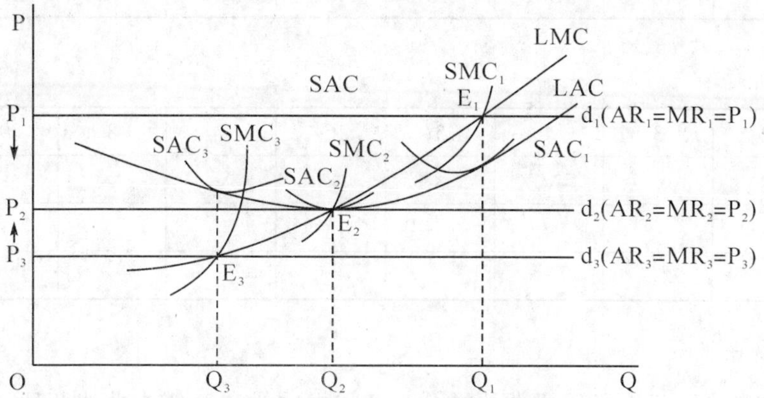

参图 22　厂商进入或退出行业

总之，不管是新厂商的进入，还是原有厂商的退出，最后，这种高调整一定使市场价格达到等于长期平均成本的最低点的水平，即图中的价格水平 P_2。在这一价格水平，行业内的每个厂商既无利润，也无亏损，但都实现了正常利润。于是，厂商失去了进入或退出该行业的动力，行业内的每个厂商都实现了长期的均衡。

(3) 图中的 E_2 点是完全竞争厂商的长期均衡点。在厂商的长期均衡点，LAC 曲线达到最低点，相应的 LMC 曲线经过该点；厂商的需求曲线与 LAC 曲线相切于该点；代表最优生产规模的 SAC_2 曲线经过该点。总之，完全竞争厂商的长期均衡出现在 LAC 曲线的最低点，这时生产的平均成本降到长期平均成本的最低点，商品的价格也等于最低的长期平均成本。

最后，得到完全竞争厂商的长期均衡条件为：

MR = LMC = SMC = LAC = SAC，式中，MR = AR = P。此时，单个厂商的利润为零。

第七章 不完全竞争市场

（一）单项选择题

1	2	3	4	5	6	7	8	9	10
C	B	A	C	A	E	A	C	A	C
11	12	13	14	15	16	17	18	19	20
D	B	D	C	D	A	A	A	A	C
21	22	23	24	25	26	27	28		
D	C	B	B	B	C	D	B		

（二）多项选择题

1	2	3	4	5	6	7	8	9	10
ABC	ABD	ABC	ABCD	AB	ACD	BCD	BC	ABCD	ABC

（三）辨析题

1	2	3	4	5	6	7	8	9	10
√	×	√	√	×	×	√	√	×	×
11									
√									

（四）问答题

1. 答：垄断竞争厂商的需求曲线被分为 d 需求曲线和 D 需求曲线两种。d 需求曲线表示单个垄断竞争厂商单独改变价格时所预期的市场对自己产品的需求量。D 需求曲线表示每个垄断竞争厂商在每一市场价格水平所面临的市场需求量。当市场价格上升或下降时，d 需求曲线的位置会分别沿着 D 需求曲线向上或向下平移。d 需求曲线和 D 需求曲线相交表示垄断竞争市场的供求相等状态。

2. 答：经济效率是指利用经济资源的有效性。

通过对不同市场条件下厂商的需求曲线的形状及其在长期均衡时与长期平均成本 LAC 曲线的关系的分析，可比较不同类型厂商的长期均衡价格水平和长期均衡产量水平。得出结论：完全竞争市场的经济效率最高，垄断竞争市场较高，寡头市场较低，完全垄断市场最低。

一个行业在长期均衡时是否实现了价格等于长期边际成本，也是判断该行业是否实现了有效的资源配置的一个条件。完全竞争厂商在长期均衡时实现了 $P=LMC$，而其他类型市场的厂商的长期均衡时都是 $P>LMC$，它意味着这些行业的商品供给不足。

此外，对不同市场的经济效率的比较还涉及以下几个方面：关于垄断市场与技术进步的关系；关于规模经济；关于产品的差异；关于广告支出。

3. 答：垄断市场的主要条件是：第一，市场上只有唯一的一个厂商生产和销售商品；

第二，该厂商提供的商品没有任何相近的替代品；第三，其他厂商加入该行业极为困难或不可能。在垄断市场条件下，垄断厂商可以控制和操纵市场。

垄断形成的主要原因有：独家厂商控制了生产某种商品的全部或基本资源的供给；独家厂商拥有生产某种产品的专利权；政府的特许和自然垄断等。

寡头市场是少数几家厂商控制整个市场的产品生产和销售的市场组织。寡头市场的成因和垄断市场是相似的，只是程度上有所差别。

4. 答：这种说法不完全正确。从理论上讲，垄断者是价格的制定者，其产品没有替代品，其他厂商无法进入垄断行业，厂商是产品的唯一卖者。然而实际上，如果垄断厂商定价过高，购买量就会下降，从而使总收益和利润下降；其他厂商如看到有丰厚的利润会眼红，尽管没有替代品，但相似的替代品总是会生产的，因而垄断厂商如果定价过高，会使自己产品失去销路，市场被相似替代品夺去；国家也会对垄断厂商的定价加以控制，有些国家会通过制定反垄断法，规定最高限价，还可用征税等办法加以控制。

5. 答：这是因为，只要 $MR>MC$，垄断厂商增加一单位产量所得到的收益增量就会大于所付出的成本增量，这时厂商增加产量是有利的。随着产量的增加，MR 会下降。而 MC 会上升，两者之间的差距逐步缩小，最后达到 $MR=MC$ 的均衡点，厂商也由此得到了产量增加的全部好处。而 $MR<MC$ 时，情况正好与上面相反。所以，垄断厂商的利润在 $MR=MC$ 处达到最大值。

6. 答：为了使价格歧视发生作用，物品就不能被转手出售。B 企业（餐馆）更愿意运用价格歧视，因为饭食是无法再出售的，而 A 企业（手表厂）无法用价格歧视，因为手表很容易转手销售。

7. 答：垄断厂商并不保证一定能获得超额利润，能否获得超额利润主要取决于社会需求。如果对该产品的需求者能接受垄断厂商制定的大于平均成本（AC）的价格，那么该厂商能获得超额利润。如果对该产品的需求者只能接受 $P<AC$ 的价格，那么该厂商会发生亏损。出现亏损后在短期内既有可能继续生产，也有可能停止生产。在短期内，若产品价格（P）低于平均成本（SAC），但只要还高于平均可变成本（SAVC）的最低点，生产将会继续进行下去。但只要 $P<AVC$ 的最小值，则该厂商将会停止生产，如不停止生产，损失会更大，不仅损失全部的固定成本，而且可变成本的一部分也无法弥补。

在长期内，垄断厂商可以建立最适当的工厂规模来生产最好的长期产量。他还可以做广告、提高服务质量等，扩大产品的需求量，使需求曲线向有 .L 移动，当然这样也会增加产品的成本，垄断厂商经过综合考虑，发现即使采取这些可能性的措施仍会亏损，在年期就会停止生产。

8. 答：第一，长期均衡的条件不同。完全竞争厂商的长期均衡的条件是：$P=MR=SMC=LMC=SAC=LAC$。垄断厂商的长期均衡的条件是：$MR=LMC=SMC$。

第二，长期均衡点的位置不同。完全竞争厂商长期均衡产生于 LAC 曲线的最低点，而完全垄断厂商长期均衡不可能产生于 LAC 曲线的最低点。

第三，获得利润不同，完全竞争厂商在长期均衡时只能获得正常利润。而垄断厂商由于其他厂商无法进入该行业，可以获得超额垄断利润。

9. 答：（1）因为外国人的收入比中国人要高，采用差别价格政策能使公园获得更多的利润。如果对外国人也收取与国内游客同样的价格，则公园的收入就会减少。

（2）要使得施行这种政策有效必须具备以下条件：

第一，必须是完全垄断的市场。黄鹤楼公园全国仅此一家，没有第二个黄鹤楼与它竞争。即使收取高一点价格，外国人也不会放弃到此一游。

第二，必须能够把不同市场或市场的各个部分有效地分割开来。公园可以根据国籍、肤色、语言的不同来区分中国人和外国人，对他们实行差别价格。

第三，各个市场必须有不同的需求弹性，中国人和外国人的需求弹性不同。对于旅游，外国人的需求弹性要比中国人小得多，因而定高一点价格的入场券并不会影响他们游览黄鹤楼。

10. 答：公用事业公司生产的是不可贮存的劳务，它们的产品生产后即被消费掉，因此必须有足以满足消费者高峰需求的厂房设备。为提供高峰服务的生产能力所增加的成本通常占到一家公用事业公司总投资的很大部分。为了减少高峰时期所需的厂房设备，可以采取差别价格政策。在高峰时期收取较高价格，在非高峰时期收取较低价格。如长途电信局，19：30 至第二天 7：30 的收费只有白天一半。这样，一方面高峰时期所需生产能力的成本转嫁到在高峰时期需要服务的消费者身上。另一方面减少了高峰时期的需求量，将这些需求从高峰时期转向非高峰时期，这就可以减少高峰时期所需的厂房设备。

（五）计算题

1. 解：由 $STC=0.1Q^3-6Q^2+140Q+3\ 000$

得 $SMC=0.3Q^2-12Q+140$

又由 $P=150-3.25Q$

令 MR＝MC，$150-3.25Q=0.3Q^2-12Q+140$

解得 $Q=20$，带入 $P=150-3.25Q$，得 $P=85$。

2. 解：（1）根据假设条件，这两个厂商的行为属古诺模型。

从产品需求函数 $Q_d=240-10p$ 中可知，当 $p=0$ 时 $Q_d=240$

根据古诺模型，这两个厂商利润极大时的产量$=\frac{1}{3}\times240=80$，整个市场的产量为

$Q=Q_A+Q_B=80+80=160$

将 $Q=160$ 代入市场需求函数，得 $P=(240-160)\div10=8$（美元）

（2）完全竞争时，厂商数 n 越多，各厂商均衡产量的总和即总产量 $n/(n+1)\times240$ 就接近于 240，而价格则越接近于零，反之，完全垄断时，$n=1$。

因此该厂商均衡产量为$\frac{1}{1+1}\times240=120$，价格 $p=12$（美元）

（3）厂商 $\pi_A=TR_A-TC_A=PQ_A=8\times80=640$（美元）

同样可求得 $\pi_B=640$（美元）

完全竞争时，$\pi_A=PQ_A=0$

完全垄断时，$\pi_A=pQ_A=12\times120=1\ 440$（美元）

（4）再有一厂商进入该行业时，$Q_A=Q_B=QC=\frac{1}{4}\times240=60$，总产量 $Q=Q_A+Q_B+Q_C=180$，将 $Q=180$ 代入需求函数，得 $P=(240-180)\div10=6$（美元）

如有更多厂商进入，则各厂商的均衡产量越小，总产量越接近于 240，价格则越低。

3. 解：$TR=P \cdot Q=(2\ 168-3Q)\ Q=2\ 168Q-3Q^2$

$MR=dTR/dQ=2\ 168-6Q$

$TC=2\ 000+8Q-3Q^2+2Q^3$

$MC=dTC/dQ=8-6Q+6Q^2$

根据利润极大化原则，MR＝MC，即

$2\ 168-6Q=8-6Q+6Q^2$

$Q=18.97$　舍去负数。

$\prod=TR-TC=(2\ 168-3\times18.97)\times18.97-(2\ 000+8\times18.97-3\times18.972+2\times18.973)=25\ 322$

4. 解：根据利润极大化原则，MR＝MC，已知一个垄断性竞争企业的产品需求曲线是 $P=11\ 100-3Q$，所以

$TR=P \cdot Q=(11\ 100-3Q)Q=111\ 000Q-30Q^2$

$MR=dTR/dQ=11\ 100-60Q$

根据其生产成本函数为

$TC=400\ 000+300Q-30Q^2+Q^3$，$MC=dTC/dQ=300-60Q+3Q^2$

所以，$11\ 100-60Q=300-60Q+3Q^2$

$Q=60$，去负根，$P=11\ 100-3\times60=9\ 300$ 元

5. 解：（1）厂商的利润函数为：$\pi=q_1\left(100-\frac{q_1}{2}\right)+q_2(100-q_2)-(q_1+q_2)^2$

（2）利润函数分别对 q_1 和 q_2 求导，得到：

$$\frac{\partial\ \pi}{\partial\ q_1}=100-3q_1-2q_2=0$$

$$\frac{\partial\ \pi}{\partial\ q_2}=100-4q_2-2q_1=0$$

联立以上两个式子得：

$q_1=25$　$q_2=12.5$　$P_1=87.5$　$P_2=87.5$

（3）将第（2）问的答案代入利润函数，厂商的垄断利润为：

$$\pi=25\left(100-\frac{25}{2}\right)+\frac{25}{2}\left(100-\frac{25}{2}\right)-\left(25+\frac{25}{2}\right)^2=1\ 875$$

6. 解：对于实行三级价格歧视的垄断厂商，其利润最大化的产量一定会使两个市场的边际收益相等，并且等于他们的边际成本，即：

$MR_1=MR_2=MC$

根据边际收益的弹性表达式，上式变为：

$$p_1\left(1-\frac{1}{|\varepsilon_1|}\right)=p_2\left(1-\frac{1}{|\varepsilon_2|}\right)=MC$$

即有：

$$\frac{p_1}{p_2}=\frac{\left(1-\frac{1}{|\varepsilon_2|}\right)}{\left(1-\frac{1}{|\varepsilon_1|}\right)}=\frac{1-\frac{1}{4}}{1-\frac{1}{2}}=1.5$$

因此市场 1 的价格是市场 2 的价格的 1.5 倍。

（六）作图题

1. 答：垄断厂商若要获得最大利润，也必须遵照 MR=MC 的原则。在短期内，垄断厂商无法改变不变要素的投入量，它是在既定生产规模下通过对产量和价格的同时调整，来实现 MR=MC 的利润最大化原则的。这可用参图 23 来说明：

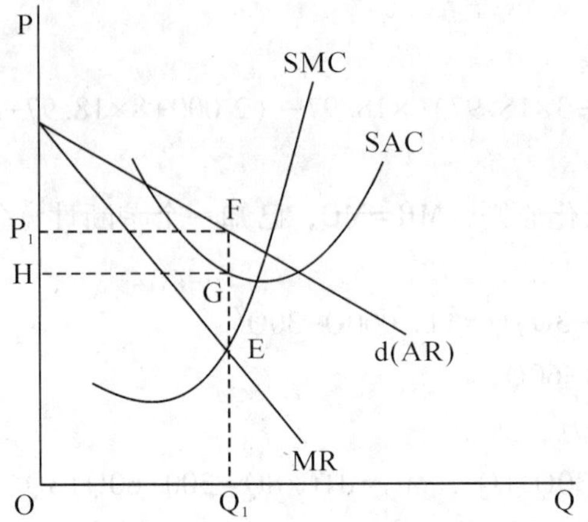

参图 23　垄断厂商的短期均衡

参图 23 中的 SMC 曲线和 SAC 分别为短期边际成本和平均成本曲线。为符合利润最大化的均衡条件，将产量和价格分别调整到 Q_1 和 P_1 的水平。在短期均衡点 E 上，垄断厂商的平均收益为 FQ_1，平均成本为 GQ_1，平均收益大于平均成本，垄断厂商获得利润。单位产品的平均利润为 FG，总利润量相当于图中的 HP_1FG 部分的矩形面积。

垄断厂商之所以只有在 MR=SMC 的均衡点上，才能获得最大的利润，是因为只要 MR>SMC，垄断厂商增加一单位产量所得到的收益增量就会大于所付出的成本增量。这时，厂商增加产量是有利的。随着产量的增加，如图所示，MR 会下降，而 SMC 会上升，两者之间的差额会逐步缩小，最后达到 MR=SMC 的均衡点，厂商也由此得到了增加产量的全部好处。而 MR<SMC 时，情况正好与上面相反。所以，垄断厂商的利润在 MR=SMC 处达到最大值。

垄断厂商在 MR=SMC 的短期均衡点上，或者获得最大的利润，或者获得最小的亏损。

总之，垄断厂商短期均衡条件为：MR=SMC。

2. 答：垄断厂商在长期内可以调整生产规模，从而实现最大利润。垄断行业排除了其他厂商进入的可能性，因此，如果他在短期获得利润，那么，它的利润在长期内不会因为新厂商的进入而消失，垄断厂商在长期内是可以保持利润的。

垄断厂商在长期内对生产的调整，一般有三种可能的结果：第一种是他在短期内是亏损的，但在长期，又不存在一个可以使他获利（或至少是亏损为零）的最优生产规模，于是，该厂商退出生产；第二种是短期是亏损的，在长期内，它通过对最优生产规模的调整，摆脱亏损获得利润；第三种是短期内利用既定的生产规模获得了利润，在长期中，它通过对生产规模的调整，使得自己获得更大的利润。我们现在着重分析第三种情况。

如参图 24，图中的 d 曲线和 MR 曲线分别表示垄断厂商的市场需求曲线和边际收益曲线，LAC 曲线和 LMC 曲线分别为垄断厂商的长期平均成本曲线和长期边际成本曲线。

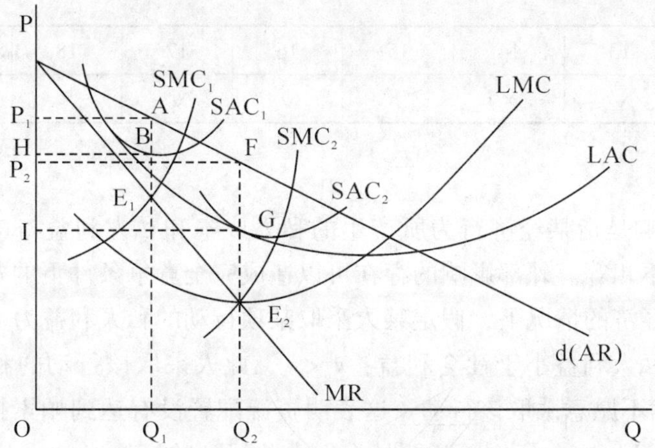

参图 24　垄断厂商的长期均衡

假定开始时，垄断厂商是在由 SAC_1 曲线和 SMC_1 曲线所代表的生产规模上进行生产。短期内垄断厂商只能按照 MR=SMC 原则，在现有的生产规模上讲均衡产量和均衡价格分别调整为 Q_1 和 P_1。在短期均衡点 E_1 上，垄断厂商获得的利润为图中 HP_1AB 的面积。

在长期中，垄断厂商通过对生产规模的调整，进一步扩大利润，按照 MR=LMC 的长期均衡原则，它的长期均衡点为 E_2，长期均衡产量和均衡价格分别为 Q_2 和 P_2，垄断厂商所选择的相应的最优生产规模由 SAC_2 曲线和 SMC_2 曲线所代表，此时，垄断厂商获得了更大的利润，其利润量相当于图中较大的面积 IP_2FG。

如图所示，在垄断厂商的 MR=LMC 长期均衡点产量上，代表最优生产规模的 SAC 曲线和 LAC 曲线相切于 G，相应的 SMC 曲线、LMC 曲线和 MR 曲线相交于 E_2 点，所以，垄断厂商的长期均衡条件为：MR=LMC=SMC，且 $\pi>0$。

第八章　市场失灵和微观经济政策

（一）单项选择题

1	2	3	4	5	6	7	8	9	10
A	D	A	A	B	B	D	B	B	B
11	12								
C	C								

（二）多项选择题

1	2	3	4	5					
ABCD	ABCD	BCD	ABC	BC					

（三）辨析题

1	2	3	4	5	6	7	8	9	10
×	×	×	√	√	√	×	×	√	×

表(续)

11	12	13	14	15	16	17	18	19	20
×	×	√	×	√	√	√	×	√	√

（四）问答题

1. 答：外部影响是指某经济行为所产生的私人成本和私人利益与该行为所产生的社会成本和社会利益不相等。外部影响的存在可以造成完全竞争条件下的资源配置偏离帕累托最优状态。外部经济的情况下，假定某人采取某项行动的私人利益为 v_p，该行动所产生的社会利益为 v_s，私人利益小于社会利益：$v_p<v_s$，此人采取该行动的私人成本 c_p，即有 $v_p<c_p<v_s$，此人显然不愿意采取该行动。这表明资源配置没有达到帕累托最优状态。由上不等式可得：$(v_s-v_p)>(c_p-v_p)$，说明社会上由此得到的好处 (v_s-v_p) 大于私人活动所受到的损失 (c_p-v_p)。如果此人采取该项行动，从社会上其他人所得到的好处中拿出一部分来补偿行动者的损失以后还会有多余，结果是社会上其他人状况变好而没有任何人状况变坏，这是帕累托改进，就没有实现帕累托最优。外部经济的情况下，私人活动水平低于社会所要求的最优水平。

外部不经济的情况下，假定某人采取某项行动的私人成本为 c_p，该行动所产生的社会成本为 c_s，私人成本小于社会成本 $c_p<c_s$，此人采取该行动的私人利益 v_p，即有 $c_p<v_p<c_s$，此人显然会采取该行动。由上不等式可得：$(c_s-c_p)>(v_p-c_p)$，说明社会上受到的损失 (c_s-c_p) 大于此人得到的好处 (v_p-c_p)。如果此人不采取该项行动，社会避免的损失大于此人所放弃的好处，结果是社会上其他人状况变好而没有任何人状况变坏，这是帕累托改进，这表明资源配置没有达到帕累托最优状态。外部不经济的情况下，私人活动水平高于社会所要求的最优水平。

2. 答：通常将不具备消费的竞争性的商品叫作公共物品，任何人增加对这些商品的消费都不会减少其他人的消费水平，任何人增加对这些商品的消费不会引起产品成本的任何增加。某公共物品同时不具备排他性，即无法排除一些人“不支付便消费”，则称之为纯公共物品。

公共物品具有非竞争性，一公共物品可以同时为许多人所消费，增加一名消费者的消费的边际成本为零。消费者从公共物品中都得到一定的效用，而其消费的边际成本为零。从效率的角度（价格等于边际成本）来看，应该让所有的人都免费享用公共物品。如果公共物品由私人来生产，那么他将会破产。

公共物品具有非排他性，很容易产生免费搭车问题，即不能避免一些人不付费也可以同样消费公共物品。在这种情况下，如果每个人都不支付费用或支付很低的费用来消费公共物品，那么市场上就没有私人愿意提供公共物品。即使有些消费者不做“搭便车者”，愿意自己付费购买，也只是根据公共物品带给他的私人利益来决定他愿意支付的价格，而不是根据社会利益决定他支付的价格。公共物品如果由竞争市场上私人进行生产，其结果只能是低于社会所要求最优数量的产出，甚至是零产出。

既然市场机制对公共物品的有效率配置无能为力，那么只能由政府或公共部门安排生产并根据社会福利原则来分配公共物品。

3. 答：该定理可表述为：只要财产权是明确的，并且其交易成本为零或者很小，则无论在开始时将财产权赋予谁，市场均衡的最终结果都是有效率的。西方一些学者根据科斯定理认为，外部影响之所以导致资源配置失当是由于产权不明确。如果产权明确，且得到充分保障，有些外部影响就不会发生。就是说，在解决外部影响问题上不一定要政府干预，只要产权明确，市场会自动解决外部性问题，而在此之前的传统经济学认为，解决外部性问题，需要政府的干预。因此，科斯定理是对传统经济学的修正。财产权的明确和可转让之所以具有这样大的作用，其原因在于明确的财产权及其转让可以使得私人成本（或利益）与社会成本（或利益）趋于一致。

但是运用科斯定理解决外部影响问题在实际中并不一定真的有效。有以下几个难题，第一，资产的财产权是否能够明确地加以规定？有的资源，例如空气，在历史上就是大家均可使用的共同财产，很难将其财产权具体分派给谁；有的资源的财产权即使在原则上可以明确，但由于不公平问题、法律程序的成本问题等等也变得实际上不可行；第二，已经明确的财产权是否总是能够转让？这就涉及信息充分不充分以及买卖双方不能达成一致意见的各种问题，如谈判的人太多、交易成本过高、谈判双方都能使用策略性行为，等等；最后，明确的财产权的转让是否总能实现资源的最优配置？显然，在这个过程中完全有可能得到这样的结果：它与原来的状态相比有所改善，但不一定恰好为最优状态。

4. 答：许多经济学家认为，垄断会带来福利损失，降低经济效率，因此主张反垄断。但也有不少经济学家认为，垄断有可能促进经济效率提高，因为：（1）垄断会带来规模经济，降低成本，节省费用支出，一些自然垄断行业更需要垄断；（2）范围经济，即垄断企业有条件进行多样化产品组合，把在生产技术上相互关联的产品放在一个企业内生产经营，使投入要素多次使用以生产不同产品，并共同享用商标、包装和营销渠道，从而降低成本；（3）技术创新，即大企业有力量投入大量研究开发经费，如美国最大的100家垄断企业的研发费用达到了全国研发总费用的82%。由于以上原因，垄断也有可能促进经济效率。

5. 答：不能。政府提供的物品中也有些具有排他性特点，如邮政服务，就不属于公共物品。邮政服务具有可分性，如电报是一封封发的，邮政服务上市场并没有失灵。

6. 答：搭便车问题是指某些人虽然参与了公共产品的消费，却不愿意支付公共产品的生产成本，完全依赖于他人对公共产品成本的支付。例如，一条公用走道上要安装几盏电灯，理应使用者共同出钱。但其中有人可能不愿出钱，认为一旦安装了，自己即便未出钱也照样可使用，这就是搭便车问题，在公共物品生产中普遍存在。搭便车问题源于公共产品的非排他性，即只要某一社会存在公共产品，就不能排斥该社会的任何人消费该产品。

7. 答：私人产品生产的帕累托最优条件：意思所有消费者消费产品中任意两种产品的边际替代率都相等；而是所有厂商使用生产要素中的任意两种生产要素的边际技术替代率都相等。有公共产品生产的经济的帕累托最优条件除了以上两条以外，还必须加上一条，即所有消费公共产品的消费者对于公共产品和私人产品之间的边际替代率的加总等于公共产品和私人产品在生产中的边际转换率。

8. 答：寻租行为是一种非生产性行为，其含义是指个人或利益集团为了获取自身经济利益而对政府有关官员施加影响的行为。

寻租行为的特点包括：（1）寻租行为造成了经济资源配置的扭曲，阻止了更有效地生产方式的实施；（2）寻租行为耗费了社会的经济资源，使本来可以用于生产性行为的资源浪费在维持既得经济利益，或是在对既得利益再分配的非生产性行为上；（3）这些行为还会导致其他层次的寻租行为或避租行为，从而耗费更多的社会资源。因此，经济学家把寻租行为称为“负和博弈”。

9. 答：信息不完全：是指有关市场主体获取的或掌握的信息不足以使市场主体做出理性判断或决策。

信息不对称：可看作是信息不完全中的特种情况，即一些人比另外一些人具有更多的有关经济信息。例如，工人比雇主更清楚自己的生产能力和工作努力程度，厂商比消费者更了解自己产品的质量。需要指出的是，信息不对称不仅是指人们常常限于认识能力不可能知道在任何时候，任何地方发生的或将要发生的任何情况，而且更重要的是指行为主体为充分了解信息所花费的成本实在太大，不允许他们去掌握完全的信息。例如，保险公司就难以充分了解参加保险的自行车主是否谨慎小心地保管自己的车子，除非公司要派专人天天跟在每辆投保的自行车后面监视。如果真这样做，代价实在太大了。这样，自行车主的行为对保险公司来说就必然是一种不完全或者是不对称的信息。

10. 答：在现代经济社会中，政府有许多经济职能，其目的一方面在于促进经济效率，另一方面则在于维持经济公平。

为促进经济效率，政府可能采取的措施有以下几点：

（1）对自然垄断产业，政府可能采取的措施主要有两种：由政府自己经营成为公营企业；由私人经营，但政府监督其产品定价，不使其有太多的垄断利润。

（2）对于经济的外部性，政府可对制造外部成本者课税，或主动加以监督；对产生外部利益者予以补贴，其目的均在使外部效果内部化，以提高经济效率。

（3）关于公共物品的提供方面，对全民福利有重大影响的公共物品，政府应设法充分提供。至于经营则以课税或使用者付费的方式筹措，以达到取之于民与用之于民的目的。

（4）关于经济结构的调整成本方面，尤其是在经济形势有重大变化的时候，政府可以提供融资、减轻税负以及技术指导等措施，以减少经济结构调整所产生的成本与困难。

（五）计算题

1. 解：（1）先求出 A、B 两企业的利润函数

$\pi_A = P_A X - C_A = 80X - 2X^2$

$\pi_B = P_B Y - C_B = 60Y - Y^2 - 2XY$

利润最大化条件分别为：

$$\frac{\partial \pi_A}{\partial X} = 80 - 4X = 0$$

$$\frac{\partial \pi_B}{\partial Y} = 60 - 2Y - 2X = 0$$

将上述两式联立可解得：

$X = 20$，$Y = 10$

把 $X = 20$，$Y = 10$ 代入 π_A 和 π_B，解得：

$\pi_A = 800$，$\pi_B = 100$

（2）假定厂商间就外部性问题进行交涉，则两厂商追求利润最大化，利润之和为：

$\pi_A+\pi_B=(80X-2X^2)+(60Y-Y^2-2XY)$

利润最大化的条件为

$$\frac{\partial(\pi_A+\pi_B)}{\partial X}=80-4X-2Y=0$$

$$\frac{\partial(\pi_A+\pi_B)}{\partial Y}=60-2Y-2X=0$$

解此，得 $X=10$，$Y=20$，$\pi_A+\pi_B=1\ 000$

（3）由（2）可得，共同利润最大化时 A、B 的利润分别为：

$\pi_A=80\times10-2\times10^2=600$

$\pi_B=1000-600=400$

①若有法规限制 A 的产量时，使其保持在 $X=10$ 时，则利润分配为：

$\pi_A=80\times10-2\times10^2=600$

$\pi_B=1000-600=400$

②若没有法规限制时，B 可以与 A 协商，B 将至少拿出一部分利润（800−600）= 200 给 A，作为补偿，使 A 只生产 $X=10$。此时 B 获得的利润为 400−200=200。即：

$\pi_A=800$，$\pi_B=200$

（4）政府征税后对 B 厂商没有影响，对 A 厂商有影响，征税后 A 厂商的利润函数变为：

$\pi_A=P_AX-C_A-TX=80X-2X^2-TX$

利润最大化条件为：

$$\frac{\partial \pi_A}{\partial X}=80-T-4X=0$$

为使厂商 A 达到利润最大化，税收 T 应根据 X 的大小定为：

$T=80-4X$

当 $X=10$ 时，$T=40$。

（5）政府实行征税及补贴时，两厂商的利润分别为：

$\pi_A=P_AX-TX-C_A=80X-TX-2X^2$

$\pi_B=P_BY+TY-C_B=60Y+TY-Y^2-2XY$

如果两厂商可自由交涉，那么利润之和为：

$\pi_A+\pi_B=(80X-2X^2)+(60Y-Y^2-2XY)+T(Y-X)$

可见，若 $Y>X$，则 A、B 的利润总和变大；若 $Y=X$，则利润总和不变；若 $Y<X$，则利润总和变小。

2. 解：（1）显然，任何承包大桥的公司都将作为一个垄断者出现，因此按垄断利润最大化来求解该问题：

公司若承包，则其面临的决策为

$$\max\pi=PQ-500$$
$$=(25-0.5Q)Q-500$$

对上式求导：

$$\frac{d\pi}{dQ}=25-Q=0$$

从而最优的汽车数为：

$Q^* = 25$，

最优的过桥费为：

$P^* = 12.5$

但此时若有公司承包，其利润为 $\pi = -187.5$，所以没有公司愿意承包。

（2）若政府根据每天通过的汽车数进行补贴，假设每辆汽车补贴 t，则承包公司面临的决策为：

$$\max\pi = PQ + tQ - 500$$

$$= (25 - 0.5Q + t)Q - 500$$

对上式求导：

$$\frac{d\pi}{dQ} = 25 + t - Q = 0$$

解得最优的汽车数为：

$Q = 25 + t$

最优过桥费为：

$$P = \frac{25 - t}{2}$$

最大利润为：$\pi = (P + t)Q - 500 = \dfrac{(25+t)^2}{2} - 500$

既要使补贴数最小又要公司愿意承包，所以最小的补贴额应该满足：

$$\frac{(25+t)^2}{2} - 500 = 0$$

解得：$t = 6.62$。

这时，最优汽车数为 $Q = 31.62$，最优过桥费为 $P = 9.19$。

（3）若政府一年一次给承包公司固定补贴，补贴数与通过车辆无关时，承包公司按照本题第（1）问的方式来决策，因为每天亏损 187.5，所以政府一年补贴的总数额应为：

$187.5 \times 365 = 68\,437.5$。

（注意，通过上述计算，考生可以从政府最小补贴额和社会福利最大化角度来分别考虑两种补贴方式的优劣。）

3. 解：（1）社会对共用品需求函数：

$$P = P_1 + P_2 + P_3$$

$$= 100 - x + 100 - 2x + 100 - 3x$$

$$= 300 - 6x$$

（2）该社会共用品最优数量为社会对共用品总需求与总供给的均衡数量。在此，每单元共用品成本是 4 元，故共用品供给函数为 $P = 4x$。

当 $300 - 6x = 4x$ 时，$x = 30$ 即社会共用品最优数量

（3）$P_1 = 100 - 30 = 70$（元）

$P_2 = 100 - 60 = 40$（元）

$P_3 = 100 - 90 = 10$（元）

所以 $P=120$（元）为社会对共用品总价格。

4. 解：（1）从厂商需求函数求得边际收益函数为 $MR=600-4Q$，从成本函数求得边际成本函数为 $MC_P=6Q-400$

令 $MC_P=MR$，即 $6Q-400=600-4Q$

得 $Q=100$，$P=400$

$\pi=400\times100-(3\times100^2-400\times100+40\ 000)=10\ 000$

所以利润最大时的产量为 100 吨，价格是 400 元/吨，利润是 10 000 元。

（2）从该产品的社会成本函数中可知社会边际成本函数为 $MC_S=8.5Q-400$

令 $MC_S=MR$　即 $8.5Q-400=600-4Q$

得 $Q=80$，　　$P=440$

可见，若考虑外部不经济，从帕累托最优的资源配置角度看，该厂商的最优产量是 80 吨，价格是 440 元/吨，即该工厂的产量应当减少，价格应当上升。

（3）要使企业产量与社会最优产量相一致，必须使企业的边际成本从 400 提高到 440，因此税率应当是 10%。

（六）作图题

1. 答：垄断可以造成生产效率不能最大限度发挥，资源不能得到充分利用，社会福利遭受损失。以上问题可由参图 25 解释说明。图中，曲线 D 表示厂商面临的市场需求曲线，曲线 MR 表示厂商的边际收益曲线，假定平均成本和边际成本相等且固定不变，用直线 AC=MC 表示。厂商实现利润最大化的原则是边际成本等于边际收益，厂商将产量确定在 Q_2，价格确定在 P_2，垄断厂商获得超额经济利润，此时确定的价格大于边际成本，消费者愿意为增加额外一单位产量而支付的货币超过生产该单位产量所耗费的成本，资源配置偏离帕累托最优状态，整个经济均衡于低效率之中。要达到帕累托最优状态，产量应增加到 Q_1，价格应降到 P_1，这时。然而，垄断决定的产量和价格只能是 Q_2 和 P_2。如果产量和价格是完全竞争条件下的 Q_1 和 P_1，消费者剩余是 $\triangle FP_1H$ 的面积，当垄断者把价格提高到 P_2 时，消费者剩余只有 $\triangle FP_2G$ 的面积，所减少的消费者剩余的一部分（图中 P_1P_2GI 所代表的面积）为垄断者占有，另一部分（$\triangle GIH$ 所代表的面积）就是由于垄断所引起的社会福利的纯损失，它表示由于垄断所造成的低效率而带来的经济损失。

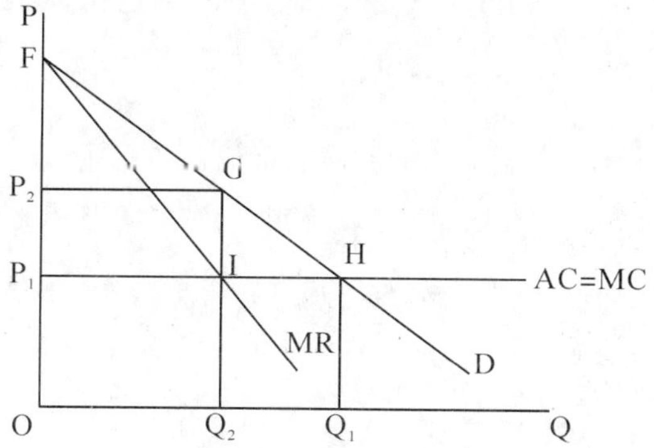

参图 25　垄断和低效率

不仅如此，垄断还可造成更大的经济损失。为了获得和维持垄断地位从而获取超额经济利润，厂商常常付出一定代价，例如，向政府官员行贿，或雇佣律师向政府官员游说，等等。这种行为是一种纯粹的浪费，它不是用于生产，没有创造出任何有益的产出，完全是一种非生产性的寻利活动，一般称其为“寻租”活动。现实的经济生活证明，寻租活动造成的经济损失要远远超过传统垄断理论中的“纯损”三角形。

序　言
FOREWORD

雪山雪　成都成

汤继强

城市究竟是什么，这是长期吸引我的问题。

半个世纪的学习、认知、游历、体悟，让我慢慢对她有了一些了解和认识。

我老家在新都区与彭州市交界的汤家埂子，到成都市中心天府广场直线距离二十多公里，成都市第二绕城高速从旁边经过。

在儿时，大城市成都对我来说就像一个传说，遥不可及。记得14岁那年，家父带我第一次上成都，我们各自骑一辆自行车，从家里骑到成都，半天工夫。我由于个子尚小，来回一趟把屁股都磨破了。这是我年少时对大城市的痛苦记忆。现在交通方便了，开车约半小时，就能够从成都回到那个曾经的乡下。

城市在变大，城乡边界渐次模糊或者清晰，城市发展水平成为一个区域文明程度的标志。

昔日成都面积不大，人口不多，小桥流水，千百年来发展缓慢，真正的快速发展始于20世纪90年代及其之后的一系列城建计划，“府南河工程”“五路一桥工程”以及高新区、天府新区、东部新区等开发区建设。成都搭上了时代发展的高速列车。

近年来，成都持续受到外界高度关注，原因很多：人口突破两千万，“新一线城市”排头兵，中国十大经济强市、世界城市排名Beta+，入围各种各样的优秀榜单的喜讯纷至沓来，但我认为最值得称道的还是“公园城市”。

2018年2月，习近平总书记来川视察时，在成都天府新区指出：“‘天府新区’是‘一带一路’建设和长江经济带发展的重要节点，一定要规划好建设好，特别是要突出公园城市特点，把生态价值考虑进去，努力打造新的增长极，建设内陆开放经济高地。”自此，世界城市建设的理论框架中，多了“公园城市”这一全新的概念，从这里走向全国，走向世界。成都，幸运地成为公园城市的“首提地”。

“公园城市”的“公”为全民共享，“园”为生态多样，“城”为生态宜居，“市”为创新生产。“公园城市”是全面体现新发展理念的城市发展新模式，是中央倡导的生态文明思想在城市建设领域的重要表达，是未来城市的高级形态。近年来，中央反复强调，既要绿水青山，也要金山银山；宁要绿水青山，不要金山银山；绿水青山，就是金山银山。在此背景下，建设公园城市是贯彻国家大政方针的必然选择。

“公园城市”的“公”为全民共享，“园”为生态多样，“城”为生态宜居，“市”为创新生产。

古往今来，人们探索城市发展规律的努力从未停止，城市发展的理念始终在与时俱进。城市是流动性的空间，这种“流动性”不能被汽车、工厂和“功能分区”所区隔，它应该是一个有机的生命体。人与自然、城市与生态和谐共生，是应有之义。在此背景下，公园城市逐渐成为世界先进城市的集体共识。

从历史观察的维度

成都，自古便有“天府之国”的美誉。她端坐于盆地中央，千里沃野、千年繁华。外揽山水之幽、内得人文之胜。青城山、西岭雪山像她的围墙，龙泉山、龙门山逶迤绵延，守护着各种生物世代繁衍生息的绿色家园；都江堰的分水工程赐予她灵动，沱江、岷江“两江环绕”，沱江连着远处的长江，顿时有了通江达海的宽广气韵，浸润了城市发展跃进的繁华；广袤平原“沃野千里”，构成了天府城乡融合的最美底色；川西林盘“星罗棋布”，记载了成都历史变迁的乡愁记忆。

公元前256年，李冰修筑都江堰，

从此成都平原“水旱从人，不知饥馑，时无荒年”，成就“天府之国”的美誉。有学者认为，成都由此堪称世界上最早的“生态城市”。五代后蜀主孟昶，曾经在城墙上遍植芙蓉，人夸“四十里为锦绣”，这种城墙上大面积种花卉的现象，在中国建城史上绝无仅有。成都因之成为中华文明中第一个“花园城市”。“九天开出一成都，万户千门入画图”“二十里中香不断，青羊宫到浣花溪”描绘出一幅幅令人心驰神往的大美画卷。这既是成都得天独厚的自然禀赋，又是传承千年的独特印记，也是成都走向未来的历史积淀、迈向世界的鲜明标志。

从“公园城市”到“雪山下的公园城市”，成都探索了三年，但古蜀人对雪山的崇拜更可追溯到四千年前。王羲之《遗谢安书》表达赴蜀登临雪山之愿；陆游《登灌口庙东大楼观岷江雪山》感慨“千年雪岭阑边出，万里云涛坐上浮”；杜甫因被贬流落成都时，发现雪山在阳光照射下，洁白晶莹，银光灿烂，秀美壮观，于是便留下了千古绝句“窗含西岭千秋雪，门泊东吴万里船”。成都与雪山，由是有了某种独特的关系和默契，也成为成都传承千年的文化印记。

从历史上的生态城市、花园城市再到今天的公园城市示范区，从“窗含西岭千秋雪，门泊东吴万里船”的浣花成都，到登高西眺、雪山重现的当代现实图景，成都，向世界完美演绎着“雪山下的公园城市、烟火气的幸福成都”。

成都，自古便有「天府之国」的美誉。她端坐于盆地中央，千里沃野、千年繁华。

从空间地理的维度

如果从空中俯瞰成都，成都的地形西有龙门山，东有龙泉山，这两条山脉像是张开的双臂，共同守护着成都这座历史文化名城。受地理环境影响，成都发展主阵地一直集中在龙泉山西侧。龙泉山脉位于四川盆地西部，呈南北走向，是岷江与沱江两大水系的分水岭，也是成都平原与川中丘陵的自然分界线。而随着近年来城市规模的扩大、人口的急剧增多，2017年，成都提出“东进”战略，开启了“千年古都”的格局之变：成都坚持了3 000年的“两山夹一城”旧图景也变为“一山连两翼”新格局。

随着成都布局的转变，“一山连两翼”的关键区域“一山”（龙泉山）的总体定位也由原来的生态屏障升级为“世界级品质的城市绿心，国际化的城市会客厅”，正逐步转变为天府之国的“中央花园”。未来，成都将以龙泉山为界，西侧是老城区和高新区，东侧是东部新区。龙泉山城市森林公园将衔接中心城区与东部新区两大核心区域，与天府国际空港新城、简州新城、淮州新城、简阳城区“四城一园”共同构建一个“新成都”。

依托龙泉山城市森林公园这座天然生态屏障，成都美丽宜居公园城市正加快建设脚步，这里也逐渐成为成都面向世界展示公园城市形象气质的一张闪亮名片。

从国际视域的维度

纵观国际城市与公园发展先例，美国“中央公园”无疑是最典型的代表。美国人眼中“失去纽约的美国将不再是美国，失去中央公园的纽约将不再是纽约”。纽约官方称“中央公园成就了一座国际化大都市的完整性”。

19世纪50年代，美国城市经历着前所未有的城市化。大量人口涌入城市，从1821年到1855年，纽约人口翻了四倍。经济优先的发展理念，让城市格局的弊端暴露无遗，“城市病”层出不穷。1854年，奥姆斯特德开始着手设计一座公园，试图在繁华市中心创造一种特殊气氛，给城市人提供一个有着乡村般景致的休闲去处。这座公园落成后，房地产商因地价升值而掀起开发热潮，政府拿着房地产税投入市政建设。时至今日，房子能否看到中央公园，仍然是影响纽约房价高低的重要指标。

中央公园一举开了城市公园之先河。著名建筑评论家戈德伯格感慨：“中央公园虽不是一栋建筑物，却是纽约最伟大的建筑。”而如今的成都，正在探索现代公园城市建设发展的科学之道。我曾在斯坦福大学可持续发展和全球竞争力中心做高级访问学者数年，遍观西方学界对于城市发展的研究，虽然至今在世界范围内，对于如何建设生态城市并未达成共识，但背后的理念及目标是一致的，即城市建设最终要实现发展的可持续，而公园与绿地在缓解当前城市的环境问题和保护城市生态方面都起着积极的、不可或缺的作用。

纽约的人口不过800万，世界可持续发展的样本城市——丹麦首都哥本哈根，人口仅67万。实际管理人口超2 100万甚至更多的成都，在公园城市建设中要实现可持续发展并不是修几座城市公园就完事了，而是要用城在园中的生态价值，激活城市经济价值与生活价值。跨过龙泉山，曾经城市的东部屏障变成远超中央公园的巨大生态空间，川西林盘、龙泉山公园为成都建设公园城市提供了现实的支撑。

成都这座城市的品质由广大的农村决定，由成都的历史、文化、生活气息、推窗见绿等来决定。

成都正在进行的公园城市建设实践，突出以生态文明引领的发展观，以人民为中心的价值观，以构筑山水林田湖生命共同体的生态观，实现人城境业高度和谐统一的大美城市形态。从某种意义上讲，成都公园城市建设已经超过了斯德哥尔摩皇家海港城，也完全可以理解为可持续发展城市的中国样板，已经成为未来城市的最高级形态。简言之，在公园城市里，把绿色作为发展底色，全面充分体现生态价值，诗和远方在这里深情相拥。

从环境气候的维度

经过三年多的实践，成都不仅完成了生态性可持续发展的一系列初步性探索，也成为全球唯一能够遥望5 000米以上雪山的千万级人口特大城市。2021年上半年成都在中国美好生活城市（2020—2021）上获得“十大美好生活城市——大美之城”和“十大美好生活城市——向往之城”两大重磅荣誉。2020年，在成都全年遥望雪山达70次，比2019年多了5次。现在在成都看雪山，不仅是看的天数多，看的个数多，看得更清晰，而且全域都可以看到雪山。

2021年8月18日，在国务院新闻办举行的“建设人与自然和谐共生的美丽中国”新闻发布会上，生态环境部部长黄润秋引用杜甫诗句“窗含西岭千秋雪，门泊东吴万里船”来描绘成都。同时，发布会还用数据反映了成都大气环境治理的成效——这五年，成都市PM2.5浓度下降了约36%。

在这场新闻发布会的现场，黄润秋部长举了6个例子来诠释当下生态环境的改善情况。被点赞的背后，是成都为了持续改善空气质量久久为功的努力。来自成都市环境保护科学研究院的数据印证了这一点：2020年成都市PM2.5年均浓度为41μg/m^3，由2015年“6”字头持续下降，连下三个台阶，降至“4”字头时代，较2015年累计下降36%，超额完成了“十三五”四川省下达的约束性指标（较2015年下降22.9%）。

在《2020中国大陆城建100强城市排行榜》中，城市建设的各项指标综合排名第一的城市为深圳，成都排名第五。该评价体系使用了六个指标，从各细分指标的得分情况来看，成都的“绿化和自然景观”一项得分是满分20，“市内交通”得分为17，“大型场馆”得分为16。

作为成都建设公园城市的一个缩影，位于都江堰水系府河左岸支流的兴隆湖作为集防洪、灌溉、生态、景观等为一体的综合性水生态治理项目，是天府新区内规划建设的一座“生态之肾”。这里曾是滞洪区，通过邻水营城、兴利除害、蓄水成湖，如今已形成3平方公里的水面，水质达“欧洲蓝”标准，被称为天府新区的“城市绿心”。在这里共记录到野生鸟类50多种，包括红嘴鸥、花脸鸭、红胸秋沙鸭，以及全球仅存500只的青头潜鸭，鸟类总数超过3万只。

从产业发展的维度

“公园”不仅仅是生活的需要，也是经济建设的需要。生态本身就是先进生产力，也可以成为高质量发展的生产场景。美好的生态环境，能够营造出一种吸引高端产业的磁场力。放眼全球，新兴产业、高新产业普遍青睐生态优美的城市。在美国旧金山湾区（硅谷），很多大的科技公司就坐落在一个个风景优美的山谷里，而不在人口稠密的旧金山市区。

生态环境部部长黄润秋引用杜甫诗句「窗含西岭千秋雪，门泊东吴万里船」来描绘成都。

成都，从一个传统的消费型城市，到如今致力于打造国际消费中心城市，其间先后实施“府南河改造工程”“五路一桥工程”建设，引进300多家世界500强企业，打造高端电子信息产业基地，构建现代化产业体系等。一路摸索，折射出一个颠扑不破的硬道理——产业发展推动城市能级提升，产业兴则城市兴、产业强则城市强、产业好则城市美。近年来，成都始终把贯彻“践行新发展理念的公园城市”建设作为城市发展之纲，打破城市功能的僵化分割，通过产业与城市融合发展，实现了产城融合（打造了15条产业生态链和66个产业功能区）；构建产业与金融良性互动的生态圈，实现金融与产业的良好融合，在这里诞生了大批上市公司和新型“独角兽”企业，为推动成都城市高质量发展提供了强劲内生增长动能。

2020年成都地区生产总值为17 716.7亿元，居2020年全国GDP（国内生产总值）百强城市第7位，占四川省总产值的36.5%左右。2021年，有望实现2万亿元的目标。

2021年2月20日，成都市发改委发布了成都市2021年重点项目计划，2021年成都市将聚焦建好示范区，以建设践行新发展理念的公园城市示范区为统领，以高质量发展为主线，全面梳理动力支撑体系、现代产业体系、经济循环体系、区域协调发展体系、生态惠民体系、智慧安全韧性体系六大体系功能重点项目1 060个，总投资31 587.3亿元，年度计划投资4 058.7亿元。随着成渝地区双城经济圈建设的国家战略赋能，未来成都将成为高质量发展的重要增长极和新的动力源。

“公园城市”的成都示范

2018年2月，习近平总书记对成都提出，要突出公园城市特点，把生态价值考虑进去。成都一举成为我国公园城市的“首提地”。受中央嘱托，成都在建设公园城市的道路上勇当先行者，并迅速获得认可。2020年1月，习近平总书记在中央财经委员会第六次会议上，明确支持成都“建设践行新发展理念的公园城市示范区”。

从公园城市的“首提地”到“示范区”，成都用时不及两年。

从2021年开始，距离“示范区”概念的提出才一年多时间，上海、青岛、长沙、绵阳、陇南等多个城市，派出多批党政代表团到成都考察，借鉴成都经验。来访的党政代表团，有一个共同的考察主题，那就是“公园城市”。这说明成都的“示范效应”已初步显现。

在探索公园城市建设的方式方法上，成都一直在创新，最新的抓手是：公园社区。

以片区综合开发和未来社区营造为重要抓手，让城市自然有序生长，加快呈现公园城市的美好图景。推进片区综合开发和未来社区建设，是一场营城理念和方式的全方位创新……成都将“东进”区域作为片区综合开发的“试验场”，将环城生态公园作为未来社区建设的“主纽带”……从根本上改变城市未来形态和营城模式。

社区是城市的微观基础，是人们心灵栖息的港湾，是市民安身立命之所，是城市活力秩序的生命线。片区综合开发的生命力，就在于有机植入高契合度的未来社区。要遵循“人城产”逻辑……打造年轻人喜爱又买得起房、消费体验好的理想家园。

成都计划在“十四五”期间，在全市建设200个未来公园社区，其中环城生态公园区域范围内建设100个。2021年全市启动未来公园社区建设25个，其中环城生态公园区域11个。

在具体推进上，成都按照三大社区类型（城镇社区、产业社区、乡村社区）和两种建设方式（规划新建、更新改造）进行设置，以七大场景（未来生态融合场景、未来健康医养场景、未来人文教育场景、未来绿色出行场景、未来休闲消费场景、未来创新创业场景、未来共建共治共享场景）为一级指标，构建可量化可考核的控制性和引导性指标体系。

过去城市是公园的载体，公园是城市的盆景。今天公园已从城市的点缀变为城市的生命，成为城市的“四梁八柱”，是城市内在肌理，是一个有机的生命载体，是最适宜人们的生活状态，是最优化的服务人类的机制，是最高级的城市形态，是在可持续发展城市、宜居城市等城市发展样板上的现代化升级。

2 000年前，罗马给世界贡献了第一个下水道；1860年，英国在伦敦帕丁顿的法灵顿街和毕晓普路之间建造的第一条长6公里的地铁开工，1863年1月10日全线通车，这就是世界上首条地下铁路系统——伦敦大都会铁路。160年以后，截至2020年年底，成都地铁通车运营里程已达到518公里，比伦敦还长116公里；设置站点332个，比伦敦多 62个。100年前，纽约给世界贡献了一张电网；70多年前，费城给世界贡献了第一台电脑……

“纽约定义城市公园，成都建设公园城市。”成都通过践行新发展理念的公园城市建设，使城市未来既充满智慧，又兼具文化与生态。以这种方式来建设公园城市示范区，为全国城市发展提供最新、最强动能。未来，成都必将给世界贡献出第一个完美的“公园城市”样本。

此次，西财智库特聘资深研究员易旭东先生，穷经皓首、埋首书堆，深挖浅刨，反复在成都平原上来回往返，多次在岷江上游的“松茂古道”上考勘，在从“宝墩文化”到“良渚文明”的路上漂泊，再在从“武担山”到“番禺山”行程中徘徊，为成都这座雪山下的公园城市辛勤地找寻与探索，意在唤起人们对中国城市发展的追问和反思，对千年古都与现代化城市顺利交融的鼓掌与欢呼，对世界城市发展多样性的深情问候与致敬。“一年成聚、两年成邑、三年成都”，千年成都从雪山走来；千里沃野、天府之国，公园城市向未来走去。

中国西部，可以骄傲地向世界说一声：雪山下的公园城市，我来了。

是为序。

辛丑年仲秋

让“成都牛”耕出绚丽“中国红”

易旭东

记叙“微观化”的主动介入

接近、亲密。

中国与世界、成都与世界的凝望、对视、互动。

“谋赛、营城、兴业、惠民”。

从5 000年以前的古蜀文明开始，优先、富庶、巴适、安逸的成都生活就已成习惯。1 000年的时间做探索，2 000年的时间打基础，2 000年的时间做传承，历史的沧桑，仍旧焕发着迷人的魅力。

“天下之中”的“大运之城”。

中国最大的移民群体，最美之处在于21世纪的成都人。

“用成都眼光看世界，用世界眼光看成都”。

天府新区的迷蒙细雨中的氤氲。

浣花溪畔的万朵金桂香的飘荡。

两个平行世界构成，三环路内的中心老城、三环路外的国际新城。

同一城市，两种生活方式。

太古里的美女，似乎根本不用上班，软件园的帅哥，好像永远不用下班；人民公园里的人，爱喝盖碗茶，环球中心的人，更爱喝星巴克；水碾河路南的人吃饭，在老小区楼下苍蝇馆子，铁像寺水街的人吃麻辣烫，要开车去老城街边；东城根街，几乎正宗的成都话，天府三街，疑似标准的普通话；住九里堤的人，穿着拖鞋遛狗散步，住金融城的人，穿着“阿玛尼”发微信。

西住百花潭的人说，每走一步，都是成都的历史；东居龙泉驿的人说，每加一升油，都是成都的明天；城北的人，认为安逸巴适才是生活的意义；城南的人，觉得努力奋斗才是生命的真谛。

龙之梦酒店就能坐高铁，离世界更近。

到杜甫草堂需要一刻钟，离成都更近。

二元状态。城市个性与消费状态，看似矛盾，却又统一。

危乎高哉的雪山，遮蔽不住声色容颜、色香韵味，在川西坝子的丰土中酝酿，从浣花溪畔的千朵万朵花儿中飘荡，在宽窄巷子的舌尖温情中洋溢，让“诗和远方”成为人们魂萦梦牵的向往。

时间上的瞬时即达，空间上的同步共享，已成为现代生活的常规模态。无论五千年前的过去，还是万里之外的异域，甚至是完全不存在的景象，通过信息技术的处理，都会形成高度仿真的“拟像化”现实。

处在这种裂变之中的人们，面对信息化、虚拟化所形成的仿真文化，重建一种被遮蔽的真实信念，可能正是“非虚构”写作追求的伦理，也是读者高度关注这类作品的内在缘由之一。

把2 000年以前的史志，拉近到当下的城市与人。

传世文献，考古、科研成果，难以支撑一本全面而完整的“成都传”。

揭示出这种重返历史现场的艰难与必要。

一个记述四川盆地远古、成都平原史前的史志作品，未必或措意去勾连相关的“诗词歌赋”。但是，“古成都人”并非生活在孤立的时空，无论是4 200年以前的大禹，还是2 500年以前的“五丁”，也与我们一样，绝大多数时间是在“生活”，要不断与所处的时代进行“互动”。理想的“非虚构”记叙，要能让读者感受到处在“历史语境”中，而不仅仅是“公园城市”的历史背书。

“史志真实”，既是真相揭示、事实还原，又体现田野勘探、史料考证的特质。写作伦理，一面指向信息时代的仿真化、符号化的文化趣味，一面针对庸常化、表象化的文坛现状。

从“史志旧闻”到“新闻特写”，不是放弃传统史志研修而“另起炉灶”，而是超越单一学科，实现“跨学科融合”，充当史志的搜编人、甄别者，通过记叙本身，不断强化自身的情感体验、内心感悟、历史质询与真相推断，使作品体现出一种严谨又开放的审美特征。希望通过自己的实证性记叙，传达史志在审美之外的社会学、历史学、美学、文学价值。

记叙古成都、古成都人，要出成果、达新境，难上加难，现在仅“诗文中的成都”“书画中的古成都人”，仍然还有激烈争论，还有成百作家、成千专家，还在发表主题专著、学术论文。

“写实”“求真”，与史学家注重学术性不同，也与作家偏向文学性不同，更愿将“史志旧闻”当成“新闻特写”来写，类似于“元叙述”。研究、观察、细想、喟叹、思考，不断构建平行记叙，明确彰显主体意识，在记叙中“微观化”的主动介入，现场直击式，不是经验转述式，忠实史志的真实、鲜活，呈现给读者更客观、更生活化的历史场面。

更愿做“公园城市”的拾麦穗者

文字生于书页，也死于书页。

从80后这代人开始，历史教育基本来自教科书，甚至电影、电视。历史现实生活的尴尬，一面被文艺作品篡改得面目全非，一面被当成学问留在学者们的圈里，真实的历史与大众距离甚远。

社会转型期，学者大都关注被主流话语遮蔽的现实问题与群体的微妙情绪。

“泛娱乐”向历史宣战。一面是数千万的“创意者”，亟须得到丰富传统文化的滋养；一面却是大量文化资源在沉睡，比如数以亿计的文物得不到展示，“展出率”仅仅只有2.8%。

不断动摇人们有关真实的信念。

渗透了“历史虚无主义”逻辑。借助多媒体技术的支撑，电子媒介已是一个巨大的仿真化机器：拟像、符号、复制、数字处理……几乎所有信息制造，都是为了建构一种现代仿真文化。

千年不变的假貌，掉进“以今释古”的陷阱。

在共享大数据、泛新闻化的情势下，寂寞的史志考证研究正在被集约化的经验取消，如何记叙“中国故事”、讲好“成都故事”已然成为共同的命题，新奇的现实与追踪现实的热情，正在成为非虚构记叙的催化剂。

古蜀史牵涉许多重要问题，如弱肉强食的丛林法则，是否人类社会发展的共同准则？文化的先进或落后，是否就是以武器、技术、生产力，甚至军事胜败来判定？中国传统文化优秀在何处？大禹究竟伟大在哪里？何以是千年以降的“成都模式”？文化自信的前提，是对历史去伪存真、正本清源、明辨是非的功力，真正沉淀成型，发自内心地认可，然后，理直气壮地告诉广大读者。

2 000多年前的古代中国、四川、成都，熟悉、陌生，遥远的时代间隔和模糊记忆、神话传说，给城市与人的记载添上一层神秘面纱。能够在杂芜丛脞之中，拈得些许或有趣、或悲痛的新鲜的史志细节，也是一种快乐与成就。自己既想追求宏大叙事与史诗感，又愿做一个“公园城市”的“拾麦穗者”，真诚、客观地讲述2 000多年以前的中国故事、成都记忆。

学院派的历史教育，普遍轻视讲故事的能力。学术水平颇高的史学论著，不太在意故事的可读性。在学术作品中，出彩的记叙与吸引大众读者，相辅相成，能不能做到？

“比较史学”。与记叙通史、断代史不同，在连续叙述人类的发展中寻找历史的意义，也不像历史哲学家一般，在寻求全面的总体模式中获取历史的意义，而是从整个人类历史一直在撞击着人类的那些永恒的问题中寻找历史的意义。本书侧重探讨“公园城市”与“成都城”“成都人”历史发展的普遍性、特殊性，以阐明两者之间的相互关系与异同。

本书将古今中外的诸种重大历史现象，即处于大致相同时代的不同国家、制度、事件、人物进行纵向或横向、宏观或微观、类型或源流的比较考证研究，尝试把5 000多年来中国的重大人物、事件和制度，放在世界大棋局中审视、记叙，为中华复兴伟业，探寻更广阔的参照坐标；以“成都城”“成都人”在历史长河中经历冰山激流、越过沉船暗礁，进行一次令人深思浩叹的文化探险。

严肃的史志写作，应该有助于在全球化背景下，发掘重建新的中华文明价值体系。

那些城市与人的焦灼与悲欢、智慧与迷茫、勇敢与无奈，无不体现出时代的侧影。

无论是回巡历史，还是直面现实，都体现出一种鲜明的介入性记叙姿态，强调记叙主体的在场性、亲历性，验证式的记者记叙，实现“非虚构”的内在目标。

不断考勘，不断思考，不断还原到一个历史断面里，最后，将史志事实与考据事实“融合”，构成了永远只存在于现实和史志之间的一个世界——那是对过往永不消解的情怀、乡愁。

历史语境的逻辑。“非虚构”史志记叙，不同于学术专著，更不同于通俗历史故事。一面要以精致、优美的叙事，尽可能吸引更多的读者；一面又要充分吸取学术成果，来传递可靠、丰富、前沿的历史知识，将艰涩抽象的学术概念，揉碎了融进城市与人的具体、细微的记叙，降低阅读门槛，也让更多普通读者看到时代汪洋背后的传统文化基因。

假如史志记叙失却或淡化自身的社会性、批判性与强烈的公众意识，那就等于丢弃灵魂，成为一种过眼云烟似的“无骨状态”、一种“历史虚无主义”与貌似严谨高深的“考古游戏”。

诚实、克制，记叙出色，努力形成一个严丝合缝的整体。不仅有关怀、情怀，还要在细微之处精雕细琢，任何细节的失真，都会让读者瞬间出戏。

在“古成都人”里透视“千年中国”

人类出现之前的历史，统统归为自然史，由大及小、由远及近：宇宙史、地球史、矿物史、生物史、动物史等。发展连贯，即使人们所掌握的知识并不连贯，时间上仍然连绵不绝。

知史著文，均知先秦时期的研究是“坐冷板凳”。中华文明的青春期，史料生涩，文献稀缺，甚而各家各地各说，研究不好做，文章不好写。写先秦史、特别写先秦的地方史“尴尬”，写深，会有争议；写浅，被骂“脑残”；不深不浅，如同白开水，与现在很多无下限的“民粹史志”的“戏说”，“精英史志”的“正说”，“新媒体”的“乱说”，“自媒体”的“自说”出现无关，与自己的能力、功底有关。

“道德三皇五帝，功名夏后商周”。

中国传统文化的开端，也是古代史研究的难点。神话、传说、典故、纪闻……文字记录偏偏过少，如《山海经》《尚书》《竹书纪年》《史记》等寥寥数种，研究、突破依赖考古发掘、出土青铜器铭文的解读。

正确的史志观，历史背景、事件缘由、影响、评价，既要符合历史，还要忠于立场，坚持个性。不能为表达立场观点，而违背史志真实。更不能因为“泛娱乐化”，放弃立场、原则。

志在探秘、解谜“公园城市”的“历史文图”。意在探索、释读“古成都人”的“精神史诗”。破解、剖析镶嵌在中华文明血脉中的成都“文化密码”。

需要对中国历史的走势了如指掌，对成都历史产生的原因非常熟悉，严谨地把握史志的真实，理性地审视史志提供的异常开阔的视野，也让考证研究“公园城市”的前世今生具有开拓性的意义。

首先是记叙时空，而不是所描述的时空；记叙需要以“研探”的态度，辩证地看待文献史料价值、考古科研成果，对城市与人现场的历史重构中，反复沉思、细想，传达出独特思考。

显现感性。在全球化的话语系统下，“地域特色”的天府文化的异质化特征，成为中国文化身份的重要风向标，内容需要丰富性、差异性，将使记叙具有更多拓展、生长的可能性。

“公园城市”是“天府文化”地域元素的物化形态。凝练、抽象、概括、集中、浓缩了诸多“成都人”的精神元素，挪用、重构，以媒介技术手段再配置、制定、抒写，一种当代观念。有的文艺家，喜爱用广义上的“中国元素”进行艺术创作；有的文艺家，则热衷于用具有地域特征的“成都符号”进行创作。天府文化的独特内在脉络运用当代的方式重建，生成了新的意义。

“天府文化”中，人文精神是一个重要场域。

“精神气候”，不仅是时代精神，也包括地域的文化背景、风俗习惯，文化自信的本源。

随着自媒体时代的到来，刷屏、微粉的眼球经济、新媒体批评和“大众评审”，对“史志真实”的评骘指手画脚，甚至有些有恃无恐。“大众”和公共媒体，更多关注的不是“史志真实”的成色、艺术水准，而是将城市与人“泛娱乐化”的“戏说”，视为一场能引起人们争相目睹、集体热议的社会事件——即便热度只有一秒钟、仅仅圈刷一个微粉。

既不回避主观意图，亦不掩饰现场感受、体验，甚至对各种相互抵牾、前后矛盾的史料所做的判断、取舍。古蜀史、中国史与世界史三位一体的史志观，已不能满足城市与人的纯粹记叙，本书更愿意积极地沉入历史内部，直面各种复杂的生存逻辑、伦理秩序，彰显史志的“精神气候”，也为人们了解“公园城市”的前世今生，中国社会的城市化进程提供独特的审美载体、历史背书。

“跳出成都写成都”，以开放格局、国际视野，审视成都历史的“趋势”与“气场”，“成都人”与“家国”的流变，以虔诚的心、真挚的情，采用现代传媒的平视眼光，从“家国背景”“乡愁底板”，以“记者视角”文化切入，面对面进行史志“采访”，将新闻手法、电影手段引入记叙结构，跨文体全景展示，让“历史”承担文学的功能，让“文学”再现鲜活的历史，还原“雪山下的公园城市”历史的真实，尽可能“重现”没有经过PS的原生态场景……

为“中国安全第一极”提供史志地理支撑。

为“中国经济第四极”提供历史人文背书。

为成为“公园城市”示范提供丰富的文化底板。

世界“雪山下的公园城市”，从古蜀文化中挖掘“四川新闻”“成都故事”，在“古成都人”里透视“千年中国”，力图从历史的异同现象中，去揭示“公园城市”的历史规律。

文化符号。定胜灵魂的砥砺、精神的升华与凡身的沐浴。

今天的“新闻”　明天的“史志”

古代中国是史学大国，也是史学强国。

古代四川是史学大省，成都也是强都。

历史越古老，文献与考古材料就越少。

“非虚构”史志记叙，没有任何虚

构空间。

史志无穷事，化为笔下的记叙，需要表达和理解。

不仅着意描画历史跌宕、沉浮，注重以史志为切入点，一本关于成都历史地理人文的“大特写”“深度新闻报道”，还要深入城市与人的层面，关注内在的精神状态、时代命运。

用“当局者”的角度感受，以“旁观者”的视野记叙。笔者期望通过自己对每一段历史的独立思考，对每一个历史事件的独到观察，提供一种新的读史路径，摸索一种新的记志手法，用理性精神、国际视野建构现代公民价值观。

古蜀文化是中华文化主流文化的重要组成部分，与长江、黄河共同组成中华文化基因的双股结构、共同构成的“阴阳”“太极结构”密不可分。

政治文明的连续性，决定了中国历史的连续性。而成都城市与人的历史的连续性，又为中国史学的连续性提供了不可或缺的丰厚内容。从“营盘山文化”到“宝墩文化”，从“三星堆文化”到“金沙文化”“十二桥文化”，都是世界文明史上的奇迹，更是中华文明连续性的最好见证，滋养一代代成都人自强不息、厚德载物，天府文化延绵发展，始终充满活力。

充满智慧的“成都人”，创造了璀璨的历史文明。

异彩纷呈的天府文化，树立了大美成都。

重塑了成都人的精神面貌，滋润了和美的生活方式。

对史志中人文精神的发现与再认识，不是简单再述，而是凸显在现代意义上进行注释，成都历史延伸了城市与人的内涵，将“公园城市”前世今生上升至家、国、天下的文化集成符号之中。

“千古风流今在此，万里功名莫放休”。

不忘初心。本书是我为那些生活、工作于成都且关心、热爱成都的人而写。

“戴着脚镣跳舞”。一面是慎密的历史的记叙，一面是“读者看得懂”的通俗写作。不仅是史志罗列、考据，也不单是立个“成都城传”“成都人史”，需要让人“愿意读”的文学性、新闻性在里面。

读者也是写作者，受众也是传播者。

添加各种技巧、虚构的文艺作品，固然是对时代的一种记录；将“史志旧闻”当成“新闻特写”来记叙，是一种更直接的记录，能让人窥见厚重的历史背后，身边的那些被人遗忘的新鲜角落。

试图传达成都人原本的生存质地，期许保存一份真切的人类经验。

抵制遗忘。“古成都人”的生活，同样经历着生命不能承受之重。不仅为了“古成都人”的人生，也为了现代人对自我生命的理解。回避、漠视史志的经验，也就不能真实地面对自我。

时代聚光灯下，每一段历史，都有属于自己的剧情，都有震撼心灵的精神力量。

现在，“汤继强线”柔性突破“胡焕庸线”。

“机遇之城”。成渝地区双城经济圈，从“公园城市首提地”，到“践行新发展理念的公园城市示范区”进入国家战略规划实施，赋予成都率先探索中国特色新型城镇化新路的时代使命，意味着成都要为当今世界提供“不争而善胜、不言而善应”的文明生活典范。

成都与成都人，比历史上任何时期，都更接近中华民族伟大复兴的目标。深深扎根于5 000多年的文化传统，传承中的升华，开放中的飞跃，具有深厚的历史渊源、广阔的现实基础和深远的世界意义，比历史上任何一次复兴都深刻、伟大；顺乎历史潮流，合乎发展规律，为成都成为世界“公园城市”的“示范区”做出贡献，比历史上任何一次跨越都如梦如幻、近在迟尺。

引领世界城市3.0时代的一次重要机遇。

“天不再与，时不久留，能不两工，事在当之”。

千年变局下的新征程，让“成都牛”耕出绚丽“中国红”。我们念兹在兹的心灵归宿、守望相护的“公园城市”，苍冥浩瀚、正气如虹，情怀不老、岁月如歌，“仰不愧于天，俯不怍于人”。今天的“新闻”，明天的“史志”。当“像成都人一样幸福生活”，正在成为更多人向往的流行时尚，每一颗滚烫的灵魂，都是行走的史书；每一回史家的记叙，都是大写的风骨。

稽古振今。在历史的节点，着眼未来。回看历史，更知“公园城市”的博大精深。

仰望星空时，你我皆是星辰。写《成都传：雪山下的公园城市（上、下）》，是与“成都根与魂”的交谈、致敬建设成都的“古今成都人”，企图把历史创造的精神财富“占为己有”“传播普及”，既无意加入“笔头去取千万端”的争论，也不对纷纭评议的结论做是非判断。

没有妄想写出史家绝唱。

更不会故作高深，装作深不可测。

仅仅就是家国情怀、英雄情结、现实思考太多。

易旭东

二〇二一年九月于成都

内容概要
SYNOPSIS

古蜀文化，中华文化的源头文化。

成都平原，华夏文明的重要发源地。

古蜀史、中国史与世界史三位一体的史志观。

本书以传统史志研修的比较法、统计法、计量法为基础，综合运用考古学、文献学、地理学、历史学、民俗学、社会学、城市学等研究方法，导入“地理阶梯”“胡焕庸线”“童恩正线”“汤继强线”进行分析，跨界研究古蜀文化的起源和特质，在最新的科研成果上，融入作者多年的研究成果、田野考证的结论，首次全面展示被遗忘、被误写的古蜀文化——天府文化的源头、华夏文明重要发源地，全程揭示“巴适、安逸、和美”产生的历史原因，系统再现古蜀文化与中华文化，从“满天星斗”到“月明星稀”再到“多元一体”的过程，建构较为完整的天府文化前世今生的链条、世界雪山下的公园城市的来龙去脉，弥补中华文化基因理念体系的重要“缺环”。

古蜀文化与中原文化，既相向注入融合，又独自个性发展。

非虚构全景展示。从“营盘山文化”到“宝墩文化”，从“三星堆文化”到“金沙文化”“十二桥文化”，揭秘成都人的“根”，成都城的“魂”，为了生活更美好的“五千年梦”。

细节记叙。古蜀国与夏商周秦并存，既独立，又融合，为“中国安全第一极”“中国经济第四极”提供史志地理、历史人文的强力支撑。“修志为用”，再次确定成都城市形象。

作品追求史志价值、人文价值、美学价值、文学价值。

目录

Contents

004

第一章 沿「西北走廊」南下

诗与远方的世界。

文明路线。古羌部落，从岷江上游聚居地往东，循着“茂县→都江堰、龙门山→新津、双流（牧马山），湔江→鸭子河（三星堆）→成都（金沙村）”路线，时断时续，辗转迁移，开始了长达 5 500 多年的下山的双路线图。就像一粒粒种子，沿途撒放。

一个梦幻般的名字——“都广之野”。

“鸾鸟自歌，凤鸟自舞，灵寿实华，草木所聚。”

都广天府，黄帝、嫘祖、蚕丛……美丽的故乡。

在 4 000 年以前，创业的“古成都人”，便在成都平原，创造一个傲视长江流域的文明中心，一个存续了 3 000 年以上，距今不少于 5 000 年，以前长时间神秘、模糊、朦胧的伟大文明。

“成都胎记”，给“雪山下的公园城市”植入山水、田林、生态、安居的基因。

中华文明的发展，从来都不是单线条。

与夏商周秦平行的古蜀，无疑最绵长、奇特、厚重。

大禹治水成功，开创中国的农耕文化。

“华夏”，始于岷江中游的成都平原。

古蜀州（崇州）的古城文明，大禹父子治水、建城的结果。

“江原文化”，形成中国独特的水文化思想理念，萌芽江汉朝宗于海的“中华大一统”共识。“华阳国”应是最早的“华夏国”。只是大禹不断扩展疆土，才有“人皇居中州而制辅八方”的“中州”说法，“中国”就慢慢转移到现在中国的“中原”一带去了。

震古烁今。中国安全第一极、中国经济第四极。

太平岁月，四川是安乐窝。

国家动荡，成都是避难所。

森林密布，河渠纵横，动物繁多。

鸾鸟、凤鸟自由自在地歌唱、舞蹈。

层峦叠嶂的山林，阡陌纵横的原野，清流急湍的水系。枫叶似火的鸡冠山，托起塔尖明月的凤栖山，文井江勾勒出灵动的眼眸，雪山、草甸、瀑布、河川、平原，层次分明、山水相依。

以青山为底，草树云山、百渠入院、千秋瑞雪的旷世盛景。

以江河为脉，三江润城、清泓环绕、蓝绿交融的可感可及。

“雪山下的公园城市”源处。

异曲同工。夏禹的“黄河向东”，鱼凫的“湔江南下”。

遥相呼应。中原河洛的“禅让”，成都平原的“民主表决”。

古蜀之根，从彭州延伸；古蜀之城，在崇州孕育。

蜀中先导，从郫都起步；天府水乡，在温江发迹。

164

第四章 周朝分野中西文化

“天下为公”的格局。

“民惟邦本”的坚守。

中国第一次把“州”作为行政区域名称。

让文化、心理意义上的中国，与地理上的中国形神合一。

“统一”的概念，深深植根于华夏民族的心中。

中国历史上第一个广域王权国家的建立过程，不断斗争、锤炼的过程。在与周边聚落或文化的对峙中，更优秀的文化脱颖而出，胜者为王，内外“双循环”，多元格局渐渐归为“一体化”。

商，基于“众人”的社会。

周，基于“庶人”的社会。

夕阳下的“二里头”，历史的悠远与厚重淋漓尽致地体现出来，虽已经历数千年风风雨雨，人们仿佛依旧能看到古羌部落联盟、蜀族部落联盟数万人，从汶川出发，由西蜀向东，浩荡、迤逦……

城市中，全民祭祀，处处祭祀。

想象驰骋。与树对话，向山高歌。

呼吸新鲜空气，沐浴灿烂阳光，饮食山泉蔬果，倾听鸟儿欢唱……

日月同辉。长江、黄河，共同组成中华文化基因的双股结构。

夏朝发明牙璋，具有中原文明色彩的文物却在三星堆出现，还传到华南、东南亚部分地区，三星堆成为华夏文化向更广阔地域辐射的纽带、加油站。华夏文化里的每个文化圈都超越地理局限，相互又重叠。

三星堆文明、金沙文明，至少与6种早期文化“循环”。

通过汉中，与关陇古代文明交流；通过岷山羌藏地区，与山地游牧文化有交通；通过东面的巴濮地区，与长江中游相沟通；通过横断山区河谷交通线，与冰雪文化相沟联；通过南面的僰道，与“西南夷”交流……

小引

PREFACE

古蜀文明，并非孤独的文明。

岷江上游，“藏羌彝走廊”。

长江文明、黄河文明的汇聚之处。

一群又一群、时断时续的朦胧背影，忽远忽近，飘飘忽忽、实实在在。

长江、黄河，中华民族的父母河。

江河文化“双联体”，共同构成稳定的中华文化基因的“双股链”。

北方的半月形地带，多条等温、等湿、等雨量线大致重合的地带，贯穿了中国版图，从中国东北，拓展并连接西北地区，至西南地区，呈现为“Y”字形——“长城·藏羌彝”传播带。

中国第一级“地理阶梯”。

青藏高原，雄伟广袤。

高原的东缘，群山连绵，重要的民族走廊。至少从新石器时代开始，许多族群、民族，在崇山峻岭中南来北往地迁徙，南方丝绸之路和藏羌彝走廊，与更晚时形成的茶马古道，都穿越在这片山岭之间，辚辚古道上马帮的铃声，从远古一直响到今天。

最活跃的民族大熔炉。

印度洋板块、欧亚板块巨大力量的碰撞，满布着高耸的山脉、湍急的河流，塑造出星罗棋布的河谷、湖滨平原和山间盆地。许多的少数民族都在这里，建立过自己的家园。

鲜明的“历史形成的民族地区”特征。

中国西部巨大的文化传播带。

巨大漏斗，“Y”字形向下。

“文化梯递”，中国第二级“地理阶梯”。

向下，南方的半月形传播带，“长江•沿海”半月形传播带，再接一个倒“Y”字形。

两大传播带，优美的“中国弧”。

中间，著名的“T型经济带”。

两个“Y”结合部，形成一个巨大的“X”形。

成都平原，正位于“X”形交叉的中心地带。

“汤继强线”。成都，中心地带的“原点”，横向与重庆等相连，纵向与西安、昆明相连，从西北向东南倾斜、直接覆盖中西部几省和一个直辖市的“T型经济带”。

“T型经济带”的“—”与“胡焕庸线”平行，几近重合，“丨”与“藏羌彝走廊”的西南段，几近重叠。

天设地造。

东轴，从北方草原经四川西部、西南部、滇中、滇南，一直延伸至中南半岛的越南；西轴，从埃及、两河流域，中国新疆、西北、川西、川西南，延伸至滇西北、滇西以至缅甸、印度。

成都城，正处于两个半月形传播带的延长线交会地带。

这一交会地带绵延万里，从西北至西南，成一“中国弧”怀抱着中原大地、四川盆地。从新石器时代后期直至青铜时代，活动于这一区域之内的为数众多的民族，留下若干共同的历史文化因素。

“松茂古道”。岷峨雪浪与悲凉羌笛。

那里，深藏着天府文化的“原始基因”“古成都人”的“生命密码”。

一幅古老、悲壮、凄美、辉煌的历史画卷……

诗与远方的世界。

文明路线。古羌部落，从岷江上游聚居地往东，循着「茂县→都江堰、龙门山→新津、双流（牧马山），湔江→鸭子河（三星堆）→成都（金沙村）」路线，时断时续，辗转迁移，开始了长达5 500多年的下山的双路线图。就像一粒粒种子，沿途撒放。

一个梦幻般的名字——「都广之野」。

「鸾鸟自歌，凤鸟自舞，灵寿实华，草木所聚。」都广天府，黄帝、嫘祖、蚕丛……美丽的故乡。

在4 000年以前，创业的「古成都人」，便在成都平原，创造一个傲视长江流域的文明中心，一个存续了3 000年以上，距今不少于5 000年，以前长时间神秘、模糊、朦胧的伟大文明。

「成都胎记」，给「雪山下的公园城市」植入山水、田林、生态、安居的基因。

第二章

沿「西北走廊」南下

6 000年以前，遥远得几乎看不清面容的时代。

“三皇五帝”时期。

“蚕丛始居岷山石室中”。

依山势而居，垒石为穴。

“能居山界之人则为仙”。

洪荒之际，生活着一个古老的氏族——蜀山氏。

生活地区除了岷江上游、中游，还包括岷山山系在甘肃、陕西的部分，今称为陇南区域。

蜀山氏，以眼睛“惑”作为氏族的图腾。夸张，抽象又传神。总结出人一降生，即从视觉、听觉上认知宇宙自然万物，敬畏生命，继而，总结出人要与天、地、万物和谐相处之道。

古蜀历史最早的开端。

炎帝以羌姜为姓，乃蜀山氏其中的一支部族。

“蜀”，时指“竹树”（俗称青杠树）叶上，自然生长的野蚕。

将野蚕驯化后吐出的丝茧，用于织锦，称“蜀山氏”。“蜀山”，指能生长、饲养桑蚕的圣山，包括岷山、龙门山脉的西南部，从岷江到嘉陵江流域的广袤丘陵、坡地与平原。

一个人口众多的部族联盟——蜀山氏冉族，中国最早发现从事农耕的民族之一。

有专家认为其先祖是元谋人，整个蜀西非藏族类的人类，都由元谋人演变而来。

大禹父子北上治水前，蚕丛氏兴于茂汶（盆地）。

蜀山氏所在地“茂”，即今四川阿坝州茂县叠溪。

叠溪的“叠”，是古“嫘”字所省，因嫘祖而得名。

刚刚站在中国蚕桑丝绸早期的门槛上。

鸟兽横行。成都平原还处于母系氏族原始社会，乃蛮荒之地。

《华阳国志》记载："蜀之为邦……故上圣则大禹生其乡，媾姻则黄帝婚其族。"

蜀族由冉族、羌族合化而来。

冉族，居住在岷江上游的土著民族。羌族，从西北迁徙而来的游牧民族。两大民族以岷山、邛崃山为依托，以岷江为轴心，不断融合发展，又循河谷，向岷江中下游，不断迁徙。

其生息范围主要在岷江上游、涪江流域，北到"松潘草地"；南到"茂县盆地"、汶川地带；西到黑水、理县、马尔康，沿大渡河流域；东到白龙江（羌水）、涪江流域的广元、绵阳地区。

古羌人的农耕特征，不是古蜀国的农耕特征、冉人的农耕特征，更接近秦以后历代对成都平原农耕文明特征的描述。更早进入成都平原的冉族人，是比羌族人更容易被大量汉化的一类民族。

嫘祖，成都平原第一任古蜀国酋长，黄帝正妻。5 000年以前，嫘祖诞生于四川盐亭金鸡镇嫘祖村。

中国文化创始先祖，黄帝，起源于游牧民族。

古蜀部族与华夏部族联系紧密，千丝万缕。

《史记》记载："黄帝居轩辕之丘，而娶于西陵之女，是为嫘祖。嫘祖为黄帝正妃……"黄帝派元妃嫘祖入蜀，教蜀民养蚕，还专门为儿子昌意，娶蜀山氏的一个女子。

昌意的儿子，娶蜀山氏女后，又生"五帝"之一的颛顼。

上门女婿。四川女婿黄帝，嫡长子定居"江水"、嫡次子也娶"蜀山氏女"。

"后封其支庶于蜀"。颛顼的庶支后代，被帝喾分封到蜀地"崇"，世代爵侯伯。

颛顼的儿子鲧曾，鲧曾儿子鲧祖，鲧祖儿子鲧父，鲧父儿子鲧。

鲧生禹，禹生启。

蚕丛与嫘祖、黄帝，或存亲缘关系，或是"师徒关系"。

蚕丛氏的养蚕技艺，按亲缘来推算，应发展于嫘祖之后。

黄帝时代，父系社会逐渐代替母系社会。

婚姻联盟。黄帝部族擅长织造技艺，蜀山部族擅长植桑养蚕，完美结合，互学互鉴，密切交流，家传或族内传承，形成丝绸文明独远古，内陆亚洲每个区域都是相对独立、连续的文化、政治地理区域，与古欧洲的寂寞、枯乏迥然不同。在人类历史上，总是成为挑战，甚至毁灭欧亚各大文明的游牧族群的活动舞台。

特的起源、发展、传承的完整体系。

蚕丛，古羌人的首领，古蜀王国的开山鼻祖。

5 500年以前，蜀山氏变成蚕丛氏。

扬雄在《蜀王本纪》说：“蜀之先王者蚕丛氏。”

岷山，大秦岭的西南边界，青藏高原、横断山脉、四川盆地与北秦岭交会的复杂地带。

地貌轮廓，宛若一个不规则“三角形”，称为“复杂的三角地带”。

岷山主体、主脊，在四川省境，全长约500公里。主峰雪宝顶，在松潘县与平武县交界地带，海拔5 588米。大岷山，一组走向复杂的三角形山脉，三条边分别是：西北—东南走向的岷山主梁，西南—东北走向的龙门山（九顶山），东西走向的擂鼓山（露骨山）。

西麓，发源黑水河（墨曲），从若尔盖草原向西，注入黄河。

“水育人性”。黄河流经若尔盖长达148.8公里，墨曲、嘎曲与热曲等支流，从南往北汇入黄河。若尔盖草原水源充足，河流蜿蜒曲折，牛轭湖星罗棋布，是黄河上游重要的水源涵养地。

南麓，发源长江一级支流岷江。

东麓，发源长江一级支流沱江、嘉陵江右岸最大支流涪江。

在岷山与西倾山的交接处，发源嘉陵江支流、西源白龙江。

岷山的长江水系，都呈西北—东南流向，滋润着四川盆地。

四川盆地自西向东，分为成都平原、川中丘陵和川东平行岭谷。

岷山，蜀人、蜀国、古蜀文化的父亲山。

天然廊道。两个“Y”字，通过成都平原相连，链接中国三条民族迁徙流动的“生命走廊”——“西北走廊”“藏羌彝走廊”“南岭走廊”，形成人类文明史上最深厚的历史文化沉积带。

“高地亚洲”。在“西北走廊”北部，高地的半月形地带的顶部上端，长达8 000多公里的欧亚草原，西起匈牙利、乌克兰，东至蒙古和中国东北，包括干燥的平原、高原，一些错综复杂的山岳、丘陵。下分满洲草原、蒙古草原、准格尔草原、哈萨克草原、俄罗斯草原、乌克兰草原等。著名的草原丝绸之路的路线，也是亚欧大陆桥必经地区。现在，又称“内亚”。

类似“中亚”。

亚洲中部，“内陆亚洲”。

中国语境中，“中亚”指的是苏联解体后，在俄罗斯和中国之间独立出来的中亚五国，包括哈萨克斯坦、乌兹别克斯坦、吉尔吉斯斯坦、塔吉克斯坦、土库曼斯坦，此外有人认为还要加上阿富汗。

游牧文明的核心地域，世界岛的“心脏地带”。

世界历史、中国历史演变中，一个重要的“动力源”。

区域广大。东起亚洲东北部海岸线，西抵里海的广阔地域，由数个地理单元组成，深居内陆，远离亚洲海岸线的内陆腹地，以游牧文化为主。亚洲大陆闭塞、无通向外海河流的地区。

一个涵盖所有曾经在亚欧大陆上，存在的游牧族群的活动地域。

气候多变、灾害频繁，族群常常征伐、逃难。

自汉代起，中国称之为“西域”。

狭义的西域，由河西走廊，到葱岭以东之地，大致等于今日的新疆。广义的西域，意义不定，随着中国政治势力、文化影响、对外贸易关系时伸时缩，中国以西的地方，都是西域。

“自成一体”。远古，内陆亚洲每个区域都是相对独立、连续的文化、政治地理区域，与古欧洲的寂寞、枯乏迥然不同。在人类历史上，总是成为挑战，甚至毁灭欧亚各大文明的游牧族群的活动舞台。

“内亚”族群、部落，南北都有屏障。

往北，不易穿过的原始森林，难以为生的苔原。

由东而西，尽管山脉有些隘口可以通过，生活地带却大同小异。

也是必经之路。经过今日阿富汗境内的兴都库什的各山口，可以进入伊朗高原、印度河流域。经过高加索山，可以进入亚美尼亚高原，以及更南、更西的地方。经过多瑙河下游的河谷，可以进入巴尔干半岛，由巴尔干又能容易地转入小亚细亚。

为了生存、物资，游牧族群大都选择迁徙南下。

由北向南，迁徙动力更强大，生命力更旺盛。

往南，尽管有延绵不断的山脉。一旦过了山峦，进入“西北走廊”，在中国的北边，经过阴山，过雁门，可以进入晋北；在西北，通过玉门、阳关，也可进入黄河上中游与蒙古高原。

心中的诗与远方。

易守难攻，诱惑挡不住。

一个个山间平原、河坝，环境相对封闭。

利于北方迁徙来的游牧族群生存。

云贵高原、川西高原、岷江上游，高山峡谷的山顶面，几乎与青藏高原的高原面同高。深切的河谷，在海拔2 000米以下，不少地段已是亚热带的环境。独特的地理环境，天然形成的地貌、生态屏障，地貌上与东西两侧的四川盆地、青藏高原迥异，生态上成为农耕区、畜牧区的天然分界，作为分界的高山峡谷区，又成为农牧交错带。

流淌在横断山区的金沙江、雅砻江、大渡河、岷江、嘉陵江，分别自北向南穿流而过，从上至下，完整地穿越青藏高原、四川盆地的过渡地带，经历源头区高寒湿地和中上游深切峡谷，都在中下游形成一个明显的拐弯。特点彼此相同，几乎等间距平行，在南端与干流汇合，最终流入长江，一如芭蕾舞剧《天鹅湖》中的四小天鹅，在同一位置外开、伸展、绷直、旋转，整齐划一。

地图上形成罕见的“L”形直角拐弯。

令人惊叹。全球独一无二的高度协调性。

唯一区别是金沙江、雅砻江，向东北方向折转后，再次折转，重新回到南北流向。

大渡河折转后，再也没有回头，径直东流，在乐山汇入岷江。

一路延展。在峰峦叠嶂的高山峻岭中，开辟出一条条南北走向的天然河谷通道，北自甘肃南部、青海东部，向南经过四川西部、西藏东南部，到云南西部与缅甸、印度北部，为中国南北方民族流动，提供了独特的生存空间，构成了甘青川滇区域农牧交错带，形成一个民族迁徙的“藏羌彝走廊”。范围覆盖川、黔、滇、藏、陕、甘、青7

省（区）。

“中国弧”区域，面积超过68万平方公里。

高地的半月形地带，中国西部腹心。

天然的上层远距离交流网。

东西方交流的纽带。以夏季风的北缘为线，有东南的“中原”、西北的“草原”地带。在两个气候、经济、文化截然相反的地理单元的中间，一个“超稳定结构”的区域。北起东北三省和内蒙古赤峰地区，经内蒙古河套、陇东、青海东部、四川西部，连接西藏东部与云南。

源于童恩正提出的“半月形”的文化传播带。

衔合汤继强提出空间经济的“T型经济带”。

西侧，文化发展的步伐，与亚欧大陆中心地区趋同。

东侧，远古中国以独特的面貌示人，踏着不同于欧亚“草原”的发展步伐。

中国物质文化的抵抗力。

种种“循环”“接纳”“拒绝”，大都首先发生在“西北走廊”上。

内陆平原过渡地带，空间广袤。

军事强权的跳板、争霸的战场。

农业经济、游牧经济过渡并存、商贸往来的中间地带，农耕民族与游牧民族争夺、拉锯的缓冲地带、山河交错之地，又是经济生机蓬勃、潜藏军事危机的地区。

更是华夏民族拓展农业经济、防御北方族群的长城分布地区。

古代先民已在这里，过着渔猎和游牧相结合的原始生活。

内蒙古的敖汉旗，已经被考古专家定为世界小米种植发源地。距今8 000年的兴隆洼遗址，出土了全世界最早种植的小米。考古学家还发现了黍、粟等农作物。被誉为“华夏第一村”。

文化区块链。在硝烟与战火远去的古代，区块链承载着不同的文化、技术和贸易，成为一个凌驾于政治之上的天然存在。文化影响力，超越任何一种地理上的政治权利的存在。

跨越甘肃、陕西、河南。

仰韶文化，以黄河中游为中心，南达湖北，北抵内蒙古。

血脉，可以代表至少5 000年以前中原的血脉。

华夏民族北上亚洲内陆时，能借助农牧经济，获得给养，还可发展骑兵，为与游牧族群一决高下，提供战术基础。游牧族群南下北方平原之时，借助当地农牧经济，人马可以获得给养，农业经济也可补充游牧经济单一匮乏的不足；商贸往来也可以壮大游牧族群实力，形成相对于内亚腹地深处游牧族群的经济优势，更易在中国的“西域”，建立较为长久的统治。

农耕民族、北方族群，强化自身的充电场所。

政治地理上，属于“九州五服”中的“绥服地带”。

经济形态上，古代农牧过渡带。以历史标志长城来命名，可称为“长城边疆”。历史上，中原王朝、北方族群争夺的“核心边疆”，处于不同的时代位置，具有完全不同的历史能量。

华夏民族与北方游牧族群之间，不断互动形成的边疆形态，逐渐催生突破各自文明局限的规模较大的政权，推动中国历史走向发展与高峰，而这些“边疆政权”，便是农牧国家。

中国有两个半月形文化传播带。

又被分别称为“中国弧”区域、“童恩正线”。

与人口地理的“胡焕庸线”大致重叠。

“汤继强线”空间经济学的“硬核区域”。

文化共性，民族移动具有空间规律性的内在机制。

两大传播带有两个交会点：东北、西南。

向外辐射。有着极为深厚的文化底层。

高地的半月形地带。“长城·藏羌彝”传播带，以戎、狄文化为主，自中国东北，沿着长城地带，到西南的半月形文化传播，延伸向藏羌彝走廊，分布着汉藏语系、阿尔泰语系的各族群，面向欧亚草原的宏阔空间，中国与中亚、西亚、欧洲文化交流的前沿阵地。

一面，万里长城，农耕民族防御游牧族群的军事分界线。

一面，长城地带，成为多民族文化交流、融合的大舞台。

沿海的半月形地带。“长江·沿海”传播带，自长江延伸至东部沿海，以水路交通为主，分布着苗瑶语系、壮侗语系的各族群，以夷、越文化为主，面向东南亚与环太平洋的广袤天地。

北中国海，渤海和东海，辽东半岛和山东半岛，夷的天下。

南中国海，黄海和南海，从浙江到越南，越的天下。

东北，史前文化与族群结构，兼有两大传播带特点，影响中原，面向内陆与草原，奠定陆上丝绸之路；西南，文化与族群结构颇深的两大传播带相交融的烙印，奠定海上丝绸之路基础。

两条弧线，画出大圆。

闭合的空间，便是远古的中原地区，狭义的“中国”。

中国的核心区，天下辐辏。

各种族群都往里跑，有如漩涡，有的被吸进去，有的被甩出来。

吸进，变成华夏；甩出，变成蛮夷。

文化区块链。在硝烟与战火远去的古代，区块链承载着不同的文化、技术和贸易，成为一个凌驾于政治之上的天然存在。文化影响力，超越任何一种地理上的政治权利的存在。

长江、黄河，中华民族的根与魂。

江河交织成的历史经纬，熔铸成中华民族的脊梁、魂魄。

成都平原处于半月带“中国弧”的下端。

中国第二级“地理阶梯”上的最低洼处。

北端，恰临西北河湟、渭河上游地区。

黄河流域文化与长江流域文化的结合部。

沿“藏羌彝走廊”通道南下，大体有东、中、西三途。

东缘通道。从陇南，经嘉陵江上游通道，即西汉水、白龙江通道，往东南，沿南秦岭的大巴山脉、汉水河谷，通达江汉地区。

西缘通道。从西北河湟地区，沿黄河西侧西南行，经黄河沿，过巴颜喀拉山口，沿扎曲至通天河下游，再渡过通天河，自玉树南下，入澜沧江上游地区。

中缘通道。自青藏高原东北边缘，沿积石山两侧，从黄河大拐弯处，向东或向南，与从甘南洮河上游地区向南，进入四川西北高原、草原地区。顺大渡河上游，或在岷山西侧，沿岷江上游，顺岷江河谷南下，经成都平原西侧，接青衣江流域，再往南，越过大相岭和大渡河，进入安宁河流域，或顺岷江、大渡河，沿大小凉山东侧，金沙江一线南下。

历史上形成联系蜀滇、南亚的重要交通路线。

如影相随。

形成金沙江水系藏彝文化、岷江上游藏羌文化、以成都为中心的天府文化体系。

巧夺天工。

在走廊的东端，以松潘县与九寨沟县交界的弓杠岭为发源地，由北向南，沿岷江干流河谷而行的“松茂古道”，纵贯松潘、理县、茂县、汶川，在都江堰切穿龙门山中段，过新都，进入成都平原；由茂县向东，沿土门河，经北川、安州、什邡、绵竹、广汉，过新都，进入成都平原；由茂县向东南，翻越龙门山，经彭州的湔江河谷，过新都，进入成都平原……

三条古道都各长约400公里。

走廊两边，还有两条孔道。发源于岷山的白水江，嘉陵江源头（曾名羌水）由西向东，穿过龙门山北端，形成北孔道；发源于夹金山南麓的青衣江，穿过龙门山南段，形成南孔道。

峡窄的山谷，称“沟”。

稍大的湖泊，称“海”。

开阔的山谷、河流交汇冲积区，称“坝”。

遍布的高山台地，有利于游猎民族屯兵驻守、定居耕种。

雕刻时光。一条古代人群迁徙的天然通道。

深藏着“成都人”的“生命密码”、天府文化的“原始基因”。

形成期始于史前，距今6 000年以前。

羌族，中国古代最重要的民族之一。

古羌人以牧羊著称于世。

“羌”，会意字，上“羊”，下“人”。

羌，中原部落对西部诸多游牧族群的泛称。羌族源于古羌。古羌分东羌、西羌，主要分布在巴颜喀拉山脉以北广袤的草原。现代羌族自称“日麦”“尔玛”，是西羌保留羌族族称的一支。

古羌并不是一个民族，而由许多不同族群组成。

“炎始于羌”。早在炎帝时代，古羌就已产生。

蒙古利亚人种的古老游牧民族。

一部悲壮的迁徙史。身上浓缩了曾仅次于汉族数千年来的历史文化。羌人的历史，离不开迁徙，迁徙的原因，又离不开战争。为了延续一个民族的未来，不得不走上漫长的迁徙之路。

曾在昆仑山、天山脚下，生活过很长时间。

内陆欧亚，一个曾经聚集过西亚、中亚，甚至欧洲人种的地域。其语言文化包括阿尔泰语系中的满-通古斯语、蒙古语、突厥语、芬匈语，印欧语系中的波斯语与汉藏语系中的藏语等。

从遗传学、人类学角度来看，汉族、蒙古族、藏族，甚至北美印第安人，祖先都是蒙古利亚人。

一部悲壮的迁徙史。身上浓缩了曾仅次于汉族数千年来的历史文化。羌人的历史，离不开迁徙，迁徙的原因，又离不开战争。

西方人类学家，把亚洲的黄色人种，统称为“蒙古利亚人”，并非现在的蒙古人。源于当年成吉思汗家族带领的蒙古铁骑，突进到欧洲，对欧洲文明造成巨大冲击、威胁。欧洲人对来自蒙古高原的人，认为全都是蒙古人，故才有蒙古利亚人种之说。

黄种人婴儿生下时，臀部往往带有青色的胎记，就被称为“蒙古斑”。

除日本以外，大蒙古汗国曾先后统一几乎全部的黄种人区域。

黄色人种（黄种人、蒙古人种），世界四大人种之一。

在四大人种中，数量排名第二。主要分布于乌拉尔地区、东亚、北亚、南亚、东南亚、马达加斯加、大洋洲部分地区。

古羌人祖先，一个古老民族，华夏民族的主要祖族之一，与白种人结合，孕育了“犬戎”“白狗”“白狼”等西戎族，又逐步与其他民族混血，生发出了古羌人。

除了主流孕育了汉族、党项、土蕃、藏族等民族，还有流入蒙古草原的分支部族，参与蒙古草原民族的形成。单音节有声调的汉藏语系，发源于单音节的古羌语。

直到现在，许多汉字还带有体现羌人的游牧血统的“胎记”。

用得最普遍的“美”字由“羊”“大”组合而成。在《说文解字》中，许慎说：“美……从羊，从大羊。”徐铉注释道：“羊大则美，故从大。”

华夏先祖的审美观，古羌人的审美观。

羌族的伟大，在于性格刚强、智慧超人。与古羌人同时存在的古匈奴等游牧民族早已消亡，而她却一直顽强生存延续至今，儿孙子族的数量，已达到令世界震惊的十几亿之巨……

从内陆欧亚草原出发时，古羌人的头颅很圆，因地中海贫血基因的关系，出现大鼻子、厚嘴唇等特征；顺着江，走过河谷，从“西北走廊”来到甘肃、新疆，人体形态也发生变化。

到了高原，登上昆仑山。

尽管不再受疟疾影响，但是缺氧，地中海贫血基因的人不易存活。

存活下来的人，脸都变得很长，线条、棱角变得刚硬，如同刀削；“六指”，最大的遗传特征。古疏勒国、现代的西藏人，都有这种显像遗传特征，甚至现代的汉人种群中，还有六指的隐性遗传特征——小脚趾盖分叉。

古羌人居住地就是昆仑山脚下，黄河上游流域。

在漫长的行进中，使用的语言也发生变化。

经过数千年的迁徙，体内基因又诞生一个新的突变，一直到5 000到6 000年前，甚至更早，人体DNA又开始“不安分”。由于粟谷农业的出现，人口增长的群体，必须扩增新的居住地。

汉藏语系的两个语族，开始分野。

其中一个亚群，DNA又发生突变。以农耕为生。带着这个突变的DNA，向东行走，到渭河流域才驻足、停留。

另一个亚群，被称为藏缅语族群体，离开黄河流域，向西、向南迁移，在喜马拉雅山脉南北居住。迁徙中，就像细胞在不断裂变，与原住族“混血”，分化出了藏族、羌族、彝族、景颇族、土家族。

在渭河流域，磨砺出骁勇善战的秦人。

盘踞在关中，积聚着统一中国的实力。

蒙古人种又可分两种：北方蒙古人种、南方蒙古人种。

介于两者之间的汉族、藏族、朝鲜族等民族，称为远东蒙古人种、东亚蒙古人种。蒙古人种与北欧白人的混血种，叫乌拉尔人种、北极白海人种。把中亚的黄白混血人种，叫南西伯利亚人种、中亚人种与突厥人种。南方蒙古人种，大致分为南亚蒙古人种、马来蒙古人种，两者区分不大。在广阔的太平洋上，生活着的蒙古人种与赤道人种的混血种，学术界称为玻利尼西亚人种。

爱斯基摩人，被称为北极蒙古人种。

“华夏民族之母”。

“为了生活更美好”。古羌人面对无情的战争、各种自然灾害和增长的人口，为寻找更加温润宜居的环境，不得不捧起大漠孤烟，带上必需的生活用具，悲壮地踏上离别故土的旅途，从北向南，一路逃亡，分别越过金沙江、雅砻江、巴颜喀拉山口，躲到岷江周围的山上。

凄婉悲凉。

羌笛，伴着羌人一路远行。

羌笛，用羊腿骨、鹰翅骨制成。

既是乐器，又是放牧之鞭。几千年后，随着民族融合，成为征人思乡的寄托。从“羌笛何须怨杨柳”，到“羌管悠悠霜满地”，古代边塞诗词里吟咏不断的羌笛，正是民族迁徙融合的实证。

古羌人从北方宽阔的草原，翻过巴颜喀拉山脉，挤入“藏羌彝走廊”深切的峡谷。

距今5 700年左右，历尽千难万险。

像一群群失散的鸟，在岷江上游的“营盘山”，停下流浪的脚步。

叠溪以南近60公里处。

“茂县盆地”，岷江上游地区面积最大的河谷冲击扇平原。

茂县，古时的汶山，蚕陵。

“汶”“岷”通用，岷山又称“汶山”。

茂县县城，海拔1 668米。

自然条件优于山岩陡峭的叠溪。

境内山峰多，在海拔4 000米以上。

营盘山，一处蜿蜒的山头，又名红旗山，也称云顶山。

位于今茂县县城所在地凤仪镇南2.5公里，距成都城区约215公里，九顶山的山前脊梁地带。岷江东岸的三级缓坡台地。台地，南北走向，南窄北宽，形似马蹄，总面积近10万平方米。

依山傍水，“峭峰插汉多阴谷”。典型的高山峡谷地区，四周被北川、安州、绵竹、什邡、彭州、汶川、理县、松潘等市（区）县环绕。南有龙门山、北有岷山、西有邛崃山诸山脉。

理想的定居之所。东、西、北三面均为陡坡，岷江从三面呈几字形环抱。弯曲的河道，形成较大面积的回水湾区，河水流速减缓。浅水区域，理想的捕捞作业场所。

阳光福地。高出岷江河谷约160米。

地势平坦开阔，土肥地美，气候宜人。

境内河流众多。

扼上下交通咽喉。

岷江自北向南，纵贯全境，支流有黑水河、赤不苏河、松坪河，分别在大小两河口、较场乡两个地方汇入岷江。东部还有一条土门河，从西向东，纵贯土门全境，最后汇入涪江水系。

更远的时代，早在羌人到来之前。一群身穿兽皮、手持石斧的最古老的原住族——冉族人，在这里生活。他们，居住在由黄泥筑就的矮屋子里，在方圆数千米的范围内猎羊、捕鱼。

冉族分布在今四川西部，西藏东部和甘肃、陕西南部地区。

主要的族群，生活在今都江堰、汶川、小金、理县、金川、茂县、黑水和松潘等藏、羌、駹部族汇集地，建立过冉族部落国、冉邦国等古蜀政权，为“六夷、七羌、九氐”中九氐之首。

冉族存在于游牧文明的前期。

发展比渭河流域的“炎黄”部落要晚。

与黄河中下游的大汶口文化末期、龙山文化早期，处于同期。

部落中心，最早在今松潘的川主寺一带。

距县城17公里，距成都351公里。

与迁徙而来的古羌依山而住、依洞而息不同，冉族喜好农耕，建造固定居所，称“邛笼”。居所稳定，开始种植农作物，驯化和养殖各类家禽。中国很早就发现从事农耕的民族之一。

《后汉书》描述，冉駹人“依山居止，垒石为室，高者十余丈”的“邛笼”，就是羌碉。羌人自古善搞建筑。据文献记载，最早的都江堰水利工程的建设中，就有不少羌族工匠。

如今，在茂县、汶川、理县等地的高半山上，还保留大量的原生态羌寨。

民居以石木结构为主，顺山排列，或高或低，错落有致。

羌族男子的坚韧不拔，尽显在巍然屹立的羌碉、羌寨里。

羌族的伟大，在于性格刚强、智慧超人。与古羌人同时存在的古匈奴等游牧民族早已消亡，而她却一直顽强生存延续至今，儿孙子族的数量，已达到令世界震惊的十几亿之巨……

“一个向外输血的民族”。

接受古羌“输血”的民族，多达15个以上。

南下，为“蜀”“彝”。

东进，成为炎黄华夏族。

向西，成为藏族的先祖之一。

典型的游牧民族。《后汉书》说，“所居无常，依随水草”。族人更是“堪耐寒苦，同之禽兽”，久居苦寒之地，体格练就得强悍，男人“性坚刚勇猛”，“妇人产子，亦不避风雪”。

汉族是以接纳为主，日益壮大。

古羌人以供应为主，壮大别的民族。

羌族属于古羌人后裔。

古羌人又是西戎部族中的强大民族，羌族应为西戎支系。

西戎，古代华夏族，对中国西部地区少数民族部落的统称。

魏国史官记录、搜集、整理的史书《竹书纪年》记载：“武乙三十五年，周王季伐西落鬼戎，俘十二翟王。”西周时期，羌族先民就已生活在西戎部落。中原诸国与戎狄的战争此起彼伏，中原多为农耕文明，大兵团作战，更注重阵地式，戎狄以游牧文明为主，更为机动和灵活，中原人往往胜少败多。

《诗经》记载：“既见君子，我心则降。赫赫南仲，薄伐西戎。”

历史悠久的古代民族。

先民早在西周，甚至殷商时期，已经聚居于当时的陇西之地。

古代社会中，只要非中原华夏族，都会被冠以西戎、东夷、南蛮、北狄等部落统称。

羌族别名“日麦”“尔玛”，大意都为“本地人”。

居住地带海拔较高，终年云雾缭绕，仿佛生活在仙境之中，被誉为“云朵上的民族”。这与独一无二的住房习俗息息相关，羌族喜欢将房子建在河谷或半山腰处，给人一种高耸入云的感觉。

羌族聚居在四川各地，以茂县、汶川、松潘、黑水、理县等地居多。

营盘山，一块灼灼其华的乐土。

蚕丛带领族民从事畜牧、狩猎和农耕。

背山面水。居住在台地上用粘土、树枝，筑就的泥屋里。

农耕，主要生活方式。用石刀、石斧和石杵耕种、伐木、狩猎。以种植小米为主，还饲养了猪、狗、黄牛。猪，最多，先民们稳定的肉食来源。狗，狩猎的帮手。黄牛，很少。

四处扩散。以营盘山为“根据地”，与冉族“混血”。

遍及整个岷江上游。蔓延到松潘、黑水、理县、汶川县境内、岷江支流两岸的河谷台地。东至岷江与涪江的分水岭土门关，西抵大渡河与岷江分界的鹧鸪山，北起岷江源头的川主寺，南达成都平原西北边缘，青衣江、大渡河流域江边的平坝。

开拓出一片属于自己的天地。

聚落选址基本都避开地震断裂带。包括波西、营盘山、姜维城、下关子遗址等，龙门山地区的重要史前遗址，先民错开了3条断裂带，在“5·12”汶川地震中基本未受影响。逐渐形成中国最大的羌族聚居区。

茂县为核心地区的中心。

最早将野羊、野牛驯化为家畜，以羊为图腾。

“羌”“姜”二字，本为同字，从人，从女，甲骨文中二者通用。

从女更早一些，母系文化的遗留。

向东的古羌人，进入中原地区，转向定居农业，形成炎帝部落，与黄帝部落、姬姓轩辕氏长期通婚，最后融合成华夏族。向南的古羌人，一部分进入岷江河谷。

羌族，是古羌人的直系遗存。

中国最早人工使用朱砂的遗迹。

“营盘山文化”。

古蜀文化的“金钥匙”。

丰衣足食。渔业，成为不可或缺的“经济补充”。

陶器以细泥红陶为主，当时人已掌握彩陶烧制技术。

在15万平方米范围内，分布近6万座规格各异的石棺葬。

营盘山石板墓，许多祭祀留下的灰坑内，有涂有鲜红色颜料的石块。尸骸上，也有使用朱砂矿石粉的痕迹，随葬的饰物、兽牙、石珠之类，染过这种红色颜料之后的“形态”，随处可见。

以汞的氧化物形式存在的朱砂。

朱砂葬，在殷商时代开始盛行。

陕西韩城的芮公大墓、殷墟妇好墓中，都有大量朱砂，墓椁位置已被朱砂染成红彤彤一片。葬俗的源头，传播路线一直延伸到中亚草原、阿富汗地区，与古羌人西去路径完全吻合。

崇尚红色的习俗。古蜀先民崇拜太阳、血液，红色总是伴随着新的生命，利用火得到美食、温暖，借助火驱走野兽；人类自己血液都是红色；都有温暖的含义，象征生命、希望和平安。

从甘肃临洮马家窑，到四川茂县营盘山。

“彩陶之路”，远古就有一条人口迁徙通道。

高地的半月形传播地带。

成都平原与甘青地区，新石器时代就已有文化交流，营盘山的彩陶与马家窑文化有关。从川西高原一直向南，分布到云南的金沙江流域，大量石棺葬等文化元素，也来源于甘青高原。

出土的彩陶器，绝大多数采用精心挑选的泥土，手工制作，多为细泥陶，个别胎内夹有少量白色石英颗粒，烧制火候均较高，“扣之有清脆的响声”；彩陶瓶的颈部、腹部内壁，可见泥条粘接、修抹痕迹，部分器物经过慢轮修整，内壁保留有陶轮旋转纹路；器形主要有瓶、罐、盆、钵等，陶罐数量最为丰富。

岷江河谷与川西北高原沟通。岷江支流南河，达至临邛（今邛崃）、青衣(今芦山)，入“西夷”各地。又有“秦道岷山青衣水”，入青衣河谷，折转岷山谷地，北至秦陇地区。

“陇西走廊”。走廊中，黄河、洮河、大夏河、白龙江、白水江等江河形成的天然河谷，构成陇西走廊中的若干分支，形成天然的交通要道，成为各民族往来迁徙、通商贸易的重要通道。

史籍记载，黄帝后代曾在这一带活动。《山海经》记载，“白水出蜀(山名，今西倾山)而东南流注江”，白水(今甘南白水江)就是联系成都平原与武都(今甘肃西和南)的重要孔道。

甘肃处于半月带“中国弧”的前沿。

在黄河之滨，狩猎向农耕、手工业过渡的重要时代。

新石器时期，先民们被一种想象的自由、智慧的热情所弥漫，以火的威力，改变泥土的化学性质，人类世界和自然界的调和，发展、创造出陶器，以及繁荣时期达3 000年之久的彩陶艺术。

一个艺术时代。

史前文化的里程碑。

天文图案，优美而古朴。图案有太阳纹、月亮纹和星座纹等。太阳纹彩陶共12片。考古学家和天文学家推断，可能是先民对天象、历法在萌芽时期的一种观念，表示一年有12个月。

陶器，闪烁着人类智慧的重要器物。

既是生活用具，又是精美绝伦的工艺品。

信仰认同。史前艺术的真谛。

南方白陶上频繁出现的飞翔神鸟、獠牙神兽，8 000年前高庙人创造的神灵。

仰韶人崇拜的神灵，描绘在他们的彩陶上。

文明路线。古羌部落，从岷江上游聚居地往东，循着「茂县→都江堰、龙门山→新津、双流（牧马山），湔江→鸭子河（三星堆）→成都（金沙村）」路线，时断时续，辗转迁移，开始了长达5 500多年的下山的双路线图。就像一粒粒种子，沿途撒放。

东南和长江中游玉器上精致的獠牙神像，4 500年以前的浙江良渚人、湖北石家河人分别创造的神灵。

中华民族远古文化的瑰宝，一簇永不凋谢的鲜葩。

成都平原处于半月带“中国弧”下端。

西部民族南北往还的重要走廊。饲养马、牛、羊的西部游牧族群，在向东迁徙过程中，与种植粟、黍、稻，饲养猪、狗的东部农耕民族，发生频繁的冲突、交融。彩陶成品与原料、技术，有高度“文化认同”，从黄河上游的甘青地区一路南下，顺着崇山峻岭间的岷江河谷，向西南迁徙，直到把营盘山变成岷江流域文化走廊的“中转站”。

堪为佐证。经过对人祭坑中部分人骨，进行体质人类学分析鉴定，营盘山人群来源并非一地。一些人类头颅，具有典型的古代西北人群特征，与成都平原本土先民区别明显，还有两个成年牙齿标本检测结果表明，食谱分别以幼时吃鱼、吃粟为主；出土的炭化植物种子有粟、黍等，以粟、黍为主要作物，应属于北方旱作农业形态。

文化区块链，没有死角。

四川和甘肃有文化联系，甘肃和新疆有文化联系，新疆和阿富汗有文化联系。

5 500年以前的区域政治、文化中心。

类似于北方仰韶文化、大汶口文化。

河姆渡文化、半坡文化、龙山文化，与仰韶文化一起，并称四大原始文化。

黄河文明与长江文明交会的大型中心聚落遗址。

在历史发展过程中，长江文化、黄河文化的融合、重组。

营盘山，古蜀文化的发源地。

蚕丛入主成都平原的计划，在这里酝酿、实施。

古蜀先民，一直在与水患进行着艰苦卓绝的斗争。

龙门山地震断裂带，成都平原与川西高原的结合部。

洪水肆虐。5 000年以前，全球曾有一次灾难性的气候变化。

古堰塞湖就一直存在。地貌属于高山峡谷，受断裂带的影响，岩体比较破碎，易发山地灾害，每隔几十、上百年，就会因龙门山地质断裂带突发地震，形成高位滑坡，堰塞湖灾害链。

龙门山断裂带一场大地震，引发特大洪水灾难。

对于当尧之时的“滔天”洪水，《尚书》《史记》都有类同的描述：“洪水滔天，浩浩怀山襄陵，下民昏垫”；“鸿（洪）水滔天，浩浩怀山襄陵，下民其忧。”

“怀”，即环，古今同义；“襄”，字义同“攘”，为推去、扫除、攘夺之意。“怀襄之害”，强震震塌山崖、堵塞河道，淹没山陵、山陵崩溃，造成亘古未有的巨灾。

无法生存、发展。迫不得已，营盘山先民从丰饶的河谷，沿着岷江山谷行进。

羌笛悠悠。

诗与远方的世界。

河流冲积形成的较为平坦的土地，点燃先民们耕作生息的渴望。

文明路线。古羌部落，从岷江上游聚居地往东，循着“茂县→都江堰、龙门山→新津、双流（牧马山），湔江→鸭子河（三星堆）→成都（金沙村）”路线，时断时续，辗转迁移，开始了长达5 500多年的下山的双路线图。就像一粒粒种子，沿途撒放。

“岷江上游”河谷地带。

起于都江堰，沿岷江河谷一直到达松潘弓杠岭岷江源头，再西进、北上，进入青海、甘肃等藏族地区，全长320多公里的“松茂古道”，第一次留下先民的脚印。

“松茂古道”，位于人流、物流大动脉要冲。

沿途居民以背足、挑运为业者，十之六七，并有无数大大小小的马帮。一代代藏、羌、回、汉各民族力士、客商，一批批双语人、多语人，在平原与高原——中国两级“地理阶梯”之间，一个让多民族文化交流、交融的公共空间，演绎出豪壮、悲烈的原始交通的千古奇观。

山高水长。有文人雅士将全程的32个地名，撰为“三垴九坪十八关，一锣一鼓到松潘”的妙诀。在现都江堰市辖区内，现存最精彩的一段——从西街至二王庙路段。

“大兴老店”。

最早最大最著名，唯一保存至今的骡马店。

“路是人走出来的”。

《竹书纪年》记载，夏桀“伐岷山”的“岷山道”，指的就是沿岷江上游，北上陕西、甘青的“松茂古道”。即便不计公元前2284年大禹带领数万同盟部族，在“汶川”之滨的石纽举行盟誓，北上治水途经古道，仍有文字记载至少在3 700年前，就有大队人马走过。

真正意义的古道，一条贯通古今的小路。

凝结着古蜀人，第一代“蓉漂”从远古走来的足印。

古道窄小，小得宛如一根羊肠；古道又宽敞，宽至容得下众多族群的经行。在苍茫的历史时空中，寄托着一代代古蜀先民的悲欢与喜乐、落寞与淡愁、幸福与梦想。一个有着丰厚民族文化积淀的秘境与情结。

具体路径，绵延200多公里的龙门山脉。

营盘山东麓，距今6 000年前波西遗址等的发现，开启“古成都人”的“生命密码”；隔江相望，年代距今约4 500年的沙乌都遗址；西麓，什邡桂圆桥等遗址的面世，掀开天府文化“原始基因”的面纱一角。

桂圆桥遗址和营盘山文化相似。

一山之隔。营盘山到红白镇，直线距离约36公里，距什邡城区(桂圆桥遗址)约70公里，尽管道路险峻，有一条联系通道，从茂县出发，翻越九顶山，前往绵竹清平、什邡红白一带返回。

红白镇再往东50余公里，就是广汉三星堆。

“5·12”汶川地震后，这条道路受损。

广汉三星堆，川西山区和成都平原之间。

年代介于营盘山文化与宝墩文化之间。

填补营盘山文化与宝墩文化之间的缺环。

茂县土门镇，曾经发现的下关子遗址，串起了古蜀文明史前遗址文化序列。

营盘山文化与宝墩文化的“中界点”。

高原深处，古羌人顺流而下，进入抵达成都平原的必经之路。

营盘山东麓，距今6 000年前波西遗址等的发现，开启「古成都人」的「生命密码」；隔江相望，年代距今约4 500年的沙乌都遗址；西麓，什邡桂圆桥等遗址的面世，掀开天府文化「原始基因」的面纱一角。

一条沿岷江而下的文化脉络。

当营盘山、姜维城等河谷台地上，打磨出第一块石器，烧成第一皿陶器，播下第一粒种子，飘起第一缕炊烟时，岷江中下游的盆地、平原、丘陵，大多是一片苍茫的水乡泽国、蛮荒之地。

一条古蜀道一直存在。

形成黄河上游地区与长江上游地区民族、文化交流的一个大通道。

龙门山西麓岷江河谷，在仰韶文化晚期，就有西北文化陆续传入。

游牧文化与农耕文化错落汇聚的区域。马家窑文化遗址出土中国最早的青铜刀，距今约4 800年；在酒泉四坝文化火石梁遗址、缸缸洼遗址，发现两处青铜冶炼场，距今已近4 000年。

那里，四大文明的唯一混合影响地。

古印度文明、古希腊与罗马文明、波斯文明、华夏文明，在世界唯一的交会之处。

北部自东而西的两大山系，将北中国分隔为气候、经济、人文都云泥之别的地理空间，“外山系”以北，亚洲内陆，“内山系”以南，内新月平原地带。夹峙地带，内陆平原过渡地带。

气候、经济、人文过渡之地。

能长期充作中原王朝、边疆政权的边缘地带。经济方式兼有农牧的复合特征，既能为中原王朝牧放战马提供草原，又能为边疆政权提供农业补充，北上、南下的经济补充与地理跳板。

活动族群虽缺乏明确的政治归属，却在长期南北战争中养成尚武风气，同样是中原王朝、游牧民族政权，竭力争夺的军事力量，视作战略重心竭力争取，这一区域称作“核心边疆”。

中国古代南北统一的“过渡阶梯”。

应时而变的动态、地理空间。伴随中原王朝与北方族群政治重心，由西至东的历史迁移，争夺核心边疆的重心与焦点，也呈现由西至东的历史转变，影响中国古代历史的整体进程。

具体路径，沿岷江而下的“藏羌彝走廊”。

5 400年前，部分东麓的古蜀先民，从茂县翻过龙门山，进入成都平原，或沿河谷而行、或翻山越岭。交通路线沿河谷分布，较为便利，一些非天堑的山口，也是重要的交通孔道。

《华阳国志》记载了艰辛的历程：广阔的西北大草原的主人、山地文明的先驱蚕丛羌，因战争、灾害被迫南迁，翻越岷山，沿雁门东岸，越玉垒，过九峰，进入成都平原边沿……

神农，中国、世界的茶祖。

《神农本草》记载：“神农尝百草，日遇七十二毒，得荼而解之。”

“荼”，就是今天的茶。

神农，也称炎帝，因劝人种百谷，植桑麻，教民农作，被誉为“神农氏”。

蚕丛也发现了茶叶；与神农一样，是世界茶叶最早的发现者、利用者。

从游牧走向农耕，古蜀先民靠在山野狩猎动物、寻找植物作为食物。先民有时遇到毒草，吃后发生中毒现象，茶树鲜叶，虽然滋味苦涩，但吃后能使人精神兴奋，并有解毒作用。

这是茶叶生吃药用的起源。

在山野采摘茶树叶，不方便，下雨时更难，茶树生长还有季节性，鲜叶又不耐贮藏，蚕丛部族人便把鲜叶采下后，稍经摊放，直接放入陶缸中，用重盖压紧，边放边压，直到缸满，成为“腌茶”为止。吃时，用香料拌和，放在口中咀嚼，干叶很难下咽，后来就用水冲、水泡。

这是茶叶由生吃过渡到用水泡的缘起。

“营盘山文化”，天府文化的源头。

南海海贝的发现，将“古成都人”对外交流的时间再次前推。

文化交流，远远比人们想象的更早。

藏族说唱史诗《格萨尔王》记载，英勇善战的格萨尔王的一个祖先做了汉人的皇帝。藏人传唱，只是传说，却有真实历史基础。远古以来，原本游牧于青藏高原深处的羌藏等游牧民族，在某个首领的带领下，进入成都平原、中原腹地，建立起奴隶制国家，成为平原地区农耕民族统治者的故事，不断发生，只是没被史书记载，或者虽有记载，但已被严重扭曲。

遥相呼应。在阿坝州羌寨，流传着《羌戈大战》的创世史诗。

描述远古时代古羌人，千山万壑跨黄河，高歌猛进入岷江，从西北高原向岷江上游，裹挟着浑碧的岷峨雪浪，逐渐从川西北高原，到成都平原的迁徙过程，土著戈基人是最强劲的对手。凶悍威猛。“衣服制裁，皆有尾形”。

以狩猎为生，双眼鼓出，身材矮小，身后拖着长长的尾巴。

战争旷日持久，羌人、戈基人之间难定胜负。

岷江上游的土著戈基人，被称为有尾人。

“尾饰”，在齐家文化的源头之一的马家窑文化中也有发现。在青海大通县上孙家寨，发掘的马家窑文化类型的墓中，就发现画有一群有尾人的彩陶。古代氐羌民族的独特风俗。

向着文明靠拢。

随着洪水的消退，古蜀先民沿江而下。

云朵簇簇，最后一抹夕阳，将历史的身影永远定格营盘山上，再也回不到羌笛的场面，呈现在面前的必然是悲壮、苍凉，岷江高山峡谷里，依然流传着坚韧不拔、勤劳友爱的民族密码……

蜀王蚕丛率领部族，辗转岷江流域，四处寻找……

年代邈远。这里，有一条大河洪江。

平原中心地带，还是一片泽国，湖泊密布。

来龙去脉。岷山，成都的“来龙”；牧马山，成都的“去脉”。

牧马山，成都平原西麓第一山。

古韵神秘。牧马山枕足岷江，源起距成都市区13公里的武侯区金花镇，经双流区东升镇、黄水镇、胜利镇（2019年12月并入黄水镇），至新津区花源镇、花桥镇，绵延至眉山彭山区双河口。

平均海拔200米，迤逦近70公里，宽约11公里。

一条古蜀农耕文化演进的走廊。

鱼脊形的高地。

位处锦江、岷江正流间的三角台地，浅丘起伏，高出河水面40至60米，相对高差137米，喀斯特地貌，有可穴居的天然溶洞，绿色蓊郁，由南向北，再折向东南，高阜突兀，如城垣一般。

溪水环绕。东西两侧，形成平缓的河谷。

川西平原的大小河流，最后都在南麓，汇集到岷江。

山势特殊，暗藏玄机。

王都气象。具有吉祥的“龟蛇化气”与“蝙蝠”（福）形态。

牧马山，旧有女几山、紫草山、宜城山、圣灯山、白塔山等名称。

“来龙去脉”。上水口，称“天门”，是都江堰。下水口，称“地户”，有三“去”，市区合江亭府河、南河汇聚；华阳，江安河、府河汇聚；以牧马山为中心，府河、金马河汇聚。

“地户”，财富汇聚之地。

放到成都平原，牧马山是最大的藏风汇水、财富发达之地。

如今黄水镇的白塔寺，为风水水口塔，地理、文化的标志。

与旁边的蚕丛祠一起，成为千年吉地的象征、护佑。

蚕丛祠、白塔寺东西并列，白塔寺原址现为黄水镇白塔村一社9号民宅，蚕丛祠位于白塔寺东偏北处。两寺之间有墙相隔，有外、中、内三重围墙。

“九倒拐”，距离成都中心20公里。

位于今双流区原胜利镇白塔村，隔河与黄水镇相望。

山下一马平川，杨柳河、白河交汇后，沿山脚从桃荚渡，浩荡地流入新津区境，又沿山顺水，漫延至黄龙溪，在彭山区江口入岷江，直至眉山、乐山。

古洪江的遗存。黄水镇桃荚渡，旧称洪江渡口。

站在渡口，往山上望去，满目苍绿的生命摇篮。

山前，800多米宽的洪江、杨柳河汇合后，浩浩荡荡从“九倒拐”山脚下流过，江中有丰富的鱼群；洪江对面，一马平川的平地，沟壑纵横，土壤肥沃，可供种粮；山后，山峦重叠，绵绵起伏，两条九弯八拐的山沟，从山脚通向山顶，与其他山地交会。

古树参天，茂密阴深。

树连树，枝连枝，人可以从山脚的树杈上，一直爬上山顶。

山地，野兔、野羊、野狼成群，还有老虎出没，可以狩猎。

为古代居民生存提供肉食蛋白之源。

从洪江对面远看，地势如一只将要离地腾飞的巨鹰。两沟间的半山腰，一块梯度平地，山势就像一把巨大的交椅，稳稳地安放在两山沟壑之间；两侧，绵绵山峦，伸向远方，就像一只巨鹰的双翅，那块梯度平地如一只鹰身，前面那块山包如鹰头，后面的诸山如鹰尾。

山体的石质、岩石结构，开山凿洞居穴、生息繁衍的好地方。

距今5 300年左右，蚕丛率领部族驾着木筏，顺着岷江洪江古河道“考察”，来到牧马山脚下，一眼看中“九倒拐”之地，山虽甚低小，而冈阜萦回，仿佛城垣一般，防守极便。

他，环顾四周：高山环抱，沃野千里。

一块“风水”宝地。地势可进、可退、可守，可凿洞居穴，方便外界联系，可控制平原，山上又好垦殖、耕种，足以自给，形胜所在，是为立国之地。

安营扎寨。一切为了生存、为了部落。

蚕丛从陆路、水路，有计划地组织古羌人，带来黄甲麻羊的先祖，向“九倒拐”一带迁徙。

开山凿洞，完成安家。

他，带领首领和部落，凭借在营盘山的多年生产、生活资料的积累，在“九倒拐”认真规划，精心择地，夜以继日地奋战。一个又一个宽敞的穴居地，在洪江岸边的悬岩峭壁上出现。

又削包填沟，打造出一块偌大的祀祠台。

可供祀祠、集会，或调兵遣将使用。

在椅的背后山坡上，又居高临下地凿个大洞，供首领们下雨时开会、议事，或临时休息。

成都史上第一批“蓉漂”，迁徙、定居牧马山，创业的“古成都人”诞生。

筹建蜀国。

蚕丛王在“九倒拐”安营扎寨，取名“瞿上”。

《说文解字》解“瞿”字，“瞿，鹰华之视也”。按词意，纵目，鼓眼，蚕丛“纵目”的象征，正与三星堆巨大神秘的青铜纵目头像的意涵相合。蚕丛“纵目”传说，有文字与实证。

“瞿上者，瞿上城之谓也”，缘于一种高视鸟瞰的地貌，“仰而四顾，所谓瞿也”。上者，高大也。因此，瞿上城，应是让人惊叹的高大城邑之意，建立治所治蜀选择的最佳之地。

“瞿上”，成都平原立国治蜀建的“司令部”。

副政治中心。实现由游牧狩猎到半牧半耕的转变。

湿地低矮，洼地水汪。

史无前例。蚕丛率部“疏浚”，排除积水，挖掘沟渠，发展蚕桑，经营农业。

“疏浚”。打开“古蜀文化”谜底的钥匙。

南宋罗泌著《路史》卷四“前纪”中说：“蚕丛纵目，王瞿上。”

罗苹注在《路史前纪》指出：“瞿上城，在今双流县南十八里。县北有瞿上乡。”

《双流县志》对“樊乡”，作过明确记载：“樊乡，在双流汉广都县界。”

成都双流区，最早名为广都县。

流传至今。也是成都天府新区历史上的悠久地名。

蚕丛从“瞿上城”山下的杨柳河，坐木筏顺水而下，到达岷江、锦江交汇处，再折锦江逆水达黄龙溪，发现这里美丽无比，又距“司令部”不远，决定让自己的一支部落留驻此地。

查地形，择地势，伐木割草。

一年一年顺应山水，沿河建起排排干栏式居住房。

一代一代不断演变，更加坚固，能防洪灾、火灾。

码头集镇。今黄龙溪镇，西汉时属犍为郡武阳县。

地处岷江流域的锦江下游、鹿溪河交汇处。进出成都的水路必经之地。北面华阳、南临彭山、东向仁寿。从古到今，地理位置上一直有“鸡鸣三县”“一足踏三县”的重要特点。

扼守着古蜀水道的咽喉。

“武阳本作武扬”。《读史方舆纪要》介绍：“武阳城，相传蜀国故城也。”

秦于蜀王败亡之地置县，因地理位置特殊，具备城镇基础，还彰显秦灭蜀的胜利。名“武扬”，既合“定功戢兵，止戈为武”之意，又因县城位于牧马山南麓，合“山南为阳”的惯例。

县治在今眉山彭山区武阳镇五一社区。史籍称“武阳城”。

眉山历史上最早的城邑。

牧马山区与“武阳”，古蜀国的南大门。

军事要塞。从商朝中期到春秋时代，用兵不断。

天然屏障。波涛汹涌的大江、连绵70公里的牧马山，进可攻、退可守，极具战略价值。蜀与楚、巴的攻伐与争夺，大多通过水道，沿着长江一线展开。为了防御来自楚、巴的攻击，古蜀国在沿江，筑有很多

「来龙去脉」。上水口，称「天门」，是都江堰。下水口，称「地户」，有三「去」，市区合江亭府河、南河汇聚；华阳，江安河、府河汇聚；以牧马山为中心，府河、金马河汇聚。

“兵栏”，构建了不少军事防御工事、驻兵据点。

黄龙溪傍水而立，因水而生。

吊脚楼二三层高，“吊”在水面，却好像空中楼阁。

“十二桥”的吊脚楼，古蜀建筑文化的存续。

楼有“脚”，几根支撑楼房的粗大木桩。建在水边的吊脚楼，伸出两只长长的前“脚”，深深地插在江水里，与搭在河岸上的另一边墙基，共同支撑起一栋栋楼房。

天府福地，蜀汉政权的圣迹之地。

《华阳国志》中记载：“（建安）二十四年，黄龙见武阳赤水九日。”这句话，被作为天命象征，诸葛亮率800大臣上言，“咸称述符瑞，图、谶明征。间黄龙见武阳赤水，九日乃去。《孝经援神契》曰‘德至渊泉则黄龙见’，龙者，君之象也。又曰《易》乾九五‘飞龙在天’，大王当龙升，登帝位也”。

既是自然造化，也是历史巧合。

东汉末年的一天，当鹿溪河的浊水注入锦江清水后，突然呈现一条黄龙形，有头有尾，活灵活现，在江中整整持续了九天九夜。当地的“土人”，形象地称为“黄龙渡清江”。

鹿溪河上游，源自龙泉山脉，多为山溪水，河水浑浊而赤，而锦江发源于上游岷山，江水为冰雪所化，水质清澈。当鹿溪河的浊水注入锦江清流，机缘巧合之中，呈现出黄龙之形。

在洪水季节，特别明显。

在微风中飘荡。一半清、一半黄，像两幅彩色的锦缎拼合。

自然奇观。蜀汉政治家们关注的焦点。

大造舆论。正值东汉末年，群雄纷争，天下大乱，“谶纬”之说盛行，在三分鼎立、互争正统的特殊年代，占有成都平原的蜀汉君臣，抓住黄龙溪独特的水文奇观，极力将自然现象政治化，描绘成“真命天子”降临前的吉兆，沉龙形鼎于黄龙溪中。

诸葛亮亲笔隶书题字，建黄龙庙、立提名碑、籍田祭祀。

龙，在古人的眼中，天子的象征。古镇“黄龙”的再现，被人们誉为吉祥如意、国运昌盛的预兆。而正因如此，刘备便巧用“黄龙吉兆”登上皇帝宝座，黄龙溪也因此而得名。

三国鼎立。公元221年，刘备在武担山南设坛称帝，国号汉。史称蜀、蜀汉。

称帝前，曾请人占卜，以蜀汉国运乾位在市区西北，“龙脉”在武担山。

牧马山，丘峦起伏，湖泊棋布，“南征北伐”的厉兵秣马之地，精于天文地理的诸葛亮建成蜀汉的重要军事基地，军马不少于5 000匹。黄甲麻羊作为战备物资开始规模化养殖。

史料记载，黄龙溪“时常战鼓齐鸣，喊声震天，金戈铁马，战船、水寨绵延百里，云雾飘渺，飞沙走石”。常有骑兵在河岸演习，金鼓齐鸣，旌旗猎猎，场面十分壮观。

辉煌历史。立足成都平原的古蜀王国，曾经在这个区域建立别都。公元前316年，古蜀王开明十二世在黄龙溪与秦军激战，“至武阳，为秦军所害”，兵败身亡，三千里锦绣河山归秦所治。

古蜀国腹心地带。樊乡，以蚕丛王的“瞿上”为中心，以牧马山为中轴，北至温江、郫都，南至黄龙溪、华阳，东至中和、成都，西至新津、崇州等，或更宽的大片土地……

气候酷烈。仍然是时断时续地迁移。

地震频繁，迫使先民们不断携家带口，从茂县盆地的东面，翻越与岷山相连的龙门山脉主干玉垒山脉，从岷江上游河谷，经汶川、都江堰，进入新津，或翻过龙门山，进入湔江河谷，顺江而下，从龙门山缓缓走进牧马山，依次进入成都平原……

远古的成都平原，并非千里平畴绿野，而是一眼望不到边的沼泽。从高空俯瞰，水泽漫漫中，有一条条鱼脊形的高地，岷江、沱江与支流冲积形成的冲积扇。

“古成都人”在这样的高地上，从事粗放的渔猎采集等初级农业活动。如今的温江、郫都、崇州、双流、新津、都江堰，在岷江的冲积扇上；彭州、新都，在湔江冲击扇上；什邡、广汉与金堂，在石亭江冲击扇上。

古蜀族立国的原始核心区域。

初从岷江上游来到中游地区，牧马山浅丘地带、湔江河谷一带，正适合创业的诉求，从川西北高原山地，进入盆地底部的过渡地带、前站位置，背靠岷江上游根基深厚的故地，近窥水丰地沃的广阔平原，浅丘地势和近水环境，为发展农畜业提供了非常优越的条件。

距今4 500年到3 700年时，成都平原已不是蛮荒之地。

牧马山，丘峦起伏，湖泊棋布，“南征北伐”的厉兵秣马之地，精于天文地理的诸葛亮建成蜀汉的重要军事基地，军马不少于5 000匹。黄甲麻羊作为战备物资开始规模化养殖。

古蜀人选择了红土台地、河道之间的区域生活。

水资源极其丰富，水患也十分严重。7 000多年前，宝墩遗址的所在地，大河纵横。直径达30厘米的乌木，证明大河水量颇大。6 500年前，河水逐渐干涸，形成红土台地。

距今5 000年左右，宝墩人已在成都平原定居。

“宝墩记忆”。天府农业的开端。

平原西部山地，处于东南季风的迎风坡，在地形的抬升作用下，降水十分充沛。大小几十条河流，在地势的制约下，都流向平原腹心。长江支流岷江也通过都江堰，流入成都平原。

到处是台地，水土肥沃，创业的“古成都人”试图融入，还是走了弯路。尽管已掌握当时世界最先进“黑科技”的石斧、石凿，当掏出带来的白色稻米，却发现适宜播种的原始耕地不多。

探索中，点燃大火，点燃起滚烫的希望。

草木燃烧之际，文明的夜空迸出一道裂缝。人们在烧得黑黢黢的土地，虔诚地撒下一片水稻，惊喜地发现烧过的土地都长得很好，认定脚下水系纵横的土地，便是生生不息的天命之地。

“如法炮制”。开发了不少森林，庄稼也越长越好。

农田，基本种植着水稻。

宝墩先民以种植水稻作物为主，兼有粟作农业。

每年五月到九月，是水稻生长期。

已然是一个成熟的远古文明。出土的植物种子有两类：食物类，有水稻、粟、薏苡属、野豌豆属和豇豆属；杂草类，有莎草科、银须草、飘拂草属、蔗草属、莎草属等种子。

种植物从小米开始，而后开启了水稻时代，开始养殖猪、羊。

水稻，人们的主食，还有黍、粟、薏米、苍耳等植物。

在堆满陶器的“宴飨坑”，即举行聚餐仪式的场所。

驯猪狗。在“宴飨坑”，也发现猪的头骨、狗的肋骨与鱼鳃骨。

“古成都人”已经将这些动物驯化，作为食物。

还发现了豇豆、豌豆、薏仁、水稻、小米等植物遗迹。

祖先们最常吃的东西。

把猕猴桃当零食。

耕作之余，用石箭、石镖狩猎。

打猎之余，就做一做陶器，称为“神器”。

结实耐摔，作用齐全。

绳纹花边陶、敞口圈足尊、喇叭口高领罐、宽沿平地尊……

部落里的工艺美术师，在陶罐上刻绘下生活场景，纪史、修志，述说质朴烟火人间。

陶制纺轮，已经掌握纺织技术。

制果盘，用滤水器……

“高级物品”陶器。通体椭圆，高约20厘米，底部有两个小圆洞，与炊具、盛具明显不同，属于一种净水器，借用鹅卵石、泥沙等，通过物理过滤方法净水。

还有打磨光滑的圆盘状陶器，用来盛放食物。

“奢侈品”，类似于果盘。

成年人身高在165至175厘米之间。

与当代成都人的身高，差别并不大。

大约与蚕丛氏同时期，古羌的一个支系，从西倾山(属巴颜喀拉山)进入小金河谷、大渡河峡谷，居住在成都平原西南边缘，因尊蚕丛青衣神为始祖，以穿青衣著称，故称青衣羌，简称青羌。

生活，周而复始的迁徙。

卸下行李，开始营造家园。

创业的“古成都人”以种植小米、黍为主，开始种植水稻以来，成都平原长期保持着稻作、旱作混作的耕种方式，在山坡上排水好的地方，种植小米，在平原便于灌溉的河边，种植水稻。

直到都江堰治水后，才有成熟的灌溉农业。

年复一年，种植的土壤，慢慢变得贫瘠，耕地里的庄稼，稻穗越来越小；砍伐过度，让森林不再茂盛，野兽几乎看不到；渔猎无休止，河鱼、走兽来不及繁衍后代。

成都平原台地很多，又发现另一片水草丰茂、森林密布的台地。

远远不是终点。

又过了近200年，新的耕地也慢慢变得贫瘠，森林里的走兽一如既往地减少。

再开始迁徙，重新建立一个家园。

万事开头难。从头再来，却是辉煌的前夜。

受环境变化困扰，“古成都人”被迫离开故城，在对沃土的渴望中，沿着岷江古道，来到下一个区域，还是一条大河边。至少迁徙六次，每到一处，都给后人留下高大的城墙、陶器。

不断和自然抗争，调整生存空间。

水土丰茂的成都平原，成为永远离不开的温床。

农耕离不开水利。平原腹心，溪流密布，迫使创业的“古成都人”不断进行“疏浚”活动，而且要有统一的指挥，开展集团作战。分散的部落，便需聚合成稳定的族群，应对外部侵扰。

古老的城池雏形，在平原上萌芽。

农耕生产，必须平正土地，形成阡陌，开辟道路；农耕氏族也丢不掉从事过的渔猎、采集、畜牧生产，乐于环绕家门，开展多种经营，就有了剩余产品；交换产品，形成交换集市渠道。

定居、观象、水利、集市……

催生出以修建城池为特征的邦国。

开始，只能用双手作工具在平原、河谷垦殖。后来，在长期的劳作中，发明了石锄、石斧等工具，分别创造了“瞿上文明”、天府文化源头的新石器时代晚期的“宝墩文化”。

长江文明之源，古蜀文明发祥地。

“宝墩文化”，由“营盘山文化”发展而来。

宝墩城，地属新津宝墩镇宝墩村。

距双流“瞿上城”20公里、新津城西北5公里、成都中心区38公里。与散落在平原中成百上千的村落一样，春华秋实，西河、铁溪河分别从村子东北、西南面穿过，灌溉沃土。

地形奇特。一马平川的绿色沃野上，突兀地耸起一圈高两三米、宽一二十米，不规则的脊梁似的黄土埂子。埂内，阡陌纵横，沟渠交错。沟底和两侧，会发现一些散碎的砖瓦器物。

史前城址群。西南地区发现的年代最早、规模最大、分布最密集，有明显功能标志的聚落形态——“城邑”开始出现。城墙建筑，采用“双向堆土、斜向拍夯”的办法。

智慧展现。既要避水，也要利用水。

史前古城。比三星堆古城还早1 000多年。

三星堆古城，承袭关系明显。

宝墩古城、石峁古城、良渚古城与陶寺古城的面积，都超过200万平方米。

文明曙光的标志。东亚大陆上已经出现了网络状的古城聚落。尼罗河流域、两河流域南部出现奴隶制小国，古代埃及已形成统一国家，印度河流域出现奴隶制城邦。

文明与野蛮，一个区别在于“城市”。

大禹的父亲鲧，不但善于治水，还是最早发明筑城技术的专家。

“古成都人”聚居，有了房屋。聚居地的外沿，没有城墙防护，身为君王、诸侯地位较高的人，也与百姓混居。发明城郭后，四面环绕，除抵御猛兽、外敌之外，最主要的还能防洪水。

城，人类社会的重要聚落形态，历史文化的特殊产物。作为一种宏观的历史地理现象，又是一种大规模的永久性的防御设施。代表的文化现象，被称作“城邑文化”“防御文化”。

西方文明起源时，农村、城市各自独立、分离。

中国古代，原始氏族社会的血缘管理依然延续，虽然也出现城市，但城内的氏族贵族阶层与城外农村里的氏族平民，属于同宗、同族、同血缘，统一在血缘管理的共同体之中。

表现为“连续性”型态，与西方文明起源的“破裂性”型态不同。

中华文明起源走“维新”的路径，与西方的“革新”路径相区别。

旱灾、水灾交替频繁。

气候变动幅度增大，成都平原洪水频发，常常冲毁人们的定居点。

抵御洪水。宝墩时期城址，“远支流，近干流”，能避免水患，同时方便取水、渔猎。城池布局，大多与河流平行，加上城内地面高于城外，先民利用地势、水障沿台地边缘，筑起墙垣来防洪。

宝墩古城群的建造年代，与鲧筑城的年代相当。

大禹于汶川石纽山出生，父亲鲧于崇州鸡冠山出生。

大禹世系与古蜀州（崇州）人同出一脉。

“禹”字与“蜀”字，都从虫。

“虫”符，“龙”符。

鲧，中国历史上有文字记载建造城郭的第一人。

宝墩古城、石峁古城、良渚古城与陶寺古城的面积，都超过200万平方米。文明曙光的标志。东亚大陆上已经出现了网络状的古城聚落。尼罗河流域、两河流域南部出现奴隶制小国，古代埃及已形成统一国家，印度河流域出现奴隶制城邦。

各个城址的防洪功能，是鲧筑堤埂防洪水的治水理念，在成都平原运用的印证。

筑城时间比宝墩古城更早的高山古城，城墙与长江中游古城的城墙比较相似。

城墙，凝结“古成都人”的智慧。

先民来到成都平原后，重中之重就是建城墙。

高筑底宽厚达50多米的城垣，外挖数十米至百余米不等的环城深壕，利用北、南两条河流作为屏障，在城内开挖沟渠疏导洪水、种植水稻，在内、外城垣间，营建成片的居房。

修城墙功能之一，挡水。

不光修城墙，还修城壕。城墙挡水，城壕泄水，形成对水抵御的体系，逐级挡水的体系颇有成效。双重城墙挡水效果好，外墙冲破，但内城没被冲破过。

考古发现，宝墩内城到汉代，才被洪水冲破过。

城墙还有防御、避难的功能。

古城中心。大型建筑。

原始议事厅、宗庙场所。

和排房不同，建筑面积不小，单体面积都超过200平方米。

筑坑规矩，筑网清晰。

在考古现场留下的照片上，能清晰看到放置房屋柱子的方形深坑。以鼓墩子的三座建筑为例，1立方米的方形柱坑，共有42个，主体建筑东西两侧各8个，南北侧各5个，房屋内部还有2个，建筑长20米，宽10.5米，房屋内部的两个坑基，还有两根柱子帮着承重。厢房在主体建筑的两侧，北厢房长10米，宽7.5米，南厢房长9米，宽8米。

整体布局主次分明，相对对称。

复杂而有序。分布在南北一条线上。

组成了一个“品”字形复合建筑。

3座300平方米以上的大型房屋，成都平原最早的大型建筑遗址。

为修建这几座“豪宅”，“建筑师”殚精竭虑：建筑采用立柱式承重，先开挖柱坑，竖立梁柱后，再加盖主体建筑，42根大型梁柱。主体建筑恢弘。周围，还有许多小房，部落居住。

每一个聚落点，都有一组大型建筑。

相当于如今的大礼堂。

聚落内部，城池内部有大事，居民就来商议、庆祝。

古观象台。外城西南，颇为奇特的建筑遗迹：土夯基。“古成都人”在空地上挖了一个平的大坑，大坑中间堆起一个土台子，也被河水破坏，残存的夯台长20余米，宽约6米，高约1米。

方向极为独到：北偏东21度。

角度与成都平原地区，冬至日太阳光的方向一致。

沿河修筑，因河废弃。

在古城址东北和南边，还发现大型古河道。

有与鲧禹父子同一时期、约4 200年前的护岸堤。“古成都人”在堤上开挖沟槽、安插木桩，起加固作用，再在近水一侧，用大量卵石堆筑作为护坡。

鲧禹所在年代，先民已摸索出一套治水经验。

宝墩古城遭遇大洪水，三条较大的古河道，从西北方向冲毁城墙。

附近，有两条河，一条，现在古城遗址的东北；一条，从碾墩子、大埂子、高地之间的空地流过，古城西北城墙的组成部分：大埂子、高地、胡墩子和狗儿墩，被河流分割在另一侧。

古城城墙的东北、西南，有两个地势低洼的条带状，在4 200年前，是两条河流的所在地。

从古今河道的对比图看，现在的两条河在以前的位置，平移差不多的距离。

古城修筑在被两条河流夹着的高台上。

河流改道，河水不管是否有城墙围挡，只管冲过去再说。

城墙遗迹间的缺口，河水改道从城墙上冲刷过后的痕迹。

城内有不少古河道、湖相沉积。宝墩先民在这里生活时，河道纵横，湖泽密布。后被河水冲毁，留下沉积。活动轨迹遍布整个新津，在新平镇、五津镇、安西镇、邓双镇、花源镇均有遗迹点。

宝墩先民定期到岷江与南河相夹最高峰祭天，山海拔仅617米，被称为“天社山”。

天社山“朝日圣会”源起，始于对太阳崇拜。

轩辕黄帝在山后轩黄台修炼功成，后人遂修庙设坛，祭祀黄帝。

“天社山”形如圆锥，俗称老君山。

张道陵天师创立五斗米道，便成为道教二十四治之一的稠粳治。

远古祭祀遗迹尚存。薪火相传，至今已近5 000年。

河流改道或洪水来袭，城池俨然汪洋。

在古城里高出水面的台地上，还有人留在这里继续生活。

一次次地成为断壁残垣。

“古成都人”多为“鱼鳖”。

剩下的选择离开城市，迁往其他地方。

在无休止的王朝更迭、岁月流逝中，古城永远地湮没在地平线下……

距今4 000年以上的水利设施。

岷江水历来湍急，为了保护河岸边的城市、民居，不被河水侵蚀，修建了堤坝。堤坝的内侧考古，发现了大房子、家族墓地等。内侧沟渠里，还发现了许多木桩的痕迹。

水坝护岸设施，长147米，上宽12米，下宽14米，与城墙的夯筑做法相似。

成都平原河流遍布的土地上，人与水和谐相处的智慧已形成。

都江堰水利工程智慧的“原版”。

清晰可见。堤坝上，一排排鹅卵石。

先民用竹笼装着石头，将堤坝固定。都江堰水利工程，就是利用竹笼固定沙石的原理，中国水利史上的重要发现。都江堰的文明传承、发扬，源于4 000多年前“古成都人”的治水实践。

“古成都人”重视水患治理，远早于李冰治水，多条人工与自然交汇的河道，蜿蜒流淌，为千年前的古城，带来200多年的宁静生活，也为宝墩人的繁衍生息奠定最为坚实的基础。

已经有了御洪技术。郫都古城（三道堰古城）

上善若水，厚德载物。古老中华道德文明的标志。宝墩文化应该是先夏文化。夏人尚黑。夏文化，灰陶文化。

的城垣，也采用大量河卵石来加固城墙。独特“竹木护石”技术，也被视作后来在都江堰水利工程中，大放异彩的竹笼络石技术的“模板”。

工程庞大。内城墙土方量，约25万立方米，外城墙土方量，约115万立方米，总土方量达到140万立方米，在惊叹于古人精湛的建筑技巧的同时，对人力、政权，也有了全新解读。

共同见证刀耕火种之中的辉煌。

古蜀文明，呈现从“孤立隔绝”，到“包容互鉴”的演进图景。

“古成都人”生活，开启从“随遇而安”，到“造郭守望”的历史篇章。

古蜀国中心，面积很大。

包括今崇州、大邑、新津、都江堰、温江、双流的一半。

一种形制。“古城”为权力组织核心，统辖若干从属村落多层级大型聚落群体。

兼具治水、防御、经济文化、政治宗教中心等功能。

宝墩文化城市群，规划、组织、施工、食物供给、指挥调度……

不仅表明已拥有建造宏大工程的专门技术，反映已具备与古城建造相应的配套系统，表明古城统治者统治着众多的人口，有力地控制了各自地域内丰富的自然资源和生产资源。

农耕社会战胜渔猎社会的结果。

岷江扇形冲击平原，宝墩文化遗址在沼泽上打桩建城，形成满月状水寨，几个4 000年左右的小城，面积在10万至60万平方米之间，分布在宝墩古城周边。展现成都平原相当于中原龙山文化晚期、承接夏商二里头文化时期，古城址文化面貌与前后衔接的演变过程。

鲧因建造城郭有功，尧把“崇地”封给了鲧。

实际建造的数量，应比这些还要多。

古城址与古河道关系密切。

出若水的三条江河口，崇州的街子、原三郎、苟家、万家与怀远，也是同一时间段所建。只是因建好后一直住人至今，现难以找到遗迹。若是仅仅只建8座城，鲧不会受到尧帝嘉奖。

芒城遗址、双河遗址、紫竹遗址、宝墩遗址，正位于岷江中游重要支流——文井江古河道的上、中、下三个地域，鱼凫城位于古岷江干流，郫都古城遗址位于《禹贡》所载江沱古河道近旁。

成都平原农业开发、陶器制作最早的地区之一。

与鲧建城起于崇州、鲧禹治水发源于岷江，始于江汉，正处同一时期。

上善若水，厚德载物。

古老中华道德文明的标志。

宝墩文化应该是先夏文化。

夏人尚黑。夏文化，灰陶文化。

正与宝墩文化器物多为泥质灰陶、夹砂褐陶相当，也可称“灰陶文化”。

在西亚的两河流域，苏美尔人大约于公元前3500年进入文明社会，距今5 500年左右。这里有文字、有城市、有宗教，是农耕时代最适合人类居住的地方，也成了临近民族争夺的主要战场。

大致在公元前3500年，埃及文明出现于尼罗河流域，到现在也有5 500年左右。也在外族的数次入侵和占领后文明被中断，大约存在3 000年。到近代，埃及的象形文字才被学者重新解释。

古印度河文明，形成于公元前2600年左右，距今4 600年左右。哈拉巴遗址属于城市文明，城市建筑水平远超同期的其他文明，位居世界之首。在公元前1750年左右，古印度河文明被毁。

哈拉巴文化，以印度河流域为中心，在方圆50万平方公里的土地上，兴起一个以烧砖建起的城市群。城里有街灯、下水道、豪宅、楼梯间、浴池、商业区、行政机构，个人有图章、首饰。

史前到文明起源的过渡时期。中国文明的起源，大体经历了由大体平等的“农耕聚落形态”，发展为含有不平等与初步社会分层的“中心聚落形态”，再发展为“都邑国家形态”。

宝墩文化正与从中心聚落发展到都邑国家的阶段相当。诸城林立，此消彼长，兴替频繁，已出现政治权力中心与不同社会集团之间的对立，形成成都平原文明前夜的动荡期，为社会进步提供了动力源泉，为过渡到文明阶段做好了准备。

宝墩文化正与从中心聚落发展到都邑国家的阶段相当。

诸城林立，此消彼长，兴替频繁，已出现政治权力中心与不同社会集团之间的对立，形成成都平原文明前夜的动荡期，为社会进步提供了动力源泉，为过渡到文明阶段做好了准备。

孕育文明的火种。

将成都的历史往前推进1 000多年。

扫码听精彩段落音频

“萌芽”阶段的城市。

成都平原古城址，方国酋邦阶段。

由混沌迈入新石器时代。

生产力和生产关系发展的必然。

占地约为276万平方米，城周近6.2公里。

与如今的一些小县城的面积相当。

南、东、西三个方向，都有内外两道城墙护卫，北面因外有河流，内外城墙重合。目前残存的梯形城墙，底宽30余米，顶宽20余米，相当于如今双向四车道的城市公路。

始筑约在公元前2500年，废弃约在公元前2300年。

长江流域规模第二大的史前城址，仅次于长江下游的杭州良渚古城遗址。

距今至少4 500年。存在的年数，200至300年。

出于保卫政权、宗教组织的防御需要，修筑高大城垣、巨大壕沟。

戒备森严。先修建内城墙，再修建外城墙。分内、外两圈，呈“回”字形。一座由内外两重城墙包围，内外城墙四个方向布有壕沟的城池。不仅有城墙，还有护城河。

建成“一环路”，还有“新区”。

令人惊叹，想象空间巨大。

外城墙，晚于内城墙。

宝墩人最早生活在内城，由于人口膨胀，拓展到外城。

一些大家庭开始分家，外城“新区”成了先民的选择。

在外城角落，还有守卫的廓城。

同一时期的紫竹、高山等城，城邦之间难免攻伐，修筑工事是必要的选择。

内城、外城的城市格局，与同期的长江下游巨无霸“神王之国”良渚、稍后的长江中游以天门石家河古城（早期是神农氏之都）为中心的城邦集团相同，在世界城市发展史上地位重要。

王权逐渐落入少数人手中。

城墙，权力与秩序的象征。

城市聚落网络状。背后，有个强力的权力机构。全面集中的领导。

调动起大量的人力、物力，来长时间、有组织、有分工地进行修筑。

文化区域。富饶沃土，人口众多。

雪山下的城市群。几个大聚落形成的古城，被数十个小部落、诸侯围绕，有规律地排列在一起，但又不具备古黄河流域聚落的“瓯脱”隙地，形成串珠状分布的大小聚落。部落相互独立，相互交融，以宝墩文化为核心，带动中小坝子上发展不平衡的氏族部落，在长江上游的西南地区，形成了独特的“古蜀文化区”。

即将跨进文明门槛的历史见证。

“坝子文化”的源头。

城市也处于起源过程中。

经历了从类城市、雏城市，到真城市的发展过程。

4 500年前，中国西部最大的城市群。

已处于国家和文明的起源阶段。

成都平原史上第一次大迁徙，带来陶器、古城，图腾崇拜、信仰。

人类进入文明时代一个重要标志。

“宝墩文明”大约延续800年，一直不断地迁徙，足迹几乎踏遍整个成都平原。艰辛地与自然斗争，在水与火之中顽强地繁衍、进化，留下“古成都人”第一部关于生存、文明的史诗。

成都从恣肆不羁的传说，真正地回到人间。

古蜀文明不是“从天而降”，不是“外来”，更不是“西来”，也未“突然神秘消失”，而是有序传承长达5 500年以上。蚕丛纵目、鱼凫神化仙去、杜宇化鹃、开明王子迁徙越南……

繁荣景象。“部落相连，钟鸣鼎食”。

雪山下的城市群。几个大聚落形成的古城，被数十个小部落、诸侯围绕，有规律地排列在一起，但又不具备古黄河流域聚落的「瓯脱」隙地，形成串珠状分布的大小聚落。部落相互独立，相互交融，以宝墩文化为核心，带动中小坝子上发展不平衡的氏族部落，在长江上游的西南地区，形成了独特的「古蜀文化区」。

中国史前第三城。“宝墩文明”如流星一般划破长空，城邦林立，证实了成都平原也是中国文明起源的重要一元，与华夏文明、良渚文明并称中国上古三大文明，交相辉映，光彩熠熠。

创造灿烂的“古蜀文化”。经历从蚕丛、柏灌到鱼凫早期的“三王”的长期发展过程，经过2 000多年的努力，终于使原来沼泽密布、荆棘丛生的广都，成为中国三大农业起源地。

“立体农业”开始萌芽。

广都之野，“冬夏两季”播种。

农田里有稻、麦、粟、黍、豆等。

园艺发达。荔枝、柑橙、茶桑、“四季瓜果”。

引起古蜀丝绸的兴起。

“牲具六畜”。家养鸡犬豕，野牧马牛羊。

养鸡，农耕生产的特征，公鸡报时，母鸡生蛋。游牧时代用不着。

鸡，古名是“蜀”，不排除“蜀”人的得名，因最早从事家鸡驯育。

池塘里不仅有鱼、蚌、鸭，还种有莲藕。

为古蜀先民进入农桑时代打下经济基础。

形成以成都平原为中心的城邑并峙、人口繁衍、安居乐业的“古蜀文化区”。

成都平原历史的“活化石”。

彰显共性。新津宝墩、都江堰芒城、郫都古城、温江鱼凫村、崇州双河古城、紫竹古城，加上大邑盐茶古城、高山古城。合称成都平原八大史前城址，一如金色珠子一般，连接成一条带弧度的项链，戴在雄伟的龙门山下，为世界“雪山下的公园城市”奉献“初级版”。

“都广”，“广都”的倒文。

祥和之象。《山海经》的“海内经”里，有“西南黑水之间，有都广之野，后稷葬焉。其城方三百里，盖天地之中，素女所出也。爰有膏菽、膏稻、膏黍、膏稷，百谷自生，冬夏播琴……”

一个梦幻般的名字——“都广之野”。

古成都平原的代称。

《山海内经》给予“都广之野”“广都樊乡”的美誉。与《淮南子·地形训》记述一致：“建木在都广，众帝所自上下，日中无景，呼而无响，盖天地之中也。”

“天下之中”。《中山经》把成都平原包括在天下之中，对岷江中上游地区水道的记载，特别珍贵。《五藏山经》不仅以巴蜀荆楚为天下之中，更以详细记载岷江中上游，引人注目。

《海内经》四篇所说的“天下之中”，指成都平原。

在《山海经》产生的时代，成都平原已成为“天下之中”。

《山海经》里“天下之中”，撰写时间在古蜀国顶盛发展时期。自视“中心”，表现出强烈的文化自豪感，社会与文化发展到一定高度的表征。“中心”，相对富庶、适宜居住的地方。

“都广”即“广都”，连“百谷”都能“自生”。

“内循环”，海纳百川开放型的农耕文明。

都广之野，山地、河谷低地农业结合的产物。

“鸾鸟自歌，凤鸟自舞，灵寿实华，草木所聚。”

“爰有百兽，相群爰处，此草也，冬夏不死。”

亚热带气候，一年四季雨量充足，温润潮湿，特别适合各类果树的生长，柑桔、蜜桃、荔枝、杨梅，现在仍然是成都平原的特产。凤凰栖息，鸾鸟、各种飞禽走兽都安静地栖息。

悠悠游游。在太阳底下暖暖地躺着睡觉，生活节奏散漫、悠闲。

一年四季都能播种百谷。

出产各种豆类、稻谷、高粱与小米。气候温和，冬天夏天，都可播种。凤凰鸟欢乐地唱歌舞蹈。树梢上夏天结的果子，冬天已经成熟。树木茂盛，野兽成群，生长的草，冬天都不会死。

静淌而过的河流，泛着粼光的湖泊，高低不一的小丘草坡。

还有湖面上时而掠过的白鹭、开得正盛的野菊……

一年四季，草木常青。

乔木、灌木茂盛，江岸与泽地旁边，生长着繁茂的草本植物与蕨类植物。不远的地方，有丘陵山地，生长着茂盛的森林，林下遍布着低矮的杨梅、玉心花等灌木丛，树干上攀缘着南蛇藤等藤本植物，附生着蕨类植物。

一幅生机勃勃的景象。

气候环境，呈现出一片伊甸园式的美丽风光。

“世外桃源”。

美哉，都广天府，黄帝、嫘祖、蚕丛……美丽的故乡。

与《圣经》中对伊甸园的描述十分相近。

东方伊甸园。世界级公园城市。

“城市胎记”，给成都植入山水、田林、生态、安居的基因。

“宇宙之书”。包罗万象的《山海经》中，记述的不仅是“禹迹图”“夸迹图”“昊迹图”，而是中华民族整个群体英勇无畏、艰苦卓绝、不屈不挠、自强不息的“创业图”“奋斗图”。

不是中原传统文化的产物，代表着另一个文化传统。

“广都”的地名，很早就出现在成都平原。

“天府之国”，可能是人类史前文明的“母国”。

“天府”一词，最早见于《周礼》，专门保管国家珍宝、库藏的一种官吏，用以比喻自然条件优越、形势险固、物产富饶之地。虽是赞美之词，也是从远古沿袭的称谓。

《战国策》《史记》中的“天府”，“田肥美，民殷富，战车万乘，奋击百万，沃野千里，蓄积饶多，地势形便，此所谓天府”，指关中平原，古代也是华阳国的疆域。

《山海经》记载：“都广在西南，其城方三百里，盖天地之中也。”

《华阳国志》中，常璩称：“地称天府，原曰华阳。”

并标明位置：“广都县在郡西三十里。”

今天的成都主城区、天府新区、双流区核心区域一带。

诸葛亮称成都平原为天府，在《隆中对》写道：“益州险塞，沃野千里，天府之土。”

明朝学者杨慎断言：“黑水都广，今之成都也。”岷江上游，古称黑水。

“广都樊乡”的人间仙境。《华阳国志》中，记载：“蜀沃野千里，号称‘陆海’，旱则引水浸润，雨则杜塞水门，故记曰：水旱从人，不知饥馑，时无荒年，天下谓之天府也。”

誉称“天府之国”。

形象生动地展现了内陆农业文明的辉煌。

农业之神。后稷，周朝始祖，“好耕农，相地之宜，宜谷者稼焉，民皆法则之”。《山海经》说，帝尧时专门研究种植五谷的农师，黄帝、嫘祖的后裔，死后葬在蜀王蚕丛开辟的都广之野，不仅彰显成都平原与北方、中原，文化交流密切，也是高度发达的古蜀农耕文明的一种反映，还说明“都广之野”在中国农耕文明史上具有重要地位。

在4 000年前，创业的“古成都人”，便在成都平原，创造一个强大的文明，傲视长江流域文明中心，一个存续了3 000年以上，距今不少于5 000年，以前长时期神秘、模糊、朦胧的伟大文明——以“宝墩文化”发轫，以三星堆、金沙城为代表，系统、完整、辉煌的古蜀文化。

中国农耕文化的起源地之一。

与中原、东南并而为三，中华文化的源头多元。

不约而同。不同民族、族群来到成都平原，追求更为宜居之地，反映“天下之中”的向心力。

人类必然选择，“历史心性”的产物。

蚕丛被尊崇为蚕神，农桑业发达的反映。

蚕丛氏从岷江上游兴起，故地在叠溪。

蚕丛死后葬叠溪，名蚕陵山。

汉代曾在叠溪设蚕陵县。

西汉，益州刺史任安，感受“九倒拐”一带的“王气”，曾经在“瞿上”遗址上，再筑“宜城”。山，得名宜城山，寓意先人已筑过瞿上城，我再来筑城，无疑适宜。史籍称为“武阳城”。

宜城山称沿至明代，为“牧马山”取代。

古蜀历史以蚕丛“瞿上”为开端。后有三星堆文明、金沙村文明。对蚕丛纵目形象的描述和三星堆的“青铜纵目人像”惊人吻合。也是三星堆、金沙城后世蜀人，对蜀祖蚕丛、神王大禹的图腾崇拜。

“宝墩文化”表现古蜀国大厦的辉煌，“瞿上”

「巴适」「安逸」，四川话里舒适、愉悦的意思，体现了一种知足达观的人生态度。成都的城市风貌、文化，自古就给人一种美好、幸福的感觉，凝炼人、城、境、业高度和谐、统一的城市理想。

起重要的奠基作用。

神秘与苍桑，美丽与古老。

“九倒拐”，创业的“古成都人”进据成都平原的“司令部”。

如今，不忘“九倒拐”祖先们的卓著功勋，每岁清明时节，双流百姓都要成群集队到洪江对面九倒拐山涯岩墓、金花隅圣寿寺蚕丛墓前，悼念祖先的亡灵，并成为当地的时尚和风俗。

情感的源流。

寻找“古成都人”的面孔。

逶迤连绵的牧马山。沿着一部厚厚的社会进化史的铅字曲径，从末页慢慢地回溯，进入谁也没有见过的远古山林；踩着厚厚的地衣、苔藓，吸着湿润的腐质味；探寻蓑草披拂的岩穴……

岁月悠悠，距“营盘山”已经过去千年。

岷江上游、涪江上游和成都平原，史前文明连成一片。

完善了古蜀文明发展演进的脉络。

洪水仍频繁暴发，地震间或而至。

迫使创业的“古成都人”不停地搬家，产生一个个古城遗址。

具有相同的文化特征。掀起了新石器时代晚期成都平原建设城市聚落的高潮，都江堰芒城、郫都古城、温江鱼凫城、大邑高山、大邑盐店、崇州双河、崇州紫竹，宝墩城面积最大。

八座城市，均建在成都平原岷江水系冲积扇、河流之间的龙岗状台地上。

城址均呈长方形，或近方形，既有利于防洪，也便于设防。

格局因地而异。

兴建与废弃，都是为寻找到一个更好、更适合居住的建城之地。

成都平原洪水泛滥，水患最多，地震频繁。

为了避免地震、寒冷、冰雪、洪水、日晒，“古成都人”在许多地方建立城墙。作为治水示范地、样本，经济很强大，外敌不可轻易侵犯，长期繁荣，国泰民安，但自然灾害频繁。

营城理念，“因天时就地利”。

世界城市发展史经历三个阶段：“生存”为主的1.0时代，“生产”为主的2.0时代，“生活”为导向的3.0时代。4 500年以前的成都，一建城就能感受到世界“公园城市”的未来形态。

防御导向。城市1.0时代，为了更好地生存，人们聚集城市的重要原因。

工业革命。城市2.0时代，城市的一切资源都围绕着经济建设来展开，“生产”取代“生存”成为时代城市的主旋律。

信息革命。城市3.0时代，城市的一切资源，开始围绕着美好生活来展开，“生活”取代“生产”，成为时代城市的主旋律。

城市特质。北京“局气”，上海“腔调”，广州“搞掂”，成都“巴适”。

气质不同，也反映在城市风貌、城市文化等层面。

“巴适”“安逸”，四川话里舒适、愉悦的意思，体现了一种知足达观的人生态度。成都的城市风貌、文化，自古就给人一种美好、幸福的感觉，凝炼人、城、境、业高度和谐、统一的城市理想。

地理条件对文明的进步、发展价值重大。

圣哲先贤的出现，使“人性和而才惠”的中华文明特质，变得更为显著。

古城文明，大禹父子治水、建城的“成果”。

时断时续、源源不断。

古羌族，仍然从“茂县盆地”不断迁徙……

古羌族的一个很大支派。携家带口，不断“南下”。

龙门山，古蜀人的神山。

四川盆地与川西高原的天然界线。

古称茶坪山、湔山，又名龙山。

为纪念大禹“凿龙门，铸九鼎，治水患”的伟大功绩，后人名为龙门山。

龙门山地处青藏高原边缘。并不仅是一座山，而是一个山系。

东北至广元，西南达泸定。

全长约500公里，宽30至70公里。

中华文明的发展，从来都不是单线条。
与夏商周秦平行的古蜀，无疑最绵长、奇特、厚重。
大禹治水成功，开创中国的农耕文化。

「华夏」，始于岷江中游的成都平原。
古蜀州（崇州）的古城文明，大禹父子治水、建城的结果。

「江原文化」，形成中国独特的水文化思想理念，萌芽江汉朝宗于海的「中华大一统」共识。「华阳国」应是最早的「华夏国」。只是大禹不断扩展疆土，才有「人皇居中州而制辅八方」的「中州」说法，「中国」就慢慢转移到现在中国的「中原」一带去了。

震古烁今。中国安全第一极、中国经济第四极。
太平岁月，四川是安乐窝。
国家动荡，成都是避难所。

第二章

「天府之国」的历史底蕴

中华文明，本质上是江河文明。

一部中国史，半部治水史。

4 200年前，中国进行700到800年的文明“热身赛”。

六位伟大的王者，引领华夏民族完成了从物质到精神的准备。

炎帝、黄帝、蚩尤与尧、舜、禹。

百事之首。大禹治水成功，影响中国历史进程事件之首。

铭文“天命禹敷土，随山浚川”。

西周青铜器遂公盨上，中国最早的文献记录。

夏禹，也称帝禹、夏后氏。姓姒，字文命，上古部落联盟首领、“五帝”之一颛顼的玄孙。称夏禹，源自初封夏国（今河南禹州）。又称夏伯、伯禹，伯爵之位。遗爱中华，美称大禹。

大禹父子创建的“江原文化”，三代文化的源头和根基。

“三王”之首。

夏禹王与商汤王、周武王，并称“三王”。

四川第一个中国历史名人。

不是神性的天神，而是灵性的人王。

中华民族的立国始祖。

中华儿女的文化共祖。

文献典籍中，对大禹的赞美颇多。

《诗经》描写：“洪水茫茫，禹敷下土方。”

《尚书》记载：“禹平水土，主名山川。”

《左传》评论：“美哉禹功！明德远矣。微禹，吾其鱼乎！”

《史记》中，司马迁也说：“大禹平活水土，功齐天地。”

中华道统圣王之一，既是伟大的治水英雄，又是卓越的政治家。在治水过程中，尊重自然规律，以民为本，敬业奉献，对中华民族的贡献不可磨灭，也为后世的水利工程施工立下典范。

出生地。岷江上游，龙门山的汶川一带。

母亲到石纽山下打水，看见蓝天上飘着一朵羊角花似的彩云，从云中掉下一颗白玉石头，极为喜欢。这时几个村姑前来打水，情急之下，她不得不含在嘴里，一不小心吞到肚里，便有了身孕。

禹待在母亲腹中14个月，迟迟不肯面世。

4 300多年前。公元前2314年农历六月初六临产。

生卒年月，说法不一。也有专家考证推算，生于公元前2224年，治水的时间为公元前2162年，93岁时成为天子，建立夏朝，100岁时病亡，葬于浙江绍兴市郊的会稽山。

剖腹产。不能顺产，父亲鲧手足无措，门被风吹开，挂在墙上的宝剑自动出鞘，掉落脚前。瞬间，明白苍天旨意，剑剖开禹母腹部，救儿子出世。

《孟子》书中说：“生石纽，西夷人也。”

西汉初的陆贾，在《新语》说：“文王生于东夷，大禹出于西羌。”

司马迁，在《史记》中说：“禹兴于西羌。”

扬雄《蜀王本纪》介绍：“禹本汶山郡广柔县人，生于石纽，其地名痢儿坪。”

西晋陈寿《三国志》确认：“禹生石纽，今之汶山郡是也。”

东晋《华阳国志》记载：“石纽，古汶山郡也……而生禹于石纽之刳儿坪。”

唐代《括地志》中说：“石纽山在汶川县治西七十三里。”

《禹贡》记载的梁州之域，古羌部落联盟所在地。秦时，属湔氐道。西汉元鼎六年（公元前111年），以蜀郡北部冉駹地置汶山郡，辖绵虒等5县。绵虒为郡、县治所，旧址在今汶川威州镇姜维城。

据《元和志》记载：“蜀将姜维、马忠等征伐汶山羌夷，此其地也。”姜维征西，至汶川、理县一带，修城筑垒，习兵练武。至今，还能看到如长龙盘旋而卧的古城墙，人称姜维城。

距都江堰79公里，茂县营盘山39公里。

“三山雄秀，二水争流”。

威州四面环山，堡子关雄踞杂谷脑河与岷江之间。

西蜀羌乡。今天的汶川、茂县、理县、北川与都江堰市部分地区。

众多的石纽、刳儿坪、禹穴、石刻，古羌游牧习俗的遗迹、遗存。

大禹与率领的古羌部族“夏后氏”的发迹、发展地。“石纽”“以石为社”祭祀的崇拜，衍变为羌族白石崇拜的产物。凡有“石纽”“禹穴”处，都可能成为大禹降生、活动处。

岷江岸边。古汶川县城旧址绵虒镇。

雪山之下、河谷之上。

绵虒作为大禹出生地，在都汶高速绵虒出口右边。

石纽山，镇南5公里处大禹村背后。

山势陡险，飞沙射人，昔有关卡，故名。

山岸壁立，镌刻的“石纽山”三个大字至今犹存。

不远处，“松茂古道”关口，山势陡险，飞沙射人，相传附近为唐代杨贵妃出生地，幼时洗澡于岭下岷江边，有羌男偷看，小贵妃羞愧难当，扬沙投撒，故名“飞沙关”。

顺关梁而上，海拔1 600米的半山腰的平坦地，是面积达40余亩的刳儿坪。

刳儿坪，意为剖腹生禹的大坪坝。

大禹祭坛。头戴平天冠、肩挎网罟、手执耒锸的大禹铜像，威严矗立，双目炯炯，仿佛凝视着群峰之上的诞生地——刳儿坪。形如躺椅而无扶手，背靠青山，面临岷江峡谷。

禹王庙所在地，旧称庙坪地。

后山野，称大神会地，与大禹“汶川之会”有关。

洗儿池，为禹母生禹到此处洗涤，血水染红池水浸红岩石。遗址依然保存较好。

绵虒镇、石纽山、刳儿坪、草坡、天赦山、涂禹山。

大禹祭坛。头戴平天冠、肩挎网罟、手执耒锸的大禹铜像，威严矗立，双目炯炯，仿佛凝视着群峰之上的诞生地——刳儿坪。形如躺椅而无扶手，背靠青山，面临岷江峡谷。

组成一套完整的大禹降生地，羌人崇禹的历史地名链。

石纽山出生，涂禹山成长，天赦山祭天祭神，三山皆在汶川。

上帝与众神所在的天庭圣山。

也是古蜀人的仙化圣地。

妻子涂山氏。涂山，为渎山，即岷山，又称蜀山。

大禹娶涂山氏，西羌人的夏禹部族与古蜀土著涂山氏（蜀山氏）形成联盟。

西羌美女。大禹的妻子，仪容秀美，生性娴雅。

“夫从妇居”。母系氏族社会后期，只能做“上门女婿”。

联盟至少延续400多年。夏朝最后一位君主夏桀，就娶了岷山二女琬、琰。

迁徙定居，岷江上游的羌族，需用大禹神灵来建构族群认同。

羌族自古崇拜大禹。羌族巫师释比（汉语称端公）经典，羌族的历史记忆。

以古羌族语言的方式传承。

龙溪等地的释比经典中，都有治水唱段，如“先有天、后有地，后有人、分男女，水有源、树有根，羌族根源说分明，羌族英雄大禹，开山治水数第一”。完整保存大禹治水的内容。

今汶川龙溪，为古龙水；玉（岷玉），为龙溪玉。

三星堆与金沙用玉，大多源于“龙溪玉”、玉垒山脉的“蛇纹玉”。

古蜀王暨最高巫师使用杖，作为权杖、神杖。古蜀国的礼仪、祭祀用玉石器，主要以汶川龙溪玉制作，反映出古蜀人认为大禹出生地的龙溪玉，具有沟通天地神灵的功能。

见证了古羌人智慧的结晶，患难与共与团结勇敢。

大禹故里。汶川、茂县、理县、北川与都江堰市部分地区，均属西蜀羌乡范围。

在汶川，祭祀大禹，传统民俗活动。

龙门山将汶川、茂县等地与北川东西相隔，东侧的北川禹里镇，也有石纽山、刳儿坪。在禹里镇禹穴沟沟口石纽山一块巨石上，扬雄所书题刻“石纽”二字，遒劲有力，至今清晰可见。

禹穴沟两山夹峙，一水中流，寂静清幽。

一沟上下，分布着有关大禹的历史遗迹。

沟的中部，有唐代著名书法家颜真卿所书石刻“禹穴”、当地百姓供奉大禹的禹王庙、唐代大诗人李白所书题刻“禹穴”；沟底有刳儿坪、禹母崖、洗儿池、血石等禹迹。

历史上大禹生石纽的汶川、北川之争，表明岷江上游羌族部落的历史记忆。羌人对华夏大禹神话的羌族化改造、诠释，显示了秦汉时期以来，大禹崇拜多元化的显著特点。

汶川、北川在汉代，同在“汶山郡”境。大禹出生地。

都是羌族聚居地区，有共同保护“禹羌文化”的责任。

大禹在蜀地当部落盟主之时，父亲鲧正在中原治水。

尧舜时代，洪水威胁巨大。

“汤汤洪水方割，荡荡怀山襄陵，浩浩滔天，下民其咨。”《尚书》记载，中原地带洪水泛滥，无边无际，淹没庄稼、山陵、房屋，人民流离失所，背井离乡，遍地饥荒，灾难无边……

北方部族联合体，被围困在山陵上。

洪水滔天。尧决心消灭水患，访求能治理洪水的人。

大禹的父亲鲧，水利专家。

治水时间长达九年，终未见效。继承父亲遗志。守孝三年，被推荐作了司空。

大禹贤良，并不因舜处罚父亲嫉恨。

首治家乡的岷江。积累了治水经验。

江源岷山导江第一人。

部族之争结束，有了生存之地，还需治理生存环境。

克服和避免岷江水患，解决立足问题的根本。

大禹在前人的经验上，开创独有的治水方式、体系和理念。

“上善若水”。尊重自然生态法则的精神。

治水，包含治山、治水。

治山，“随山刊木”。“随山之势，相其便宜，斩木通道以治之”，确定山居地形、水的流向。治水，“决川浚浍”。“尽力于沟洫”，疏浚河道。导山，导水的准备。

岷山岷江，大禹最先的治山治水之地。

疏导岷江，疏浚河道引流洪水。

华夏初始，与成都平原一样，抗洪救灾，重中之重，善治水者必赢得人心、被人拥戴。一如稍后的鱼凫、鳖灵一样，因治水有功，被推举、“禅让”为部落联盟领袖，专制权力加强。

治山、治水，留下 “岷山导江，东别为沱”的历史记载。

让一片泽国的成都平原浮出水面，展现出“天府之国”历史厚重底蕴。

治水有功，大禹被封为“夏伯”。

“夏”，大禹古羌的部落名，儿子启继位，便成国名。

人类历史上的人文现象。

犹太民族的英雄摩西，可能是埃及人；法兰西皇帝拿破仑，可能是意大利人；德意志第三帝国元首希特勒，奥地利人；美国国父华盛顿，英国人；英国国父征服者威廉，来自欧洲大陆。

4 000多年前的中国，氏族林立，无论是中原，还是塞外，无论是“西北走廊”，还是“南岭走廊”，都呈现出一盘散沙的状态。各民族都还没有形成，每个氏族部落的地盘，大多只有如今的普通乡镇大。

会盟治水。古羌族部落联盟、古蜀族部落联盟。

带来联盟共体，带来文明融合。

让成都平原至今受益。游牧民族因水草而斗，农耕民族因土地而斗，必然演化为人与人之间的争斗。从蚕丛率部踏入成都平原的那刻起，“古成都人”更多是与水顽强抗争，就一直把天造的力量与人造的力量不断融合，传承和积累治水经验、治水技术，就一直在寻找一种“人与自然和谐”的方式和理念，把“与水斗争”变为“与水和谐”，营造“雪山下的公园城市”。

治水成功，大禹被舜帝选定为继承人。

会盟诸侯，“汶川之会”。

誓师治水。公元前2284年，30岁的大禹带领古羌部落联盟，迁往中原。

走出岷江前，在“汶川”之滨的石纽，举行盟誓。

同盟部族。大禹治水的过程中，获得广人民众的拥护，有跟随的本族部落，也有追随的其他古蜀部族部落。柏灌率领部分蜀族人，随同大禹“北漂”治水，迁居华夏，成为“斟灌氏”。

柏灌，古蜀国第二个王朝的统治者。

古人有分群的习惯，有时是环境变化被动分群，有时是主动分群。

祖传习惯。分群时，一般是两支分出，一支留守。

《蜀王本纪》说，“蜀王之先名蚕丛，后代名曰柏濩”。《华阳国志》说，蚕丛先称王，“次王曰柏灌”。扬雄记述的柏濩，与常璩记载的柏灌，一字之差，实为同一个人。

华夏文明奠基性发祥地。

古蜀文明跨出成都平原。

中国历史上，“川军”首次大规模出川，直接参与华夏文明建设。

中华民族历史上，最著名的治水运动轰轰烈烈地开始。

两个部落联盟数万人，相继从汶川出发，由西蜀向东，浩浩荡荡，迤迤逦逦……

人最多时，沿岷江河谷的谷道上，接踵难容。

不知当年数万先人，何以携家带口通过“松茂古道”？谷道宽不到两米，窄处只能侧身而过，绝壁处是凿空的甬道，得低头勾腰，有数十处坡陡弯急的地方，道路右下是悬崖，步步惊心。

诱惑来自远方，其实并不遥远。

无法清楚了解到4 200多年前的“川军”，如何在“誓师治水”中交流，也更难知道，在蛮荒的年代，迁徙到远方，是否有人能够将远方世界的信息，反馈给汶川故地、成都平原的同族们。

一定不是载歌载舞地离开家园。

一路上，有多少泪水迷离的双眼，在不停地回头张望？

相信一个英雄的民族，铿锵挺进的脚步，从来都不会犹豫、迟疑，甚至退缩。面对刀光剑影，或者猛兽突袭时，一定会精神抖擞地向前，纵马驰骋，威武的呐喊声，顿时响彻云霄。

还有一点却能确认，随着时间的流逝，人群的不断融合、分流，曾经在一起与大自然抗争的那群“川军”兄弟姐妹，后代的古蜀国最终与夏商周三朝并存，成为熟悉而陌生的族群。

祖先的古老记忆。

口耳相传，或许是无法连贯的碎片，演化成那些美丽的传说。

《禹贡》记叙，在虞夏时期，大禹带领古羌部落联盟、古蜀族部落联盟到中原地区，通过一条天然谷道，“西倾因桓是来，浮于潜（嘉陵江），逾于沔（汉水），入于渭（渭河），乱于河（黄河）”的水陆交通线路，先乘船顺桓水而下，然后，转入今陕西宁强阳平关附近，至四川广元白龙江口的嘉陵江河段，经过古汉水上游，再进入渭河水路、黄河干流。

《读史方舆记要》说：“褒斜之道，夏禹发之，而汉始成之。”

《华阳国志》引《蜀志》称，其始通于三皇五帝时代。

“秘道”古陈仓道（褒斜道），第一次留下古蜀先人的足迹。

就是这批“北漂大军”，怀着对远方的向往，背井离乡，翻过茫茫岷山、龙门山，沿着奔腾的岷江河谷，来到了有黄河的河洛地区。那里有比故乡更加厚实的黄土，松软颗粒状的黄土层，对于手持原始石器的古蜀先民来说，非常容易耕种，同时具有完美的“自我加肥”特性的黄土地，对于刚刚进入农耕生活的“川军”有着强烈的吸引力。

在长期的水患和治理中，“北漂大军”治水经验丰富。

大禹治水的方法，也引入中原。

治水声誉崇高。联合共工一族与其他部落，把整个中国的山山水水，当作整体来治理，疏通、平整，扩及“九州”，取得民得陆处、九河归道、九州划定的丰功伟绩。

开启治水大业，证明不是个人行为，而是领导古羌、古蜀族群与其他部族，共同开拓的成果。也佐证了西汉扬雄等人“禹生汶川”的观点，汶川是“大禹治水”的肇始地。

与治水功成后在古越绍兴会稽山会盟诸侯计功，正好首尾相应。

中国历史上，「川军」首次大规模出川，直接参与华夏文明建设。中华民族历史上，最著名的治水运动轰轰烈烈地开始。两个部落联盟数万人，相继从汶川出发，由西蜀向东，浩浩荡荡，迤迤逦逦……

扫码听精彩
段落音频

“汶川之会”。

夏王朝始兴的重大事件。

岷山，中国神仙文化的仙源圣山。

古蜀人的仙化圣地。古蜀国盛行对天庭、日月、神树、神鸟等自然神灵的崇拜。天庭位于四方形三层的圣山山顶，以古岷山主峰九顶山为圣山主峰并顶礼膜拜，与“昆仑”神话一致。

2004年，在三峡云阳县发现一块东汉年间的《景云碑》。

碑文记述，大禹第七代孙伯杼（伯沇）的一次会盟，“先人伯沇，匪志慷慨，术禹石纽，汶川之会”，循大禹足迹，在“少康中兴”后，不忘祖地岷山、岷水，以遵循大禹石纽“汶川之会”的遗则，甲帐龟车，巡狩回蜀，从中原河洛回到汶川故里祭祖，举行重大治水仪式，“匪志慷慨、术禹石纽汶川之会”，结合大禹治水奠定夏王朝基业的事迹，誓志继承大禹事业、德政。

《景云碑》，250年朐忍县（今重庆云阳）县令所立。

少康（杜康）长子夏伯沇，矛和铠甲的发明者。

从小聪明好学，酷爱兵事。

“少康中兴”时，辅佐父亲恢复夏朝，安定民生。

跟随父兄学文练武，掌握许多军事才能、治国之道。

公元前2057年即位后，延续少康的方针，征讨东夷各部落，积极扩展疆土。

“杼作甲，杼作矛”。针对武器长弓的特点，用兽甲制作成护甲，士兵穿上，能很好地防御石刀、石箭的砍与射，保护能力增强，原始战甲的起源。战甲的出现，使夏朝在军事装备上对周边文明政权，具有巨大优势。夏朝武力值进入鼎盛时期。

开拓疆域。带着军队，驰骋战场，一直打到东海边，扩大夏朝的疆域。

从夏杼开始，夏商军力几百年一直威震四方。

媲美大禹。《国语》记载："杼，能帅禹者也，夏后氏报焉。"夏朝皇帝中唯一获得"报祭"荣誉的帝王，被后世公认能遵循大禹治国之道的君主，受到尊重、祭祀。

《景云碑》现藏于重庆三峡博物馆中。

布局严谨，书风俊雅，镌刻精细，被称"汉代西南第一碑"。

大禹世系，与古蜀人同出一脉。

一脉相承。古蜀文化中的"江原文化"。

距"营盘山文化"2 300年，距"古成都人"创造的"宝墩文明"30年。

英雄蜀王，治水救天下。无论长江黄河、岷江上游，还是长江下游。

文明与蛮荒的分水岭。

最早的"中国"起步。

"北漂大军"。岷江上游的古羌联盟、岷江中游的蜀族部落，自西向东迁徙，西兴东渐，形成三大版块，构成三大中心。初始，部落集中在岷江、汉江流域，形成最早的蜀汉版块。鼎盛，挺进中原，在今晋南、豫西、豫中地区，形成中原版块。衰亡，龟守荆楚江淮流域，形成荆楚版块。"景云碑"，衰亡时期产物，一个只能追忆先人辉煌的历史记忆、安慰。

《史记》记述，秦人的祖先曾"佐舜调驯鸟兽，鸟兽多驯服，是为柏翳"，称号柏灌、柏翳，都崇鸟。特殊渊源，跟随大禹治水"北漂大军"中，柏灌氏其中一小支，在甘肃天水定居。

那是秦始皇的祖居地。成为秦人的祖先之一。

史籍中的"斟灌氏""斟灌族"，即柏灌部落的后裔、遗民。

《古本竹书纪年》《左传》等古籍中，有斟灌记载，既是地名，也是氏族名。

"南迁部队"。岷江上游的古羌联盟，大支部落进入成都平原，与“留守柏灌部落”蜀族联盟融合，建立历“虞、夏、商、周”的强大、富饶的古蜀国；一小支部落，沿岷江、大渡河南下，到汉源、西昌一带；到云南楚雄、大理、昭通。

现在的景颇族、彝族，应是古羌的后裔。

那时，宜宾和昭通，还没被后来地震而断裂的金沙江隔断。

“留守羌人”。迟在夏代中期，继大禹古羌部落联盟后，也建立以冉、駹（龙）两大部落为核心的冉駹古国，历商周，直至西汉武帝在岷江上游置汶山郡。

有时，徜徉在浩如烟海的历史典籍中，会迷失自己。

很多历史人物，总在梦中不断出现。

梦醒，时常有些许的怅然，心头萦绕，久久不能释怀。

亘古未变的四季轮换，沧海与桑田的变迁中，我们与4 000多年前的祖先，共享着同样的朗月清风，朝云暮雨，是否有过同样的遐想与对未知的迷惘？

并非偶然。

大中原区的形成，成为中国远古时代重要的区域。

“念天地之悠悠，独怆然而涕下”。在陈子昂悲天悯人的忧思中，那个充满着原始困惑的年代，先人夏禹与古羌部落、柏灌蜀族部落，在艰苦的生命轮回中，谱写了怎样的乐章？

“松茂古道”苍凉地盘山而上下，集秘境与情结于一身的人文宝地。有谁在繁华中，倾听远古的乐章？有多少血泪，在这条古道上洒过？又有多少先民，目送嘶骑奔向远方？

宛如一根羊肠，从山下到山顶，再从山顶到山下。

「松茂古道」苍凉地盘山而上下，集秘境与情结于一身的人文宝地。有谁在繁华中，倾听远古的乐章？有多少血泪，在这条古道上洒过？又有多少先民，目送嘶骑奔向远方？

一条古道有多少宽度，才能容得下世间万物？

“夏”的文训之义，“中国之人”。

时年“中国”，多从地理“中原”、旌旗“中心”去理解。

“中”在汉语里，意为“上下通和”，并不固指某地域、民族。

“中国之民，曰五方之民，咸有安居利味，咸有利器知道之俗，今之有量地度，居有城廓，地以度邑，邑以度民，以观安危……有君长正之者乎，公曰善哉。”指已经进入“安居、熟食、农耕、有城市、有生产生活管理制度与各部落所共同的祭祀崇拜礼仪，有解决人民矛盾纠纷与困难的机构，有公平公正机制”的国度。

西部地区的山谷、丘陵之中，中国农业最早发生地之一。

在夏代，四川为梁州，大禹开辟的农耕之地为梁山。

在四川语音中，梁州发音成连州、联州；梁山发音成连山、联山。

连、联，联合、连结之意。

既指岷江上游的连绵起伏的大山脉，也指长江上游联合的文明形态。

成都平原最早进入“中国”文明文化形态。

在《史记》中，司马迁记载，有庸、蜀、羌、茂、微、泸、彭、濮等不同的部落联合体，又各自称自己为尔戈、比尔干、立尔矛、矛其誓。现在的羌、藏、普米、纳西、彝等少数民族，生活的岷江、雅砻江、大渡河、湔江流域的中上游地区，大禹古羌部落联盟、柏灌蜀族部落联盟当年生长、活动之地。

现在的凉山州的彝族人，就称自己是“罗罗”；阿坝州的羌族人，称自己是“尔矛、冉駹（庸茂）”。至今，还留有介于藏族、羌族之间的一种独特民族——“白马藏”（濮矛赞）。

农业在成都平原乃至四川盆地与中国东部地区平原得到高度发展，从事农业的群体逐步变成以农业为主的“汉族”，而继续留在山区、高原地区半农半牧的人们，成为现在中国西南、西北的“少数民族”。

发式相同。岷江上游石棺葬文化的居民辫发三根，与成都平原古蜀人辫发三根一样。

中国历史上，哪个地方最早进入稳定有序的农业、渔猎、放牧生产生活先进文明文化形态，那个地方与那里的人民，就是“中国”“中国人”，与地域的中心位置，并无直接关系。

“大禹治水”与继后的“鳖灵治水”。

带来农业生产生活中具有发达形式的水利农业。

为成都平原成为“天府之国”奠定基础。

“华夏蛮貊，罔不率俾”。

中国可信文献中，《尚书·武成》最早出现华、夏二字并称。

“伪造”的孔安国《尚书传》解释：“冕服采装曰华，大国曰夏。”

《春秋·左传正义》：“中国有礼仪之大，故称夏；有服章之美，谓之华。”因中国是礼仪之邦，故称“夏”，“礼仪之邦，衣冠上国”，有高雅的意思。

《华阳国志》记载，夏分九州，梁州包含夏之前就已存在的华阳、黑水和江汉三地区，即现在的四川、陕西、甘肃一带。“华阳”，指梁州中心地区，巴蜀又是华阳之“中国”，梁州与巴蜀都是大禹治水之功所成。川人因为无翘舌音、后鼻音，阳（yang）应念为“雅（ya）”或“雁（yan）”，“华阳国”可念为“华雅国”“华雁国”。

古蜀人历来有崇“五”习俗，“五”为“中”义。

雅、夏同义，“华阳国”应是最早“华夏国”的“雏形”。只是大禹不断扩展疆土，才有“人皇居中州而制辅八方”的“中州”说法，“中国”就转移到现在的“中原”一带去了。

夏人何以尚黑？只要到大禹古羌部落联盟生活的岷江上游、柏灌蜀族部落联盟生活的成都平原，看看土地的颜色便知那里土地十分肥沃，是大禹的“六府三事九功”的中心。

夏禹时代，中国已经进入了农耕与稳定放牧时代。

夏人尚黑，指进入农耕时代的夏人尚肥沃的黑土。

夏人称为“华夏人”？华、花相通。

牛羊成群。岷江上游一带，4月到9月是放牧与农耕的黄金期，其余时间白雪皑皑，当地居民特别向往、珍惜农历中的夏天。“尼磨花”，判定夏天来临的象征，太阳花之意。白天，花心一直向着太阳，自旋转180°；夜晚，再次自旋转180°，将花心向着太阳即将升起的东方。

川西高原，《竹书纪年》《史记》《蜀王本纪》中，“禹出西羌”

之地。“华夏”，表示充满生机的“夏花”之意；“华夏人”生活在“夏花”之地的人，与“禹出西羌”不谋而合。

一本《华阳国志》记载了西南地区的情况。

华阳国和夏朝相加，难道是“华夏”？

夏王族自称“太阳家族”，“禹都阳城”之名、“太阳之城”的简称。

名称由来，与“太阳家族”有关。

三星堆文化，太阳崇拜特色鲜明。

太阳神鸟，“古成都人”早期部落的图腾。

“神鸟绕日”，表达先民向往太阳、崇尚光明的飞天梦想。

从古羌部落到今羌乡各族，4 000多年来始终守望着大禹生于斯、长于斯的家乡故园；守护着大禹初心，传习历代“术禹石纽、汶川之会”。生日回乡祭大禹的传统习俗，也有4 000多年。

“大禹禁地”，方百里，不敢居牧，不敢放六畜，有罪的人，逃入其中不能去追捕，三年后，即可赦其罪。羌族的圣地，称为“天赦山”，在绵虒镇草坡片区与耿达乡交界处。

大禹治水。改变以往的“堵水”，用“疏导引流”。

在《史记》里，司马迁为大禹画像：“左准绳，右规矩，载四时，以开九州，通九道，陂九泽，度九山。”风餐露宿，治理岐山、荆山、雷首山、太岳山、太行山、王扻山、常山、砥柱山、碣石山、太华山、大别山等，疏通水道，使得水能够顺利往下流。

为准确地规划疏导路线，没日没夜地访山川地理，观察地势的高低，沿路测量好水流向的路线，召集当地百姓，按照费尽心血规划好的路线图，开山辟地，填洼筑堤，合力开拓。

大面积、以史无前例的规模，开展基础建设。

建立九州交通网络。除了水路体系，还有公路

「北漂大军」。岷江上游的古羌联盟、岷江中游的蜀族部落，自西向东迁徙，西兴东渐，形成三大版块，构成三大中心。初始，部落集中在岷江、汉江流域，形成最早的蜀汉版块。鼎盛，挺进中原，在今晋南、豫西、豫中地区，形成中原版块。衰亡，龟守荆楚江淮流域，形成荆楚版块。「景云碑」，衰亡时期产物，一个只能追忆先人辉煌的历史记忆、安慰。

网络，三横三纵，九条通达九州的交通系统，连接了荆山、太岳、王屋、太行、太华山、大别山、衡山。大量的地方，变成肥沃的土地。

山路治理好，开始理通水脉。

共疏导九条河流。将黄河疏导过龙门山，最后流入大海，将汉水向南疏导，注入长江，开通汶山，疏导岷江，疏导沇水进黄河，疏导淮水入大海，渭水、洛河进黄河。

梁山北面，黄河上游的龙门山，大禹劈开龙门、伊阙，凿通积石山、青铜峡，将黄河水从甘肃的积石山引出，被疏导到梁山，被龙门山挡住。龙门太高，逆水而上的鱼，拼命地往上跳。

“鲤鱼跳龙门”。

极少数的鱼能够跳过去，变成一条飞舞空中的龙。

河水失去往日的凶恶，驯服、平缓地东流，昔日被水淹没的山陵露出峥嵘，人民又能筑室而居，“丰水东注，唯禹之绩。四方攸同，皇王维辟”，进入安居乐业的农耕文明时代。

开凿的龙门有两个：陕西韩城、山西河津之间的龙门山，洛阳之南的龙门山。

《水经注》记载：“昔大禹疏龙门以通水，两山相对，望之若阙，伊水历其间，故谓之伊阙。”《汉书》记载：“昔大禹治水，山陵挡路者毁之，故凿龙门，辟伊阙。”

推广“稷降播种，农殖嘉谷”。

自律精神。离家治水长达13年，三过家门而不入。

只是对妻儿遥遥地挥挥手。

十分顾及常年一起治水的柏灌联盟伙伴，多年在外，许多人或许连路过自己家门口的机会都没有，若要众人臣服，自己必须带头做好榜样，坚持治水胜利之后，才返家与亲人团聚。

在婚后第四天，便离开心爱的妻子前去治水。离家前，涂山氏问怀孕生子，你不在怎么办，不如先给孩子起个名字。大禹回答生男孩就叫“启”，“治水启程”之意。

治水期间，涂山氏在家天天期盼丈夫回来，盼望不到，又跑到山坡上去等候。望穿秋水，不禁长叹一声，吟咏一句：“候人兮，猗！”中国有史可查的第一首情诗。

“候人兮”，等候我盼望的人；“猗”，古汉语的叹词，相当于“啊”。

“诗贵含蓄”。包含感情丰富复杂：想见到朝思暮想的爱人，望而不见的焦虑、彷徨与无可奈何的心情；一个人伫立山头，翘首远盼，一个思念、希望丈夫早日归来的女子形象。

中国历史上最早有记录的“女文青”。

也是第一位国母。

夏部族从黄帝时期开始，主管以观测云象为重点的天文历法，用云纹来代表部族人的名号。到了商代，就规范成甲骨文的“夏”字，看去“头上长发高竖”，与“蜀”字形近、意会。

商王朝把夏部族看作是专管云象的掌天文者。

"世为侯伯"。

大禹的先祖昌意、颛顼、鲧均生活在古蜀国，家族势力较强，成功治水的群众基础扎实。父亲鲧在奉命治水前，已是治水能手、建城工匠，大禹受教育、影响、熏陶，情理之中。

汶川绵虒镇15公里外的羊龙山腰。

禹碑岭村，村中有一通石碑，被一棵大树包裹。

大禹三过家门而不入之地。

终日在泥水之中，整顿水利的工程长达20年之久。

上古时期，遵循的是祖母制，女为尊，男为从。按夏例，启身为男子，在家族里的地位比较低下，无法继承家业。大禹出汶川时30岁，半年后，才有儿子启。大禹忙于治水，10多年都不曾回家。

启与母亲相依为命，从小便喜欢音乐，艺术修养颇高。

因为父亲常年不在身边，独立性很强，又非常聪明。

中国历史上最优秀的"留守儿童"。

大禹继帝位后，把儿子夏启带到身边，倾力培养，足迹遍布黄河、长江流域。

每一个大动作，儿子都全程参与。

在夏部落内，夏启的职位和声望都极高。

承前启后。夏启，介乎神灵和凡人之间的君王。

上能沟通天帝，下能戡平内乱。

大禹、柏翳在治水期间，绘制《山海图》，记录华夏山川、河流、奇鸟和异兽。

《山海经》，大禹派3 000人从八方收集地理生物信息，历时30多年而成。

记载了大禹、夏耕、后羿和夏启等4位夏朝英雄。

夏启的地位比大禹更高，驱使2条龙，地位堪比上古四方神。

在位第15年，发生“武观之乱”“太康失国”事件。

中国文艺、诗歌的始祖。

除了善于行军打仗，夏启还善于唱歌，会舞蹈，还会写歌词，一旦心情大悦，就会在朝堂上，翩然起舞，放声歌唱，喜形于色，肢体语言丰富。古老乐舞，《九歌》《九招》和《九辩》，原创作者就是夏启。

一生酷爱音乐，歌舞本只应天上有，利用几次去天帝宫中做客之机，一边欣赏，一边偷偷记录。还派了三位妃嫔，去天宫里学习，把歌舞带回到人间。

父子俩，从崇州的火烧营，到汶川的石纽山。

文化交集。汶川与崇州，血缘之邦。

崇州，钻木取火升格为农耕文明的第一站。

一脉相承。从崇州到汶川、中原，东南至长江中下游……再从崇州到大邑宝墩、广汉三星堆、成都金沙城，数十公里的迁移，博大的古蜀文明与绝世的成都风华，4 300多年来的第一篇。

“崇伯鲧”，在“崇伯”位上。

父子俩都是颛顼系的龙子龙孙。

黄帝的六世孙、昌意的五世孙、颛顼的玄孙。

夏朝开国君主大禹的父亲、夏启的祖父。

难以考证。生卒年月，说法不一。

鲧祖在耕种之法、治水方面颇有建树。大禹的爷爷白马，字熙，封于崇，今崇州道明镇白马社区、东北崇坪镇。“崇”，在岷江西南，汶山东南，崇阳镇北，拥有一个大诸侯国的面积。

“崇州”的“崇”，秦以前无资料可查。

可能沿用古地名，也可能是因鲧的封地得名。

鲧封崇地，继崇伯位。

《史记·夏本纪索引》引《连山易》：“鲧封于崇。”继崇伯位，《国语·周语》称为“崇伯鲧”。官名，崇伯。伯，爵位名称。崇，大禹父亲鲧的封地名字，崇地侯王。

鲧是崇地侯王。崇州、汶川相邻。

崇州北部与汶川接壤。从九龙沟翻过处于龙门山脉的褶皱带、海拔2 686米、大小六峰如群龙聚首的六顶山，纯原始状态、天工造物而形成众多的层峦叠嶂、深沟峡谷，就是汶川。

到汶川石纽村，不到30公里的路程。

大禹出生在石纽村的石穴。

石穴，类似于现在大禹父亲鲧夏季的避暑别墅。

汶川是别都，大禹的母亲是汶川人。

崇高、崇山二词缘由。大禹父亲叫崇伯，得一词崇高。崇字，上山，下宗。或叫山之宗。因地得名，鲧生长之地，有一座令天下臣服的高山。

若水之地：黑水河，九龙池。火烧营，3 868米。

火烧营山麓孕育二位帝王，承受得起尊崇、神圣。

崇山、崇高二词，为崇州山、水而“定制”。

崇州的火烧营够高，配得上“崇高”。

在中国古代，原崇州三郎镇的名字是“天国之地”。

崇高。鸡冠山原名崇山，主峰叫火烧营，又名天国山。

“人间龙宫”。天国山有九龙池，传说是龙王九太子居住之地。

司马迁《史记》记载：黄帝正妃盐亭人嫘祖生二子。长子青阳，降居江水（岷江）；次子昌意，降居若水（九龙池）。昌意娶蜀山氏女（古蜀国女子）生高阳，是为颛顼帝。

颛顼帝以鬼神制义。

道家鼻祖级的人物。

《山海经》记载：“西南黑水河间有木名曰若木，若水出焉。若水出蜀郡旄牛徼外，东南至故关为若水也。”生长若木的地方，发源若水，流出后沿蜀郡（崇州）牦牛徼外（怀远镇），流经东南方向，到天社山“故关”（新津）这一段。

“天社山”，神圣祭坛。

古蜀第一代王蚕丛、第二代王柏灌，祭祀太阳之处。左有灵秀清幽老君山，右有古木参天宝资山，面对清波荡漾的南河，靠山面水，风水极佳。死者长眠安息的乐土，后世承荫的宝地。“老君山”只是俗称，仅见于清代的文献。历史地理文献中，因山上种植水稻，代替小米成为宝墩先民们的主食，被称为“稠粳草”，也就有了另一名称“稠粳山”。

神木，若木；神水，若水；神池，九龙池。

若水，崇州西河水系。

蜀郡，为成都。旄牛，指汉原。

崇州在晋朝时，为汉原郡，郡治今崇州怀远镇。

九龙池，发源二条河流。火烧营东麓，东南流的汶井江（若水），上源叫黑凼河；火烧营西麓，南流的黑水河（沫水）。两条河都“黑”，传说山上生长会发光的神树，流出的水，黑色。

黑水之间生长一种树木，夜晚会发光。

把山峰照亮如火烧一般，鸡冠山主峰得名火烧营。

黑石河为岷江干流时，称“黑石大江”；岷江干流，转走羊马河，称“羊马之河”，现在的外江体系，古称羊摩江。河西人的母亲河，沙沟河和黑石河。

《元和郡县图志》记载：“蜀州，禹贡梁州之域，秦灭蜀为蜀郡，在汉乃郡之江原县也。”

文井江原名汶井江，地接汶川县。

古老经书《河图括地象》说：“岷山之地，上为井络，帝以会昌，神以建福。”岷山指汶山，古语“岷”字与“汶”字相通。井络，指河流纵横交错，状如井字。文井江，由此得名。

帝，帝王。会，会聚。

昌，昌盛。神，超自然的创世者。

建，建设、建立。福，福地。

书中指出，文井江，帝王会聚昌盛之处，创世神建立的福地。

《水经注》记载：“东出于江原县（江原镇）也。东入（新津区）于江。”自西北向东南，流经10多个乡镇，至三江蒙渡入新津境，注入岷江。全长109公里，市境内长96.8公里。

至今仍是排灌兼用，灌溉崇州、大邑、新津、邛崃70多万亩丰饶农田。

一脉相承。从崇州到汶川、中原，东南至长江中下游……
再从崇州到大邑宝墩、广汉三星堆、成都金沙城，
数十公里的迁移，博大的古蜀文明与绝世的成都风华，4 300多年来的第一篇。

在汉初，崇州得名江原县。

汉原县，古称“旄牛县”，与临邛（邛崃）同时迁入崇州，置汉原郡，领汉原、临邛二县。汉原郡与汉原县治，都在今崇州怀远镇。

《华阳国志》记载：“故其精灵则井络垂耀，江汉遵流。……泉源深盛，为四渎之首，缎拗为九江。”常璩充实《河图括地象》的具体内容，指明帝王包括伏羲、黄帝、颛顼。高度赞誉文井江的历史地位，“井络垂耀，江汉遵流”“四渎之首”。

四渎，长江、黄河、淮水、齐水。

《夏书》载明：“岷山导江，东别为沱。”

形成岷江为长江正源之说。

至今，仍然是一个史志奇迹。

《夏书》至明朝3 000多年的时间中，文井江被认定为岷江正源、四渎之首。

清代国学大师李锡书，一生对功名利禄“淡泊萧然”，却对修志情有独钟。曾经四任汶川知县，前后在汶川工作、生活了11年，在编修《汶志纪略》时多次考察，还邀《蜀水经》作者、好友李元为之考证，清初广柔城址尚依稀可寻，社稷坛犹宛然残存，记录：“广柔治在今治（绵虒镇）之南大邑坪。”广柔县（今北川县）在邛崃市北，汉代的江原县地。

《汶志纪略》，汶川历史上现存最早的一部地方志。

若水诞生颛顼，洙水诞生大禹的父亲鲧。

鲧是颛顼的后代，都在同一地诞生，九龙池——九龙沟源头。

韦昭在为《国语·周语》“昔夏之兴也，融降于崇山”一语作注时，说：“崇，崇高山也。夏居阳城，崇高所近。”融，祝融，炎帝后人，《三国演义》中提过祝融夫人，此姓氏在南中出现过。

历史上，南中指现在的云南、贵州和四川西南部。

三国时期，南中成为蜀汉属地。

崇州是鲧的封地，与欢兜、共工杂处尧朝。

《山海经》记载：“祝融降处于江水，生共工。”

江水，古时就指长江。“江”字，工水，即流经共工国领地的水，今岷江。

“邛”，工邑，共工的城邑。在秦时，邛崃称临邛，共工国在现在的邛崃以西。鲧的家，也在崇的高山、平原之间，也就是三星堆、邛崃之间的一地，即现在的崇州一带。

《尚书·舜典》记载，欢兜、共工、三苗、鲧为“四凶”，“流共工于幽州，放欢兜于崇山”，令祝融“殛鲧于羽山”。欢兜被流放于崇山，今崇州三郎镇（现已并入街子镇）。

《国语·周语》称鲧为“崇伯鲧”。三国时期吴国文学家、史学家、经学家韦昭，在为《国语·周语》“昔夏之兴也，融降于崇山”一语作注时，说：“崇，崇高山也。”“崇高”一词由此而来。

欢兜流放于崇州，被“双规”的对象。

祝融成了继鲧之后，崇州新的管理者。

江原的地理位置，在蜀郡治所成都的西方，度过大江一侧。根据《水经注》等文献测定，大江是金马河。县城紧邻文井江，距离成都47公里，与现在成都故址遗迹的距离大致吻合。

《大元一统志》记载，“古州城（崇庆州），秦张仪筑”。

江原县县城，即今崇州市区。

古蜀之根，从江原发迹。

天府神韵，在江原孕育。

“蜀中之蜀”，江原的延续。“蜀”来源于崇州。

蜀，后来成了整个四川的缩影和代指。

蜀都，古蜀国的首都，成都的代名词。

远古人群大多会在河流两旁，选择居住地方。因为河谷相对湿润、植被丰茂，有利于桑蚕、渔猎等农牧渔猎生产发展，远古人类就在系列古堰塞湖两岸的谷地上，依水而生，聚落而居。

聚落之地，一把双刃剑。

往往是系列古堰塞湖周期性溃缺，造成巨大洪水肆虐、泛滥之处。

成都平原北部，因地形原因开拓缓慢，鲧祖带领着部族，来到西南部，今大邑、崇州一带，勘察地形、了解情况。对周边的地形、气候、水文情况，都有比较详细的了解，发现岷江汛期时，水会往两边漫灌，漫灌区域往东北，到温江的江安河，往西南，到崇州的西河。

在西河与斜江河之间，有些高台湿地。

除非发生特大洪水，不然不会被淹没。

鲧祖与族人们，将西河以西、斜江河两侧，作为主要区域进行拓荒，筑堤修坝，导水治水，全力开垦荒地。耕种方式，渐渐地由粗耕向精耕发展，撒种的旱稻，朝着蓄水围田的水稻改变。

从大邑、崇州，顺河一直往下……

到新津南河一带，在今周边搭建驻点。

土地肥沃。介于西河、斜江河之间，有岷江漫灌带来的大片滩涂、平地，适合农耕。

选取了相对高企的地带，烧林伐薪，开始耕种。

鲧的父亲少年时代，就随鲧的爷爷——鲧祖参与治理古蜀州一带的水；成人后，一直在勘察地形、水文，总结知水、悉水的经验，走遍成都平原以北、以西的各个角落。

每年到岷江汛期，人们都心惊胆战，好在那些年岷江都在正常水位，并没有毁灭性地淹没开垦之地。人们就把大部分时间，放在南边的战线上，排沟、挖渠、引水，开荒种地，修整河道，鲧祖与族人们总结了不少岷江水文的特点、导水与引水的方法。

甚至，还观察到了虹吸现象。

对大自然和岷江的崇拜，无以复加。

鲧祖回中原复命，鲧父继续在“崇地”生活。

去黄河上游治水，汶川是必经之地。

从九龙沟翻过六顶山，到汶川石纽村，不到30公里的路程。

鲧在汶川绵茂一带娶羌女，在汶川生下大禹。

大禹妻常偷看丈夫率众治水导江情形。

岷、沱（杂谷脑河）汇合处，水道被突兀的鹫峰阻挡，苦无良策。她偷偷求助神力，将自己与儿子变成一群野猪，前去治水之地拱山掘地，开辟水道。被大禹慧眼识出，非常感动。

治水，始于岷江、汉水。

《禹贡》记载：“华阳、黑水惟梁州，岷山番既艺，沱潜既道，蔡蒙旅平，和夷底绩。”岷，在岷江上游，山，番冢山在汉江源头，“沱在郫县，潜出山番

江原的地理位置，在蜀郡治所成都的西方，度过大江一侧。根据《水经注》等文献测定，大江是金马河。县城紧邻文井江，距离成都47公里，与现在成都故址遗迹的距离大致吻合。《大元一统志》记载，「古州城（崇庆州），秦张仪筑」。

冢，蔡蒙在汉嘉，和读曰桓，桓水出蜀山西南。是《禹贡》于梁州所详，偏在西北”。

情理之中。对给成都平原构成洪涝威胁的岷江，首先进行治理。

成都平原西面的横断山区，受高温气候影响，夏秋雨量集中，盆地西部5至10月降水量，约占全年的85%至90%，素有“西蜀天漏”之称。一旦夏雨集中，水流不畅，便酿成洪灾。

鲧禹父子治水，恰巧也在距今4 500年至3 700年的时间段。

商周时期，双流人就开始农耕。

商周遗址处于牧马山山前地带，沿河流台地分布，当时人们已处于定居，开始农耕。

新津花源镇遗址，地层堆积多达5层，包含丰富。如今还有宝墩文化的遗存，预示双流西南部与邻近地区历史源远流长，对探讨双流新石器时代、商周时期考古学文化谱系，意义重要。

河池遗址、凌石桥遗址（新石器时代晚期）→友宁桥遗址（夏商）→三官堂遗址（商周）→树包桥遗址（春秋）→国家羽体基地遗址（战国），构建双流地区完整的先秦文化发展序列。

鲧禹父子远近闻名。

治水、建城成效显著。

中原地区发生洪涝灾害时，鲧被尧选中负责治理洪水。奉命治水。主要区域：河、洛、济、淮、泗等地。

“子承父业”。

河南汝阳陶营镇境内牛头山，大禹治水的“工程指挥部”。牛头山现存文物遗迹有：大禹祭天的香炉石，缆船的杦船橛、玄女台、拴龙橛、大象石、夏代文字蝌蚪文化石等。

“地球万年一遇”。《尚书》记载，大禹治理的洪水，规模惊人，“洪水滔天，浩浩怀山襄陵，下民昏垫”，大水与天相接，浩浩荡荡，包围大山，淹没山丘，民众被大水吞没。

黄河上游积石峡。一场强烈地震引发大规模滑坡，堵塞黄河6到9个月，形成巨大的堰塞湖，水量持续增加，导致堰塞湖溃决，多达110亿至160亿立方米的湖水，短时间内快速下泄。

有历史记载的黄河最大一次洪水，发生于1843年，最大流量约每秒3.6万立方米。大禹治水前这一溃决洪水的流量，可能是1843年洪水的10倍左右，达到每秒30万至50万立方米。

彻底摧毁积石峡下游25公里处的喇家部落。

“喇家遗址”。黄河上游的青海民和县官亭镇喇家村，原始先民活动场景瞬间被“冻结”，至今还保持生前的姿势，姿态各异，有的曲肢侧卧，有的匍匐于地，有的上肢牵连，有的跪踞在地，下意识想保护婴儿的母亲，跪在地面，相互偎依，在灾难突然降临时表现的无助、乞求上苍救助的神态令人动容，与西方庞贝古城一样。这里是迄今中国考古发现的唯一一处大型灾难遗址。

著名的“官亭渡口”，就在遗址西南7公里处。

大禹首先治理之处，自是鲧治水的区域，在治平河、洛、济、淮、泗一带洪水后，便转战包括三峡在内的长江中下游。从长江上游的岷江、汉水，到黄河流域，再到长江中下游。

治水证据。大禹治水时期，岷江上游的古堰塞湖逐渐消失。

对茂县叠溪古堰塞湖沉积物的测定表明，自10 000年前发生第一次溃决后，大约每间隔1 500年，就会再发生一次灾难，最后一次溃决，发生在大禹治水的年代，距今4 000年左右。

大禹不敢懈怠、出错。

极为小心，怕授人以柄，命同父亲。

长江、黄河两大流域，中华民族的主要活动地区。

大禹治水将古蜀文化，带到足迹所到之处，促进经济、文化的发展。不同区域、不同民族文化之间，相互碰撞、交流，使治水相对集中的中原地区，经济文化发展速度提速，情理之中。

江河文化“双联体”，再一次相互融合、重组。

不是偶然巧合，而是一脉相承。

宝墩文化、三星堆文化与龙山文化、二里头文化与殷商文化，相近、相异的内因。

《吕氏春秋》说：“夏鲧作城。”

《吴越春秋》称：“鲧筑城以卫君，造郭以守民，此城郭之始也。”

《淮南子》更是给出鲧作城池的高度：“昔夏鲧作三仞之城，诸侯背之，海外有狡心。”

《通志》记载：“尧封鲧为崇伯，使之治水，乃兴徒役，作九仞之城。”

《太平御览》卷一百九十二引《博物志》介绍：“处士东里槐责禹乱天下，禹退作三城，强者攻，弱者守，敌者战，城郭盖禹始也。”

在鲧前，有城市遗址、防卫性的城墙——“城邦国家”。古文献称“国”。鲧作城，是作“城”的小城，独城国家变成以城市群组成的国家，即：帝王所居，都城；平民所居，郭邑。

“鲧作城郭”，并非指整个中国的建城鼻祖。

三种情况存在：在华夏联盟区域，属城池开创者，考古发现仅长江流域的最古老城市距今超6 000年；未必开创，一如仓颉作书、蔡伦造纸一般，属于改良或对造城有着重大贡献，或整理、推广造城大禹父子开启的「江原文化」，与大自然最亲密的文化形态，人与自然和谐相处的生存方式，长期的生产生活的过程中，摸索出大自然的规律，开创、引领出一种顺应自然的生活方式。为世界「雪山下的公园城市」植入文化基因。

技术；未必是指个人名字，而是指一个部落名称，是部落开创了建城历史。

地理条件对于文明的进步与发展，价值重大。

真实事件。“共工怒触不周山”。

共工，上古时代的水官，炎帝的后代。

《左传》记载：“共工以水纪，故为水师而水名。”共工时代的古中国，到处都是汪洋大海，今天绝大多数平原地带都在水下。《管子》介绍：“共工之王，水处什之七，陆处什之三。”

“共工欲壅防百川”。治水方法，堵塞。

黄帝死后，孙子颛顼即位。

共工氏不服，战争不可避免。

“神明间的战争”。颛顼与共工之间，一场帝位之间的战争，“实战”规模也就乡村械斗级别，只不过由于共工怒触不周山（石柱），引发的偶然性事件，被后世增添颇多神性色彩。

相互征伐、融合。

生存着大小数十个部落，形成了几个实力强大的部落。

颛顼、共工的两大部落，最具代表性。

共工战败，撞倒了天的柱子不周山。《淮南子》记载：“共工氏与颛顼争为帝，怒而触不周之山，折天柱，绝地维，故天倾西北，日月星辰就焉；地不满东南，故百川水潦归焉。”

争夺统治权，两大部落势不两立。

毛泽东《渔家傲·反第一次大“围剿”》有一句，“不周山下红旗乱”，说共工是“胜利的英雄”。

颛顼取胜。共工心有不甘，一气之下怒撞柱子。

恰巧，爆发大地震，滔天洪水汹涌而来，房屋瞬间被淹没。同时，两个部落也死伤惨重。人们每当谈起这事都惧怕不已，最终将这场灾难，归结为共工怒触柱子造成。

口口相传，也逐渐被神化，最终形成神话传说版本。

并非盲目的宗教信仰，承载古人世界观中的闪光点。

故事“实说”特大洪水，“隐说”中国的“地理阶梯”。

天往西北方向倾斜，地往东南方向下陷。

长江、黄河，顺地势都向东南流淌汇集。

中国地理的太极图，决定地理的生命脉。

从黑龙江的爱辉，到云南的腾冲画一条线，西北高，东南低。从海边到帕米尔高原，分三个阶梯，500米以下一级，1 000~2 000米一级，4 000米以上一级。东西，以晋陕峡谷间的黄河为分界线；南北，由秦岭、淮河分界。

第一级“地理阶梯”。

西北、西南，一个半月形文化传播带。

第三级“地理阶梯”。

东南沿海，也是个半月形文化传播带。

西北地形，一个“高压槽”。

地势重要。风向在上，水也在上。

岷江上游的川西高原，几乎与青藏高原的高原面同高。

“中国弧”的下端。成都平原处于中国第二级“地理阶梯”的最低洼处，“水往低处流”。四川在西北地形“高压槽”的下方，衔接第三级“地理阶梯”，属于长江上游支流的“高位”盆地。

从高到低。给自流灌溉提供天然有利的条件。

岷江，成都平原规模最大的主干河流，上游呈单一的峡谷河道，到都江堰，便脱离崇山峻岭的“束缚”，在宽广的成都平原，自由散流。流速由快到缓的突然变化、平原提供的广阔空间，使高处被剥蚀、搬运的泥沙，在山前大量堆积。而且，由于西北的大山在不断上升，东南的平原在不断下沉，既有源源不断的泥砂物质供给，平原也有足够的容量来接纳。

典型事例。安德镇一带，郫都西北约10公里，距今约数10万年以来，河流堆积的泥沙、卵石层最厚的地方，达到541米，成都平原的下陷中心。

成都市中心与郫都间，有镇名犀浦。

与湿地沼泽中犀牛出没的场景，密切相关。

拓荒垦殖。由古湖沼，再到冲积平原的演变，古蜀先民奠定农耕沃野的根基。

许多著名的古代文明，都在河流平原上发展起来，美索不达米亚平原的两河文明、尼罗河的古埃及文明、印度河—恒河平原的印度文明、长江—黄河平原孕育的中华文明等。

成都平原，横断山系最东缘的龙门山的山前冲积平原。

由岷江、西河、斜江、南河、湔江、石亭江、绵远河等多条出山河流，在山前形成的冲积扇联合而成，北达绵竹汉旺，南至彭山江口，东以龙泉山为屏障。坡降较大的扇状倾斜平原。

落差300米。海拔大约从750米到450米。

从都江堰到成都主城区，直线距离约50公里。

落差竟有230米，海拔由750米降至520米，坡降在8‰~3‰。都江堰能够借地势，依水势，以自然调节为主导，对岷江稍加“整理”，便可能水旱从人，又几乎不露人工斧痕。

同样历史悠久。

除都江堰外，类似的水利工程，出现在龙门山，河流的出山口。

石亭江出山口的朱李火堰，始建于秦代，湔江出山口的湔江堰，始建于西汉，绵远河出山口的官宋硼堰，始建于明代，蒲江入岷江处的通济堰，始建于西汉。

古文“邑”字，会意字。

上部，为“囗”，意指城墙所包围的城市；下部，一个跪坐的人，表示城中按秩序生活的居民。有人居住的城市，便是“邑”。原始部落走入文明形态的最初城池。

一个具有“仁、义、礼”的文明之人。

坐容规范，汉礼的基本内容，要求坐的时候膝盖并紧，臀部坐在脚跟上，脚背贴地，双手放在膝盖上，目视前方，双手可以握拳，冲前方；也可收拢抱在腹部。

文献中对“邑”字的解释：《说文》，“国也，从囗，封域也”；《正韵》，“都邑也”；《释名》，“邑，人聚会之称也”；《史记》，“舜一年而所居成聚，二年成邑”。

西周之前，邑就是国。

《尚书》《史记》中，“夏邑”与“夏国”同义。

夏邑，专指夏朝国都；商邑，特指商朝国都。

"邑"，文明之人生活之地，文化产生之处。"邑"，夏朝国都的称谓，"夏"，对夏后氏族的称谓，"夏邑"，夏朝国都的商朝时期称谓，以区别商朝国都的"商邑"。

两周时期，"邑"字普及使用，成为"都"下的城池名称。

《尚书正义》注"华夏"："中国有礼仪之大，故称夏；有服章之美，谓之华。"

萌芽原始的宗教祭祀、部落联盟。

圣哲先贤的出现，使"人性和而才惠"的中华文明特质变得更为显著。

常见的朝代更迭，没有产生本质变化。

成都平原最早进入"中国"文明文化形态。

"江原文化"。

一个融地理与文化于一体的专有名词。"原""源"相通，表示开始，河流的源头，精神和思想的源头，地理精神的确认，超出地理发现的确认，文化大于知识，文明大于文化，精神大于文明。

鲧禹治水、建城，起于崇州，兴于岷江。

大禹父子开启的"江原文化"，与大自然最亲密的文化形态，人与自然和谐相处的生存方式，长期的生产生活的过程中，摸索出大自然的规律，开创、引领出一种顺应自然的生活方式。

为世界"雪山下的公园城市"植入文化基因。

"江原"也将正宗的传承，寄拥给成都平原。

古蜀文化的根脉，天府文化的源头。

《五帝本纪》，《史记》中开篇之作。

在司马迁的笔下，舜有着与生俱来的光辉形象、优秀品质，对应的"四罪""三凶"，罪责昭彰，烘托舜的光辉形象。篇中，司马迁处处留下曲笔。

鲧的出场。《史记》记载，一次御前会议上，帝尧问谁能治水，朝廷中最有权势的四个辅政大臣，一致举荐鲧。围绕鲧的任用，帝尧和"四岳"，进行了

鲧治水，一场「取土造陆」的创世过程。代表4 000多年前的伟人，象征那个时代救民于水火、克服自然灾害、带领人民在废墟上，重建家园的英雄们。

一次著名的对话。

"皆曰鲧可"。

"皆"字，道出鲧在众臣心目中的地位。

帝尧曰："鲧，负命毁族，不可。"意明显，不想用鲧，主要是鲧如果不能完成使命，会给家族带来灾难。

四岳曰："异哉，试不可用而已。"四位辅政大臣反应极大："奇怪，还没有治水，就知道完不成使命？完不成治水的使命，到时不用他，罢职就可，怎么会给家族带来灾难呢？"

鲧深得人心，全票通过。

于是，帝尧任命鲧为治水的钦差大臣。

鲧，大禹的父亲，家族就是黄帝的家族。《史记》记述："禹之父曰鲧，鲧之父曰帝颛顼，颛顼之父曰昌意，昌意之父曰黄帝。禹者，黄帝之玄孙而帝颛顼之孙也。"

出身显赫，令人惊叹。

爷爷是黄帝，父亲是颛顼，儿子是大禹。用意令人费解：作为上届天子的继承人，民间号召力广泛，为什么就不能治水？难怪"四岳"在帝尧面前反应极大，对帝尧说："异哉。"

大禹的父亲鲧，以"堵"的方法，治理荆涂地区水患，正确、合理，得到尧帝、舜帝与"四岳"长老支持。尽管没有解决淮河水患，但为大禹以"疏"的方法，治理淮河水患，提供了经验与反思；虽然"负命毁族"有辱使命，但坚持不懈，以一族之力，治理危害整个淮河流域水患的努力，值得永远怀念。

据《韩非子》记载，尧想要传天下于舜，鲧劝谏说："这是不吉祥啊，哪有把天下传给匹夫的。"尧不听，将鲧"双规"在羽山之郊。共工又劝谏说："哪有把天下传给匹夫的。"

尧不听，又举兵在幽州之都，杀了共工。

天下再也没有敢说不要传位给舜的人。

尧舜时代，并没有"集权"到"君要臣死，臣不得不死"的程度，想要流放部落诸侯鲧，需靠武力镇压才行。欲加之罪，何患无辞？九年治水无功，不过是个"师出有名"的借口。

父爱如山。处死鲧的罪名都不成立，只为儿子暖场。

华夏族在融合过程中，以"治水"为名的政治斗争。

每一个霸权更替的背后，都有着功业、权力格局的流变。

祖先都是黄帝，鲧的父辈、祖辈、曾祖辈与儿子大禹的青壮年时期，均生活在崇州、汶川一带，成都平原是先夏文明的重要发源地；父子俩因治水进入中原，大禹因治水成功，位列至尊。

从鲧禹治水，到武王伐纣，从“少康中兴”，到“武丁中兴”，从中华文化史上第一部国训《五子之歌》，到周公制定和发布中国最早的禁酒令《酒诰》，从觥筹交错，到茫然四顾，从“内循环”的繁华，到“外循环”的离散，从飞扬，到落幕，映射出一个上古时代的“背影”。

鲧治水，一场“取土造陆”的创世过程。代表4 000多年前的伟人，象征那个时代救民于水火、克服自然灾害、带领人民在废墟上，重建家园的英雄们。

世界“基建狂魔”的鼻祖。

人性的光辉背后，必然笼罩着命运的巨大阴影。

终究，不是一场对等的角力、抗争。

天平两端，一方是胜利者之笔，一方是失败者的叹息。

“隐性”的历史规律。

治水神话，人类共通的原始记忆。

大约在5 300年前，地球上似乎发生一场剧变。

浩大激烈。史前洪水，覆盖世界每个角落。

古文明消失、消亡。

举世周知的“亚特兰蒂斯文明”，在劫难逃。

世界各民族几乎都有说法，49个远古特大洪水传说。

地区有希腊、荷兰、中国、印度、南亚各国与南美各国。

“天象奇观”。洪水泛滥时，也出现有多个“太阳”。

古代文明的消失。世界现存史料中，古巴比伦的《吉尔伽美什史诗》，记载大洪水事件最完整的史话，由幸免于难的人口述而成。记载中说：洪水伴随着风暴，几乎在一夜之间，淹没了大陆上所有平地和丘陵低山，只有居住在高山、逃到高山上的人，才得以生存。从“吉尔伽美什”到“诺亚方舟”，在世界诸多民族远古传说中，大洪水是共有的中心元素。

在《圣经》里，洪水毁灭人类，只留下诺亚一家。

《创世纪》在描写“诺亚方舟”时，形容洪水刚开始的情景：“二月十七日那天，大渊的泉源都裂开了，天上的窗户也敞开了。四十昼夜降大雨在地上。”

在中国，没有诺亚方舟。

洪水过后，伏羲、女娲为了不让人类灭亡，兄妹成婚以繁衍人类。《淮南子》的记载很形象：“天不兼覆，地不周载，火爁炎而不灭，水浩洋而不息，猛兽食颛民，鸷鸟攫老弱。”

灾难越来越严重，持续近半年时间。

意义相反。“诺亚方舟”与“大禹治水”。

中国古人遇到洪水，依靠自己的力量，进行“堵”或“疏”，与洪水进行坚决抗争，并最终战胜洪水。西方古人遇到洪水后，被动躲避，坐着诺亚方舟逃跑了事。

本质区别。华夏传承是人伦传承，西方文明是神灵文明。

中华文明的核心，“以人为本”的集体主义。

西方文化的核心，“以神为本”的个人主义。

证据显示，史前大洪水确实发生过，还不止一次。

中国古代先民的文明程度发生大倒退。

大溪文化，以长江中上游为主要区域；凌家滩文化，以淮河流域为主要区域，在大约5 300年前突然消亡。凌家滩人死伤殆尽，剩余的人迁徙到江苏、浙江一带，繁衍生息成为杭州良渚人。

仰韶文化，以河南、陕西、甘肃为主要区域，在大约5 000年前消亡。

长城以北的红山人，也消亡了。

剩下的一部分，倒退成游牧民。

一部分，再次繁衍，发展成屈家岭人。

仰韶文化、大汶口文化，都在高山附近，洪水来临之时，撤退到了山地。

洪水退后，大汶口先民受洪水的影响最小，成为当地文化最为先进的古文明。

庙底沟二期文化，在仰韶文化的基础上兴起，逐步扩张到陕西、山西、河南和河北地区。

劫后余生，河南淮阳地区的伏羲氏兴起。

接替出现的是女娲氏王朝、神农氏王朝。

距今4 800年前，根据考古、古史和传说，一颗彗星在晋南、冀南与地球相撞，导致了北方气温下降、洪水泛滥，庙底沟二期文化，仰韶文化发展为龙山文化的过渡期，突然消失。

河北保定白洋淀湖，就是这次撞击的“作品”。

4 500年到4 600年前，上古轩辕氏部落的首领，与炎帝同出少典氏的黄帝，在河北逐鹿崛起，先后战胜大汶口地区的神农氏、蚩尤氏，定都于有熊（今河南新郑市）。龙山文化一统天下。

蚩尤，大溪文化。

中国古人遇到洪水，依靠自己的力量，进行「堵」或「疏」，与洪水进行坚决抗争，并最终战胜洪水。西方古人遇到洪水后，被动躲避，坐着诺亚方舟逃跑了事。本质区别。华夏传承是人伦传承，西方文明是神灵文明。

夸父，大汶口文化。

炎帝，仰韶文化。

4 300年前，发生第二次大洪水，毁灭长江下游的良渚古国，颛顼和帝喾的旧地，也沦为泽国。帝尧一脉的陶唐氏古国借机兴起，在其活动中心晋南一带的山西陶寺，建立起城邦。

“古国时代”。黄河文明的标识，陶寺创造出灿烂文明，城市、宫城与宫殿、王墓、观象台，宣示王权的礼器、铜器、文字，与中华民族的精神图腾龙，都出现在晋南大地。

文明形成。晋陕高原各种文化碰撞，格局重组、融合。

上古时代的密码，都隐藏在大洪水里。

“鲧禹治水”，世界特大洪水的“中国模式”。

大禹治水之前，还有两次大洪水，成就了两位王者。

《竹书纪年》中，有黄帝时代“一百年，地裂，帝陟”的记载；唐代天文学著作《开元占经》记载，“黄帝将亡则地裂”，发生6.0级以上地震，引发大洪水，黄帝部落被迫迁走。

遗址发现多处地震引发的裂缝遗迹。

黄帝死，古中国发生大洪水的历史真相。

4 100年前，即公元前22与21世纪交替时。

气候突变，普遍转暖。

温度上升，加速冰川的融化。

欧洲最古老的居民，今波兰境内的维斯瓦河河谷的斯拉夫人，还在冰川的侵袭中“僵硬”。广袤的欧亚干燥地区，已不再是边缘，被如今称为中亚的“巴尔干火药桶”的费尔干纳盆地（分属乌兹别克斯坦、吉尔吉斯斯坦和塔吉克斯坦），有锡尔河、伊法拉河、索赫河等灌溉，地位犹如中东的幼发拉底河、底格里斯河。中国的黄河、长江，游牧文明逐渐转向定居的农业生产。

连接文明。产物连接欧洲、东亚的“亮点”……

第三次洪水。北半球，许多河流的中下游聚居区域发生洪灾。

在中国，陶唐氏一脉已经传到帝尧后期。

黄河大变道，由东流（山东入海）转为北流（河北、天津入海）。

洪水泛滥，影响到中下游诸多部落。

追述尧时发生洪水的情景，《孟子》书中记载：“当尧之时，天下犹未平，洪水横流，泛滥于天下。草木畅茂，禽兽繁殖，五谷不登，禽兽逼人，兽蹄鸟迹之道交于中国。”

“中国”，指上古形成的中国，并非指统一后的中国。

战国时期人们认为，中原地区处于四方之中，故称“中国”。

治水，需要一个诸族听命的中央权力来指导。

鲧被举荐，开始治理洪水。

古代洪水，长期多雨的气候现象造成。

不是如今南方、北方某年某月发生洪水的概念。波涛汹涌，势不可挡，古人只能靠上山躲避或建筑城堡来对抗。

“帝尧之都”的陶寺古城，就在这种“新常态”下诞生。

在《史记》中，司马迁没有详述鲧如何治水，只是说了一句“行视鲧之治水无状”；《山海经》里，还有一句话：“洪水滔天，鲧窃帝之息壤以堙洪水。”

鲧带领的先夏部落，定居在华北平原。因来自成都平原，积累了丰富的治水经验。发挥自己的看家本领，为了治水而治水。全身心投入治水大业，以填埋、围堵之法，与洪水对抗。

黄河中上游。河水在崇山峻岭、黄土高坡之间穿梭。

河道，亿万年前已经形成定型，人力根本无法改变。

水源来自青藏高原的高山融水，在黄土高原携带大量泥沙，“奔流到海不复回”。上古时代无须也无力治理。华北平原基本为黄河泥沙沉积而成，泥沙完全为黄河所夹带、裹挟而来。

涂山，蚌埠第一山。

位于安徽省蚌埠市禹会区的山峰。

淮河东岸，距怀远县榴城镇东南3.5公里，又称为东山，与荆山隔河对峙。最高峰凤凰顶，海拔338.7米，周围延绵23公里。对面是荆山，初见于《水经注》，因在淮河西岸，也称西山。

以山为屏，以水为障。

地势险要，扼守可拒。

秦岭淮河一线的节点。

中国地形、气候、植被、降水等形态的重要分界线。

清嘉庆《怀远县志》明确记载，大禹在疏通荆、涂二山之间的淮河水道前，淮河流至荆山之东，因受荆、涂二山的阻挡，无可奈何，迂回至荆山西麓，先入涡河东流后，再流入东海。

南高北低。荆、涂二山一带，江淮丘陵向淮北平原的过渡地带，由山地到丘陵，再到平原，呈阶梯式下降。河流湖泊众多，地势平坦，土地肥沃，气候温暖，水生、陆生植物，品种繁多。

理想环境。从采集文明到渔猎文明，发展到农耕文明形成。

季节性的洪水经常发生，也是最容易遭受洪水侵害的地区。

水位抬高。荆、涂二山的阻挡，“麓高水汇为患”。

淮河流域的洪水，主要为暴雨洪水。

集中在6至9月。6月，暴雨主要在淮南山区；7月，暴雨全流域出现的机遇大体相等，天气系统的切变线、低涡、低空急流和台风，造成淮河大洪水的主要气候原因。

淮河中游全长490公里，水位差仅16米。

荆涂地区。荆山、涂山横亘在淮河干流中间，“洪水横流，泛滥于天下”“水逆行，泛滥于中国”，形成经常性的洪水环绕，水漫淮南丘陵的“浩浩怀山襄陵，下民其忧”的洪水情景。

淹没上游大片良田，威胁下游民生。

低洼平坦。荆山北麓，广阔的淮北平原。

治理水患，唯一选择，就是在涂山西麓、北麓筑坝，阻挡高位淮水在荆山西麓的北流。在淮河北岸修筑长堤高坝，堵塞淮河之水的北流。鲧以堵的方法，修筑水坝，阻挡淮河之水北侵。

合情合理。水利工程巨大，非十年所为。

淮河上游受降水大小的影响，堤坝的高度无法实现在任何情况下，控制上游来水量，一旦决堤，威胁更加巨大。堵的方法，导致荆山地区淮河治水失败，九年而不成。

劈山导淮。儿子大禹便发动人力，将涂山一分为二。

形成了今天的涂山、荆山。

“涂山千古临淮水，禹殿嵯峨天际留”。

史载，“汉高祖过涂山，命立禹庙，以镇涂山”。

禹王宫坐落于涂山顶峰，有2 200余年的历史，系历代游人缅怀大禹功绩所在，登高望远的好去处。汉风唐韵，集华夏古建筑的精华，以大气磅礴的面貌，展现在涂山之巅。

农历三月二十八，涂山禹王庙会。

省级非物质文化遗产保护名录。

唐狄仁杰毁天下淫祀1 700余所，惟禹庙不敢“轻举妄动”。

登高远眺，只见与文献记载相吻合的大禹劈山导淮之地，涡淮萦绕，涡河、茨淮新河、淮河三大水系交汇相容，并与荆山夹淮并峙为胜，形成了壮观的涂、荆峡谷景观。

在《史记》的开篇中，惜墨如金的司马迁，不止一次详细地描述鲧被任用的经过，强调鲧治水是四大部落首领强行推举，鲧等四罪或被流放、诛杀后，才出现了天下咸服的局面。

些许军事民主制时代的投影。

鲧的地位特殊，是尧舜统治天下的潜在最大威胁。解除、灭杀作为潜在最大威胁的鲧，成为尧舜维护统治的必然。理由来了：鲧治水不成，百姓苦之。司马迁以“九岁，功用不成”和“试之而无功”等语一笔带过，于是，“行视鲧之治水无状，乃殛鲧于羽山以死。天下皆以舜之诛为是。于是舜举鲧子禹，而使续鲧之业”。

修千里之堤，无异于筑万里长城。

共工失败，因填堵得太低，阻不住洪水。鲧治水，继续采用填土、筑堤、围墙的方法，来使洪水归流。只是，没有想到在“昔者五帝地方千里”，广大地域筑堤阻水，短期内难以办到。

鲧禹治水、建城的路线，与古蜀文明的发展同步。以大禹为首的古羌、古蜀部族联盟，在治水的伟大斗争中，吸纳治水所到之地的不同民族，会同中原华夏部落联盟，建立了夏王朝。

洪水没堵住，被围堵的水越积越多，冲溃堤坝。

决堤的洪水更加凶猛，霎那就能吞噬一切。

洪水横流泛滥。年年决堤年年修。辛辛苦苦地奔波了九年，修筑许多大大小小的堤防，堵住了东边，西边却溃堤，围住了南边，北边又在泛滥，始终没有把洪水治服。

舜见鲧治水九年，不但未成功，反使人民不能安居而继续遭受损失，部落联盟议事会上指责鲧“治水无状”“违背天帝命令，危害同族”，将鲧流放到羽山……

中国历史上第一位失败英雄。

一个被逐渐遗忘的伟大人物。

《天问》：“顺欲成功，帝何刑焉？”顺，假设问语，直也。直欲，即将。

鲧治水，首先是筑堤坝以堵洪水。

儿子大禹，主要疏河道以引洪水。

“鲧婞直以亡身兮，终然夭乎羽之野。”

屈原认为，按照鲧的想法并非不能成功，但却遭到了杀害，何以如此？《离骚》有“鲧婞直以亡身兮，终然夭乎羽之野”。屈原同情鲧，愤怒发问。对鲧最公正的评价。

鲧不是唯一被治罪，同一时期治罪，都是被流放。还有三苗，三苗是因为作乱被流放，鲧只是治水不力。三苗都没有被杀，那鲧的罪，也不应被杀死。

老死于东方黄海海滨的羽山。

位于江苏东海县和山东临沭县交界。海拔269.5米，东海县的最高峰。

治水方略，一个系统工程。

疏堵结合。堵，父亲的治水方法；疏，儿子的做法。

相对于正史，《山海经》中，是英雄史诗赞歌：“洪水滔天息，鲧窃帝之壤以堙洪水，不待帝命。帝令祝融杀鲧于羽郊。鲧复生禹，帝乃命禹卒布土以定九州。”洪水滔天的危难关头，鲧与为人类窃取火种的普罗米修斯一样，从天帝那里盗来息壤，解决了水患，将鲧描述为解除人间疾苦的天神，即便是治水不成，除去功劳，还有苦劳。没有堵的失败，何来疏的成功。

儿子的最后成功，站在父亲的肩上。

寄予了敢为人先、开创引领的殷切期盼。

褒贬不同，背后的深层原因，胜利者对于失败者的再次书写。

鲧禹治水、建城的路线，与古蜀文明的发展同步。以大禹为首的古羌、古蜀部族联盟，在治水的伟大斗争中，吸纳治水所到之地的不同民族，会同中原华夏部落联盟，建立了夏王朝。

直到今天，汶川羌族人的生活中，依旧保留着与大禹相关的文化习俗。

大禹精神深深融入羌族人的血液中。

在婚丧嫁娶传统中，有一项不可或缺的仪式：踏禹步。

由大禹走路的姿势，演变而来。

患上腿疾。在治水的过程中因过度操劳，无法像正常人一样行走。羌族人将大禹行走的跛步，演变成如今的禹步，以世代秉承先祖的治水精神。

每年的农历六月初六，羌族人还会在大禹祭坛举行盛大的祭祀活动，纪念先祖大禹的诞辰，会在大禹神像前踏着禹步，跳着莎朗，缅怀先祖大禹的盖世功德。

世代崇祭，年年如是。

出自大禹父子，同一手笔。

《山海经》中，记载鲧治水共有七处，涉及世系、窃息壤、堙洪水、布土定九州、被殛羽山几件事；治水经历，并不是不懂科学决策——尧命鲧去治水，鲧只知道堵和截，越治越糟……

治水中，大禹选中淮河中游荆山北麓。

建造了史前第一座漂亮的城——“龙坑”。

宏大规模。今安徽蚌埠怀远县城。距今已有4 190多年，一座面积巨大、规模空前的城，由宫城、外郭组成的“双城制”模式，奠定中国历代王朝都城的构架。

外围，耸立着高大的夯土城墙。

内部，规划分明，已经布局着雄伟壮阔的宫殿区、等级森严的墓葬区，独立完善、有专门守备的大型仓储区，阶级和阶层划分严明的居住区，有技艺娴熟的工匠并由官方管理的手工业作坊区……

还有，神圣庄严的祭坛、天文观象台。

功能区划，齐备合理。

俨然已成气势宏大的中土“王都”。

乡野敬仰的权力中心，四方向往的首善之地。

黄河文化主流的仰韶文化、龙山文化向南伸延，长江上游的巴蜀文化、中游的湖北屈家岭文化向北伸延，这三种文化在淮河中游地区形成并存互动、相互融合的局面。

宽阔的内陆三角洲。岷江三角洲、黄河三角洲。

两处地理条件惊人相似。

东面，都受到山地阻拦，南北两面，都有出口。黄河，南流入黄海，北流入渤海；岷江，既可南流入长江，又可北流入沱江，再入长江；南北改道，都具备广阔的三角洲平原的特征。

4 500年前左右，黄河由南流入黄海，改为北流入渤海，当年沿太行山东麓北流的黄河，与今天沿成都平原西南侧南流的岷江主流，十分相似；都在堤防的防护下，沿三角洲边缘流出，使三角洲的绝大部分，免于洪水之害；在三角洲的中轴部，由于受山地阻挡，泥沙易于拥积，河水只能南北分流，使三角洲的中央部分，大大高于两侧，减少洪水威胁。

两洲能发现大量古都、文化遗址的缘故。

治水方式也极为相似。

大禹父子在治理岷江时，率先采取"岷山导江，东别为沱"方法，既便于洪水分流，又有利于舟楫、灌溉；大禹在治理黄河时，也采取了分流黄河水，入济水以通淮泗的方法。

水利工程也惊人相似。

沿岷江主流的古金马河大堤，类似黄河三角洲水利工程的鲧堤，宝瓶口分流的内江，类似于从黄河石门开凿以通淮泗的济水，金马大堤所用防冲卵石竹笼，类似于大禹父子所用息壤，都不是为分洪而设，而是为了航运、灌溉。

大禹父子先治岷江、后治黄河的缘故。

《禹贡》把漳河水，列为大禹治九水之列。

浊漳河最壮观的一处风景。

山西长治市平顺县奥治村。

一处赤壁丹崖的峡谷地带。《水经注》描述："清崖如点黛，赤壁若朝霞，树翳文禽，潭泓绿水，景物奇秀，为世所称。"4 000多年历史的山村。

太行小三峡，又称大禹峡。漳河水，自西向东流，自平顺县北耽车乡赤壁村的赤壁悬崖，飞流直下，向东而去。河水奔腾咆哮之势，被幽深峡谷吸纳，变得温柔、宽容，河水伸展处，有一条峡谷，延伸向南，两岸石壁高耸，峡谷顶端有依稀可辨的人工凿痕。长约千米的峡谷沟，有错錾沟遗迹，大禹的父亲鲧治水留下的遗迹。

烂尾工程。历史上最悠久、工程体量最大。

远古时期，没有先进的测量仪器测量，山南边地势高。在奥治村

「崇伯鲧」治理洪水九年，救万民于水火，劳苦功高。失败，并非无能，而是时代生产力水平低下的真实写照。没有鲧「堵」的失败教训，也就没有大禹「疏」的成功。更没有放弃志愿，留下一个伟大的继承人：大禹。

西现在的大禹峡处，鲧带领民众开凿沟渠，想导水向山南，因山南地势比北边高，开渠失败，留下了烂尾工程错錾沟。

面对父亲留下的巨大烂尾工程，大禹开凿水渠，引漳河水东流，平息水患。

治水工程结束，烂尾工程也成为千古遗存，并且变成一个景色秀美的景区。

治水遗址错凿遗渠、大禹行宫，至今保存完好。

禹王庙、禹王陵、禹王井、禹旮旯，依稀可见。

使用“堵”，即采用筑堤拦洪的方法治水。懂得一定土木技术，开创筑城技术，在面对大洪水时，自然就想到这种办法治水。有功于华夏，至少是阶段性的功臣，可惜鲜为人知。

“鲧作城郭”，只是保护居住地，却不能保护农田。

才有“鲧九年无功”，大禹治水的故事。

《禹贡》中记载了大禹治水的配套措施。

确定行政区划与治水的关系模型。九州重新划分后，治水先后、治水资源在各州的配置，是怎样的科学原理？何以要给治水后的各州，指定核心产业？

或疏，或堵，或建立大泽、小湖、湿地……

或建连湖、水网，城市小桥流水，深挖井……

不同措施的原理：水量、水速、地势、水产、交通……

各种要素配置，建立分析与决策模型……

确定治水岗位的责权利，用人标准……

团结众人。寻求伯益、后稷两位贤臣的帮助，联合共工氏与其他众多联盟部落……

在《创世纪》中，上帝耶和华看见地上充满罪恶、暴行、邪恶的行为，决定用洪水来消灭恶人。发现诺亚是个完人，指示建造方舟，得以渡过灾难。与天帝的行为颇为相似。

截然不同。面对天怒，与西方的表现方式。

积极应对，中国的鲧禹父子的选择，明知天有不测，仍然选择抗争到底，能够拯救人类的只有人类自己。在《圣经》中，诺亚选择听从“神”的旨意，带领地面上的动植物，逃离这场灾难。

自然法则。“优胜劣汰”“适者生存”。

方式不同，没有孰优孰劣，都是顺应自然、内心。

两种文化的差异，延续至今。

异曲同工。鲧偷“息壤”，与希腊神话中普罗米修斯盗取火种的情节相似。后者从天庭盗取火种，归还于人类，惹怒众神之王宙斯，被囚禁于高加索山的悬崖之上，每日承受被鹰啄食的痛苦。在西方文学艺术里，普罗米修斯给人类带来光明和智慧，但鲧仅是个治水不利的边缘人物，背负4 000年罪名的大禹之父。

失败的英雄。中国的普罗米修斯。

“崇伯鲧”治理洪水九年，救万民于水火，劳苦功高。

失败，并非无能，而是时代生产力水平低下的真实写照。

没有鲧“堵”的失败教训，也就没有大禹“疏”的成功。

更没有放弃志愿，留下一个伟大的继承人：大禹。

帝舜便征集大家的意见，普天之下，有谁还能担此大任。

众人回答，鲧的儿子大禹，任职司空，专门执掌水土工程等方面，颇有治水天赋。

大禹并不因舜处罚父亲嫉恨在心，暗下决心：“父亲因为没有治好水，而给人民带来苦难，一定努力，再努力。”从汶川出发，与自己的恩爱妻子洒泪告别，踏上征程。

沿途，看到无数的人民都在洪水中挣扎，一次次潸然泪下。

大禹左手拿着准绳，右手拿着规矩。

走到哪里，就量到哪里。

一提到治水，相识的和不相识的人，都会献上最珍贵的东西。

决心、信心倍增。

认真地思考父亲治水失败的原因，总结父亲的经验、教训，放弃了以“堵”为主的治水理念，改用“疏”的方式治水，使得黄河水能够顺利地东流入海。

每发现一个地方需要治理，就到各个部落去发动民众来施工；每当水利工程开始时，都和民众在一起劳动，吃在工地，睡在工地，挖山掘石，披星戴月地干。

长年在外与民众一起奋战。生活简朴，住在很矮的茅草小屋里，吃得比一般百姓还要差。在水利工程上，又最肯花钱，每当治理一处水患而缺少钱，都亲自去争取。

成功地疏导了长江水系。

治理长江，从岷江开始。

四川盆地的地势，西北高，东南低，由西北向东南倾斜。水系也大多都西北东南走向，成都平原东南边缘有龙泉山脉的门槛，容易造成排水困难。每当雨季，岷江上游山洪暴发，洪水便会倾泻于成都平原，使得成都平原遭受水灾。

“汶川之会”。召集岷山上游的古羌部落联盟，研究解决治理岷江的问题。

决定，从源头岷江开始着手，采用疏导的方法治理。

他，完整地勘探了以岷江为主的河道，在原来的河道基础上，疏导、连通出一条新的半人工河道，从而分引岷江洪水。在如今的都江堰南部，科学计测，开出一个豁口，形成了沱江。

沱江向东南流淌，经过成都平原，最后又汇入长江。

水患得到治理，从川西北，到川西南，都得到不同程度的开发，农业发展，水利兴修，道路开辟，推动社会的发展。集合先民的力量、治理水患的过程，为古蜀国的建立，奠定基础。

天下各地区农业生产，得以恢复、发展。

加速了各部落间的联盟、融合。

岷江狂怒、黄河暴躁，为了治理，大家必须团结一致，集中力量，统一行动。

也使人们认识到中华文明统一的重要性、必然性。

创造了独有的治水方式、体系和理念，形成了“上善若水”，尊重自然生态法则的精神，开创的“岷山导江，东别为沱”治水经验，贯穿古今。

大禹死后，后人尊为水神，各地兴建禹王宫、禹王庙。

祭祀，怀念治水功绩，祈求保佑风调雨顺，河流安定。

大禹文化的内涵、精神蕴藉，在于能以文象的力量、文脉的形式，潜移默化中，给受众以启迪、教益，获得人文精神的钙质，点燃止于至善的文化光焰，不断地走向睿智、崇高。

“汶川之会”，由氏族民主过渡到个人专制，阶层分化和斗争的需要，也是集中力量建设大型公共工程与大自然斗争的客观需要，生产关系适应生产力发展的必然结果。

崇州述说着父亲鲧时期质朴的山水人间。

汶川记录着儿子禹时期疏导的人间山水。

“江原”也将正宗的传承，寄拥给4 300多年文明印记的崇阳城。

不仅改变了成都平原的面貌，还带来了民族融合、生产技术、文字、语言等文明体系。

民族英雄。大禹治水，古人类第一次真正降伏洪魔。

一如大禹一样，黄帝的生卒年月，考证说法不一。根据《竹书纪年》推定，黄帝崩于公元前2296年，恰恰是4 300年前大洪水发生之时。

《禹贡》记载：“东渐于海，西被于流沙，朔南暨声教，禹锡玄圭，告厥成功。”

安定九州，制定五服。

奠定了华夏泱泱大国的根基。

按照“五服”区域统计，共“2 500里”的范围计算，夏朝影响范围高达600多万平方公里，“五百里甸服，五百里侯服”，核心区域为100万平方公里。真正意义上的“大夏”。

鲧死禹兴，一次治水，建立一个朝代。

制度优势，“集中力量干大事”的“史前版”。

首次展现，世界最强的规划能力、领导能力、执行能力和改革能力。

华夏民族的根基：夏朝。

三星堆出土的高3米的大“神树”，树分3层，每层3枝，共9枝；树枝柔和垂下，每枝中部又伸出果枝，枝上有镂空花纹的小圆圈和花蕾；向上的9个花蕾上，各站一只昂首翘尾的小鸟，全树共9只神鸟，顶上还有一只大鸟，有10只“鸟头”，在《尚书》中，“鸟头”称为“星鸟”，即后人喻说“朱雀”，既代表星宿，也代表太阳。

“鸟头”，还代表成都平原不同民族部落、方国的人们，共同崇拜的“凫”。

“凫”，既可是鱼鹰，也可是大雁、鸭。

大禹文化的内涵、精神蕴藉，在于能以文象的力量、文脉的形式，潜移默化中，给受众以启迪、教益，获得人文精神的钙质，点燃止于至善的文化光焰，不断地走向睿智、崇高。

“禹”的古音，“鹜”“鸭”之意，与“五”里“中”之数同音义。三星堆中出土的金权杖中，就有“凫”“鱼”的图案。“鹜、凫”同为“鸭”，鸭、雅同音，雅、夏同义。

三星堆城建在古称“洛水”，又称“鸭子河”的河流旁边。

如今，依然是野鸭、家鸭成群之地。古人说大雅、小雅，大夏、小夏的意思，义都来自“鹜”，与“古成都人”崇尚“凫”（鱼鹰、鸭等水候鸟），也是不谋而合。

一脉相承。“凫”的全面升级，美学典范，神秘、精致的“太阳神鸟”金饰，“古成都人”“天人合一”的哲学思想、丰富的想象力、非凡的艺术创造力与精湛的工艺水平的完美结合。

血亲文缘，关系密切。

鲧的父辈、祖辈与儿子大禹，青壮年时期均生活在崇州、汶川一带，成都平原先夏文明的重要发源地；父子俩因治水进入中原，大禹因治水成功，位列至尊。

追随大禹“北漂”蜀族部落联盟的柏灌，既辅佐大禹治理天下洪水、平水土，又是舜帝的虞官，“佐舜调驯鸟兽”，史籍记载中的称呼有多种。《尚书》中称“益”，《史记》中称“大费、柏翳、伯翳”，《汉书》中称“化益、伯益”等。

“舜赐姓嬴氏”成为秦国嬴姓的来源。

嬴姓，姬姓（周朝的国姓）最早分化出来的姓氏。

“第一代北漂”。两大联盟定居，“皆在河洛之间”。

荣辱与共。柏灌蜀族部落联盟，后裔被史籍称“斟灌氏”“斟灌族”，与夏王室毗邻而居。

由来已久。“二斟”与夏王朝亲如兄弟。

古蜀文化注入中原文化血管。

代表着先进生产力、先进文化的发展方向。

在华夏文明的形成过程中，发挥主导作用。

取代夏的商、周，黄帝另一子玄嚣的后代，与夏本有血缘关系，与夏文化同源，继承、发展和丰富了夏文化的内涵；仅因自然环境的不同、土著居民的习俗差异，有所区别。

京畿之地。夏以后的帝王，多在中原地区建都。

长时期成为华夏民族的政治、经济、文化中心，成都平原与中原交流相对困难，既制约古蜀文化的“内循环”的发展速度，也助长古蜀文化“外循环”的独立性开放、融合。

夏代以后，中原文化“外循环力”，比古蜀文化更强。

“侧身西望长咨嗟”。

情理之中。许多人便误认为华夏文化唯一发源地是中原地区。

在周代人心目中，最古的圣贤就是大禹。

在《尚书》和《诗经》中，大禹就是一个治水者。

距今2 900年的西周豳公盨的铭文，开篇即是“天命禹敷土，随山濬川，迺差地设征”，记述了“大禹治水”“为政以德”等内容。

《史记》的真正开篇，《五帝本纪》后的《夏本纪》，《夏本纪》就是“大禹本纪”。

代表夏，是“禹”；代表商，是“汤”。

大禹父子开启的“江原文化”。

古蜀文化的根源。

大禹治水将古蜀文化，带到黄河、长江流域等地，逐步形成参与度、认同度更高的华夏文化。商灭夏后，部分华夏部族移居古蜀，又带入黄河文化，促进了中原文明与古蜀文明的融合。

缺一不可。长江、黄河不可分离，遗传基因DNA的“双股链”。中华文明的密码和钥匙，全都蕴含在长江和黄河“双联体”之中，全在“双股链”的相互作用、循环之中。

古蜀文化与中原文化的“双循环”。

治水文化。古蜀文化的核心内涵，华夏大地的主体文化。

父子俩治水方略：一为堵，一为疏。

治水的成效：一个失败，一个成功。

两种治水思路，影响中华文明甚远。

鲧代表改造自然，禹代表顺应自然。禹治水成功，让中华文明走上顺应自然的道路，诞生了道家思想。鲧如果治水成功，或让中华文明如西方一样走上改造自然的道路？值得深思。

建城男神。鲧，悲剧色彩的传奇人物。

古蜀州的古城文明，大禹父子治水、建城的结果。

“江原文化”，大禹精神内涵。

形成中国独特的水文化思想理念，萌芽江汉朝宗于海的“中华大一统”共识。

岷江汛期水势大、时间长，对农耕破坏巨大。

各部族都竭尽全力，在浩瀚无边的大自然力量面前，都终将沦为泡影。

经过几千年与水的斗争，对水和太阳的感受，比中华其他地区来得更深刻、刻骨，感恩、崇拜、敬畏、恐惧、喜悲、爱恨，情感复杂，再悲剧的人生，都要以喜剧的心态来过。

大禹精神的核心：大仁、大智、大勇、大爱。

以江源之地的水文化为动力，形成高阳氏家族公社、高辛氏农村公社两个部族结为联盟的农牧经济。夏后氏、蜀山氏世为婚姻，父系家长制与母系母权制农村公社长期联盟关系。

携手北上。大禹的古羌部落联盟，柏灌的蜀族部落联盟。

东迁中原，成为经济比其他族群更发达的高等农业部族。

《史记》记载："禹受曰：非予能成，亦大费为辅。"

论功行赏时，大禹谦逊地说，治水能够成功，主要有伯益（柏灌）、后稷等助手协助。伯益根据地势低洼的特点，引导先民们种植稻谷，有效地促进农业发展。还发明了凿井技术，改变只能沿着河流定居的局面，使更多的土地得以开发、种植；把治水中走过的地理山川，见过的奇闻异事记录下来，为大禹编著《山海经》提供了大量的素材。

凿井技术，意义重大深远。在洪水泛滥的大地上，开凿水井就有了活命的水，让人远离洪水居住，华夏民族的生活，向前迈进一大步。有些史籍，将伯益造井与仓颉造字相提并论。

鲧禹治水，开创中国的农耕文化。

"夏历"，使人民过着定居的生活，人民通过观天象、依农时，从事农业生产，创造社会财富。夏言、夏礼，使华夏民族有了共同的语言、大体相同的思想行为规范，形成共同的心理素质。

道教，初始应肇自夏禹时代。

文化渊源，追溯到大禹时期母系氏族社会的原始巫教。

发源于大禹古羌部族联盟的祖居地"西蜀"，随着部族的西兴东渐，从西部传到中原，再传到全国各地。与东方夷人、东南越人的原始宗教融合，形成为滨海地区的方仙道。

在祖居地成都平原，演变为巫鬼道(早期的五斗米道)。

禹步、禹符、枚卜、拜斗等道教习俗，都源于鲧禹，发端于中华文明的发展，从来都不是单线条。毗邻夏商周的古蜀，无疑最绵长、最奇特、最厚重。一个与夏商周秦并存，甚至早于夏朝，并在夏商周秦的西南延续了2 000年以上，同时也被人们遗忘了2 000年以上的文明。

“西蜀”……

中华文明的发展，从来都不是单线条。

毗邻夏商周秦的古蜀，无疑最绵长、最奇特、最厚重。

一个与夏商周秦并存，甚至早于夏朝，并在夏商周秦的西南延续了2 000年以上，同时也被人们遗忘了2 000年以上的文明。

四川盆地，中国四大盆地之一。

面积约26万平方公里，超过英国。

中国山水的缩影。

底部面积，约16万平方公里。按地理差异，自西向东，又可分为成都平原、川中丘陵和川东平行岭谷三部分。盆周东部，长江三峡；南部，云贵高原；西部，青藏高原；北部，大巴山。

按地理、人文，一分为二：川东、川西。

龙泉山，成都平原和川中丘陵的界山。

华蓥山，川中丘陵和川东平行岭谷的界山。

成都平原西侧为地表水系口，发育出岷江、沱江两大水系。岷江、沱江进入平原后，呈扇状分流，在平原东侧龙泉山山麓收束，于金堂峡、苏码头、新津三处，再流出平原。

从西北的邛崃山、岷山，到北面的龙门山、米仓山，至东北的大巴山脉、巫山，向南武陵山，西部为夹金山、大小相岭、大凉山，东南为大娄山、云贵高原，海拔均为1 000米至3 000米。

盆地底部，形成一个相对封闭的盆地。

海拔200米至750米的丘陵、平原。

植物超过万种，许多古老物种，为中国之最。

也是中国动物种类最多、最齐全的地方。国宝大熊猫，繁衍于此。

水系，由长江干流与5条南北向支流——岷江、沱江、涪江、嘉陵江、渠江组成。

岷江、沱江流域，蜀人的天下。

嘉陵江、渠江流域，巴人的势力范围。

蜀地，以成都为中心，形成通向盆地四周边缘的密集陆路交通网络。

在龙门山、龙泉山之间，岷江、沱江合力，形成肥沃的冲积扇平原。

成都平原上，农田与村庄、树林交错分布，形成典型的林盘式聚落。

空中鸟瞰，阡陌纵横、水网密布，林盘状的村舍一如点点繁星，织就锦绣般的画卷。

生活在成都平原，犹如活在"天府田园"，享受着富庶。

相对隔绝的地形，为生活在其中的人们提供天然保护，减少战火祸患。

走出平原不易，外来侵略，想要攻入亦艰，反让人们的安全有了保障。

巴地，以重庆为中心，坐落于四川盆地的东南边缘，处于盆地向山地的过渡地带。由云雾山、缙云山、中梁山、龙王洞山帚状平行岭，与铜锣山、南温泉山、明月山等组成，在川东平行岭谷中，山岭海拔多数在1 000米以下，长度上几十到上百公里不等，谷地宽度在10至30公里之间，属于典型的"城在山中，山在城里" 的布局。

南面是云贵高原，西面是青藏高原，根本不可能攻破。

仅有的两条通路，在北边、东边。

北边，掐住剑门关，守住米仓道，便可保成都平原的安全。

东边，在重庆。陆路进攻巴蜀，几乎不可能，只能走长江水路。位居长江上游，顺流而下易，逆流而上难，有三峡阻隔，万无一失。崇山峻岭太多，外面不易进去，里面也不易出来。

中国第二级、三级"地理阶梯"之间。跳出局域范围从全局来看，显得极其重要。东面，与荆楚相连，占尽长江天险，足以与北方抗衡；与北面的关中、汉中相连，可顺流而下，直取荆楚、中原。

易守难攻。封闭但不闭塞的地形结构，自古就是躲避战火殃及的"大后方"。

跃然版图。也是大写意的"T"字形经济带。

"汤继强线"，南北向，成都居中，挑起西安、昆明成"丨"；东西向，成都居首，串联起重庆、贵阳和长沙成"一"，从西北向东南倾斜，直接覆盖中西部数省、一个直辖市经济区。

中国经济最大的回旋空间。

区域经济发展版图上的“新大陆”。

震古烁今。中国安全第一极、中国经济第四极。

太平岁月，四川是安乐窝。

国家动荡，成都是避难所。

北方中原移民的“洼地”。

当有战争发生、处于乱世，中原就不断有人举家举族移民成都平原。

成都平原的价值，在于天府之国。天府者，上天眷顾之地。资源取之不尽，用之无穷。但上天也不是一直眷顾，如清初之十室九空。如果去“天府”二字，其地在现代战争模型下与诸地无异。

被纳入秦国的版图，那是诸侯秦国。

即使秦朝的秦国，也不是整个中华。

从夏商周前后看，古蜀文明一开始就和中原文明、中华文明一体。

历史证明，是否拥有四川，影响巨大。

秦汉据四川，一统天下；三国魏无四川，无法一统；隋失天下，李唐迅速发兵长安，拿下四川，奠定一统天下的基础。整个唐朝都重视四川，唐最发达的地区除了首都，就是四川、江南。

唐明皇丢首都长安，未丢四川。

南避入蜀。依靠财富和天险，李唐得以延续，收复失地。

到了南宋，初有四川，得以延续，遇到对手蒙古，尽管川北、成都也尽失，川人并未放弃抗争。蒙古最惨痛的两大损失，成吉思汗在西夏战死、强大无匹的蒙古大汗阵亡于重庆。

蒙古帝国仅用17年，便占中亚、越高加索、跨克里米亚半岛，横扫亚欧大陆，21年后灭西夏；28年后灭金朝，未尝一败。偏偏对积弱的南宋，不仅久攻不下，还使得大汗丧命。

面对汹汹铁蹄，宁死不屈。

以一省之力抗蒙52年，城城皆玉碎，处处见血战。

四川全部沦陷，襄阳失去防守的意义，南宋灭亡。

北明灭亡，南明即使失去江南、两湖，只要四川不在清军手里，明朝依然没灭亡。

即使依靠一时人杰李定国，反杀一波，两撅名王，杀得清军胆寒。

最终，也免不了亡国的后果。

中国首富。即便不算先秦，两汉、隋唐、两宋时期，四川千年稳居中国最富裕地区，全国GDP贡献1/4，军粮贡献1/3，比例相当于如今北上广深四大一线城市生产总值总和的两倍。清末，仍是第四富裕省份。

直到1960年前后的三年困难时期，才沦落为排名中游的中等省份。

全面抗战爆发后，千千万万巴蜀人，一如4 200多年前的“誓师治水”的“川军”一样，赤脚出川、走遍13省，参加了28场大型会战，摧锋于正锐，挽澜于极危。中华绝不会亡。

喊一声“雄起”，真刀真枪去拼命。

出钱、出粮、出人、卖命，反映了强调奉献的“大禹精神”。

以一省之力，承担整个抗战所需三分之一的钱粮……

“川军能战”。每5个牺牲的抗战军人中，就有1个川军将士。

面临国破家难，一次次抛头颅，回答铮铮。

易守难攻。地理优势，“天时地利人和”，适合发展农耕的优越条件，与伊朗高原封闭而不闭塞的地理结构区别巨大。而且，还拥有随处可以利用的井盐，作为支撑生命的基本物质。

在古代，盐是生活必需品，拥有盐资源意味着财富资源巨大。

成都平原盐矿众多。

古地中海（特提斯洋）的一部分，气候干旱，出现规模较大的咸化海域，称为上扬子蒸发海，膏盐沉积增多，规模达50万平方公里。

到了三叠纪末，海侵历史结束，平原东部转为内陆湖盆，逐渐干涸，出现含盐沉积，积聚于侏罗纪岩层中，即今雅安、峨眉山一带。

既有陡峭的崇山峻岭护佑，又有江南水乡般烟柳葱茏滋养，充足的先天优势，加上刚健与柔媚、激昂与含蓄环境下熏陶出来的川人，不惧时艰，开放自省，便有“天府之国”美称。

声名远播。从鳖灵决玉垒山，到李冰修都江堰。

还是中国著名红层盆地。地表岩石，主要为紫红色砂岩、页岩，这两种岩石极易风化形成紫色土。紫色土，含有丰富的钙、磷、钾等营养元素，是中国最肥沃的自然土壤之一。

一片丘陵性平原，一块由四周山脉合围而成。

与可攻可守的伊朗高原，异曲同工。

不同的是。伊朗高原，山脉围成的高原型盆地，海拔较高，而且也没有成都平原那样优越的亚热带季风气候条件。一个沃野千里，一个赤地千里。

在成都平原内，平均距离不超过2.5公里，就会有一条河流。

渠道密集，流淌的河道，多从自然河道改善而来。蜘蛛网般大小的河流分布着，在干渠的基础上，分布出很多支、斗、农、毛渠，将地图缩小来看，就像是一张密密麻麻的扇状网。

大禹父子治水，将古蜀文化播向华夏大地。

古蜀文化，夏文化的重要源头。

中华民族文化的重要源头之一。

上古蜀人，两套系统藏涵真实历史。

一套在《山海经》里。

三皇五帝时期，黄帝的妻子、西陵氏之女嫘祖，嫘祖“降居江水”的长子玄嚣青阳，嫘祖“降居若水”的次子昌意与妻蜀山氏女昌仆，昌意、昌仆夫妻的儿子颛顼高阳，大禹父子俩，为黄帝鼓瑟、掌医药的神女素女，死后葬在“都广”的后稷。

大禹一族，黄帝封于蜀的一支血脉，世为侯伯。

大禹的父亲鲧，相当于蜀国（侯国）的国王。

与大禹并肩作战的是，柏灌率领的蜀族部落联盟。

都是远古居于成都平原的“老成都人”。

一套在《蜀王本纪》中。

扬雄记载的古蜀五王：蚕丛、柏灌、鱼凫、杜宇、鳖灵，几乎都与水有关，蜀王的名号，似乎也若隐若现地证明着，治水而居，傍水兴城，上善若水，安逸自在。

两套系统，互相交织。

本质上，就是大禹“岷山导江，东别为沱”到李冰“凿离碓，辟沫水之害，穿二江成都之中”后，成都平原上有一个以水稻、蚕桑种植为主，并以林盘、灌区为特色，高度发达的农耕文明。

夏文化由成都平原发展到中原地区，古蜀人变为农业部族。

大禹也因治水成功而变成了农业神，执耒而耕的形象形成。

手里拿的是“耒耜”，不是“叉子”。

据《易经》记载：“神农氏作，斫木为耜，揉木为耒，耒耜之利，以教天下，盖取诸益。”耒耜，木头棒子加上一个比较粗的横梁，作用就是用来翻土，与现在的锄头有异曲同工之妙。

木头制品容易坏，也不易翻土，改用石头制作耒耜。

后来渐渐有了青铜与铁制品。

先秦以前，耒耜一直是农作的重要工具。

大禹身先士卒，总把耒耜握在手中，刻苦工作，治水的同时，形象也就深入人心。

夏朝盛于河洛，传播“五服”。

源头在岷江、成都平原，成功却在黄河，东传江浙，甚至于海外日本。

江河文化“双联体”的“典型形象”。

长江文化、黄河文化相互融合，优化重组。

四川位于这两支主体文化之间，又是长江和黄河的文化源头所在之地。

夏禹文化诞生于岷山西羌、成都平原的广阔地域，正是黄河与长江两支文化源头的结穴处。

自带大禹文化的“骨血”。

孩提“华夏”从崇州发源。

儿童“中国”从汶川起步。

“华夏”源自岷江上游的川西高原。

“华夏”始于岷江中游的成都平原。

“华阳国”应是最早的“华夏国”。只是大禹不断扩展疆土，才有“人皇居中州而制辅八方”的“中州”说法，“中国”就慢慢转移到现在中国的“中原”一带去了。

华夏文明奠基性发祥地之一。

哺育出博大奇绝的古蜀文化。

夏朝盛于河洛，传播「五服」。源头在岷江、成都平原，成功却在黄河，东传江浙，甚至于海外日本。江河文化「双联体」的「典型形象」。长江文化、黄河文化相互融合，优化重组。

森林密布，河渠纵横，动物繁多。

鸾鸟、凤鸟自由自在地歌唱、舞蹈。

层峦叠嶂的山林，阡陌纵横的原野，清流急湍的水系。枫叶似火的鸡冠山，托起塔尖明月的凤栖山，文井江勾勒出灵动的眼眸，雪山、草甸、瀑布、河川、平原，层次分明、山水相依。

以青山为底，草树云山、百渠入院、千秋瑞雪的旷世盛景。

以江河为脉，三江润城、清泓环绕、蓝绿交融的可感可及。

「雪山下的公园城市」源处。

异曲同工。夏禹的「黄河向东」，鱼凫的「湔江南下」。

遥相呼应。中原河洛的「禅让」，成都平原的「民主表决」。

古蜀之根，从彭州延伸；古蜀之城，在崇州孕育。

蜀中先导，从郫都起步；天府水乡，在温江发迹。

第二章

美女配英雄的「成都精彩」

第二代蜀王。

留守的柏灌部落，深得蚕丛王的信任、倚重。

顺理成章。“汶川之会”后，大禹带领“北漂大军”北上，在黄河的河洛地区建立夏朝时，“南迁部队”中的大支部落，进入龙门山腹地的湔江“高地河谷”，汇入“留守”的柏灌部落。

柏灌时期，正处在全球性的灾变气候阶段。

小冰河时代。

温度上升，冰川消融，海平面上升，全球性海洋环流和大气环流发生巨大改变，青藏高原上发生冰川前进的现象，岷江河谷附近的贡嘎山、四姑娘山的冰川，也“蠢蠢欲动”。天气变冷、变干燥，对成都平原的农业影响不可抗拒，岷江泛滥成灾，平原又再成沼泽之地。“古成都人”饱受水患，无法再种庄稼，又不愿远离岷山，不得不向“高处”迁徙。

柏灌氏又叫柏濩氏、白鹤氏。

柏濩、白鹤，又名灌鸟。

从高山向平原地区迁徙的蚕丛氏中的一支，活动中心在湔江上游的高山台地，今彭州龙门山镇的白水河上游、九峰山一带。现在，还有白鹤林、白鹤寺、白濩庵、白鹤桥等地名。

在白水河、白鹿河的高山上，经常栖息着许多吉祥的灵鸟。在《山海经》的记载中，描述“其状如鸡，其音若呵，名曰灌灌”。

古蜀“吉祥鸟”，部族名称始以“柏濩”为名，首领泛称

“柏濩”。

“白水河”，当地村民中的读音，柏濩、白濩、白鹤。以河水流动之“濩……濩……”声，为河命名，与柏濩氏在此居住过有关，反映“古成都人”与生养之地——龙门山一带的深厚感情。

岷江与湔江。天府文化的两道文化之门。

龙门山西南段。唐人卢求在《成都记》中，说到“柏灌氏都于瞿上，至鱼凫而后徙”，而“鱼凫田于湔山，得仙，今庙祀之于湔”。

湔山，今岷山，湔江边的岷山，今彭州的龙门山。

从都江堰的宝瓶口，到北川曲山镇。

彭州，地处古蜀文明的原始核心地带，北部龙门山脉太子城海拔4 814米，南部平原最低点乌鸦埝海拔489米。整个地势，宛如一把巨型浮雕靠背椅。高出成都主城区4 300米以上。

北端的龙门山镇，与汶川接壤。

“土生土长”。分布着一连串“特殊”的山峰。

罕见的世界地质奇观：冰川漂砾群。

规模宏大的构造带，由西北向东南推覆、滑覆。

曾经和南极一样，有一整块巨大的冰盖。

从别处“飞”来。缘于大自然的神奇力量。

自然奇观，“孙子”背“爷爷”。飞来的山峰，年龄高达2亿岁，身下的地层才1亿年左右。“飞来峰”，20世纪20年代末，中国地质学家发现，是从25公里外的汶川、茂县“飞”来。

“物理现象”。平均高度在海拔4 000米以上的青藏高原，被厚约2 000多米的冰雪覆盖，冰雪后来断裂成面积达数百上千平方公里的一排冰山，向海拔1 000多米的汶川、茂县，排山倒海地“滑”过来。

冰期末期。气候转暖，大冰盖开始溶解，东缘的汶川、茂县一带，出现了大面积的整体由高向低，即由高原向盆地、由西向东的冰雪大滑坡，面积足有数百、上千平方公里。

冰雪层包裹之中，石灰岩小山随着冰川滑动。

冰川溶化。数万年后，雪水流走，无力再带动被夹带的石灰岩小山，成为“飞来峰”。

“蜀国有仙山，仙山有飞来”的“前世今生”。

“工程”浩大，上苍赐予成都独特的“厚礼”。

南下的古羌人顺着地势，绕过“飞来峰”，向南前进。

众多山溪的分割，形成若干天然通道。

龙门山腹地，面对成都大平原，都江堰的白沙河谷（龙池镇）、彭州的蒲阳河支流土溪河谷（原磁峰镇）和湔江河谷，妙趣天成，低洼谷地分布，有溪流泥沙堆积，四面环山避风。

现在，仍不乏池、潭、河、菜园等命名描述。

河谷间，有大量的沼泽湖泊，许多宜于种植、放牧的小台地。

非常适合居住，有开展渔猎耕作的条件。

从茂县、汶川，到现今都江堰城区一带，地理条件远不如茂县盆地，再加上川西平原边缘的彭、濮、梁等土著势力的强大，古羌人只有通过险峻的“松茂古道”；顺着岷江河谷“南下”，穿过“负山临江，两岸壁立，中通一线，只有鸿雁可以飞越”的汶川雁门关。河谷东岸有条小溪，沿岸曲折上升到山脊，海拔4 000米，行程不到50公里，却有3 000米的落差，令人生畏。

沿山脊下行，翻过高达4 000多米的玉垒山（今彭州九峰山）。

不到10公里，来到湔江上游，与先到的向“高处”迁徙的“古成都人”汇合。

经过几代生息繁衍，那里人丁兴旺，台地便显得狭小。

再顺着地势，沿着两条路线，再向南推进。

文明迁徙的具体路径、图系。

一路，沿石亭江河谷，经红白、什邡进入平原；沿绵远河河谷，经清平、绵竹、广汉进入平原腹地。一路，过龙门山镇，进入湔江河谷，到达“海窝子”，进入成都平原的北部。

也有两条孔道，到达成都平原。

一路，循着湔江河谷北端，罗元坝→老熊坪→

文明迁徙的具体路径、图系。一路，沿石亭江河谷，经红白、什邡进入平原；沿绵远河河谷，经清平、绵竹、广汉进入平原腹地。一路，过龙门山镇，进入湔江河谷，到达「海窝子」，进入成都平原的北部。

九甸坪→白沙街→紫坪铺这条路线，便可到达今日的都江堰，进入成都平原。一路，顺湔江河谷而下，出“天彭阙”，进入成都平原。

在龙门山中，行进约300年。

停停走走，直线距离不过20公里左右。

湔江，成都平原西北山区的一条重要河流。

“湔”，古通“尖”。

湔江河、岷江河、土溪河（杜宇河）三水绕流前山，形成“湔”。

“湔”也通“煎”，意即河床陡峭，水流很急。

“湔”，左三点水，右一个前，意为“水流的头部”“水流的前锋”。发源于彭州市龙门山脉中的太子城峰西南，从三口锅出发，在巍峨的群山之间，九曲回环，穿山而出，远望如一条蓝色的纱巾，全长139公里，流域面积2 057.3平方公里。

沱江三大源头之一。

古称湔水、蒙水、彭水等，上游称金河。

在湔江中游，“古成都人”再次停留。

湔江河谷。今龙门山镇、小鱼洞镇（并入龙门山镇）、磁峰镇（并入桂花镇）、白鹿镇（通济镇思文场社区划归管辖）、通济镇（合并了新兴镇）地域，一个大“回”字，海拔1 000米至1 500米，在高山与湖泊之间，有大量的台地、河谷丘陵。河滨区，有不少河坝地。

十分罕见。在成都甚至全国的“高地河谷”。

龙门山麓、中心台地，“海窝子”。

依山傍水。湔江横流，灌溉方便，气温较暖，雨量充沛，鱼多鸟多，适宜农牧。

小鱼洞，重要驿站。产“嘉鱼”之地。《蜀都赋》说，“嘉鱼出于丙穴”，丙穴，即小鱼洞。洞口周围的山川，形似篆文的“丙”字，又称“丙穴”。西岸，有大鱼洞。

杜甫极为推崇细鳞青尾鱼，“鱼知丙穴由来美”。

两岸的大、小鱼洞，盛产各种鱼类。

鱼，“古成都人”的主要蛋白质食物。

适宜人类生息、繁衍的风水宝地。

出山进入成都平原的“桥头堡”。

中游河谷20公里，九曲回环“臂腕”处。

“海窝子”处在白鹿河、白水河、通济河三水交汇之地，面朝广阔的成都平原，地形平坦开阔，适宜居住；背靠绵延的浅丘、群山，生活着大量野鹿等野生动物，可以猎捕。

东邻葛仙山镇，西接原磁峰镇，南接丹景山街道，北靠通济镇，境内南北长9.4公里，东西宽9.7公里，海拔高752.6米至1 281.8米。山、丘、坝俱全，面积达31.5平方公里。

还有铜矿、玉石、沙金、陶土等。

靠近山区，海拔相对于平原地区高，不易积水；也是湖湾区，湔江上游来水惯性向外，“海窝子”的位置属于湖湾区，水流至此会受惯性影响放缓，不易受洪水危及。

确有王者气象。湔江从高山峡谷之中奔涌而出，到了“臂腕”处，形成一个水面宽广的湖泊。“海窝子”所处的地方，恰好是一处湖湾。古人以湖为海，“海窝子”之名由此而来。

海窝子得名，还有两个说法。

一是《华阳国志》记载：“蜀王鱼凫，田于湔山，建都瞿上。”龙是帝王的象征，龙潜于海，后人称“海窝子”；二是古镇靠山边有一石洞，终年有冷泉水流出，村民称为“海眼”，将场镇一分为二，上场至下场必跨过一步水沟，一步跨“两里”（梯云里、鹿坪里），故称“海窝子”。

阳平山环山防江，峰峦相视，相山相对如阙。

站在狮子山上，阳平山与“海窝子”，刚好在一幅太极图的两边，划分线是蜿蜒的玉村河。

西北高、东南低，成阶梯状分布下行。

承上启下。下游有著名的“关口”天彭阙。

位于湔江出山处的“关口”，又称“堋口”。

“堋”“堰”相通。《华阳国志》有“天彭门”之称；《太平寰宇记》有“天彭关”之名。《元和郡县志》说：“彭州以岷山导江，江出山处，两山相对，古谓之天彭门，因取以名。”

牛心山、寿阳山两山夹持，隔江相对，气势雄伟。

状如门阙。天彭门，又称“天彭阙”。

形似牛心。峡口湔江北岸的牛心山，最高点海拔 969 米。山顶，有一据险而建的牛心寨，可容万人。寨内，有天池寺。寺内，有一个天池，池水长年不竭。

自商到春秋，继鱼凫后，杜宇、开明等古蜀三王，先后迁徙、立国于湔山、湔水，不断与彭人杂居、融合。彭门恰好位于三治相际的中心，成为春秋至战国中期古蜀国治地的一个标志。

不是门，是圣地。

以北，崇山峻岭；以南，一马平川。“云亡者悉过其中，鬼神精灵数见”，指古蜀人死后，都要从天彭门经过，才能达到“昆仑”仙境，一如中原人认为，人死后魂归泰山一样。

生时，懂水、用水，依赖舟楫。死后，也希望乘着“载魂之舟”，到达另一个世界。

“能知天文地理”的李冰，莅任首事，视察天彭门。

扬雄《蜀记》，首记其事。常璩《华阳国志》，有更详细的记载，说李冰至此“见两山相对为阙”，“云：亡者悉过其中”，本人也“仿佛若见神”，故号“天彭门”，又名“天彭阙”。

“阙”，帝王生前死后居处特有的标志。

“立祀三所，祭用三牲，珪璧沉”。

古蜀中，“天彭阙”地位显赫、崇高。

“天”字，“东周为蜀王所居”。

群山与平原坝的分割线。远望，在平原尽处，山岭连亘如垒，豁然开一口门，湔江辟山而出，江口处，两山对峙，状如门阙。天文地理合一，“天文则井络分其曜，地理则彭阙建其标”。

“观象台”功能：凭借太阳光照在山上产生的投影的位置，为农、牧业生产，准确地测定四时，观测季节，以及时耕种、放牧。从祀祠里，看四季水量的变化，预测何时爆发洪水。

《华阳国志》说：“（杜宇以）江、潜、绵、洛为池泽。”

“池泽”，富饶区域，“江”，今岷江；“潜”，是“湔”，湔江；“绵”，今绵远河；“洛”，今石亭江。四水相汇之处，是古蜀国的腹心地带与富饶区域，与“瞿上”相符。

《牧誓》中彭人的立国地，逢乡的出入口，始名彭门。

甲骨文中的“彭”字，典型的象形字，一个人双手高举，正在用力打下面的鼓。“鼓”，正立于鼓架之上。右边的三撇，表示击鼓的反复次数——“彭，彭，彭”……

历史上，彭国在武丁的殷商军队打击下，一度由故地徐州向“东南”迁徙，一支至成都平原与丘陵山区交合地带，以彭州为主体、以广汉、郫都、都江堰部分地区为疆土。这里进可攻、退可守，适合安邦立国。它是古蜀国的隶属国。

彭姓出自颛顼的后裔钱铿（彭祖），得姓始祖。

“彭人击鼓”。鼓，写作“壴”，“彭”结构中左边的部分。“壴”，上下结构，上面“十”，下面“豆”。“十”，打鼓的木槌，“豆”，陶豆。寓意依旧鸣鼓而进、奋进鼎新的精神。

自商到春秋，继鱼凫后，杜宇、开明等古蜀三王，先后迁徙、立国于湔山、湔水，不断与彭人杂居、融合。彭门恰好位于三治相际的中心，成为春秋至战国中期古蜀国治地的一个标志。

精神崇尚。将灵魂与天门观念相连，成都平原一大习俗。

天彭牡丹因发源地，丹景山麓湔江口天彭门而名。

“天彭门”尚未浚通，“关口”内实际是个大湖泊。

距离距成都平原腹心地带仅12公里。

古蜀人从高山峡谷，逐渐朝着丘陵、平原方向逐步转移。

创业者筚路蓝缕，寻访美丽家园。

“留守”的第二代蜀王柏灌，一如蚕丛取名“瞿上”，将立足地“海窝子”，也取名“瞿上”。鱼凫氏活动的中心地区，在湔江河谷流域的上游一带，称“王瞿上”。

“瞿上”，一种泛指。柏灌和鱼凫，都曾都“瞿上”。按《彭县地名录》称，今彭州市的龙门山镇一带，湔江绕天台山南下，豁然开朗，小鱼洞处于高处，称“瞿上”。

“海窝子”，立国治蜀的“大本营”。

“鱼凫氏”，“鱼凫王国”的故里。

“鱼凫田于湔山”中那个“鱼凫王”，真正“建都”于小鱼洞镇的蜀王山一带，后迁于阳平观名叫“新瞿”的“瞿上”。不是历代蜀王“王瞿上”中的那个泛指的“瞿上”。

进入夏商交错的古蜀渔猎时代。

湔江，典型的山区河流，常致洪患。

向北，溯湔江而上，经“海窝子”，在通济镇三岔河口处，向西北而上，湔江的干流白水河，向东北而上，湔江的另一条支流白鹿河（又称雁江）。两河交汇，史称“两河流域”。

上源支流，在中低山区行进，一路上，河谷狭窄，岩坡陡峻，有些河段，水面宽度只有40至60米，加上河道中跌水、深潭，一个接着一个，水流湍急，飞流溅沫、涛声振耳。

告别大山，湔江从深山冲出“彭门阙”，挟带着龙门山的大量砂石，进入平原。河谷突然变宽，水流突然变缓，水中沙石停积下来，形成砂砾石河床，最宽处达12公里，最窄也有4公里。

春秋两季，河面上野鸭子、鱼老鸹，成群结队。

每至汛期，洪水滔天……

揭开“古成都人”长达3 000多年与洪水争战的序幕。

扫码听精彩
段落音频

大作农事，“田于湔山”。

“田”，捕猎之意。

鱼凫带领古蜀人打渔、养蚕。

顺应自然，择吉而居。

合理布局，天人合一的境界。

繁衍生息。古蜀人以打猎采果为生，开始生活比较安稳，随着人口的增多，山上的野物越猎越少，生活又变得较为艰难。每年在三四月份，缺少食物时，为解决吃的问题，开始在湔江捕鱼。

鱼，指湔江的名产大鲤鱼。

凫，指在湔江上飞翔，在河滩芦苇中生蛋孵仔的野鸭。

生活在湔江、鸭子河里的野鸭有多种，不仅毛色不同，体形也大小各异。其中，黄鸭又大又肥，野鸭中的上品。只是，野鸭就是野鸭，并非功能性的水禽。

鱼凫，指水中浮游的鱼老鸹。

《楚辞》形象地记载：“将泛泛若水中之凫，与波上下，偷以全吾躯乎？”

如今，依然是四川各地渔民的一种重要的捕鱼工具。

鱼老鸹全身羽毛黑色，双眼有金光，眈视可畏，被称作“乌鬼”。由人驯养后，便能帮渔人捕鱼。因此在湔江河谷的古蜀先民，才把自己的部落，命名为“鱼凫氏”。

湔江鱼多水大，生活习性颇有规律。

“丙穴鱼七上、八下、九归团”。每年九月，以丙穴鱼为主的河鱼，都要回小鱼洞中过冬。来年三四月间，庞大的鱼群闻惊雷，从洞口汹涌游出，在湔江形成壮观的“鱼潮”，水浪巨大。

部落首领，善于水性、捕鱼。

带领部落族人到小鱼洞大量捕鱼，获“鱼凫王”美称。

鱼凫王统治早期，以鸟、鱼作为部落族徽。

随着部族的壮大，族徽渐渐变为图腾物，形成过程与生活的环境息息相关。其食物来源主要靠水产物，渔猎生产成为第一生产支柱，渔业的地位在部落生活生产中极为重要。

鱼凫文化中的鱼凫，捕鱼的水鸟。

原始社会，只有稳定、充足的食物来源，才可以保障部族的稳定、发展。对于靠水生活的渔猎部族，鱼是食物的主要来源，因被氏族居民食用，成为社会珍视的圣物。

鱼老鸹忠于主人，能捕食水中之鱼。

《山海经》记载：“有鱼偏枯，名曰鱼妇。颛顼死即复苏。”

《列子》说：“大禹，一体偏枯。”

《庄子》直截了当：“禹，偏枯。”

禹、鱼，成为同音通假字。大禹父子鲧禹，同具水族的特征，都有鱼的化身，被历史纪念为水神。鱼的形象，族群的图腾，可上溯到中原仰韶文化半坡遗址大量出土的鱼图腾徽志。

鱼，汉语中具有生殖繁衍的意象，有这种朴素愿望的人会祈求，期望像鱼一样产子、繁衍。原始氏族十分重视人类自身的生产，血缘关系是最为重要的社会基础和结构。人面鱼纹，陶器装纹，图腾崇拜。

公元前2000年左右，柏灌驯服飞禽。

《山海经》记载：“（青丘之山）有鸟焉，其状如鸠，其音若呵，名曰灌灌，佩之不惑。食之不疥。”柏灌之名的由来。

一分为二。公元前1800年左右，经过多年的努力，在驯服鱼鹰后，鱼凫氏族并不满足于对湔山一地的治理，为壮大和发展部族，选择向周边区域扩张、不断迁徙，沿着湔江南下……

创造的“古成都人”诞生。

蕴含“成都人”的生命密码、文化基因。

理念差异。鱼凫氏的一支部族，跨蒲阳河、越柏条河、过走马河……

距离湔山不远。

三代蜀王的国家，也不是前后相继的统一国家，族群不是一系相承的单一族群，而是不同的族群，各族群的来源也不一，各自进入成都平原的时间也不尽相同。

到了江安河一带，以渔猎为主，耕植为辅。

选择今天温江区万春镇为驻居点。

温江位于岷江东岸，地势平坦，水草丰茂，有诸多剪山分水的岔道，十分适合渔猎、放牧，与岷江上游山区、湔江河谷地带比较，利于鱼凫部落捕鱼生存，没有过多的危险。

土地肥沃，水资源丰富。

得天独厚。江水温润，气候适宜。

为种植业、蚕桑业的开展，创造了极好的条件。

岷江曾名汶江，因“汶”“温”音讹得名。

古籍称“大江”“汶江”“温江”。

“温江”之名，源于境内的杨柳河。

《元和郡县志》记有：“大江，俗谓之温江，南流经县一里。”

《太平寰宇记》写有：“大江，在县西二百步，自青城界入，俗谓之温江。”

明代《郡县释名》记述：成都府温江县，“总志云以江水温润也。予过温江，询之父老，云温江发源于岷山，至灌口，水在山谷中，其气寒，至温江而气暖，故云温江，其说近是”。

“江水至此始温”。

气候和暖，原本发源于高山雪谷的江水，流到此处时也开始温润。

金马河是岷江（汶江）的支干或叉河。

古杨柳河自然河流，曾是岷江（汶江）的正流，河水来自金马河玉石堤杨武堰，河宽、水深、流量大，排灌、航运兼用。正流地位，后被支干金马河取代。古今杨柳河，仍是同一河流。

在湔江河谷，因为渔猎的生活方式，先民经常在水面上劳作栖息，多年的摸索、运用，鱼凫氏似乎找到一种与水的相处方式，他们对水性非常了解，傍水而居，取食于水，弄水于潮，拜水于赐。

轻车熟路。鱼凫在鱼凫城发展、创新。

公元前1700年左右，鱼凫在温江建都。

柏灌、鱼凫氏，还有南面玄嚣部、颛顼部后裔，川西的古羌，川南的古彝（夷）等，聚在一起商议，重新商选大族长。用“民主表决”的方式，决定鱼凫氏作为成都平原上的“国王”。

异曲同工。夏禹的“黄河向东”，鱼凫的“湔江南下”。

遥相呼应。中原河洛的“禅让”，成都平原的“民主表决”。

不修城墙，鱼凫城周边种植不少柳树。

柳树可以防风防洪，做藤条编织。

夏天，可以乘凉，冬天，可以折藤条做柴火。

杨柳依依，史称“柳城”。

开创一生。公元前1200年左右，最后一代鱼凫王，含恨崩殂。

《蜀王本纪》说：“王猎至湔山，便仙去，今庙祀于湔。”

鱼凫王到龙门山打猎，突然悟得仙道，飞升而去。臣民们纷纷追随鱼凫。

得道仙去，春秋笔法。

所谓打猎，部落争斗。

《华阳国志》记载：“忽得仙道，蜀人思之，为立祠于湔。”

“古成都人”思念鱼凫，设立祠堂，用以祭拜。

“蜀王祠”，静静地矗立在通济镇的老君山（阳平观）上。

光绪《彭县志》记载：“古蜀王祠，盖即阳平观，祠蜀王鱼凫也。”

如今，在湔江河畔的“海窝子”一带，仍能见到相关的地名。

祠，先秦时期的“蜀王道场”。

怀念祖先蚕丛氏，感戴其丰功伟绩，深知其创业的艰辛。先民把对面外形颇像桑蚕眼睛的四峰并耸的山峰，视为祖先蚕丛王的魂灵，取名蚕丛山（当地称狮子山），创造了“蜀”字。

“蜀”，野蚕之形意。

图语式的“文字”。

寻古溯源。道教的本根所在。

天师道首治阳平治，建在祭祠古蜀王——古鱼凫祠的原址上。

道教首治阳平观。

中国西部古文化的“原生底层”。

成都平原历来不缺仙道仙学。从三星堆、金沙遗址中被崇拜的“飞鸟”“羽化升天的青铜”形象，已经出现仙道信仰。到西汉时期，仙学思潮进一步发展，司马相如《大人赋》说尽神仙之事，严君平的《老子指归》、扬雄的《太玄学》，更成为道教祖师张道陵著成《老子想尔注》，并创办道教的直接理论和思想基础。

鹤鸣山、青城山，道教的发源地。

“海窝子”的阳平治道观，道教“祖庭”。

《老子变法无极论》说：“二十四治会阳平。”

具有“总本山”“中央教区”的崇高地位。

凡二十四治，阳平治为最大者，堪称道教最早的“天师府”。

“阳平治都功”，天师道道士的最高教职。

“阳平治都功印”，世代天师嗣教的法印。

张道陵自创建道教以来，在成都最先建立的组织、管理机构，分布于四川各地的二十四治，核心管理机构，称为首治，“海窝子”旁的阳平治。天师道（五斗米道）创始人张天师，闻悉蜀地之人易于教化，入蜀布道，住在阳平山，在东汉顺帝年间，创建第一个道教场所阳平治。

“东方耶路撒冷”。

地理位置独特、修炼环境幽静。群山环抱，坐落于中；龙门背靠，山脉郁依；湔江环绕，清流淙淙；松柏如盖，相对如阙。环境清幽静寂，虚幻缥渺；翘角飞檐，形态古朴，气势宏伟。

被唐代诗人王勃，誉为“蓬莱仙居”。

阳平观内新修的八卦亭，全球最大的道教八卦亭。

葛仙观，道教前二十四治中的上八治。第三治，属于天师道正一派。对应天上28宿的“天心宿”，称明堂，天王的布政之宫。又似人体的丹田，道家内丹形成的标志。

王重阳，创立全真道，弟子丘处机创立龙门派。

潮汐、海浪、飓风、地震，大自然威严的力量，完全可以在瞬间毁掉家园，再创奇景。

奇观之处，尚存一处“葛仙山”。

集“雄、奇、刚、秀”于一身。

葛仙山，原名白石山。从远处看，像莲花，又叫莲花山，亦称道场山，又名五斗山，因山有东、南、西、北、中五斗峰，故名。

“飞”来的葛仙山。世界地质的罕见瑰宝。

天然仙人图像。地质学的“飞来峰”与道教的飞仙山融合，从“天农耕文明与古蜀文明的深厚积淀。湔江走出大山后，有了鸭子河的新名；有了一段伟大的新文明旅程——在平原中自由驰骋，将璀璨的古蜀文明，带到诗与远方……

眼”俯瞰，道观的位置处于大地“丹田”之位，腰上的葫芦，形成气口延伸。道教文献《云笈七签》描述葛仙山：“周回岩峦，左右嵌穴，地灵境秀，迥绝诸山，故有二十四峰、八十一洞焉。”

头上道巾逍遥，身上道袍飘逸。

龙门山的核心地带、风景带，一度成为宗教圣地。

山门年代久远，颇有万夫莫开之势。

自从蚕丛王带领族人，通过险峻的“松茂古道”，从茂汶盆地来到湔江河谷，经柏灌、鱼凫到杜宇王朝，都先后在今彭州市的龙门山镇、白鹿镇、桂花镇、通济镇活动；“湔江南下”，鱼凫部落在温江万春镇、崇州崇阳镇、郫都城北一带，建都立业。

在《淮南子》中，对鱼凫做了相关的记载，有“后稷垅在建木西，其人死复苏，其半鱼在其间”。郭璞注引《淮南子》，也有记载：“后稷垅在建木西，其人死复苏，其中为鱼。”

“鱼凫出建木西”。建木，据《淮南子》记载，“建木在都广”。都广，即为广都，广都是成都平原腹地，建木西，成都平原的西面，岷江上游地区。鱼凫重要的活动区域。

“蜀之君长治国久长”，“三代各数百岁，皆神化不死”，反映出“古成都人”相信他们的三位蜀王，每一位都活数百岁。每一位蜀王，就是一个朝代，称为古蜀国的“三代”。

蚕丛、柏灌、鱼凫，只是各自部落、族群的领袖，整个部落、族群共有的名称。

作为领袖的蜀王，原本都有各自的名字，但一旦成为族群的领袖，就用共有的名称，替代私有的名字。不仅不是三个人，更不是三个相互承袭的蜀王。

“三代各数百岁，皆神化不死”。

附会、错觉。

温情脉脉的“禅让”，后世史志者的一厢情愿。

杜宇与鳖灵之妻私通，更是荒诞不经。

自然规律。从古至今。

从动物到人类，新老大要取代旧老大，必会爆发冲突。

4 000年以前，就有尧舜禹的“禅让制”。即使2 000多年的封建帝制时期，无数次的武力夺权，王朝更迭；在虚伪的程序上，绝大多数都会完成一次虚情假意的“禅让”仪式。

中华儿女，骨子里认同祖先的“禅让制”，也符合中国数千年的官员择优选拔体制；同时，也说明中华文明数千年前，就有高阶的文明。

古蜀并不是一个次第相继、一脉相承的王国。

三代蜀王的国家，也不是前后相继的统一国家，族群不是一系相承的单一族群，而是不同的族群，各族群的来源也不一，各自进入成都平原的时间也不尽相同。

杜宇、鳖灵之际，“国家”已经形成，私有制深入人心，古蜀国与中原的夏朝一样，也已经进入“父传子”的“家天下”时代。这种政治形态下，根本就没有“禅让”的可能。

政权更迭是王权战争的结果。

从蒙昧到文明的一种历史演进。

水上，南北纵横，东西驰骋。

水上用具，已经从原来的简易浮木，改成木筏、竹排。

成都平原上水系纵横，极少有石桥、木桥，南北氏族部落间渡河艰辛，要么在枯水期时趟水过河，要么在水势大时，抱木沉石的方式过河。

水上用具大大改善成都平原南北的交通情况。

立业定都之地。

扬雄《蜀王本纪》说，杜宇取代鱼凫后，定都“汶山下，邑曰郫”，在今彭州磁峰镇（合并进桂花镇）皇城山建都郫邑；为了威慑、管理好其余地区，又移居到鱼凫氏的小鱼洞，在“海窝子”又建立一个别都，也叫“瞿上”，“治瞿上为别都”。

杜宇比鱼凫，更有皇家气派、领袖气质。

有时在桂花“办公”，有时又会在通济“开会”，有时还会在万春“歇息”……

魅力特殊。农耕文明与古蜀文明的深厚积淀。湔江走出大山后，有了鸭子河的新名；有了一段伟大的新文明旅程——在平原中自由驰骋，将璀璨的古蜀文明，带到诗与远方……

时间一年年过去。

成都平原除岷江、湔江每年发大水，让“古成都人”心惊胆战外，其余时间都很巴适。虽然夏天湿热点，冬天湿冷点。“古成都人”对药材的运用愈发熟练，偶尔熬制喝喝，有点效果，日子过得像“小康”。

最隆重、最鼎盛的事件。

每年的秋收祭祀，都是“古成都人”的大聚会。

重要改革。蚕丛时代，石棺无椁葬；柏灌时代，石棺有木椁土葬；到了鱼凫时代，土葬慢慢改成火葬。想法美好，人自天上来到世间，人身消亡后魂归天神怀抱，与先祖相遇彭门天阙。

“古成都人”北上秦关，南下三江，东出三峡。

商贸触角伸到长江中下游。

给后来成都平原航运，带来深远的影响。

湔江河谷古蜀文化的“摇篮”。

长江上游中华文明的“子宫”。

扫码听精彩
段落音频

“古成都人”，傍水而居。

舟船，在生产、生活中必不可少。

死后，用船棺作葬具。

丧葬制。崇拜“天河”（银河），崇敬天神（阳神）。

火葬的规格、地点，根据地位、身份来划分，只有神王才有资格火祭，然后，被运回祖地湔山、湔江河谷。身份低下的庶民，只能土葬、水葬。陪葬品的规格，也有严格的等级规定。

公元前1600年左右。

竹杖瘦马，麻袋藤框，推行坊市的运营、商贸道路的开拓。

中原处在夏末商初，百业兴盛，人丁兴旺。

求富思想。《礼记》记载，“殷人贵富”，商人讲“五福”，富居第二位；讲“六恶”，贫居第四位。汲汲以求地追求财富，极大地促进了商朝经济的发展。

殷商文明的崛起，发生在黄河流域。

南北呼应。古蜀与殷商齐头并进。

古蜀文明的兴起，在长江流域、西南区域。

古蜀人尚礼崇商，大促商道。

他们十分了解成都平原与周边地形、地貌、风土人情。

往东，乘船走盐道，到巫山、荆湘一带；往西，来回穿梭于西南丝绸之路；往南，到云南“朱提”带回不少铜矿；往西北，过汶川、茂县，到松潘、九寨，上甘青高原；往北，到褒地，近陈仓，登陇南……对中原情况，也有所耳闻。

公元前1500年左右，农耕繁忙，商贸兴盛。

成都平原与中原不同，水上往来频繁，槽船应运而生。

槽船，也称单体船、独木舟，将一根粗壮的圆木中间凿空，做出船型，如叶般飘荡在水面上，穿来梭去，船里不进水，比竹筏、竹排先进，不仅可用于捕鱼、捞虾，还可以运输货物。

船在水上飘，人在轻舟里。

木可浮于水。枯木到处都是。

无数次的试验、尝试，槽工在劈木板时发现一个现象：木头里有结疤，木材生长枝桠产生的结，在没有脱落、腐朽时，与周围木结构有完整的纹理连接，没断裂就是活结；与周围木结构有环形分离，干燥后收缩，镂空就是死结。两结之间的相互转变，不用麻绳来绑，直接用“结”连接。用石斧、石锛开楔形槽口，过盈连接，把两块木板硬生生挤压、扣接在一起。

掌握了过盈连接的大小、尺寸的“度”。

“度”大，会直接挤裂；“度”小，连接又不牢靠。

原始的积木拼接，不断改进后成为“榫卯”。

一通百通。单体船、拼接船、槽船……

发展出具有古蜀特点的大型船体，一如开明时代的鹦鹉舟。

如今泸沽湖中，摩梭人独特的“猪槽船”，保持着原始槽船的特征。

造船技术领先中原数百年。

公元前316年，司马错伐蜀后，用太白船、船舡，载数十万大军、巨量物资，顺江而下，掠巴取楚，缺乏大量的船舶、行船技术，根本就办不到。公元36年，东汉大司马吴汉伐成汉，公孙述筑大船堤以阻吴汉。船堤外高34米，船内可四马驰骋，比曹操“赤壁之战”中被烧掉的战船高大得多。

《后汉书》记载：“遂大作营垒，陈车骑，肄习战射，会聚兵甲数十万人，积粮汉中，筑宫南郑。又造十层赤楼帛兰船。”“十层赤楼帛兰船”，相当于小型航空母舰。

不断革新行船技术，小船变大船。

水上交通便捷，大大促进“古成都人”与巴人、荆人、越人的交集。

有了更多的重庆人、湖北人，进入成都平原。

巴地巫山人，也从盐业贸易中获益良多。

巴蜀联系，愈发紧密。

古成都平原的水上交通，一如现在的高速公路。2 000多年后，从李白、杜甫的诗句中，仍然可知一二：“两岸猿声啼不住，轻舟已过万重山”“窗含西岭千秋雪，门泊东吴万里船”。

杜宇族群，来自“朱提”。

杜宇。万物自木生，自土生。木与土合，便为杜。天下四方为宇。

两个字，蕴浩瀚之意。

“朱提”，即今云南昭通。

昭通，古称朱提，不读本音，读“shū shí”，即“书时”。

“书时”，“蜀氏”一音之转。

朱提称“蜀氏”，因其是大禹“汶川之会”时，“南迁部队”中客居昭通的小支部落。

《史记正义》中称：“蚕丛国破，子孙居姚、嶲等处。”

姚，云南姚安；嶲，四川西昌。

蚕丛有后裔，分别居于姚安、西昌等地。

《山海经》记载，岷江即长江，江水的上游。黑水（金沙江）、赤水（雅砻江）南流入海，今宜宾段，只是大江的东折处。从岷山往南，顺江而行，就能轻松到达云南昭通。

从昭通到宜宾，由宜宾沿岷江，北上成都平原。

岷江南流到乐山，经犍为到宜宾，再注入长江。

昭通一带，古僰（濮）人的聚居区。

地处云、贵、川三省交会处，金沙江下游沿岸；坐落在四川盆地向云贵高原抬升的过渡地带。当地人已广泛使用磨制石器，并懂得制陶、纺织、农业和放牧等技术，开始邑居、定居生活。

杜宇带领部落，又从朱提出发，沿着先人「南迁部队」的「来路」北上。山川阻隔，道路难通，沿着河流上溯、下行，从昭通峡谷，走到湔江河谷，来到河流纵横、平坦如砥的成都平原。

“从天堕，止朱提。”

“外来户”，首领称“杜宇王”。

成为蜀王，不是濮王，“南迁部队”迁徙到昭通的古蜀人。

从岷江顺水而下，到宜宾，再过盐津，沿金沙江下游右岸一级支流横江，就可直达昭通。比去四川西昌、云南姚安，还更为方便、省时。横江，曾是昭通、宜宾间的重要码头。

十分密切。古犍为郡南端与成都平原相连。

一个地处大山怀抱中的小平原。

地质和茂县盆地、湔江河谷极为相似。

四川进入云南的通道，连接中原、巴蜀与云南腹地文化的重要桥梁。古代巴蜀向西南传播中原文化的第一站，也是云南古代人群，向更发达的巴蜀、中原学习、交融的前沿窗口。

鲁甸的野石山文化，具有成都十二桥文化的特征。

昭通盆地发现过蜀式戈、典型的古蜀文化器物、巴蜀图语印章、铜鉴等，充分证明这一带深受成都平原古蜀文化的影响。鲁甸马厂的铜剑、戈、矛、陶器，也见于滇池地区。

不仅有横江与长江相通，矿业也十分丰富。金、铜、银等矿产已大量开采，陆续地经过水路，输入中原。而且，气候暖和，稻作物种植技术异常发达。

云南的地图如一只开屏孔雀，昭通如孔雀的头。

位于云南东北部，“彩云之南”的气质并不鲜明，反像四川的“飞地”，孤悬于云贵川之间。可能与蜀地靠近，昭通对成都平原有天然的亲近感，常有人戏称昭通为 “三川半”。

一面镜子。不仅拂去云南的神秘面纱，也照亮古蜀文化。

农业起源早，亚洲栽培稻起源中心之一。

“南迁部队”的古蜀人，在此找到生存的感觉，学到许多铸造、农作物种植的技术，为发展奠定坚实的基础。在僰人、彝人的包围之中，艰难、顽强地发展，站稳脚跟，逐渐强盛起来。

昭通平原，面积不大，发展壮大空间有限。

僰、彝势力又相当强盛，对当地古蜀人构成严重的威胁。

杜宇决定北上，重返故土，再铸祖先大禹在成都平原创业的辉煌。

溯岷江，回到鱼凫故里“湔山”，即今彭州鹿鸣河畔北面的皇城山，再创家业。

从高原到丘陵，再到平原，回到河谷。

诗与故乡。为了寻找更美好的生存空间。

浩浩荡荡。迁徙路线，“灵关古道”。

“藏羌彝走廊”上。南迁的古蜀人从成都出发，往东南行，经僰道（宜宾）、南广（盐津）、朱提（昭通）、夜郎西北（贵州威宁）、味县（曲靖），至滇池（昆明），继续向西，至叶榆（大理）。

克服重重险阻、困难。

杜宇带领部落，又从朱提出发，沿着先人“南迁部队”的“来路”北上。山川阻隔，道路难通，沿着河流上溯、下行，从昭通峡谷，走到湔江河谷，来到河流纵横、平坦如砥的成都平原。

异曲同工。复兴“蜀国”，1 100年以后，秦灭蜀后史称“安阳王”的开明王子“蜀泮”，率领兵将3万人，沿着这条线路向南行进，进入了越南北部红河地区，建立了瓯骆国，越南历史上称为“蜀朝”。

迁徙、征战……

征战、迁徙……

杜宇终于把部族带入肥美的成都平原。

当一群“故乡游子”的后裔，也是新一代“蓉漂”，站在平原周边的山峦上，手搭凉篷，打量一望无际的成都平原时，欢呼雀跃，先人的土地今非昔比，适合人类生息。土壤只要播下种子，就能收获大担的粮食；河流、沼泽和池塘里，各种鱼游来游去；浓密的森林中，大象、梅花鹿、野猪等珍禽异兽，飞翔与追逐。清晨的霞光像紫色的瀑布，笼罩着这片神奇的土地……

从“滇漂”到“蓉漂”，勤政爱民的好君王。

杜宇擅长农耕，带来新技术、理念，大力促进稻作农业的推广，把五谷栽种技术传给周围各族，深受各族爱戴、拥护。

胆大心细，敢想敢干，富探索精神。曾派使者北出东进，了解黄河流域、长江流域的情况，把成都平原的商贸触角，延伸到黄河中上游一带，并沿着长江，到长江中下游与荆湘百越一带。

北上，经广元、汉中，走古陈仓道。

到陕西、山西，再到黄河中游一带。

正值商朝走向鼎盛，中原文化颇为兴盛。

北到褒地，只需跨越高耸的潘冢山。

来回一次要一年以上，自褒地出秦岭，到陕南的古陈仓道，山高路远，对北出商贸不利。

杜宇派人重新勘察道路，发现借道褒水、斜水，可以缩短距离，只需在一些险峻之处，想法疏通、连接。蚕丛开商贸道路、大禹带领“北漂大军”治水也做了一些探索，多次采用陈仓道，偶用祁山道。

上古褒斜道，直线距离最短，也最惊险。

如今的褒斜道经行路线，大致为自古长安，经户县折西过周至、眉县，由斜谷口入秦岭，再沿斜水东侧南行，经鹦鸹嘴、下寺湾，越老爷岭入桃川谷，西过灵丹庙、杜家坪，登五里坡，进入褒水上源之一的红岩河上游，折向西南行，经两河口、关山街、古迹街、西江口镇、孔雀台、马道镇、褒姒铺，穿石门或越七盘岭出褒谷口，经褒城到达汉中，全长近250公里。

褒斜二水，在今宝鸡市太白县城东11公里处分流。斜谷水流平缓宽畅，全程距离不足50公里；褒谷水流除上游近20公里平缓外，红岩河以下至褒城之间，山谷狭窄、群峰峥嵘，为褒斜栈道险峻之地。

南下北上。感慨万千。

古蜀国商贸的往来繁盛，相比中原还是差距巨大。

杜宇王朝日益强大，狭窄的湔江河谷的“瞿上”，再也不适应发展需要。

走出“天彭门”，在广阔无垠的成都平原，建立新的都城成为必要。

杜宇一如先祖鲧禹一般，四处巡游，穿过茂林、转过山口。

“聚宝盆”般的坝子，崇州出现在面前。

青草还沾着露水，一只野鹿嚼着青草，小心地穿过那片茂密的灌木丛。耳畔，山泉顺势而下，汇聚成浩荡的河川，向着山外奔去，在垭口那块连自己也登不上去的岩石上，激起丛丛白花。

鼻尖动动，空气中，似乎有着与山林不一样的味道。

群山叠嶂。湛蓝的天空下，淡淡的烟尘弥漫开来，遮敝山下那片坝区阡陌纵横、河网如织的画面。那里，一丛丛蓬草如同树冠般绽放，围成一个个聚落。星罗棋布。

白昼，人影如蚁般来回。

一片片灌木、草丛、树林被伐倒，平整出方正的泽田。

夜间，有火光摇曳。

河谷通道、军事防线、商贸通衢和民族走廊，不仅串联起沿途无数城池、关隘、寨堡、峰岭以及湾、滩、桥、索、渡，还娓娓述说着乡土、乡愁久远的故事

烟波浩渺的江河、层峦起伏的群山，构成一幅美妙的川西岷山江水图。

一个个部落聚集，琢磨着农耕，尝试着建城邦、开展祭祀。

江原古地。

“江”，指滋养成都的岷江；“原”，指文明的起源。因“原”“源”相通，因地接汶川，上源支流纵横交错，古人误将“其水错综散流，形如井字”的河流——发源于平原西部的山区的文井江，流经崇州、大邑，于新津境内注入岷江，在怀远镇以下，习惯称为西河——当作“江之源头”，命名为“江原”。尽管是地理上的美好的错误，但寄予了“古成都人”对于源头的尊敬。

崇州的母亲河。成都市第二水源地。

“蜀中之蜀”。

崇州古地旧称“江原”，古称蜀州。

古蜀州将现在的都江堰、温江、大邑、新津等地，统于一体。

岷江中游的平原区域。

天府之国的腹心地带。

自带大禹文化的“骨血”。

温江鱼凫城被洪水淹没后，杜宇部族联盟或过金马河，或溯金马河而上，向地势更高一些、物产更丰富一些的崇州一带“移动”，那里是鲧祖与族人们曾经拓荒之地。

离成都平原最近的典型的高山峡谷区。

崇州城西北约20公里，距成都中心城区69公里。文井江穿场过镇，北去可到青城山，西去可进鸡冠山、九龙沟，西南可至西岭，东边是广袤的川西坝子。海拔600米。

来源于山中的江河，用亿万年的冲刷与堆积，为平原积攒下足够的养分。

怀远，原名“横原”，两名谐音，“怀远”更上口，更响亮。“横原”更名为“怀远”，取义于《中庸》，“柔远人也，怀诸侯也……柔远人则四方归之；怀诸侯则天下畏之”。

著名的茶马古道中，有一段重要通道。山地与平原交界处，水陆码头。古羌人从文井江出山打工、做生意，怀远不仅是进入平原的第一座市场，还是歇脚的中转站。

冉駹古道。从崇州出发，经汶川、松潘后，进入青藏高原的古代商道。

河谷通道、军事防线、商贸通衢和民族走廊，不仅串联起沿途无数城池、关隘、寨堡、峰岭以及湾、滩、桥、索、渡，还娓娓述说着乡土、乡愁久远的故事。

文井江边。如今的怀远古镇东一里的“青岗墩”，杜宇祭祀鲧祖祭台。

台土平坦宽阔，绿草如茵，春天百花盛开。

站台远眺，北望平川，南视太平山，顿时让人心清气爽。

中国黄茶之源。怀远、文井江镇一带，古称“横原”。

经考证，史上“西路茶”的重要产地。

鱼凫渐走渐远。

杜宇声名鹊起。

古蜀国，从夏商到西周，就是西南第一大国。

第三代蜀王“鱼凫”，融合并取代蚕丛、柏灌部族，成为最先统一蜀国之人。

鱼凫王朝统治时期，正是商王朝接近灭亡的时期。

蚕丛代表栽桑养蚕。

鱼凫代表部族的渔猎经济生活。

古蜀文明由渔猎进入初级农耕时代的奠基者。

从旧石器到新石器，从高山石室到平原择居，从采集到渔猎，再到农耕文明，每一次大的转折、生产生活方式的转变，都蕴含着先民们开拓、进取、创新的价值取向和智慧的闪光点。

巨细靡遗。“让生活更美好”。

离开温江鱼凫城后，杜宇才会把自己统治的中心选择在江原。

天气特别好，适合“过朱邑”观山。

奔流而下。一条文井江，延绵3 700多米的落差。

生活美学。两岸点缀着雪山、森林、草甸、湿地、湖泊等多种地貌，有大熊猫、雪豹、金丝猴、珙桐，有商道、泽田、聚落、民居、农人等，山川隽秀，富足丰饶，生态宜居……

心之所向，为景。

行之所至，是游。

东西夹持。川西坝子，四周群山环抱，龙门山脉的邓峡山斜列于西，龙门山横拦于东，呈现出从平原中心向周边阶梯状抬升的封闭的菱形盆地景观。往西，距离最近的西岭雪山，直线距离约82公里，距离四姑娘山景区约126公里，视觉距离，雪山近在咫尺，纵观南北的横断，能看到、能辨识出名的连绵雪山有许多。

看雪山不以为稀。海拔3 000米以上的山峰多达126座。

上到海拔7 556米的“蜀山之王”贡嘎山，下到海拔今1 600米的道教圣山青城山。

海拔6 250米的“蜀山之后”幺妹峰，海拔6 618米的爱德嘉峰，海拔6 070米的田海子山，海拔5 353米的“成都第一峰”大雪塘，海拔5 040米的巴郎山，与都江堰的赵公山等。

成都市区沙湾一带，处于原始森林中。

“金牛乌木”。

出土大量乌木。犀角河挖出一根乌木，根部径粗约2米，干长30多米，木质紫红细密。营门口立交桥出土巨型乌木，直径3米多。西南交通大学西门外沙西线、成都国际会议展览中心等处都出土了乌木。

城北的金牛区，蓬勃地生长着野草和树木。太平洋、印度洋的季风迢迢吹来，与亚热带高压相碰撞，相融合，气候温暖，生态环境湿润。温暖湿地，争夺太阳的照耀，享受雨露的滋润。

蓝天白云下，原始森林。

莽莽苍苍，郁郁葱葱，碧海绿波，林涛滚滚。林海中，象跑狮吼，虎啸猿啼，牛奔鹿窜，狼突蛇行，凤唱鸡鸣……即使亭午夜分，也不见曦月，惟有云绕雾缠。有“蜀犬吠日”之说。

乔木高大，凭借天生的发达根系，吮吸着充沛的雨水、丰富的湖底沉积物与草木残枝落叶所化成的腐殖质，不断地营养着自身的躯体，高与天齐，成为林海中标志性的大树。

《山海经》多处记载为“建木”。“百仞无枝”“日中无景”，顶天立地，“众帝所自上下”“盖天地之中也”。建木，在碧海绿波的原始森林中，诚如“居高屋之上建瓴水也”。

英雄之树，圭臬之木。

建木，远古时代高大树木的代名词。

成都平原上的人们，已有超过5 000年的观山历史。

“雪山下的公园城市”。在成都，有一种生活方式，叫“在成都遥望雪山”，东看朝霞，西望雪山，杜甫那句“窗含西岭千秋雪”，如今已成了成都人阳台外一道不可或缺的常见风景。

“出门见绿地，推窗见雪山”。

遥相守望。成都平原与西岭雪山的壮美画卷。

杜宇“过朱邑”观山，实为今成都平原、四川旅游业的滥觞。

“农耕女神”，生有国色。

朱邑“乡村游”，杜宇“邂逅”朱利。

峰回路转。转弯，遇到爱情。

两情相悦。“蓉漂”一段浪漫的爱情故事……

朱利诞生在文井江畔的朱亭。今崇阳街道朱氏街。

扬雄《蜀王本纪》，“有一女子名利，从江源井中出”。

来敏《本蜀论》，“自江源出”。

常璩《华阳国志》，“朱提有梁氏女利”“宇悦之，纳以为妃”。

郦道元《水经注》，“女子朱利自江源出”。

李昉《太平御览》，“自江源而出”。

朱崇河，崇州一条普通的小河。

文井江在鹞子崖分出的岷江二级支流，流经今怀远镇北，过洄澜塔、崇福桥，至元通镇原公议乡将军桥下分二支，左为泉水堰，右称桤木河，下流复合为一，统称桤木河。全长25公里。

成都名字最古老的一条河。

朱崇河，朱利、大禹父亲家门口的河。

大禹父亲、女子朱利，就在“岸上住”。

朱利是望帝的妻子，鲧禹一系。

梁姓，与鲧禹有关，属于黄帝族系。

鲧禹带领“北漂大军”北上治水，留下一部分族人，以梁为姓。

《说文解字》解释说：“梁，水桥也。”徐锴《系传》：“用木跨水，则今之桥也。”发明木桥的氏族，在多水之区，不会生于高原。梁姓，鲧禹之后，属蜀中黄帝系的大族。

蜀族与黄帝族系，早有稳定的姻亲关系。

天造地设。奇男美女，结为夫妻。

从“游客”变为“崇漂”。与大禹一样的“上门女婿”，古蜀州女婿杜宇。死后化为杜鹃的望帝，悄悄诠释一见钟情的含义。而这次“邂逅”，不仅成就经典爱情故事，也成就伟大事业。

强强联手。杜宇部族来到上芒城、下芒城一带古江原的平坝时，朱利部族处于由游牧向农耕的转型中，农作技术发达，不仅植麻、种小麦和菽类，而且已经掌握水稻种植、酿酒技术。

"崇州女婿"。专业人才，有技术、项目、团队。

《蜀王本纪》称，朱利"从江源井中出"，反映了凿井技术在成都平原的运用。有了生产、生活的新水源，部族可以离开江河湖泊，到更广阔之地发展农业，这是"原始农业"迈向"灌溉农业"的关键性一步。

强强联手。杜宇部族来到上芒城、下芒城一带古江原的平坝时，朱利部族处于由游牧向农耕的转型中，农作技术发达，不仅植麻、种小麦和菽类，而且已经掌握水稻种植、酿酒技术。

"美女英雄配"，意义重大。

杜宇与朱利婚盟，得到族人增援，力量更为强大，地域逐渐扩充。

朱利辅佐杜宇称帝，带领人民治水，在文井江穿行的土地上，从一片片沼泽、山林之中，实行按季节耕种的农耕制度。五谷丰登，古蜀文明开始向更平坦的郫都、成都城区迁移……

"望帝"杜宇，古蜀称帝第一人。

妻子朱利，堪称"第一夫人"。

"教民务农"。全新的农耕时代，温文尔雅的杜宇，常常戴着金灿灿的王冠，主持一年四季的播种、收获与祭祀等活动，手把手地教导"古成都人"耕地，展示出一代明君的耀眼风采。

农业经济取得突破性发展。

成都平原农作物种类繁多，有膏菽、膏稻、膏黍、膏稷等品系；"膏"，郭璞注解为"味好皆滑如膏"，谷物质量上乘；"亦沃野，地饶卮、姜、丹沙、石、铜、铁、竹、木之器"。

"冬夏播琴"，成都平原开始双季种植农业。

大量生产粮食，确保国富民强。

正向结构。内生动力为经济赋能。

杜宇、朱利"教民务农"的农本意识，使成都平原及其西南、西北地区的整个杜宇帝国范围内发展了农业，“江原”成为长江上游农业发祥地，并奠定了后来的四川成为农业大省的地位。

“清醠之美，始于耒耜”。

酒，农业生产的附着物。

密不可分。农业经济的发达与酿酒业的兴盛。

百姓食不果腹，哪有余粮用来酿酒？

在朱利时期，古蜀州人就接触到酒。

意外偶然。把采集到的果子，放在一个木制容器或皮革容器中，果实互相挤压产生果汁，果汁会吸收葡萄等植物上的酵母菌发酵，温度合适，就变成含有酒精的酒，尽管度数较低。

人尝到美味后，会觉精神愉悦，喝多了还会产生精神幻觉，羽化升天。之后，发现容器中的果汁，不需要用火加热，自己都会升高温度，还会咕嘟嘟地冒泡。一种神秘的力量。

继而，用剩余的粮食来作酴酒。

“第一夫人”朱利，酿出“务农酒”。

金沙人超过古蜀州人，比三星堆人更聪明，不会“饱暖思淫欲”，而是大量生产粮食。粮食多，就酿酒。在三星堆遗址，发现了大量的酒器，酒器包括酿酒器具、饮酒器具两大类。

叹为观止。品种繁多，埋藏集中。

成都平原酿造酒历史悠久。

有说，酒发明人杜康家族的酿酒作坊“瞿上”，即今彭州“海窝子”。

另说，在双流牧马山、什邡市。

“酒文化”可追溯至蚕丛时代。

酒祖崇拜、业神祭祀。“愿同尧舜意，所乐在人和。”尧酒代表着古人的物质生活，舜琴代表古人的精神生活。《战国策》记载：“昔者帝女令仪狄作酒而美，进之禹，禹饮而甘之。”

仪狄与禹同时，少康晚于禹五代，亦为夏朝君主。

族姓之书，谱系之学的《世本》卷一记载：“帝女令仪狄始作酒醪，变五味；少康作秫酒。”

仪狄，“夏禹之臣”，主管酿酒的女性官员。

《说文解字》记载：“杜康始作秫酒。”

仪狄发明酒醪，少康发明秫酒。

杜康，又名少康，大禹的四代孙，夏朝的第六代天子。

杜康的祖先“崇伯鲧”所在部落族民，在崇地就已掌握酿酒方法，随大禹北上中原治水，将酿酒的基本技术从成都平原的崇州，带到北方夏禹部落的居住地——伊洛平原。

“杜康造酒”与“苍颉造字”相提并论。

浊醪，古人眼里的“白酒”。

“醪”，一种糯米、粳米经过发酵而成的“醪糟”。性温软，味甜。现在成都平原的不少农家中仍有自制醪糟。醪糟洁白细腻，稠状的糟糊可当主食，上面的清亮汁液，就是“旨酒”。

《礼记·月令》在论述酿酒的必备条件时，称“秫稻必齐”“水泉必香”“陶器必良”。

金沙城也有大量的酒器、造酒作坊。

一些颈高、口直的铜尊，罐口便于密封，为发酵创造厌氧的条件。底部小而平，便于埋在灶坑边的热灰中保温。《华阳国志》记载：“九世有开明帝，始立宗庙，以酒曰醴。”

“醴”，即为酒，2 300多年前的甜酒。

“天府之国”，富甲天下。“沃野千里，土壤膏腴，果实所生，无谷而饱。女工之业，覆衣天下，又有鱼盐铜银之利……”粮食丰产，为崇州酿酒业的发展、兴盛提供了优良条件。

“江原县，（蜀）郡西，渡大江，滨文井江……小亭，有好稻田……”在《华阳国志》里，东晋时期的崇州人常璩，描述川西平原的水旱从人、沃野稻香。“小亭”，现在的崇州隆兴镇。

“崇阳城”距金沙城仅30公里，距三星堆77公里。

自然禀赋优越，“中国白酒原酒基地”。

三星堆国、金沙国的酿酒基地、作坊区。

“蜀州浓无敌”。隆兴镇梁景村酿酒历史源远流长。

“兴顺长”酒窖曾达到400多口，川西坝子上最古老的窖池群。

据称，“古蜀国母”酿出“务农酒”之地。有待考证。

崇阳1886窖池，成都地区除水井坊遗址外唯一被列入“文物保护单位”的酒窖。

司马相如琴挑卓文君前，先在崇州喝碗4 500年前古蜀国母“非遗”下来的酒，以润文采；杜甫寻友观景，也爱来崇州喝酒提神。连徐霞客探访长江源头，也捎带一壶酒壮行，再踏上行程。

从「游客」变为「崇漂」。与大禹一样的「上门女婿」，古蜀州女婿杜宇。死后化为杜鹃的望帝，悄悄诠释一见钟情的含义。而这次「邂逅」，不仅成就经典爱情故事，也成就伟大事业。

世界两个地方，出产金贵液体。

中东，液体黑金，石油蕴藏量最大。

成都平原，液体白金，白酒生产量最大；成都（含崇州、邛崃、大邑等县市）白酒原酒产量，占全国的50%以上。经济富裕、文化昌盛，才能产生白酒。中国传统白酒原酒基地。

饮食奢靡的汉代人，常常大摆宴席，及时行乐。

四川出土了不少东汉宴饮画像砖、画像石，画面中，既有樽、盂、杯、勺等餐饮用具，也有丰富多彩的歌舞百戏，抚琴、杂耍、说唱精彩纷呈，为宾客助兴。

上流社会的宴饮，在汉赋中也能找到生动的描述。

左思的《蜀都赋》就是其中之一：“终冬始春，吉日良辰。置酒高堂，以御嘉宾。金罍中坐，肴烟四陈。觞以清醥，鲜以紫鳞。羽爵执竞，丝竹乃发；巴姬弹弦，汉女击节。起西音于促柱，歌江上之飉厉；纡长袖而屡舞，翩跹跹以裔裔。”

酒度数不高，即便“过于三觞”，也不会“醉酗生乱”。

《史典论》说，汉代的筵席上准备了大铁针，如发现有人醉倒，旁人就用这铁针扎，检验到底是真醉，还是假寐，成为酒桌上的笑谈。

酿酒历史至少3 000年以上。成都城郊出土汉代画像砖中，《酿酒图》《宴饮图》《酤酒图》《酒肆图》等展示的真切场景，酿酒技术相当高，提示中华民族独创的酿酒工艺起源，就在古崇州。

得天独厚。酿酒的原料、水性、土质和气候条件。

崇州至今，还在盛产美酒，流行藏酒、种酒。

“崇阳大曲”酿造工艺，早被列为“四川省非物质文化遗产保护名录”。

“崇阳酒”荣获“国家地理标志保护产品”。

天府之国的味之源、酒之头。

从“第一夫人”朱利的“务农酒”，到“慧妃”花蕊夫人徐惠消暑的“无汗酒”，再到“贵妃”杨玉环的“琵琶酒”，“起来携素手”，遥望星月当空，进入广阔的天地之境。

文明从有酒开始。“百礼之会，非酒不行”。

“庶民以为欢，君子以为礼”。

“古代初无尊卑，由种谷作酒之后，始以饮食之礼而分尊卑也。”从古蜀国母孕育的“务农酒”起，到唐宋以来的“藏酒传统”，成都平原唱蜀歌，闹蜀嫁，藏蜀酒，成为习俗。

如今，崇州仍是成都唯一的优质粮油产业功能区，拥有数十万亩良田，西蜀粮仓名副其实，拥有四川唯一的“古镇金三角”文化传承区，复制人文鼎盛的“古代天府”独立于中原的繁华。

隆兴镇梁景村。成都市历史文化名村。

川西酒村。九九重阳节，种酒文化节。

传统品牌。隆兴梁景村因家家作坊、户户飘酒香，成为“佳酿之乡”。姚氏烧坊，繁衍生息，崇阳酒业老窖所酿“姚林酒”香飘十里，名扬四川，成就了“姚林酒，家家有”的佳话。

悠久酒文化。在古韵的情趣里，在蒹葭苍苍的崇阳城池，与晓风残月，与山水人文，与丝丝细雨，共饮一杯老酒，拥抱最好的锦绣年华，人间的快乐，悠然入怀……

“四山一水五分田”。

森林密布，河渠纵横，动物繁多。

长得像竹子的灵寿树按时开花。

鸾鸟、凤鸟自由自在地歌唱、舞蹈。

层峦叠嶂的山林，阡陌纵横的原野，清流急湍的水系。枫叶似火的鸡冠山，托起塔尖明月的凤栖山，文井江勾勒出灵动的眼眸，雪山、草甸、瀑布、河川、平原，层次分明、山水相依。

以青山为底，草树云山、十渠入院、千秋瑞雪的旷世盛景。

以江河为脉，三江润城、清泓环绕、蓝绿交融的可感可及。

“雪山下的公园城市”源处。

古蜀文化的重要根源。

大禹文化与古蜀文化,“你中有我,我中有你”。

相融互动。共同的血缘、族缘、业缘、水缘,争奇斗艳、相得益彰。

朱利,当之无愧的“农耕女神”。

芒城遗址、双河遗址、紫竹遗址、宝墩遗址,位于岷江中游的重要支流——文井江古河道的上、中、下三个地域,鱼凫城位于古岷江干流,郫都古城遗址位于《禹贡》江沱古河道近旁。

不以日出为早,不以日落为迟。

“江原文化”。相差1 000多年,鲧与朱利都在文井江“岸上住”。不仅是大禹父亲“鲧作城郭”的历史遗迹,也是杜宇朱利联盟在古江原区域宣扬与推广农业的历史见证。

开创农耕文化的女部落首领,农本意识极为浓厚的崇州先民,在崇阳城修建了一座八蜡庙,每年十二月农事完毕后,都要举行祭礼仪式,含八种祭名:一祭神农;二祭后稷;三祭田官之神;四祭邮表畷,创田间庐舍、开道路、划疆界之人;五祭猫虎;六祭堤防,免水患;七祭水沟,保灌溉;八祭昆虫,免虫害。祭祀包括农神在内的八位神仙。

通向八蜡庙的小街,被命名为八蜡巷。

旧城改造中,“八蜡巷”被更名为“大东街”。

成都城市群的“胚胎”。

在聚落的基础上,逐步建成一座颇具规模的城邑(今崇阳镇城区)。

“一脊两侧”，古蜀国早期城址分布。

崇州基本位于扇形三角洲的西侧，三星堆古城在东侧，都江堰—郫都—成都，正好在中脊，聚落布局呈现出从两侧向中间高地推进的趋势。

屹立在山川平坝之间，坐拥良田千顷，远眺群山耸翠，江中船只往来，路上旅人不断，一派欣欣向荣的繁华之景，在成都平原的核心地带，演绎着富庶、安宁的“蜀中之蜀”的盛景。

风华绝世。江原之地成为长江上游农业发祥地。

成都3 000多年的繁华，都被崇州在历史风烟中低调地隐藏。

时年的江原地区，已经有了后来由多个部落构成的国家雏形。

古蜀的璀璨文明，来源于崇州大地上纵横的阡陌田埂之中。

武则天何以要在今崇州一带设置“蜀州”？从“热血青年”变成“逃跑皇帝”的宋高宗赵构，时年封号何以要称“蜀国公”？都因古蜀州曾是古蜀国早期的政治、经济、文化中心。

杜宇与朱利夫妻，将崇阳城与三星堆、金沙村、十二桥无缝链接。

才有了开明王美丽的“爱情传承”。

先有崇州的“爱情之城”，才有成都的“爱情之都”。

古蜀国母，演绎古蜀国最早的爱情传奇。

诠释成功男人的背后，都有一个伟大的女人。

农业经济高度发达，杜宇王朝建立辽阔的区域共主政权。

“玉垒、峨眉为城郭，江、潜、绵、洛为池泽，以汶山为畜牧，南中为园苑”，不仅反映疆域范围，更是根据自然地理环境，对成都平原因地制宜而做出的最早的农业生产区划。

三层经济圈的“内循环”。

以“汶山为畜牧”，反映距今4000 多年前川西高原气候，由湿润转向干冷，沦为半农半牧区，畜牧业的经济地位凸显，逐渐成为主要生业；“南中为园苑”，广大南中区域兼营种植业、狩猎采集业的多种生业模式；“江、潜、绵、洛为池泽”，突出岷江、沱江、嘉陵江流域的平原、坝区，农耕条件优越，已普遍进入水稻生业的农业经济形态。

农业结构以稻谷为主，兼种少量粟和黍。

成都平原的植物遗存浮选结果，也反映杜宇时期仍是以蜀地悠久的稻作农业为主，辅以粟和黍等多种农作物的种植制度。郫都区菠萝村遗址，一处商末周初的聚落遗址，“宽锦”地点2011年浮选出的农作物种子，有稻谷、粟和黍三种。

稻谷数量，占农作物总数 69.64%，出土概率高达 88.46%；粟的数量，占农作物总数的 5.73%，出土概率42.31%；黍的数量，占农作物总数的0.1%，出土概率7.69% 。

2021年3月，在三星堆考古现场，文保人员发现碳化的大米种子，证明4 500年前“古成都人”就已开始种植大米、吃大米了。

金沙遗址金牛区5号C地点2007—2008植物遗存浮选，亦有类似的结果，出土稻谷的数量，占出土农作物总数的77.6% ，粟的数量，占出土农作物总数的 22.4% 。

稻谷都占绝对优势，粟和黍处于次要的地位。

种类和数量很多，可分为农作物、水果（干果）、杂草、乔木、灌木、藤木等，在总共浮选的7 000余粒种子里，鉴定出40余科60余属300余种。稻谷占80%以上，最多的时期能达到100%。粟和黍的比重较低，粟的数量多于黍。

杜宇王朝农业的发展，还得力于妻子朱利的族群联盟。

在农业经济上取得的卓越成就，影响深远。

“化民往往复出”。视杜宇为“农神”祭拜，与周朝人崇拜祭祀后稷如出一辙。

常璩写《华阳国志》时，成都至重庆一带，“迄今巴、蜀民农时先祀杜主君”。

“蜀中之蜀”的“蜀”，江原的延续。

蜀，后来成了整个四川的缩影、代指。

寻根问祖之地。

江原，杜宇“移治”前的蜀国故都。

公元前1047年，周王册封杜宇为蜀王，准予建都立国。

史称“望帝”，号“蜀”。

杜宇同朱利结合后，“移治郫邑”“更名蒲卑”，把都城搬家，移到“郫邑”。

雄心勃勃。公元前1400年左右，杜宇带领部落再出发。

从崇州的“崇阳城”，进军广汉，承接鱼凫创立的三星堆。

湔江与鸭子河一脉所系，开启了湔江文明。

湔江出关口进入平原，分为九支——鸭子河、小石河、马牧河、濛阳河、小濛阳河、白土河、新润河、新开河、清白江，被称为“湔江九河”。平原区以鸭子河最长，约57公里。

内外“双循环”，拓展疆域。

功德高于诸王。

在杜宇之后，鳖灵建立了“开明王朝”。

“蒲卑”，蜀国建立的朝代名称。

“郫邑”，今郫都城北郊的古杜鹃城故址。

“郫”，地势低洼，把都城迁移到地势更高之地。

与商末周初“元圣”、儒学先驱周公，在岐山“观其流泉，度其隰原，既景乃岗，相其阴阳”的精心选址建设相同，开明王朝先在彭州军屯营建都邑，北部的清白江、南部的毗河，组成顺山理水的格局，逐步让平原充盈着“沟洫脉散，疆里绮错，黍稷油油，稻莫莫”。

春秋战国时期，富有繁华之地。

成都平原，处处“有鱼、田之饶”。

郫邑以“地沃土丰”，“居给人足，以富相尚”，由最初的“江水初荡潏，蜀人几为鱼”的水患泽地，逐步变为“水旱从人、不知饥馑”的重要稻作农业经济区。

能力超群。鳖灵治水如同大禹一般，“水利殖则养其国”。治水使百姓生活进一步安定，满足部族的最高利益和追求，鳖灵得到拥戴和支持。望帝杜宇效法“尧舜禅授之义”，将统治权“禅让”给鳖灵。

新一代“蓉漂”鳖灵，号“丛帝”，称“开明王”。

清心寡欲。望帝隐居“西山”的“海窝子”。

丛帝做了许多利国利民的大好事，百姓生活快乐。

距“牧马山”创业，已经2 000多年。在历经蚕丛、鱼凫、望帝时期持续开拓、耕耘，在沼泽里积淀

在成都平原的人文语境中，望帝就是杜鹃鸟。爱民治水的故事，比都江堰还要久远。天府文化的强大「基因」。代代相传。望帝和丛帝的灵魂，浸透到民间，浸透到系列故事和传说里。

起来的膏腴厚土上，农耕文明渐成气候，物质财富丰富起来，权力与财富的双重诱惑，使开明王萌生“私心”。

功高自满，不顾民生，变得独断专行。

断然开启“父传子”的王朝世袭制度。

是祸是福？屹立千载的古蜀国，真要废除“禅让制”？

消息传出，望帝非常着急，食不好、寝不安，夜已三更，还在房里踱来踱去，想着劝导丛帝的办法。决定亲自进宫，去劝导丛帝。次日早晨，从“西山”动身，进城去访丛帝。

百姓闻知，一大群人跟在望帝后面，欲进宫请愿。

丛帝心起疑惑，下令紧闭城门。

无法进城，望帝只好无奈地回到“海窝子”。

心系百姓。多次前去劝说丛帝，却被挡在城门外。

想到，只有变成一只会飞的鸟，才能飞进城门、宫中、高树枝头，把爱民安天下的道理亲自告诉丛帝。于是他化为一只会飞、会叫的杜鹃鸟，飞进城里、宫殿，高声叫着：“民贵，民贵呀……”

丛帝也是一个清明的皇帝，听了杜鹃的劝告，幡然悔悟，明白老王的善意，心中愧疚，更加体恤民情。遗憾，望帝已经抑郁死去，死后那一缕精魂，便化作杜鹃鸟，无法再变回原形……

“杜鹃啼血”。一种附会，体现了百姓对望帝的情感。师旷《禽经》说：“杜鹃出蜀中，春暮即鸣，田家候之，以兴农事。”才把杜鹃与“农神”杜宇相联，成为世代相传的神话故事。

“教民务农”“功在田畴”。

拳拳之心。两缕镂刻在历史底板的灵魂。

望帝和丛帝，以悲悯的目光，关心着黎民百姓的生活。

两个布衣“帝王”的行为，让子民们感动2 000多年。

世代不泯的尊崇。一个人的行动，感染另一个人。郫都城的历史，便让后人记住他们清瘦的面容，开始生生不息地向前跋涉。郫都被赐予一个诗意而响亮的名字——“鹃城”，区花为“杜鹃花”。

“蜀中先导，天府前驱”。

一祠祭二主。中国西南地区唯一。

帝王陵冢。望丛祠，纪念望帝、丛帝而修建的祀祠。

正襟危坐。望丛祠的大殿上，两个并排的塑像。

左边，望帝杜宇；右边，从帝鳖灵。

和杜宇一样，鳖灵的事迹，多源自《蜀王本纪》和《华阳国志》。

"望丛祭祀"，成都平原、川西坝子历史悠久的传统民俗活动。在云贵川和东南亚等地区，长期流传有"农时先祀杜主"的风俗，不少农村建有"土主庙"（杜主庙）。

二帝被尊为"开天府之师"，为后人尊祀。

《郫县志》载：农历三月初三，"每年都江堰放水，成、绵、龙、茂道台，过郫境则祭之，旧例也"。礼毕，方去都江堰，隆重举行放水祭祀仪式。都江堰砍掉"马槎"，放下蓄水。

一年一度。春耕春播正式开始。

成都平原上飞来一只只孤独的杜鹃鸟，发出急促、悲凉的啼鸣声。

百姓听啼叫，也都纷纷下地耕种，不敢耽搁农时。

艺术高于生活。扬雄《蜀王本纪》、许慎《说文解字》、左思《蜀都赋》、常璩《华阳国志》等书，都称杜宇死后，化为杜鹃，成为唐宋文人的咏诗题材，形成"意象杜鹃"。

回味无穷。意象含蓄深沉，情感浓烈真挚。

不朽之神。二帝遗爱在民，历代为后人尊祀。

杜鹃鸟身体黑灰色，尾巴有白色斑点，腹部有黑色横纹。

春末夏初，时常昼夜不停地鸣叫，一种美丽可爱、富有灵性和神奇传说的益鸟，又叫杜宇、布谷、子规、望帝、蜀鸟等。杜鹃鸟意象，自古就是文人墨客的常咏之物，文化意蕴丰富多彩。

"杜宇化鹃"，一如庄周与蝴蝶，不可分离。

说蝴蝶必提庄周，谈杜鹃必悲杜宇，"庄生晓梦迷蝴蝶，望帝春心托杜鹃"，成为最美的绝唱。仅一个"悲"字，便拉近人神之间的距离，也幻化出文人笔下不胜枚举的情感寄托。

没有化鹃的情节，杜宇的神性不仅大打折扣，人格魅力也难以得到升华。唯有化鹃，才能使望帝的神性得到最大的彰显，才能体现对蜀地、蜀民推心置腹的爱，才能在蜀民心中神化不死。

家喻户晓。杜鹃，别名"布谷鸟"，农林益鸟。

杜鹃鸟的吟唱，有"四音一节"的旋律，连续不断，凄厉动听，正如李白在《宣城见杜鹃花》诗中说："蜀国曾闻子规鸟，宣城还见杜鹃花。一叫一回肠一断，三春三月忆三巴。”

悲苦相联。古诗词中的杜鹃，凄凉哀伤的象征。

古典文学，杜鹃意象无疑占有极为重要的地位。

表现忧伤。对应西方文学世界，夜莺的文学意象。

“人化的自然”。在古代典籍中，杜鹃被认为是古代蜀国望帝杜宇的化身，因失位而亡国，魂化杜鹃，日夜悲鸣，鸣至啼血，血染草木遂成杜鹃花。蕴含苍茫无涯的愁思。

不断吟咏中，精神意蕴不断地阐发，构成极具审美价值的人文精神。游子的羁旅之愁，君主的亡国之痛，志士的报国之情，佳人的春闺之怨，离人的怀人之意，或喻游子，或喻君王……

不断吟咏中，精神意蕴不断地阐发，构成极具审美价值的人文精神。游子的羁旅之愁，君主的亡国之痛，志士的报国之情，佳人的春闺之怨，离人的怀人之意，或喻游子，或喻君王……

一幅幅绚丽多彩的图画。

“意象杜鹃”，川西坝子的至美里，只有诗意。

好像一位温柔可人的少妇，迎纳着高原汉子般的岷江水，从雪山千里跋涉而来，在她怀抱里，野性全无。变得像水一样柔软，古蜀国开枝散叶的子民们，也像这岷江水一般柔软。

“德垂揖让”。

两颗始终呼唤为官者德政的仁厚之心。

两颗对百姓生活始终充满悲悯的慈爱之心。

两颗开山平田、罢水患、息离乱的功德之心。

《华阳国志》载：“帝升西山隐焉。时适二月，子鹃鸟鸣，故蜀人悲子鹃鸟鸣也。”

3 000多年来，川西坝子的人就浸泡在柔软的时光里，惦念着一只鸟。春光明媚时，这只鸟从历史深处的山谷飞来，在成都平原的天空盘旋、飞翔，发出摄人心魄的“布谷、布谷”啼鸣。

每个春天，郫都人都被这只鸟儿唤醒。

油菜花开时节，田畴上散居的“古成都人”，迎接美丽春天。“祭望丛、拜杜鹃”仪式仍然在这里传承，三月三赛歌会后，农人们就会祭拜这只鸟，在心中升腾起不一样的情愫。

在成都平原的人文语境中，望帝就是杜鹃鸟。

爱民治水的故事，比都江堰还要久远。

天府文化的强大“基因”。

代代相传。望帝和丛帝的灵魂，浸透到民间，浸透到系列故事和传说里。

崇州、郫都、彭州，也因两个布衣“帝王”做过市民，便多了许多城市没有的特质。

“天府记忆”的唯美诠释、完整记录。

天府之美，就在平淡与细微之中，让人留恋与沉醉。

“君住湔江尾，我住湔江头”。

三星堆文明的发现，都在湔江河谷找到源头。

古蜀文明的摇篮，“三星堆人”的真正故乡。

承载着“四代蜀王”的伟业。

以湔江河谷为据点，向成都平原、四川盆地拓展，演绎更替。

向着文明靠拢，“为了生活更美好”。

两路人马，一个目的。

自湔江顺流而下的杜宇部族，沿岷江而下的鱼凫部落。

平坦肥沃，成都平原再次点燃先民们耕作生息的渴望。

新治所地。离开湔江“故地”，东迁来到温江。

苦心经营几百年，鱼凫建成后世所知的鱼凫城。

留下最早天府水乡城市的雏形。

鱼凫古城遗址，位于成都温江区万春镇报恩村，现依稀可见城墙遗迹。古城遗址埂长1 810米，到目前保存较完整的有1 300米，城址呈新月形。距今约4 500年，早于广汉三星堆遗址。

首度试掘证实，面积40万平方米、呈不规则六边形，出土有大量陶片，体形较小、打磨精美的石斧、石凿、石锛等石器，与房址、城墙、墓葬等大量文化遗存。

距成都市中心城区16公里。

鱼凫王墓位于寿安镇火星村，俗称“大墓山”。

清乾隆《温江县志》、嘉庆《温江县志》和民国《温江县志》均载：“大墓山，城北二十五里，相传为鱼凫王陵。”坐南向北，单冢墓土冢，长85米，宽62米，墓高5米，占地3 000多平方米。在鱼凫王墓北约1公里处，原有鱼凫王妃墓，俗称“小墓山”。

现已成平地，但较周围略高，遗址隐约可辨。

原先建在台地上，城内地面明显高于城外，城墙主要修筑在台地边缘，属于平原台城型。城区平面，一个规则的六边形，与宝墩古城遗址相比，形制独特，其他古城多为长方形。

城内，已有功能分区；发现祭祀坑、礼器等宗教祭祀相关的文化因素；建筑物多样性特点明显；筑城采用卵石，比土坯墙先进；城墙的修筑中，有意采取了一定的防洪措施。

保存较为完整的城垣为显著特征，有干栏式、木骨或竹骨泥墙式房址、竖穴土坑墓和灰坑等遗迹。出土文物有石斧、石锛、石凿、陶喇叭口高领罐、绳纹花边罐和尊等。

类似的还有郫都古城遗址，成都西郊化成村遗址、成都南郊十街坊遗址、岷江小区遗址等。

石制劳动工具不计其数，再现"古成都人"创业的艰辛；随处可见的屋基、灰坑，诉说着"古成都人"安适、恬淡的生活；卵石、粘土交替夯筑垒起的城墙，闪现着智慧的光芒。

如今，还残存有数千米城墙埂遗迹。

经年代检测，属于早商时代的一段城墙，被称为"古城埂"。

出土的鸟形器，与三星堆出土的大量鸟头柄勺、带鱼鸟图案的金杖等文物，颇为相似。

鱼凫桥，位于温江城北约7.5公里万春镇鱼凫村境内，横跨温江与郫都交界的马坝河。

温江文庙，又称柳城文庙、鱼凫文庙。

"鱼凫"图腾，在三星堆的金杖、金沙的祭祀器皿上，都能见到图案。

柏灌的墓，也在温江。

柏灌和鱼凫的王墓，均在温江境内的寿安镇。

与鱼凫城遗址所在的万春镇紧邻。柏灌王墓、鱼凫古城、鱼凫王墓、鱼凫王妃墓、鱼凫桥、鱼凫村等古蜀历史文化遗迹，千百年来深深地镶嵌在温江的土地上。

有关鱼凫的传说故事很多。

"鱼凫王大战饮马河""鱼凫架桥""鱼神节的由来"等，饮马河、鱼凫桥等地名，至今尚存。每年的农历三月十六为鱼神节，人们到河里去放河灯的习俗，为了纪念鱼凫王奋勇保护都城的故事。鱼凫王与花莲公主的爱情故事，更是美丽动人，表现了鱼凫部落来到温江建都后，与当地土著民族和谐相处的历史文化。

鱼凫部落曾到川东三峡地区购运食盐。

「蓉漂」杜宇入主成都平原，带来水稻栽培、种植技术。稻作农业传入，不止一个方向，也不止一次。宝墩文化时期，就有新的生产技术、理念进入，促进稻作农业的普遍推广、提升。「一号杜主」，被尊为「巴蜀农神」。

盐泉密集。生活在长江三峡和川东一带的巫臷、巴人，纷纷溯江而上运送食盐。巫臷的盐产量高于巴人，巴人紧邻长江，得舟楫之便。双方若发生争执，都会影响到古蜀国的食盐供给。

强大的鱼凫王，一面派出一支队伍，驻扎在瞿塘峡以西地区，阻止巫、巴的纷争，建立“非军事区”，保护“国际盐利”，保证长江盐运畅通无阻；一面暗中自己动手采盐制盐，以避免古蜀国的食盐供给，因巫巴之争而间断。

队伍在白帝城西的河滩上垒石扎营，石垒纵横8行，共64垒，被后人误为诸葛亮为阻击东吴陆逊追兵而设的“八阵图”。

实为古蜀国“维和部队”的大本营。

温江有数条大河流淌，境内金马河、江安河、杨柳河、清水河自西北向东南呈扇状分布，使温江又有“川西水乡”之称。在宁静诗意处，也能繁花似锦。

河流都通航，成为交通运输的重要途径。

河流众多，“处处是流水”。

“时时当渡桥”，桥也多。

清乾隆版《温江县志》记载，有38座；清嘉庆版《温江县志》记载，有79座；民国版《温江县志》记载，一共有216座桥。叫得出名的桥在史书上有记载，叫不上名的小桥，不知有多少。

一份不需自夸的闲逸，一份不需自矜的幽淡。

安安静静。一片祥和，与世无争。

沿河岸边湿地，宜于养鸬鹚的区域分居。

迁徙路线，从温江到夔州（整个川东地区），多有以鱼符、鱼涪、鱼妇津命名的区域。从已知的地名看，温江有鱼凫城，犍为有鱼凫津，泸州有鱼凫关，奉节有鱼复城（国）。

不断迁徙。沿岷江、长江，南下东去……

最远的已在四川西昌、云南姚安等地。

养鸬鹚的民俗，扩散各地，直至传入日本。

日本国初代神武天皇之父，便是以“鸬鹚草葺不合尊”为御名。

光荣历程。逐步向成都平原迁徙的过程，经历从湔山，停崇州，到温江，再到广汉三星堆，展现了鱼凫部族不断壮大，寻求不断扩张，最终实现统一众部族，建立古蜀王国的历史演进之路。

成都平原的地理环境，正从大片沼泽过渡到冲积平原，生产方式由渔猎过渡到农耕，杜宇带领族人部落迁徙过来，带来先进的农耕技术与文化，使农业生产力有了比较大的发展。

数百年的柏灌时代，行进在由母权制向父权制氏族社会的过渡中。过渡中，完成由原始的血缘文化，进化为文明时代的地缘文化。

形成的文明要素十分清晰。

原生文明，又一个“中国原生国家”。

蚕丛、柏灌、鱼凫、杜宇、开明，既是各部族联盟的族称，又是联盟首领的名称，还是各部族所统治的时代之称。后人将蚕丛、柏灌、鱼凫称为“三王”，将杜宇和开明称为“二帝”。

杜宇第一个称帝，继蚕丛、柏灌、鱼凫氏后，蜀地立国的第四个王朝。

“蓉漂”杜宇入主成都平原，带来水稻栽培、种植技术。稻作农业传入，不止一个方向，也不止一次。宝墩文化时期，就有新的生产技术、理念进入，促进稻作农业的普遍推广 提升。

“一号杜主”，被尊为“巴蜀农神”。

湔江流域的崇山峻岭中，生活着一种身体黑灰色、尾巴有白色斑点、腹部有黑色横纹的杜鹃鸟。初夏，时常昼夜不停地，在山间树中飞鸣。“古成都人”崇鸟，重迁回来的“故乡游子”的后裔，就把这种鸟神化后，作为部族崇拜的图腾，以表示从遥远地方返回故地的决心。

由北向南，现流经彭州桂花镇（磁峰镇已并入桂花镇）的土溪河，飞银湍玉，穿村而过。因发源于上游的皇城山（杜宇的都城）而具有古蜀文化内涵，民间又称为“杜宇河”。

定都的皇城山下，早就发现有宋代著名的“金城窑址”。

历史上，彭州就以制陶烧瓷著称。

“土陶之乡”的桂花镇，如今还保留着远古的传统制陶技艺。

“彭门阙”以上的湔江流域，历史上称为“西山”。广阔的山上，长满野蚕喜欢嚼食的“竹树”（青杠树）类的叶子。通济镇，过去的俗名，就叫“青杠林”。

还有一种与桑树类似的“野桑”，蚕丛氏教民养蚕，抽丝织锦，条件得天独厚。

当年古蜀王身上穿戴的精美的丝锦，令周围方国、氏族部落羡慕。难怪时年三星堆因洪水灾难，再次走向衰落，王位“禅让”鳖灵时，杜宇仍还要眷恋湔江河谷，重返湔山故里“海窝子”，隐居在祖祖辈辈繁衍生息的山野。

凄美的感人故事。化为杜鹃，声声啼血。

满山遍野的野生杜鹃花，如火如荼地盛开。

在九峰山上，每到农历四五月，花上染满“杜宇王”的涓血。

当地山民使用的很多农具，残留有古蜀文化的印痕。

一种锄地的镐头，形状就像鸟头。

砍柴使用的刀，俗称“杜宇刀”，外形极像杜鹃鸟，和三星堆发现的青铜树上的“神鸟”形状，极为相似。教民务农，崇拜神鸟，后人为纪念杜宇王的恩泽，特别制作……

“蜀夏同源”，落叶归根。

“成汤放桀于南巢”。在“鸣条之战”中，夏朝最后一个皇帝夏桀并未死，带着妹喜等妻妾，在数百精兵的护卫下，带着不少夏族民众，向“南巢”逃匿，回到“湔江故地”……

相当于“海外游子”，漂泊千年后疲惫地回到“故地”。已经充分融合中原各族生命基因，跟随夏桀迁徙的夏朝遗民，带回了中原的先进文明。

“杜宇王”全盘接受“同宗同源”的夏桀。

让“夏氏遗族”担当起古蜀国的巫师。

寻访“海窝子”，就像是寻找一个失落已久的文明。

平原核心区域，有3 000至4 000户。

人口，15万至20万。

神王以下设司马，司马直属神王，军队举神王旗号。

王旗图案，青铜神桑侧面的巨形神鸟图形。

军队由两部分组成，神王卫队、长领族兵。

神王卫队为常备力量，约300人，长领族兵分三旅，分别是：步旅，约500人；骑旅100~200人；射旅300人左右。射旅，最有影响力和战斗力的兵种。“蜀射三百”并非空穴来风。

兵农合一。军队闲时为民，战时为兵。

最好装备，桑弓。

最强兵种，射旅。

杜宇亲率古蜀军讨伐西边的僚人、讫人等异族。

回到岷江一带驻扎，沿江耕田、渔猎，饮马江边，设立据点，以防僚人、讫人的滋扰、侵犯。岷江因驻军饮马，得名饮马河。在以后岁月中，因为岷江河道的有效治理，郫都、双流、温江、新都、崇州的农耕条件大为改善，耕地平整肥沃，水稻成片种植，秋收时遍地金黄，五地成为古蜀时的产粮圣地。

灌溉水、饮水，都仰仗饮马河，饮马御敌，依江以耕。

秋收金黄，颗粒归仓，在民间，饮马河逐渐更名为金马河。

江安河之名，也来自古蜀国时期，江水不过，是为江安。

推行坊市的运营、强化商贸道路的开拓。

在沱江要冲，设立三星堆坊市。

方便广元、绵阳一带的部族，沿着涪江南下；绵竹、什邡、彭州以西的部族，沿着鸭子河而下；由“松茂古道”来的羌人，可从都江堰（芒城）的蒲阳河，顺河而下，到广汉附近。

南北西三个方向，都可兼顾到。

南边的部落，需跨过金马河，走芒城、郫都一带，路途相对遥远。

南北呼应。扩建新津宝墩的聚落坊市，互通有无，彼此多有往来。

开拓商道。细致地考察汛期、枯水期的河流支系，整理交通路线。

梳理南北路线。枯水期时，自广汉起，过青白江区、越新都区的凤凰山，横穿过平原核心地带，下双流，进新津；汛期时，自新津起，借道大邑、崇州，在元通古镇，跨金马河，进入都江堰、郫都，再取道东北，沿蒲阳河到广汉。

拓宽西路。从崇州北部出发，拓宽“松茂古道”，慢慢形成后来的“冉駹羌道”。岷江上游的古羌部落，为方便进出平原交易，越来越多的古羌人，聚居在都江堰芒城、崇州江原城。

开通南路。开通两条线路，连通南北。

一条，沿着杜宇一族曾经南迁之路，自广汉到成都，经乐山、宜宾，后逆金沙江往上，到朱提一带。宜宾珙县到昭通的道路（后称僰道）窄险，直到开明二世卢帝之后，才陆陆续续拓宽。

一条，从崇州、大邑出发，过邛崃，再沿着青衣江、大渡河流域，经雅安，过汉源、石棉，借道西昌、德昌，入朱提到滇北。这条道，一直是成都平原和古滇交往的商贸和交通大动脉。

终成为南方丝绸之路。

整修北路。自广汉出发，过德阳，绕梓潼，越大小剑山，经广元，跨潘冢，入汉中，走祁山道或陈仓道出秦岭。这条路最后成为“古金牛道”。

东路：几乎没有东出的陆路。

“古成都人”很少跨过龙泉山。

整修入中原之路。北上治水，整修大禹带领“川军”到中原地区的“秘道”。

平原以北、以西，逐渐出现每隔十里就见炊烟之景。

对平原中部的水道，持续梳理、改进。

岷江不分内江、外江，开阔、渊深。

大船。《战国策》中《楚策一》追述：“方船积粟，起于汶山，循江而下，至郢三千余里。舫船载卒，一舫载五十人与三月之粮，下水而浮，一日行三百余里，里数虽多，不费汗马之劳。”

能够让装载50人与三月之粮的大方船，循江鱼贯而下。

轻舟。“蜀地之甲，轻舟浮于汶，乘夏水而下江，五日而至郢”。夏季，岷江到达一年中的峰值，乘轻舟而下，经长江三峡，五天就可以到达楚国的都城郢（今湖北江陵县）。

南北坊市，已经是人声鼎沸。

丝织业、手工业发达。

物品交换，渐渐演变成物品交易。

有专门的贝壳，或者信物进行交换。

信物由坊市担保、管理。

三星堆坊市里，有人专职物品交易。西羌因为路途漫长，来回不便，会租赁一些场所作为专用，每次用牛马把大批货物运来后，留下专人负责交易。

南北坊市的使用、扩展，使周边越来越多的异族人进入平原，以游群的形式，聚居在坊市周边。物品交易，加快人员的流动，促进行业的分工。周边部族不断迁进成都平原。

金面具和青铜面具一样，多有耳洞。怀念大禹，三星堆人制作的面具都有耳朵穿孔，传统延续到金沙村，“古成都人”确有穿耳洞的习俗。与21世纪的少男少女们一样“潮”……

《论衡·骨相篇》中说，“禹耳三漏”。

《帝王世纪》里说，大禹“两耳参镂，首戴钩钤”。

“参镂”，即“三漏”，指大禹耳朵上的三个洞。“首戴钩钤”，钩钤不是星宿，而是“纶巾”的误记，根据“纶巾”发音写成“勾今”，抄写者又把“勾今”按照星宿的名改成“钩钤”。

“首戴钩钤”实是“首戴纶巾”。以前四川人头上戴头巾。

“两耳三漏”“首戴纶巾”，夏朝创始人大禹的标志。

“古成都人”，将长发在头顶，挽成一个发椎，穿着精美的锦绣长袍，款式特殊，衣服全是左衽，眼球外突，颇像现代人的“甲亢眼”。耳环，整体装饰的一部分。

古蜀国内外“双循环”，繁盛时期相当于中原地区的商。古蜀文明虽不可避免地具有农业文明的封闭性和静态性，但也明显地具有向外开拓的开放性、对内充分凝聚的向心力。

从蒙昧到文明，一种历史演进。

古蜀之根，从彭州延伸。

古蜀之城，在崇州孕育。

蜀中先导，在郫都起步。

天府水乡，从温江发迹。

古蜀国内外「双循环」，繁盛时期相当于中原地区的商。古蜀文明虽不可避免地具有农业文明的封闭性和静态性，但也明显地具有向外开拓的开放性、对内充分凝聚的向心力。从蒙昧到文明，一种历史演进。

「天下为公」的格局。

「民惟邦本」的坚守。

中国第一次把「州」作为行政区域名称。

让文化、心理意义上的中国，与地理上的中国形神合一。

「统一」的概念，深深植根于华夏民族的心中。

中国历史上第一个广域王权国家的建立过程，不断斗争、锤炼的过程。在与周边聚落或文化的对峙中，更优秀的文化脱颖而出，胜者为王，内外「双循环」，多元格局渐渐归为「一体化」。

商，基于「众人」的社会。

周，基于「庶人」的社会。

夕阳下的「二里头」，历史的悠远与厚重淋漓尽致地体现出来，虽已经历数千年风风雨雨，人们仿佛依旧能看到古羌部落联盟、蜀族部落联盟数万人，从汶川出发，由西蜀向东，浩荡、迤逦……

第四章

周朝分野中西文化

古蜀国，与夏朝同代，甚至早于夏朝。

“两条河流，一个王权”。

大禹，中国第一位真正意义上的“皇帝”。

大禹从治水经验中，总结出“水、火、金、木、土、谷；正德、利用、厚生”的“六府三事九功”的和谐文化模式。既是中国各朝代的立国宗旨，也是中华文明、文化的中心特征。

感念大禹的功绩，后世修庙筑殿。

尊他为“禹神”，整个中国也被称为“禹域”。

《华阳国志》记载：“蜀之为国，肇于人皇，与巴同囿。至黄帝，为其子昌意娶蜀山氏之女，生子高阳，是为帝颛顼，封其支庶于蜀，世为侯伯，历夏、商、周。”

《礼记》记载：“夏后氏亦禘黄帝。”

黄帝最早作为部落始祖为后人所祭祀。

“禘”，帝王对有血缘关系始祖的祭祀。

司马迁说：“自黄帝至舜禹，皆同姓而异其国号。”商朝、周朝虽不再“禘黄帝”，血缘上仍是黄帝的后裔，夏、商、周三代王朝，都建立在黄帝所开创的大部落联盟基础上。

形成共识。华夏部落共同体，以黄帝为血缘“始祖”。

大禹带给中华民族，不仅首次科学治水的成功案例，更通过治水大业，促进部落联盟的统一，将华夏先民的政治形态，由部落联盟升级为国家制度，为建立华夏文明国家奠定基础。

强调开渠疏导，洪水顺利宣泄入海，重现江山如画之景。对中国历代统治者国家管理理念影响重大，凡是和谐或较为和谐的朝代，对民众的利益、欲求，通常都采取疏导方式，而非堵压。

到处巡行。成为联盟首领，对各地部落发号施令。

联盟领导机构的权力，类似于当今世界的联合国。没有形成强大的领导力，既办不成大事，又随时有解体的可能。大禹建立了共同的文化、道德标准，共同的礼仪、祭祀等制度。

治水成功，被舜帝选定为继承人。

37年摄政王经历，8年在位时间，正好“45年”。

安居乐业的华夏文明形成期。

经过不懈努力，“禹鑿（凿）荆涂二山之峡，使淮出于其间，水乃安流”“按名胜志谓，淮水初从荆山西麓迂回入涡，禹疏二山水乃安流”，彻底根治天下洪水，形成“排淮泗而注之江，中国得而食也”的“中国”，得到“天下”诸侯的拥护，奠定夏朝建立的物质基础与民望基础。

大禹登基10年到涂山。

在《史记》中，司马迁记载，召集各氏族部落首领集会。

前五年间，大禹做了两件大事。《左传》记载：“禹合诸侯于涂山，执玉帛者万国。”《后汉书》记载：“至于涂山之会，诸侯承唐虞之盛，执玉帛亦有万国。”

大禹在位第六年左右，铸“九鼎”。帝威四方，权势鼎天。

召开“涂山大会”。

四千年前的“鸿门宴”。

以天子身份命令，华夏、四夷各部落的首领，在指定时间内参加。

地点：治水成功现场，涂山南麓、淮水之滨的禹村岗，今安徽怀远县禹会村。

天下各路诸侯，纷纷赶来，络绎不绝。

手执玉帛，带许多礼品，前往朝拜。

“天下共主”。为表示受命于天，举行隆重的祭天祀土仪式，让乐队演奏夏族音乐，命士兵手持兵器表演舞蹈，颂扬自己的功德，向诸侯显示军威，到会的各部落首领，无不表示臣服。

站在台上，穿上法服，手执玄圭。

两面分列，四方诸侯按着自己国土的方向，齐向大禹稽首为礼。

在台上，大禹稽首答礼。

礼毕，大声向诸侯说道：“我能鲜德薄，服众不足，召集大家开会，希望大家明白恳切的责备、规戒、劝喻，能使我知过、改过。我胼手胝足，平治水土，虽略有微劳，但生平最兢兢自戒的是个‘骄’字。先帝亦常告诫我说：‘汝惟不矜，天下莫与汝争能；汝惟不伐，天下莫与汝争功。’如果我骄傲矜伐，请当面告知，否则就是教我不仁。对大家的教诲，我将洗耳恭听。”

将没有封号的部落首领，封为诸侯方伯。

命令诸侯方伯，每年必须进贡物品。

华夏各氏族部落团结、统一、逐步走向一体的盛会。

中国历史上具有标志性的里程碑。

华夏民族统一、国家形成的标志。

在《史记》中，司马迁记载：“夏之兴也以涂山。”

中国史上第一次全国代表大会。

统一思想和分配联盟权力。

论功行赏，赏罚分明，绩效考核。

“会稽者，会计也”。防风氏违抗指令，姗姗来迟，大禹为严肃纲纪，“斩以示众，示天下悉属禹也”，警示诸侯，达到“万国定”目的。“会计”之称，从“会稽”而来。

以仁德而闻名。告诫大家，“民惟邦本，本固邦宁”，希望“与百姓平等”；交待后事时，要求“薄葬、环保，节约资源”。“以民为本”，民本思想的渊源，世界上最早提出，意义重大。

影响巨大。孟子“民为贵，社稷次之，君为轻”的“民贵君轻”思想，源于大禹。以民为本，本固邦宁，一个国家根本的基础是百姓、民众，民众安稳、安定，国家才安宁、发展。

“民本主义思想”首创者。

“绝旨酒”。发布世界最早禁酒警示，预言“后世必有以酒亡其国者”。

仁爱之心。“巡狩江南”，在钱塘湾，遇到一位“哭泣的犯人”，得知是百姓养不起儿女，不断地卖儿卖女。愧叹自己“责任与仁德不够”，遂制一批钱币，赏给养不起儿女的家庭。

为建立治理天下的团队，四处寻访，先后向东走到海边，到过青丘之乡的黑齿国，向南走到裸民之国、交趾，向西走到三危国、一臂国，向北走到人正国、犬戎国、夸父国、禺强国。

带领军队，征伐盘踞在江汉地区的“三苗”部落。

华夏民族统一、国家形成的标志。在《史记》中，司马迁记载：「夏之兴也以涂山。」中国史上第一次全国代表大会。统一思想和分配联盟权力。论功行赏，赏罚分明，绩效考核。

政治联盟。“有神人面鸟身，若瑾以侍”，东夷图腾为鸟。代表上天，战前动员，“济济有众，咸听朕言，非台小子，敢行称乱，蠢兹有苗，用天之罚，若予既率尔群对诸群，以征有苗”。统一天下。

一次诸夏、东夷的联合军事行动。

电闪雷鸣。战前，可能发生了日食现象。

一个人面鸟身，宛若雷神的将领，一箭射杀三苗首领，致使苗军大乱溃败。

华夏史上成功实施的第一例斩首战术。

“三苗”逃入汉水、丹水上游的崇山峻岭中，有的到达江南。

在治水、军事与政治上的成功，使大禹逐渐由军事民主制下的部落联盟首长，演变为独裁的君王。

以这一方土地为界，万邦林立、多元竞争的邦国时代落幕。

众星捧月、一枝独秀的王国时代，开始引领数千年的风骚。

疆域，西起河南西部、山西南部，东至河南、山东和河北三省交界处，南达湖北北部，北及河北南部。地理中心，今偃师、登封、新密、禹州一带。都城要选“中”地，“择中建都”。

《吕氏春秋》记载：“古之王者，择天下之中而立国。”

世界各地的大河流域中游，都更为各地先民所重视。中原地区地处温带，少有东北的严寒、东南的台风侵扰，建都主要以“长安—洛阳—开封”为轴心分布。寻求空间距离的平衡。

国家政治中心，选择地理空间的“中”。在中国，在北半球中，黄河中下游地区耕地面积超过尼罗河三角洲、两河流域的“新月形农耕带”，土地连成一大片。一体化的地理基础。

《清华简·保训》记载，虞舜、夏禹先后“求中”

于“鬲茅”（“历山”，河南濮阳一带）。《保训》又记载，商汤的六世祖上甲微，为夏禹都邑“求中”于“河”。“河”即“河洛”。

迁国徙邑。夏人遵从上甲微重定的“中”。

以河洛嵩山为中心建“中”。

天地之中。国家认同理念的“初级版”。

“中”，多民族统一国家至高无上地位的符号。

国家的形成、发展中，“中”的理念不断扩展、强化与深化，从“择中建都”到“择中建宫”再到“择中建殿”；都城城门、宫城宫门，从“单门道”发展到“一门三道”“一门五道”。

象征中央集权，国家认同理念的“升级版”。

重大政治区别。大一统中央集权国家时代与封邦建国时代的都城布局：国家从血缘政治与地缘政治相结合的“二元政治”，发展成以地缘政治为主、血缘政治为辅的“一元政治”。

强化国家认同。夏商周到春秋战国，都城一般为“单门道”。都城外郭城的四面城墙各辟3道城门，都城一般由12道城门组成，“定制”均为“一门三道”。规制一直延续至明清北京城。

中华文明总进程的核心与引领者。

孔子对大禹赞不绝口：“子曰：禹，吾无间然矣。菲饮食而致孝乎鬼神，恶衣服而致美乎黻冕；卑宫室而尽力乎沟洫。禹，吾无间然矣。”对于禹，我没有什么可以挑剔；饮食很简单而尽力去孝敬鬼神；平时穿的衣服很简朴，祭祀时尽量穿得华美，自己住的宫室很低矮，而致力于修治水利事宜。对于禹，我确实没有什么挑剔。

屈原赞美：“禹之力献功，降省下土四方。”

中原地区早期国家形态的演变，由多中心的“满天星斗”聚落格局，到“月明星稀”单中心格局，与后世的“三星堆国”与商朝、“春秋七国”到“战国一统”的模式相似。

不同历史阶段、相同历史发展规律，推动的结果。

西汉文献《风胡子》说：“禹穴之时，以铜为兵。”

禹画五服、定九州。

大禹把天下，分成五个“服”。服，不是如今网游里的服务器，而是地区之意，类似于罗马时期的划分“万国法”，服事天子之意。以首都安邑为中心，王畿外围，以250公里为一区划。

国家，土地与人的有机连接。

“五服”，中央与地方的关系。

甸服，距离首都250公里以内，君主直接管理，人民直接向君主纳税。

侯服，距离首都250公里到500公里，酋长直接控制，酋长向君主进贡。

绥服，距离首都500公里至750公里，与蛮荒种族的缓冲地带，君主力量无法延伸到。

要服，距离首都750公里至1 000公里，生产工具落后，对绥服的人，非常尊敬。

荒服，距离首都1 000公里以外，顾名思义，蛮族、化外之民。

根据与中央的距离，衡量其文明程度。衡量内与外的概念与中国的中心密切关系。

根据“五服”制度，命把中国分为九州。

九州又呈“井”字形分布，恰应和“天子居中，八方朝贡”。

冀州，今日的河北大部分地区，内蒙古赤峰一带，北京、天津，山西小部分地区。

青州，黄河和济水之间。大体为今日的渤海、泰山，山东省中部以及河北部分地区。

徐州，淮河平原。今日的江苏北部和安徽东北角加上山东的一小部分。

豫州，中原地区。九州中心，又称中州，相当于今天河南黄河以南驻马店、平顶山一带。

雍州，今天的山东泰山以西地区，加上河南的濮阳、安阳，河北的邢台、邯郸一带。

梁州，甘肃部分地区、陕西汉中地区，秦岭以南、四川全境、贵州，云南一带。

扬州，今天的江苏南部、安徽省大部分地区、浙江全境与福建北部与江西东北部一带。

荆州，长江中游地区。今天的河南南阳、信阳地区，湖北全境，安徽西部地区，湖南部分地区与江西西北一小部分地区。

中国第一次把“州”作为行政区域名称的开始。

加强国民对共同体的认同。

让文化、心理意义上的中国，与地理上的中国形神合一。

屈原赞美：“禹之力献功，降省下土四方。”中原地区早期国家形态的演变，由多中心的“满天星斗”聚落格局，到“月明星稀”单中心格局，与后世的“三星堆国”与商朝、“春秋七国”到“战国一统”的模式相似。

夏商时期，台湾属于九州中的扬州。

《禹贡》篇中，就有“岛夷卉服，厥篚织贝、厥包桔柚、锡贡”的记载。

《禹贡》，《尚书》中的一篇文字，1 000多字，主要叙述中国地理方物兼均税。大禹所作是假托，夏朝时文字绝无如此发达，研究认为是战国时代的作品。王国维认为是西周初年所作。

“岛夷”，指台湾先民。禹夏时期，沿海居民已经开发海洋发展海洋渔业、盐业等产业，部分海洋物产通过水路等方式贩卖到内陆，以麻织品为衣服，以贝类为饰物，使用竹器，地产桔柚，精品自当纳入中央王朝制定的贡赋制度中。

《禹贡》成书之时，台湾已经在中国的管辖范围之内。

一生，都在治理水患，伟大的一生。

登基后在位仅8年，公元前2198年，死在出巡会稽的路上。

“禹会诸侯江南，计功而崩，因葬焉，命曰会稽”。“禹都阳城”，大禹在嵩山之阳建都，为夏王朝的建立奠定基石。在会稽（浙江绍兴的别称）盟会而驾崩。

汶川与绍兴，因大禹结下的不解之缘。

大禹去世，儿子启登上王位。

中国“家天下”的历史启幕。

夏启令九州牧贡献青铜，定鼎九州。

统一天下。派人把各州的名山大川、形胜之地、奇异之物画成图册，精选著名工匠，将这些画仿刻于九鼎之身，以一鼎象征一州。所刻图形，亦反映该州山川名胜之状。鼎铸好后作为镇国之宝。

“大一统”夏王朝正式建立。

既是野蛮和酋邦制社会结束的物化标志，又是文明开创和国家形成的形态表现。

新时代开端，两个成语诞生。

“一言九鼎”的守信。

“天下为公”的格局。

华夏民族告别史前孩提时代的成人礼。

“统一”的概念，深深植根于民族的心中。

“小康”社会由此肇端。

一禅一继。象征性的统治。小康社会，孔子视为“天下为家”的产物，“唐虞禅，夏后殷周继”，分清禅让制、世袭制两个不同的时代，明确指出世袭制开始于夏后氏。

夏朝并不干涉各诸侯国的内政，各诸侯国在人权、财权、军权等方面完全独立，只是象征性地纳贡，相当于当今各国向联合国交纳一定的会费。夏、商、周三代的王朝，都可称为“世界政府”。

“国中之国”的架构，高于国家之上的“天下”政权。

中央政权又不干涉各国的内政，和各诸侯国彼此双赢的合作。

君主，夏朝称“后”，商朝称“帝”，周朝称“王”。

夏后氏，就是“夏王氏”。

保留着部落联盟中军事民主的传统。

建立夏王朝后，伯益被任命为执政官，总理朝政。

选定伯益作为王位继承人，在政事上有意培养。

伯益曾劝谏大禹，做事要考虑周全，不能违背制度；治国要勤勉谦逊，不能沉迷享乐。能够成为指定的继承人，资历和个人能力与大禹的儿子相比，毫不逊色，甚至，有过之无不及。

一生勤劳节俭，群臣根据生前的意志，只用衣衿三领、薄棺三寸装殓，葬在苗山之上。

按照部落联盟的传统，伯益为大禹举行丧葬，挂孝、守孝三年。

“吾君帝禹之子也”。

百姓在歌中唱到：“启是我们君王大禹的儿子。”

三年丧礼完毕后，伯益没有能继承王位。

“益之佐禹日浅，天下未洽，故诸侯皆去益而朝启”。

伯益虽然助大禹治水，功绩卓越，但时间短，资格不够，诸侯和人民，只承认大禹的儿子夏启，而不认同伯益。诸侯都去朝拜夏启，而不朝拜伯益；人民打官司都去找夏启，不去找伯益。

顺应时势，夏启成为夏王。

伯益担任卿士，相当于丞相。

认清形势，隐居到箕山（今河南登封东面）的南面。

远离朝政，安然老去。

“禅让制”被“世袭制”取代。

禹帝也没免俗。禹启时期，阶级分化明显，“公有制”和“禅让制”摇摇欲坠。各方诸侯作为未来的奴隶主，个人情感上更愿意“世袭制”，把拼命挣来的私有财产，代代传给子嗣。

伯益有两个儿子。后代建立多个诸侯国。大儿子大廉，封在秦地，廉姓的始祖；次子若木，被封于徐国，为徐氏始祖。若木的玄孙费昌，在夏桀时投奔商朝，费姓的得姓始祖。

“天下为公，选贤与能”的“大同”世界结束。

比秦始皇还早2 000年。

《史记》记载：“有扈氏不服，启伐之，大战于甘。”

夏启当上夏王后，破坏传统习俗的“篡夺”行为，引起一些部落的强烈不满。实力雄厚，同样觊觎联盟最高权位的部落首领有扈氏，公然表示不服夏启成为新的领袖。

一场战斗，发生在夏族往东扩张的过程中。

甘在今郑州西北古荥泽之外。

有扈氏，夏族中心地区东边，一个强大的部落，活动中心在今河南郑州以北的原阳、原武一带。对于占据洛阳一带的夏后氏的威胁最大。“黄河向东”，早在舜禹时期，就曾多次征讨。

夏夷矛盾，由来已久。

面对有扈氏的威胁，夏王朝也要保卫腹心地区，拒外侵于甘地。有扈氏部落也处在氏族公社解体、向阶级社会过渡阶段，为了夺取更多的财富，更需要扩大地盘，发展势力。

“禹于是修教一年而有扈氏请服”。

“修教”，用了一年时间治兵，准备用更大的兵力来打仗，同时，用大禹之德来作宣传。文武两手，双管齐下，终于使有扈氏臣服，并加入华夏部落联盟。后封有扈氏为诸侯。

有扈氏，“九扈”中的一支。

“九扈为九农正”。“九扈”部族，擅长农耕的部族，开垦肥沃的中原功劳至伟。区域在西部黄土高原、东部太行山脉，夹杂在两大区域之间。以炎帝为代表的东夷部族，在东方。

以黄帝为代表的华夏部族，大多自西方而来。

夏人与有扈氏的争端，东西领土之战。

夏人从岷江上游的川西高原、中游的成都平原，“北漂”到中原地区，发现生存环境明显优于“西方”，落地生根的信心坚定，“黄河向东”的思维形成，“向东进军”成为部族共识。

西高东低。有扈氏聚居的区域，再往东走，越过太行山脉，就是广阔的华北平原，夏人要真正掌控天下，遭遇原本居住在中土地区的有扈氏部族，发生大规模的战争无法避免。

中国第一级“地理阶梯”，长江、黄河发源于青藏高原。

只有新疆的额尔齐斯河，所有支流都来自右岸，唯一自东向西流入北冰洋的外流河。地处亚欧大陆的中心地带，一条条支流，就是牧民的一条条转场的道路，被称为“一条游牧的河”。

水往低处流。自西北向东南，从高到低。

水，代表生机和财运，东南人财更旺。

中国古代政治重心的整体变化趋势，自西往东移动。

“地理阶梯”。天然气势，从西北打东南，顺势；从东南打西北，逆势。在《史记》里，司马迁写道：“夫作事者，必于东南，收功实者，常于西北。”

向北，不打到长城，就会被草原民族欺负。

向西，不拿下河西走廊，就会断掉丝绸之路，失去经济命脉，甚至被游牧民族包围。向东，不打到海边，就会失去钱仓、粮仓。

向南，不打过长江，就会失去半壁江山。

中国不统一，就会诸侯割据，后患无穷。

“据上游之势，以临驭六合。”关中山河四塞，地势高峻，居高临下，故称建瓴之势；洛阳、开封，地处中原四通八达之地，可向四面扩展，故称宅中图大之势；挈裘为提衣挈领之意。

夏商周三代，持续以东方为主战场的原因。

夏族人与有扈氏的战争，持续时间很长。

黄帝与炎帝、蚩尤打过仗。黄帝当年，也没有从这个区域攻进东夷核心区域，只能绕道而行，尽管在“涿鹿之战”中，黄帝部落打败蚩尤部族。后来尧舜禹都在东方部署军事力量。

“向东进军”，华夏内部两大政治力量，也不协调。

“古者禹死，将传天下于益”，大禹在选择继承人上，也多次产生过纠结，到底选择代表“世袭制”的儿子夏启，还是选择代表“禅让制”的战友伯益？伯益已是东夷管理区域的首领。

政治博弈。“灭有扈氏，天下咸朝”。

大禹父子年间，攻破南方“三苗”部族，“涿鹿之战”后，本身就已大部分成为华夏人的势力范围，等到夏启剥夺了伯益的实权后，在广阔的平原上，摆开战车部队，全面迎战有扈氏。

从正面攻进东方，攻进真正的东夷核心。

“大战于甘，乃召六卿”。

今河南荥阳地区，古代曾有潘水、荥潘之泽；周代以前，称“甘水”“荥甘”。地傍甘水、荥甘之泽的区域，为甘地，北距有扈氏故地就几公里，既是有扈氏的南方门户，也是大战的战场。

公元前2070年，出兵前召集六卿商定讨伐。

在甘地，有扈氏国都的南郊甘水之滨，夏启举办誓师大会，对六军的兵将们，宣布有扈氏两条罪状："威侮五行"，不敬天象；"怠弃三正"，不敬大臣。

天子率领将士亲自出征，必定关系到国家命运的决战，一定要使将士们明白为谁、为何而战？主帅是天子，发布战争动员令，既有权威性，又有感召力，还要证明出征打仗的正义性。

战争动员。"予誓告汝。有扈氏威侮五行，怠弃三正。天用勦绝其命，今予惟恭行天之罚。"六军将领们，我向你们宣布誓言：有扈氏蔑视仁、义、礼、智、信五种规范，背离天、地、人的正道，不敬上天，荒废天下人公认的法令制度，上天要断绝他的大命。如今，我恭敬地执行上天对他的惩罚，大家要同心协力地执行天命去消灭他。

战争誓词。"战车左边的兵士，如果不善于用箭射杀敌人，你们就是不奉行我的命令；战车右边的兵士，如果不善于用矛刺杀敌人，你们也是不奉行我的命令；中间驾车的兵士，如果不能使车马进退得当，你们也是不奉行我的命令。服从命令的人，将在祖庙受到神主奖赏；不服从命令的人，将在社稷之神的神位前惩罚。我将把你们降为奴隶，或者杀掉。"

没有豪言壮语，也不长篇大论，没有表决心，却提出最足以征服人心的理由——奉行天命，简洁而震撼人心，充满了一位王者睥睨天下、雄视古今的霸气。

大战在甘地进行，史称"甘誓"。

中国历史上的第一篇檄文。

行文套路与后世如出一辙。先历数罪状，再宣布规矩，言语之中，充满"顺我者昌，逆我者亡"的霸道。最终，赶尽杀绝"家天下"反对势力，新的政治体制在华夏故土上，生根发芽。

训练有素，夏启率领六军兵将。在夏军强大的战车冲击下，有扈氏的军队几乎全军覆灭，一直打

中国古代政治重心的整体变化趋势，自西往东移动。「地理阶梯」。天然气势，从西北打东南，顺势；从东南打西北，逆势。在《史记》里，司马迁写道：「夫作事者，必于东南，收功实者，常于西北。」

到扈地，杀了有扈氏的首领。一场血腥的战争。有扈氏的族人，全部变成从事放牧的奴隶。

夏王朝的立国之战，史称“甘之战”。

四处征战。“打虎还靠亲兄弟，上阵不如父子兵”。

军队，从古蜀国就开始四处征战的两大部落的子弟，核心人马，亲王室的宗族子弟。12支夏后氏后代，或在成都平原近亲通婚的部落联盟的人马，维护自己宗族的兴衰和领地，舍生忘死。

与后期国家的役兵制不同。平民在战场上拼命，还有获得当将军、上升通道的机会。在早期王权社会里，你若不是核心宗亲人马、部落子弟、后代，要上战场拼命，都不给你机会。

担心你出战不出力，甚至出卖机密。

在原始社会，首领与普通军人、农民差不多。以身作则，打仗时，要冲锋在前，耕种时，要吃苦在前；还要处理部落里的一切大小事务，非常劳累。这，也是上古帝王多圣贤的原因。

军队拥有战甲、长矛，又万众一心，所向披靡。

三年中，“隐匿”了按“禅让制”接班的伯益，讨伐了有扈氏。

战后，夏启在“均台”之地，举行盛大的典礼、国宴。

天下诸侯、部落首领全都参加，夏启亲自在露天坝，点燃篝火，表演歌舞。《山海经》记载：“大乐之野，夏后启于此舞《九代》，乘两龙，云盖三层，左手操翳，右手操环，配玉璜。”

神仙附体。夏启出场时，驾着两条龙，飞腾在三重云雾之上，气场十足；跳舞时，腰间佩戴着玉璜，左手举着华盖，右手摇着玉环，载歌载舞，完全沉浸在歌舞音乐的世界里……

“云盖三层”，指上天之路。在《大言赋》中，宋玉提及“圆天如盖”；算经十书之一的《周髀》中，有“天象盖覆”一说。远古的“盖天”说，从天形大圆如盖而来。

“云盖三层”，即云天三重。

操羽舞环。夏启在大乐之野，舞《九代》之舞，借助于物之精灵，舞雩而上通于天神，乘龙而上，冲破三重云天，到达天庭。通过舞雩与天神沟通，上古巫师常用的“套路”。

绝非巧合。相隔2 000多年，在夏后氏故地的成都羊子山祭台，也是三层。

画面中，祭坛，高耸入云。

坛上，打扮怪异的巫师，又唱又跳。

坛下，匍匐着无数子民，虔诚祈祷。

突然，巫师跳上两条巨龙，冲天而去，成为天帝的贵客……

“登天”的形状，谁都看不真切。想象中御龙登天的画面，从来未曾出现过。真正“登天”的只能是夏启的元神，而非信徒们目睹夏启登天。毕竟祭坛高高在上，信徒们则匍匐在地。

《竹书纪年》记载：“十年帝巡狩，舞《九韶》于天穆之野。”

寻常的“舞”，不会见诸史册，在《竹书纪年》中，夏启一生不过百来个字，肯定是一场值得铭记的盛大活动：在巡狩之后，夏启在天穆之野，曾举行过一次大规模的祭天活动。

与《礼记》中记载周人祭天时，人君的行为类似。

向上天“述职”，汇报牧守得失，感谢护佑，祈求继续降福护佑，借用上苍的名义，发布政令，对巡狩中发现的问题，加以整顿。朴素的“政教合一”，中国古代政治文化的特点之一。

象征意义。都是为了“娱上帝”“乐皇尸”。

一次胜利者的炫耀，而非虔诚地请示上苍。

无论占卜，还是祭祀，都拗不过上位者的意志。政权也一直凌驾于神权之上，胜利者将神灵的血脉、上苍的旨意，附会成统治的合法性，或者发布政令的“天意”。在后世，渐成惯例。

史册上随处可见的“祥瑞”，为“升级版”。

华夏民族历来被称为“礼仪之邦”。“礼”，即制度、规则和一种社会意识；“仪”，“礼”的具体表现形式。“乐”“舞”，“礼仪”的重要组成部分。

一套系统而完整的程序。

后世帝王郊祭礼天的滥觞。

完整的超级大帝国，凝聚力无可比拟。兴衰有时，每个衰落的朝代，每个割据一方的势力，设立的终极愿景，还是统一全国。没人认为安享巴蜀，雄踞关中，划江而治，可被接受。

每一个新朝代都会在法理上，认可前一个王朝。

然后，认为自己才是中国最合法的正统，而不是另立一个国家。

夏朝有文字，比甲骨文更成熟、规范的夏篆，笔道圆润，讲究对称，夏禹书、禹王碑、象牙文，夏朝文字。商朝建国后，开疆拓土，300年难得“安稳”，导致夏篆荒废，官方文字采用更方便书写的夏朝俗体字甲骨文。周武王克商后，又恢复夏朝官方文字夏篆。

周篆与夏篆接近、相似的真正原因。

中国第一次推出简化字是在商朝，从复杂的夏篆转变为简化的甲骨文。

酒的发明者也在夏朝。

早期可能有自然酿造的果酒，后来到太康，探索酿“秫酒”。

粮食酒，曹操吟唱的“何以解忧，唯有杜康”的由来。

中国的酒仙，应该感谢夏朝。

都有了喝点小酒成仙的机会。

一场“遭遇战”。“禅让制”变为“世袭制”。

中国历史上真正的王朝诞生。

历史进程也进入奴隶制社会。

二十世纪，两次世界大战。

国际秩序，全都是打出来。

一战后，有“英国和平”；二战后，有“美国优先”。

中国的形成是个历史过程。前与后，既有连续，也有断裂，几千年的历史，不是一成不变；内与外，农耕与游牧，既有辐辏，也有辐射，中心四裔，互为主客，也不是铁板一块。

中国历史上第一个广域王权国家的建立过程，不断斗争、锤炼的过程。在与周边聚落或文化的对峙中，更优秀的文化脱颖而出，胜者为王，内外“双循环”，多元格局渐渐归为“一体化”。

中国历史上第一个广域王权国家的建立过程，不断斗争、锤炼的过程。在与周边聚落或文化的对峙中，更优秀的文化脱颖而出，胜者为王，内外「双循环」，多元格局渐渐归为「一体化」。

商的中心，本在郑州，周的中心，本在西安（丰镐），夏的二里头遗址、商的尸乡沟遗址和周的洛邑遗址，才是“天下之中”。夏的意义在“中”，夏、商、周三朝的共同的“中”。

《禹贡》借大禹治水表明，朝贡体系以冀州为中心，贡品都往山西送。山西处于“中”。商从东征服夏，周从西征服商，都在围绕“中”。“最早的中国”，要有“国”，还要有“中”。

“中国”的成立。

没有一个文明中心，就不能对周边形成强大的吸引力，构成核心地区，同样也无“中国”。夏就是“中”。“中国”，国中之国，周围有“四国”。“国”，古文字同“域”，中国即域中，有中心城市的区域。“四国”分东国、南国、西国、北国，复数的国，每个方向，不止一国。汉代的“西域”，就是“西国”。西域号称36国，不止一个国。

核心地区，《禹贡》九州描述的范围。

不仅是西周的底色，也是秦汉疆域的主体。

地理视野。

一头一尾，都装在西周的筐子里。

“蜀夏同源”。

先有禹，后有夏。

大禹率领古羌部落联盟、柏灌蜀族部落联盟建立的国家。

三星堆的地形、地貌与二里头相似。

三星堆文化承接、光大夏商文化。

二里头文化，夏禹文化。

中国乃至东亚地区最早的“核心文化”。

“头”，指凸起的高地，长约一公里。

文化发展序列：仰韶文化→中原龙山文化→二里头文化→二里岗期商文化→三星堆文化。

“华夏第一王都”。夏朝都城斟鄩，东亚地区最早的具有广域王权国家的都城遗址，上承龙山满天星斗的邦国时代，下启青铜时代的巅峰殷商王朝，遥相辉映“故地”的古蜀文化。

洛阳偃师西南约9公里。

埋藏着中华民族的重大秘密。

3 800年前，精密、复杂的大都城。

南临古洛河，北依邙山，背靠黄河。

中心区，坐南朝北、中轴对称的宫殿建筑群，由宫城城墙围起，四周井字形大路，宫殿地面下，埋一节节陶质水管组装连接起来的下水道系统，也有木结构，上面铺有木板，可以行人。

迄今，史上最早的“紫禁城”。北面，祭祀区；南边，有一个被墙垣围起、由重兵把守的手工业作坊区，里面掌握着王国“高科技秘密”、中国最早的的青铜器、绿松石器作坊……

“建中立极”“明贵贱、辨等列”等营国制度基本成型。

“王都”气象。明确城市规划、布局的框架。宫城遗址尽管仅仅是明清紫禁城的七分之一左右，但城市布局的中轴对称、坐北朝南、功能分区等特征，“四合院”形制，“不让看”的封闭特点，为中国古代宫城、宫殿确立了基本范式。

世界范围少见。都邑设计上执着地追求方正规矩、中轴对称。

绝对理性的平面布局，不难让人感受到规划者对秩序的追求。

聚落布局，“金字塔式”与“众星捧月式”。

400余处聚落中，以300万平方米的二里头为都邑，周边有数十万至百余万平方米的区域性中心聚落、数万至20万平方米左右的次级中心聚落，以及众多更小的聚落。分布等级分明。

中国最早的城市主干道网。

井字形大道，大路最宽处达20米，相当于现代4车道公路。

里程碑意义。路上还发现双轮车辙痕，比最古老的车辙还早数百年。

“井”字形主干道路系统，分割出不同的功能区，形成“九宫格”的宏大格局。祭祀区、宫殿区和官营作坊区三个最重要的区域，恰好在“九宫格”的中路，宫殿区位居中心。

与《禹贡》以山川划分九州的“天下观”契合，显示王者的政治抱负、蓝图。

遗址宫殿区3号基址院内，3号墓葬出土玉器、漆器、海贝项链等100多件器物，其中还包括“超级国宝”绿松石龙，用工之巨、制作之精、体量之大，在中国早期龙形象文物中实属罕见。

遗址宫殿区5号基址院内，发现了一座高规格的夏代墓葬，发现多件陶器、漆器和一件蝉形玉器。墓葬填土中，散落多片绿松石片，推测该墓葬内会有大型绿松石器物。

社会分层、等级划分。

“九宫格”分隔形成多个网格，每个网格应属不同的家族，可能已出现家族式分区而居、区外设墙、居葬合一的布局。

既断裂又连续的早期文明。

各地文化完成由多元向一体的转型。

“中国”世界的雏形出现。

首次突破地理单元的制约，几乎分布于整个黄河中游地区。

最早的中国，东亚大陆最大都邑。

气势恢宏。远眺，规划总建筑面积3.2万平方米，身躯上覆盖22 983块铜板的二里头夏都博物馆，在阳光的照耀下熠熠生辉，仿佛一条盘旋的巨龙，显示着威仪四方的华夏最早王朝的气象。

中国历史上第一个王朝，兴衰与洛阳息息相关。

在《史记》里，司马迁记载：“故嵩高为中岳，而四岳各如其方，四渎咸在山东。至秦称帝，都咸阳，则五岳、四渎皆并在东方。”

《逸周书》中，也称：“自洛汭延于伊汭，居易毋固，其有夏之居。”

河洛文化的内涵，就是夏禹文化。

二里头遗址，河洛文化的核心载体。

“河”指黄河，“洛”指洛河。

地处黄河中游与中下游之交处。

黄河从巴颜喀拉山出发，路遥茫茫，并无现成河床可走，穿平原、走峡谷、绕山峦、过湖泽，北路不通，走中路；中路不通，向南行；总能拼搏、开拓出一条奔向大海的路来……

以洛阳为中心，西到潼关、华阴，东到郑州、开封，南到汝州、禹州，北到济源、晋南，大体相当于今豫西、豫中、豫北与晋南地区。核心区域，洛阳所在的洛阳平原（伊洛平原）。

黄河流域的中心地区。

洛河，潼关以下黄河最大支流。洛阳平原，由洛河、伊河（洛河支流）下游，冲积而成，主要包括今日洛阳市区、偃师市，及孟津、巩义、宜阳、新安等县（市）一部分。

黄河与洛水的交汇，孕育出“河洛文化”。

“河洛古国”，处于河洛文化中心区。

位于黄河南岸以南2公里、伊洛河东4公里。

巩义河洛镇，双槐树古国时代都邑遗址。距今约5 300年。

仰韶文化中晚期巨型聚落遗址，面积达117万平方米。

经过精心选址、科学规划的都邑性聚落遗址，周边的青台、汪沟与洛阳的苏羊、土门等多个遗址，特别是西山、点军台、大河村仰韶文化城址组成的城址群，对都邑形成拱卫之势。

有三重大型环壕、封闭式排状布局的大型中心居址、采用版筑法夯筑而成的大型连片块状夯土遗迹、三处经过严格规划的大型公共墓地、三处夯土祭坛遗迹等。

三，中国古代神圣的数字。

“三重”结构，一直是宫城、皇城的“标配”。

初具中国文明化社会早期大型宫室建筑的特征。

中心居址前，有一处面积巨大，曾被多次使用的大型夯土基址。

中心居址内房址前，以九个陶罐摆放的北斗九星图案遗迹。

北斗九星斗柄的指向，与冬至的方向吻合，表明早在约5 300年前，中原先民对“北斗”天象、“斗柄授时”的观测利用，就已非常精确。已经具有天文、人文、地文合一的初步文化观念。

房址。面积达到220平方米，位于遗址中间位置。前面，有“北斗九星”，中心，还有一头面向南、朝着门道的完整麋鹿，位置刚好在“北斗九星”上端，对应北极的位置。

古人将北斗、极星作为整体来认识，称“斗极”，处于星空旋转的中心，春生夏长、秋收冬藏，似乎都随北斗指向而来临。天地秩序的制定者、天地万物的中心，北极星又有“帝星”之称。

聚落布局，体现了高度重视礼仪化设计思维。

表明当时已有较为成熟的“天地之中”宇宙观。

中国古代文明高度重视承天之命特征的早期典型代表。

表明中华民族自古以来团结、向心、中和的礼制核心。

中国地理中心、最早城市群中的核心位置。

“五都贯洛”。沿洛水之北，自东向西，洛河两

「天下之中」。河洛文化圈，南为外方山、伏牛山脉，北为黄河，西为秦岭与关中平原，东为豫东大平原，北通幽燕，南达江淮，在古代雄踞于中原。

岸不足30公里的范围内，分布着二里头遗址、偃师商城遗址、周王城遗址、汉魏洛阳城遗址与隋唐洛阳城遗址的黄金地带。

狭义中原，指如今的河南省；广义中原，指黄河中游地区与中下游地区，甚至指整个黄河流域，还包括山东、河北、山西、陕西等。“河南”行政区划，始于汉高祖刘邦所置河南郡。

郡治雒阳，辖洛阳、河南、偃师、缑氏、平（偃师西北）、平阴（孟津东北）、新成（伊川西南）、谷城（新安东）、巩县、成皋、荥阳、密县、新郑、中牟、开封等。

大体相当于河洛地区中东部。

河洛地区，夏王朝中心地区。

洛阳城，最早诞生的都城。

《禹贡》中，记载“豫州”时写道：“荆河惟豫州，伊、洛、瀍、涧，既入于河。” 伊、洛、瀍、涧四条河，水流都不长，都在洛阳市附近汇集，终汇入黄河。

这四条河，至今仍是洛阳行政区划分的标志。

“王者之里”。瀍、涧二水，流长不过50公里，却在最早的史籍《禹贡》中地位显赫，“河洛为王者之里”。从著名的二里头遗址，到如今的东周“天子驾六”车马坑遗址，都是力证。

“豫”，象形字。右边的“象”，代表着瑞兽，寓意安乐，左边的“予”，表示游乐、开心时发出的声音，放在一起，“一人牵一象”，欢快嬉戏的意思。河南简称“豫”，大禹的“杰作”。

“凡大皆称豫”。首都阳城所在州，称为豫州。

位于九州之中，河南又有“中原”“中州”之称。

《禹贡》明确表示：“豫，舒也。”中国最早的辞书《尔雅》称：“豫，乐也，厌也，安也，舒也”。汉经学家郑玄说：“谓之豫者，取逸豫之义。”

豫州东接山东、安徽，北界河北、山西，西连陕西，南临湖北，历史上曾几度达到鼎盛时期，长期为中国的政治、经济、文化的中心，为中华民族的发展和文明做出过重大贡献。

“天下之中”。河洛文化圈，南为外方山、伏牛山脉，北为黄河，西为秦岭与关中平原，东为豫东大平原，北通幽燕，南达江淮，在古代雄踞于中原。

古代所称“中国”“中土”“土中”，都指这一带。

地理位置优越，古代中国东西南北的交通中枢。

文化起源。“昔三代之居，皆在河洛之间”。

有丰富的五帝传说和遗迹，还有夏商周三代诸王生活、活动的都城之地。

以洛阳为中心，起源于河洛地区的区域性文化。

久负盛名，又称“京都文化”“王畿文化”。

距今4 000年至3 600年，河洛地区降水量近1000毫米，比现在多出200毫米以上；年均气温16℃，比现在高出1～2℃。黄土疏松易耕、富含肥力，日照充足，具备全新世温暖期带来的适宜农作物生长的温湿度等条件，当辽阔洪荒的南苗、东夷、西戎、北胡，还处在原始社会的时候，豫州由于农牧生产的先进、手工业经济的发达，与成都平原一样“五谷丰登”。

“北漂”来的“川军”与中原先民，农业虽然使用的木耒、石斧、石铲、骨铲、穿也石刀、陶刀、石镰、蚌镰等传统的原始工具，但也种植黍、粟、大豆、小麦、稻等农作物。

与《周礼·职方氏》郑玄注中的“五谷”相符。

猪、牛、狗等家畜，肉食的主要来源。

一枚用野猪獠牙雕刻而成的蚕。长6.4厘米，宽不足1厘米，厚0.1厘米的牙雕蚕，呈一条正在吐丝的家蚕形象。中华文明的一个典型特征，农桑文明、丝帛文明。

洛阳四周环山，地势险要。

背负邙山，南眺龙门，左控函谷，右握虎牢。一如东汉傅毅《东都赋》的描述：“被昆仑之洪流，据伊洛之双川，狭成皋之严阴，扶二崤之崇山。”为东西之中，居南北之中。

夏人背过黄河，可到河北平原，南经伊阙、轩辕关，可下南阳，以致三苗江汉平原，西过崤山、函谷，可通关中盆地、甘青地区，东出虎牢关，可抵东夷江淮平原，乃至太湖流域。

居中央，应四方。

文明先汇聚形成，然后扩散。

长江文化、黄河文化的“双联体”。

不独在于汇聚周边文化，更在于融合、重组后，文化能够辐射四方。

《史记》称：“此天下之中，四方入贡道里均。”

河洛文化肇始于“河图”“洛书”。

《周易·系辞上》记载：“河出图，洛出书，圣人则之。”

“河图”口诀：天一生水，地六成之；地二生火，天七成之；天三生木，地八成之；地四生金，天九成之；天五生土，地十成之。很多人都懂得演变出易经、八卦等。

“洛书”图案：正好对应着从1到9的九个数字，无论纵向、横向、斜向、三条线上的三个数字之和，皆等于15，相当于现代数学中的三阶幻方。

《论语》中说：“凤鸟不至，河不出图。”

《竹书纪年》里讲：黄帝在河洛修坛沉璧，受龙图龟书。

有龙马，背负“河图”，从黄河出现；有神龟，从洛水出现，背负“洛书”。伏羲根据“图”“书”，画成八卦，周文王又依据伏羲八卦完成文王八卦和六十四卦，并分别写了卦辞。

伏羲依河图画作八卦，《周易》一书的来源。

大禹对洛书进行阐释，《尚书》中的《洪范九畴》。

取法乎天，二者皆出自天授，形成“阴阳五行”学说。

“河图洛书”，凝结了中国古代先哲神秘的想象、超凡的智慧、古老的原创思想，并以“母本”生发出许多中国古代哲学、医学、天文、历算以及兵、刑、道、法等方面的重要内容。

有两位洛阳人可谓成绩卓著。一位，北宋易学家邵雍，光大了易学思想，著《皇极经世》巨著；一位，“二程”的程颐，溯本求源，有《易传》和《系辞说》传世。

以星月为棋盘的时代，书写在中国历史第一页的王朝，史前文明的丛林里，物流、情报、信息的中心，广泛吸收各地文化的成败经验，体会出同异族

以星月为棋盘的时代，书写在中国历史第一页的王朝，史前文明的丛林里，物流、情报、信息的中心，广泛吸收各地文化的成败经验，体会出同异族打交道的策略心得，终至后来居上。

打交道的策略心得，终至后来居上。

和而不同。同中有异、异中有同。

大江大河具有物质、精神的双重性。

夏朝，以二里头绿松石龙形器、镶嵌绿松石兽面纹铜牌饰为代表，当时唯一使用复杂的合范技术生产青铜容器(礼器)的先进文化，成为跃入青铜时代的一匹黑马，开了周青铜器上兽面纹的先河，以前所未有的面貌出现在中国大陆上。

都产生于公元前2 000年左右。

二里头文化与克里特文明，起源时间点上相同。

二里头吸收周边各地的文明要素，各个地区间的文明，从相互碰撞而被融合统一。首次突破了地理单元的制约，辐射范围分布于整个黄河中游流域。克里特文明的繁荣期，米诺斯王朝不仅统治克里特岛，还包括基克拉迪斯群岛，米诺斯的商站，殖民点遍及整个爱琴海地区。

不同点，古希腊文明持续时间短，华夏文明的持续时间长。

地理上，都源于平原。古希腊是一些山间沿海的小平原，与华夏文明起源于平原相同，两者之间只是量的差异，并无质的区别。古希腊也是农本社会，与华夏文明相似。

经济上，都是农耕经济。一种以农业为主，以手工业、商业为辅的共生性经济形态，国民的主体都是农民，都具有重农的价值观，在经济形态上总体上是一致。

最大差别。奴隶劳动的不同，古代中国的奴隶劳动并不广泛，主要局限在奴隶主家庭内的劳动，从事农业、商业的奴隶很少；古希腊的奴隶在生产领域广泛存在。

《荷马史诗》神话色彩浓重，最早记载米诺斯存在的文献，被怀疑的史诗巨作。

中国夏朝完全不同，从周朝的文字记载到《史记》，从对大禹和桀的简单故事描写，到《史记》中商朝的事迹和王表，甲骨卜辞的出土将一切再次证实。

华夏之“夏”。

夏文化，华夏民族、华夏文明的原始来源。

“华夏”，中国的代名词。

大禹建国初时，定都阳城。

位置在今天河南登封的告成镇。

夏启死后，太康继位。

国都从登封阳城，迁移斟鄩，即今河南偃师二里头村附近。

洛阳城市的开端，最早的名称之一。

斟鄩，较大范围的地名，包括今偃师东部、巩义西部的广大地区。

经太康、仲康、夏桀三帝王的统治，经96年。

来去匆匆。留下了承传几千年感人肺腑、催人猛省的国训“五子之歌”。

在《史记》中，司马迁借《商书》说：“太康失邦，兄弟五人须于洛汭。”

太康外出打猎，到洛河水北岸留恋，数月不归。

“盘于游田，不恤民事”。引起诸侯不满，失去民心与支持。一向有野心，在夏王室为官的东夷有穷国首领后羿，乘机利用民心，瞅准机会，起兵占领都城，“因夏民以代夏政”。

甲骨文中的东夷，即东夷人，山东半岛早期的土著人，伏羲氏族从甘肃一路东迁，来到山东。公元前2700年至公元前

2200年，山东半岛的东夷族群分化，有的分支加入了黄帝集团、炎帝集团。

“后羿射日”的发生地。

鲁国在东夷文化中，处于中心地位。

孔子就是鲁国人，祖先是商朝的开国君主商汤。

后羿娶夏人为妻，占领都城后另行拥立太康之弟中康为王。

夏朝第四位君主。

中国王朝历史上的第一次“犯上作乱”，史称“太康失国”。

太康的五个弟弟保护着母亲，逃难至洛水之北，作委婉凄切、动人肺腑的《五子之歌》。歌中“五子”，追忆先祖唐尧、大禹的功德，感伤被民众驱逐后的羞愧、悔恨，批评太康肆虐百姓、淫游无度，丧失王权，表达对兄长的怨恨、指责，劝戒太康幡然醒悟。

“皇祖有训，民可近，不可下。民惟邦本，本固邦宁。予视天下，愚夫愚妇，一能胜予。一人三失，怨岂在明，不见是图。予临兆民，懔乎若朽索之驭六马。为人上者，奈何不敬！”

对民众只可亲近，不以卑微加以轻视。

大禹在世时就训诫。

民众是国家的根本，只有根本牢固，国家才能安宁。我看天下的百姓，即使是愚夫愚妇，也一定有能人能够超越我。一人之身，三次有失，百姓怎不产生埋怨情绪呢？我治理天下民众，常常害怕民众产生怨恨情绪，害怕那样像用腐朽的绳索，来驾驭六匹大马，时刻有绳断马奔的危险。民众的可怕就是这样，作为一个治理民众的人，怎么能不谨慎呢？！

“民为邦本，本固邦宁。”

太康兄弟借《五子之歌》，述大禹训诫。

难能可贵。“三个一次”，践行民本思想。

一次回忆、一次谈话、一次实践。

一次回忆。孙儿回忆先祖之戒的《五子之歌》，在中国历史上第一次明确提出“民惟邦本，本固邦宁”的概念。

一次谈话。大禹和舜帝、皋陶商讨政务、治国见解，首次提出民本思想的概念。《尚书》记载，皋陶说：“在知人，在安民。”大禹说：“知人则哲，能官人；安民则惠，黎民怀之。”“知人”，执政者要知人善任；“安民”，为政宗旨。

大禹和舜帝、皋陶商讨政务、治国见解，首次提出民本思想的概念。《尚书》记载，皋陶说：「在知人，在安民。」大禹说：「知人则哲，能官人；安民则惠，黎民怀之。」「知人」，执政者要知人善任；「安民」，为政宗旨。深思熟虑。「民为邦本，本固邦宁」，实施已久。

深思熟虑。“民为邦本，本固邦宁”，实施已久。

一次实践。大禹治水“尝昼不暇食，夜不暇寝”，带领民众治水，“禹与士民同务，故不自言其信，而信谕矣。故治天下，以信为之也”。大禹不仅提出民本思想，也在身体力行。

“民”，相对“天”，天意服从于民意。对执政者，“安民”“敬德保民”为政宗旨，凡违背就失去政治的合法性，就有新的执政者代行“天之罚”取而代之，成为新的“民(之)主”。

《尚书》中，有更多的民本思想的记述。

《泰誓》篇，有“民之所欲，天必从之”“天视自我民视，天听自我民听”。

《洪范》篇，记载周武王说“天阴骘下民”，上天在冥冥之中，保佑安定下民。

《召诰》篇，总结夏、商、周更替的历史教训，说“天亦哀于四方民”，凡是“不敬厥德”的王朝，就“早坠厥命”。

《多方》篇，说“天惟时求民主”，天总是寻求能够“敬德保民”的人作民之君主。

《蔡仲之命》篇，提示“皇天无亲，惟德是辅”，天命只辅佑“敬德保民”的君主。

《五子之歌》，中华文化史上第一部国训。

太康的孙辈、遗腹子少康，立志复国，凭借个人魅力，广施德政，得到夏后氏遗民的拥护，经过周密的策划，通过用离间、行刺等手段，以弱胜强，重回斟鄩，恢复了夏王朝的统治血脉。

不离不弃。“打仗亲兄弟”，伯益后裔的斟灌族、斟寻氏遗民与夏禹的后裔，组成的军队，扶助少康即位。“复禹之绩”，忠肝烈胆的形象被后世称道，“二斟”成忠义之师的代词。

史称“少康中兴”。

历史意义。后世帝王从专注于富国强兵，以军力夺取天下的治国之道，转移到聚集百姓的民心上来，为后世的“德政”“仁政”思想埋下种子，作用举足轻重。

少康复夏后，又令“二斟”后裔，重建斟灌国、斟鄩国。

《汉书》记载，夏古斟灌国当在山东寿光、平寿两县之间，今天的潍坊市潍城区一带。

“商汤伐夏”，发生在公元前1600年左右，北方黄河流域以商部落为首领的部落集团，发动了对南方淮河流域以夏后氏族为代表的华夏集团的战争。

杞国，夏禹后裔建立的姒姓国家。

夏朝亡后，商汤封杞国，夏的后代被汤流放到杞国，今开封杞县一带，以奉夏后氏祀。周武王克商，求禹后裔东楼公，为方国，封之于雍丘。保存夏礼。

甲骨文中的“西邑”，应是夏朝。

商朝称前朝为“夏”，周朝称商朝为“商”，《尚书》等称为“殷”。“惟尹躬先见于西邑夏。自周有终。”商朝的伊尹，说自己曾就亲眼看到“西邑夏”，君主能够保持忠信而善终。

周人称商为“大邑商”，自称“小邦周”。

夏商时期，都城称为“邑”。

《白虎通》：“夏曰夏邑，商曰商邑。”

《诗经》：“商邑翼翼，四方之极。”

看到商朝首都繁荣发达，周人心生崇拜，用“大邑”来称商朝。

同样的记载，在《礼记·缁衣》和《清华简·尹诰》中，也有出现。

相对于发源于东方的商人，夏朝的核心地区河洛一带位于西方，称为“西邑夏”。

商灭夏后，商人在洛阳一带建立新的亳都，称为西亳。

商朝时期，主要由贵族统治的农业社会，上层阶级的贵族，更关心战争，夺取土地、财富和奴隶。土地是财富的基础，权力代代相传。“西邑夏”一词，符合商人的用词习惯。

夏代部族处于联盟状态，疆土并不明确。都邑也因暴乱等原因，屡经变迁。族群、部落在某个河谷平原，建起四座城墙一围，住城里，叫国人，住城外，叫野人。相较广袤无垠的荒野，城邑数量很少，城与城之间空白大片，信息不通，别国军队偷偷越境都不知道。

都邑的分布，主要控制区，豫西、豫东、豫北、鲁西和晋南部分区域。

核心控制区，豫西地区的洛阳盆地附近，史载“有夏之居”。

地理位置。亚欧大陆的最东端，大海，再向东，没有任何民族可以入侵（古代日本没有条件入侵）；西南高山，有喜马拉雅山脉、青藏高原，阻止西方的外族入侵；东南和南面是大海、丛林、山区……

热带、亚热带雨林，不太适合人类的发展。

黄河、长江流域一带，有适合耕种的华北平原、两湖平原、长江中下游平原、成都平原等，有利于华夏民族以黄河中下游为核心，逐步向四周稳定扩张，形成足够庞大的人口规模。

北方，即夏朝的东方威胁最大。

东方，一望无际的大平原。

危险，也正来自无险可守的东方平原。

公元前2500年至公元前2000年的龙山文化时期，中原内部混乱，东方华北平原的商人，通过“西北走廊”，与西域的游牧族群交流、融合，学习战马、青铜冶炼技术，在三方争霸中逐渐强大。

两种文化的遭遇、碰撞和调适。游牧内亚与农耕中国，分界线并不清晰，在任何特定的历史时期，中原王朝与内亚政权之间，都保留过渡地带，保持空间、文化和人群的部分重叠关系。

商部落的历史，可追溯到母系氏族公社时期。

商族的先族东夷人，活动在商丘一带。

部落始祖，叫“契”。

黄河冲积平原区一个古老的部落。

著名传说。《诗经》记载，“天鸟有感，降而生商”。

五帝时期，帝喾娶有娀氏（今在山西永济西）之女，又称简狄。

“应感而生”。有一次，与两个姊妹一起去洗澡，突然天上有一只玄鸟（燕子）飞过，三女发现岸边留下一枚玄鸟蛋，简狄争抢到，一边跑一边把蛋含在嘴里，一不小心吞进肚里，便怀孕。孩子只知其母不知其父，后世就杜撰一个美丽的故事，以免尴尬。完全神化、贴金，后世许多帝王将相出身时，几乎都有“异象”。

一个比一个神奇：天雷地火，霞光万丈。

《史记》记载，商的先祖契，与大禹同时代。

帝喾的妃子简狄所生，帝尧的异母兄。

《尚书》记载：“帝曰：‘契，百姓不亲，五品不逊。汝作司徒。’”

契，又名卨，商丘人把契叫作“阏伯”。

阏伯当年建的观测火星的土台仍在。

位于商丘睢阳区商丘古城西南3公里处，又名火神台、火星台，比东汉时张衡在洛阳建立的灵台，要早2 200年，甚至比周公在嵩山脚下建立的测景台（观星台附近），要早1 000多年。

商族的起源。帝尧时期，契跟随大禹一起治水九川，铸鼎九州，又遵从舜帝的指示，担任司徒一职（相当于如今教育部长），出色表现，舜帝分封“商”地（今河南商丘），赐姓“子”。

“立皂牢，服马牛，以为民利”。

阏伯之孙相土首先发明了马车，六世孙王亥又发明了牛车。

商丘是先商、商业的发祥地。

下传十四世到汤。

王位继承，“父死子继”“兄终弟及”。

励精图治。汤即王位后，商国逐渐发展壮大，开始兼并战争。

公元前1600年，占领伊洛平原后，建都西亳（洛阳偃师商城）。

亚洲人进入农耕时代，欧洲人才进入游牧时代。

新一轮小冰河周期，在欧亚草原生存的游牧族群，生存难度不断加大。拥有一大片原始森林的古欧洲，比较适宜穴居巢眠的人生存。

在欧亚草原，欧洲人进化长达4 000年。

一批批欧洲人，走出原始大森林，来到欧亚草原过游牧生活。这片区域，人类贸易交流、战争称霸和民族迁徙的大动脉。世界史上的众多大事件，都以内亚区域为轴心展开。

文化区块链。四方文明成果的交会之地。

绵延不绝。迫使一波波的“蚩尤”们，沿着“西北走廊”南下。

危险和威胁，随时存在……

炎黄二帝形成的强大的部落联盟，到了大

历史意义。后世帝王从专注于富国强兵，以军力夺取天下的治国之道，转移到聚集百姓的民心上来，为后世的「德政」「仁政」思想埋下种子，作用举足轻重。

禹、商汤时代一直没散。

由小氏族进化到大部落的"蚩尤"，首批进化到大部落的欧洲人，南下到黄河流域，掠夺农耕文明。继被炎黄二帝联盟打败，又遭夏朝军队重击，一批批的"蚩尤"，改从西线南下……

黄河流域的诸侯方国，发展空间受到"蚩尤"挤压。拥有马车族团的商汤，在公元前1380年左右，突破燕山屏障，沿太行山东麓南下，凭借军事优势，打破洹北城，在安阳殷墟一带建都立足。

公元前1300年前后，正值世界文明史上的辉煌时期。

"西亚文化圈"。两河流域的巴比伦城、亚述城；印度河流域的摩亨佐·达罗、哈拉巴城，崇拜的偶像是"舶来品"，美索不达米亚的公牛、独角兽。印度河文化的范围很广，北起喜玛拉雅山南麓，南至纳巴达河，西自伊朗的莫克兰海岸，东达恒河平原的边缘。还有尼罗河流域，都相继出现了大小不同的城市……

商势力不断壮大。

《孟子·滕文公下》："汤始征，自葛载，十一征而无敌于天下。"

在商王武丁的指挥下，征服郑州……

夏王朝镇守东方的哨所。

郑州新郑北的望京楼。

一座防御色彩比较浓厚的城址。

超过100万平方米。古城墙有7公里长。

望京楼城南、北、东三面，有护城壕，西面"假河为壕"，组成封闭的空间。

最为雄伟。望京楼西南靠着具茨山（大隗山），战略缓冲空间足够，西距二里头约100公里，南北与二里头文化重镇大师姑、稍柴、蒲城店的距离，都在100公里以内，没有骑兵的时代，距离半径，步兵在三天之内，能轻易地覆盖；东临一望无际的豫东大平原，正好位于中原地区山地向平原的过渡地带，扼守着南北向、东西向的交通要冲。

防线核心。望京楼位于二里头东部外围区域，由北往南，还有郑州大师姑城、东赵和平顶山蒲城店城，共同组成夏王朝的东部防线，拱卫伊洛核心区。望京楼遗址，处在防线的最东部。

媲美古埃及、古巴比伦。

克里特岛上的"度假别墅"难望其项背。

武丁从中原出发，南下远征。

向南有条古道，经洛阳盆地，到达南阳盆地，再经过湖北随枣走廊，就到长江边上。

摧毁夏朝南方的政治、军事和经济中心盘龙城（今武汉），将技术、人员、青铜器等据为己有。商人在武汉，建立大本营，成为商王朝控制南方战略资源的中转站，一度成为商业中心。

还在今湖南岳阳一带，建立了军事前哨(铜鼓山遗址)。

孤立无援。夏末商初，盘踞在夏朝东北方的商人，在商汤的带领下，将自己的势力范围，延伸到了黄河之南。雄心勃勃、一鼓作气，突破夏王朝的东方防线，并攻入夏王朝的核心区域。

《说苑·权谋篇》记载："桀怒，起九夷之师，九夷之师不起。伊尹曰：可矣。汤乃兴师，伐而残之，迁桀南巢氏焉。"

《诗·商颂·长发》记载："韦、顾即伐，昆吾夏桀。"

夏末，晋中南土地被占领，周人的祖先被迫西迁于"戎狄"。

豪杰辈起，风云变幻。

夏朝，山河江泊经年祸乱，部落家国战乱不休。

万物初蒙，教化未始。

至九鼎立、九州和，却又创造传承至今的文明。

地中海的每一个“文明”遗址，都只有几千人的规模，“二里头文化”的规模估算至少15万人。与古希腊的“城邦文明”相比，“二里头文化”才像一个真正的国际城市、都城。

持续300多年。公元前19世纪中叶，至公元前16世纪中叶。

二里头古国，几乎涵盖了河南全部，山西的运城、临汾盆地，陕西的关中地区东部。以今天河南省16.7万平方公里的面积推算，二里头古国的面积，即便不计“五服”之地，也不算“北漂”来的“川军”之前所在的川西高原、成都平原，仅以王畿文化之域看，4 000年前的二里头古国，就有20万平方公里的土地，都遵从同种类型的文化。

今天，英国面积为24万平方公里，德国为35万平方公里，法国为55万平方公里。

世界同期，两河流域建立了古巴比伦王朝；在北非，夕阳照耀着埃及人神秘的金字塔，这一景象已历千年；在欧洲，地中海的爱琴海上，克里特岛呈现出米诺斯文明的异彩。

与成都新津宝墩文化同期，印度河谷的哈巴拉文明全面崩溃。

古埃及第二中间期、米诺斯旧王宫时代，被外族入侵中断。

大禹称王后，夏代历法颁布于九州邦国。

商灭夏后，曾改夏历为殷历，以夏历十二月为岁首，称殷正。

夏代“以天明为朔”，商改为“以鸡鸣为朔”。

在《史记》中，司马迁记载：“夏正以正月，殷正以十二月，周正以十一月。”

公历，也称“阳历”，为国际通用历法。

农历，也称“夏历”“阴历”等，为中国传统历法。

历代王朝都重视历法编订。从《夏小正》，到唐代“大衍历”，再到元朝郭守敬《授时历》。

文中，有五月“时有养日”，十月“时有养夜”的记载。

“养日”“养夜”，如同《尚书》中的“日永”“日短”，意为白天最长、黑夜最长(白天最短)。五月，白天最长月，相当于今天的夏至月；十月，白天最短月，相当于今天的冬至月。

夏至月至冬至月，间隔五个月，不是现行农历的六个月。

共有55条物候记录。据统计，书中记述植物物候18条，有动物物候37条。

不仅是中国，也是世界上现知最早的“物候”专篇。

“物候”，生物长期适应温度条件的周期性变化，形成与此相适应的生长发育节律。现象称为“物候现象”，主要指动植物的生长、发育、活动规律与非生物的变化对节候的反应。

何以叫小正？“正”通“政”，古人认为国家大事只有祭祀、战争，“国之大事，惟祀与戎”，《夏小正》里记载，都是农猎渔等生活活动，是小政，故而得名。

《诗经·七月》，一首记叙许多时令、物候的长篇诗歌，与《夏小正》关联最大，同用的古夏历，也就是十月历。用词的相似度高，物候、天时与时令、节气庆祝等也高度相关。

《夏小正》：二月有鸣仓庚；《七月》：春日载阳有鸣仓庚。

《夏小正》：二月采蓄；《七月》：春日迟迟采蘩祁祁。

《夏小正》：三月摄桑；《七月》：蚕月条桑。

……

文明继承。周王朝与夏王朝相关性极强。周朝的先祖后稷，《史记》记载：“帝尧闻之，举弃为农师，天下得其利，有功。”又说：“后稷之兴，在陶唐、虞夏之际，皆有令德。”

周朝的先人。夏朝时期的农业部部长、大禹的助手。

叶落归根。死后葬在故地、古蜀王蚕丛开辟的都广之野——成都平原。

“夏周同源”。

周王朝才会在前期，沿用夏王朝的历法。

《礼记·表记》中说：“子曰：夏道尊命，事鬼敬神而远之，近人而忠焉，……殷人尊神，率民以事神，先鬼而后礼，先罚而后赏，尊而不亲。其民之敝，荡而不静，胜而无耻。周人尊礼尚施，事鬼敬神而远之，近人而忠焉，……”

天命观上的变化。夏朝时，对鬼神怀有敬畏之心，但更尊重天命自然，跳过画风不同的殷商，到与夏王朝“同源”的周朝，同是“事鬼敬神而远之”，精神内核却已是云泥之别。

《夏小正》的“表现”，更贴近于直觉、古朴的天地观。

夏朝的粮食产量，提高显著。

夏王杜康（少康）擅长酿酒，族民在古蜀州就已掌握酿酒方法。

原料高粱一类的谷物。在二里头夏都遗址博物馆，能看到出土的稻壳、粟壳，还有镰刀等农具。根据《夏小正》中的描述，夏代种植的农作物有稻、麦、黍、粟及瓜、豆等，相当丰富。

与成都平原种植的农作物大同小异。

说是一本书，不如说是一部夏朝科技、文化的“史记”。为我们展现4 000年前的星空下，夏朝人勤劳、充实，对自然的用心观察、热爱生活的一幅幅绚丽的画面……

正月来了，柳树开始吐苞生长，梅、杏、池桃也陆续开花，韭菜绿色。

要绑好绑带，开始打理田地：除草。

躲着过冬的动物，蠢蠢欲动：蛰虫开始出土；鱼跳出水面透气；田鼠出来觅食；山里的野鸡，不停地扇动翅膀；叫声传得很远；大雁开始往北飞；天气要变暖，母鸡也在加紧孵化小鸡。

祭祀不能松懈，要采一些芸草备用。

二月就要播种了，羊妈妈开始帮助羊羔独立吃草，不再喝奶了。小虫逐渐多起来，燕子也回来做巢。运气好，在田地里还可以捕捉到黄鳝。葵、蒿等，也可以采摘回来做食物。

到田里翻土种稷。仪式不能忘，要举行大规模的释菜礼。

三月，桑树萌发，杨树抽枝，桐树开花，斑鸠鸣叫，该忙碌了，不分男女贵贱，所有人都要投入采桑养蚕的重要活动中来。

四月，蜻虫、蛤蟆开始鸣叫，要训练小马，朝见君王时，最好的礼物。

五月，伯劳鸟、蝉鸣叫，吃瓜的季节，瓜熟蒂落，口味正好。水里，虽有很多细小的动物游来游去，让人不舒服。既可烹煮梅子，也可采集菽熬粥解暑，启灌蓝蓼，即种植蓝草。

《说文解字》中说："蓝，染青草也。"有它，就能为丝织品染色。

六月，煮山桃储藏起来作为食品，鹰开始搏击捕杀小动物。

七月，芦苇开花，池水中长出浮萍，扫帚草长成，寒蝉开始鸣叫，雨也下得多些。

八月，收获季节，开始采摘成熟的瓜，枣也开始剥取，各种瓜果都可以收割。山里的动物也已经长大，打猎的最佳时机。只是有点冷了，君王也带头穿上皮裘衣服。

九月，大雁迁往南方，燕子升空飞去，各种野兽入穴，菊花盛开，要开始种麦。

十月，白天变短，捕捉野兽的时节来了。祭祀过后，大家聚餐分享美食之时。

十一月，国王进行狩猎活动，陈列精良的弓箭，麋鹿坠落了角，商旅不行，万物不通。

十二月，鸷鸟高飞鸣叫，昆虫潜入地下，掌管水泽的虞人，设网捕鱼。

夏朝的有关史料、商朝的甲骨文中，保留中国、世界最早的日食、月食记录。

干支纪日法。商朝历法的最大成就，世界上延续至今的最长的纪日方法。

春秋战国时期，中国创造的铸铁柔化处理技术，比欧洲早2 000年以上。

《春秋》记载，公元前613年"有星孛入于北斗"。

「二里头」，遭到「长城·藏羌彝」传播带文化因素的大规模渗透，中原地区经历了一次新的文化洗牌。大量古蜀文化因素涌入，融入中原，一个经过重铸的「中国」，已呼之欲出。

首次关于哈雷彗星的确切记录，世界上公认，比欧洲早600多年。

春秋时期的立法，已经形成固定系统，基本上确立十九年七闰的原则，比西方早160年。

丰富的天文记载。楚人甘德、魏人石申，各写一部天文学著作，合称《甘石星经》。

军事也颇为发达。战役中，军中使用了战车。

《左传》记载，夏禹时奚仲为车正。

“车正”，管理战车的长官。

夏朝初年的奚仲，发明马车，中国科技史上一大创举，“引重致远”成为可能，在战争与生产生活中，推广应用，大大提高人们的远程交通条件、战争的机动性，加速国家统一的步伐。

造车有功，“龙心大悦”。

夏桀封他为“车正”，负责“舆”的制造、运用和推广。

驻马店平舆，成为中国车辆的发源地，名传古今。

《墨子》《荀子》《吕氏春秋》记述了奚仲造车的史事。《管子》一书，给予高度评价：“奚仲之为车也，方圆曲直，皆中规矩钩绳，故机旋相得，用之牢利，成器坚固。”

《甘誓》记载。夏朝军队阵型，左边弓射手，右边长矛手，中间是马车、牛车冲击手、指挥官。

军事阵型先进，一直延续到商朝军队。

夏朝早期战场武器，依然是打磨精致锋利的石器为主，青铜器虽然已经出现，数量稀少，铸造大型武器，还不具备，短刀短剑，也仅在贵族将官们身上携带，作为短兵近身攻击性武器……

中华文明史不断溯源向上。

“二里头”，遭到“长城·藏羌彝”传播带文化因素的大规模渗透，中原地区经历了一次新的文化洗牌。大量古蜀文化因素涌入，融入中原，一个经过重铸的“中国”，已呼之欲出。

经历更多的碰撞。

“长城·藏羌彝”“长江·沿海”两大文化传播带。

“Y”字形，优美的“中国弧”。

向世人展现出了更为壮丽的图景。

长江文化、黄河文化，以领先的姿态，完成第一次整合。

中华文化中最具代表性和影响力的两大主体文化。

夕阳笼罩下的“二里头”、晨光中誓师治水的“汶川之会”，历史的悠远与厚重在这片土地上淋漓尽致地体现出来，虽已经历数千年风风雨雨，却仿佛让人看到古羌部落联盟、蜀族部落联盟数万人，从汶川出发，由西蜀向东，浩浩荡荡，迤迤逦逦……各行各业能工巧匠们，于公元前1700年左右，在二里头都邑建设中挥汗如雨的场景。静下心来，仿佛还可以看到鳄鱼成群、大象孤独。

古老的巨兽，沿着河床闲逛；饥肠辘辘的夏民们，手持棍棒正在逼近。

大象的悠闲之间，笼罩着末世的阴影，人类的文明却正在拉开新的序幕。

神秘王朝为中华文化留下的财富，永远不容忽视。

扫码听精彩
段落音频

盘庚的侄子武丁“修政行德”。

商朝历史上有名的一代雄主。

一位被古人称为贤君的存在。

《晏子春秋》中，将武丁与汤、太甲、祖乙，并称为天下之盛君；左丘明也称当时君王皆不及武丁；孟子则将其称为贤君；司马迁更是认为“武丁修政行德，天下咸驩，殷道复兴”。

商朝逐渐衰微，导致不断有方国叛乱。

武丁即位，立下大志要复兴商朝，励精图治。

任命傅说为相，整治朝政，征服诸侯。

通过三大措施，强化王权。

强调“惟天聪明，惟圣时宪，惟臣钦若，惟民从乂”的君臣秩序。

“官不及私昵，惟其能；爵罔及恶德，惟其贤”。

改革用人制度，加强商王对官员的任免权。建立任人唯能、任人唯贤的规则，力图改变盘庚强调的“惟图任旧人共政”的用人模式，取得了对官吏的最终任免权。

“时则有若伊陟、臣扈，格于上帝，巫咸乂王家。在祖乙，时则有若巫贤”。

改革祭祀制度，把神权掌握到商王手中。

商代前期，与王权对立的贵族主要依靠神权。

神权成为对王权的主要威胁。

武丁提出，“黩予祭祀时谓弗钦。礼烦则乱，事神则难”，对祭祀进行改革。

在军事上设立常备军，制定征兵制度，军队编制分为左中右三个师，计三万余人，作战方式有步兵战、车兵战等。

伟大创举。《管子》中，记载商人祖先相土、王亥，分别驯服马、牛，作为家畜，拉车运货。农产品、畜牧产品数量的增加，带来剩余生产资料，用牛车、马车代步，产生商贸活动。

“立皂牢，服牛马，以为专利”。

部落首领王亥，率领族人赶着牛羊与外部落交易。

坚持以“诚信”“仁义”为本，平等交易。

开华夏商业贸易的先河，史称“高祖亥”。

与黄河以北的有易氏，最后一次贸易。

有易氏想空手套白狼，杀了王亥，强占货物。发生在3700年以前的刺杀，是因财物的争夺，还是氏族的颜面，抑或是一场王权阴谋，再也无法知晓，成为历史长河中一桩不解的悬案。

王亥被称为“中国商业的鼻祖”。

商人从事贸易往来的范围，也随部落的强大而扩张。

具备远洋航海能力。《诗经》介绍，“相土烈烈，海外有截”，飘扬过海，做起生意。商朝器物“父乙盘”“手面纹鼎”，上面刻着商朝人担贝乘船，在海上贩运货物的图像。

在商朝与周初，买卖人被称为“贾”。

在贸易领域，商朝遗民非常出色。《尚书》中，周公劝战败的商朝人继续从事贸易以赡养父母，“肇牵车牛，远服贾用，孝羊厥父母”。

春秋时期，“商人”，用来称呼所有的买卖人，沿袭至今。

《左传》记载：“僖公三十三年，郑商人弦高将市于周。”

弦高救国。公元前627年，郑国商人弦高去周王室辖地经商，途中遇到秦国军队，得知秦军要去袭击郑国后，他一面派人急速报告敌情，一面装成郑国国君的特使，以12头牛作为礼物，犒劳秦军。

秦军以为郑国已知偷袭之事，只好班师返回。

郑国避免一次灭亡的命运，君主要奖赏弦高。

弦高婉言谢绝：“作为商人，忠于国家理所当然，如果受奖，岂不是把我当作外人？”

武丁时期，随着对外征伐、开疆拓土，委派统治族的族众，到归顺的侯伯、新征服的土地去开垦荒地。屯戍性质的垦田，不但加强了国防，也扩大了生产基地。“商人”全程参与。

铁腕谋国。内部有所改善，开始寻求“安外”。

“地处边缘”的“循环”，用自己的方式参与。

超越帝国与边界。中亚草原地带，才真正成为亚欧大陆的枢纽地带，也是一个川流不息、车水马龙的人力、商品和各种资源流通的大通道。

没有民族对立。只有掠夺者、劳动者的对立。

游牧族群带来很多东西，小麦、青铜器、冶金等。

商朝并非铁板一块的政治机器，富有弹性的文化构造。

平时驰猎经商，战时出征打仗。社会组织、生产活动方式，都宜于征战。能够与入据“西北走廊”的游牧民族碰撞，大都能在不同程度上学习、接受中原文化，提高社会组织上的效能。

在“地处边缘”中，遵循着一定的秩序，不断“循环”。

崛起集团初起的锐气、消化游牧民族惯于征战的天性、全盘接受华夏民族先进文化，几种力量形成“合力”，形成一种独特的社会力量，这种力量至少在军事上，强于夏朝。

军事实力强大。

殷商军队，征服了东亚西边的众多游牧民族。

通过不断收编周围方地，拓展耕地面积。

贤人甘盘，尊之为师；罪犯傅说，举以为相。除了甘盘、傅说两位人才外，还有祖己等大臣。在他们的辅佐下，殷商灭躬方，亡土方，平西羌，定荆襄，开创了“天下咸欢，商道复兴”的大局面。

王朝形成的广大疆域。

“邦畿千里，维民所止，肇域彼四海”。

中国边疆族群很多，大都有强大的武功，最后，边疆族群大都消融在中原文化里。中原在历史上都是一个中心，不是地理中心，而是文化中心。

如影相随。文化消融，族群也跟着消融。

资源储备，非常丰富。

成熟王国，以族群为单元的等级社会。《尚书》中的《酒诰》，记载了官僚体制，“越在外服，侯甸男卫邦伯；越在内服，百僚庶尹惟亚惟服宗工越百姓里居”。各司其职，承包到户。

“内服”，国王身边的“百僚”，负责各种事务。

中国边疆族群很多，大都有强大的武功，最后，边疆族群大都消融在中原文化里。中原在历史上都是一个中心，不是地理中心，而是文化中心。如影相随。文化消融，族群也跟着消融。

发展势头非常凶猛，农业水平、军事实力强盛。

商代后期，畜牧业相当发达。

献祭祖先用牲最多可达“三百牢”（300头）。

除了发达的农业、畜牧业外，手工业也同样发达，铸造的青铜器实用、精良，有戈、矛、钺等。不仅成功攻克周边国家，也成功打赢了发源于欧亚草原欧洲部分古印欧人中的雅利安人。

至少发动了大小60多起战役，将国土面积极大向周边扩张。

史书将统治的59年间，称为“武丁中兴”。

鼎盛时期，人口500万到700万。拥有世界上最庞大的军队，12万至15万的兵力，武器装备，主要有战车、弓箭、戈 、矛，刀、斧、钺、干盾、矢镞、头盔、甲胄等，多用青铜铸造。

《汉书》评论：“内举傅说，授以国政，外伐鬼方，以安诸夏。”

雄主作派。武丁，一位没有门第观念、男尊女卑思想的君王，任用出身低微而有才能的傅说为相，让妻子妇好指挥大军，文治武功，终使“殷国大治”，成为历史上最强大的奴隶制王国之一。

武丁妻子“妇好”，不但是配偶，还是战将、臣僚。

集王后、母亲、将军于一身……

中国最早的杰出女政治家、军事家。

非同一般的出身和见识。

商朝的很多国策，都是妇好制定。

嫁给武丁前，下属或周边部落的母系部族首领、公主。

全能王后。“妇好”并不姓妇，妇是属性，姓倒过来，姓子，“妇”为亲属称谓。嫁给武丁后，封地为“好”得名。铜器铭文中，又称“后母辛”，因庙号称辛，即乙辛，周祭卜辞中所称的妣辛。祖庚、祖甲的母辈“母辛”。

出身贵族，漂亮，喜欢修饰打扮，品貌双全。

深受武丁宠爱，却没有恃宠而骄。

前后立过三个王后，妇好是原配。

在历史上写下浓墨重彩的一笔。

同时也是一位杰出的女政治家。

祭祀与军事，中国古代的政权根本。

祀与戎都不让须眉。虽是美丽女人，行军打仗，疾如风，徐如林，侵掠如火，不动如山，难知如阴，动如雷震。既是中国有史记载以来，第一位巾帼女将军，又任占卜官，经常受命主持庄严神圣的祭祀，代表商王祭天、祭先祖、祭神泉。堪称“三位一体”的“女武神”。

职业女性。内外兼修，学识渊博。

女祭司。地位极高、学识超凡。

祭司，职业在当时地位非常崇高。先秦时期，神权与王权并重，带兵打仗和祭祀祖先，都是最高统治者干的活，祭祀是最重要的国事活动。武丁倒是像女王背后的男人了。

祭祀种类丰富。

人们崇尚天命，迷信鬼神，有任何重大事情要祭祀占卜、祈问鬼神。

地位至高。为天地祭祀、祖先祭祀、王室中已经去世的人，为驱除灾祸、疾病举行祭祀，在出征作战前，以求平安等。担任祭祀占卜官的妇好，盛装站立在祭坛旁的显要位置，高声诵读祭文，参加仪式的奴隶主贵族、平民，个个衣冠齐整，肃穆端庄，随着号令进退跪拜。并把牛、酒，当场杀死的奴隶和战俘等作为祭品，奉献给享祭的神明。

在王室中，学识超凡，文化研究很深。

渊博的知识，卓越的见地和高贵的身份才能，拥有通神愉鬼的能力。

中国历史上皇权背后的智慧女性。

最高祭司。曾多次主持各种类型、各种名目的祭祀。

在祭祀中，会用酒，也会用火；会屠杀牲畜，也会屠杀俘虏。

占卜讲究，常常是用火烧炙整治好的龟甲，使龟甲兽骨烧裂出焦纹。占卜人再根据焦纹的纹理判断凶吉，决定事情能不能做，并将占卜的结果和以后发生的事情，刻写在同一块甲骨上。

整治龟甲兽骨，占卜前重要的准备工作，将龟甲上残留的肉渣、皮筋等除去洗净，如果龟甲兽骨不经整治，烧炙不出焦纹。等整治干净的龟甲兽骨干燥后，会再用特制的青铜钻，在上面钻出一定数目、间隔的小圆孔，以备占卜时用火柱烧炙。

卜官不仅要亲手整治龟甲兽骨，还要将事记录成卜辞，刻写在甲骨上。

甲骨卜辞中记载，妇好曾因为国家发生的一场可怕瘟疫，受武王之命，举行一场相当盛大的祭祀大典。此外，还为王室中去世的祖母祭祀过。还有一次，祭祀的是一口神泉。

商朝第一次征兵出战，就是源自于妇好的占卜之术。

南征北战。巾帼不让须眉。

驰骋战场，为国献身。

国宝“妇好鸮尊”，武丁为奖赏妇好，3 000多年前的“私人定制”。

夫妻情深。妇好接受奖赏封地，也没有因为是王后，因私废公，为管理自己的封地，经常离开王宫，到封地去生活。一位经济独立的贵族领主，拥有庞大的仆从群。

更是一位爱喝酒、爱美、擅长装饰的艺术鉴赏家。

拥有自己独立的嫡系部队3 000多人。

普通小国的全部兵力，也达不到这个数目。

主持封地范围内的一切事务，拥有田地的收入、奴隶民人。

兢兢业业。处理封地内的大小事务，依旧按时交纳朝贡。

封地，商王朝最富庶之地，向丈夫交纳贡品，一切都按照国王、诸侯的礼仪来办理。经济独立，能够为自己铸造大规模的青铜制品，现存于世的妇好偶方鼎，其中之一。

虽然常因征战、理政与武丁分别，仍然为商王生育儿女。

感情上，夫妻；事业上，伙伴。

并不满足于做不问国事的宫闱佳人。

一位伟大的中华女战神。与宫斗剧中在后宫明争暗斗的女性不同，并不以处理王族家务著称。相反，一名鼎鼎大名的军事统帅，中国历史上有据可查（甲骨文）的第一位女性军事统帅。

商王朝频繁用兵。

战争不仅是男人的事情，无情的杀伐，也将女人卷进。

武丁，一位没有门第观念、男尊女卑思想的君王，任用出身低微而有才能的傅说为相，让妻子妇好指挥大军，文治武功，终使「殷国大治」，成为历史上最强大的奴隶制王国之一。

一领锦袍殷战血，称得云鬟婀娜。

爱“武装”胜过“红妆”，从小就喜欢研究排兵布阵和学习武艺，身为王后却舍弃相夫教子传统，用自己的才能帮商王处理政务，更是勇敢表达自己想上战场带兵打仗的愿望。

商王顾忌妇好的多重身份，犹豫不决。

直到“西北战争”打响，两方僵持不下，甚至“兵临城下”。焦头烂额时，妇好自告奋勇替商王征战，竟大获全胜。用自己的实力，向商王和朝臣子民们证明，女子也可以当军事统帅。

胸怀千万精兵，魂魄与本色。

身为女子，勇于担当重任，敢于上战场为国杀敌。

能征善战。一个传奇，一个神话。

妇好凯旋时，武丁总是出城相迎。

有一次，一直迎出80多公里。

经常并肩作战。

征伐巴方，精彩战役。战前，夫妻议定计谋，妇好在西面做好埋伏，武丁带领精锐部队在东面突然袭击，配合完美，形成巨大包围圈，成为中国历史上最早有记载的“伏击战”。

带领着各自的部属，得胜归来。

郊外“邂逅”，喜不自禁。

二人策马扬鞭，并肩驱策。

小别胜新婚。忘记了国王、王后的身份，远远地甩开自己的臣下，湛蓝的天幕下，一幅纯净的丝绸，铺满了一大朵一大朵洁白柔软的云块，高远、洁净，如明镜一般的古睢水，倒映着湛蓝的天空，相互映衬，构成一幅幅静谧美好的图画。

追逐打闹，奔跑，一同分享胜利的喜悦……

既爱且敬，浪漫并骑。

在史官鞭长莫及之地，琴瑟和鸣的恩爱之景，应该更多。

武丁意欲开疆扩土，妇好就是冲锋陷阵的将

军；武丁欲向上天祈祷，妇好就是最好的传达者。二人在事业上是政治伴侣，在家庭上是佳偶天成，一生幸福美满，开枝散叶，其乐融融。

堪称绝配，被称为伟大的王后。

开疆拓土，战功赫赫。

指挥有方，身先士卒，率兵征讨作战，击败小国多达20多个。

商，基于“众人”的社会。

周，基于“庶人”的社会。

商朝，女性的社会地位高，有独立的财产、人格，甚至可以拥有封地、军事指挥权，甲骨文中可以见到大量的女巫、女性小臣、女性史官，方国中的女官等。女性作器，明显多于周代。

一个商业国家，需要占据地理上的中心位置，更注重契约、形式。为了保持商业行为的持续性，不与外族通婚，一律实行“族内婚”。即便到了春秋时期，后裔的宋国也是“族内婚”。

人口的流动性强，后来把从事贸易的人，称为“商人”，对海洋的探索，与西方文明接近。西方文化起源于古希腊的商业文化，社会形态受商业文化转向形成的多元文化影响，认识契约，重视差异。

商朝时期，中西文化同方向。

中西文化分野，在周朝。

城市中，全民祭祀，处处祭祀。
想象驰骋。与树对话，向山高歌。
呼吸新鲜空气，沐浴灿烂阳光，饮食山泉蔬果，倾听鸟儿欢唱……

日月同辉。长江、黄河，共同组成中华文化基因的双股结构。

夏朝发明牙璋，具有中原文明色彩的文物却在三星堆出现，还传到华南、东南亚部分地区，三星堆成为华夏文化向更广阔地域辐射的纽带、加油站。华夏文化里的每个文化圈都超越地理局限，相互又重叠。

三星堆文明、金沙文明，至少与6种早期文化「循环」。
通过汉中，与关陇古代文明交流；通过岷山羌藏地区，与山地游牧文化有交通；通过东面的巴濮地区，与长江中游相沟通；通过横断山区河谷交通线，与冰雪文化相沟联；通过南面的僰道，与「西南夷」交流……

第五章

三千年前的「双城记」

“巴蜀由来古，殷周已见传”。

夏末商初，就在与中原地区华夏文化融合成长时，早于夏朝的古蜀国，大禹父子开启“江原文化”的故地、最早进入“中国”文明形态的成都平原，已经提前完成向奴隶制的转变。

经历300多年尖锐、复杂的斗争。

第四代蜀王杜宇，在融合蚕丛、柏灌部族的基础上，取代鱼凫。杜宇王朝国力强大，建立在高度重视农业生产，成都平原传统稻作农业普遍推广，治水患、兴水利技术，取得重大突破的基础上。

文治武功，承上启下。

巨大成就，为开明王朝以降。

巍峨的洁白雪岭与举世的青铜文化。

在成都奏出“雪山城市”的千年回响。

古蜀王朝全力促进平原商贸、水上交通发展。

成都平原其他地方，特别是南方丝绸之路上的筰都（雅安、汉源一带）、邛都（安宁河流域一带）、滇黔之北（朱提一带）等，变得越来越繁茂，大小邑落，乃至小镇，不断涌现。

“化民往往复出”。杜宇大兴农业，正好契合先民从“西北走廊”，沿着岷江峡谷高地，进入成都平原发展的需求，平原四周山民，看到山下蒸蒸日上的生活状态，都纷纷出来归附。

聚聚散散。最初在成都平原周边的山地建立聚落的羌族，直到解决水患，又从周边的高山地带，与顺着岷江河谷、湔江河谷而下的族群，断断续续，迁入平腹心原北部的广汉“三星堆”。

从营盘山的“小米”，到湔江河谷的“嘉鱼”，温暖过多少先祖的胃。时至今日，虽已无法了解更多细节，但世界看到在多条河流出山形成的复合冲积扇上的“三星堆国”。

河流台地。仍是“远支流，近干流”。

既能避免水患，也便于取水、渔猎。

“汤继强线”，空间经济学的“硬核区域”，“T”型经济带中“大T”中的“小T”：“—”，茂县、汶川、绵竹、什邡；“|”，湔江经济（文化）带，彭州、新都、青白江、广汉、金堂……

“瞿上”—“海窝子”，一个等边三角形。展示创造的“古成都人”的智慧与魅力。

到湔江下游鸭子河畔的广汉三星堆，约53公里。

到市区“十二桥文化”中心金沙城，约53公里。

“让生活更美好”。

人口迅速膨胀，大规模的城市建设全面铺开。

三星堆城的区域划分，进一步细化、规模化。

广汉黏土作为建筑地基条件较好，阶面常较平整，利于开垦居住。又是高于一级阶地、河床，既方便取水，又不易遭受洪水侵害，实为成都平原选择建筑原始遗址的最佳位置。

3 200年以前，蜀都城渐渐成型。

主体年代。三星堆遗址的时间，最早可追溯到距今4 800年的新石器时代晚期，最晚距今2 600年，相当于春秋战国时期，延续2 000多年，不曾间断。三星堆文化正好对应夏朝、商朝。

三星堆也称为“南殷墟”，与殷墟遗址基本相当。

夏商时期规模最大、等级最高的中心性遗址，三重城圈格局。占有的重要地位的分别有五道城墙：仓包包城墙、青关山城墙、真武宫城墙、李家院子城墙和马屁股城墙。

面积约12平方公里。

核心区域为三星堆古城。

面积约3.6平方公里。

规模与同时代的城址相比，虽然比商代早中期的首都郑州商城的外郭城要小，但比内城要大0.5平方公里。同郑州商城、偃师商城周边的商文化城址相比，规模又大一些，面积约3.6平方公里的古城中央，一段弯曲的城墙形如月亮，将古城分割成城中之城，分为宫殿区、居住区、祭祀区与城外的墓葬区。8个祭祀坑，就大致位于古城西南的祭祀区。

已知东城墙长1 100 米，南城墙长180米，西城墙长600米，为人工夯筑而成。

原本条状的城墙，可能是晚期人类活动挖开两个缺口，形成三个孤堆。

城内水系发达。以穿城而过的马牧河，逐渐把人们的世俗空间和宗教空间分隔。马牧河和月亮湾城墙，又将古城大致划分成田字形。同时期中原城址，多由规划好的街道划分成井字形，借助自然水系，形成自己独特的城市规划。

繁衍生息。建立了雏型的“工业基地”。

古蜀国的国家矿场。《华阳国志》里，记述龙门山脉，“其宝则有璧玉、金、银、珠、碧、铜……”制作三星堆诸多器物的玉、金、铜，都在其列，演绎更替着古蜀文明的灿烂历史。

自古，龙门山就是有名的产金区。

古称“金河”的湔江，也生产砂金。

就地取材。彭州的大宝铜矿，距离“三星堆”最近。铜矿是自然铜，含铜量在50%以上，可用通济镇一带的青杠树余烬（木质钢碳）直接冶炼，并且分析含量与三星堆的青铜吻合。

三星堆灿烂的青铜文化，铜源可能就在湔江流域。

大宝山有废矿穴、炼铜炉的遗迹甚多。

他们，可能正是从龙门山矿山开采、冶炼后，经湔江“高速公路”运送到广汉。

古蜀国的青铜器，有铜锡、铜铅、铜锡铅、铜铅锡四种。

礼器含锡低、含铅高，实用器含铅低，甚至不含铅，与中原殷虚出土的青铜器具特质完全不同。三星堆的青铜器，独立于中原之外的的独立的青铜文化。

灿烂的青铜文化，铜源就在湔江流域。

大量玉器的来源，汶川的“龙溪玉”（岷玉）“盛产美石”的玉垒山脉。

《彭县地名录》上介绍：“彭县北部诸山，均为玉垒山系，而其玉垒之名，也与产玉有关。最著名的龙神岗，所产的玉，与灌县西山同。”

“蛇纹玉”。远古信物的特质——“石玉不分”，玉垒山脉的玉石质地细腻致密，属石质含量很重的“软玉”。在古蜀先民活动过的山脉，完全能开采到，并有条件进行加工制作。

时年，爱美、崇拜“蜀神”的蜀王，派遣无数手艺精湛的工匠，翻山越岭地来到祖先曾经印满足迹的“故地”“故路”开石采玉，以石相击，或用火攻，或用水润。

聪明的工匠，用捡到的坚硬的陨石碎块，锤打成斧凿，把一块块巨大的“石玉不分”的美玉坯料采下，再通过人工搬运下山，利用湔江宽阔的河道，以竹筏顺水运到三星堆再进行精制……

沿途河谷，有失落无数的玉石碎块。

小的碎块，都随着湔江的波涛，付之东流。

巨大的碎块，也许沉眠于江底，至今不为人知。

有人就曾在通济镇湔江河谷一带，捡拾到一块重达200余公斤的蛇纹玉石料，上面还留存着没被河水冲刷磨损过的粗糙痕迹。

这些石料是当年“三星堆人”因竹筏翻沉，遗失的在玉垒山脉采下的用于制作各种玉器的石料。

三星堆博物馆中收藏的部分玉石，产自湔江河谷。

宝山墨绿玉，一种珍贵、稀有的自然资源。

主产于彭州龙门山镇宝山村燕子沟景区内，因产地取名宝山墨绿玉，色重质腻，纹理细致。有的漆黑如墨，有的黑中透绿，光洁可爱，极负盛名，硬度为Mohs40左右，素为治印、雕刻和制作手饰品的上佳珍料，与钻石、宝石、彩石，并称为“贵美石”。

四川产碧玉、龟纹玉、夏珠玉、黑玉、牙黄玉、会理玉、青金石玉、夏珠翠、蓝纹玉、桃花玉、软玉和

「汤继强线」，空间经济学的「硬核区域」，「T」型经济带中「大T」中的「小T」：「丨」，茂县、汶川、绵竹、什邡；「—」，湔江经济（文化）带，彭州、新都、青白江、广汉、金堂……

龙溪玉等，唯独墨绿玉稀缺。

如今，在燕子沟景区内，蕴藏有大约0.7公里宽，10多公里长的墨绿玉石矿脉，每年夏季山洪暴发时，常有墨绿玉石从上游，冲到湔江河谷中，如在河中寻觅奇石时，常有意外收获。

纯天然岩石原生玉矿。集日月精华，大地灵气于一体，上亿年的产物，含有钙、镁、铁、锌、硒等26种微量元素成分，药理作用特殊，被称为“药王石”，与羊脂玉、翡翠媲美。

量丰质优。

三星堆文化除了青铜器、玉器外，成都平原的陶器、丝织、漆器和一些生产生活用具等，都可以在鸭子河上游的湔江流域，找到原初缩影、原料制材。

大量陶器用土，就以广汉黏土为原料。

力推制作青铜神桑、神王铜像。

初始，还没有发现浅表性铜矿，铜矿主要来自滇东北的古东川地区。

铜矿的需求量巨大，将铜矿运回三星堆冶炼铸造，来回运输路途遥远，时间漫长，艰辛难言。面对棘手问题，将铜像、神桑所需的铜锭，先在古东川铜矿粗冶炼，再用马牛，将铜锭的半成品，经西南商贸通道，驮回三星堆城。

在铸造冶炼区，由青铜工匠负责神桑、神王像的制模、做范、浇筑、脱模、打磨、组装等。一些小型简易的铜制器件，直接在古东川制作完成，然后将成品，驮回成都平原。

一直持续到在龙门山、湔江河谷上游发现铜矿。

铸造八棵青铜神桑、神王像与人兽面相、动植物雕像等，所需铜矿石以千吨计，铜矿的挖掘、铜锭的炼制工程量，需时漫长，消耗掉古蜀国积累数百年的大部分人力、物力和财力。

向古蜀先民征缴，部分部族庶民自不乐意，偶有反抗、争斗。

制做蜀牢。在地下，挖成圆形的土坑，上面竖起栅栏篱笆，或在地上，围起圆形石墙，仅留一小口，以监禁罪犯，防止其逃跑。与夏王朝夏台（监狱）类似，“置之圜土而施职事焉”。

设立刑罚结构，强化执法力度。

以畏众生。甚至，在祭祀大典中，专门制作罪人石像惩戒展示。

富有创造力。“古成都人”崇尚黄金。

“沙里淘金”。用自然砂金加工而成。

神秘和精致。“太阳神鸟”金饰，堪称美学典范。图案由12道光芒、环绕太阳飞翔的四只神鸟组成，围绕着太阳生生不息、循环往复的飞翔，寓意深远、构图严谨、线条流畅，古人“天人合一”的哲学思想、丰富的想象力、非凡的艺术创造力与精湛的工艺水平的完美结合。

精美绝伦。至少采用热锻、锤揲、剪切、打磨、镂空等多种工艺。

出现在神圣的祭祀区，自身必定承载着创造的“古成都人”对于自然的无穷想象、丰富的文化内涵。对远古太阳崇拜文化的缩影，“金乌负日”的古代传说是最好印证。

创造的“古成都人”，也许已经掌握岁、时、月的概念与形成的原因。

表达了对太阳孜孜不倦的追求，对光明不间断的向往。

勾勒出瑰异的青铜文明在华夏文明生成过程中的持续贡献。

亘古以来，金碧辉煌的太阳，辉映地球，滋润万物生长，古代民族以为具有能使万物复苏、生长的超自然力量，敬仰、创造出令人激动不已的太阳神话。“夸父追日”“后羿射日”……

崇拜太阳，中华各民族共有的习俗。

三皇五帝、秦汉以后最高统治者的称号，都与太阳密切相关。

审美趣味、对细节的着意表达，都与如今的成都人对生活品质的追求非常相似。

大量出土的金器、玉器、象牙昭示，“主人”是“古蜀五王”里的杜宇。

政教合一的神权政体。

类似儒家的氏族王权、近乎道家的自然神权。派生出古蜀文化另两个特征——注重人物造型的艺术传统、有机融汇多元文化，在神权与王权的统一和矛盾之中，形成人神相通的神仙观念。

联合执政。由辫发、笄发两个族群。

特征鲜明。3 000多年前古蜀国统治阶层的一片缩影。

发型两种：“辫发”，长长的辫子垂在脑后；“笄发”，头发卷起，用笄系在脑后。

梳着“笄发”的青铜人像，常常显示出神秘的气息，身着华丽的服饰、头戴鸟头冠、下穿鸟足裤，手中还紧攥一根神秘的树枝。仿佛正陶醉于盛大的仪式中，可能正在从事着宗教活动。

占有神权。控制着古蜀国人的精神，充当着人与神灵的联系的英雄美人、王侯将相、文人骚客、贩夫走卒们丰满了她，又纷纷挥手离去，最后沉淀为独特的气质，成就一方人情。大到国家，中到省份，小到城市，都有独一无二的底色，区域的「魂」。

媒介。

梳着“辫发”的青铜人像，神情闲适、安逸。一个世俗的集团，掌握着政治权利。

占据王权。奴役着古蜀国人的身体，驱使他们劳作、征战。

联合执政，意味着平衡，平衡打破，就会出现问题。

在对抗自然中，中原人书写“精卫填海”“愚公移山”“夸父逐日”等故事。

古蜀国，“灵寿华实，草林所聚。爰有百兽，相群爰处”。在和谐的乐土，春耕待秋收，鸾鸟且自歌，居民们怡然自乐其中，自由自在的道家雏形思想开始挥洒，“国之大事，在祀与戎”。

“雪山下的公园城市”。

与森林为伍，与鲜花为伴。

城市中，全民祭祀，处处祭祀。

想象驰骋。与树对话，向山高歌。

空气中四处散布着浪漫的气味。

呼吸新鲜空气，沐浴灿烂阳光，饮食山泉蔬果，倾听鸟儿欢唱……

人文总是与地貌匹配。四川是道教思想的重要源头之一。

古蜀文明自诞生开始，地域性格就不断发展、衍化。

被时代、自然与历史，抹上层层的色彩。

英雄美人、王侯将相、文人骚客、贩夫走卒们丰满了她，又纷纷挥手离去，最后沉淀为独特的气质，成就一方人情。大到国家，中到省份，小到城市，都有独一无二的底色，区域的“魂”。

祭祀方面的最大变化，更换祭祀用品。

祭祀方面，给先贤铸像、塑形，既寄托哀思，也可供后世敬仰、参拜，有利于祭祀、悼念，自无不允。期初，人像多是石制、木制，也有些许玉石、铜矿，但体积小，数量少。

慢慢用铜制用品，取代石制。

保留玉制、象牙，制作神王铜人像，以示王鼎。

辞旧迎新。强化王权，开启新的时代，将原来的石制、陶制、玉制和少量铜制祭物、器物焚烧，集中掩埋，进行了高规格的祭祀，表达对先祖的缅怀。

自鱼凫王时代起，上至王族，下至庶民，渐渐形成了“燎祭”的模式。将先人的东西或者器物，以焚烧的方式烧给先人，时至今日成都平原城市、农村的丧葬，依旧沿袭这样的习俗。

祭祀时，为了彰显神王的威严、营造肃穆的氛围，大量采用象牙作为祭祀主祭品。

随着青铜器水平逐渐提高，大型的牙璋和青铜祭品，才慢慢取代象牙作为主祭品。

没有文字完整记载的时代，一个部落、氏族、一个方国的延续、表明自己由来，最佳方式莫过于祭祖祭天，以祭祀的方式来铭记。历史的另外一种书写形式。做法虽有异，但异曲同工。

欲革其史必毁其祀，欲灭其国则除其史。

三皇五帝时期，立兴于世。

蚕丛、柏灌时代，表现采集经济为主的生活。

鱼凫反映着渔猎经济为主的生活，杜宇已进入以农业为主的时代。

开明成为拓地千里的强国。

一个知识为王、工匠为术的时代。

王者们都是用技艺、知识，引导民众走过蒙昧年代的先行者。

无独有偶。在与开明王朝同时代的古希腊的神话中，也出现一位知识的先行者，著名的普罗米修斯。他，从天神那里为人间盗来智慧的火种，引导着民众走出混沌愚昧的暗夜。

人类对知识的认知和崇敬。

惊人相似，相互完全隔绝的东、西方。

历经夏、商、西周的连续发展，到春秋时期，进入生产力发展史上的铁器时代。

同期的印度河流域文明、克里特、迈锡尼文明，都没有走出青铜时代，就消亡。

扫码听精彩
段落音频

强势发展，四顾无敌。

“双循环”。从内到外，进行了一场“洗礼”。

落到实处，就是文化、思想、技术。

再落到实处，就是城市发展、城市特色、城市魅力。

商代晚期，成都上演“双城记”。

时间，200年左右。

并存交错。三星堆“首都”，金沙城“副都”。

各霸一方。古蜀国与商朝，都是方国，没有隶属关系。生机勃勃的文明，拥有着庞大的领土、强大的国力，为了争夺附属国、水源、土地、矿藏，很快与中原一带的商朝，兵戎相见。

“三星堆文化”，延续了约2 000年。

发展到后期，形成“十二桥文化”。

金沙城的位置，成都平原相对偏北，成都平原的中心。

距“营盘山文化”4 500年，距“古成都人”创造的“宝墩文明”1 500年。

气候干旱。“三星堆文明”处于亚北方期，伴以突发性洪水。

地震与洪水、次生灾害，往往伴生。

代代相传。上古蜀地频发的地震洪水，在“古成都人”心灵中留下深刻记忆。

在成都平原，总是生活在对洪水的恐慌之中。

频频受到山洪泥石流等灾害影响，四处迁徙，在科技水平并不发达的情况下，创造的“古成都人”希望有一双“千里眼”，寻找一片安宁的土地。三星堆青铜纵目像，充分表现了愿望。

虽然离开灾难频出的岷江河谷，却没能够摆脱地震洪水灾难的魔咒。

“水泻盆底”。一次特大地震、一场巨大洪水，就可毁掉一个文明。治水，历代在成都平原生活的人群最为关注，从大禹父子开始，治水的成功与否，关系到每一代成都人的福祉。

冲积扇的平原，左右堆积改变，使得在迁移过程也左右“摇摆”。

历史竟如复刻一般。

“天水倾盆”。夏雨集中，盆地四周高、中间低，迫使水系向盆地中心汇集。冲积扇平原上的河流，具有易迁徙性，经常改道，一旦遭遇频繁的暴雨，便成水中泽国，生灵涂炭。

磁极倒转。洪灾成为文明中心迁移的潜在动因。

古岷江曾在汶川雁门一带，穿过光光山，并沿今白水河、湔江，流向沱江。

距今4 000年左右，龙门山一带突发强烈地震，导致山崩、滑坡，沿今白水河、湔江，流向沱江的古岷江，在峡谷中被堵塞，光光山以下成为断头河。堰塞湖湖水上涨，在雁门与汶川县城间的低矮分水岭溢出，向西南流向汶川县城与杂谷脑河交汇。

形成今日岷江上游的水系形态。

《水经注》做了记载：“汉元延中，岷山崩，壅江水，三日不流。”

河流改道。原流经三星堆的古岷江枯竭，今都江堰玉垒山出山口水量急剧增大。

三星堆人赖以生存的河流陡然消失，致文明衰落。

祸不单行。古历七八月份，起初是沿海，然后，中原一带涨大水，沿海及中原一些古文化先后遭到毁灭性打击，大批人员死亡，消息传到成都平原，引起最易遭水患的三星堆人的恐慌。

最后时刻，匆忙决定，上山避难。

根本没有料想到，洪水会淹没大山。临走时，带上兵器、日常用品，通过一次盛大而隆重的“燎祭”，把放在神殿中的主要神器、祭器，搬到三星堆前的广场，对着西北方神山中的天神祖先，举行最后和最大的祭典。然后，把与生活无关的祭祀用品、金属制品与易碎的人类文明，在互相开放、交流中发展，三星堆文化曾受到南亚、西亚、北非古文明的影响，创造出崭新的东西方复合文明；拥有冶金、纺织、建城、金属制造等多项世界领先技术。

第一轮人类文明瑰丽辉煌的篇章。

玉器等，打坏、焚烧，有序地埋藏于统一挖的祭祀坑中，表示送到天上和神界，逐渐往“副都”转移。

计划等洪水消退，再取出来。

大多数人迁到金沙城，开始“十二桥文化”占统治地位的“蜀王杜宇”时期。

小部分人留在三星堆，在数百年间，一直守护着自己的家园。

因水而断。在三星堆前已经消失的还有，新津宝墩城、郫都古城、都江堰芒城、温江鱼凫城等，这五座古城同在成都平原核心地带，同在岷江中游，沿江分布，平均距离不超过30公里。

逃到高山上的人，除了病死、冻死、饿死和因山体垮塌而死的人外，仍有极少数人幸存。

世界古代文明发展史上“第一黑暗时期”。

毁于一旦。以西亚幼发拉底河、底格里斯河为代表的两河流域文明，尼罗河流域文明，印度河流域文明，以及欧洲等地区的古文明，几乎都在4 300年前左右，出现同步的中断、衰落。

三星堆文化具有多种族属性，是形成多种文明起源的基础。

人类文明，在互相开放、交流中发展，三星堆文化曾受到南亚、西亚、北非古文明的影响，创造出崭新的东西方复合文明；拥有冶金、纺织、建城、金属制造等多项世界领先技术。

第一轮人类文明瑰丽辉煌的篇章。

戛然而止。宏伟的古城消失。

盛大的祭仪不见，青铜人不见，金玉不见……

留下一片荒凉。

如同父与子，一脉相承。

“十二桥文化”，继“三星堆文化”后，古蜀文明发展史上的又一座高峰。

宝墩、三星堆、金沙城，古蜀文明的三部曲。

无缝对接。三星堆被洪水淹没，政治中心转移到金沙城。

改朝换代。“副都”变“首都”。

相距不过40多公里。创造的“古成都人”迁都过程中，联合执政的平衡被打破，宗教被过分强调，财富被集中到神权贵族手上的情况屡见不鲜，王族发动一次暴力性政治变革，“辫发”族群取代“笄发”族群，成为宗教的“代言人”，在上流社会一家独大。

在金沙遗址出土的一条金腰带上，同样有人头、鱼、鸟、羽箭。不同的是，人头图案却从两颗变成了一颗。权力拥有的两者间，一个消失、衰落，一个成为古蜀国真正的统治者。

金沙遗址中，梳着“笄发”的青铜人像不见，只剩下“辫发”铜像。

王权拥有者们继续掌握古蜀国的王权，还得到神权。

出土一个小铜立人，梳着跟三星堆出土的青铜像一样的辫子，腰间插着一根短杖。头上戴着象征着太阳的高冠，手却像青铜大立人一样无限夸大举在胸前，依稀有“笄发”铜像的影子。

祭祀坑中，还出土多尊跪坐人像，与青铜大立人相比小得可怜，最典型的跪坐人像通高仅13.3厘米，头戴平顶双角冠，左腿弯曲，右腿单膝跪地，手按腹部，一如在恭敬地向青铜大立人跪报。地位明显低下，身穿右衽短衣，下身穿着犊鼻裤（类丁字裤），显然只是奴仆。

小人像基本是小方脸，典型的川西坝子人长相，与如今的成都平原居民也较像。

“古成都人”在一场灾难中，废弃“旧都”三星堆，来到“新都”金沙城。

真相大白。神权与王权之争，“辫发”胜出。

最终成为古蜀国世俗世界与精神世界的唯一主宰者。

“辫发”族群迁到金沙，“笄发”族群迁入陕西宝鸡。

三星堆消亡，实际是“宗属”体系的解体。

气候温和。“金沙文明”处于亚大西洋期，太阳神鸟金箔呈现的是一派祥和。

金沙城一带，“十二桥文化”的核心区。

碧野蓝天，万物萌发。

田园牧歌，气氛祥和。

森林茂密，由近至远，直达天边；重叠的建筑，自大而小，横陈眼前。伴随着林间禽鸟的高唱，摸底河清波潋滟，掩映茅屋，流水淙淙，自然天籁之中，还夹杂着几声驯畜家禽的鸣叫。

纵目天际，大气涌动。

放眼春野，生机盎然。

草木际天，千里一色。

阡陌交通，鸡犬相闻。

土地平旷，屋舍俨然，良田、美池、桑竹之属。

小桥流水。近处农田中，往来种作，有人精耕细作，男女衣着，悉如外人，黄发垂髫，并怡然自乐；远方森林里，有人狩猎捕获，河中的独木舟上，有人放老鸹捕鱼，村寨院落边，有人进行手工制作，还有小孩在玩耍嬉戏，稚情欢歌……

郊区，一副唯美的平原画卷。

站在高处，抬眼望去。

浮云之下，晨雾远方，乡村、河流、旷野，星罗棋布。

花蕾绽放、青草微黄的声音，被钻出泥土的牛尾笋、绿了枝条的乌木树听见。

层林叠嶂，河流纵横，湖泽密布。

丛林中，野生亚洲象，成群结队穿梭。各种小鹿、小麂、野猪等动物，在林间草地上自由觅食。老虎、犀牛、豺狼、豹子、熊、山魈等，经常出没，间或打破林间的和谐。

苍翠的沼坝中，雾霭缥缈，白鹭、野鹤、鹦鹉、孔雀等，在湿地间自由飞翔，禽鸟争鸣；金丝猴、播猴、猕猴、藏酋猴、狒狒等灵长类动物，在坝丛间嬉戏、跳跃。

貔貅（大熊猫）在竹林间，悠闲漫步。传说中黄帝、蚩尤，都爱拿它当坐骑，曾一度成为勇猛的战兽，却始终没做出有效战绩，慢慢变成破坏铁器的“害兽”，得名“食铁兽”。

独一无二。60多根乌木的特色景观，由金沙遗址与成都其他地区出土的乌木组成，陪伴沉睡了3 000年的太阳神鸟，让人敬畏的乌木林。经碳十四测定，距今3 000多年至10 000多年。

金马河潋滟浓郁，杨柳河清波涟漪。

摸底河畔，流水潺潺。

薄雾淡烟，白云飘浮。

四季轮回，花开十月。

南岸，一株巨大的乌木旁，铜铃叮咚作响，一座黄土垒成的长方形祭台上，人们虔诚地向天地神灵，献上他们最为精美的礼品：象牙、鹿角、野猪獠牙、金器、铜器、玉器、石器等。

祭祀，灵魂观念的派生物。降福免灾，“古成都人”相信，人的灵魂可以离开躯体而存在，人死后灵魂有一种超自然的能力，能与生者在梦中交流，可以作祟于生者，使其生病或遭灾。

原始而丰满的生态景象。

风雨晦明之间，俯仰百变。

深厚基因。“在成都遥望雪山”。

西岭雪山，绵延千里。朝霞出来，西北远处的白雪，覆盖的龙门山脉诸峰，在灿烂的阳光下，散发出神圣的光辉，金沙城就像是雪山下的一座大公园，巨大的海拔落差，造就极致的自然景观、独特的生活方式……

原始版本。一幅“雪山下的公园城市”的奇丽画卷。

自古一绝。生态之美、山水之美、人文之美。

四川第一高峰，海拔7 556米的贡嘎山，颜值媲美珠峰。四姑娘山，名字就带着浓浓川味：主峰幺妹儿峰，身旁立着大姑娘、二姑娘、三姑娘。

稻城亚丁三座神山：仙乃日、央迈勇、夏纳多吉，被川藏人奉为雪域神峰。

成都平原上的人观雪山，已有超过5 000年的历史。

气候湿润，河渠纵横，植物繁盛，动物成群。在宜人的环境中，“古成都人”繁衍生息，辛勤劳作，从事着种植、狩猎、渔捞、家畜饲养与手工业等活动，世代过着平静而充实的生活。

美好画景。人与自然和谐相处、共存相亲。

绿道、林盘、流淌的锦江之水，已经成为宜居的鲜明符号。

成都人居家园的起源，城市文化的发轫。

绿道、林盘、流淌的锦江之水，已经成为宜居的鲜明符号。成都人居家园的起源，城市文化的发轫。逐渐显现。一个崇尚中心、文化包容，发展军权、王权、生产力，重视民生、农桑、人口发展，追求社会长治久安，不过多把社会财富贡献给神灵，更多投入社会再生产的发展模式。

逐渐显现。一个崇尚中心、文化包容，发展军权、王权、生产力，重视民生、农桑、人口发展，追求社会长治久安，不过多把社会财富贡献给神灵，更多投入社会再生产的发展模式。

金沙城面积足足有5平方公里。

公元前1200至公元前600年，古蜀国政治、经济、宗教、文化的中心。

众星拱月。成都平原与周边地区，同时存在几十个小城市，如同满天星斗，围绕在金沙城周围，不仅烘托出不可动摇的中心地位，又共同构架出商代晚期至西周时期古蜀国的宏伟面貌。

环境优良，人口数十万之巨，国力强盛。

疆域宽广。北至陕南，东至三峡，南至雅安，甚至云南北部的昭通。

文明汇聚中心。向北，联络周天子，向南，吸引南方众多民族部落，向东，穿过三峡，联系长江中下游文明。中国的西南角，太阳旋转翩然，在金沙的天井中起舞，神鸟围着盘旋不停。

五彩斑斓。“十二桥文化”，一幅晚期的古蜀文化图卷，悬空而建的民居、巨大的船形棺、精丽的漆木器，奇峭的蜀式铜兵器，至今难以释读的“巴蜀图语”等，都是文明华表的见证。

年代约为公元前600年至公元前300年。

大体相当于春秋晚期。

功能明晰。宫殿区、手工作坊区、仓储区、祭祀区、墓葬区、生活区等。

创造的“古成都人”似乎已经懂得城市设计和规划。

井然有序。金沙村为祭祀区（权力中心），黄忠村为宫殿区，十二桥为生活区……

太阳的曙光刚照到大地，早起的男主人已经在忙碌干活。

修建的是金沙城中常见的木骨泥墙式建筑。

轻车熟路。要修建房屋，地基已经先打上，插上圆木、竹子作骨架，外面抹上草，混上泥巴、牛粪。然后，生起火烘干。待到泥墙快要成型时，上面混上木头条子，盖上几杆芦苇茅草。

民居多为20平方米的“经济适用房”。

讲究通风、日照。

墙高度多为3米，高敞、轩亮。

房顶的样式，两面斜坡式，采用榫卯加绑扎法。先将作为檩、椽的圆木在屋顶连成方格网，再一层层地铺草，边铺边用竹篾分层绑扎，以利防风防雨，坚固耐久。

居民小区，星罗棋布。

地名是历史长河里的文明化石。

今成都金牛区金泉街道金泉场（土桥场），古蜀沙金盛产地。

古金马河的支流金水河，携带大量金沙，咆哮着冲向天隳山（今天回山），顺着山麓向西南盘旋、流淌。翻滚的水浪，卷着泥沙，泥沙包裹着金沙，金沙随着水流减缓，沉积于河两岸。

3 000年前，“古成都人”在沿河两岸淘沙金，加工成华贵的饰品，供蜀王、贵族享用。金泉场一带，淘沙金集中之地。涧槽村，就因当年淘沙金的冲水涧槽，得名。

淘沙金的人有上百户，年复一年地淘金。

聚集的人越来越多，逐渐地出现商品交易市场。

专业市场。沙金买卖，淘金工具，淘金工人的日用百货、油盐柴米。

淘沙金人经过的小木桥，改为铁板桥。

铁板上积土，成为土桥。市场，也被称为土桥场。

碧水悠悠。金水河缓缓绕场而过。每年春暖花开时节，场内场外，桃花灿若红霞，李花皑如白雪，菜花金黄，蜜蜂轻舞，“流连戏蝶时时舞，自在娇莺恰恰啼”的大好春光。

金水河岸边，淘金人挖金沙，一股清泉涌流而出，波光金灿灿，称“金泉神水”，砌一口井，称“金泉井”。井四周修房造屋，筑殿为寺，《成都县志》（重修）记载：“金泉寺，县西四甲十五里。旧名尹公祠。有古井，名金泉井。今无考。梁间正书，创自大梁景历。明弘治七年重修。”

明代蜀藩王府太监尹公公仙逝，葬于金泉寺侧，金泉寺更名为尹公祠。

商末周初，成都已经是一处宗教祭祀的中心。

具有政治功能的文明古都，经济、文化中心。

岷山，中国山川文化的“龙首”。古蜀文化重神仙、神器，同中原文化区系重礼制、礼器有所不同。与汉中、关中、江汉与南亚次大陆相联，就中国与南亚的关系，成都是“龙头”。

古蜀国，中国神仙传说最早产生地。“皆得仙道”，蚕丛、柏濩、鱼凫三王，魂化啼血杜鹃的仙化故事的杜宇帝，守天门的开明兽故事的开明帝。正好同三星堆、金沙城的奇特器物相印证。

成都西门。“上风上水”。

有效地开发滨河地带。

能得以居息于低湿临水之地，却不为潮湿所困。

古蜀国的中心“都邑”的金沙城，至少包括古郫江水在内的四条古河道，由西北蜿蜒流向东南，密布的农田灌溉沟渠，体现城与水互相交错的格局。依水兴建是对水的利用能力增强的反映。

大型滨水木结构“宫殿”建筑群，反映成都平原干栏式建筑技术的成熟。

营城实践。

体现对山水人居要素的综合驾驭，彰显人与自然和谐共生的筑城智慧。

十二桥畔。“水上人家”。

夏日的傍晚，熏风从水面上吹来，贵族们摇着芭蕉扇，穿着丝质的衣服，在回廊上乘凉；市民区的妇女们，蹲在自己房屋的旁边，举着棒槌似的木棍，锤打和浣洗家人的衣服。

游玩嬉戏。孩子们像蝴蝶似的围着长廊。

触景伤怀。只有那伤心的王妃，独自倚着竹制的门帘后，看见水中金色的鲤鱼、青色的鲢鱼，在“锦水”里快乐地游来游去，享受着河水和水草带给它们的乐趣。

虽然荣华富贵享受不尽，心却是既凄凉，又失落。

水边生活层次丰富，精彩有序，贵贱贫富皆可共享。

懂生活，崇尚田园，成都人惯有的生存状态。

成都北门。“生态山水”。

驷马桥，原名升仙桥，横跨沙河。

沙河，人工挖掘，都江堰水系的一部分。凤凰山因形状奇特，山丘南北走向，由首尾相顾的两个山头组成，远观似迎春展翅、翘首远望的凤凰。流过的河，时称升仙水、凤凰水。

凤凰，神话中的神鸟，与“龙”一道成为中华民族精神的象征。

原始人类，中国南方稻作民族以“鸟”为图腾。

古称“丹雀”，又称“阳鸟”“鸾鸟”，与稻作文化起源关系密切。

《拾遗记》卷一说：“（炎帝）时有丹雀衔九穗禾，其坠地者，帝乃拾之，以植于田，食者老而不死。”凤凰神鸟的原型。《广雅》记载：“鸾鸟，凤皇属也。”

深深植根于稻作文化中，“和”成了凤凰形象的基本特性，《山海经》介绍：“是鸟也，饮食自然，自歌自舞，见者天下安宁。”凤凰在民间，自古就代表着和美、和谐与吉祥。

“凤凰”形象本身，和谐观念的产物。

“二合一”的对立统一体。雄为凤、雌为凰，阴阳调和、合和祥瑞；一个多元和合体，在鸟图腾的基础上，融合原始时代多个不同氏族崇拜的自然物特征，集大成之美而成。

《说文》描绘：“凤之象也，鸿前麟后，鹳颡鸳腮，龙文龟背，燕颔鸡啄，五色备举。”

在中国文化中，不仅表示自然物的“和”，也表示人类社会的“和”。

凤凰“五色”，维系古代社会和谐安定的“德、义、礼、仁、信”五条伦理的象征。《山海经》说：“（凤凰）首文曰德，翼文曰义，背文曰礼，膺文曰仁，腹文曰信。”

广汉联合遗址小型聚落。

距离三星堆遗址约8公里。

“龙凤呈祥”。发现距今约3 200年前的图案：凤鸟，振翅欲飞，蛟龙，环游其间。龙角、龙须、龙爪俱全，与凤搭配的图案，诠释中华文明中“龙凤呈祥”的寓意、源远流长的历史。

陶盖顶部中央，一只有羽冠的鸟，昂首而立；盖顶的边缘，清晰可见一条游龙，盘旋在鸟的周围，嘴里似乎喷出一道火焰，整体造型，动感十足。鸟与龙一起出现在陶盘，鸟代表凤鸟。

最早的龙形象，被指距今五六千年前的红山文化玉猪龙。

凤鸟的形象，诞生于湖北石家河文化遗址，迄今已有4 000年。

商代，才开始出现“龙凤配”形制的玉器。

年代相近。陶盖上的龙凤组合纹饰，与妇好墓出土的龙凤组合玉器类似。

同时，一件拳头大小的泥塑陶猪令人称道。形象呆萌可爱、栩栩如生、堪称一绝。

“古成都人”即使在三星堆国的年代，审美水平也让人惊叹不已……

凤凰水，古蜀国的杰作，早于李冰治水500年以上。

碧澄清冽。河道弯曲。

两岸遍生竹林、桃林，颇有几多人间仙气。

体现了成都平原寻仙求道的仙化文化。

远看，凤凰山系与成都平原接壤的浅山丘，山脉逶迤，若伏若连，势来形止。鸟瞰，山势恰如一只栖止的凤凰。权威地质专家评价，山势“类似北京的十三陵”；有学者喻称，“踞而俟，揽其有，来积止蓄，冲阳和阴”的“山川融结奇秀之所”。

与“古者葬乎北”的礼制相合。

《礼记》：“葬子北方，北首，三代之达礼也。”

堂局完密的风水，离金沙中心城区最近的丘陵。

十分热闹。“古成都人”在城北，修国家祭坛。

开明王朝的综合实力，大大超过杜宇王朝。

农业发达，蚕桑、纺织业规模大，手工业、商业兴旺。

百姓生活富足，喜乐、幽默源自内心的乐观、知天命。

各行各业的工匠，大量的民间手工业者，长期从事成都平原和边境（夜郎、滇越）贸易活动。汶山（今茂县城区）、笮都（今西昌市），内外贸易的重点城邑。

属于早期的封建社会。

建造祭祀台，表示国家机制的完善。

威严自信。祭祀台，沟通天地不可或缺的建筑。主要是国君、贵族祭祀、观象之用。天地间万物有灵，祭祀可以祈求神灵的庇佑。巫师可以通神灵，祭祀与王权往往统一。

东周末年，战乱不止，混沌之世，礼乐崩坏。

周室倾颓已久，威严扫地，早已不复昔年武王伐纣盛况。

祈神求福。古蜀国好像置身事外，开明王仍然我行我素。

纵有无数星辰可见，天地为一。

然有万千道法传扬，礼宗为一。

“吾道不孤”，出自《论语》。

周易、周礼、诗三百。中华传统文化的活水源头。

“礼仪之邦”。推崇“读孔孟书，识周公礼”。

文明传承，礼仪作为一大主线，始终贯穿根系血脉中。

成都羊子山祭祀台、金沙遗址祭祀区。

重要建筑。帝王得民心、得天下不可或缺。

一幅美好和谐画面。站在此处，想象着古蜀王在巨大、高耸的方台上，祭神灵，求护佑百姓；观天文，保农业生产。民乐之、附之，古蜀王舞之蹈之，与民同乐……

传统习俗，“尚五观念”。

崇尚祥瑞。以太阳神崇拜为主神崇拜，“古成都人”又以“五”数为尊。一种精神性的转换，满足人们心理上的某种期盼、愿望，对一个民族、王朝，有凝聚人心、激发热情的效力。

在郫都三道堰古城遗址，“大房子”中的五座卵石祭祀台基，显示“五”与神圣祭祀的关系。在三星堆

文化内涵一样。独特的祥瑞观念，一如华夏先民尊「九」，中原王朝的皇帝，使用九鼎等礼器来象征地位、身份，古蜀王以「五」为吉祥、尊贵的象征。「九五之尊」，江河文化融合后才形成的说法。

一号坑、二号坑中，发现的宗教首领形象，都戴着“五”齿高冠。不但青铜太阳轮上表现为“五”条射线，石边璋上也以“五”幅图为一组，每组图案上表现“五”个人物。

新都战国蜀王木椁墓的中随葬青铜器，也以“五”为基本单位组合。

开明王朝统治时期，盛行“尚五”。

开明前五代君王，谥为五色帝。以五色为庙主，“每王薨……未有谥列，但以五色为主，故其庙称青、赤、黑、黄、白帝也”。以“五妇”，为蜀王妃。

矗立在蜀王墓前的大石，亦有五块石。

地名也有五妇山、五块石、五丁冢之类。

“时蜀有五丁力士”。《华阳国志》中，记载较多。

“五丁”，用于各种劳役，凿出开道、王室迎送等。

随着统治的强化，演变成为五家为邻、五邻为里类的社会基层组织。

密切相连华夏文明。在中原地区，十字形源于“五”，被分为五个方位的十字形宇宙。古蜀文化“尚五”的神圣性，与殷商时代十字形的宇宙观，具有同一古老的精神谱系、文化传承。

青铜祭器圈足上有十字形穿孔；氏族徽号、祖先名多用十字形；殷墟的墓葬用十字形营建。

“五”具有核心性质的意义。

长江文化、黄河文化的“双联体”。

共同拥有一个“文化底层”：中华文化基因的“双股链”。

文化内涵一样。独特的祥瑞观念，一如华夏先民尊“九”，中原王朝的皇帝，使用九鼎等礼器来象征地位、身份，古蜀王以“五”为吉祥、尊贵的象征。

“九五之尊”，江河文化融合后才形成的说法。

蜀郡太守李冰，对“古成都人”的尚五习俗，也非常熟悉。

在修建都江堰时，雕“作石犀五头以厌水精”。真正尊重传统习俗，赢得了“古成都人”由衷的拥戴，形成一种前所未有的和谐局面，在治理水患、发展农业等，都获得极大的成功。

“五里云雾”。在彭州与周边的什邡、广汉，遍布和“五”有关的地名、物什，如五仙庙（葛仙山镇）、五里地（致和镇）、五龙洞（白鹿镇塘坝村）、五珠沱（什邡湔氐镇）。

秦始皇统一中国后，要求“数以六为纪，符、法冠皆六寸，而舆六尺，六尺为步，乘六马”。但在成都平原与周边开凿的道路，仍称为“五尺道”。《史记》记载：“秦时常頞略通五尺道。”

根深蒂固。秦朝虽然高度集权、令行禁止，却也难改变蜀地风俗，只能顺其自然。东汉末年，张道陵在湔江河谷创建天师道，也充分利用“古成都人”尚五的传统习俗，以“五斗米道”为号召。

在《神仙传》中，葛洪“翕然奉事以为师”，也大获成功。

历史谱系。在距今4 000多年，直至开明王朝晚期，延绵3 000年之间，一直保持着对神圣数字“五”的崇拜，一种“神圣”与“世俗”之间的最高范式，将“古成都人”的生活宗教化。

宗教意识。

古蜀国和古埃及，都曾有过太阳崇拜。

都有多种形态。远古中国的日神传说中，鸟、兽也主要是太阳神形象。在古埃及的太阳城赫利奥波利斯，日神拉是一只鹰，而5 000年前埃及底比斯，日神是尼罗鹅或绵羊……

无论是古埃及人敬畏的翱翔于尼罗河上空的雄鹰，还是华夏先民感到迷惑不解的“大鸟”，都象征太阳遨游太空的自然意义，体现两大古老文明早期图腾崇拜、自然崇拜的相似性。

二者都将太阳视作对生命和权力的象征。

印加古文明，也崇拜太阳神，并与中国古文明一样，将天体神灵分成不同的层级的“神子诸系”，以对应人间社会的等级分层，从而构成政教合一的文明特征。

三星堆的青铜神树与玛雅文明中的木棉圣树相似之处颇多。玛雅木棉圣树展现宇宙的四个方向，象征天地等元素结合体。相似的象征意义，体现两种文明类似的宇宙观。

在玛雅人的观念中，世界的定位点太阳，将世界划分为五个位置，中心位置，正是一棵被称为“世界树”的木棉树，下端，根植地下，顶端，上达天界，中间的枝条，连接着人间。

“古成都人”的想象中，自然与人类共同众神的世界，通过一棵通天神树相连。

不同文明还有一些“共同语言”。

中国古代把冬至视为一年的开始。

埃及庆祝日光节的圣地有两个，加龙神庙、卡纳克神庙。

卡纳克神庙中轴线上的大门、柱殿和祭坛，都朝向冬至日出的无论是古埃及人敬畏的翱翔于尼罗河上空的雄鹰，还是华夏先民感到迷惑不解的「大鸟」，都象征太阳遨游太空的自然意义，体现两大古老文明早期图腾崇拜、自然崇拜的相似性。

方向。

冬至的清晨，太阳在卡纳克神庙的轴线上升起，连续穿过阿蒙雷神庙的两个石门，沿着主入口的通道，指向神庙中心祭坛，日出方位，横向东偏南26°左右。

英国奥斯通道式古墓，每年冬至同期左右，黎明日出的光线，穿过幽暗的墓室入口通道，照射在内部墓室棺椁上，场景令人震撼。

古爱尔兰的纽格莱奇古墓，建造时间比英国著名的巨石阵还早1 000多年。每年冬至前后数日，日出的光线，沿着长长的古墓甬道，十分精准地照到墓穴深处。

太阳崇拜。

不约而同，数千年前，世界各地都出现城市布局斜向的现象。

“古成都人”因为太阳崇拜，对城市建筑布局选择西北、东南斜向。

公元前1000年左右。冬至日出的时刻，金沙遗址的观测点。在太阳完全跃出龙泉山山脊时，早上8点12分14秒，角度为东偏南28.5°，与成都中心城区蜀都大道、东大街等横向街道，倾斜角度偏差不超过0.1°，误差不超过万分之三。

太阳完全升起的那刻，“古成都人”测定金沙九柱建筑的方位。

修建了祭祀所用的明堂。

冬至那天早上，古蜀国王早早地站在明堂楼上，虔诚地朝着东方。

成都平原多云雾，上午见到太阳时，太阳已升至东南方所致。当太阳完全出现在东方的地平线(龙泉山山脊)时，祭祀正式开始：国王念祭词，臣民跪拜，一片肃穆。

太阳崇拜，能解成都城布局斜向之谜。

三星堆遗址→郫都古城遗址→金沙遗址。城市布局均为斜向，只是倾斜角度不同：三星堆、郫都古城遗址，大致为横向东偏南35°，金沙遗址斜向，大致为28°。

影响后世成都内城的布局，直到现在仍为28°左右。

虽然靠近龙门山断裂带，但川西坳陷刚性稳定的岩石圈结构，决定成都平原不会发生破坏性的大地震；沉积盖层厚度大、质量佳，分布适宜，决定发生地震不会对主城区造成巨大破坏。

说文解字上说：凡居中曰脐，“肚脐”为人之中，“天脐”为天之中。

现代社会把“天脐”称为大地原点。

成都原点位于文武路与锣锅巷交叉口西侧。

东经104°04′、北纬30°40′。用金沙遗址出土的“太阳神鸟”图案制作的标记，包围着这颗小圆球。太阳神鸟标记外侧，标注着“1956成都市平面坐标系统原点”。

最外面的正方形，每个边正好对准正北、正南、正东、正西。

象征意义大于实际意义。

中国的中心。早在周朝时，就开始中心位置的研究。

确定豫州为九州的中心，测出汝南为豫州的中心。

西汉时期，测算的一条长达1 000多公里的建筑基线，刚好穿过整个大地原点，基本重合。2 000多年前测定的建筑基线，与现在中国大地原点基本一致，相差就2秒经度（60米）的距离。

北纬34°32'27.00″，东经108°55'25.00″。中华人民共和国大地原点，位于陕西泾阳永乐镇，距西安市中心36公里，距咸阳市中心28公里。中国国地理坐标经度与纬度的起算点、基准点。

泾阳，在北山之南、泾水之北筑城，故得名。

“泾阳”之名，最早见于《诗经》：“玁狁匪茹，整居焦获，侵镐及方，至于泾阳。”将泾阳作为专用地名，是在战国时期，秦始皇嬴政先祖秦灵公始置泾阳县，迁都于此。

离中国正北为880公里，正东1 000公里，正南1 750公里，正西2 930公里的一个点上。

大地原点。国家授时台必须建在国家中心地带。

陕西渭南蒲城，就成了“北京时间”的授时台。

智慧价值。古今测量史上的巧合，令考古与测绘界感慨不已。

祭祀繁盛，人类活动兴盛的表现。

早在商代，成都就是热闹城市。

天命观念，商周时代逐渐明确。

主宰人间一切的神，称“天”；天的意志，称“天命”。

周人深入地发挥“天命”思想，提出“天命靡常”“以德配天”。儒家的天命观由此而来，经过孔子、孟子的阐述，儒家明确宣扬“天命”“天道”，对人事的终极决定力量。

周易启迪了《道德经》对宇宙本源的探索、认识世界的方法；儒家源于周礼，秉承先周的贵民思想，主张民贵君轻，施仁政。具有地缘和历史特色的人文思想，源于周文化。

天、地、人，中国古代宇宙观最基本的三要素。

《礼记》称：“夫礼，必本于天，肴于地，列于鬼神。”

《周礼》记载，周代最高神职“大宗伯”，“掌建邦之天神、人鬼、地示之礼”。

在《史记》中，司马迁也说：“上事天，下事地，尊先祖而隆君师，是礼之三本也。”

人们用竹木、泥土塑造神灵偶像，或在石岩上画出神灵形象，作为崇拜对象的附体。然后，在偶像面前陈列献给神灵的食物、礼物，由主持者祈祷，祭祀者对着神灵唱歌、跳舞。

《礼记》说：“夫礼之初，始诸饮食。其燔黍捭豚，污尊而抱饮，蒉桴而土鼓，犹可以致其敬于鬼神。”祭礼起源于向神灵奉献食物，只要燔烧黍稷，用猪肉供神享食，凿地为穴当作水壶，用手捧水献神，敲击土鼓作乐，就能够把人们的祈愿与敬意传达给鬼神。

西方文明起源后，青铜器成为生产工具，文字用于商贸产品的交流记账、私产记录。

中华文明起源后因农耕生产、血缘管理需要，祭祀祖先神灵的原始巫术，不但升格为原始宗教神灵观念，还进一步强化通神手段，集中到氏族贵族手中。

玛雅文明的文字，也不像西方文明用于商业贸易，而如同中国一般用于宗教祭祀。

物质丰裕，使古蜀国祭祀礼节复杂，祭品讲究规范性、等级性。

金沙遗迹祭祀区的黄土台建造前，祭祀品主要以石器、象牙为主。

在建造黄土台后，祭祀开始大批应用金器、铜器、玉器等。

全盛时代。“礼乐征伐自天子出”。

开明王朝建立了一套完备的礼乐制度，祭祀制度地位重要。

与商周文化相同的占卜习俗。习惯、爱好烧灼龟甲，观察兆纹，预测吉凶。大凡祭祀、征伐、田猎、使命、往来、年岁、婚娶等，大大小小的事情，在“古成都人”眼中，都需要占卜。

占卜文化发达，与当地大量产龟密切相关。

龟看似笨拙，寿命却相当长。

3 000年以前，成都平原江河密布、湖沼众多。各种各样的龟，爬来游去，在河滩上行动迟缓，像背负着命运的大山。“百年鹤，千年龟”，先民对龟类崇拜的习俗，被慢慢培养起来。

“扬雄《蜀记》以杜宇自天而降，号曰‘天隳’”。

杜宇住在城北天隳山（天回山）上，利妃生一女，可爱至极，取名为“凤”。

红颜薄命。公主从小体弱多病，直至二十，尚未出阁，病死宫中。杜宇悲伤不已，将爱女葬于天回山西南边毗邻的土坡上，以便随时看到爱女之墓。

还常在宫中说，凤儿年方二九，取九九长寿之意，不忍说已满二十。

爱女情深，将凤儿以王妃的规格安葬。

墓上覆盖大石镜。形状像古代的量器斛（十斗为一斛），后人称为“石斛山”。

建筑技巧上，十二桥遗址的大型廊庑式木结构宫殿建筑，与羊子山国家祭坛的三道式砖坯建筑，十分相似。尽管一个是土建，一个是木建，技术革新，已使两座遗址有了互通的血脉。

凤凰水迂回处，一座边长为140米、高12米的正方形、呈三级递高，每级高4米，用泥草制作而成的土砖修建，以土夯实。四面皆有供登台的阶梯的土台，著名的羊子山（凤凰山）祭台。

古蜀国最早的遗迹，杜宇王朝兴旺的象征。

用于观望、集会、祭祀的地方。

中国最大的祭祀台。距今3 700年以上。

比足球场还要大，足有四层楼高。

羊子山，大、小羊子山的合称。

大羊子山，人工堆砌的回字形三级四方台。

年代上限为商代晚期，下限至春秋晚期，高达10米。

面积逾1万平方米，用土总量超过7万立方米。

边长超过100米，由160余万块土砖堆砌而成。

距金沙遗址直线距离约7公里，建筑方向为北偏西55°。与金沙遗址建筑方向基本一致。

在开明王建都成都时，与中原王朝高台流行时间吻合。

建筑物无论体量，还是高度，都是当时的冠军。

土坯工程技术、夯土技术，也领先于同时期中原遗址。

遗址台基下，发现的打制石器，比宝墩、三星堆、金沙文化还要早。

建筑技巧上，十二桥遗址的大型廊庑式木结构宫殿建筑，与羊子山国家祭坛的三道式砖坯建筑，十分相似。尽管一个是土建，一个是木建，技术革新，已使两座遗址有了互通的血脉。

使人想起周代的灵台、鲁国的观台与楚国的五仞台。

在平原的腹心地带，祭祀台显得十分高大。

在《归藏》《左传》中，被称为“钧台”“璿台”。

在《史记》中，司马迁曾历数历代传天者，考古所见，也有以候气、观斗、测影为职之官，证明至少在新石器时代，天文官制系统，已经具有基本的雏形。古或以司历之官，名为“历正”。

皇权神授的象征之所。

祭天拜地。不仅观测天象，还是告朔之地。

“筑灵台，祭苍天，安黎民”。最早的记载，在《诗经》中的《诗序》，“天子有灵台者，可以观天象，周文王受命而作邑于丰，立灵台”，据说挖土修灵台，土坑积水成灵沼。

做出的每项决策、任命，都在执行上天的旨意。

最高指示。知天命、顺天意、天命不可违。

沟通天地。祭坛建好后，要知道日升月落，昼夜交替，四季变化，古蜀王可能还兴致勃勃地前来“踩场”，耸立在面前的是一座高达12米的雄伟之坛，一级一级地往上走，台阶坡度13度，比较平缓，并不费力。登上祭坛顶时，有种豪迈的感觉，觉得自己头顶苍天、脚踩大地，为自己的设想、建筑师们的技艺满意。

公元前1260年，三星堆文明毁灭。

张冠李戴，在《竹书纪年》中，称为“益干启位”，在《左传》中，称为“后羿代夏”。将神话“后羿射日”的发生地，由河洛之间“转场”到成都平原。

金沙文明崛起。《竹书纪年》中，称“夏启杀益”，《左传》中，称“后杼复国”，更是“黑白混淆”，把夏启继位、少康复国，“穿越千年”到春秋时期……

维系社会稳定、增强社会凝聚力。

手工业生产服务于宗教信仰，统治阶层将社会财富用于祭祀活动。

鼎盛热闹。开明王曾先后举行过两次重大的祭祀活动。

第一次：在今天的三星堆遗址举行，祭祀亡灵，留下了两个祭祀坑中的其中一个。《蜀王本纪》所称的“开明”，即继承三星堆王朝而得，义为“太阳家族”。

第二次：正式迁都往成都城西的金沙城，真正的改朝换代，“副都”金沙城变成“首都”，进一步确立开明王“一统天下”的地位，举行一场盛大的祭天仪式，留下另一个祭祀坑。

两次盛大的祭祀仪式，完全配得上《左传》中的12个字：“复禹之绩，祀夏配天，不失旧物。”

《诗经》里的《生民》。

周朝贵族在祭祀祖先时，总会唱祖先后稷。

一个重农业的民族，在祖庙里高唱《生民》，缅怀大禹功业、神化祖先的同时，也是对农业的一种表态；神化农业能手，实是对农业的一种尊崇，对“民以食为天”信仰的尊崇。

后稷是尧舜时期掌管农业之官。

稷，粮食；后，君王，百姓就直接尊称为“稷王”。

中华农耕文明的缔造者。“后稷”，周始祖弃，因“好耕农，相地之宜，宜谷者稼穑焉，民皆法则之”，第一个建立粮食储备库和畎亩法，放粮救饥，赐百姓种子，被尊为中国农神。

农神后稷的“叶落归根”之处，成都再次展现农业高度发展的“历史背影”。

“蜀周同源”。史载：“后稷之兴，在陶唐、虞、夏之际，皆有令德”，还协助大夏“治梁（山）及岐(山)”的水利。曾经“建步立亩”“经理疆界”，还是中国田亩制度的创始人。

《诗经》中，《生民》《思文》两首诗，颂扬后稷创业的史诗……

天刚蒙蒙亮，开明王就率领皇室、贵族从金沙城出发。

一路骑马坐车，朝羊子山赶来。

与民同乐。开明王率领的队伍，绵延达5公里之长。

事前，按照选定的祭祀日期，遍告百官、附属国诸侯，邀请参与羊子山祭祀。

仲春时节。漫山遍野，千树万树桃花怒放。

如彩云似红霞，辉映着观宫亭榭。

百姓养蚕织绸，依然沿袭远古蜀人种植桑树的习惯。在今凤凰山与天回镇一带，春天到来，田野上，一棵又一棵的桑树嫩芽绽放，微风拂过，真有“陌上柔桑破嫩芽”的诗意感觉。

沿途，钟鼓齐鸣的声音、随风飘动的旗帜。

金沙城的百姓也都纷纷赶往羊子山，男女老幼身着花衣锦衫，戴着金银珠贝的装饰物，成群结队，笑语欢声，朝北而去。人群像是一条汹涌浩荡的江河，把两边的庄稼、树木都映红了。

高下相照。各种楼台亭阁绸缎扎制，幻若海市蜃楼。

天空中，飘飞着纸鸢，似群鸟翱翔，如春燕低飞；山道上，彩衣华服，逶迤不绝。管弦笙鼓之音与香烟青雾，缭绕于山前山后，其乐融融，一片繁荣景象。

日暮时分。城里而出祈神求福的人，从早晨开始，从未中断。

全然不分。人与自然一体、人与动物一体、人与人一体。

“天时地利”。羊子山渔猎画像砖。

把“古成都人”爱吃、会吃、懂吃的形象，淋漓尽致地刻画出来。

上半部分，有一个莲池。

游鱼，河中嬉戏，两个猎人，正隐藏在莲池旁边的树荫下，张开的弓箭犹如满月，向天空中结队飞翔的鸿雁，瞄准射击……

川西坝子的秋天：天空中白云淡淡，群雁结队往南飞。

下半部分，收割水稻图。

三人执镰，弯腰割稻，二人绑扎稻草，一人挑起一担谷穗，急步飞奔……

渔猎画像，将农、渔、猎等生产场景，形象地展现。

画面离21世纪的现实生活并不遥远。

用嘴巴衡量生命价值，巴适的人生不需要解释。“千年佛系心态”，性格与道家《逍遥游》一脉相承，造就成都人松弛、笑对无常的心态，大事绝不慌张，小事更是“算咾算咾嘛”。

聪颖的“古成都人”，创造了璀璨的文明。

异彩纷呈的古蜀文化，树立大美成都。

重塑了“古成都人”的精神面貌，滋润了生活方式。

难怪，都喜欢称自己是“老子”。

公元前311年，张仪曾从羊子山挖土，修建成都城。

筑城不易，低洼潮湿，土质松软，需要取土填埋。唐代新罗（今韩国）人崔致远，在《桂苑笔耕集》追记：“蜀地无土，昔张仪筑子城，犂土于学射山，日役往返，九载后始成。”

凤凰水在祭祀台，向南潺潺流过，再缓缓流经凤凰山南麓，进入锦江……

水上有升仙桥，引流而修的升仙湖。

励志之桥。司马相如进京，从升仙桥经过，对即将离别的妻子、前来送行的官员，题桥志奋：“不乘高车驷马，不过汝下。”不乘坐高车驷马，决不回来见父老乡亲。一任激情澎湃。

《凤求凰》的琴韵，始终荡漾在升仙水上，升仙水又被誉为“诗意之水”“幸运之水”“爱情之水”。湖畔有茶铺，800多年前，陆游就因为暴雨，被迫在当时的“河边茶座”里消遣。

也是成都的“两路口”。

“金牛道”起点，通秦往蜀的“高速公路”，比欧洲的古罗马大道还早30年，北上，穿越秦岭险峻山谷，连接北方丝绸之路；南下，出成都万里桥，上“西夷道”，南方丝绸之路起点。

迎接与送别之地，今天倡议的“一带一路”的交会处。

“古成都人”走向世界的路径。

成都处在中西文化交流的前沿。

文化基因开放，北与中原，进行双向交流；正东方向，有荆楚、长江下游，南方文化的西进；东北方向有河南、山东，北方文化的斜插；西北有青藏高原、云贵高原，厚重氐羌文化的南下；南通南中、东南亚并与西亚交往。

大山高耸、路途艰难，似乎从未阻止过“古成都人”与外界的交流与往来。“古成都人”以无比坚定的信念、力量与周围甚至世界的文明，进行深刻交流、互动和影响。

太阳神鸟，象征“古成都人”遨游远方的期许。

三千年前，将翱翔太空的美梦，寄托在神鸟上。

长江上游最大的都市。与良渚文化水乳交融。石峁文化、石家河文化、红山文化、诞生大禹父子的“江原文化”，乳育夏文化、承接商文化进入。西亚与埃及“闻风而动”，尼罗河彼岸的法老面具、金杖，也间接传播到成都平原。产自印度洋的玉海贝(饰品)被三星堆人、金沙人所用，贸易发达，人群流动频繁，形成若干市场，还出现了青羊肆等以类划分的市肆。

语言被中原人称为“左言”。

在商周时代就发明象形文字，常被刻在青铜兵器上。

金沙文化的扩张也最广：向南，达到滇北一带，朝北，达到陕南地区。

春秋战国之际，同时使用同一系统的中原地区的汉字与巴蜀文字。

成都平原的东部，巴人活跃，属于同一性质的文化。

许多文明都崇拜太阳，但将太阳以辉煌艺术的表现形式展现，唯有金沙做到。

成都的浪漫情怀、审美情趣，都从金沙延续而来。

神秘传奇。由蚕丛、柏灌、鱼凫、杜宇、鳖灵等古蜀先民们创造的真实历史。

空间坐标，成都先民生活的地理环境。

时间坐标，古蜀历史所在的时间范围。

让生活更美好。

在岷江上游河谷、龙门山、成都平原三大地理单元上，不断地迁移。

成都平原是中国唯一处于内地，却享有“海洋性气候”的“飞地”。因为水患等原因，曾经并不适合居住，“古成都人”均生活在高山、高原地带。直到水患解决，才从盆地山区、山前地带，一点一点往下游迁徙，逐步进入腹心地带，住了一段时间，发现不行，再继续往平原移动，最终定居，成就天府之国的一方乐土。

《山海经》，中国一部记述古代地理与神话的古籍，内容主要是民间传说中的地理知识，包括山川、道里、民族、物产、药物、祭祀、巫医等。中国历史上一部想象力非凡的百科全书。

一本包罗万象的“天书”。

大禹与助手伯益，治水时，游遍了九州天地，见识到了各种奇人异事，都被记录在《山海经》里。成都，唯一见载于中国最早地理古笈《山海经》的大城市，光芒四射。

成都处在中西文化交流的前沿。文化基因开放，北与中原，进行双向交流；正东方向，有荆楚、长江下游，南方文化的西进；东北方向有河南、山东，北方文化的斜插；西北有青藏高原、云贵高原，厚重氐羌文化的南下；南通南中、东南亚并与西亚交往。

成都与杭州。

都在北纬30度，地球上最神奇最有趣的一条纬线。

北纬30度，主要指北纬30度上下波动5度所覆盖的范围。沿着北纬30度前行，能领略许多奇妙的自然景观：美国的密西西比河、埃及尼罗河、中国长江等，均在北纬30度入海。

人类文明史上一条极其特殊的纬线。

神奇地带。孕育源远流长的第一波五大文明。古埃及、古苏美尔、古印度哈拉巴、古中华良渚与宝墩文化。良渚文化跟苏美尔文化几乎同时代，比古埃及更早。

同处“长江·沿海”半月形传播带上。

成都在西端，长江上游。

杭州在东端，长江下游。

文化交流，有着极为深厚的文化底层。

水乳交融。三星堆文化、金沙文化与良渚文化。

一个集大成的文明，持续发展约1 000年。串满文明奇迹的珍珠项链上，与“宝墩文化”同期的良渚文化的余辉，在三星堆文化、金沙文化中闪烁。

良渚古城与宝墩古城，反山王陵的土筑金字塔与营盘山石板墓的朱砂葬、瑶山祭坛与三星堆祭台，两地发达的稻作农业、高超的手工业技术，共同谱写了长江流域早期文明的华丽篇章。

长江流域最早驯化水稻。

在浙江余姚河姆渡，出土数量巨大的成熟的栽培稻谷，年代为公元前5000至公元前4500年。湖南澧县彭头山类似的稻谷遗存，距今8 000多年。江西万年县的仙人洞、吊桶环，发现更早的稻谷的植物硅酸体，证明在距今约1万年，稻子已经开始被栽培。在湖南道县玉蟾岩的洞穴遗址发现了3粒半稻谷，当时测定与稻子共生的其他作物的年代，为公元前1.2万年。

良渚，意即美丽的水中之洲。

杭州的“杭”字，指用于远洋的工具木排方舟。

杭州的前生。余杭区的一个地名，距杭州市区约30公里。地势比杭州高，天然屏障天目山余脉，对外的重要通道苕溪。山脉众多，大面积湿地。鱼肥稻香，典型的江南鱼米之乡。杭州从这里出发，逐渐向钱塘江口靠近，到西湖边就再也不走了。

形成了江南水乡都市最早的格局。

横塘纵溇间，与古埃及、苏美尔文明同时期建成。

考古称为“良渚文化”。中国最早的区域性大国。

人口9万以上，居住在城与周边的人口，2.8万。

鼎盛时期，城区人口可以达到4万。

良渚古城遗址，地处东南沿海，在浙江北部太湖以南、长江中下游的天目山东麓，悠悠流水，润养着杭嘉湖平原。河网纵横的平原地带，一个早期区域性国家的权力与信仰中心。控制太湖地区1000平方公里、数百个小型聚落。覆盖了古会稽（今江苏苏州至浙江绍兴）与古扬州（今安徽宣城至江苏扬州江都区）的全部，延伸至闽赣川湘地区、豫鲁晋陕地区。

南北，分别峙立着大遮山、大雄山两座天目山余脉；西部，一系列低矮山丘，均距古城约2公里；向东，敞开的平原，以山为郭。东苕溪，自西南向东北蜿蜒流过，最终向北注入太湖。

人口比世界上最早诞生的城市“乌尔古城”还多。

密集分布区，集中在余杭区中西部的瓶窑镇附近。

城墙接近长方形，四个转角处呈现圆形，称为“圆角方形”。

有四个故宫那么大。

面积约14.33平方公里，周长6公里。

由内而外，城址向心式的“宫殿区、内城、外城”、水利系统完整的都城结构，与后世都城“宫城、皇城、郭城”的结构体系类似，世界举族迁徙。特大洪水灾难延续若干年，良渚先民被迫远走他乡。

北上，争夺生存空间，爆发与黄帝、蚩尤的冲突。

南下，长途跋涉辗转漂流去寻求、创造第二家园。

相继分两路，向地势更高的长江中游迁徙。一路，沿长江逆流而上，与石家河文化「交融」；一路，走中原路线，过河南，辗转入川……

上已发现的结构保存最完整的早期都城系统。

工程量顶两个金字塔。

“中华第一城”。意义与价值，可比殷墟。

无论规模，还是内涵，在世界同类遗址中都极为罕见。

外围大型水利工程，在余杭区瓶窑镇境内。古城的北面和西面，由谷口高坝区、平原低坝区、塘山长堤区三个部分，11条水坝组成，形成3个水库，蓄水量高达6 000万余立方米，多出西湖4倍有余。从北面的塘山长堤的东端，到最西面的蜜蜂弄坝，距离为11公里；从最北端的石坞坝，到最南端的梧桐弄坝，距离为5.5公里。从城中心，到最远的蜜蜂弄坝体，距离约10公里。

精通于城市的规划和建造能力。

先有水利建设，再建城市居住。

城建之初，已经统一规划、设计了城外有机组成部分。筑坝构成的水库，能够衔接周边天然水域，加上古城里的人工河道、表里城河，共同构成了一个杂乱而完善的水上交通运输网。

中国最早的大型水利工程。

将水利史的源头上推到距今5 000年左右。

比“大禹治水”，还早1 000年。

水利工程发达完备，令人惊叹。

仅外围堤坝的总土方量即达260万方。

需要上万人修建数年，王朝式的政权才能做到。

水系发达，犹如一座水城。城内，水网长度超过30公里。交通干道。

共发现八处水城门、一处陆地城门。

陆城门，夯土夯筑而成，三个夯土墩将陆路分为四个通道。

河岸边缘用木桩、竹编、木板进行加固。

岸上，玉石加工、漆木器与骨角牙器制作的手工作坊区。

"藏礼于城"，"湿地营城"。社会分化、劳动分工、城乡分野、大型工程管理组织能力、神王合一的社会结构、区域性的统一信仰，早期国家在城市文明方面所创造的的规划特征。

上承庙底沟时代，下启龙山时代。

文明摇篮。人类最早的城市。

美索不达米亚平原，苏美尔人的乌尔古城，城市面积不到0.6平方公里，大概相当于85个足球场的大小。良渚古城，发掘出总面积6.13平方公里左右，将近860个足球场大小。

超过乌尔古城的十倍。

距今5 000年左右的宫殿面积，约30万平方米，整个乌尔古城的一半大。

与著名的埃及胡夫金字塔相比。胡夫金字塔公元前2580年左右建造，占地近5.3万平方米、体积260万立方米左右。良渚古城宫殿区30万平方米、基座土堆厚达10米左右，总体积大概为300万立方米。

工程量至少不亚于晚几百年的胡夫金字塔。

水利系统，由11条堤坝组成。

最长的11公里。外围堤坝的总土方量，就达到260万立方米。

类比。好莱坞电影《金刚》里美国纽约帝国大厦，总体积也不超过80万立方米。

相当于，在古埃及人堆了大概相当于三个帝国大厦的石块，给法老当陵墓之前的几百年，中国人的祖先就已经挖掘了相当于六七个帝国大厦的土方，去改善住宅条件、兴修水利。

难能可贵。根据DNA检测，古代良渚人的基因，与现代上海人的基因相差无几。

五千多年过去，生活在这片土地上，仍然是当年那些人的后代。

不止改写了中国历史，也改写了世界历史。

水利工程里楔形文字，从部落到国家形态。

"巫政之国"。社会发展程度，已经进入文明阶段，神权、军权并重的国家形态。与沙漠中的苏美尔文明、大河两岸的埃及文明、海洋特色的爱琴文明、热带丛林中的玛雅文明、大山深处的印加文明不同，以犁耕技术、水运网络、统一宗教、玉器媒介为四大支柱，在水乡泽国中形成的大一统文明。

除了修水坝，也创造了灿烂的玉文化。

中国史前玉器发展的顶峰。

良渚文化中，玉琮是神圣的象征。

通体高8.9厘米、器重约6.5公斤，一个大西瓜的重量，形体宽阔、硕大，圆度极为规整，器表光洁如镜。目前发现的良渚玉琮中最大、最重、做工最精美的一件，被称为“玉琮王”。

“权贵圈”通行的权力名片。

接近良渚历史年代的世界文化遗产，只有埃及的孟菲斯金字塔、以色列的阿卡、巴基斯坦的摩亨佐达罗、泰国的班清、阿曼的巴特·库特姆、印度的巴瓦加德和叙利亚的阿勒颇。

都距今3 800年左右，仍然比良渚文化“年轻”。

长江文明把中华文明历史推到了5 000年以上。

良渚文明的身影，一直隐藏在几千年的华夏记忆中。

甚至，最大的秘密，如白天的太阳，一直展示在我们面前。

古埃及人修金字塔时，中国人建造了良渚古城与外围的水利系统。

长江流域以良渚、三星堆和金沙城为代表，城邦集群与氏族联盟的遗址与文史，将叙利亚、埃及和以色列等地的，被“西方至上”者编造出来的“九千年文明”之类的左支右绌的残篇断简、按想象拼凑与伪造出来的遗址和文字等，强力推到无处藏身的旷野。

曾经高度繁荣的文明，遭遇一场重大自然灾害，突然消失。

遗址的断层上面考古，发现一层厚厚的淤泥堆积。

距今6 000年前后，全球性气候变迁，良渚文化晚期气候变暖，气温升高，冰川融化，海平面上升，太湖平原除了少数高地、丘陵外，全部沦入汪洋之中。一次大规模的海侵蔓延。

海平面高出以前2米左右。

大部分的聚落被洪水淹没，发达的文化设施被摧毁。

没有了家园，没有了生存之地……

良渚人或迁移，或死亡，辉煌一时的良渚文化被海侵摧毁。

洪水突降。当山洪暴发，江河水涨，洪水泛滥，陆地被淹，黄河、长江的下游，长江三角洲之地，一片汪洋。再也无法以农为生，人们只能向高处躲避，或逃奔外地。

良渚文明遗址周边约20至100公里范围内，由东至西呈半包围圈，分布着软玉、石英玉、透辉石、钙榴石、萤石等宝玉石矿脉，按玉石品种分类，有和田玉（广义）、闪石玉、蛇纹玉、玛瑙、玉髓、水晶、蛋白石和石榴石等品种，符合良渚玉器品种多样的特点。

良渚玉石加工基地。

5 000年前，余杭、德清接界的下渚湖一带。

毁灭性打击。在天目山中的玉矿开采出的玉料，通过纵横交错的苕溪水系，被源源不断地运送至加工地，加工成精美玉器后，在良渚王城与周边部落交易换成食物、财富，良渚成为当时最富足发达的交易中心，初具国家雏形。一切都在4 500年前的防风王时代，因气候突变、海平面上升而中断，地处低洼地带的良渚文明与防风文化，都被淹没在一片汪洋之中……

千余年发展起来的良渚文明，毁于一旦。

举族迁徙。特大洪水灾难延续若干年，良渚先民被迫远走他乡。

北上，争夺生存空间，爆发与黄帝、蚩尤的冲突。

南下，长途跋涉辗转漂流去寻求、创造第二家园。相继分两路，向地势更高的长江中游迁徙。一路，沿长江逆流而上，与石家河文化“交融”；一路，走中原路线，过河南，辗转入川……

全球性的“干冷事件”。

4 500年前，整个中国气候，甚至世界气候，世界多地发展起来的农业文明，遭受到持续约200年的干冷气候的严重影响，导致了埃及、希腊、叙利亚、巴勒斯坦、美索不达米亚、印度河流域和长江流域文明的崩溃，人类的迁徙。

气候变迁。东西南北相距遥远的不同古文化，几乎同时陷入衰落。

只有气候能够影响广阔的范围内的人类、文化。

因祸得福。“干冷”对杭嘉湖平原是灾难，对成

「内循环作用圈」。距今5 000年前后，长江中下游文化深入岭南和珠江流域；黄河中游的庙底沟文化向北，传播到内蒙古，西上抵达黄河上游，又经甘南进入岷江上游、成都平原。江河文化「双联体」，相互融合、重组。

都平原却是好事。干旱的发生，让沼泽渐渐消失，在5 000多年前宝墩的先民，继后的三星堆、金沙村先民，正是在这样的区域逐渐兴起。

良渚文化在公元前2300年左右衰亡。

遥相呼应。宝墩文化，同时突然衰落。

几百年后，在大约距今3 700年前，石家河文化也走向衰落。

沿着“长江—沿海”半月形传播带，成都平原在“呼喊”。

诗与远方。

不能直接抵达，只能徒步相告。

靠着站站相传的方式，良渚文化将礼器、信念慢慢传入……

东南地区。一股，因环境变化而西迁的良渚—石家河“联军”；一股，南下二里头，夏朝灭亡时的夏桀南迁。两股势力逐渐融合，外面的世界很精彩，被敞开胸怀的三星堆人“消化”。

接踵而来。湖北“石家河文化”的玉“人头像”，善学的三星堆人又提起刻刀，端详着巫师、首领，雕刻成本地人的模样。青铜技术传入，制成铜“人头像”。人铜“立人像”出现。

青铜“立人像”的原始形态，还与安徽“凌家滩文化”的玉“立人像”，甚至，与辽宁“红山文化”的玉“立人像”，有文化渊源关系，表现的都是正在作法的神巫形象。

西北地区。距今4 000年左右，陕北地区的“石峁文化”传入。

黄帝部族居住的居邑。一种上端有叉刃、下端呈长方形的玉器，被称为“牙璋”。仿造出来后，又根据对鱼、鸟图腾的崇拜，在器身上加入游荡的鱼儿、飞翔的透鸟等纹饰。

文化关系密切。距今3 700至3 600年前后，伊洛河流域的二里头文化（“夏文化”）带来兽面纹铜牌饰，在生产过程中，三星堆人大做“减法”，将图案逐渐简单到只留下长方形的外貌。

“二里头文化”包含政治发明、文明遗存。辐射能力强、影响大，具有王朝的气象。除了在夏后氏“故地”三星堆外，在岭南地区的香港，甚至越南北部，都发现制作非常精致的大型牙璋。

距今3 600至3 200年左右，“商文化”代表的中原地区青铜器、玉器，又大量输入。三星堆人对铜尊、铜垒、玉戈、玉矛略加改造，成为大量礼器的重要组成部分，促成了三星堆最大限度的繁荣。

应接不暇。东亚、南亚地区传来的海贝、象牙和神树造型，与三界、阴阳门观念等，促进了三星堆青铜神树、神坛的塑造与天门理念的产生。

距今3 600至3 100年前，西亚与埃及也不甘落后。

尼罗河彼岸的法老面具、金杖，在影响到希腊迈锡尼文化后，也间接传播到。成都平原纯纯的黄金，满满的奢华，尽管有些昂贵，三星堆人还是制造出一个个薄薄的金面具，罩在青铜人头像的脸面上。

文化交流，有来有往。

成都平原出产的丝绸，也出现在3 000年前埃及法老王后的头饰中。

姿态万千的玉器韫椟，藏着朦胧的信仰。以玉为傲的良渚遗民，最早将玉锥、玉泡、玉珠，从二里头“驮”到了三星堆，精美的青色玉琮，被当作“传家宝”，代代流传，再传到金沙。

十节玉琮，揭示了长江流域两大文明中心跨越千年的“缘分”。

同宗同源，气质非凡。高22厘米，通体呈淡淡的青绿色，上面有些暗黑的花斑，整体透明晶莹；为长方柱体，外方内圆，上大下小，中间贯穿一孔；制作十分规整，整器内外抛光，九条细小的横槽，将其分为十节；整个器表形成了40个凸面，每个凸面拐角，各有一个变形了的“神徽”。得名“十节玉琮”。圆形的开口、方形琮身之间，称为“射”部，代表着“上天和大地之间”。

21世纪初经考古人之手，重见天日。

三星堆都城始建于约公元前2000年，正是良渚文化深受海侵之害后期。

史前中国各地区在宇宙观、祭祀礼仪、统治策略等方面形成“共识”。

与“上层远距离交流网”密切相关。

“内循环作用圈”。距今5 000年前后，长江中下游文化深入岭南和珠江流域；黄河中游的庙底沟文化向北，传播到内蒙古，西上抵达黄河上游，又经甘南进入岷江上游、成都平原。

江河文化“双联体”，相互融合、重组。

青铜器时期，吴越地区既有湖北钟祥的荆楚文化，也有孙武等贤能之士带来的黄河文化。两种文化，相互碰撞。

神秘的三星堆不断给我们惊喜。

“沉睡三千年，一醒惊天下”。

与第一次大规模发掘祭祀坑相隔35年。

三星堆开启了第二次大规模成体系发掘。

2021年3月20日，三星堆遗址“再惊天下”。

地地道道的“大国工匠出品”。

新发现的6座三星堆文化“祭祀坑”，现已出土重要文物500余件。

“高度担当”。时隔35年，三星堆发掘再次震惊世人，“中国制造”持续登上热搜。多件器物具有中原文化内涵与地区特有的创意器形，再一次证明了古代中华文明的多元一体。

新发现的6座“祭祀坑”，位于1、2号“祭祀坑”旁边。6个相似的器物坑，四大两小，朝向一致，都是东北—西南走向，更多学者坚持认为是“祭祀坑”。器物掩埋时间差异明显，不同坑的器物明显埋藏于不同时期的土层。

古蜀国专门用来祭祀天地、祖先、祈求国泰民安的场所。

怪异的祭祀现象。有点像交接仪式一样，新王登基或新的一个王朝诞生，会把前一个王朝的东西，从宗庙里面或是主庙里面请出，埋进坑里，然后，自己再造一套，继续放进宗庙里面。

逻辑关系。以此类推，一代、二代、三代、四代……

三星堆目前出土的文物，多用于宗教、祭祀活动。

一号坑，祖先崇拜，以青铜人像等器物为代表；二号坑，太阳崇拜，以太阳形器为代表，两个“祭祀坑”，表明三星堆文化时期社会王权和神权并存，在后来的金沙文化中得以延续。

在四号坑取数10份碳14的标本样品，测定发现距今公元前1199年到公元前1017年之间。

在2021年，年代相加后数字是3 220，由于公元没有0年，再减1年，也就是距今3 219年。

不是举办祭祀活动的第一现场，属于第二现场。

出炉的器具，也越来越出圈。既有青铜尊、青铜罍、巨青铜面具这样的“大家伙”，也有硬币大小的圆形黄金饰片、数量众多的玉质管珠、象牙微雕等精致细微的“小宝物”。

黄金、象牙、玉、铜、丝绸等珍贵材料，应有尽有。

“大国工匠”的文创，令人惊叹，让人感慨。

造型奇特、大气恢弘。

出土的小平底罐、鸟头把勺、尊形壶等陶器与铜立人像、铜神树、玉璋和金面具等，带有浓郁的古蜀地域特色；青铜尊、罍与玉璋、玉琮、玉璧、玉戈等与黄河流域的出土器物一致，具有文化的共同属性。既昭示古蜀文明的灿烂辉煌，也彰显中华文化的丰富性、多样性。

发现3 000多年前祭祀用的丝绸。

在祭祀坑的灰烬层里，发现大量丝绸痕迹。

在青铜器的周边上，发现丝绸包裹的痕迹。

起源，不是制衣服，而是事鬼神。

一种形而上的功能。在精神层面，印证古蜀时期，丝绸有沟通天地人神的独特用途；在物质层面，也反映当时古蜀国的丝绸生产。中国5 000年的历史里面，丝绸扮演角色不同。最高层面，祭祀用祭服，沟通天地人神；伴随逝者往生的尸服；现实社会的日常穿着。

蚕，天虫，沟通天地，启迪生死。

一种非常娇弱的生物，为保证天地之路的通畅，使人们敬重的蚕蛾能循环轮回，古蜀先民们开始建立蚕室来进行精心的饲养，养蚕也是在中国特有的文化背景下展开。

丝绸、蚕、桑树，体现天人合一的理念。

丝绸织品表达。三星堆文化时期，丝绸生产已达到相当发达的水平。

遗址二号坑出土的青铜立人像，身着上衣下裳，服饰上有起伏纹饰。

出土的青铜神树上有桑树，青铜兵器有蚕纹，一些青铜壶上更有采桑图。

为南方丝绸之路提供考古学实证。《华阳国志·巴志》记载，禹“会诸侯于会稽，执玉帛者万国，巴、蜀往焉。”西周时，古蜀国已向周王朝进贡蚕桑制品，富庶和强大超越想象。

大型祭祀礼仪中，象牙祭祀盛极一时。

象牙往往会被“古成都人”用于祭祀河水，与《周礼·秋官》所提“壶涿氏，下士一人，徒二人”，“掌除水虫，以炮土之鼓驱之，以焚石投之。若欲杀其神，则以牡午贯象齿而沈之，则其神死，渊为陵”有关。沿河而居、繁衍生息的民族，河道的泛滥情况关乎民族的生存。

集中发现象牙超100根，还有象牙制品，有的饰品表面，还刻有精美的云雷纹。象牙源自亚洲象群。夏商时期气候温暖湿润，黄河流域尚有象群活跃，更何况地处成都平原的三星堆。

再次佐证《山海经》中的记载：“又东北三百里，曰岷山，其兽多犀、象。”

1986年发掘的二号祭祀坑，出土象牙已被证实属于亚洲象。

殷墟妇好墓中，也出土多达7 000枚的海贝，不乏来自阿曼湾的海贝。

山东苏埠屯商代晚期墓葬中，同样发现3 990多枚海贝。

有三种可能性：三星堆祭祀坑中的海贝，直接与印度地区文化交流的结果，并传播到中原的殷商王朝；三星堆文明和殷商王朝，各自都有海贝来源通道；三星堆的海贝来自殷商王朝。

黄金面具绝美。

金器崇拜，一脉相承。金沙遗址博物馆保存的商周大金面具，同时期最大的黄金面具。面具虽只有半张，已足够令人惊喜。但方形面部、镂空大眼、三角鼻梁，还有宽大的耳朵，与三星堆所出土的黄金面罩、金沙大金面具的风格，十分相似。

半张脸都有280克，完整的重量超过500克。

经检测，含金量为85%左右，银含量在13%到14%左右。与此前三星堆遗址所发现的金器的黄金含量相似。宽度约23厘米，高度约28厘米, 比完整的金沙大金面具还大。

厚度非常厚, 不需任何支撑, 就可独自立起。如果能发现完整的黄金面具, 不仅是国内发现的同时期最大的黄金面具, 还是国内所发现的最重的金器。携带的许多神秘信息, 等待揭开。

大量的金器都与宗教祭祀相关, 象征某种特权, 昭示特殊身份, 与在国内同一时期其他遗址中主要以玉器、青铜器作为祭祀品相比, 非常特殊, 都体现了“古成都人”对金器的崇拜。

铜人顶尊罕见。尚未完全出土的铜人顶尊, 肩部四周装饰了4条飞龙, 从尊的口部游动而下, 栩栩如生。再往下, 便可见铜人双手做拱手状, 头部和尊的底座连接在一起。

“古成都人”的浪漫和艺术创造力。

“男尊女卑”。神灵崇拜已经深入骨髓, 忌讳女子前来拜神。

众多青铜像中, 一件小巧的女性青铜造像十分特殊, 只有15.6厘米。人像整体呈跪姿, 双手扶举着头顶上高大的尊。体态上, 女子丰乳纤腰、手臂圆润, 胸部较宽, 女性特征突出, 上身无衣, 下仅穿一条刚到大腿的超短裙, 裙腰上还有一处扎结的蝴蝶结。一副宽眼高鼻的刚硬形象, 与青铜男性像如出一辙, 如果不是女性特征突出, 很难分辨。

除蝴蝶结外, 再无装饰, 甚至没有流行的耳孔——女子应该都不佩戴装饰品。

还在两个祭祀坑中找到57件青铜人头像。

人头像一般高40到50厘米, 最小的仅10余厘米, 造型比较一致: 鼻子高大, 嘴咧到耳根, 眼睛呈斜三角注视下方, 神态庄重。头部却各有特色, 有圆头, 有平顶; 有的戴着回纹头冠, 有的戴着两角向上翘起的头盔, 还有的像是将头发编成辫子盘在头上等。底部都被浇铸呈V字形状, 显然为了方便插入, 可能是配合木制或泥塑身躯, 也可能是直接插在土

「双循环」。宝墩文化与三星堆文化的制陶、石器工艺、城墙修筑技术、建筑形态、生业经济，延续明显，在宝墩文化的基础上，融合中原文明、长江中下游文明因素综合发展而来。金沙、三星堆和盘龙城遗址，分居长江上、中游与下游，各自区域内典型的颇具代表性的重要文化遗存；文化因素的相似性，说明金沙、三星堆和盘龙城，通过长江航道联系紧密。

纷繁故事、耀眼遗珍，记录人类族群、民族国家的过往，也照亮未知明天、前途漫漫。珍贵的国宝唤起人们的热情，「古成都人」过去的辉煌「证物」，诉说着传承千年的文化根脉。

台、祭坛上使用。

一个已经产生阶级分化的神权社会。

古蜀王一如那尊“青铜大立人”一样，不仅拥有超群拔俗的地位，还在祭祀中负责祈福、祷告，集王权和神权于一身。其他贵族只能在一旁跪着禀告，还有些奴隶只能打下手。

“青铜大立人”本身头戴高冠，身穿窄袖与半臂式共三层衣；衣服纹饰繁复精丽，以龙纹为主，辅配鸟纹、虫纹和目纹等；身佩方格纹带饰，似乎是具有通天异秉的“祭司”“蜀王”。

人和天相互沟通的祭祀器物。无论是三星堆早期出土的落着九只鸟的青铜神树，还是造型独特的青铜神像，包括玉器与象牙上的雕花纹饰，都显示出明显的神话色彩。

受中原文化影响。人面像，又称“魌头”。《周礼·夏官》中，就有“掌蒙熊皮，黄金四目，玄衣朱裳……以索室驱疫”的记载，祭祀时戴或使用面具，进行通灵祈祷是一种中原传统。

戈形玉器，祭祀中重要的道具。

“古成都人”沟通天帝的中介物。

青铜器被打碎、用火烧，文献里记载的“燎祭”和“瘗埋”。“古成都人”认为祭祀祖先，需把奉献的祭品焚烧，神明才能享用到，只有把祭品打碎埋到地里，才能诚心诚意献给祖先。

飘到天空中的烟，便可以被天神闻到，埋入地下的祭品，可以被地下的神摸到。时至今日，成都平原城乡在祭奠去世之人时，还会使用焚烧的方法，传承时年的“燎祭”。

新发现的6个器物坑带来的证据，再次指向“燎祭”。

文物在被掩埋前，经过击打、焚烧。

焚烧，没有在坑里进行。器物有规律地摆放在祭祀坑中，有序掩埋。下面，小件；中间，青铜容器和面具，上面，象牙，不像倒垃圾，一种主观的“故意”行为——祭祀。

不像一般的祭祀。祭祀，属于经常性的活动，不会埋太多东西，宰一头羊、一头猪，已是很大型的祭祀活动。8个坑颇为不同，珍贵的黄金器物、象牙、玉器，都被全部埋进去，数量庞大。

耗费整个族群、国家掌握的青铜资源，难以令人信服。

以后还有青铜材质的器物，从事“国家级”的祭祀活动？

如果6个或8个坑属于同一时期，应是变革、迁都、动乱等重大事件的“遗物”。

期待考古发掘能带来更多有机质的物品，还原三星堆艺术形象全貌的重要一步。造像中有非常重要的木雕艺术传统，但木头本身容易朽烂。人头像，原本应安装在木制的身体上。

“纵目面具”，最初是个构件、安放在高耸的建筑上。

发掘一、二号坑的一大遗憾，可能是未能及时识别、保存有机质的文物遗存。目前进行的发掘工作，大大丰富三星堆文明研究的资料，增加了以前没有的种类，比如木器和纺织品。

古蜀国崇拜火，也崇拜太阳。

国家大事祭祀，古蜀国物产丰饶，“不差钱”。

“三金”，祭司的“标配”。

祭司，人与神对话的翻译，能听到神的话，并把神说的事翻译给人听，也能将人的话翻译给神听，地位仅次于国王。祭司左手拿根金手杖。右手拿黄金“太阳轮”，脸上带着金面具。

黄金“太阳轮”，古蜀国最高级别的祭祀用品，由太阳、四只火鸟组成。鸟最接近太阳，太阳与人之间的联络员，火飞到空中聚集一起化成的神灵。四只火鸟代表东南西北四方天空。

神杖全被黄金包裹，熠熠生辉，上面还刻有鸟、鱼、人三组图案。鸟，天空；鱼，地下；人，人间。祭司上通天，下通地，中间通人间。在古蜀国，国王负责管理，祭司负责沟通。

黄金属于神，由祭司佩戴；青铜属于国王。黄金太阳轮，代表黑夜中沉睡的太阳，统治人们的精神；青铜太阳轮，代表白天照耀大地的太阳，统治人们的肉身。

青铜太阳轮以“五星”为基本设计格局，铸造得霸气十足。

大坑挖好，散发着泥土的味道。

四周整齐地排放着各种青铜器，都是先王生前用来祭祀祖先，如今要回到太阳里去见祖先，臣民们就托把这些精美的青铜器带给先祖。前来的臣民，会从怀里掏出各种各样的玉器，有的随身携带，有的从家里特意带来，把美玉先抛进坑底，为先祖们带去一份心意。先是贵族们往坑底奉上美玉，次是平民往坑里抛洒贝币。没有美玉，只有奉上一些钱贝托先王带给先祖。

待众人抛完玉器和钱贝，祭祀活动第一轮开始。

类似的祭祀坑，前后8个以上。

8个祭祀坑，坑口大小不等，祭品多少不一。

三星堆的祭祀文化，令人神往的美女。

一幅“奢侈”场景。

大量砸碎的祭器、丝绸燃烧。

商朝的祭祀文化，像一个面目凶猛让人恐怖的战士。

“双循环”。宝墩文化与三星堆文化的制陶、石器工艺、城墙修筑技术、建筑形态、生业经济，延续明显，在宝墩文化的基础上，融合中原文明、长江中下游文明因素综合发展而来。

武汉盘龙城，地处江汉平原和长江中游沿岸。

长江流域早期青铜文明区域性中心。

吸收了良渚文化的商文化，传播到盘龙城后继续扩散、传播，分东、西、南三条线路进行，影响整个长江流域。向东，顺长江而下，进入长江下游、鄱阳湖地区、赣江流域；向西，逆江而上，经过三峡，进入成都平原；向南，可越过长江，进入湘江、澧水、沅水和洞庭湖流域。

各区域间的文化互动，也因长江河道的打通，更加频繁。

金沙、三星堆和盘龙城遗址，分居长江上、中游与下游，各自区域内典型的颇具代表性的重要文化遗存；文化因素的相似性，说明金沙、三星堆和盘龙城，通过长江航道联系紧密。

大冶的铜矿运至盘龙城冶炼，并通过长江、汉江发往全国各地。三星堆青铜器所用铜矿，与江西新干大洋洲商代大墓青铜器渊源明显，与湖北、湖南、江西、安徽古冶矿矿源一致。

殷商与三星堆、金沙文明的交流，在考古学和文献记载中有着确凿的证据。

相互呼应。体现“中国特色、中国风格、中国气派”。

相对独立的古蜀文明与中原商文明，共同佐证中国古代文明的多样性。

文明的纽带突破空间距离，惊艳了时光、温柔了岁月。

三星堆还在发掘，未完待续的考古现场。

成功探索与实践，不断接近历史的真相。

只是测定4号坑的器物，还有5号、6号、7号、8号坑……

仍有很多未解之谜，值得细细研究，期待更多发现。考古发现对复原古蜀国当时整个神庙的礼仪空间、宗教体系、社会结构、哲学思想与宇宙观，都能提供新的支撑。

考古告诉人们历史，把未知的事情变成已知。

纷繁故事、耀眼遗珍，记录人类族群、民族国家的过往，也照亮未知明天、前途漫漫。珍贵的国宝唤起人们的热情，“古成都人”过去的辉煌“证物”，诉说着传承千年的文化根脉。

期待文字的出现。

能否进一步证明掩埋坑与曾经的神庙礼制相关，能否复原神庙内部场景；能否有目前三个纵目神像之外的纵目神像出现，去论证整个三星堆文明体系中的人神关系；能否出现与目前1、2号神树体量相当的第三棵大型神树，是否与《山海经》中的东有扶桑、西有若木、中央有建木的神话传说密不可分；是否有更多礼仪性兵器出现。

一代代人书写历史，一件件文物承载文明。

良渚文化衰落背后，中国史前的“大变局”。

一个具有自身特色的独立的文化区。

“长江·沿海”半月形传播带，以长江下游为节点，孕育中国最早的稻作农业，以水路交通为主，自长江上下沿线，上至岷江中游，下延东部沿海，面向东南亚乃至环太平洋的广袤天地。

殊途同归。不同的地理环境、人文环境下，具有不同源头的文化会以不同的道路和方式，走向文化发展的高级层面，背后既有全球性气候变迁的影响，也是文化积累发展的必然趋势。

文化区块链。

联结成在地理、文化上有密切、内在联系的文化共同体。

宝墩遗址的筑城方式与良渚古城、石家河古城相似。

三星堆文化、金沙文化，在诞生大禹“江原文化”、乳育“夏文化”的古蜀文化的基础上，既吸收中原殷商文化因素，又吸收来自西亚的古老文明元素，形成了独特的复合型文化体系。

青铜器、玉器的制作技术与中原等地相似。

与商王朝中后期几乎同期。

金沙遗址的玉器、铜器原料，都产于四川，主要是川西阿坝、川西南攀西一带，如汶川、彭州、石棉等。《山海经》记载：“岷山，江水（岷江）出焉……其上多金玉。”

玉器的原材料大多来自汶川的龙溪玉。

湔江河谷的玉，重要补充。

或有少许滇地、荆楚一带的玉石。

《华阳国志》记载：“（绵道）有玉垒山，出璧玉。湔水所出。”

湔水，如今的白水河、湔江、青白江、鸭子河。

《汶川县志二十一·宝石玉石》记载：“龙溪乡产绿玉和白玉。”

精打细算。金沙遗址没有发现大型青铜器，可能是在三星堆被洪水淹没、雷击燃烧后，“古成都人”觉得大型青铜器不吉利、不灵验，没必要再“劳民伤财”，在金沙遗址就只有小型挂件。

鱼凫王时期，黄金远不如青铜贵重。

黄金类器物在三星堆文物里的比重不大，直到开明王朝，金器的比重才逐渐提升。

倒不是黄金贵重值钱，而是黄金采集相对容易。

一脉相传。开拓、改变，青铜器物映射出彼此守望相助，对天神、自然的敬畏，对先祖、先知的缅怀，对自由、坦途的向往，体现出不离不弃、相扶相依、承前启后、薪火相传的特质。

没有百战问鼎开太平的豪情万丈，没有不破楼兰终不还的金戈铁马，也没有千里不留行的刀光剑影，只是默默耕耘，用虔诚、智慧、血汗，甚至生命，创造着属于成都平原的惊人奇迹。

顶礼膜拜。各民族的祭祀，历史文化。

大千世界，祭礼繁形。

民族的不同，形成各具风格的祭祀文化。

神灵，祭祀的对象。人类的童年时代，对于自然物、自然现象都感到神秘、恐惧，既哺育人类成长，又给人类的生存带来威胁。感激与畏惧的心理，祭祀行为产生的重要因素。

三星堆建有最大的宗教场所，祭祀平台。

青铜铸立人像，“东方巨人”。

大立人像高180厘米，通高260.8厘米，重180千克，世界上现存最高、最完整的青铜立人像。

人眼、直鼻、方颐、大耳，典型的三星堆人的面部特征；头戴高冠，冠上刻有莲花状兽面纹、回字纹；身穿窄袖与半臂式三层衣服，里面的长衣下摆类似于西方的燕尾服，世界上最早的一件“燕尾服”。衣上纹饰繁复精丽，以龙纹为主，辅以鸟纹、虫纹和目纹等，身佩方格纹带饰。制作精美，在夏商周考古史上迄今罕见，堪称中国古代最早的“龙袍”。

来自3 000多年前的“网红”。

赤脚站在一个高高的底座上，铜像两手，一高一低，呈握东西状。

双手握着木质船桨，划船的姿势。

神情、手势不同于巫师，鱼凫的神像。

捕鱼、划船造型的神像，古蜀文化的“密码箱”。

蕴藏古蜀信息，饰物、饰纹都是古蜀文字，有些类似甲骨文或东巴文。衣服下边三角形，类似甲骨文“王”字。帽冠正中圆圈，“日”字；双层椭圆形，“月”字。底座上，有“牛”“蛇”“鱼”等字；在腰部，有“目”“水”“回”“舟”“波”等字。

还有3件著名的“千里眼、顺风耳”造型。不仅体型庞大，眼球明显突出眼眶，双耳更是极尽夸张，长大似兽耳，大嘴亦阔至耳根，使人体会到一种难以形容的惊讶、奇异感。

唇吻三重、嘴角上翘的微笑状，显得神秘、亲切。

想象与夸张。带着一种严肃、狞厉、神秘、具象的美。三星堆出土的“纵目”蜀王，与蚕丛王是同一个人，除了能治水、养蚕外，最大本事还有能手握毒蛇，能捕杀大象、野兽。

三星堆金杖，长达142厘米，重达700多克，雕刻有精美、神秘的纹饰，两只相向的鸟、两背相对的鱼，鱼的头部和鸟的颈部，还压有一只箭状物。杖上还刻有充满神秘笑容的人头像。

“鸟惊鱼骇”。鱼凫的权杖，代表权威。

“鱼凫”本身就是捕鱼的水鸟。

青铜“神树”，铸于“神山之巅”。由底座、树和龙三部分组成，采用分段铸造法铸造，使用套铸、铆铸、嵌铸等工艺，通高3.96米，底座呈穹窿形，圆形底盘上由三叉支架，构拟出山形，树座上绘有精美的云气纹，寓意“神山”。卓然挺拔，直接天宇。树

一堆神人。青铜立人、面具、太阳形器具。「偶像崇拜」与「太阳崇拜」。深深信仰，古蜀人对「太阳神鸟」毋庸置疑。四季十二个月，金沙太阳神鸟，比三星堆太阳轮盘更精准。

上挂有许多铃与各种果实。树侧有一条逶迤而下的长龙，身似绳索相辫。神鸟，能上天入水，也是捕鱼鸟。

水陆空一体，表示捕鱼之王。

青铜太阳轮盘，宗教法器，表示敬天敬地。

按照神的意志行动，相当于船只方向盘。

采用极其高超的青铜工艺、造型艺术，铸造充满了神奇想象力的青铜神树。

祈求上天风飘雨顺，民众安康。

古蜀国的国徽或标志。

古代历法标记。三星堆太阳轮盘、金沙遗址太阳神鸟。

农业文明的象征。

世界上有9个国家国旗有太阳，日本、哈萨克斯坦、北马其顿、阿根廷、孟加拉国等。

推算季节气候变化，安排农业种植。

至少在商代以前，成都平原就是农业发达之地。

青铜太阳轮盘，文物瑰宝的重中之重，距今已有3 000多年，被解释为“古成都人”崇拜太阳。轮盘大圆圈内的五条线，代表“金木水火土”五大元素，在“天圆地方”中，也表示五星汇聚，与天象气候有关。圆内正五角，具有五次对称性，满足数学上黄金分割率0.618斐波那契级数特性，分形（fractal）自相似结构如准晶体，与热闹的“黎曼猜想”质数定理密切相关。

根据青铜太阳轮盘，可以推算季节变化、大致天气，有助于农业生产。

“五星连珠”“五星聚会”。

青铜太阳轮盘的五条线，表示五颗行星在同一时期，出现于东方天空。

汉代“五星出东方利中国”蜀地织锦护臂，中日学术考察队成员在新疆和田地区民丰县尼雅遗址一处古墓中发现，现在收藏于新疆博物馆，为国家一级文物。

五星聚会的理想周期为516.33年。

“五星出东方利中国”。

观察五大行星运行变化，归纳总结出来的占辞术语。

“东方”，中国古代星占术中特定的天穹位置，指黄河中下游的京畿地区与中原。研究“五星聚会”，科学家们推算出2040年9月9日，将会出现罕见的五星聚会天文奇观。

那也正是中华民族伟大复兴之时。

一堆神人。青铜立人、面具、太阳形器具。

“偶像崇拜”与“太阳崇拜”。

深深信仰，古蜀人对“太阳神鸟”毋庸置疑。

四季十二个月，金沙太阳神鸟，比三星堆太阳轮盘更精准。

《山海经》中，记载了“金乌负日”的传说：“汤谷上有扶木，一日方至，一日方出，皆载于乌。”日出日落，因一只黑色的三足乌鸦，负载着太阳活动的缘故，“金乌”也被后世作为太阳的别称。“乌”，代表鸟，古人的精神信仰，太阳哺育世间万物，人类的衣食住行都仰仗太阳神的恩赐，对能够飞上蓝天、连接人间和天神的鸟，萌生了忠贞不渝的崇拜、敬仰。

“有葛国，黍食，使四鸟”。

《淮南子》中，也有“古成都人”崇奉四只神鸟的记载。

《大荒南经》里，“帝俊妻娥皇，生此三身之国，姚姓，黍食，使四鸟”，也表明“古成都人”对鸟、太阳的崇敬。青铜鸟、青铜神树等文物，印证“古成都人”的“崇鸟崇日”习俗。

四季轮回。太阳神鸟图案上，“四”只鸟、“十二”道象牙状光芒，与时间概念有关。“四”，春夏秋冬，周而复始。“十二”，一年十二个月，一天之中的十二个时辰。

“古成都人”早已掌握自然历法，对瞬息万变的自然世界，有了较为科学的认知。

“太阳神鸟”又被赋予新的色彩含义，增添许多科学智慧。

“古成都人”运用天文历法十分熟练。已经掌握岁、时、月的概念，形成的规律、原因，已经知道“岁”与太阳运行有关，“月”与月亮运行有关。一年有12个月，使用阴阳历。

《海内经》载明：“噎鸣生岁有十二。”

《大荒西经》记载：“帝令重献上天，令黎邛下地。下地是生噎处于西极，以行日月星辰之次。”《山海经》说明了日月星辰与十二生岁的关系。

在祈祷天神庇佑的同时，也会根据天地规律，自己做出判断和措施，采用观象授时之法，来预测农事。历法的使用过程中，恰恰离不开太阳和鸟。

“天”，代表太阳，农业活动，“靠天吃饭”，农人希望风和日丽、无灾无害，信仰太阳；判断季节，大多依靠候鸟，鸟在农人心中的非常重要，陆游诗中写到“野人无历日，鸟啼知四时”。

无论是金沙遗址的太阳神鸟，还是三星堆遗址的太阳轮盘，都证明“古成都人”使用的历法相当先进。只是，古蜀文明与良渚文明一样，都被洪水、瘟疫打入茫茫地下，数千年后才重见太阳。

3 500年前，古蜀的“五行”。

水火土木石（古蜀），非金木水火土（后世）。

“五行轮”，古蜀先贤经过上千年，对日月星空和自然现象的观察后，总结出的最原始的古朴天文认知，意义非凡。与后来成都平原制定节气时令，乃至古蜀传统建筑，关系极大。

古蜀文化的结晶和载体。

成都的传统建筑，有4 000年以上的发展史。新石器时期，在“人法地，地法天，天法道，道法自然”的“天人合一”的宇宙认知的引导下，顺应自然、师法自然、巧妙利用自然，形成一套完整的以木结构为主体、独具特色，充满东方智慧和创造力的建筑理念。

三星堆、金沙与殷墟、盘龙城等，使用同一罕见的高放射成因铅的材料。

特殊铅在殷墟三期后，开始大幅度减少，甚至，殷墟四期已经完全不用。

成都平原的金沙遗址却突然崛起，成为这种矿料的规模化使用者。

特殊铅矿在西南地区容易理解，偏偏发现、证明铅矿在河南的南阳盆地。

三星堆青铜器，含磷技术独特。技术含金量相当高。

更为神奇，青铜神树底座的中心，为增加青铜

华夏文化里的每个文化圈都超越地理限制，相互又重叠。夏朝发明牙璋，这种中原文明产物却在三星堆出现，还传到华南、东南亚部分地区，成都平原成为华夏文化向更广阔地域辐射的纽带、加油站。

器的强度，还含有少量的钙元素。

三星堆北面的月亮湾、青关山、李家院子、马屁股、仓包包等发现城墙、宫殿的区域与发现玉石的区域。金沙遗址还出土大量玉、石器半成品和原料，加工作坊应在附近。

金沙遗址含高放射性成因的铅铜器，与三星堆铜器材料，应出自同一矿区。

众多丰富的象牙器、玉器、金器等文物，都是中国各地文明中相对欠缺。

神秘拼图的谜底。

太阳神鸟金饰，代表阳性；蛙形金箔，代表阴性。

8 个类似青蛙的金箔。三星堆遗址发现过一件石蟾蜍，蛙形金箔说明中原地区的月亮传说，流传到了成都平原。金沙的蟾蜍、青蛙造型，象征着金沙人对月亮的崇拜。

太阳神鸟金箔，21世纪的现代手工艺都无法复制，厚度仅0.02厘米，所有金饰藏品中最薄的一件，金饰的含金量高达94.2%，用自然砂金加工而成。

中华文明多元一体。

成都、杭州都创造了灿烂辉煌的文化。

华夏文化里的每个文化圈都超越地理限制，相互又重叠。夏朝发明牙璋，这种中原文明产物却在三星堆出现，还传到华南、东南亚部分地区，成都平原成为华夏文化向更广阔地域辐射的纽带、加油站。

不同文化圈绝不仅是文化相互交往、渗透，还形成一个道德体系。文化权力，不是通过霸道地对边缘领土的控制来实现，而是通过道德权威、声誉的累积，来获得边缘地区对“中心”的钦慕、尊重。

成都平原的铜牌饰与新疆哈密的牌饰，形制、镂孔、穿孔方式密不可分，镶嵌绿松石的牌饰的起源地在河西走廊，岷江流域、白龙江流域，沟通成都平原与河西走廊的两条通道。

中国西部巨大的文化传播带。黄金制品传播的“草原之路”，贯穿北中国非农耕的草原文化带，与万里长城的修造路线、分割农耕、游牧两种生活方式大致吻合。

“长城·藏羌彝”传播带。将三星堆所在的成都平原西北，与河西走廊划一条联线，这条线与上述“草原之路”形成一个巨大的半月形，恰好将中原地区包在中间。

“长江·沿海”半月形传播带。将金沙古城所在的成都城北，与杭州城北的良渚古城、广州市区的文德路划一条联线，也是一个巨大的半月形，也恰将杭嘉湖平原、珠江三角洲包括在内。

成都，正位于一个等边三角形的中心点。

也是“汤继强线”“T型经济带”的原点。

以成都为原点，一个“T”字，将中国西部的重要城市集合到一起。

向北西安，北方丝绸之路的起点城市和桥头堡，“T”型经济带北延线节点。

向南昆明，中国面向东南亚、南亚开放的门户城市，“T”型经济带连接东盟十国的节点。

向东重庆，连接长江经济带，以重庆为突破口，沿江而下至武汉、杭州，联合成都、宜宾、泸州等，延伸“T”型经济带至贵州、湖南、江西等中部地区，带动区域协调发展，缩小区域发展差距。

区域经济发展版图上的“新大陆”。

若将黄金生产技术在中国的发展史，作为一种产生于西亚的文化传播现象，由河西走廊延伸向东，围绕中原地区分成南北两道形成“中国弧”的新月形，就堪称中国境内的黄金之路。

放置在世界版图中，还有时代更早的中国以西的那一段。

来自中亚的传统“地理身体”语言，内与外之间有界限模糊，跨越区域边界的经济、文化和权力的流动、渗透，与中心点、原点的成都，共同组成中国内外“双循环”的天下体系。

两者合起来，就是一条横贯欧亚非三大洲的黄金之路。

北上南下的内外“双循环”线路。

日月同辉。文明大同，不同地区的文化必会在某个点交会。

中国向世界贡献的物质、精神双向财富。

成都与杭州，“文明肇于长江”，被以良渚文化、宝墩文化、盘龙城、三星堆、金沙遗址文明为代表的“长江流域的史前城邦集群”证明。“华夏文明西来”的推断，顷刻瓦解。

中华文明具有“多元一体、兼容并蓄、绵延不断”的总体特征。

三星堆出土的玉琮，形制风格与良渚的玉琮无二。

“随风潜入夜”。玉琮、玉璧，并非单纯的珠宝，而是中华礼制的滥觞。这套礼制虽然后来不幸残缺，但一直传承到了陶寺、二里头、殷墟、三星堆，甚至西周、春秋战国、秦汉以后。

三星堆出土的陶盉等器形，源于黄河流域。

“斯芬克斯”之谜的“神徽”与三星堆骑虎人像。

三星堆文化与良渚文化交集融合，留下的历史痕迹。

玉璧、玉琮作为礼器，在周代文献中已有记载。《周礼·春官·大宗伯》中，有“以苍璧礼天，以黄琮礼地”，说用璧祭天用琮祭地。古老的天地神话，在良渚王城表现充分。

祭礼巫师、沟通天地的重要法器。

良渚文化出土的“十二节玉琮”，关于天地自然崇拜的礼器，内圆外方的形制暗合。“天圆地方”的神话观，12节和天文历法上的12个月暗合，关联的是古人对天地日月的时间记录。

“太阳神鸟”的图案，体现了“古成都人”浓厚的宗教信仰，和对生命生生不息、万物运动规律的讴歌和赞颂。图案的精妙，堪比现代剪纸作品，线条流畅简练，又极具动态之美，完美的构图，展现了“古成都人”丰富的想象力、创造力与精湛的黄金制作工艺，生动地展现了远古时期“金乌负日”的神话传说。

1986年对三星堆1、2号祭祀坑的发掘，出土神树估略有6至8件。2021年4月，3号神树的修复已经启动并初具成效。35年前出土时的70多截青铜残件，经文物修复专家预拼接，已经重新勃勃“生长”，初露神树神秘美丽的风采。完全修复完成后，与三星堆镇馆之宝——1号青铜神树一起，共同展示三星堆人神树崇拜的宗教信仰与杰出的艺术创造力。

预拼接的3号神树，初露芳颜。

青铜树座上，神树主干两两缠绕、向天际蔓延生长；神树树枝分两层，枝蔓上犹有密集的挂孔，显示曾经挂有饰件；树顶上，神秘的人首鸟身像展开双翅、尾翎高高竖起……

整件神树看去仅有1米左右，但与1号、2号神树截然不同的优美造型，仍然令见多识广的博物馆工作人员赞叹不已。初步判断，刻画的应是《山海经》里的扶桑树。

《海外东经》记载：“汤谷上有扶桑，十日所浴，居水中。九日居下枝，一日居上枝。”汉代文学家东方朔在《海内十洲记》中记载：“树两两同根偶生，更相依倚，是以名为扶桑。”

站立在神树顶端的人首鸟身像，古代民间神话中的木神“句芒”(gōu máng)。

神话传说中，“句芒”正是人首鸟身，太阳升起的地方、神树扶桑都归他管。

1号神树体量巨大，放置固定场所，小的青铜神树，可灵活移动放置。

在不同的祭祀场使用。

在《山海经》中，成都被记载为“母国”：西王母国。

在《蜀都赋》里，左思的蜀都是“全域成都”，北到华容、南至交趾（今越南北部）的大片地区。《华阳国志》也描述，古蜀不是“国”，而是“世为侯伯”的夏朝、周朝王室贵族地区。

“蜀”字通假“属”字。

“蜀都”就是“属都”，属地之都。

“属”字中有“禹”，造字本义跟禹有关，意为大禹治水拯救天下，天下为大禹所属。母国和属地的关系，“宗属关系”，母国和属国，共同称为“海”朝。

“海内”，指朝代的疆域，中原大部分在“海外”。

青铜时代的全球化。一方面，铜器制造技术与小麦、黄牛、绵羊「打包」，被中原地区接受，东传、南下，到成都平原；一方面，粟（黍）的「西传」，是种植技术的传播。

《山海经》中，有炎帝、黄帝、大禹，而没有夏商。

“海”字里有“母”字，造字本义跟“母”有关。“海”字，最早不指海洋，是因存在一个“母国”，以“母国”为核心的属地范围，才称作“海”。这，就是《山海经》中的“海朝”。

“海内”一词，也就来自这里。

古蜀国，夏朝部落联盟所在地。

“海内”按方位，分东海、南海、西海、北海。有些地方，时而在“海内经”里，时而在“海外经”里，说明“海朝”的疆域在不断变化。夏商是由古蜀国的“海内”，分离出去。

炎帝、黄帝、大禹，都属“海内”的昆仑虚。

夏启，独自在“海外”的中原称帝。

汉藏语系，汉语言最早发源于巴蜀。

四川彝族、云南东巴人，都还保留远古文字。

羌族一直说汉语，藏族在汉藏语系基础上，引用梵文形成藏文。

先有语言，再有图文，最后形成系统文字。

大邑、崇州、旌阳、什邡，都是最早的城邦。

川西很多地名、水名，都是远古最早语言的发音。

成都平原的地名、水名，用字独一无二：崇州、邛崃、什邡、郫都、大邑、岷山、汶川、旌阳、鱼凫、雒城、绵虒、涪江、沱江、洛水、湔水、僰道、乐（洛）山 。

古蜀反复和殷商发生战争。

周人联合巴蜀、西南各族推翻殷商，再分封诸侯，统治教化各国。

统治关系，周和中原。

兄弟关系，周和成都平原。

秦也借巴蜀之师，统一六国。周秦时期，才开始自称“华夏”。秦巴以北，谓之“华阴”，秦巴以南，谓之“华阳”。《华阳国志》记载着整个西南地区。周秦巴蜀，最早的华夏人。

《周礼》《说文解字》记载，玉琮用来祭祀地神。

良渚的玉器，具有明确的等次划分，尊贵身份的载体。一些人可以用，另一些人只能使用其他类型的玉器。玉器具有社会属性，能够反映信仰和制度设计。国家社会的文明形态。

象征王权。良渚文化有玉杖，三星堆有金杖。

一条清晰的时空传承线索。

良渚文化的玉琮内圆外方、中有圆孔的形制，“天圆地方”宇宙观的体现。一种将原始宗教和数字理性结合的思维方式，发展到《周易》《道德经》代表的尊重自然、顺应自然、适时而为的世界观，阴阳互补、对立统一、变动不居的辩证思维，后世被归纳为“天人合一”思想。从良渚文化到夏商周文化、三星堆文化，再到清代天坛、社稷坛，一直到现代的中华世纪坛，都体现了这种思想。

科学，追求外在的真理。

宗教，追求内在的逻辑。

奠定了中国统一的神话文化的基础。

独特的神权思想、对玉琮的重视与崇敬，也影响到“古成都人”。

“国之重器”。神物玉琮，“沟通天地”。

改朝换代。在商末周初，开明王从三星堆迁都至金沙城，玉琮在成都城北羊子山祭坛举行的重大祭祀活动中使用，后埋藏在金沙遗址祭祀区内。直到3 000多年后，世人才目睹到令人炫目的美丽。

“千年古董”。数量众多、形式多样的玉琮的大量出土，反映出良渚文化与宗教思想对古蜀国礼制系统的影响、渗透。古蜀国在将良渚玉琮奉为珍宝之时，还以虔诚的心态，利用娴熟的制玉技术，选取本地上佳整玉，细心打造出了“高仿”良渚式玉琮。古蜀文化在对外来文化的不断吸收、包容、融合中发展，走向了繁荣。

良渚文明对玉的喜爱和尊崇，深刻地影响了华夏。

时至今日，温润如玉也是对有德之人的尊崇的称谓。

在两大传播带的优美“中国弧”内，三星堆文化、金沙文化，还存在着几条“文化沟通线”，至少与6种早期文化发生过碰撞、交融：

通过汉中，与关陇古代文明交流；通过岷山羌藏地区，与山地游牧文化有交通；通过东面的巴濮地区，与长江中游相沟通；通过西南方向的横断山区河谷交通线，与冰雪文化相沟联；通过南面的僰道，与“西南夷”交流……

人口地理学的“胡焕庸线”、经济地理学的“农牧交错带”，民族考古学的“童恩正线”，都昭示游牧民族与农耕民族的对立、交流，造就史上的长城地带。

长城不是绝对的“界线”，被历史起伏推动，形成广阔的带状过渡区，大致沿“胡焕庸线”区域分布，处于由半湿润气候向干旱气候区过渡的气候区，与“汤继强线”相连、重叠。

以青藏高原为观测点位，把祁连山脉、贺兰山脉、阴山山脉、大兴安岭，与位于青藏高原西南部的横断山脉，视为屏障，环绕着黄河、长江中下游肥沃区域的双臂。

“文化梯递”，突破三级地理障碍。

民族和文化融合发展，成都平原地位重要。

至少在商周以前，南北丝绸之路间的青铜文化，把华夏文明的边缘地带，北方的内蒙古、河套地区，西南地区和西北的甘青、新疆地区，连为一体，通过“Y”字形“藏羌彝走廊”沟通交流。以南西伯利亚为主的欧亚草原的异域文化，通过“半月形文化传播带”，沿着“西北走廊”，源源不断“南下”；通过“藏羌彝走廊”上的成都平原，再“南下”，上“南岭走廊”。

成都，正位南北两大走廊链接的中心“节点”。

强力纽带。仍是汤继强“T型经济带”的原点。

跨三大“地理阶梯”的文化交流，九州内外的“双循环”。按照《禹贡》的解释，大禹九州的巡行路线，以龙门口为起点，按冀、兖、青、徐、扬、荆、豫、梁、雍的顺序转大圈，最后又回到龙门口。大规模的文化交流促使成都平原的三星堆文化跨越式发展。

青铜时代的全球化。一方面，铜器制造技术与小麦、黄牛、绵羊“打包”，被中原地区接受，东传、南下，到成都平原；一方面，粟（黍）的“西传”，是种植技术的传播。

“藏羌彝走廊”的媒介作用重要。

中国与“高地亚洲”——欧亚草原的交流，通过北方与西北方的多条不同路径实现，直接的联系发生在北部边界。“西北走廊”上的华夏先民，充当了欧亚两个地区“中间人”的角色。

青铜时代的传统核心区域，以洛阳盆地为中心。

文化和社会旋起旋落，到半月形地带下端的成都平原。

“文创”出来的宝墩→三星堆→金沙古蜀文明中心。

成都成为一个与中原，甚至西方，更加不同的异质性的文明中心。古蜀文明与欧亚草原崇尚黄金的游牧文化的关系密切，反与中原地区的二里头、二里岗和殷墟的世俗文化的关系，更疏远一些。

青铜时代的全球化同质化的开始。

欧洲、亚洲，东方、西方异质化的起步。

随着夏商周三代东亚文明中心的形成，半月带文化与文明的衰落，“中国弧”的功能从东西双方贸易的媒介，转变为依附于中原或东亚腹地、西北面对广袤欧亚草原的“保护膜”，如同带有瓣膜的细胞壁，产生阻隔东西方自由交流的影响。东西双方只是透过“中国弧”进行“接触”，并非“交流和融合”，中原仅仅是有选择地接受西方的文化因素与技术。

中原透过半月带“保护膜”，向西方主要输出丝绸、粟。

容纳之量与消化之功。

中华文明具有很强的包容性、接纳性。

始终秉持一种整体性、连续性。

“外循环”的一大特点，能接受，才能发展。

大凡传入的新技术，都被“中国特色”。

中国只接受可以被本土化的文化，本能地拒绝难于转变的文化。青铜，原本作为一种武器在欧亚间传播。进入中原地带，与本地的祭祀传统融合，变成有礼仪功能的炊具、酒器。

农作物同样被“选择”“转化”。

小麦种植技术，东传中失去原有的品种丰富性，经历“中国特色”的融合，原有的冬季生长特征，被创新成多季节生长，增加了季节多样性。在西亚地区，新石器时代种植有多种小麦。公元前2000年前后，只有面包小麦一种传入中国。盛行西亚、欧洲的“一粒小麦”“艾玛硬粒小麦”和“斯佩尔特小麦”等，都被东方的饮食传统拒绝。

禁止西传。夏商周三代的政治发明、策略，都被视为“秘密武器”。

在两大传播带的优美「中国弧」内，三星堆文化、金沙文化，还存在着几条「文化沟通线」，至少与6种早期文化发生过碰撞、交融。

发达的天文历法知识体系、完备的圭表测量技术、制定夏至影长标准的秘诀、天下观、礼乐制度观念、青铜礼器制度观念、玉礼器制度观念等，进一步加深了欧亚东西方文化的差异。

对朝鲜半岛、东南亚地区的开放，影响深远。

二里头的牙璋、三星堆玉戈，远播越南等地。

先秦时期中原政权，始终将东亚大陆低地，视为安全腹地，将欧亚草原高地的居民视为“西戎”，将古印欧人视为“鬼方”。使得以洛阳盆地为中心的“青铜时代的全球化”，停留在浅表的金属、作物、家畜三类技术层面。华夏先民将青铜、牛羊、小麦，主要引入“祀与戎”领域，这加深了青铜时代东西双方的异质化程度，进而使先秦时期的中原、成都平原，成为坚挺的东亚文明核心。

早在史前时代，成都平原就与缅、印地区和东南亚地区产生了文化交流。印度地区所发现石斧、有段石锛，沿陆路“蜀身毒道”，进入东印度阿萨姆地区，沿海路进入盘福加。印度河文明哈拉巴发现的束丝符号，与甘孜理塘和四川汉墓所见相同。马来亚与马来族的素梦、招魂巫术，与中国南方的楚风亦多相似，竹王的神话与“西南夷”的信仰同出一源。

向西，“蜀身毒道”。

向南，经“僰道”与“南岭走廊”贯通。

商周以前，成都南下早已存在的“灵关古道”，经邛崃的“临邛道”，名山、荥经的“青衣道”，汉源、越西的“牦牛道”，连西昌“建昌道”，渡金沙江，进入云南，至大理……

经云南元江，下红河，至越南的红河道、安南道相往还。从成都经夜郎（夜郎道），至番禺（今广州）的牂柯道。海贝、牙璋等文化交流，也是通过红河道相互往返联系。

在藏羌彝走廊南面的成都平原，以三星堆文化为重心的古蜀文明的历史性传播、推动，吸引力和凝聚力，南方丝绸之路沿线地区，相继产生青铜文化；酋邦组织形成，推动中国西南地区文化的演进，文化从分散的后进状态，逐步走向文明，初步形成在古蜀文明影响、制约下，政治和文化的一体化状态，对秦汉时代西南民族地区，纳入中国文化大家庭，作用重大。

夏代、商代是一个大方国，或是很多邦国的混合体。

商末周初，“亚春秋”时期。

邦国林立。国际化古城。

开放、创新的多文化的结合体。

“古成都人”宗教信仰的中心。

规划思想，“法天象地”。都城的南部城区，神的空间；北部城区，人的空间；中间的河流，分割和连接的要素。北部，世俗空间；南部，神圣空间；中间，河流是连接的纽带。

世俗空间，人的世界，最下面的地面空间；神圣空间，神的世界，天上空间；两者之间的河流，象征水和云气，天上空间、地面空间的连接地带。天、地、水，古人最看重的三种元素。

城市规划，有天、地、水的象征。

“法天象地”的城市营建，在古蜀国一直延续。金沙遗址北面，世俗区域；南面，一个祭祀场所，又延续、发展到开明王建成都城，从成都城延续、发展到统一后秦国建大城、少城。

“共饮长江水”。北宋词人李之仪，曾在《卜算子》一词中写道：“我住长江头，君住长江尾。日日思君不见君，共饮长江水。”在新石器时代，相距万里，长江上游素有“天府之国”美誉的成都平原，与长江下游诗化“江南”的太湖流域，却遥相呼应，各守长江一端的区域。

异曲同工。同样具有考古学文化的鲜明个性、区域特征。

成都和杭州都是著名的休闲之都。

同处“长江·沿海”半月形传播带上。

同在长江经济带上。

5 000年中华文明史上，成都、杭州多次成为区域性的经济中心。

一个被称为“天府”，一个被称为“天堂”。

一个在西，一个在东，直线距离1 580公里。

两座看似遥远，却有着“神秘链接”的城市。

筑土为城，种植水稻，普遍使用石犁、石镰。

生活模式。良渚人一条高地、一条河。一条三四十米宽堆筑而成的高地，上面住人，临河而居，类似于江南水乡，非常像现在的乌镇。同时期的宝墩人，在被两条河流夹着的高地位置上，沿台地边缘，筑起墙垣来防洪，既能避免水患，取水、渔猎也方便，非常像现在的街子。

“天堂”的良渚，手工业成就天下，玉石制作、制陶、木作、竹器编织、丝麻纺织，水平很高。以玉琮为代表的良渚玉器数量之多、品种之丰富、雕琢之精美，均达到史前玉器的巅峰。

无独有偶。在长江流域上游的“天府”，继与良渚文明同期的宝墩文明后，诞生了辉煌的三星堆文明、金沙文明，同样种植水稻，使用包括玉琮在内的精美玉器，却在青铜、金器的制造工艺上，另辟蹊径，登峰造极。

金沙太阳神鸟，甚至成为中国文化遗产的标志。

历史巧合。帝舜时代，一场洪水肆虐中国，中华文明的人文始祖大禹、岷江上游的古羌部族联盟、岷江中游的蜀族部落，从成都西北面的龙门山脉走出，迈出成都平原，北上南下，走遍天下，对各地的地形、习俗、物产，了如指掌，治理滔天洪水，疏浚河流，解民倒悬。

“禹封泰山，禅会稽”。大禹把蜀地先进的文化基因、思想理念、生产经验等带到中原，将不同地域、不同部落的人们的命运，紧紧联系在一起，为大一统国家的形成奠定基础。

“蜀夏同源”。大禹带领“北漂大军”治水，尽管有资料甚至考据表明，踪迹遍布西亚、南亚、中亚、北亚，许多地方都有大禹治水的传说，但大禹及其部族主要仍在长江、黄河流域活动。大禹更是夏王朝的第一个统治者。

《庄子》记载“禹之时十年九潦”，《管子》记载“禹五年水”，《荀子》记载“禹十年水”，都不是空穴来风。既有“史实素地”的成分，又有后世文人不断叠加上去的神话、传说因素。

生长于热带亚热带浅海的海贝，小巧玲珑、色彩鲜艳、坚固耐用，成为原始居民喜爱的一种装饰品。由于大小适中、携带方便、易于计数等特点，就逐渐充当商品交换的一般等价物。

商代中期以前，贝币价值很高。

臣下若能获得商王赏赐的贝币，荣耀极大。

古蜀王的“小金库”。三星堆那些被烧焦，或者摩擦过的大量海贝，用作交换的货币，来自古蜀周边地域的云南、广西等地，还有尼泊尔、印度等国家。

成都平原核心地带，今双流、崇州、都江堰、温江、大邑、新津一带，动植物极为丰富，盛产水稻、水果、亚洲象、大熊猫、野猪等生物，有些动物被雷击而死，有的被猎人捕杀。

三星堆、金沙遗址，都有大量象牙、野猪獠牙等。

能捕杀大象、野猪者是英雄，受人尊重。

集中发现的象牙超100根，来源无论怎样，都应是统治者财富、权威的象征。

大量来自缅、印的象牙，“蜀身毒道”长途贸易的实物见证。

通过“古蜀道”，传播吸收的中原商文化中的青铜礼器；通过南方丝绸之路，采借而来的近东文化中的青铜雕像、权杖等文化形式；三星堆文化的一些文明要素，也通过长江水路，传播到鄂西，通过“古金牛道”，传播到关中，通过南方丝绸之路，传播到滇、黔，以至缅、印；通过“西北走廊”，进入欧亚草原，从鄂尔浑河谷，到伏尔加河谷。

科学知识的积累创新，与文化的密切联系、交流。

兼备华夏与内亚双重文化传统的因素。

通过交流，从北方的“高地亚洲”到南亚印度、泰国，移入的文化因素。丰富的科学知识、高超的技术、伟大的艺术共同融进，作为创造性产物的各种物质形式、表现形态，多姿多彩。

三星堆、金沙遗址的黄金、青铜器、玉石原料，主要从龙门山、湔江河谷、阿坝州采集。

所用金、铜、锡、玉石、陶土，来自龙门山、阿坝，安宁河谷、攀西大裂谷。

技术人员大多来自“北漂大军”后裔的“夏氏遗族”。

古蜀原始宗教体系完善，政教合一。

人像采用了巫术、巫师的艺术夸张。参考了西亚、南亚、中亚等的脸型。

三星堆金属面具，各种巫师形象、祖先神像。

交通不便，青铜器面具只能在本地制造。

大鼻子、长耳朵、突眼睛的青铜人面像，蚕丛神像，艺术夸张手法，千里眼、顺风耳、大鼻子、额穿孔、后脑勺有洞，表示对天地的敏感、警惕、探寻和敬畏，与天神（雷电）的沟通。

额孔是“天眼”，敬畏自然。

神像不是低眉睡状，就是惊讶向天。

“川剧变脸”的源头、始祖。

青铜站立人身上各种纹饰，部分巴蜀文字，表示大地、水波、鱼鸟、太阳、行人、王者等意义。金杖的纹饰双鱼、双鸟、双人头和箭头，巴蜀文字，表示捕鱼鸟、捕鱼人。权力象征。

四川扬子地块西缘，中国重要的铁铜等黑色、有色、稀土与贵金属成矿带，以独特的构造演化过程、丰富的矿产资源分布为特征。龙门山地区，一直是国内地质研究的热点地区。

阿坝紧邻成都平原，已探明矿种60种，矿产地318处。其中，已探明黄金储量116吨，约占四川的49%以上；有马脑壳金矿、草地金矿、东北寨金矿、新康猫金矿、漳腊砂金矿等大型矿床。

汶川、茂县等矿产资源丰富。

阿坝县褐煤储量达20亿吨。

古蜀王的「小金库」。三星堆那些被烧焦，或者摩擦过的大量海贝，用作交换的货币，来自古蜀周边地域的云南、广西等地，还有尼泊尔、印度等国家。

金属矿、煤炭在一起，才具备冶炼条件，烧煤才有高温。

青铜，铜与锡、铅等的合金，铜锡合金称为锡青铜，铜铅合金称为铅青铜。青铜初色为金黄色，埋地底氧化后生出一层青绿色的铜锈，称为“青铜”。古代青铜，锡和铜的比例为3比7。

青铜器必需的铜料、锡料，部分通过川江、金沙江“金道锡行”，分别从长江中游、云南地区引进。长江中下游的铜矿，经过传统的冶炼技术制成铜锭，装船通过长江的天然水道溯江而上，穿过三峡，再沿涪江、沱江、岷江等河流，源源不断地送往蜀地，然后再制作成一件件精美的青铜器……贸易已不是偶然现象，逐步发展到获取王权需要的一切奢侈品。

中原地区获得铜锡，主要靠地方纳贡、战争缴获、民间非法贸易、赠送、进献等途径。

《禹贡》曾记载，九州各地区上贡特产给大禹，扬州（今东南大部）、荆州（今长江中游）进奉的供品，都有“金三品”。《周礼·考工记》盛赞，“吴越之金（铜）锡，此材之美者也”。

最初使用天然铜，后才使用冶炼铜。

龙门山断裂带（阿坝）、攀西大裂谷，都有大量天然铜，没有铅锌。

铜矿石分为氧化铜、硫化铜。冶炼氧化铜矿石，用木材制成木炭，在炼炉内用木炭加热到一定的温度，就可直接还原出金属铜。炼出生铜后，制成一定规格的铜锭，再运往各地铸造。

云南个旧，世界闻名的“锡都”。

广西、广东、江西等省份，也都产锡。

锡具有很好的杀菌、净化、保鲜效用。

锡器历史悠久，可追溯到公元前3700年。

凉山岔河锡矿颇为有名，最古老的锡矿床之一。

三星堆的金属器物，本地采购原料、制造，广汉是制造中心。

三星堆、金沙遗址的手工制造技术，世界最高水平。

中国“大国工匠”的发源地。

“中心”聚集。成都是古代制造中心、文创中心、宗教中心和时尚之都。

“古成都人”来自岷江上游河谷、山区，在山区行走时用杖助力，杖是必备器具。

《海外北经》中，有“夸父追日弃其杖化为邓林”之说。《海内经》里，都广之野“灵寿实华”，做杖的好材料灵寿木。《汉书》记载：“赐太师灵寿杖。”

杖，既是一种生活用具，也是一种装饰品。

至今四川剑门的藤杖，仍驰名中外。

杜宇（鱼凫）是兴盛者、主建者，主要处于铜器、青铜器时代。

动态的城市发展过程。长江流域的良渚文明与古蜀文明交融的过程，成为中华文明多元一体的重要组成部分。

具体反映。三星堆出土的骑虎铜人像、金沙出土的玉琮与线刻人像。

玉琮，宗教信仰和权力的最高象征。中华大地的多个古文明中都有出土，远到西北的甘肃齐家文化，南至广东的石峡遗址，时间跨度从新石器时代到西周时期，都有型制相同的玉琮。

彰显良渚先民的宇宙观念、精神信仰。

无声地诉说着长江流域先民的爱、恐惧与信仰。

家国情怀的源头。江原文化中的密码，仅存于四川。

大禹，四川向中华民族捧出的万世祭奉的伟人。

会诸侯于会稽，封禅于会稽，归葬于会稽。

绍兴（会稽）是我国北纬30度线唯一穿过市中心的城市。

成都附近走出的大禹，被人们葬在杭州附近的绍兴。

生于成都西北，葬于杭州东南。

两座古老的城市，天然地架起一座人文的桥梁。

成都、杭州均以丝绸纺织闻名于天下。在汉代，成都便已设锦官，统筹管理蜀锦织造，故有“锦官城”的别称。环绕成都的那条半天然、半人工的母亲河，也被人们称为“锦江”。

蜀锦畅销。20世纪90年代，出土于新疆的汉代蜀锦，因绣有“五星出东方利中国”八字，蜚声海内外。巧合的是，这件极具考据、文化价值的文物，近年由杭州中国丝绸博物馆成功复制。

杭州丝绸历史，可追溯到良渚文化时期，顶峰是明清两代的杭州织造局。官办丝绸几乎成为皇室的专供品，民间丝织业也呈现出“机户万计”的盛况。

两城之人都爱喝茶，市井中茶馆林立。

两城附近也都产好茶，蒙山茶均为历代帝王祭天贡品，“扬子江心水，蒙山顶上茶”耳熟能详。西湖龙井，名扬天下，在宋元明清四代，更是成为宫廷专享的“御茶”。

自古文人多入蜀，几乎所有文化巨星都曾在成都居住过。

无独有偶，杭州也是文化巨星向往之地。

无巧不成书。写杭州的苏轼，成都附近的眉山人，眼中的杭州“水光潋滟晴方好，山色空濛雨亦奇”。写成都的陆游，杭州附近的绍兴人，笔下“成都海棠十万株，繁华盛丽天下无”。

杜甫、白居易都是河南人。

从京城长安出发，一个向西，一个向东，分别来到成都、杭州。杜甫写成都，“窗含西岭千秋雪，门泊东吴万里船”；白居易写杭州，“山寺月中寻桂子，郡亭枕上看潮头”。

在杭州，苏轼说西湖，“淡妆浓抹总相宜”；在成都，张籍却感慨，“游人爱向谁家宿”？

成都，诸葛亮立誓“鞠躬尽瘁，死而后已”；杭州，岳飞却高呼“壮志饥餐胡虏肉，笑谈渴饮匈奴血”。在岳王庙前慷慨激昂的人，到了武侯祠，也免不了黯然神伤。

精忠报国和鞠躬尽瘁，竟然异曲同工。

当人们感叹成都的薛涛时，可能也会想起杭州的苏小小。

不期而遇。相距三千里，两城却总能在历史长河中，“神秘链接”。

“感觉”相同。坐在成都茶馆里喝喝茶，与漫步在西子湖边吹吹风。

成都平原的文化变迁、文明演进过程，如同一幕大戏。

营盘山、宝墩、三星堆、金沙等主角，依次登台亮相；而河南二里头、湖北石家河、安徽凌家滩、辽宁红山文化，甚至域外文化，也纷纷入场，深刻影响了戏的情节与走向。

文化的多源、融合。

内外“双循环”，滋养古蜀文化的发展与辉煌。

同一时期。称雄爱琴海和近东地区的国家和强权，青铜时代不期而遇。相距三千里，两城却总能在历史长河中，「神秘链接」。「感觉」相同。坐在成都茶馆里喝喝茶，与漫步在西子湖边吹吹风。成都平原的文化变迁、文明演进过程，如同一幕大戏。

晚期的黄金岁月里就已存在的国家，纷纷衰落消亡，有的立即消失，有的留存不超过百年。

与西罗马帝国覆亡一样，地中海东部诸帝国的终结，多次入侵、多重原因的结果。血与火中怒放之花，以色列人从迦南文明毁灭的灰烬之中，在那块被喻称为“流淌着奶与蜜之地”崛起。

除中原的商文明之外，成都平原同时存在着一个相对独立的区域性文明。

夏商西周春秋时期，成都处于文明发展第一方阵。

一脉相承。从原始社会的解体，文明的孕育、诞生、发展、走向辉煌到开始衰落，都在一个地方不间断地演进，这就是宝墩、三星堆、金沙遗址。整体文明发达程度，虽然并没达到中原一带的高度，但三个遗址延续足足有4 500年之长。加上作为天府文化的源头的营盘山遗址，古蜀文明的历史渊源推进至5 500年以前。

三星堆文明与金沙文明，重建中国古史的突破口。

“神秘面纱”，看见的只是“冰山一角”。

三星堆遗址划定的面积就12平方公里，秦始皇陵才8平方公里。目前发掘的面积，只占总面积12平方公里的2%左右，“九牛一毛”，区区“一毛”，不可能去还原整个三星堆文明的“九牛”。

秦始皇陵里青铜鹤和一车六马是工艺精湛的巅峰，三星堆的青铜神树工艺精湛，能称得上是它们的鼻祖，高度竟然是3.96米，这还是顶部缺失的高度。青铜鹤还不到一米。

还有遗址面积约5平方公里、约等于三星堆文化最后一期的金沙遗址文化。

重瓣花朵。中原文化区是花心，第一层花瓣，周围的甘青、山东、燕辽、长江中游和江浙文化区；第二层花瓣，再外围的文化区。处于花心的中原文化区，起着联系各文化区的核心作用。

水是生命，长江是生命的全部。

背着逶迤的山峦，从中国第一级“地理阶梯”的唐古拉山脉，到第三级“地理阶梯”的崇明岛，从海拔近5 500米的沱沱河，到海拔仅仅8米的黄浦江，直达东海之滨，一个根脉，一个号角，与黄河的怒涛，见证岁月的沧桑，把华夏大地的千年梦想铺开，雕刻东方明珠的灿烂。

成都和杭州，探索中国文明起源的圣地。

以文明的交流，超越文明的隔阂。

以文明的互鉴，超越文明的冲突。

以文明的共存，超越文明的优越。

长江文化造就从巴山蜀水到江南水乡的千年文脉。

既能说明中华文化区别于世界其他文化的独特性，也能解释中华文明的根本来源和根基。

中国的古老文明，同样起源于长江流域。

中华大地的古文明同出一脉，为“多元一体”的发展特征，提供最完整、最重要的考古学物证。文化演进，不是一条线单向进行，而是从“月明星稀”到“满天星斗”。

巴适、安逸、和美。

尽管与商朝频频发生战争，“古成都人”的生活却未受影响。

平时劳作，战时出征。

古蜀国没有专业军队，但是每一位男人，都是军人。

春秋时的战争，一般只发生在两国的边境地区。

战争不过是实现霸主地位的一个途径而已。

贵族之间的战争，以礼规范，一举一动都合乎礼法，不可肆意而为，与欧洲中世纪时期的骑士决斗相似。将领多为贵族出身，鲜有平民为将。齐晋的“鞍(今济南长清)之战”中将领郤克，出自晋国世卿家族。到了战国时期，将领的出身，不再受到限制，战国四大名将之一的白起，在秦王起用平民为将的过程中崛起。

春秋之时，士兵地位最低也是士，仍是贵族。

平民和奴隶，至多用于携带粮草，保证供给。

与古希腊城邦时期，战争情况颇像。古希腊的民主，贵族民主，真正参与到政治权力中是贵族，享受权益也是贵族，也是战争时重要主力。雅典执政官伯里克利等，都曾亲自参与战争。

鲜有大规模伤亡。

即便攻入一国之内，也不会对民众产生重大的影响。失败的一方，除了在作战中死去的士兵，活下来的士兵，会受到非常优渥的待遇，主帅被俘虏，胜方也会给予应有的地位、待遇。

天地君亲师，士为天地立心。

荀子提到：“君子者、治之原也。官人守数，君子养原，原清则流清，原浊则流浊。”

曾子说：“士不可以不弘毅，任重而道远，仁以为己任，不亦重乎，死而后已，不亦远乎。”有抱负的人，不可以不胸怀宽广，意志坚定，因为肩负着重大的责任，路途又很遥远。把实现“仁”的理想看作自己的使命，不也很重大吗？直到死才停止，这不也是很遥远吗？

侠客遍地，武士横行。

贵族个个下马能文、上马能武，一言不合就拔剑相斗。

社会主体审美，以高大健硕为美。

非主流审美。一步三摇、弱不禁风的白面书生。

描庄姜之美，《诗经》首说“硕人其颀”；写鲁庄公之美，必言“猗嗟昌兮”。

美男的“标配”：大个子、卷头发、浓胡须，配置雄性荷尔蒙。

《齐风》赞美猎人，“美且鬈，美且偲”，卷发多须。同样，《陈风》中说，“有美一人，硕大且卷，有美一人，硕大且俨”，令女主人公心生爱意，在单相思中，苦闷不已。

大国，争雄竞长；男人，强悍好战。

《诗集传》说：“秦人之俗，大抵尚气概，先勇力，忘生轻死。”

班固在《汉书》中，也说：“秦之时，羞文学，好武勇。”

“杨朱墨翟之言盈天下”。

继老子之后、比庄子要早的道家首位大师，杨朱主张“贵己”“重生”“人人不损一毫”，通过对个体的自我完善进而达到社会的整体和谐，建立人人为自己，又不侵犯别人的社会。“损一毫利天下不与也，悉天下奉一身不取也。人人不损一毫，人人不利天下，天下治矣。”

杨朱的“一毛不拔”，在于“人人不损一毫，人人不利天下”。

最早的人权宣言。

要我牺牲自己来满足天下，不干；要我尽取天下来满足自己，不干。

灿烂时代，中国侠文化。

救危扶困，振人不赡；路见不平，拔刀相助；知恩必报，赴火蹈刃；受人之托，一诺千金。赵氏孤儿、聂政刺侠累、荆轲刺秦王……

演绎男人们，轻生重义、生死相许的壮烈与决绝。

重视人格的独立与平等。行侠仗义，不为名利，“孟尝君曾待客夜食，有一人蔽火光。客怒，以饭不等，辍食辞去”。即使座位安排的小事上，也不能容忍任何的不平等。

以礼治国。数百年的西周礼制，臻于完善，各诸侯国都奉行。

一场战争，既要互派使节，约定时间、地点；战争之时，还要等双方摆好阵势；一方败逃，追击的一方，不得肆意杀人，被俘虏者，会受到敌国的优待……蕴含贵族精神。

“两个文明”。东方，奠基于周，以“天道＋士＋民本＋和而不同”为核心、道统制约君权的华夏文明；西方，奠基于雅典，以“私有制＋士＋选举执政者＋理性逻辑”的欧美文明。

文明程度与国土面积无关。雅典文明程度远过阿拉伯、罗马帝国，“小邦周”远过“大邑商”。文明程度与军力无关，周人不与戎狄拼武力，文明远过戎狄；雅典武力不如斯巴达，文明程度远超后者。

周人实施“把国土让给戎狄，争取民心、以仁政凝聚天下”的国策时，就建立文明。周武王灭商，任命商朝的贵族为史官，监督执政者，以“士”阐述天道，以天道指导执政者。

“太史令”。记载史事，编写史书。

兼管国家典籍、天文历法、祭祀的官职。

从夏朝开始，朝廷就有记录帝王言行、国家大事的史官，优良的传统一直保持下去，经商周至秦汉，虽然品级高低，官职名称有一些变化，职位一直存在。

两河流域与埃及，世界上最早走进文明的地区。创造人类早期的辉煌，发明文字，积累了丰富的文献，办教育，兴文化，但就是没有产生史志。

古印度虽然拥有灿烂的诗篇，也有远古的法

古蜀国富裕，却祭祀繁盛，受大禹「五服」影响，民风「尚五」，「礼乐征伐自天子出」，「荆人鳖灵死，尸化西上，后为蜀帝」。连王权的「转换」，也被赋予传奇、浪漫的色彩。

典，有宗教，还是没有史志。

在古代，只有古希腊、中国不但创造历史，而且创造与历史有密切关系的史志。只是，古希腊的史志主要是当代史，古希腊人没有形成数代史家连续按时叙史的传统。

古希腊人以数学来审美，开理性与科学的先河；中国人很早便观察到自然的规律，并将其作为调整社会秩序的依据。这渗透到每一个中国人的血脉中，奠定中国古典哲学的基石。

贵族落幕。到了战国，阶级更替，演变为不可控制的征伐战争，目的在于灭亡他国，得到土地和资源。各国大力发展军事力量，动辄数万、数十万的大规模作战时有发生，血腥杀戮。

兼并，战国与春秋的最大区别。

平民阶层的崛起，开始成为军队的主力。

淘汰规范贵族的礼仪，大多施行军功爵制，唯有战场上杀人的军功，才能让人晋升，地位提高。战争常常发生屠城灭国的原因。“长平之战”，白起坑杀赵国40万降卒，惨烈之极。

古蜀国富裕，却祭祀繁盛，受大禹“五服”影响，民风“尚五”，“礼乐征伐自天子出”，“荆人鳖灵死，尸化西上，后为蜀帝”。连王权的“转换”，也被赋予传奇、浪漫的色彩。

历史转变。古蜀国再次直接参与华夏文明建设。

“外循环”。位于秦岭南的“蜀”，与秦岭北的“周”联系紧密。

周朝“艺术治国”。周人的生活，从战争、外交，到治国、治家，“不学诗、无以言”。没有音乐，不是诗人，就连开口说话的机会都没有。诗是唱的。可以只唱曲，可以只说词。

周朝建国前，先建“黄埔军校”，称为“辟雍”。

“周公吐哺”，广揽教师、学生。

军校学生，既是将来灭商的战士，也是统一全国后的地方官。

以“小邦周”，图谋“天邑商”。“辟雍”，该研究什么战术？敌人人数太多；一切计谋与算计，都不管用，因为激怒敌人得不偿失。研究出礼、乐、射、御、书、数“六大战术”，武力仅两个：射、御。

战车、弓箭，唯一能够弥补人数的缺陷。

另外的四大战术，几乎都是“人文艺术”类。

文明的力量。诗：文字表达能力，口才、宣传能力、感染力；自我修养、让人敬佩与崇拜的工具。乐：音乐，表达善意的能力，提升个人形象、传播周朝的先进生活方式的工具。礼：秩序形象，文明的军队，给以人震慑。

以德服人。战争，就是表现先进、文明，使敌人羡慕，而主动投靠。

“武王伐商、前歌后舞”，周人首先展示生活方式的优越。

战场宣誓，强调的是“六步七步乃止齐”，军容整齐、彬彬有礼，不杀受伤者、不追逃跑者，对战败者给以出路、送给机会。以具体事实，体现自己的战争文明。

“维师尚父、时维鹰扬”，姜子牙的“虎贲三百”，表演极其娴熟的御射技巧。

“殷商之旅、其会如林”，声势浩大。在周文化的感召下，居然“前徒倒戈”，加入周军。公元前1046年的“牧野之战”决胜战的成功，使周人更加重视才艺的“软实力”。

周武王亲率精锐，出兵东征。

杜宇参加武王伐纣的战争，史称“六师”。

《诗经》记载：“牧野洋洋，檀车煌煌，驷騵彭彭。”古蜀军队，“以战死为吉利，病终为不祥”，战斗力极强，推翻殷纣王的重要力量。文明形态有别于华夏族，被后人称为“蜀族”。

继“汶川之会”后，“川军”再次北上。

对中原先进文明的向往、吸纳，贯穿着古蜀文明的始终。

3 000年前，人类历史进入“轴心时代”。

世界两大文明顶峰的周朝与雅典，同时形成。

两个文明具有高度的相似性。

“以德配天”。西周实施“以德治国”模式。

东周，有“徙木立信、令出法随”的“依法治国”，有别于西周的“依天理天道立法”的“依法治国”；古希腊，有“斯巴达依法治国”，有别于雅典的“依理性逻辑立法+依法治国”。

混血交融。你中有我、我中有你。

价值共同体。一个用国家包装的文明。

中原族体文化，包括周围族体文化，连续不断地汇聚、融合、分解、组合。

不料，“天时”狙击了“外循环”。

天不助蜀。杜宇晚年，洪水再次肆虐成都平原。

“灾变气候”。公元前800年左右，成都平原发生大面积持续性干旱，间以突发性暴雨和洪水灾害。

百姓死的死，逃的逃，古蜀国人口锐减大半。

遭遇一场“亘古未有”的山崩“雍江”之患。

“时玉山出水，若尧之洪水，望帝不能治，使鳖灵决玉山”。

洪患严重。《蜀王本纪》记载：“时玉山出水，如尧之洪水。”

唐代诗人岑参写的诗《石犀》，记录了他耳闻的古蜀洪灾：“江水初荡潏，蜀人几为鱼。”

中国黑色幽默的鼻祖。明明江水都泛滥，还有心思开玩笑，说“古成都人”差点变成鱼。真是鱼倒好，但是人不行，在洪水中只能像被打昏的鱼一样，在水里东碰西荡，一命归天。

三峡一带的鳖灵部落，为躲避楚人追杀，逃亡到成都平原。

鳖灵，灵鳖，灵龟的化身。

龟，极识水性的动物。在中国吉祥文化中地位重要，龙生九子中有它，女娲补天断鳌足以立天有它，与龙、凤、麟合称为四灵，美好的象征。

长江下游沿岸有句民谚：鳖蛋生得高，江水定滔滔。鳖一般在江边的沙地里产蛋，最佳位置，高出江水线不远处，既不会被水淹，小鳖破壳后，可以立即回到江水中，找东西吃。

长江之水涨落无序，鳖总能找到产蛋的最佳位置。

有预测洪水涨落的能力，民间才有谚语。

“若尧之洪水”，遭遇特大洪水。

鳖灵治水。杜宇也想尽各种方法来治理水灾，但始终不能根除水患，觉得鳖灵人才难得，便委任为相，治理洪水。鳖灵受望帝的委任，带领民众治理洪水。巴文化、荆楚文化正式进入成都平原。

继「汶川之会」后，「川军」再次北上。对中原先进文明的向往、吸纳，贯穿着古蜀文明的始终。3 000年前，人类历史进入「轴心时代」。世界两大文明顶峰的周朝与雅典，同时形成。

洪灾惨烈。“壅江”“潴水”，致“蜀水不流”。

鳖灵因长期与水打交道，熟悉水性，擅长治水。

文献中的鳖灵来源，也与水密切相关，充满神异色彩。

《蜀王本纪》等文献，称“鳖灵尸随江水上至郫复活”。

看似荒诞，暗示史实：“鳖灵犯罪当死，乃伪称投水而潜走投蜀。故楚人求其尸不得，而谓在蜀复生。”从湖北经重庆辗转进入成都平原后，因拥有丰富的治水经验，得到杜宇王朝的重用。

如同杜宇一般，“新一代蓉漂”。

《蜀王本纪》记载，鳖灵开凿“玉山”，《风俗通义》《本蜀论》说，“凿巫山”，《华阳国志》记载，“决玉垒山”。“巫”“玉”二字，因形近而讹，以“玉”为是。

许慎《说文》：“决”，下流也。

“玉山”，即“玉垒山”，为湔水发源地的茶坪山。

位于都江堰市与汶川县交界处。

鳖灵“决玉垒山”，打通了“宝瓶口”分洪，自高向低，从岷江“决”出一条河，入沱江水系，“排除阻塞物，疏通水道”，再打通巫山，水流就从岷江流到长江，使水患得到解除。

“汶川之会”前后，大禹曾为沟通岷、沱水系，开凿过人工引水河道，时逾千年，已严重淤塞，或已湮没。鳖灵再次整治、修缮，“民得安处”，顺理成章。

鳖灵治水，影响甚大的活动有两次。

除了“决玉垒山”，还有“开金堂江”。

“开金堂江”与三星堆城的毁弃关系密切。

“二龙戏珠”原型。成都平原，旧为内海，被玉垒山、邛崃山与龙泉山环抱，西北高、东南低，一个由龙门山脉、龙泉山脉包围而成的倾斜冲积平原。岷江、沱江与所有分支，都由西北流向东南，龙泉山脉像堤坝一样，拦在河流面前，滔滔江水只能从西南面的新津河谷、东南面的华阳河谷与东北面的金堂峡三个口流出。

新津河谷宽度很大，成都平原的主泄洪口，华阳河谷宽度也不小。

惟有东部，沱江干流在穿越龙泉山处的金堂峡，完全可能被阻塞。

易涨易落。龙门山脉常常出现山洪泛滥，推移质多，不仅导致湔江、白鹿河下游经常出现河水泛滥，沿河居民粮食绝收，而且一旦壅塞，无法排泄，就会导致“蜀水不流、蜀地潴水”。

岷江流域的灌口封堵，内泽一片汪洋。

巨大的“堰塞湖”，“悬浮”在成都平原的后脑顶。

大禹治水，“岷山导江，东别为沱”，治理的仅仅是岷江。

影响成都平原，还有湔江，汇聚龙门山西端各水系。

上游地处龙门山脉南面的腹心地域，地势像一个狭长的口袋型河谷，西高东低，呈西北走向，幽深的河谷顺山势，向着远处的川西北高原的岷山心脏，默默地延伸。

河谷中部，有一来自东边的重要支流白鹿河强势汇入，古称雁江。

森林覆盖稠密，降水量非常丰沛，远方皑皑的雪山，河流永远流淌不尽的源头。历史上，湔江的径流量很大，为古蜀国的农业发展提供了取之不竭的水源。

下游，三星堆的鸭子河、马牧河。

河床淤积严重、河岸低。

金堂峡，成都平原最低之地。

金堂县城赵镇下游6.5公里处。

海拔高度400米以下。

平时，"古成都人"重装木筏，从下游的"都广之野"，通过"天彭门"，直接抵达湔江上游河谷的"瞿上"。但是，湔江河床十分陡峭复杂，一遇雨季，河水满床，就泛滥成灾。

出口受堵，不仅金堂、德阳、广汉、什邡、彭州都成泽国，还会殃及新都、成都、简阳等地。沱江上游涨水，不像岷江有新津、彭山等出口可泻。只要金堂瓶颈壅塞，洪水就难消退。

没有宽松出口，金堂峡总是"愁眉紧锁"。

治理湔江，开凿金堂峡，被提升为"国家工程"。

沱江水流切割龙泉山脉，形成全长约12公里的峡谷。峡口部分窄如瓶颈，最狭窄处仅有40米宽。峡谷蜿蜒曲折呈S形，河道狭窄，峡谷岩岸壁立，河床巨石如麻。

沱江主源的绵远河、石亭江、湔江，与岷江水系的青白江、毗河的水量都不小。

形成涝灾。汹涌的江水，被严重阻滞、宣泄不畅。

每遇上游暴雨，五江并流、洪水滔天，从平原上冲下来大量的泥沙、各种杂物不断涌来；如再遭遇地震，地震次生灾害，峡谷岩岸滑坡、崩塌，阻断江流，整个峡口可能完全被堵死。

金堂距广汉20公里左右，如遭遇暴雨洪水，特别是地震洪水，峡口一旦被堵，致"蜀水不流"，江水回淹，广汉在劫难逃。洪水穿破城堤，完全可能淹没三星堆，毁灭古城。

定国安邦的“一号工程”。

鳖灵拓峡不全是神斧劈山，疏浚淤塞的河道。

劈山开路浩大工程，不是短短几年就可完成。

沱江小三峡的东岸。

海拔998米的龙宝山，龙泉山脉在金堂境内的第二高峰。

神奇之地。与西岸的云顶石城，遥遥相对。

坐东朝西。视野开阔，选址中段“窑洞石屋”，拓峡“总指挥部”。清晨，太阳一出，东方的阳光直射，直接观察沱江江面，龙宝山地势高，视线开阔，能将江峡尽收眼底。

处于金堂峡的中段，上可观水城新貌，下可看淮州全景。

为方便观察江面情况，鳖灵摒弃风水理论，从实际出发。通风透气、光线好，冬暖夏凉，生活环境干燥，长期工作，山顶风大，建修特殊的“窑洞石屋”，比凿石窟更符合实际需要。

金堂峡口偏窄，又连续有几个弯道。

特大地质灾害后，一些上游冲下来的枯木、大树，挡在峡口，枯木浮物越累越高，完全堵住金堂峡，致使河水无法排泄，导致成都平原东北角一带形成汪洋，水患成灾。

鳖灵带人疏浚，杂物最终随波而去。

成都平原又沃野千里。

“吃一堑，长一智”，建一个沱江水文观测站，派人随时观测江面的情况，以便尽早发现淤塞，排除险情。秦灭蜀后，历代执政者，要避免水淹成都平原的重蹈覆辙，也会在龙宝山设立水文观测站。代代相传，直到清朝时期，水文观测站依旧在发挥重要作用。

“永安寨”，水文观测站的后勤基地、家属区。

遗留建筑，纪念鳖灵的圣地。

鳖灵治水的足迹，南到青衣江流域的乐山，北抵嘉陵江流域的阆中。

《太平寰宇记》《舆地广记》卷，在“阆中”条目下，均记载阆中城东十里灵山有鳖灵庙。典籍虽晚，反映的古蜀国治沱江却很早。

开明时期，船棺葬在巴蜀地区颇为流行。

鳖灵族群的特殊丧葬习俗。

生前以船为家，死后回归船上，反映族群文化习俗和治水的密切关系。

旷日持久。开明王大规模的治水活动，得到考古材料的印证。

成都市中心指挥街遗址。出土的一排呈东西走向的6根木桩、竹木编拦沙框等遗迹遗物，与防治洪水有关，时代不晚于春秋前期。

方池街遗址。发现的砌筑卵石建筑，春秋战国时期的一处防洪排泄的水利工程。由东、西、中三条大而有规律的卵石石埂组成，形状呈工字形。用竹笼满装卵石砌成，为一倒“人”字形滚水、支支、水埂。数条呈规律分布的卵石埂，具有护堤、分水、支水和滚水的功能。成都平原水利技术的重要创举，为都江堰水利工程的修筑提供范本、经验。

来自江汉平原，具有丰富治水经验的鳖灵，成为“蓉漂英雄”。

“禅让”鳖灵，“委以政事”。

以宽厚和充满灵性的气度，杜宇把王位“禅让”给鳖灵。

前七世纪中期，鳖灵取代杜宇，建立开明王朝，是为“丛帝”。

传位12代，统治古蜀国350年。

“蜀得陆处”。鳖灵治水后，成都平原水稻、粟等粮食的种植规模、产量，较前很大提高。已是中国著名的粮食丰产区。不仅大规模种植粮食作物，还大力开展经济林木的栽培、种植。

梅，蔷薇科落叶果树，核果，主要分布于中国南方各省。

食梅的历史悠久，早在春秋之际，梅已经驯化成功。

桃，蔷薇科落叶果树，西南山区也是野生桃的分布区，栽培历史同样悠久。薄皮甜瓜，起源于非洲，中国是次级起源中心。《诗经》记载，先秦时期已经栽培甜瓜。

一幅生动的采桑图。一群身穿长裙，梳着长辫的妇女在园中，繁忙地采摘桑叶，有的攀爬在树上采、有的树下头顶竹篮或手挽篮筐运，还有一人，在一旁歌舞助兴，桑园场面异常热闹。

到开明王朝时期，蚕桑业巨大发展。

《汉书》描述：“土地肥美，有江水沃野，山林、竹木、蔬食、果实之饶。”《华阳国志》记载：“桑、漆、麻、 之饶，……其山林泽渔，园囿瓜 果，四季代熟，靡不有焉。”

五谷丰余，多余的粮食就被做成各种米酒（醴）、烧酒。

在“古蜀国母”朱利酿“务农酒”前，柏灌部落在“故地”就已酿酒，随同大禹“北漂”，夏帝杜康(少康)“初作秫酒”，就是根据柏灌的

“斟灌氏”酿酒原始方法，提炼、精化而成。

“斟灌”，“斟”的本义“往樽中倒酒”，即斟酒。

“斟”的左边“甚”，金文字形上下结构。上“甘”下“匕”，“甘”指“美味”，“匕”看去像“用来舀酒的酒勺”，“甚”，造字本义“享受美酒佳味”；“斗”，限制酒量的“剩酒工具”。享受美酒的前提，“恰到好处”。

“古成都人”早已发现，酒虽是好物，饮多伤身，加计量词“斗”以限制。“斟”的真正含义，引申出“斟酌、衡量”等字义。“灌”，指用来盛水或酒的长嘴陶器，大口盛入，取时从长嘴倒出，引申出“浇灌、灌溉”等字意。

两个字都离不开酒，“斟灌”两字连用，与古蜀先人在成都平原的祭祀活动有关，祭祀神灵时，有一项重要的仪式，即“斟酒灌地以敬鬼神”，现在仍被沿用。“斟灌”的由来。

成都平原的酒文化再度繁荣。

家畜动物不仅用来食肉，还具有某种宗教礼仪功能，“古成都人”用完整的公鸡埋入填土中，用来举行祭祀活动。新都战国木椁墓，出土的铜鼎内，也盛有鸡、羊、猪骨骸。

农具，变化不大。

青铜工具，在农具上应用不多，与全国青铜农具少见的情形吻合。

与自然环境优越有关。成都平原是山前冲积扇平原，土质肥沃，对耕作工具的倚重不高，石、木质农具，即可满足，在没有金属农具深耕下，农业生产就能达到一个很高的水平。

对西南地区的历史产生深远影响。

富庶闻名。雄踞西南的泱泱大国。

治水患。勤付出，修堤坝，筑河道。

兴水利。拓平原，保良田，观四象。

勤耕植，促商贸，开商道，扩坊市等措施渐收

一脉相承。古蜀文化中的「十二桥文化」，距「营盘山文化」2 500年，距「汶川之会」大禹「北漂」治水1 700年，距「古成都人」创造的「宝墩文化」1 600年，距「三星堆文化」400年。

寻访、重走「藏羌彝走廊」上的「松茂古道」「灵关古道」「古金牛道」——深藏着「成都人」的「生命密码」、天府文化的「原始基因」，就像寻找一个失落已久的文明，寻找一份属于「古成都人」的荣光，寻访成都先民梦中曾经的美丽家园……

成效。

经济文化建设，成都平原再次焕发出勃勃生机。

斗转星移。公元前500年左右，开明五世在“瞿上”北翼，新津“宝墩”、双流牧马山“九倒拐”向北、广汉三星堆向南，山水环抱的平原地带建都，大兴土木，扩建城池，是为“金沙”。

建城的“古成都人”诞生。

腾空出世。自我创新能力，一个宏伟壮丽的建筑群。从蚕丛到柏灌、鱼凫，直到望帝、丛帝，古蜀国在史书、考古、文物与现实的勾勒下清晰地显现，构成一个完整的系列文明季候。

废墟中崛起，“国家能力”强大。

较强的自我复制、自我修正能力。

作为政治实体，不仅在社会治理、经济文化、思想理念、技术发明等诸多领域，取得伟大成就，经济居于同时代的领先地位，驯服、教化周边出现过的强力实体，经受住一系列不幸的地震与苦难水患的重压。即便遭受“灭顶之灾”，作为政治实体风雨飘摇，作为文化实体，却仍能走出从未有过的困境，仍以坚定的决心，百折不挠追寻着希望，仍渴望着美好生活的未来。

文明的发展，的确不是线性。

2 000年的时光，让曾经有千丝万缕关系的古人，早已没有同族的意识。

2 000年前的“古成都人”，不过从一种草搭棚子，换成一种木搭屋子。

2 000年后的“古成都人”，却是从“三星堆文明”的巅峰，跨上“十二桥文化”的高台。

重建的“公园城市”金沙城，也将正宗的古蜀文化传承，寄拥给中国。

个中原由。古蜀文化超越性的维度，比周围的文化高很多。

本原文化，包含“江原文化”的古蜀文化。

本原文化的两个标志：觉悟“绝对”与觉悟“普遍”。

既是一种文化信心，也是一种命运安排。

强大“基因”。冥冥之中，或许都是人与自然和谐给“成都人”的定数。

本原文化，既是一种幸运，也是一种命运。

城市精神气度勃发的内在潜因。

城市想象力、生命力旺盛的绝佳象征。

江原文化，由大禹父子开启。

“导江治河”。改“堵”为“疏”，“疏浚”河道，拓宽峡口，让洪水能更快地通过，在都江堰的位置，将岷江分为岷江、沱江两条河流，通过沱江，将岷江上游多余来水导入长江。

创造岷江上游治水使用的杩槎。

还留下“以德治人”的传统。

龙门山，因大禹“凿龙门，铸九鼎，治水患”得名，主峰九顶山，也称九鼎山。

得出“水可立国”的真理。在《史记》中，司马迁高度评价大禹，称“禹为人敏给克勤；其德不违，其仁可亲，其言可信；声为律，身为度，称以出，亹亹穆穆，为纲为纪。”禹为人聪明过人，又能吃苦耐劳；不违背道德，仁慈可亲，言而有信；声音合于音律，举止符合法度，一举一动，严守规矩；注重严谨，百官的楷模。

治水英雄。德才兼备的圣明帝王，《吴越春秋》记载：“天美禹德而劳其功，使百鸟还为民田。”上天也为大禹对百姓的感情而感动，让群鸟在大禹死后回来帮民众耕耘。

古羌的生理基因、古蜀的文化基因，在大禹身上叠加，得到完美体现。

在治水与立国中，体现出的以爱民、礼贤、律己、创新的大禹精神，成了中华民族不可或缺的巨大无形资产、生生不息的强大文化基因，自己也成为世代中华儿女无限敬仰的伟大圣王。

古羌史，华夏民族的共同记忆。如今岷江上游羌族聚居区，还保存着苍凉的羌笛、婆娑的羌红、精美的羌绣、神秘的祭祀、神奇的羌碉……被誉为中华民族演化史上的“活化石”。

一脉相承。古蜀文化中的“十二桥文化”，距“营盘山文化”2 500年，距“汶川之会”大禹“北漂”治水1 700年，距“古成都人”创造的“宝墩文化”1 600年，距“三星堆文化”400年。

蜀字，另一种“造型”，如一个眼目巨大的立人。

眼目，代表日，但不是真日，是日晕。

日晕，气象现象。金沙出土的头戴太阳帽的立人，太阳帽实为日冕。

日冕，天文现象。金沙立人表现的是，在日食过程中祭祀太阳神的一种形象，与蜀字的造型十分相似。“蜀”字本身的造型，就是太阳神或是对太阳神的祭祀形象。

祖神蚕丛形象，应为太阳神。

金沙立人像和三星堆立人，确实像蜀王祭祀太阳神的形象。

公元前347年，等洪水消退后，擦干眼泪，开明九世重新聚集洪灾中幸存的“古成都人”，从西边的“金沙城”，迁移到西北边浅丘龙岗状台地的“武担山”一带，建起王城。

模仿前贤的用意，称在“副都金沙”上再生的都府为成都。

为避水患，取周王迁岐之意，“一年而所居成聚，二年成邑，三年成都”。

“成都”二字，蜀语的读音是“蜀都”。

“成都”，“成”者，毕也、终也，最后的都邑。

永久定都于此，不再播迁。

蚕丛、柏灌和鱼凫开创的古蜀国，遵循中国建城鼻祖、“基建狂魔”的奠基者鲧的建城理念，传承正宗的“江原文化”，“疏”“堵”结合，与大自然最亲密的文化形态，人与自然和谐相处的生存方式，经历杜宇、鳖灵两代蜀王的开疆拓土、安民治水、不断迁徙和寻找，至开明九世始将国都定于成都，结束先民2 000多年寻找最佳居住地的漫漫旅程。

城市文化的发源，高雅和创新的城市精神。

见证三次迁移。古蜀“三都”的新都、广都、成都，为开明蜀国的都城所在，互为犄角，成相互依托扶助之势。广都最老，新都虽然挂“新”，却在成都之前，三星堆与金沙城之间的节点，串联起两个文明，形成文化走廊，成都城发展通道上的“中转站”。

成都、新都之名，沿袭至今。

“郫邑”与成都、临邛一并兴建，作为成都的副邑设立。

一条道路，一条古代人群迁徙的天然通道，能让金戈耀日、文脉长流，才有深度；能让君王扬鞭，也能让百姓散步，才有宽度。寻访、重走“藏羌彝走廊”上的“松茂古道”“灵关古道”“古金牛道”——深藏着“成都人”的“生命密码”、天府文化的“原始基因”，就像寻找一个失落已久的文明，寻找一份属于“古成都人”的荣光，寻访成都先民梦中曾经的美丽家园……

像一支飘荡的曲谱，默默奏出悲凉而雄壮的史诗。

雪山下的公园城市

成都传

下

易旭东 著

西南财经大学出版社
中国·成都

图书在版编目(CIP)数据

成都传:雪山下的公园城市:上、下/易旭东著.—成都:西南财经大学出版社,2022.3
ISBN 978-7-5504-5101-8

Ⅰ.①成… Ⅱ.①易… Ⅲ.①纪实文学—中国—当代 Ⅳ.①I25

中国版本图书馆 CIP 数据核字(2021)第 209628 号

成都传:雪山下的公园城市:上、下
Chengdu Zhuan:Xueshan xia de Gongyuan Chengshi:Shang、Xia
易旭东 著

总 策 划:冯卫东
策划编辑:何春梅
责任编辑:廖韧
责任校对:植苗
封面题字:刘光
装帧设计:张赟成
朗诵配音:唐鑫 张欣宇
责任印制:朱曼丽

出版发行	西南财经大学出版社(四川省成都市光华村街 55 号)
网 址	http://cbs.swufe.edu.cn
电子邮件	bookcj@swufe.edu.cn
邮政编码	610074
电 话	028-87353785
印 刷	四川新财印务有限公司
成品尺寸	170mm×240mm
印 张	41.75
插 页	14 页
字 数	631 千字
版 次	2022 年 3 月第 1 版
印 次	2022 年 3 月第 1 次印刷
书 号	ISBN 978-7-5504-5101-8
定 价	168.00 元(上、下)

第六章

两个「超级大国」的较量

三星堆“首都”，金沙城“副都”。

血色青铜。就在成都上演“双城记”之前，中华文明遭遇第一次灭亡危机。

殷商武丁时期。

向东迁徙。从“内陆亚洲”，一支白色人种，浩浩荡荡，一路越过天山，沿着绿洲，穿过河西走廊，跟着黄河，走到河套地区，来到商朝腹地，接近现在四川区域的边缘，气势汹汹……

“匈奴”，先秦时期“北方诸族”的代词。

欧亚草原广袤，诞生的民族、发生很多故事，都在华夏体系内。

以长城为界，北方游牧族群，都把欧亚草原，作为疆场、马场。

在南下农耕区受阻，都会通过欧亚草原通道。

游牧文明与农耕文明的千年冲突。

游牧经济、部落社会。除了中亚的河中绿洲之外，历来是苦寒之地。游牧族群无法完全自给自足，生计不稳定，既有与农耕定居社会共生的结构体系，也具有机动迁徙、群居与擅长骑射等特点。

骑兵战斗力，远远强于大刀长矛的步兵战斗力。

游牧军团或国家，基本由多种民族组成的群体。

成为在现代枪炮出现以前最为优良的作战部队。

中国西北地区面积广阔，西部深入亚洲内陆。

“内陆亚洲”，泛指以欧亚草原为中心，东起中国东北，西抵土耳其小亚细亚半岛，北至俄罗斯南部，南达伊朗北部。包括蒙古、中亚五国、阿富汗等，多个游牧帝国的中心地带。

极为广阔。面积约800万平方公里。

也是如今“一带一路”的中心区域。

游牧族群折腾出一部华丽的诗篇。

从蒙古高原、西伯利亚高原，向西抵达东欧、中亚、南亚地区。

大江大河、高原、山脉、平原，交错纵横。

四种自然地理特征，包括：北方西伯利亚针叶林地带，南部又可分为东部的蒙古高原、西部的天山南北麓；更南方，青藏高原；西半部南端，包括阿姆河与锡尔河之间的河中地区、西边的伊朗高原，甚至远及两河流域与北非；西半部北端，西北欧亚草原，东侧起于哈萨克大草原，向西，延伸至喀尔巴阡山脉东麓。

雅利安人属于古印欧人。

公元前3000年以前，还是一个部落联盟。

古印欧人发源于欧亚草原的欧洲部分，原来生活在黑海、里海以北地区，主要在天气寒冷、耕地贫瘠的横跨亚欧大陆的高加索山脉地区。当时地球进入小冰河期，处于高纬度的伏尔加河和顿河流域，气候极为寒冷。游牧族群虽无发达文明，也无文字，却拥有先进的战争武器。他们武力强盛时，为了寻找水源、食物与女人，获取更多生存资源，就开始了搅乱世界文明的南下征程。

温带的农耕地区，吸引着各路北方族群。

规模巨大，世界性的游牧部落迁徙浪潮。

开启了一段影响亚欧大陆文明的大迁徙。

靠着尚武天性，游牧部落相继摧毁了三大文明古国，史称“印欧大迁移”。

同一纬度。四大文明古国——古巴比伦、古埃及、古印度和中国，分别位于两河流域、尼罗河流域、恒河流域、长江—黄河流域。四个大型人类文明最早诞生的地区。

游牧部落的漫长迁徙，长达2 000多年。

一路征伐。直到公元前500年才结束。

兵分三路。依靠发明的轮式马车、驯化的野马，古印欧人：向南，进入北高加索；向西，奔赴欧洲；向东，翻越乌拉尔山脉来到阿富汗高原，侵入印度地区和现在的伊朗地区。

温带的农耕地区，吸引着各路北方族群。规模巨大，世界性的游牧部落迁徙浪潮。开启了一段影响亚欧大陆文明的大迁徙。靠着尚武天性，游牧部落相继摧毁了三大文明古国，史称「印欧大迁移」。

大约公元前2000年，欧洲中部和南部、莱茵河到里海的广阔区域，古印欧人的一支雅利安人，开始登上历史舞台。他们生活在广袤的草原、丛林开阔地，生活比较简易，经常游弋，迁徙不断。

满欧亚跑时，他们突然学会青铜器的制作。

到了大约公元前1500年时，科技再次提升，出现了铁器。

已知最早学会冶铁的民族。

而且，学会驯服马匹，攻击力发生巨大变化，开始了无往不利的扩张。

浩浩荡荡。雅利安人从小亚细亚东部分几批次，横穿安纳托利亚高原进入欧洲。

迁徙到地中海一带，冲击当地文明，希腊人被迫从多瑙河，迁徙到马其顿，取代克里特文明，进入西方学者所谓的“黑暗时期”。到美索不达米亚平原，将数千年的文明一扫而空。

还成功迁到欧亚草原的中亚地区。

大航海时代前。来自东亚、南亚和西亚的商团、使节、移民，都会通过内亚来交流和进行贸易。东南亚的香料、东亚的丝绸、西亚的贵重金属货币，都须经过内亚商人之手。

内亚西边。雅利安人最开始居住的高加索山脉。

道路艰险，沿途密布各大险峻山脉、干燥的沙漠地区，使原本浩浩荡荡的迁徙队伍，到中亚后损伤大半，面对数量、种类繁多的游牧族群，只得以“间歇性”的方式，不断向南方迁徙。

无论高加索山脉，还是中亚地区，都属高纬度寒冷地区。

适者生存。这里的居民必须具备强健的体魄、优秀的打猎能力。

通过漫长的演变，逐渐形成以骑马、打猎为日常活动，居无定所的游牧生活；喝牛羊奶、吃牛羊肉的饮食结构；长期通过在马背上迁徙，日夜防备周边民族，发动战争来生活。

拥有健壮高大的体形、较为先进的作战技术。

成为漫长历史中，令华夏族群头疼的游牧族群。

内亚地区，先后出现过尚武的古印欧人，骁勇善战的匈奴人、羌氐人，作战实力强悍的蒙古人，即使到了唐朝，还有中原统治者视为心腹大患的游牧民族等。

为在中亚生存、发展，雅利安人不得不与同样强壮的民族争斗，对外扩张。

一支，向东迁徙。在中亚附近分开，发动对南方文明的入侵。

公元前1500年左右，最初来到印度次大陆。

征服印度。雅利安骑兵从西北方向进入。面对印度次大陆上一盘散沙的国家，白皮肤的雅利安人，击败了当地棕黑色皮肤的印度人，来到印度河流域的旁遮普平原。

在印度河、恒河流域定居，建立“吠陀”文明，产生了婆罗门教。

以肤色为界限，雅利安人把自己列为最高种姓，肤色越浅的人地位越高，创造印度文明的印度土著，则成了地位低下的人。印度最出名的释迦族，就是雅利安族的一个支脉。

建立种姓制度。

最低等级“首陀罗”，被征服的居民、零散的部落成员，主要从事农、牧、渔、猎与各种低贱的职业，不受法律保护，不能参加宗教仪式，高种姓者杀死他们，只不过像杀死青蛙或乌鸦一样。

排斥原住民，到如今还保持白种人特征。

在政治上，印度取消了种姓制度，但其依旧根植在整个国家的终端末梢。在如今的印度军队中，低种姓的贱民，没有机会成为军官，高级指挥官只能由高种姓中的贵族种姓担任。

种姓制度的影响甚至已经超过了国家的法律。

“婆罗门”在印度各地，仍然处于社会金字塔结构的最高层。

雅利安文明在印度生息约200年后，记述历史、赞美雅利安人辉煌的诗歌集《梨俱吠陀》，在公元前1300年左右陆续写成。“吠陀”本义，是知，知识；“梨俱”，作品中诗节的名称。

既是宗教经典，又是史料总汇。

至今，被称为完整文献体系的“圣书”。

诗集对“雅利安”描述得相当清晰：外来部族，主要定居在旁遮普与邻近地区，使用共同的语言，信仰共同的宗教，自称为“雅利安”（梵语音译）。名字含义为“高贵的”“尊敬的”。

比中华文明起源更早的印度文明，在野蛮的种族隔离制度下，逐步衰亡。原住民被禁止学习，意味着文化的匮乏，印度历史上也基本没有统一的局面，这是其没有国家、民族认同感的主要原因。

另外一支，向西南进入波斯。雅利安人也有部分人独辟蹊径，向着相反的方向前进，来到了如今的伊朗高原地区，第一次出现的记录——被公元前九世纪亚述人所记载。

向西，达到美索不达米亚平原时，被两河流域的物质文明震撼。

在《圣经》中，美索不达米亚，称为“示拿地”，意为“两河之间的土地”。开始，没有和古巴比伦人发生战争冲突，在周围建立许多小国家。古巴比伦起初也并没在意。后来雅利安人的政权形成统一的波斯帝国，劫掠一番后，遂向东开拓，并把小麦种子、绵羊带走。

公元前538年，通过战争，吞并古巴比伦文明。

然后，以阿拉伯半岛为跳板，征服埃及文明。

首次征伐。古埃及和雅利安人，确实没有发生过冲突。

如法炮制。出现一支足以对抗埃及文明的帝国——庞大的波斯帝国，一次饮马尼罗河，埃及文明已经是日薄西山，如同一个患有精神分裂的病人。少数埃及上层靠着尼罗河提供的丰厚产出，在国际舞台上施展手腕，对如何真正提升国力却很不热心，完全无力对抗强大的波斯帝国。公元前525年，埃及被并入波斯帝国。

有的文明被同化，有的被毁灭而消失。

文明断层。古埃及文明、古巴比伦文明，被伊斯兰教文明取代，只留存下金字塔、巴比伦神庙之类的遗址；古印度被雅利安人入侵，古老文明断绝，本土的土著居民，也成为下等人。

以至于如今，从印度到欧洲地区的语言，叫作印欧语系，雅利安人的语言是其中一种。

英语，也是印欧语系的一种。

“地理阶梯”的选择。没有天然屏障，四通八达，最容易被灭亡。印度、阿富汗兴都库什山脉的开伯尔山口，进入的最好通道，雅利安人、阿拉伯人、蒙古人，都是从这里进入印度。

底比斯与埃及，宛若周秦时期的关中之于华夏。

不同之处，关中地区曾长期担负天下粮仓的责任，直至经济重心完全南移成都平原后。古埃及的三角洲与底比斯“劳燕分飞”，埃及政权南北来回迁移，使得龙兴之所与国本之地始终无法重合。

游牧族群跨越高山大河，一路进化，从游牧状态进化到青铜文明，征服迁徙路上遭遇到的其他文明。迁徙过程漫长，后来的迁徙者，同样也会对前期迁徙的印欧人建立的文明，进行毁灭、征服。

迁徙、征伐中，古印欧人中的雅利安人，也称为斯拉夫人种，沿着欧亚草原继续向东，居然翻越了高耸入云的喀喇昆仑山脉，奇迹般地翻越帕米尔高原，最终到达中国新疆的塔里木盆地的最低洼处的“小河”一带——著名的“城廓之国”。

迁徙、征伐中，古印欧人中的雅利安人，也称为斯拉夫人种，沿着欧亚草原继续向东，居然翻越了高耸入云的喀喇昆仑山脉，奇迹般地翻越帕米尔高原，最终到达中国新疆的塔里木盆地的最低洼处的「小河」一带——著名的「城廓之国」。

曾经充满神秘色彩的国家——楼兰，位于罗布泊西部，处于西域的枢纽位置，疆域东起古阳关附近，西至尼雅古城，南至阿尔金山，北至哈密。东通古代“丝绸之路”的南、北两道，从楼兰分道。

连绵60公里的罗布泊大河谷，湖泊纵横，水草丰美。

《汉书》记载：“广袤三百里，其水亭居，冬夏不增减。”

罗布泊，又名罗布淖尔，位于新疆东南部。长约60公里，宽30公里，明暗相间的半环状线条，一圈一圈地向中心收拢，形状宛如人耳，被誉为“地球之耳”，又被称作“死亡之海”。

这一带被水滋润。一个密布的湖泊群。四周山脉中孕育出的河流，孔雀河、车尔臣河、中国最大的内陆河塔里木河等，甚至源于祁连山的疏勒河，纷纷奔流而来，形成数十个大小湖泊。

河网纵横，水草丰美，绿洲繁茂、胡杨成林。生命绽放，美丽的胡杨或独木自赏，或三五为伍，或成行成排，或与一波清水相映，浑似江南水乡，包括候鸟在内的各种动物栖息其间。

直到今天，罗布泊有记录的鸟类仍有151种，爬行类17种、鱼类11种、哺乳类33种。

野生双峰驼，一种比野生大熊猫还要稀少的动物，当地种群数量占全世界的60%以上。

早在雅利安人到来之前，吐火罗人在此已经定居500年以上。

最早定居天山南北的新疆先民，欧亚混合族群。

北面的孔雀河（库姆河）、南面的塔里木河之间的小河流域，先民的活动区域。传统领域在塔克拉玛干沙漠，疆界以北，天山；以南，昆仑山；疆界以东，戈壁滩；以西，帕米尔高原。

青铜时代。已经掌握灌溉、制铜、纺织技术，开始大规模开发家园。他们从中原引入黍，经欧亚草原，向东欧传播；从西亚引入小麦，向中原传播，开垦出大面积的农田，饲养牛、羊。

切皮革为鞋靴，纺毛绒为毡帽。

还有如短裙般的女式腰衣。

与周边东方人群混血，形成相貌俊美的混血儿，女性白肤栗发，眼大窝深，鼻梁高而窄，下巴尖翘，头戴尖顶毡帽、斜插禽鸟翎毛。考古学家通过人骨鉴定，发现其父系普遍为西方谱系，母系则为混合。

亚欧混血。遗传学上，却是东亚人种。

融合通婚。东西方文化交流的中介者。

在夏朝，伊朗和中国之间就有一条商路，吐火罗人则是此商路上的主人。

他们信仰灵魂不灭，以保护好祖先灵魂寄寓之所为头等大事，频繁举行隆重的原始宗教仪典。充足的胡杨，提供了最佳的原材料。他们打造数量众多的船形木棺，祖先们面向沙海，踏上黄泉之路。

生殖崇拜。棺上立柱者，象征男根，代表墓中为女性；棺上立扇形木者，象征女阴，代表墓中为男性；男根、女阴，立木高达3至5米，组成神秘而惊世骇俗的生殖崇拜的文化景观。

公元前1500年左右，雅利安人融入当地文化，形成“小河文化”。

“小河墓地”。新疆楼兰古城遗址。

位于孔雀河下游河谷南，约60公里的罗布沙漠中。

“小河公主”，最美的楼兰美女，一具年轻女性的木乃伊，头戴尖顶毡帽，双眼微闭，眼睫毛楚楚动人，像一排幼松似的挺立着，好像刚刚入睡一般，漂亮的鹰勾鼻、微张的薄唇与露出的牙齿，为后人留下一个凝固、永恒的微笑。她是具有欧洲白种人特征的美人。

从3 600年前的随葬品中，鉴定出世界上迄今发现的最早的奶酪实物。

牛奶，第一次进入新疆先民的食谱。

“七”，一个频繁出现的神秘数字。

对天、对太阳的观察，与早期人类萨满崇拜中的天、地、人三界九层观念，存在关联。

定居活动很久，形成了斯基泰人。

气候变化，“小河人”一路逐水草，向内地迁移，沿着塔里木河向东游牧，沿途分散部分族群。雅利安人继续向东前进，沿着祁连山，来到了黄河河套地区游牧。

夏朝、商朝，都曾在罗布泊地区，对入侵的古印欧人发动过大规模的征伐，无数战士被埋于黄沙之下。结合发现的大量尸骨来看，能证明《山海经》与甲骨文里的记载的真实性。

中原处在龙山文化时期，内部混乱。

雅利安人从陕西、晋北，挥师南下抢掠，野蛮地摧毁晋南的陶寺“尧都”，逼迫尧舜族人南迁，对中原文化产生了一系列影响。整个山西、陕西和内蒙古南部，相继落入其控制中……

《辞海》中解释，雅利安人远古在中亚地区的部落，从事畜牧，擅长养马、骑射，有父系氏族组织，进攻性强，喜欢征服别人的土地。信奉太阳神，以辐射形状为象征，如十字、卍字。

天生适应寒冷气候。

由于日照稀少，体内只需少量黑色素吸收紫外线，有了金发、碧眼、白肤的体征。从面部结构上看，非常漂亮，五官端正，皮肤白皙，鼻子坚挺，眼睛凹陷，闪着蓝光。

苦寒之地的族群，没有一个不向温暖地区入侵。

游牧族群进入中国，或从蒙古高原南下，或从中亚阿尔泰山脉东进，或从印度平原翻越喜马拉雅山脉，或翻越葱岭，途经塔克拉玛干大沙漠、广袤无人的西北大戈壁地区。路途本就遥远，还涉及后期补给、运输工具、科技文化等方面的因素，在路上就有不少人病倒，或者死亡。能够真正进入中原地区的，人数、实力，也可能会大打折扣……

夏朝末期，教化未始，集中力量“内循环”，似乎有些无暇顾及。

雅利安人定居活动很久，在西部建立了一支强大部落——“鬼方”部落，商朝初期严重的外患，武丁时代不断“南下”“东去”，经常发动劫掠战争，还要掠夺人口，奴役百姓……

公元前1400年左右，统治中原地区的殷商王朝，在中国的西北方，即今天内蒙古河套地区一带，展开了一场大规模的军事行动，打败侵略到中原地区的雅利安人。

“西北战争”。

一场局部战争。雅利安人暂时后退。

积蓄力量，伺机进入“河西”。

200多年后，卷土重来。

继续东扩。借道印度、中亚，进入西藏、新疆。

活动范围渐渐到顶峰，到达了黄河河套地区。

在燃烧的废墟之上，建立起属于自己的新秩序。

雅利安人又一次进入中国中原政权的势力范围。

阻断商朝与西域的玉石贸易之路，无异于断粮。

陆地上的“马六甲海峡”。

河西走廊，一片堆积平原，东为乌鞘岭，西为新疆与甘肃的交界，南为祁连山，北为合黎山，长约1 000公里，宽约200公里，因地形狭长，犹如一条大自然为人们修建的走廊。

民间交往的“过渡地带”。

高山、谷地、绿洲与荒漠，域内外族群携带着各自或共享的文化，沿中亚、新疆、甘肃的贸易通道，进入河西走廊腹地，农牧文明交融。中华文明和汉文化，经过河西走廊西向传播；西方的科技、艺术、语文、宗教、饮食、服饰，也经此东向，传入黄河流域……

黄河中游的中原，通过华北北部、河西走廊的过渡带，与南西伯利亚、阿尔泰山等地区“循环”。体现在青铜技术与器型的传播上，欧亚草原的青铜文化对铜、青铜技术，在西北地区的出现和早期发展有互动；南西伯利亚地区卡拉苏克文化的青铜工具、兵器等，与蒙古高原、华北殷商王朝的青铜器相似，与卡拉苏克文化中，有着大量华北类型蒙古人种人口互相印证。

横在“西北走廊”上的“黄金带”。

小麦、黍的“中介”。一面，原培育于黄河流域的黍，在俄罗斯的米努辛斯克盆地、阿尔泰和天山东部、西面的东欧大草原等地分别被发现；一面，小麦沿着草原通道，也传入中国北方。

畜牧业强大，九州中的雍州之地。

“天下要冲”。西汉称“凉州”，简称“河西”。

一条远古的丝绸之路，山地、绿洲、荒漠的复合系统，人文宗教荟萃，族群环境复杂，生活方式多样，多种文化和文明源头、通道。从新石器时代前后，这条路一直存在于东欧和中原、华北之间，黑海与里海沿岸是必经之地，华北的农牧结合地带，文化的边缘，远处可能达长江流域。

边疆族群与华夏部族的交互中心。

雅利安人来了后，“西北走廊”的河西地区便成游牧乐园。

似乎没有任何一个国家、民族，足以拦住雅利安人隆隆向前的脚步。

咄咄逼人。西方史学家认为，雅利安人在此盘踞达200至400年之久，对殷商政权压迫巨大。

生死存亡。第一次也是最危险的一次危机。

古印欧人、雅利安人的长相，与中原人区别很大。

华夏民族将“西北部”笼统地称“鬼方”，鬼住的地方。

“鬼”，说文解字，异种之人，如鬼方、媿、隗等。

“鬼方”本意，“在一个叫隗的地方”。

与突厥类似，发源在北方蒙古高原的本土游牧族群，最终，从西北跨越千里，曾经抵达西南，在云

雅利安人来了后，「西北走廊」的河西地区便成游牧乐园。似乎没有任何一个国家、民族，足以拦住雅利安人隆隆向前的脚步。咄咄逼人。西方史学家认为，雅利安人在此盘踞达200至400年之久，对殷商政权压迫巨大。生死存亡。第一次也是最危险的一次危机。

贵一代定居，最终融合在当地族群之中，与“鬼”没有关系。

曾与黄帝联姻的大隗氏氏族的后裔，本身就是中华文明的一部分。

商周时期，入侵印度的古雅利安人，有了“鬼方”“西戎”“鬼羌”的名字。

大致在今天的漠南，势力延伸到了陇西、渭水。

不容忽视。中国历史上不少时期，都存在内亚性。

高地的半月形地带。亚欧大陆北边通畅，交流至少一万年。

炎帝，行走最常规的北方丝绸之路，黄帝走更北的草原丝绸之路。

欧亚白人定居中原地区，实属正常。

白人游牧民族也存在于中国的古籍中，有人认为“大月便是”。隋唐时期，粟特人通过河西走廊来中国经商、定居的人很多。

内亚是中华文明与世界文明之间的重要纽带。

“边缘”地带的历史推动力量。以蒙古高原为中心的内亚、以农业地区为中心的中原，相对独立的历史单元。文化交流的结果，有内亚民族“汉化”彻底的一面，也有华夏被“内亚”文化影响的一面。

奔驰在欧亚草原上的野马，远比家马强壮、轻捷和桀骜不逊。马是古代战争和交通的重要工具，又是肉食品的重要来源之一；属于战略物资，重要性不言而喻，历来为人们所高度重视。

在中国，与“五谷丰登”相对应的，便是“六畜兴旺”。

六畜，以马为首。

三字经中，有“马牛羊，鸡犬豕。此六畜，人所饲”。

在中国，“商”的本义是长途交易、贸易。

与“行商坐贾”有别，商人就是流动商旅。

商朝，一个长途贸易集团组成的国家商团。

商朝的青铜文化在西伯利亚，与欧洲的青铜文化联系在一起。

东西方文化交流由游牧族群的迁徙来实现，偶然性大、规模小、持续时间长。

公元前1260年至公元前1200年，三个文明古国被连续毁灭，使雅利安人充分相信自己的力量。雅利安人纠结“北方诸族”各种游牧族群的力量，南下发起进攻。

华夏文明还处于雏形时期。

面临极具压迫感的劲敌。

文明形式脆弱，如同一棵小树苗，一场暴风雨就能将其摧毁。

雅利安人组成的“鬼方”、北方游牧族群，不但人种、文化都和商朝格格不入，还保留着强烈的侵略、毁灭惯性。尽管没有自己的文字，战斗力却非常强，不仅有精良的青铜兵器，而且有驯化的家马、两轮战车技术，沿着欧亚草原东迁，势力已经南下到了河套平原一带，进入甘肃、宁夏、青海、陕西、山西北部……

史无前例。严重威胁到商朝和中华文明的生存。

武丁之妻妇好主动提出，统率士兵，抵抗外敌。

商王不仅是一国之君，更是宗教里的最高领袖。

中国唯一“政教合一”的朝代。

绝大多数宗教，天然具有扩张性，多半还有血腥扩张。

商王朝也正是如此。

缺一不可。国土安全与文化安全。

明线，侵略与反侵略；暗线，对本位文化的戕伐与自卫之争。

两条战线的斗争，都很胶着。

焦头烂额。武丁召集群臣商议对策，群臣议论纷纷。

皆无良策。对于让女子统率上战场，武丁犹豫不决。妇好有勇有谋，建议聚全国之力征伐。《左传·成公十三年》记载：“国之大事，唯祀与戎，羌患不除，商无宁日。”

商国内，众志成城，募集兵员，厉兵秣马。

妇好，举足轻重。

面对外来入侵，多次率领商朝军民与入侵者作战。

肃穆的宗庙内，烟雾缭绕。

公元前1200年左右，商朝的都城中。

占卜官正处于极度紧张的状态之中，正进行一次极为重要的占卜。占卜的结果，将决定一件关乎国家命运的大事。商朝的西北方向，不断有外敌骚扰，掳走人口，抢掠财物。而派出征讨的队伍，已经数次大败而归。要不要继续派兵？

牛骨发出裂开的脆响。

占卜官认真研究牛骨上的裂纹，露出了欣慰的神情——今天，我们可以在一片牛骨残片上窥见这次占卜的结果：辛巳这天，大王征兵，命令妇好率众讨伐土方，神灵会保佑吗？——吉利。

应该继续派兵，尽管派去统兵作战的将领们已屡次失败。

最终通过占卜预测，武丁同意让王后妇好出征。

妇好，商王武丁的妻子，难道要让王后领兵远征？

国家的大事，除了祭祀与占卜外，就是保卫边防、开拓疆土与掳掠奴隶的征战。武丁在位59年中，频繁出征作战，先后征服了西北、东南的周边部族，极大地扩充王朝的版图。

卜辞记载："辛巳卜，争贞：今者王共人呼妇好伐土方。"

辛未卜，争贞："妇好其比沚𪓐伐巴方，王自东亳（薄）伐捍，陷于妇好立（位）。"

贞：王令妇好比侯告伐尸方。

在甲骨文中，有"己酉卜，宾贞：鬼方易。亡祸五月""贞王勿乎妇好往伐鬼方""妇好其比沚𪓐伐巴方，王自东亳（薄）伐捍，陷于妇好立（位）""王令妇好比侯告伐尸方"等记载。

"鬼方"就在西北，位于如今的新疆、宁夏、陕甘等地区。

被称为"鬼方"的雅利安人，武丁妻子妇好领兵征伐。

合情合理。白人属于外族，又不时入侵商朝，被称为"鬼"。

决战外族，取得胜利，仅靠决心、信心不行。

不但要有正确的战略战术、强有力的指挥者，还要有强大的军事技术的支持。

灿烂辉煌。"武丁中兴"时期，中国的青铜文明达到鼎盛。已经出现斧、钺、刀、戈和箭等青铜兵器，还配置了马拉战车等野战装备，在技术与装备上，可和雅利安人媲美，甚至还略高一筹。

商朝早早就开始战争准备。确保武器装备优势。

对武器装备大规模的升级换代。

虽然农耕各族上层文化开始趋同，政治上仍然彼此分明。从这一刻开始，商作为部落联盟统领，需要承担起更大责任，向其他农耕部落提出的要求更多。政治中心化，中央集权化自然启动。

面对被称为“鬼方”的外来者，商朝在全国范围内下达剿灭的征兵命令。

中央政府把征兵命令，发布到统治范围内的每个部落，一旦征战，即可招募入列。

商朝不仅军事技术上不逊，还有更大的人口优势。

虽然农耕各族上层文化开始趋同，政治上仍然彼此分明。从这一刻开始，商作为部落联盟统领，需要承担起更大责任，向其他农耕部落提出的要求更多。政治中心化，中央集权化自然启动。

自古，战争的胜负归根结底在“人”。

妇好挂帅。公元前1219年，妇好带领商朝的军队同雅利安人开始决战。

越过太行山，渡过黄河……

大军长途远征，除自己带的口粮之外，粮草补给也得跟上。

武丁发动数十万奴隶，保障这支万人远征军的后勤。

“以士为兵”。妇好率将领沚、侯告等，兵卒约13 000人。

3 000人，妇好的私属；10 000人，商朝的半常备军。

“辛巳卜，贞，登妇好三千，登旅万，乎伐羌”。

甲骨文中殷商出兵人数最多的一次。

在热兵器发明以前，骑兵，威力最强的兵种。

商朝，一个流动的朝代，迁都多，对外影响也大。商朝造出马车，用马挽车，通过战争、商业交换，使得各地的人进行交流。游牧部族居住营幕，把整个营幕驾在车上，成为“行屋”。

上阵打仗。马拉的一种轻便的车辆，称“戎车”。

大草原西部游牧族群于公元前2000年左右出现，已经开始入侵西亚各国，战车成了所向无敌的武器。上古时代，马仍是贵重的畜类，一般车辆，用牛或用驴拉，只有中国用马拉车比较普遍。

商朝自制的战车，并非学自游牧部族。

他们骑在马上，来去如飞。

在此以前，无人骑马征战，骑驴的也不多见。在边境，游牧族群能够经常向农耕部族袭击、侵掠，可主动地选择比较弱的据点袭击，也可以少胜多，甚至一掠而逃，使农耕部族较大而集中的队伍，处在措手不及的被动状态下。

“骑射”，大约在公元前1000年左右出现，一种新的作战技术。

训练有素的骑兵，既能发动排山倒海般地正面突击，也能实施昼夜不停地长途奔袭，出现在战场上，往往能决定一场战争的胜负。商代就有官办的马匹饲养管理制度，称为“马政”。

“马政”一词，《礼记》最早记载：“马政，谓养马之政教也。”

马政制度延续了近3 000年。

殷墟发掘过一人一马和随身武器装备的骑士坑、大量的殉葬马坑。

在古代战争中，骑兵本身就是一个“BUG”般的存在，对战传统农业文明国家时，军事上优势巨大：骑兵对战步兵时，获胜往往是歼灭战；步兵获胜，击溃战。骑兵机动灵活，可以长途奔袭，对游牧族群，作战时往往不需要补给线，可以携带大量的牛羊，打到哪儿就在哪儿放牧。对于传统农业文明国家，士兵多数为步兵，一旦补给线路被切断，就会面临全军覆没的危险。

游牧族群在军事上有天然优势。

商周时期的游牧族群，不仅有匈奴的祖先“鬼方”，还有巴方、朔方、土方、羌方等。

山地狩猎、种植、畜牧三合一的族群。

到了周朝，“鬼方”后裔北狄隗姓诸侯国，依然长于步兵，短于驯马。

华夏诸侯反倒比游牧部族还会驯马，“鬼方”中一部分最终成为骑马民族，是因被华夏族人持续地挤压生存空间，不断地向北、再向北迁徙，然后，慢慢地被匈奴同化、融合。

来自东方西方两个“超级大国”的直接较量。

一场激烈的战斗，发生在今天中国大西北。

战争在河套平原、冀州北部多个地方打响。

商代骑兵不仅投入战争，还广泛参与各项军事活动。

守卫边境和巡逻，“贞令马卫于北”“贞令马卫，亡盖”。骑兵队的长官“多马亚”，有时还奉王命巡视，“氏多马亚省在南”。骑兵也投入围猎，一如后世各类游牧民族军团的军事演习。

在围猎中，骑兵们“多马逐鹿”驱赶野兽，或纵马射猎野兽。

“其射豕，唯多马”“其令马亚射麋”“唯多马乎射，擒”。

商朝的士兵装备精良，有青铜盔、皮甲、强弓大矢、青铜戈、斧钺、卷头大刀、兽头小刀和磨刀的砺石。马拉战车，一般15人一组。车上配备驾车人、弓箭手。

还喜欢戴一种夸张可怕的铜面具、铜盔。

既有效保护头部、面部不被重创，又能够在气势上压过对方。

能远距离骑射，用弓箭杀伤，也能抽戈执刀，进行激烈的近身搏杀。武器装备，已经不亚于后世持鹤嘴斧、弓箭作战的轻装斯基泰骑兵，超越同期或者稍晚出现的叙利亚阿拉米人骑兵。

骑兵编制并不小，“贞肇马左右中人三百”，100辆战车上的300名甲士，在妇好统一号令下，以三个骑兵百人队为基础编制的作战部队，“马其先，王兑从”“三十马允其执羌”。

“马其先”。在战役开始前，骑兵队开路先锋进行侦查；战斗爆发后，“来告方大出，伐我师，唯马小臣（执行作战行动）”；当敌人反攻时，骑兵部队要“共马乎伐（灭）”。

一个人倒持斧钺，作欲劈砍状。

甲骨文上的“伐”，战斗进入短兵相接阶段的象征。

军队排列前进，从右、中、左三个方向，将敌人合围。

冲破侧翼，直奔“鬼方”主帅的位置。

这时，英武的主帅妇好挥动大钺，发出总攻信号。

战象军种。一群大象从旗帜下冲出，象背上的弓箭手，居高临下射击。

“鬼方”从来没有见过庞大无比的动物，纷纷退避。

商军趁机发起猛攻……

“贞唯马亚乎执”“三十马允其幸羌”，追击溃逃队伍，捕捉俘虏。

强大的殷商王朝，“高宗伐鬼方，三年克之”。

战争持续时间长达3年，投入兵力数万人，超大规模的动员。

战斗胜利。这场战斗倾全国之力，有行政力量的加持。

必须由国家力量来抵抗野蛮，来捍卫文明。

最后决战。侵略者“鬼方”大败，入侵者成为商朝奴隶。

按《周易》中记载：“鬼方，国名，古代西北地区部落之一。”

《竹书纪年》中有记载：“（武丁）三十二年，伐鬼方，三十四年，王师克鬼方，氐羌来宾。”即武丁三十二年时讨伐鬼方，三十四年将其打败。最后，鬼方对殷商俯首，再未敢犯。

有史记载，第一场由女人指挥并取得巨大胜利的战斗。

商王武丁曾经花 3 年多的时间集中讨伐鬼方与土方。

战争条件极为艰苦。

武丁曾经7次征兵，先后征召2万多人参战，几乎竭尽商朝的全力。

妇好一路追击，从现在的陕甘宁一带，把鬼方赶到今天新疆和田塔克拉玛干大沙漠边缘。

被逐至此的雅利安人，便在此繁衍生息。

一边面对兵强马壮，综合实力强大的殷商，一边被严苛的生存环境、频繁发起战争的游牧民族所折磨，即使有着卓越的作战才能，最后，也只能败于殷商铁骑之下。

战争条件极为艰苦。

武丁曾经7次征兵，先后征召2万多人参战，几乎竭尽商朝的全力。

妇好一路追击，从现在的陕甘宁一带，把鬼方赶到今天新疆和田塔克拉玛干大沙漠边缘。

内亚地区，分布着天山、昆仑山、喜马拉雅山等众多艰难险阻的山脉，适合居住的地方极少。雅利安人属于外来的民族，抢占不到最好的土地资源，只能居住在寒冷且食物稀缺的草原地区。

苦寒的居住条件，注定繁衍速度颇慢。

一旦出战彻底失败，中亚雅利安人就会受到重创。落后的医疗条件、极端的生活环境，使得那些受伤的战士难以存活，还要面对众多游牧民族几乎不间断的偷袭。

“鬼方亦牧我西啚田”，按照由甲骨文编成的殷历年谱，殷高宗二十九年三月十四日，朝廷获报鬼方从东西两面同时进犯。经过九个月的动员准备，次年春，战争正式在内蒙古、河套地区打响。

《易传》：高宗伐鬼方“三年克之，惫也。”

《汉书》高宗肜日说：“内举傅说，授以国政，外伐鬼方，以安诸夏。”

征服“鬼方”。战争旷日持久，彼此筋疲力尽。

战争的胜利，让北方游牧族群老老实实地待在原地。

拉开中国文明系列决战的序幕。

中华文明得以相对生存与延续。

战争的重要性，不亚于史学家歌颂的黄帝的阪泉、涿鹿之战。

“妇好墓”里存在大量欧亚人殉葬，结合甲骨文记载与“鬼方”作战的内容，成为奴隶的雅利安人等北方游牧族群，最终都进入商朝贵族的殉葬坑中。根据殷商王朝“奴隶殉葬”的风俗，殉葬坑里的头骨属于与殷商王朝作战失败，沦为俘虏的雅利安人。

“中华第一女将”。

唐平阳公主、南宋梁红玉、明末红娘子、太平天国洪宣娇等女将，相比妇好逊色很多。

武丁改变战略，由消极防御，变为主动出击。

岁月激荡。妇好为三军统帅，手使一柄大钺，即大斧子。钺重8.5公斤，青铜打造。率领军队南征北战，东征西讨，先后击败了北土方、南夷国、南巴方，以及鬼方等20多个游牧部族小国。

还曾率兵镇压奴隶反抗斗争。竭心尽力维护商王朝的统治，不仅为商王朝解决边疆的威患，而且还为商朝，甚至华夏族开辟新的疆域，为继后的周朝促进民族大融合，做出奠基性的贡献。

华夏民族的骄傲，更是女子的楷模。

现存的甲骨文献中，名字被提及200多次。祈告的内容，体现了武丁对于妇好无微不至的爱，几乎涉及妇好生活的各个方面，有征战、疾病、生育，甚至包括去世后的状况。

有次，妇好打个喷嚏，但这在武丁眼中非比寻常，举行大型祭祀，急切地询问上天，妇好的身体是否有恙？牙疼也是小病，又召集文武百官举行大型祭祀，询问上天，对身体是否有大的影响？

用情至深，妇好身为皇后，独得恩宠。

33岁那年，妇好因战时的旧伤复发，不治身亡。

妇好为武丁留下一个儿子，叫孝己。

妇好在艰难中，为武丁生育的女儿是谁呢？

武丁至少有两个女儿担任过商政府的官员，与妇好一样拥有自己的封地。她们是子妥、子媚，即子妥鼎、子媚鼎的主人。谁是妇好的女儿？也许除了子妥、子媚，还另有其人。

“妇好”的死，有两种说法。

难产而死。甲骨上记载：“……出贞……王……于母辛……百宰……血。”这是产后大出血，即民间所说的“出红”。

因战争中的伤病而死。“大将难免阵前亡”，或是战伤复发而逝。那时的战争，就是大规模的械斗，很难不负伤。妇好为国捐躯，死于阵前，也并不让人意外。

武丁十分悲痛，主持盛大葬礼，率领儿孙们为妇好举行多次冥婚，将她的幽魂，先后许配给三位先商王——武丁的六世祖祖乙、十一世祖太甲、十三世祖成汤，护佑另一个世界的妇好。

有三位伟大先人，共同照看妻子，妇好在阴间定能过得快乐安和。

拥有国王武丁一世的深爱。

穿越千年，仍震撼人心。

妇好墓内所出玉石以新疆玉为主，多为透闪石，也有阳起石。

《竹书纪年》记载：“妇好率军西出，斩白首两万余”。

“白首”，即“白色的头颅”，指的就是“鬼方”人。

新疆离河南相隔数千里，妇好打到新疆。

击败东进的白人后，顺便采集大量玉石。

妇好将一批白人俘虏，带回朝歌，或用于祭祀，或用于殉葬，或用于奴隶劳工。后人在殷墟中发现白人头骨原因所在。黑人头骨，可能是这批白人征服非洲时的俘虏。

战利品还有小麦种子、绵羊。

华夏民族的农耕生产，有了高产的小麦种子。

急风暴雨中，初具规模的华夏文明屹立不倒。

成为整个人类接下来近3 000年文明的灯塔。

“玄鸟熊㱿犬狼雄凤鸟(雌，凰鸟)”。

商朝的图腾为“玄鸟”，西方人惧怕“玄鸟”源于商朝。

打败“鬼方”后，武丁把自己的妻、子、功臣与臣服的少数民族首领，分封在被征服地区，被分封者称为侯或伯，也成为后世神话小说《封神演义》中商朝“八百诸侯”典故的来源。

对“鬼方”的战争一直持续到周朝。

公元前979年，盂凯旋时向周康王献俘，周王欣喜不已，当场下令铸造小盂鼎，铭记胜利。周朝末年，臣服的“鬼方”已断崖式衰落，无法再同中原王朝相提并论。幽王、平王时期，“鬼方”被周人蔑称为“戎”“狄”；春秋战国时期，诸侯将“鬼方”蔑称为“玁狁”；到了秦汉时期，人们干脆都不知道“鬼方”了，“鬼方”早已被吞噬在浩瀚的历史之中。

周取代商后，臣服于商朝的“鬼方”继续臣服于周朝，不断内迁。

周成王“桐叶封弟”，分封给晋国的怀姓九宗，出自“鬼方”的隗姓。

据苏联、俄罗斯与我国的考古发现看，商朝时期，确实有一支文明不断向北迁徙，在西伯利亚地区定居。“鬼方”演变成“丁零”（高车）族，始称“狄历”，成为匈奴族的先祖之一。

西域地区族群部落众多，争斗不断，一个部落的崛起，往往伴随另一部落的陨落。被抓住的失败者，会沦为奴隶；逃跑的残部，也往往会被大的部落兼并，带来民族、部落的融合。

落败后的“鬼方”，真正下落如何？

远遁、隐匿，抑或迁徙，史书没有明确的记载。

人口凋敝。雅利安人的“鬼方”，逐渐分成三派。

一派选择臣服商朝，仍居原地，利用殷商的贸易政策，换取生存的必备物资，逐渐被商朝同化、吸收；一派被打得解体后，退守河西走廊深处，隐藏起来，重新变为北方游牧部落，重组后变成匈奴的一部；一派选择迁到南西伯利亚、东起贝加尔湖、西至巴尔喀什湖的地带。他们和商朝也有联姻关系，时打时和，与后世汉朝和匈奴的和亲关系非常类似。

后两派成为匈奴的主体部落。

中原人统称北方的游牧民族为“胡人”，后称为“匈奴”。

身处中原北方的燕国、赵国，开始修筑长城，防止“胡人”南下牧马。

“铁打的漠北，流水的游牧民族”。

一个部落联盟，匈奴并不是一个民族。

春秋战国时期，匈奴人也在草原上相互攻击。

直到战国末期，已统一漠北高原，也准备南下牧马。

“北匈奴”。从淳维，到匈奴首领头曼千余年，部落时大时小，流离不断，到首领冒顿时，匈奴最强大，打败所有北夷，与中原汉朝为敌，王族的世传、国名、官号开始流传、记载。

汉人的兄弟，匈奴人也承认。

南、北匈奴的分裂，势力再次受到削弱，由盛转衰并西迁的转折点。

在汉朝的帮助之下，南匈奴打败北匈奴。

俯首称臣。“南匈奴”以示诚意，迎娶四大美女之一的王昭君。

“北匈奴”的残余人马向西北逃窜，与内亚及欧

一个部落联盟，匈奴并不是一个民族。
春秋战国时期，匈奴人也在草原上相互攻击。
直到战国末期，已统一漠北高原，也准备南下牧马。

洲的许多部落融合，形成匈人，建立匈人帝国，向罗马帝国宣战。强悍、勇猛，让整个欧洲都为之颤栗。

与汉族杂居，一个混合的部落联盟，在征服西域、河中地区时，俘虏了大量的白种人，把他们编在一起，由于受歧视地位低，只能抱团取暖，最后形成一个新的部族——羯族。

“南匈奴”依附中原王朝后，逐渐再被汉人同化……

根据匈奴墓葬的文化、NDA分析，南匈奴、北匈奴区别较大。

“北匈奴”，源于蒙古国的石板墓文化，Y染色体大多是Q、R、J、E、N等，和西亚、中亚、东欧民族联系紧密；“南匈奴”，始于源头为河套文化的鄂尔多斯文化，Y染色体主要是O3和C2，其中O3比例很高。汉族的主体就是O3。

河套文化离不开五个自然人文元素：黄河、草原、阴山、战争和移民。

河套匈奴文化，鄂尔多斯文化的重要内容。

欧洲匈人的白种人成分比匈奴人更高，欧洲人依然将他们看作是黄种人。

亚欧大陆的游牧民族，分布颇有规律。

往西，白种人的比例越高；往东，黄种人的比例越高。

游牧部落的人种十分复杂，有黄种人、白种人，甚至棕色人种，相互通婚，混血频繁。

退守河西走廊深处一派的雅利安人，变成战国时期的大月氏部落。

向西迁徙。大月氏人生活在现在的青海、甘肃分界的祁连山群山中，通过欧亚草原通道，抵达中亚，到了南亚，建立赫赫有名的贵霜帝国，版图一度囊括中亚、西亚（阿富汗）、南亚（巴基斯坦、印度地区印度河流域）。现在大月氏一个分支，还生活在青海一带。

后来，大月氏人、乌孙人，遭到了匈奴人的追杀。

首领的脑袋，也被匈奴王砍下来做成酒壶。

在历史上，雅利安人后裔以其他身份，继续扮演一些角色。在元朝时，元人所说的“色目人”，其中也包括雅利安人的后代，同样金发白皮，凶悍好斗，身材高大。

元朝时，少数“色目人”与汉人友好共处，有些还获得官职。

随后，融入中华民族的血脉之中。

商朝与汉朝，还是有区别。

商朝是一直压着“鬼方”打，逼得进献美女给商朝。

汉朝强势时、弱势时，都曾与匈奴和亲。

打出华夏族的自信心。

打出国威，打出了军威，打出了国际地位。

天下共主。历史第一次的南北大战，以农耕文明胜利结束，为中国的政治军事发展奠定基调。在这条路上，农耕文明和游牧文明的战争，还会继续下去。

历史的连续性、变异性。

中国古代周期性遭遇游牧族群入侵，近代的西方入侵则是一种延续。在新的历史周期，西方列强不过是新一代蛮夷。抗击蛮夷的明确记录出现在商朝，公元前1220年妇好领兵讨伐“鬼方”。

直到农业社会的基础崩溃，迎来新的工业时代。

神秘狞厉的殷商王朝，迎战嗜血的“鬼方”……

手持头骨的商朝巫师，在战象背上长啸狂舞……

满面涂血的武士，在马车里拉弓控弦……

中华文明开始与古印欧人的文明碰撞。

北方游牧民族和南方的农耕民族相遇。

中华文明保卫战。

野蛮的力量，促进东西方文化交流。

从上古时代，到中古时代。

游牧部族一次又一次，向农耕部族的世界涌进。

公元前2000年以前，东西方就已经有了族群融合。

新疆米兰佛寺发现2到3世纪的壁画中，楼兰美女的容貌，与2 003年阿富汗的选美小姐十分相像。现代阿富汗的部分民族，由曾经生活在兰州至敦煌一带的大月氏人与希腊移民融合而成。

一画千金。画这幅画，需向画师支付3 000印度般摩迦钱。

壁画由希腊、罗马裔的画师所画。天山南麓的龟兹人和焉耆人、吐鲁番盆地的车师人与塔里木盆地东部的楼兰人，皆为吐火罗人。

活跃的民族大熔炉。公元前13世纪至公元10世纪，亚欧大陆畅通，中国的“西北走廊”上，游牧文明、农耕文明相杀、相融、相爱……具有鲜明的“历史形成的民族地区”特征。

农耕部族都在固定的疆界内生活。

一国一地的历史，轮廓比较分明。

居民永世不移，变动面、固定面，比较容易捉摸，辩证统一性可寻。游牧世界尽管也有规律性，但至少在表现的形式上，与农耕世界不同。

一个独特的地理空间和民族、文化区域。

中古内亚相对于东亚的优势，类似近代西方相对于东亚的优势。

“中国弧”区域中部。由中国经中亚、印度、波斯而达西亚、东欧的广大原野，大大小小的游牧族群，通过欧亚草原东进，进入蒙古高原，再进入农耕部族区，出没无定、相互激荡、由远东到欧洲，往往形成牵一发而动全身的整体世界。

蒙古高原上，出现匈奴、鲜卑、柔然、突厥、铁勒、回鹘、契丹、蒙古等政权。

传统的中国历史，基本上以长城以南的华夏族为主线。

线性“历史的地理枢纽”。

长城以北，地理单元广阔。

阿尔泰山的南边，天山山脉，山脉南北分别有一个盆地及沙漠，都位于新疆。阿尔泰山的东边，三不管的戈壁沙漠。蒙古高原，古称“大漠”。戈壁沙漠以北称“漠北”，以南称“漠南”。

更北边，西伯利亚贝加尔湖一带。

南边的阴山以南，西南边的贺兰山旁边，一片肥沃的土地，叫“河套”。

曾经也是最活跃的民族大熔炉。

黄色人种和白色人种的分界线，就在楼兰和敦煌之间。

欧洲白色人种多次迁徙东方，数次到达楼兰一带。

神秘、独特的西域美女，引无数英雄竞折腰，也引得征战连连。

雅利安人，最具侵略性的民族。雅利安人往西，演变成欧洲人；往南去，演变成波斯人、印度人；往北去，成为塞种人；往东去，被商王打败，后演变成大月氏、乌孙、吐火罗等古代民族。

一个所谓世界上血统最优秀的民族。

“吠陀”记载，雅利安人身材高大，属高加索人种，蓝眼睛，高鼻子，肤色白皙，长头多须，浅色头发，典型的白种人特征。他们是原居于今天俄罗斯南部乌拉尔山脉附近的古代族群，被誉为印欧语系民族的共同祖先。

又据《法医人类学》记载：“白种人颧骨不高突，口裂宽度较小。”

往昔荣光无上。

四大文明中的三个，都被雅利安人征服。

1935年时，希特勒的野心日渐膨胀，坚信自己就是雅利安人之后，不惜代价，寻找纯正的雅利安血统，希望打造一支由“最优秀人种”组成的军团。雅利安人其中一支遗族，被认为在中国西藏地区。

希姆莱曾两次派员到此寻找，找没找到，不得而知。

核心观点。二战时期，希特勒将雅利安人神话推向高峰，到处宣布：雅利安人就是日耳曼人的祖先，日耳曼人拥有最纯净的血脉，应该像古代雅利安人那样四处征战，用德国的剑，为德国的犁，获得土地。

雅利安人的光辉历史也被传唱。

希特勒既像一个政治家，又像一个传教者，传播疯狂的信仰，改变雅利安人的原始定义，将其定为最优秀的种族。同样金发碧眼的犹太人，却被排除在外，迎来惨绝人寰的大屠杀。

真正的雅利安人，是指印度、巴基斯坦信奉太阳神的白人。

印巴白人在血统上，才是从南俄罗斯大草原三大游牧民族之一演变而来的真正雅利安人的后代。她们，神秘而美丽，五官、身材同时符合欧洲、亚洲人的审美观，女子普遍十分靓丽动人。

巴基斯坦白人中，美女如云，她们有比较纯粹的雅利安血统。

宝莱坞明星大多拥有白人面孔，在印度大街上“鹤立鸡群”。

俄罗斯、波兰人拥有最多的雅利安人基因，比重占到50%左右。

其在德国人中的比重，仅有20%左右。

雅利安人并没有征服印度人、伊朗人，只是与他们“混血”了。

在印度人口中，浅肤色族群占了10%，其拥有的雅利安人基因也不过40%左右。

雅利安人基因在伊朗人中的比重，仅为18%左右。波斯帝国的建立者伊朗人，只是“混血”了少数雅利安人。

中国的塔吉克人，拥有20%的雅利安人基因。

雅利安人分布在亚欧大陆很多地方，支脉很广，现在的许多文明正是受其影响，延续至今。如果按照民族大融合的观点来看，雅利安人长期与当地人混居，血统早已不纯。

民族只是个概念。

世界上根本不存在单一民族、纯血统民族。

“鬼方”被武丁击败，选择向北迁徙。

甲骨文记载，不少属于“鬼方”之民的雅利安人大迁徙：有些西去出现在中亚一带，更远的到了欧洲；有些追寻祖先的脚步，东去北美洲，与以前先迁至此的族人，汇聚成现印第安人的祖宗。

入侵殷商的雅利安人，现在欧洲人和印度人的重要组成部分。

一部分远离商势力范围，与夏末商初，由夏朝故土北迁而至的薰鬻（夏桀的儿子）后裔与部族通婚混居。夏后氏遗民，从没想过要放弃“故土”，但为免被征剿，与“鬼方”相同，向北迁徙。

这些雅利安人，融入周边少数民族，最后成为华夏族的一员。

他们先从戎狄之地迁至豳地，后又迁至岐邑才安定下来。

在“武王伐商”中，也出现了游牧民族的身影。作为“小邦周”的邻居西戎，能不助周人一臂之力？西戎人有了襄助之功，为了安抚这些西戎人，周人采取通婚政策，一批西戎人在晋中南定居。

蛰伏若干年后……

雅利安人混居在北方游牧民族之中，通过几代人的通婚，最后融入了中国北方游牧族群，成为后来的匈奴人的一支，或一部分。一个在世界历史上产生惊天动地影响的民族，“匈奴”形成。

匈奴人的崛起，与蒙古铁骑的远征，对亚欧大陆产生了划时代的深刻影响。

亚欧大陆的史学家，谈及匈人领袖“上帝之鞭”阿提拉、蒙古铁骑“黄祸”时，尽管已过去成百上千年，仍心有余悸。内亚的一些游牧民族，只要向西远征，就会引起西方世界的惶恐。

除了古印欧人中的雅利安人，从欧亚草原西端向东发展，进入华夏核心区，被商朝击退、远遁外，北方游牧民族的匈奴、大月氏、突厥、蒙古，都是在华夏北部游牧区的欧亚草原中部发展，在进入长城以南受阻或被驱赶后，由东向西发展。

「中国弧」区域中部。由中国经中亚、印度、波斯而达西亚、东欧的广大原野，大大小小的游牧族群，通过欧亚草原东进，进入蒙古高原，再进入农耕部族区，出没无定、相互激荡、由远东到欧洲，往往形成牵一发而动全身的整体世界。

古印欧人后裔中的俄罗斯人，唯一成功地由西向东扩展的游牧民族。

惟其如此，才使华夏和欧亚草原的天然联系，被有意与无意地淡化。

从战国开始，游牧民族的崛起，此起彼伏，一直持续到清朝。

见诸典籍记载的就有允姓之戎、大月氏、匈奴、鲜卑、突厥等。

特别是“戎狄”中的塞种人。史料记载，距今3 000多年前，他们就已活动在中帕米尔高原(葱岭)、天山、新疆北部大部分地区；同众多的游牧民族一样，“随畜逐水草”，兼冶炼、加工铁器。

“戎狄”的分支，也称“允姓之戎”。

公元前1000年，欧亚草原上的游牧民族成功地驯化出体型更大的马，适于人类骑乘。居住在富含优质铁矿的欧亚草原的斯基泰人，汇同雅利安人在草原上的遗民和同族，成为南方农耕文明的噩梦。

斯基泰人，建立有史以来第一个真正的游牧集团。

公元前八九世纪，已经横跨亚欧大陆，西部从欧洲德国东部边境，一直到东部赤峰小黑石沟；从南俄草原，到塔里木盆地、帕米尔高原：都有分布。公元前7世纪前后，以最早的国家形式开始出现。

早期崛起于欧亚草原的族群之一。曾对高加索、小亚细亚、亚美尼亚、米底与亚述帝国大举入侵，威胁西亚近70年，骑兵驰骋于卡帕多细亚到米底、高加索到叙利亚之间，寻找掠夺物。

世袭制。国王和各级首领的继承制度。

作为其社会基础的氏族部落，战时为作战单位，平时各部族每年春天大会于王廷。战时则全民皆兵，分成三部分：贵族首领卫队组成的主力，参过战的部落民组成的部队，老弱者组成的辅助部队。

他们以多杀敌为荣，习惯将敌人头骨作为饮器。

武器装备有战斧、矛、弓箭等。

其特长为骑马、射箭，有“马上弓手”之称。

欧亚草原原始文化，基本要素为马具、兵器与“野兽风格纹样”。

善于养马。其文化最有特色的是黄金工艺。

地盘东起中国北方，西到中欧。随居地从今俄罗斯平原：向西，到柏林的城东；向东，到赤峰的小黑石沟；向北，到贝加尔湖；向南，到吐鲁番盆地、河套地区、鄂尔多斯沙漠……

《史记》《汉书》中称其为“塞”或“塞种”，古波斯语中“Saka”(萨迦) 的音译。斯基泰人或赛西亚人，又称为“尖帽塞人”“萨迦人”，还有“铄迦”“烁迦”等译法。白色人种的泛称。

公元前800年到公元前300年，位于中亚、南俄草原上，印欧语系东伊朗语族的游牧民族。

彼时，在今天的甘肃、青海两省黄河以西，即河西走廊与湟水流域(河西地区)、北方草原地带，居住着许多游牧民族，依靠强弓劲马，纵横驰奔，经常与在河东之地定居的华夏族发生冲突。

北方草原地带，远离海洋，气候异常干燥，昼夜温差、季节性差异很大。亚洲大陆冬季最冷的地区之一，冬季的大风雪后，往往满目疮痍。春秋季节短暂，常常还沉浸在秋高气爽中，突发性狂风带来的飞沙走石就令人兴致全无。只有阴山山脉作为天然屏障，把蒙古高原南端封闭成水草最为肥美的天然牧场，也成为游牧民族的乐土。

草原令人神往，特别是阴山南麓。

一望无际的蓝绿色随着清风吹过，忽隐忽现的牛羊在其中闪烁。明媚的阳光下，一匹嘶鸣的骏马飞驰而过，消失在蓝绿色之间……移动着白色的羊、黄色的牛，都在感受着大自然的节奏。

早期的斯基泰人，与中原交往的主要是商业，被希腊人称作“丝绸贸易中间商”，赶着马、骆驼，把丝绸运到西方。在陇西、河西走廊与东北辽西走廊的斯基泰人，与中原华夏族群最为亲近。

中原的葡萄、核桃、苜蓿、石榴等作物，都从斯基泰人那里获得。

斯基泰文化受到内蒙古夏家店文化的影响。

夏家店文化晚于中原，基本独立发展，成就不亚于仰韶文化。

4 000年前的夏家店文化的范围，大体指西拉木伦河以南、燕山以北、七老图山以东和医巫闾山以西的区域范围，处于辽宁、河北、内蒙古三省区的邻境地带，东北与中原的连接通道。

“长城原型”。夏家店一带的方国强大，文明程度可与同时代中原发达地区媲美。赤峰沿阴河、英金河北岸，土石筑的“城堡”密集分布，东西横贯数百里，恰与1 000多年后燕、秦长城平行、重合。

夏家店文化发展到商代，成为商王朝北部的“孤竹国”。

斯基泰人在东扩过程中，首先遇到匈奴人的祖先的狙击。

斯基泰人在被商朝军队打败后，成为奴隶，并没有完全消失，暂夏家店一带的方国强大，文明程度可与同时代中原发达地区媲美。赤峰沿阴河、英金河北岸，土石筑的「城堡」密集分布，东西横贯数百里，恰与1000多年后燕、秦长城平行、重合。

时退出中原地区和蒙古高原，后裔在中亚、西域地区生活繁衍，建立属于他们的国家，被后来的中原王朝称为“塞种”。

他们从没有形成统一的政权，无法形成有凝聚力的民族。在历史长河中，塞种人已逐渐融合在新疆的各民族中。

现在的乌孜别克族、哈萨克族、柯尔克孜族、塔吉克族、裕固族、撒拉族，都有其血统。

现代新疆的维吾尔族等民族，由塞种人和众多民族融合而成。

塔吉克族是仍在使用塞语，保留习俗最完整的民族。

“混血”的塞种人，在陕西北部、陕西南部与河套一带活动，与羌方接壤，与古蜀国相邻。

对于西部的异族，商人称为“羌”，其甲骨文的字形，如大角羊头，代表居住在山地、以放牧牛羊为生的人群。并不仅是一个泛称，“羌方”包含着西部无数互不统属的族邦、部落。

西部游牧文明与东部农耕文明的碰撞。

战争频繁。商朝人与羌人的“互动”，经常处于敌对状态。

殷商时期，停留在西北的古羌人的部落众多，有白羌、北羌、马羌、竹黾羌、焱羌、玉羌、羌舟、羌龙、羌目、羌立、羌宫等方国。羌方，是除商朝外方国中最大的，一直延续到商朝被灭。

境遇悲惨。羌人被蔑视，在殷商的地位低下。

在商朝后期，羌人实力在逐渐发展、壮大，形成“羌共同体”的自我认同，“羌”也成为一些西方部落的专称。为了维护自身安全、取得发展，各部落或其中的一部分结成部落联盟，有着自己的首领。在几百年的时间里，其武力日益增强，追求自身领地的扩大，或主动侵扰商，或被商征伐，与商王朝进行反复的较量。

一方面，商朝在常年对“羌共同体”的攻伐、防御中，逐渐与周边方国成为一个共同体。另一方面，“羌共同体”的自我认同，也逐渐加深羌人与古蜀国的联系，成为周人灭商的亲密盟友，融入华夏。

西周时期的羌人，与商代的羌人一脉相承。

“羌”字在文字记载中消失，另一个“姜”字记录颇多。

商朝甲骨卜辞中，“姜”字出现。

“羌”“姜”，古音一致，互通互用。

羌人族群。男性羌人，称为“羌”；女性羌人，称为“姜”。

商王小乙去世后，商人就找三个女羌奴陪侍。

商代羌人，就是周代姜姓族群。与商朝甲骨卜辞中羌人地位卑下相反，周朝的金文与史料记载中，零星出现的“羌”与大量出现的“姜”，地位都很高。

上古时期，炎帝和黄帝联手，打败蚩尤。

黄帝又打败了炎帝，一举成为当时最强大的部落。

在炎黄时期，邻近部落间就已经存在矛盾。

为了生存空间、资源、财富等，中原“兄弟”间都会争斗，何况是中原族群与“西北走廊”的游牧族群。历史上与中原民族争斗的部族不少，如鲜卑、突厥、女真，还有让许多朝代都头疼的匈奴。

匈奴先人，迫使种地的周人四处流浪。

周人联姻商朝贵族。

生活在“戎狄”间，不过是老家在陕西咸阳，然后搬到宝鸡而已。“戎狄”所在地，是指周朝的甘肃庆阳、宁夏固原与甘肃平凉。

人类文明早期阶段，居住在黄河流域的华夏民族的先民们，与周边的其他民族，进行着资源、土地与女人的争夺。凭借着战略的正确、文化的引力，华夏民族取得最终的胜利。

带来的有可见的屠戮、交通、交流。

还有隐形的技术、思想、文化的转变。

炎黄子孙。

中华文明史上，伏羲、炎帝、烈山氏、共工氏、四岳氏、金田氏与大禹等，都是古羌人。

广袤的高地。羌人是最早生活在西北的土著居民，主要分布地点在今天的青海、甘肃、新疆等西部地区，重点活动区域在青海河湟地区，以水为居，繁衍生息。

先秦时期，中国古籍对居住在西部的游牧民族以“西戎”“戎狄”“西夷”“西羌”等称呼，体现出西部游牧民族与中原农耕民族的密切关联。古羌人文明程度较高，不是那种披头散发、袒胸露腹、腰裹兽皮、手持木棍、茹毛如血的原始人。

炎帝神农氏的后裔，姜姓之本。

羌人是“古华夏族”的重要组成部分。

《国语》记载：“昔少典娶于有蟜氏，生黄帝为姬，炎帝为姜。”《左传》记载：“炎帝为火师，姜姓其后也。”《后汉书》同意记载：“西羌之本……姜姓之别也。”

甲骨文中记载的“羌”“羌方”，大致据有今甘肃大部、陕西西部、山西南部与河南西北一带，商王朝“四邦方”之一。岷江上游，成都平原的古羌，已经与蜀山氏融合，成为蜀族。

周人主动联盟先前被殷商击败的“夏氏遗族”。

蜀夏一家，姜夏同源。

夏周通好，通婚联姻，有了清晰的血缘继承。

羌人部落，在首领姜子牙的带领下，加入周武王推翻商王朝的联军。

《后汉书》记载："及武王伐商，羌髳率师会于牧野。"

"嗟！我友邦冢君，御事：司徒、司马、司空，亚旅、师氏，千夫长、百夫长，及庸，蜀、羌、髳、微、卢、彭、濮人。称尔戈，比尔干，立尔矛，予其誓。"

在《牧誓》中，武王友邦中，"蜀"后是"羌"。

羌人功臣中，就有姜太公。司马迁写道："莱侯来伐，与之争营邱。营邱边莱。莱人，夷也，会纣之乱而周初定，未能集远方，是以与太公争国。"

受封元勋。西周建立后，姜姓封国的数目，仅次于姬姓。

《史记》记载："齐、许、申、吕四国，皆姜姓也，四岳之后。"

《诗经》记载："绵绵瓜瓞。民之初生，自土沮漆。古公亶父，陶复陶穴，未有家室。古公亶父，来朝走马。率西水浒，至于岐下。爰及姜女，聿来胥宇。"

周人的母系，基本上都是姜家女。

公亶父，周文王姬昌的祖父，周王朝的奠基人。昔年，带领周氏族人来到杜水、沮漆水之处，最终到了岐山，迎娶姜女为妻，氏族也渐渐发展壮大。姜女，即周人子孙所称的"太姜"。

周人的身体里，流淌着羌人的血液。

长期联姻。周王室与羌人联姻：文王的元妃周姜，武王的元妃邑姜，幽王的王后申姜等。周族支系与羌人联姻。齐桓公与文姜、卫庄公与庄姜、晋献公与齐姜、郑武公与武姜等。

地位显赫。周宣王时期，为抵御不断北上的荆楚，申、吕、许等几个姜姓国，从关中移封于河南许昌、南阳一带，挑起屏藩周王室的重担。《国语》说："当成周者，南有申吕。"

姜姓"羌人"位高权重，彻底接受华夏文化、风俗习惯与礼仪制度，融于华夏族。西周起，从来没有人怀疑过是否华夏正宗，甚至，春秋时的齐桓公，还被诸国推举为中原霸主。

带有贬义的称号，被羌人与羌人的同盟周人回避。

没有融入华夏的羌人，成为"姜姓之戎"。

西周的"戎"字，代替商朝的"羌"，成为西方异族的概念。

姜姓之戎，规模大、战斗力强。《国语》记载：周宣王三十九年（公元前789年）"战于千亩，王师败绩于姜姓之戎"。千亩，国王的籍田，在周朝京师附近。

姜姓之戎与周交锋，活动范围距离京师不远。

春秋时期，秦国开始向东发展，姜姓之戎被迫向东转移。

正在中原发展的晋国，乘机接纳姜姓之戎。被晋惠公安置在晋，称“南鄙之田”。

在汉代，“羌”则是泛称河湟地区的土著游牧部落。

周朝是是华夏文明的顶峰之一，也是人类文明的顶峰之一。

周朝的军事家、政治家、思想家，经常在道德、道理、天理等层面评论战争行为，评论时经常引经据典。集中体现在三类文献中：以《牧誓》为代表的军事盟誓；田野考古发掘出来的65件与军事有关的青铜器上的铭文；以《左传》为代表的先秦典籍，记叙了政治家、军事家的观点。

三种文献互相验证，勾勒出周朝战争法的基本面貌。

讲礼的战争、不择手段的战争。

“双循环”有别。“诸夏”之间的战争，都彬彬有礼、讲规则；华夏与蛮夷的战争，偷袭、埋伏、欺骗，什么手段都有。周人的战争法，仅仅适用于“华夏”的内部。

正如《日内瓦公约》：签约国互相宣战后，就受该公约约束。没有宣战，或不是缔约国，便不受该公约约束。

中国的历史，农耕民族和游牧民族的融合史。

延续了3 000多年。

在几千年的文明进程中，华夏文明四周的地理环境，使得外来强势文明入侵的成本极为巨大。西边的丝绸之路等通道，又保证了华夏文明与其他优秀文明，源源不断地交流、互通。

亚欧大陆上最优质的一块。中国，国土面积广大，平原地区较多，无论地理环境，还是气候环境，相比于亚欧大陆的其他国家都要好很多。亚欧大陆的几大文明古国，大都早化为烟尘，连原住民都消失不见。

唯有中华大地、中华民族，一脉相承。

正是得益于先人占据这块宝地。

中国以南的印度、越南、老挝等国家，气候比较极端，夏天高温炎热；中国以北，俄罗斯、蒙古境内，冬季太冷；中国以西，中亚、西亚一带，沙漠广布，耕地面积少，人口稀少。

无论中原文明衰弱到何种程度，其他的古文明都不太可能，越过喜马拉雅山脉、帕米尔高原轻松地入侵。至于周边的一些小型文明，都是中原文明的衍生文明。

自西向东，长江、黄河的海拔高差均超过5 000米，流经的地区，拥有高原、沙漠、盆地、平原等多种地貌形态，调控、选择、互补、重组的空间和余地大，可变性与适应能力强。

长江、黄河水流方向相同，形态相似，呈镜像对称结构。

如同生物基因的两股链条，呈双螺旋平行结构。黄河流经甘、宁、内蒙古、陕、晋5省区，形成向北的“几”字形大弯，长江干流金沙江流经云南、四川，形成向南转北的“几”字形弯道。

长江、黄河的长度，分别只有6 397公里、5 464公里。在历史时长上，中华民族的基因不只5 500年，而是万年、亿年以上。长江、黄河的支流无数，满足分形 (fractal) 结构。

地理位置，恰好能维护中华文明的成长。

华夏文明的主体区域，主要在北温带、亚热带区域，保证了四季分明，使得中国的农业文明，很早就形成春耕、夏种、秋收、冬藏的传统，有利于文明的发展。

中国的地理位置令人羡慕，东边大海，北边荒漠，西边高山，南边丛林，中间以黄河、长江为核心，有适合耕种的华北平原、两湖平原、长江中下游平原、四川盆地、成都平原等，中原、草原、海洋、高原、西域的“体系”，五种不同地理形态上的文化，在同等地位上，碰撞、摩擦，持续擦出文明的火花，构筑了形形色色的政权，有利于华夏民族以黄河中下游为核心，逐步向四周稳定地扩张文明，形成足够庞大的人口基础。

地理环境满足屏障定律，抵御外来侵略和冲击

无论中原文明衰弱到何种程度，其他的古文明都不太可能，越过喜马拉雅山脉、帕米尔高原轻松地入侵。

的能力强。

长江、黄河全流域均在中国境内，犹如基因在生物体内，有构成文化遗传基因的基本条件，同时极大方便整体开发、综合治理、统筹利用。

文明发展，既要扩张，也要保护自己。

亚欧大陆，有两块优质的土地。

第一块，欧洲；第二块，中国。

面积差不多，各有优缺点。

欧洲耕地面积大，单位面积的可承载人口，超过中国。

三大文明古国，古埃及优质的土地，集中在尼罗河流域狭窄的区域，其他地方，似乎都是沙漠；古巴比伦优质的土地也不多，也都集中在两河流域；古印度比较平顺，但是天气显然太热。

重要的是，还多次遭到破坏、殖民，或被其他文明所替代。

文明多次被推倒重来，没有一个很好的延续。

除了文明古国，其他地方发展得都比较晚，文明史并不长。

美国的崛起，也离不开优越的地理位置。

欧洲人发现美洲后，诞生美国。

地形的多样性，欧洲地区远不如中国。

欧洲面积1 016万平方公里，地形以平原为主，海拔200米以下的平原占到60%。山少，高山更少。

超过40%的面积，都属于俄罗斯，剩下的分为44个国家和地区。

中国高山巍峨，平原广袤，盆地巨大，有低缓的丘陵与高耸的高原。生物多样性，远超同等面积的欧洲，文化特色极为丰富。欧洲地缘破碎化，地理单元上彼此份量相当，又相对独立。

伊比利亚半岛、西欧平原(高卢地区)、中欧平原(日耳曼尼亚)、亚平宁半岛与英伦三岛，分别对应当今西欧五个大国：西班牙、法国、德国、意大利和英国。其他小国，实为大国之间的缓冲国，一如同俄罗斯和中国之间的蒙古国一般。

易守难攻。欧洲许多国家彼此之间有山脉、海峡相隔。

天然具备单独建国的条件。

欧洲的主要河流，都脾气温顺，不像中国的黄河、长江，一“高兴”，就改道造成大洪水，威胁华夏文明核心区大多数人的生命安全。欧洲也没有必要动用“强大的国家能力”治水。

与欧洲相比，在中国渡河进攻要比翻山越岭、跨越海峡容易。

欧洲每个民族，具有不同的宗教信仰、语言，没有大一统的概念，相互征战，相互征服，虽然大多认可自己是罗马帝国的后裔，但不会有人认为罗马帝国会重新建立。

欧洲国家以血缘关系、宗教关系，作为纽带来维系国家的凝聚力。都明白统一整体利益最优，只是"势均力敌"，谁也没法服众。

这片土地上的历史，就是一部战争史。

草原文明、游牧文明，不从事生产，通过战争和掠夺，实现社会财富积累。在古代，战争和掠夺，文明之间交往、互相汲取养分的主要手段，甚至，是唯一高效率的手段。

创造辉煌。内亚产生的匈奴人、突厥人、蒙古人等游牧民族，只要向西远征，都会引起西方世界的惶恐：他们有的是因强大，为了扩张领土向西行进；有的是被华夏王朝赶走，不得不向西迁徙。

外伊朗十字路口感冒，东亚内地就要发烧。

中国政治传统对内亚政治文化传统的改造。

面对一望无际的草原，最大的屏障是燕云十六州。

秦始皇花费巨大的人力、物力，修筑长城抵抗北方民族的入侵。

游牧民族一旦越过长城，占据燕云十六州后，中原王朝也就再没有天然屏障。

整个古代，中原王朝一直都是在和北方的游牧民族斗争。

华夏文化，海纳百川、有容乃大的文化，形成之初就极为开放，5 000年前炎黄部落来到中原，虽然和九黎部落发生领土争夺战，胜利后并没有赶尽杀绝，而和九黎部落联合到一起。

强强联手，让华夏部落越发强大。

文化包容，让各民族愿意被融合。

军事的先进性，在文明的交往中，发挥作用重要。

中国始终秉持一种整体性、连续性的宇宙观，庞大的农业社会导致人们对大自然的特别敬畏，因农时之需对天文历法的格外重视，本身就包含整体思维、天人合一的文化基因。

在古代，通过几代人的时间，就会形成对华夏文明的认同感。

中国土地上，基本包括所有的土地类型，孕育出了许多粮食作物、动植物。

天然屏障，又保护着这片土地，不受外来文化、民族的侵扰、破坏。

华北平原、东北平原、长江中下游平原、黄土高原、成都平原，绝佳的天然粮食产区，巨量的粮食产区，可以保证养活巨量的人口；新疆、内蒙古、青藏高原，对中国的价值，主要体现在地缘政治、国家的战略纵深层面，虽然生态条件并不优越，但得益于面积广大，为核心的人口密集区，提供足够的战略纵深，以保证国家的国防安全。

三大区域自然资源丰富，为国家发展提供强大助力。

至今，中国依然保持着世界第一的人口规模。

两河文明，西方叫美索不达米亚文明。

人类最早发现文明之地，文明最早成熟的地方。

与此同时，中华文明才仅仅初露曙光。

古代两河文明，如今伊拉克一带，经历罗马波斯之争、阿拉伯帝国入侵、蒙古帝国横扫，历史的烟尘中泯然众人。虽然文明古老，但没有任何存档、备份，几千年来，一直都是战火连天。

古代两河文明，如今伊拉克一带，经历罗马波斯之争、阿拉伯帝国入侵、蒙古帝国横扫，历史的烟尘中泯然众人。虽然文明古老，但没有任何存档、备份，几千年来，一直都是战火连天。

古埃及文明，亚历山大帝国、罗马帝国、阿拉伯帝国，你方唱罢我登场。金字高塔依然在，不见当年法老王。如今的埃及人连象形文字都看不懂。亚历山大的白种人，欧洲侵略的混血结果。金字塔时代的后裔，只有些许血统留在少数民族中。

古印度文明，受到了雅利安人的打击。也许雅利安人冷怕了，来到印度发现挺暖和，干脆就定居下来。无数次的中断、无数次的灭亡，几千年前的种姓制度遗毒，至今还产生负面影响，坚如磐石，牢不可摧。

中国，长期的统一间隔以短暂的分裂；印度，短暂的统一和长期的分裂。印度文化强调，忠于社会秩序而不是忠于国家。在一个范围里增进统一的文化，又在另一范围里破坏统一。

各古文明走向衰亡时，中原文明没有衰亡，反而越来越繁荣。

没有“强大的国家能力”，商朝无法铸造青铜器、抗击外侵。

一个政治权力集中与社会阶层分明的社会，控制面积广阔，势力范围从黄河流域，到长江中游的政权。周围虽然也有许多方国频频威胁，文明发达程度，难与地处中原的商朝媲美。

“月明星稀”。中原文化，耀目的月亮。

周围的文化，光亮较弱的星星。

中原文化深刻影响了“内亚”。

当我们伫立在河南安阳小屯村西北角，那一座不起眼的小土岗前，一缕透过3 200年历史烟雾飘逸而出的巾帼气概、红粉佳人的气息，仍令我们悠然向往。

妇好不会知道，她和将士们的浴血奋战，让孩提时代的华夏文明，免除了一场血光之灾。

世界古文明树的硕果，华夏成为仅存的一颗。

历经5 000年桑田沧海，依然枝繁叶茂，傲立东方。

商朝的本土，不比今河南省大太多。

夏朝虽被后世奉为中国正统，国家的实际控制范围，只是北到山西长治，南达河南伊水流域，西到陕西华山一带，东至山东河济之间。势力和影响，只能达到黄河南北、长江流域。

夏朝灭亡真相，“昔伊、洛竭而夏亡”。

伊洛平原遇到连续数年的大旱，伊河、洛河枯竭。

严重旱情，民不聊生。伊水与洛水相交的流域面积，仅为2万平方公里，伊洛平原不足1 000平方公里，难以承载540人/平方公里的人口密度，也没有高配的农田水利设施、发达的农业生产力。

《尚书》等文献记载，商汤与夏桀决战于鸣条。

战争经历了三年。夏军溃败，夏朝灭亡。

商汤建立新的政权，背后有伊尹的“指点”。

伊尹被后世称为“中华厨祖”。

伊尹的母亲，居住在伊水之上的养桑蚕的奴隶。

伊尹被庖人收养，长大。庖人，屠夫+厨师。

自小聪明异常，勤学好思。

他在田野之间耕种，却乐尧舜之道，包含礼让、节俭、重贤、仁德、爱民、诚信等诸多治国道理；跟随庖人学习烹饪之术，却能举一反三，悟出“以鼎调羹”“调和五味”的治国之理。

与有莘氏联姻，作为陪嫁奴隶来到汤王身边。

一次谈话，以烹调、五味为喻，分析天下大势与治国之道，认为民心离散，天命在商，治大国如烹小鲜，“以尧舜之道要汤”“而说之以伐夏救民”，劝教商汤承担救民大任，效法尧舜的以德治天下，制订为救民而伐夏的方略。

被商汤任命为右相，辅佐治理商国。

经天纬地。充当类似后世军师、近代参谋长的角色。

商汤成为国君的第三年，伊尹申请去夏都卧底，探取重要情报。

前往斟鄩，进献宝物，麻痹夏桀，联系因失宠被夏桀遗弃在洛水的妺喜，获得了许多重要情报；三年后，回到商都，宣传夏桀暴虐无道，扩大敌人内部矛盾，同时辅佐商汤以仁德治国。

妺喜，中国历史上第一位女间谍。

“有施妺喜，眉目清兮。妆霓彩衣，袅娜飞兮、晶莹雨露，人之怜兮”。有施国，夏朝西南方今湖北恩施境内的一个方国。巴人的发祥地。公元前1736年左右，被夏朝征服后，国王便将国内绝世美女妺喜当成“礼品”，奉送给了夏桀。

妺喜的美貌让人惊为天人，凡见过之人，都以为是仙女下凡。

《烈女传》记载说：“女子行丈夫心，佩剑带冠。”

妺喜不仅美貌绝伦，言行举止超凡脱俗，还是个异装癖，喜欢戴着男人的帽子，把自己扮成勇士，佩剑戴冠，去朝堂上过问朝政。偶尔，又变成娇滴滴的小姑娘。外表野蛮，心地很好。

后宫佳丽三千，没有这种百变女郎。

妺喜成了宠妃。

一位“环保主义者”，喜欢“天体游泳”。没有天然海滩，夏桀就建造一个大池，里面装满酒，可游泳，可划船。闻着酒香，抱着美人。又集合三千壮士，将整个池子里的酒喝得干干净净。

夏桀上朝时，就把她抱在怀里……

伊尹为不让夏桀怀疑，与商王上演一出苦肉计：商王亲自追射伊尹，以示伊尹有罪逃亡。

妺喜知道伊尹的真实意图，就与他配合。

分工协作。妺喜主要从事破坏和离间活动，伊尹则负责通风报信。

夏朝原本已经“上下相疾，心心积怨”了。

时机成熟，妺喜、伊尹向商和各诸侯国传播谣言，说夏桀做个梦，天上出现了两个太阳，一个在东，一个在西。西方的太阳陨落了。

东方的太阳，最终战胜西方的太阳。

商在夏的东边，上天的旨意，夏朝必须被商朝取代。

伊尹相比于妺喜，棋更高一着。

看到天时、地利、人和全都占齐，建议商汤实施“剪夏”战略……

“创造三首”。中国历史上，首次将情报收集应用到战争中，首次将人心向背作为战争的指导因素，首次将舆情工作应用在战争中。

“汤欲伐桀”。为测试九夷之师对夏桀的态度，劝说商汤停止贡纳。结果夏桀大怒，“起九夷之师”攻汤。看到九夷之师还听指挥，又献计恢复对夏王朝的贡纳，同时积极准备攻夏……

共作战11次，都取得了胜利。

还曾两次至夏王朝进行战略侦察，政情、军情与民情。

战略家、军事家，一代名相。

八大王朝“王佐之师”，姜子牙只列第二，伊尹被尊为第一。

在《毛泽东早期文稿》中，毛泽东总结伊尹：“伊尹之道德、学问、经济事功俱全，可法。生于专制时代，其心实大公也。识力大，气势雄，故能抉破五六百年君臣之义，首倡革命。”

夏桀，名癸，与“鬼”同音、同义，通假字。

夏朝南迁后的名字，“癸夏”“鬼夏”。

“桀”（凶猛之意），是谥号。

夏桀生得高大威猛，力气惊人，跑得比马还快，百米飞人，在镇压反叛力量过程中，遇到一个女汉子妺喜，有男人气的女人，偏偏生得貌美，被深深地征服。

要击败前朝，首先要对其妖魔化。

商汤灭夏前，在都城会盟诸侯，指出夏桀的罪状有三条：大兴徭役、重加盘剥、民众怨恨。

裸身嬉戏、酒池肉林……都是从汉代以后才有的传说。

后世的文人墨客们，为了证明“红颜祸水”的观点，臆测、编造的故事。《国语》上，只有短短的一句话：“昔夏桀伐有施，有施人以妺喜女焉，妺喜有宠，于是乎与伊尹比而亡夏。”

末代君王一般都难以善终，权力更替斗争的结果。

亡国之君失去权势，与待宰羔羊无异。

夏朝末年，被描绘成无药可救，正常。

吃前朝的肉，骂前朝的祖宗，普遍，也正常。

夏桀、商纣、秦二世、隋炀帝等。后世，末代君王往往会得到类似的评价：吃喝无度，酒池肉林；荒淫无度，贪恋女色；乖张无度，残害忠良……

无论王朝如何更迭，新朝都会收纳前朝遗产。

文明成果。都直接认可华夏子孙，就连匈奴也认为是当年黄帝的一支，被迫迁往西边苦寒之地。欧洲的维京海盗、罗马人、斯拉夫人、日耳曼人等，各有神话和先祖，没有统一的文化。

《竹书纪年》中说法不同，夏桀宠的是两位以玉为名的美女，并非妹喜。

出土的清华简《尹至》，已做证明。

后世，多把妹喜与惑乱商纣王的妲己并称。

《韩非子》中有："桀索岷山之女而天下离。"

姻亲故国。岷江上游的岷国献美女琬、琰。

夏桀非常宠爱古羌"二玉"（琬、琰，美玉之名），名字刻在苕华之玉上。抛弃结发之妻妹喜，留在洛地，修了一座瑶台给她居住。

上古故事。一个男主爱上萝莉，抛弃结发之妻。

清华简的出土和释读成功，为"夏桀宠二玉"的说法提供了证据。

伊尹从夏国回到亳都，去见商汤。

商汤问到："有什么消息要对我说？"

伊尹说："大王，我回来有好多天了，有夏的国民，都说他们的国王昏庸，宠信二玉，不听众人之言。国人都说：我要与你（夏桀）一起灭亡。"

与《吕氏春秋》中说，伊尹在夏国三年回亳汇报情报时说的话相似。

三年后，伊尹入夏。

再过三年，到清华简中记述伊尹归商时，妹喜在洛已孤独待了7年。

人生中，一个女人有几个七年。

就算14岁嫁给夏桀，真是元妃，到夏帝癸（桀）14年，也已28岁了。

「创造三首」。中国历史上，首次将情报收集应用到战争中，首次将人心向背作为战争的指导因素，首次将舆情工作应用在战争中。

已过最美之时，也有了自己的孩子。

丈夫夏桀又得到两个更年轻、美丽的古蜀小萝莉。

七年之痒。一句口角，一个玩笑，夏桀就拂袖而去，把她一人孤零零地留在失去水源的故都洛城。到伊尹“潜入”时，名义上虽是王后，其实已经一个人孤独地生活了7年，到了35岁的年纪。

半老徐娘。再也无法和两位古蜀玉女争夺丈夫的爱。

伊尹再次回到夏国，见到妹喜时，妹喜就把夏国的“秘密”泄露。

在妹喜的指点下，商汤恍然大悟。

于是，商汤以一支尖兵，直指夏桀的防御弱点，一战而胜。

夏桀败亡。这年，妹喜至少已经45岁。

舆论攻势。实际上，夏与古蜀国为兄弟之亲、血脉相连，关系亲密，韦、顾、昆吾、尹国、葛国、有洛等部族，是夏朝的忠实捍卫者。精锐的“九夷之师”，也是由九个少数民族的勇士所组成。

追随夏桀的部族、亲近部族，如九夷之族、三苗等。

九夷之族，活动于今豫东、山东半岛，里面包括“古成都人”。

在《左传》中，记载了位处东方的一个“蜀”字地名。晋代经学家杜预注称：“蜀，鲁地，泰山博县西北有蜀亭。”鲁国境内的“蜀”地，失散的“古成都人”聚集后的发祥之地。

三苗部族庞大，与尧、舜、禹的部族都发生过战争。

大禹父子曾经攻破三苗部族。

夏桀之时，降服三苗。

九黎起源于东夷。三苗为九黎之后。

夏商战争中，三苗成为夏朝的盟友。

在联盟过程中，一些与三苗通婚的夏部族成员，就留在东夷。钱穆《古三苗疆域考》说：“古者三苗疆域，在今河南鲁山、嵩县、卢氏一带山脉之北，黄河以南区域。”

商灭夏后，后裔逐渐迁到平安的成都平原，被“古成都人”融合。

“汤始居亳”。

山西南部的桓曲商城，商汤灭夏桀前的都城。

附近有景山，桓曲商城也被称为景亳。

鸣条之战的发生地，就在景山附近。

商汤精心挑选6 000名敢死队、70辆战车，配备最先进的武器，总兵力1万人以上，采取战略大迂回，绕道突袭，绝敌后路，出其不意。

仓促应战。夏桀发布一级动员令，召集留在斟鄩的军警、狱卒，先与商军战于蒲州(今山西运城)一带，然后，放弃都城斟鄩，主动退守鸣条。

心理战、宣传战、间谍战……

大规模战略迂回行动、断敌后方退路等战术，都闪现其中。

《淮南子》说："汤败桀於历山，与妹喜同舟浮江，奔南巢之山而死。"在数百精兵的护卫下，夏桀带着妹喜等妻妾，带着不少夏族民众，向"南巢"逃窜……

得知消息，商汤派兵进行追击。

《尚书》中《典宝》，今仅存序言。序言说："夏师败绩，汤遂从之，遂伐三朡，俘获宝玉。谊伯、仲伯作《典宝》。"三朡，属于九夷之族，随夏桀南迁，被商兵追上，夺取了宝玉。

宗庙礼器。用玉祭祀神祇，可避免水旱灾害，故称玉为宝玉。

一路追杀。从夏都斟鄩到成都，"妇好"带兵的追击路线，从二里头南行，越普救关（今汝阳王坪乡），直抵以盘龙城为中心的湖湘地区，溯江至成都平原，并降服沿途氐羌部落。

也是后被称为南方丝绸之路的中道，洛阳通掸国（缅甸境内古国）的第一段。

商王朝建立后，不仅与"羌人"为敌，还视"古成都人"为肉中刺。

武丁即位时，古蜀国已在成都平原立国350年左右。

独立自主。既为防御，也为进攻。

古蜀国发展军队，长期与商朝对峙。

王后妇好率军征讨"鬼方"，把商朝的势力，扩张到成都平原边缘地区。

富裕的古蜀国顽强抵抗。

商人只想军事征服。和西部羌族相比，商人有先进的青铜冶炼技术，兵器坚固锋利；还有记录语言的独特技术：文字，由此组建起庞大的军事和行政机器，高度分工的文明。

商王习惯带着军队巡游边疆，用武力威慑周边小邦、方国。

一路追杀。从夏都斟鄩到成都，「妇好」带兵的追击路线，从二里头南行，越普救关（今汝阳王坪乡），直抵以盘龙城为中心的湖湘地区，溯江至成都平原，并降服沿途氐羌部落。

让他们保持臣服，必要时，进行杀鸡儆猴式的惩戒性战争。

但对古蜀国始终不敢轻举妄动……

“鸣条之战”中，夏桀并未死，剩余势力除了主要留居中原，还有两支分别向南方、北方迁移。北支进入蒙古高原，与当地诸族融合，便是后人所称的“匈奴”……

《史记》等古籍记载，匈奴先祖之一，夏朝时期是大禹的族人，与汉族同为一族，夏朝灭亡后，最后一任君主夏桀的儿子淳维收纳父亲妾女，带领族人逃亡西北，居于北部草原、荒漠，汇入一个包含匈奴、东胡、塞种、吐火罗与羌人的巨大黄白人种部落联盟，与他们杂居，生活在现今蒙古高原、西伯利亚的苦寒地带。

生活在河套一带的，称为“南匈奴”。

留居漠北（又称岭北）的，称为“北匈奴”。

与汉族分道扬镳，过上游牧生活。

“百蛮之长”，匈奴的人口数量显然多于“西域”各国。结合《史记》《汉书》和《后汉书》，强盛时期，匈奴骑兵的真实数量小于40万人，超过30万人，人口数量在146至177万之间。

秦汉之际，与中原政权展开你死我活的拉锯战。

北匈奴被汉朝打得解体，许多部落重组变为鲜卑人。

在拓跋鲜卑建立的北魏，统一中国北方的同时，众多打着“匈”旗号的游牧民族，用狂飙式的肆虐，将亚欧大陆几乎所有的显赫王朝都掀翻在地，创造了世界的匈人时代。

大禹部族出自古羌人，与鲜卑人源远流长，“五胡乱华”后，匈奴人基本消失不见，随着时间的推移，最终走上民族大融合的结局，消失在历史的长河中……

甲骨卜辞记叙，“鬼方易”逃走远方，称南支。

商朝晚期，除了古蜀国外，多次对南方采取军事、政治行动。

这时的武汉，已是商朝的方国都邑、南征的据点。

进入青铜时代，铜矿是必争的战略资源。

大冶铜绿山古矿冶遗址、“盂方鼎”“酋方鼎”等，具有典型商文化特征铜器的发现，均表明晚商时期商人对江南铜矿的争夺，卓有成效。

经过江汉平原向东，就是江南丘陵地带。

安徽地区，有丰富的铜矿资源。整个江南丘陵地带，也有各种矿藏。

商王、周王很早就意识到矿产资源的宝贵。

各种矿藏。商周文献，将湖北、安徽地区的贵金属，称为“南金”“吉金”。还在铜矿运输线上建造要塞，保护运输线路。

武汉的盘龙城遗址，商王护送运输通道的要塞。

商朝青铜冶炼技艺更发达，为控制南方铜矿、转运中原，在鄂东北地区建立以盘龙城为中心的殖民据点。控制了江西瑞昌铜岭、湖北黄石铜绿山和湖南麻阳九曲湾等地的铜矿……

为了遏制楚王的发展势头，防止楚国控制战略资源。

周人也在汉水流域，依托汉江、涢河设置了两道防线。将以姬姓随国、姜姓申国为首的贵族封在这里，联络楚国西部的巴国、庸国、鄀国等少数民族小国，想把楚国锁死在丹阳山地中。

夏商周三代对对鄂东铜矿的控制、争夺，激烈程度不亚于现代的芯片之争。

加速了南方文化进程，促进了民族融合。

扫码听精彩段落音频

“南巢”，大禹在成都的老家、故地。

《尚书》记载：“成汤放桀于南巢。”

《竹书纪年》《淮南子》《帝王世纪》等文献也说，夏桀带着妻妾主动逃至“巢山”。

安阳殷墟，世界性的大都市。

青铜器、牛、马、羊、小麦等物品，都已进入贸易体系。

文明的丰富性，使得文明的界限变得模糊，富有弹性。

在成都平原，古蜀人已经早早地建立了国家。

文明中心。成都平原出现早期城市，原始形态的刻画文字、青铜器，“三代蜀王”角逐争雄局面的结束，一个植根于社会、又凌驾于社会之上的国家政权产生。这就是早期的三星堆王国。

拥有强大的力量、辽阔的疆域。

武丁时期，甲骨文卜辞中曾多次提到“蜀”。

彭州出土了“覃父癸”“牧正父己”铭文的铜觯。

“至蜀有事”。商军从武汉盘龙城，追至岷江中游的武阳（今眉山彭山区牧马镇、武阳镇、成都双流区黄龙溪镇一带），进入古蜀设下的水军埋伏圈，猝不及防。

妇好中箭受伤，商军群龙无首，退兵……

商王闻讯，发出“征蜀”的“伐岷山”令。

《竹书纪年》记载，夏桀“伐岷山”，走的道路称“岷山道”。秦时李冰守蜀，壅江作堋，多得湔氏之力，开建龙溪、娘子岭，通往冉駹的山道，又称“冉駹山道”，即后人所称“松茂古道”。

“岷山道”，唐以前成都平原北上的主干道。

商朝与古蜀国怨恨，再次加深，不可调和……

“巢山”在哪里？

历代感念杜宇的诗词，至少有上百首之多。

李白、杜牧、李商隐、苏轼、黄庭坚等，都曾经感怀过。

曾任成都府安抚司参议等闲职的陆游，在成都七年，常在“巢山”吟诗、垂钓、下棋……

写下《剑南诗稿》和《天彭牡丹谱》。

《剑南诗稿》中，有五首关于巢山的诗，即《巢山》二首和《山居》三首。

“晚造平淡”的田园诗作。

《巢山》诗说：“巢山避世纷，身隐万重云。”

《山居》诗说：“平生杜宇最相知，遗我巢山一段奇。”

陆游吟咏的“巢山”，并非合肥巢县的巢山。

在《天彭牡丹谱》中，陆游开篇就说：“牡丹，在中州，洛阳为第一；在蜀，天彭为第一。”“洛花见记于欧阳公者，天彭往往有之。”欧阳修记载的珍异品种不稀奇，成都彭州全部有。

成都官员，在彭州湔江河谷有山居别业。

“悔作东吴万里归”。陆游坚信自己“前生定蜀人”，称成都为“吾蜀”，希望在成都终老、长眠。以杜宇自比，也在湔江河谷“海窝子”修“山居”，期许过着“隐士”一般的生活。

彭州至广汉一带的湔江，“成汤放桀于南巢”之地。

离三星堆很近。

文献中记载的“南巢”，夏朝遗民迁徙到成都平原的聚居地。

夏王朝“南土”的毗邻区。“南土”，指今天南阳、江汉平原、鄂西北一带。据不完全统计，南阳目前已发现夏文化遗址8处，鄂西北和江汉平原发现夏文化遗址15处……

二里头遗址出土的大量绿松石，正是来自十堰、襄阳。

《烈女传》说：“汤遂放桀，与妾同舟，流于海，死于南巢之山。”

无法割舍。“与妹喜及诸嬖妾同舟浮海，奔于南巢之山而死”。3800年前的相爱相杀，妹喜真正地爱上夏桀，并没有随伊尹归商，坚定地选择陪伴夏桀走完人生最后的路。

地名也是随着人群的迁徙转移。

跟随夏桀迁徙的夏朝遗民，也将中原的一些山名带入四川。

《史记》中，岷山皆作汶山。洛阳附近也有汶山。

《国语》说：“齐桓公伐楚，过汝河，望汶山。”

钱穆说：“汶山，即岷山，在今鲁鲁山。”

洛阳的洛河，古称“雒水”，三星堆旁的鸭子河，古名正是“雒水”。

今山南藏语的khyung tshang，意思为神鸟之居，古代戎族对三星堆城的称呼，汉语直译，即为“雒邑”“老丘”。三星堆遗址所在地广汉，一直就有“雒城”之名。

“雒城”一词，汉语和古代彝语的混合词，意思为“城市”。

三星堆一带的“洛”字，在《山海经》中已有记录。

汉语中记载的“雒城”，西汉时期即已存在。

《中次九经》说：“岷江之首，曰女几之山。……洛水出焉，东注于江。”

洛水，亦作“雒水”。《汉书》上，广汉郡雒县下条说：“章山，雒水所出，南至新都谷入湔。有工官。莽曰吾雒。”雒水，即今石亭江，与湔江、绵水，同为沱江三大主源之一。

原雒水应从罗浮山沿着龙泉山，一直流到乐山。“乐”在四川话里也读“luo”，沿途颇多带“luo”音的地名，罗江，雒城。雒水改道涪江，是因大洪水，或因大禹治水，“东别为沱”。

湔江，今又称“青白江”，即今流经三星堆遗址旁的鸭子河，古称“雁江”。“伊”“雁”二字，上古音为邻纽旁对转，音本相近。《国语》里的伊水，可视为今三星堆遗址旁鸭子河的古称。

来自“洛阳”的“雒城”。当年，夏桀由洛阳迁往湔江河谷故地时，看到三星堆一带的地形地貌与二里头斟鄩出奇地相似，就毫不犹豫地在这里建立了一个行宫。

《国语》里的伊水，可视为今三星堆遗址旁鸭子河的古称。来自「洛阳」的「雒城」。当年，夏桀由洛阳迁往湔江河谷故地时，看到三星堆一带的地形地貌与二里头斟鄩出奇地相似，就毫不犹豫地在这里建立了一个行宫。

“越南蜀朝”的首都，称为“螺城”，“螺”字古音与“雒”亦颇相近。

按照《竹书纪年》等文献的记载，夏桀在位51年，以斟鄩为都31年，“流放南巢”20年。根据对甲骨文的释读，夏桀在湔江河谷的“南巢”生活的时间更长……

在公元前1100年左右，成都平原断断续续迎来一批批远方的“亲戚”“游子”，有从祁山道、古陈仓道南下而来，也有逆长江而上、经嘉陵江北上，他们都是夏桀在位时的“夏氏遗族”。

同宗同源。有着关于共同祖先的古老记忆。

古蜀文明跨出成都平原。大禹率领的“北漂大军”，怀着对远方的向往，背井离乡，于4 000多年前，翻过茫茫岷山、龙门山，沿着奔腾的岷江河谷，来到了黄河流域的河洛地区。

那是“川军”首次大规模出川，直接参与华夏文明建设。

大禹世系与古蜀人同出一脉。

夏朝共14代17王，统治时间471年。

大禹，上连尧舜，下接启和太康。

成者为王败者寇。

殷商取代了夏后氏。

商灭夏，直接捣毁一切宗庙、墓葬、宫室，销毁为夏朝歌功颂德的档案。攻克王城，捣毁一切、寸草不留，是那个时代的行为准则。陶寺遗址的贵族女子，受尽折磨而死。

夏后氏一族，自然是要被驱逐、流放。远古时期的原始争斗规则，战败一方会被战胜一方，无条件全面接管地界、各种物资，战败方的女性被收编，男性或为奴，或被驱逐、流放。

夏后氏族人分裂成三支。

一支，逃亡去了北方荒漠，最后融入了威胁中原王朝近2 000年的匈奴民族。因与北方民族混血，与中原民族越行越远，一直被中原民族当作异族，视为死敌。

司马迁同情这支夏后氏遗族，他在《史记》中提出，匈奴是夏后氏一支。遇到英明神武的汉武帝，匈奴主力被重创，一些部众成为蒙古人来源，千年后再来，打到欧洲多瑙河边。

夏朝遗族，有天生的军事才华。

一支，被招安的夏后氏部落，接受商汤册封，领地在杞，商汤需要这面旗帜，继续祭祖大禹王，安抚天下，以示道统。

一支，既不去北方，也不留在中原之地。

《汤誓》宣布：“尔尚辅予一人，致天之罚，予其大赉汝！尔无不信，朕不食言。尔不从誓言，予则孥戮汝，罔有攸赦。”表明态度，夏后氏一旦被俘获，除了被殛杀或被奴役外，别无可能。

去东夷（山东一带）之地？

夏后氏把成鸠国彻底得罪，难说会收容，给立足之地。

去边陲之地？西垂和北地大漠，夏桀之子淳维已经去了大漠……

人为刀俎，我为鱼肉？

一些族人继续往南，追随夏桀，流放到成都平原。做遗民也要保持夏后氏贵族姿态，不食商粟。帝王不兴赶尽杀绝，商汤、周武王也是如此，亡国之君仅把势力除去，不抄家灭门。仁道。

夏桀已经到了“南巢”的消息，不胫而走。

有部分族人，沿着长江流域一路往西，荆楚之地不会热烈欢迎。艰辛跋涉。经过许多年，一路走，一路散，历经万难才到成都平原。

娴静蜿蜒。平原上，袅袅炊烟，人丁兴旺，聚落成群，人们穿着各式各样的服饰，河道上竹排木筏，往来如梭，一派烟雨江南的婉约，大小坊市，人头攒动，又具有王都之像，让人又惊又喜。

夏氏族人本着垦荒，带来种子，农耕技术。

还有中原的手工技术，特别是青铜的冶炼铸造技术。

还带回大量史料记录、科技文献……

夏朝的有关史料和商朝的甲骨文中，保留了中国最早的日食、月食记录。

世界现存最早的记录。

干支纪日法，商朝历法的最大成就，世界上延续至今的最长的纪日方法。

春秋战国时期，中国创造的铸铁柔化处理技术，比欧洲早2 000年以上。

《春秋》记载，公元前613年“有星孛入于北斗”。

世界上公认的首次哈雷彗星的确切记录，比欧洲早600多年。

春秋时期的历法已形成固定系统，基本确立十九年七闰的原则，比西方早160年。

丰富的天文记载。楚人甘德、魏人石申各写一部天文学著作，合称《甘石星经》。

“蜀夏同源”。历史上，古蜀自始至终都是多部落、氏族的融合之地，对外来者一直包容、开放，时至今日，成都平原也延续这样的特质。何况是“同宗同源”光宗耀祖的“夏氏遗族”。

相当于“海外游子”，漂泊千年后疲惫地回到“故地”。夏桀在位时的“夏氏遗族”，一支已经融合中原各族生命基因，跟随夏桀迁徙的夏朝遗民，带回了中原的政治遗产、先进文明。

作为故乡的古蜀国表示欢迎。

“北漂大军”后裔“夏氏遗族”，带回的中原民族神秘、虔诚的祭祀仪式，用青铜为古蜀国锻造出一种虚无而神秘的力量，被“南迁部队”的后代“古成都人”，虔诚地全盘接受。

让“夏氏遗族”担当起古蜀国的巫师。

神权与王权并驾齐驱。“夏氏遗族”攫取神权，取代本土巫师。

祭祀坑中，“辫发”铜像的数量，远远超过了“笄发”铜像。

数量与权力的分享，联系不大。

青铜人像中，有4个戴着黄金面罩，代表着两个阶层之间签下了协议。

青铜时代，青铜固然珍贵，黄金更为贵重。4个青铜人像，代表古蜀国的最高权力。两个梳“辫发”，两个梳“笄发”，数量恰相等。制作者在刻意维持两种力量的平衡。

在出土的一把金杖上，刻着一幅神秘的图画：4根羽箭平行射穿两颗人头，箭头分别穿入两条鱼的头部，箭尾是两只展翅的飞鸟。两颗人头，代表着梳“笄发”和梳“辫发”两个阶层。

鱼和鸟，各自的图腾。

羽箭，相当于誓言。

两个阶层刻下的契约，代表着庄严和肃穆的

「北漂大军」后裔「夏氏遗族」，带回的中原民族神秘、虔诚的祭祀仪式，用青铜为古蜀国锻造出一种虚无而神秘的力量，被「南迁部队」的后代「古成都人」，虔诚地全盘接受。

誓言。

神权、王权，终究不能和平相处，必然分庭抗礼。

对权力的渴望，注定会让“两权”族群爆发冲突。

异曲同工。商朝早期，神职集团决定着卜筮权，假借鬼神的意志，聚顶国家的方向，被臣民尊敬、信仰，是一个比商王还有权力的统治阶层。武丁继承王位后，王权才慢慢压过神权。

大同小异。古蜀国与商王朝。

王权、神权，互相依存。只是，拥有世俗世界最高地位，却要向拥有神权者低头的王族们，不满的情绪日益严重。何不自己掌握神权，让权力更大？王权拥有者权欲进一步膨胀……

三星堆文明，在夏朝灭亡后出现。

金沙文明，在《竹书纪年》中，被称为“夏启杀益”。

在《左传》中，被称为“后杼复国”。

三星堆城址，夏代晚期至商代，古蜀王国都城。

经济不断发展，特别是手工业发达。开明王朝迁都成都后，“立宗庙，以酒曰醴，乐曰荆，人尚赤”，“其庙称青、赤、黑、黄、白帝”，处于“礼乐征伐自天子出”的全盛时代。

“成都造”漆器，精美绝伦。

还出现官方市场“成都市”，个体商贾的贸易近至汶山、筰都和僰，远至夜郎、滇越。

农牧文明和手工业经济。

没有文字记载，主要因时代久远，夏朝文字成为天书，没人能看懂。

二里头文化中有文字，也有符号，合称为字符。陶字符在河南一系列遗址中均有发现，基本字符形不少于64种。二里头文化骨刻字符与陶刻字符之间具有相似性，属于同一系统文字。

陶寺遗址的两个朱砂体，分别是“文”与“？”（未知）。

二里头的出土文物中发现的24个“符号”。良渚文化中的“郑”字。距今6 300至4 300年间的“大汶口文化”中的“美术体”？距今约8 000年前的“贾湖遗址”发现“类文字”。

文字可能有哑示语成分，难读。

春秋时期的《虞夏书》《禹王书》，相继失传，唯独《尚书》还保存部分夏史，后又被人整理，剩下的残留夏史部分，很多人还是读不懂，夏朝就这样慢慢飘渺化……

清末民初，王国维、顾颉刚等学者，无视《尚书》《左传》《吕氏春秋》《淮南子》和《史记·夏本纪》等的描述，与丰富、神奇的民间传说《山海经》的记述。

夏商文明并没有消失。

一直存在于中国的语境下，一直存在于成都平原民间。

世界史惊人相似。各古代文明的成熟文字都在公元前3000年到公元前2000年左右，被发明和使用。

从苏美尔文字，到古希腊语，到拉丁文，走的是象形到表音之路。中国文字除一直象形外，也集表音表意之大成，夏朝文字可能早期复杂难读懂，后期那些天书，想必会陆续得到解读。

文化统一，文化传承中关键一步。

夏，曾经与商王朝进行战争最频繁的国家。

古蜀国，与商王朝军事摩擦最频繁的方国。

商朝地域非常广大，领土最大时，东北已达辽宁，西北进入黄土高原的渭水下游，南抵长江流域（武汉盘龙城），地域涵盖寒带、温带、亚热带等多种地带，高原、山地、平原等多种地貌。

商王朝的后半期，对陕、甘、青一带羌人的战争，没有间断过。

被打败的羌人回撤至天水陇西，部分流落到松潘、茂汶一带，落脚成都平原。

消息一个接一个。

不断南下的氐人羌人、边境武装冲突，让“古成都人”闻到些许硝烟的味道。

「大一统」，中国历史的底色。

「轴心时代」。在世界四个迥然不同的地区，中国、希腊、以色列与印度的古代文化，都发生了「终极关怀的觉醒」。超越和突破原始文化，人类文明的伟大传统独立形成。

「中国」，在文化区域聚合而成的大空间当中展开，超越中原，包含中原、草原、西域、高原诸地理区域的大空间。「中国史」，几个亚区域聚合成一个大的空间体系的文化演化史。

西方传统是「分」，从中世纪到现在，一直小国林立，即使合起来，也合中有分。文化基因、传统一直影响着他们。欧洲国家认同希腊，希腊城邦的特点，小国寡民。

驾驭「一体」与「多元」，世界政治的永恒课题。

欧美，国家产生文明。

中国，文明诞生国家。

第七章

「川军」第二次出川

公元前1226年秋，商王朝第一次大规模入侵成都平原。

殷卜辞记载：“利贞，吴弗其伐羌、蜀。”

“汉中之战”。征集军队讨伐褒、蜀、巴方，战于汉中。

商代，汉中属褒国（汉江以北）、古蜀国（汉江以南）。殷卜辞中，有“伐缶（褒）与蜀”的记载。既是古蜀国的北方军事重镇，也是殷商向西南扩张的前沿阵地。

打了几天几夜，不相上下。

没有预料，竟然到比雅利安人的“鬼方”还难打。

除了“藏羌彝走廊”上的古蜀国外，“西北走廊”上古羌的势力也比较雄厚，占有千里之地，人口不少。不是所有羌人都与商朝为敌，记事刻辞中，也有“多羌”向商王朝进贡卜骨的记载。

甲骨文中，涉及“执俘”“获羌”的记载较多。

既有在征伐诸羌时的俘虏，也有商的属国，还有参与战争的各族抓来进献的俘虏。武丁却非常重视，在从抓的俘虏中，都要挑选出古羌战俘，甚至专门组建了一支军团——“多马羌”。

武丁命令“多羌”去打猎，还占卜羌是否有灾祸、死亡。马羌被武丁征伐过，后来臣服，从奴隶中选拔出来，因此有“命多马羌”和“多马羌臣”“小多马羌臣”的卜辞。

“多马羌臣”，管理马羌的官。

“小多马羌臣”，管理马羌的小官。

国力强大。在协调一致、号令得当的正规军队面前，东进羌人（西戎）就像被猛虎追逐的羊群，难以形成有效的抵抗，以大败结束。大量的羌人被俘获后，成为奴隶、人祭。

心生觊觎。伐氏羌后，商的将领领着军队，沿着祁山道、陈仓道，南下入汉中，与褒国发生严重冲突。褒国不敌，向南撤退，并向古蜀国北地驻军求援。

唇齿相依。北地将领一面派出军队驰援，一面向古蜀国报告情况。

蜀褒合兵一处，击退商军。

褒国臣服古蜀国，疆土再次扩大。

富裕、安稳的成都平原，吸引西北羌人不断南下。

商朝不时南下，频频侵扰，严重影响古蜀国的农耕、商贸，也让“古成都人”怨声载道，诅咒之语一个比一个形象。现在四川人的咒语“瘟丧”的起源，指商入蜀就会带来瘟疫、死亡。

武王伐纣时，“川军”将士将“丧”改为“商”。

“蜀射”，古蜀战争舞台上耀眼的明星。

机动性，骑兵最大的优势。冲锋排山倒海，气势宏大，步兵根本挡不住。持续作战能力强，善于长途奔袭，对后勤补给依赖性小，能连续作战，只要带少量补给，就能奔袭千里投入战斗。

安营扎寨。军营里帐篷林立，军旗飘扬。

强盛时期，衣冠楚楚，队列整齐，军旗飘舞，战士着高头大马，手握制式兵器。古蜀人挥动长鞭，驱赶满载货物的牛车，双手推动独轮车（俗称“鸡公车”）。一支强大的成建制的武装力量。

已经具备远距离、进攻型的作战能力。

定都三星堆的古蜀国进入全盛时期。

古蜀王雄心勃勃，东征西讨，威风八面，挑战中原霸主商王朝，带着几万大军从中心都邑三星堆出发，沿着汉中、襄樊线路，进入河南，披荆斩棘，一直打到商朝的都城安阳郊区……

“登人征蜀”“丁卯卜，王敦缶于蜀”。

两句甲骨文，记载了蜀国与商国的两场战役。

“登”，意为征集兵员，商王纠结兵力准备伐蜀；缶，今山西永济一带的缶人部落，“古成都人”与缶人曾经联合抗商，缶人战败，落至成都平原投蜀。商王难解心头郁闷，最后御驾亲征。在殷墟和周原的卜辞中，多次出现“蜀受年”“征蜀”“至蜀有事”的记载。

爆发多次战争，商王才会进行占卜，向上天询问吉凶、对策……

打不下，就和谈，就“和平相处”。

“蜀射蜀御”。商朝派使者到古蜀国谈判，射手和驾车的驭手，都与“古成都人”同祖。

“古成都人”多为古羌后裔，具有骑马的技能。

至少4 000年以前，古蜀先民就骑马挥刀，驰骋疆场。

骑兵，陆战之王，最强大的兵种。

马，游牧世界革命性的一个交通工具。

草原世界的文化，可称“马的文化”。

马为游牧世界驯服的畜种。马的使用，游牧生活方式出现前就已开始，潜在力量的彻底发挥，公元前3000年后游牧部族的贡献。农耕部族国家的用马，都是从游牧部族学来……

成都平原常驻的殷商特使、商人，作威作福。

“古成都人”怨气越积越深，对神王开始质疑、唾弃，演变为切齿痛恨。平民对殷商与王公贵族高人一等的做法，敢怒不敢言。促进了民间巫教的欣欣向荣，“官方”祭词祭制，逐渐“民间化”，美好的祭词、理念，逐渐变得扭曲、负面。讲不明、听不懂的“巫词”“巫语”在民间蔓延，光怪陆离的神话、传说，开始遍布成都平原……

天不助蜀。特大洪水，不期而至。

一场意外，三星堆崩塌的宗庙，带走古蜀国的稳定。

在大多数“古成都人”心目中，曾经养育自己的土地被神诅咒，变成不祥之地。

是“副都”金沙城，还是诗与远方？

该向哪里迁徙？

继续过幸福生活，就该离开。

仓猝、彷徨、犹豫不定，没有确定的目的地。古蜀国内部出现剧烈的争吵、对峙，“辫发”的一支族

一场意外，三星堆崩塌的宗庙，带走古蜀国的稳定。
在大多数「古成都人」心目中，曾经养育自己的土地被神诅咒，变成不祥之地。
是「副都」金沙城，还是诗与远方？

群，要去“副都”定居，“笄发”的一支族群，执意要向中原迁徙。谁也说服不了谁。

一场盛大、阔气而又凄凉、无奈的祭祀。

佩戴“三金”的祭司主持祭祀活动，命人们将五谷投入坑中，覆盖在玉器、钱贝之上，投入火把进行焚烧。等到坑里的火焰熄灭，象征王权的各种青铜器进入献祭程序，献祭方式是瘗。

瘗，与焚烧类同。青铜器不易焚烧。

将青铜器进行毁损，充分表达献祭的态度，还要奉献纺织品。将各种纺织品铺盖在青铜器上，再一次举行焚烧仪式。焚烧过程中，祭司手舞足蹈地与各方神灵进行沟通，确保过程顺利。

与此同时，有人将金库里搬出来的象牙投入火中。

象牙，国库储备物资。金库里，有钱贝、黄金、青铜、象牙。

等到火焰熄灭，对先祖的祭祀完成。

最后，祭司将自己的“三金”也投入坑中，令众人回填覆盖……

祭祀告别仪式后，“辫发”与“笄发”分别踏上旅途。

三星堆王朝解体，“古成都人”迁移过程中，“辫发”族群迁到成都金沙；“笄发”族群迁入陕西宝鸡，“投亲”随大禹治水的“北漂大军”，已在甘肃天水定居的柏灌遗民，这就是周人。宝鸡的一些出土文物，证实与古蜀国的亲密关系。

迁到金沙的“辫发”族群，开拓创新，奋发图强，重新建立一个堪与三星堆媲美的国度。

远上陕南的“笄发”族群，命运多坷，在异国他乡，必须重新取得耕地、河流、青铜，甚至是强大的周王朝的信任。与已经先到，曾经参与过武王伐纣，后又神秘消失的巴人不期而遇。

巴人的发源地在三峡地区，商朝早期就向四方扩展。

向北来到宝鸡，向西来到成都平原。

向北迁徙的巴人，翻越来到陕南的城固、洋县地区。

被殷商军队打败，又分成两支。

一支，沿嘉陵江南下，进入长江流域，与三峡西进的巴人会合，进入成都平原，开枝散叶，融入“古成都人”，共同建设三星堆、金沙城；一支，顺着嘉陵江北上，到凤县一带暂住，逐渐发展壮大，又翻越秦岭，在渭水以南的清姜河流域定居。

“笄发”族群迁徙的路线同故道(周道、陈仓道)一致。

在渭水河畔，这群顽强的“古成都人”，建立了“弓鱼国”。

一个活在过去的“故国”。

对三星堆有着无限追忆、缅怀的王国。

“蜀周同源”。

中原已是周朝的天下。

弓鱼国投靠周朝，被册封为诸侯，在“竞争”中拼下先到的巴人建立的夨国，在寸土寸金的周畿，获得一方蕞尔之地，迎来一个风光的政治婚姻——周王室重臣井伯之女井姬下嫁弓鱼伯。

婚姻带来的和平终究短暂，最终挡不住衰落的脚步。

周穆王时，夨国逐渐强大。

弓鱼国被迫迁往渭水南岸茹家庄一带，依靠渭水天险与夨国周旋。弓鱼国墓地那个被缢死的古人，最后一位国王的骨架。在夨国势如破竹的军队面前，弓鱼国消亡。传说归于平静。

三星堆的金杖上，雕刻着一张弓箭、一条鱼、一只鸟，鱼被弓箭贯穿而入。同样的图案，还出现在金沙的金带上。都表现的是人用箭射鱼，箭经过鸟的侧面，箭头深插于鱼头内。

金是古代重器，将图案刻在金器上，一定意味着战争、盟誓、迁徙等大事。

弓鱼文化，“三星堆文化”的非典型、不完全延续。

“夏周同源”。

夏人、周人同源，周人也来自成都平原。

在殷代甲骨文中有“蜀”称，“古成都人”协助周王讨纣作战。

文献记载，“周先祖从梁山止于岐下”。

“葬于都广之野”。周人也自称是“后稷”(周始祖)的后代。

“神主”，指宗庙中的前代国君的铸像。在三星堆祭祀坑出土的青铜器中，共有各种青铜人像50多个，包括人头像、大型青铜立人像。实际上，都是夏代宗庙中的“神主”。

《左传》说：“凡邑，有宗庙先君之主曰都，无曰邑。”一个城邑，有陈列前代国君铸像的宗庙的是都城；没有的，是一般城邑。汉代以降，“神主”用画像、书写先君名讳的牌位代替。

《史记》说，大禹“河目海口”。夏代建立者大禹，父亲鲧，爷爷颛顼，颛顼的爷爷黄帝。面相有共同特点，有形状像河一样的眼睛，上下眼眶平而长，有像大海一样的嘴，非常宽阔。

夏朝王族的标准形象。

三星堆四尊人头像上，都贴有金箔，用黄金来表现除了眼睛、眉毛以外的脸上皮肤，“神主”的特殊身份。正是夏王朝的先祖，即黄帝、颛顼、昌意、鲧、大禹——“神主”。

“神主”大禹，头顶花冠，河目海口，身躯瘦高，一袭长衫细布礼服，手臂和手粗大，两只手呈抱握状。《论语》说：“恶衣服而致美于黻冕，卑宫室而尽乎沟洫”，不讲究衣服，却追求礼服礼冠；不讲究宫室殿堂，却追求沟洫水利。

《说苑》说，大禹“衣裳细布”，礼服是华贵的丝绸细布所做。与青铜立人像表现的形象完全相同：两只手呈抱握状，一只手握的治水用的耒耜，另一是呈抱握形的手势，引导性动作。

与青铜像类似。

在山东出土的汉画像石上，大禹的形象正是一手执耒耜，一手作手势。

大禹的“神主”所握的耒耜，筒状包金箔的木耒耜，与大禹的“神主”同时出土，长142厘米，直径2.3厘米，黄金净重约0.5千克，目前解读为金杖。

双手紧握、把握，一高一低，解释为把握、拥有，普通百姓通过双手创造美好未来；统治阶级，把权力地位牢牢抓在手中。也标示着金沙村、三星堆统治者在族属上，同一性或连续性。

“神主”大禹，身躯瘦高，与文献记载的大禹身高相同。

《竹书纪年》说，大禹高“九尺九寸”。

同时代的尧舜，身高分别“七尺二寸”“六尺一寸”……

两人相似。夏桀与商纣，夏朝与商朝的最后一位国君。

两个朝代的灭亡，也是十分相似。

夏朝从大禹开始，历时400多年。商汤灭夏，商朝建立，传到商纣，被周武王所灭。大禹与商汤，都是有为的明君；后代夏桀、商纣王在传说中都是臭名昭著的暴君。

同样修筑宫殿，夏桀作瑶台，商纣王作鹿台，寻欢作乐。

同样的商汤伐桀、武王伐纣。

商汤伐桀时，夏桀兵败逃跑。夏朝灭亡。

武王伐纣时，商纣王登鹿台自焚。商朝灭亡。

牧野之战，又称“武王伐纣”。

发生在3 000多年前的“现代战争”。

史载，中国历史上以少胜多、以弱胜强的一次战役。

《尚书》记载，周武王曾经对着殷商贵族说：“惟尔知，惟殷先人有册有典，殷革夏命。”你们都知道，殷商过去有典籍记载，商朝推翻夏朝，为何我的周，就不能推翻商朝？

在《史记》中，司马迁记载：“不期而会盟津者八百诸侯。”

公元前1048年，周武王曾观兵于孟津（今洛阳孟津），试探各诸侯国的态度、商纣王的反应。不少方国国君赶来，史称“六师”。

大搞联合军事演练，宣告灭商革命正式开始。

《牧誓》记载，伐纣大战前，周武王在牧野作战争动员誓师词，“王曰：‘嗟！我友邦冢君御事，司徒、司邓、司空，亚旅、师氏，千夫长、百夫长，及庸，蜀、羌、髳、微、卢、彭、濮人。称尔戈，比尔干，立尔矛，予其誓’”，在列举一些重要大臣后，历数一同征伐殷商的国族，有“庸、蜀、羌、髳、微、卢、彭、濮人”，“蜀”排在第二。

号召八个族群加入战争。

共同抗敌。希望八族举起戈，排好盾，竖起矛……

公元前1047年，继“六师”之后，古蜀文明再次跨出成都平原。

与时俱进。直接参与华夏文明建设。

中国历史上，“川军”又一次大规模出川。

距大禹带领古羌部落联盟出川，已经过去1 100多年。

“履霜，坚冰至”。

“川军”这次仍然沿着当年大禹走过的那条北上“秘道”，至少走了一个月时间。

他们是推翻商纣王的重要武装力量。

《华阳国志》记载：“周武王伐纣，实得巴蜀之师，著乎《尚书》。”

常璩所说的《尚书》，当指《牧誓》这篇。

援周的古蜀军队奋勇当先，个个骁勇善战，充当整个盟军的敢死队和人肉盾牌；以锐不可当之势，在很短的时间内就与盟军一起，彻底摧毁了商王朝的精锐部队。

不同于中原“华夏族”，被后人称为“蜀族”。

中国发生的文明的更替，过程与东地中海地区截然不同。

诸神黄昏。南欧一片黑暗，全处于氏族公社时期。

文明的火花只在爱琴海的岛屿上，来源可能是埃及和两河。

公元前1047年，继「六师」之后，古蜀文明再次跨出成都平原。与时俱进。直接参与华夏文明建设。中国历史上，「川军」又一次大规模出川。继大禹带领古羌部落联盟出川，已经过去1100多年。

地中海沿岸地区，“海上民族”腓力斯丁人带来的飓风，令埃及、希腊、土耳其、巴勒斯坦、叙利亚和塞浦路斯等众多辉煌的古文明中心，突然走向衰亡，为新秩序的建立打开空间。

腓力斯丁人的铁器文化，也被带到被征服的地区，引发一场铁器文化代替青铜文化的技术革命。他们在巴勒斯坦地区建立国家，与另一股新兴势力以色列犹太人的国家，发生激烈的斗争。

以色列犹太王国的扫罗王，也战死疆场。

阿拉米人建立的大马士革王国，直接瓦解了亚述帝国的统治，以首都所在的城邦最为强大，建设发达的供水系统，确立作为地中海与东方贸易的重要枢纽的地位，商业繁荣。

古埃及进入历史上的“第三中间期”。埃及北方的尼罗河三角洲、中部地区由第21王朝的法老统治，南方以底比斯为中心由阿蒙祭司集团统治，维持着比较稳定的南北分立局面。

经由西伯利亚、阿拉斯加之间相连的陆地，由亚洲迁移至加拿大的土著居民，除一部分定居在加拿大之外，继续向南迁移，到了美国一带。现在加拿大因纽特人和美国印第安人的祖先。

一切文明都（部分地）植根于战争。

一场彻底改变中国历史走向的战争。

天刚蒙蒙亮。

公元前1046年二月甲子（十三）日。

天象清晰，岁星上中天。

出兵东征。一开始就自带强烈的“天象”印记。

坐在大船里，周武王渡过黄河时，看到舟楫整齐，卒伍士气高昂，心里高兴。

船行到中流时，有一条银白色的大鱼一跃，正好跳入船里。

为鼓舞士气，指着大鱼宣布：“殷人崇尚白色，这是要自取灭亡的象征。”

大军上岸。一颗红色的流星划破长空，声音震天动地，增加战前悲壮、森严的气氛。

统一天下。不是叛逆，天命所归，讨伐有理。

为增加号召力，在军中供奉周文王的神主牌，表示奉父命才不得不采取军事行动。出发前，对司马、司徒、司空等官吏训话说：“你们都认真、严肃地听着：我这个人很愚笨，没有什么本领。但我的祖先为我留下了许多德高望重的贤臣、灭商之势已成的大业，我只不过是完成先人的未竟之业而已。我，一定赏罚严明，你们，要努力多立战功。”

创造历史的机会到来，都城朝歌（今河南淇县）空虚。

商朝的精锐部队，还陷在东南方向至少250公里以外，与东夷族战斗。

亲率的灭商大军精锐，在离商都仅有35公里的牧野，摆开决战阵势。

“戎车三百，虎贲三千，甲士四万五千”。

戎车，即战车；虎贲，骑兵；甲士，步兵。

倾国之兵。西周灭商，军队包括战车350乘，也就是14个师，共计35 000人。

每师2 500人，战车25乘，战士（带甲之士）75人，徒兵（无甲胄）1 925人，运输队500人。

再往前的商汤伐夏，出动战车70乘，敢死队6 000人，也就是三个旅（师）的军队。极为强大的一支军队，夏桀自然打不过，要逃窜至“南巢”。

从殷商时期的一旅2 000人，到西周时期一师2 000人（加运输队500人），再到春秋时期一军10 000人，古代中国的军队规模越来越大。

战国时代，负责粮草、辎重的运输队人数也计入军队。从商末周初的一（旅）师2 000人，变成战国时期的师2 500人，旅500人。

“诸侯兵车会者四千乘”。

司马迁为制造悬念，故意没有说参战诸侯的总兵力。

黄帝、大禹时，诸侯有上万个，每个诸侯的兵力1 000左右。

夏朝末年，只有约3 000诸侯了，每个诸侯的兵力达到几千。

到商朝末年，只有约800诸侯，诸侯的兵力超过万人，势力日益强大。

“中央政府”名存实亡。

联军东渡黄河，兼程北上，折而东行，在牧地誓师后，进至牧野。《诗经》记载：“牧野洋洋，檀车煌煌，驷騵彭彭。维师尚父，时维鹰扬。凉彼武王，肆伐大商，会朝清明。”

大敌压境。商纣王骤闻，王朝主力军队却远在东夷作战，只得临时武装17万奴隶、俘虏，驱使到牧野，仓促应战。《诗经·大明》称：“殷商之旅，其会如林”。

“民”心所向。周军货真价实的“国际联军”，屡次参加周方国对外扩张战役，经验丰富，改朝换代的兴奋精神，为士气注入“高昂”的强心剂。各诸侯参战，也自认是“正义之战”。

经过长途跋涉，入境作战，疲惫。各诸侯部队，“各自为政，不听调遣”，注定其出工不出力的现实，一旦战场风向有变，墙头草般的反复变幻，容易产生引导战局走向的“倒戈”。

周方有军队纯粹性的优势，有入境作战的劣势。
商方有队伍不纯的劣势，也有本土作战的优势。
商军厉兵秣马，周军士气如虹。
牧野之战过程，简略得令人大跌眼镜。

商方本土作战，反侵略斗争，士气不低，熟悉地形，便于发挥。只是部队多为临时征召，待刑的死囚犯、晃荡的无业游民、没地位的奴隶，充斥其间，稀释队伍本身应有的纯粹性。

周方有军队纯粹性的优势，有入境作战的劣势。

商方有队伍不纯的劣势，也有本土作战的优势。

商军厉兵秣马，周军士气如虹。

牧野之战过程，简略得令人大跌眼镜。

商朝军队的玄鸟旗，整齐地排成一列，阴影洒在地上，构成一道黑色的城墙。

“武王使师尚父与百夫致师”。

周武王先派姜尚率领100人，试探商军阵型的薄弱之处。随后，冲锋部队，“虎贲三千”，原野尽头响起雷鸣般的马蹄声。

甲兵、战车配合，有如神助。周军的战车，驷马三士的配置，多出的那名甲士，赫然举着一把幽光闪闪的长柄戈，一鼓作气冲击商军本阵。再后，周王亲自带兵冲杀，士气大振。

“进厥虎臣，阚如虓虎”。

“商师大崩”。商军拿着木棒，黑色的形如燕子的玄鸟旗倒下……

大势已，无可奈何。

在《史记》中，司马迁记载：“纣师虽众，皆无战之心，心欲武王亟入。纣师皆倒兵以战，以开武王。武王驰之，纣兵皆崩畔纣。”临时拼凑而起的商军，在周军强大攻势下，土崩瓦解。

商纣王返回朝歌。

登上鹿台，“蒙衣其珠玉，自燔于火而死”。

战争，血的鲜红。牧野之战，打得简单而激烈，商人为保家卫国而战，周人为新王朝而战，各不相让。刀剑是最好的说话道具，没有仁义，没有道德，只有生与死。不是生，就是死。

第二天，周武王在大营内临时设立的文王宗庙前举行“燎祭”，架起柴堆把玉帛、牺牲之类的物品，放在上面焚烧，通过上升的烟气，将成功的消息昭告上天，上告先祖，祭祀文王。乘胜追击。下达一连串对商人的追剿令。

那么，生死之战何以在朝歌展开？

早期的商，迁徙不定。

商人善迁，商朝对迁都有种迷之爱好。从始祖契，到成汤未得天下前，十三世中有八次迁徙，相当于每一代，都要来次全族大搬家。除最后一次成汤定居的南亳外，其余七次都不可考。

约公元前1300年，第20位国王盘庚带领臣民，从山东“奄”西渡黄河，来到时称为“北蒙”的安阳，在洹水岸畔建立稳定的都城，有“盘庚迁殷，更不徙都”一说。

公元前1101年，帝乙即位后改沫邑为朝歌。

商朝后期，“武乙迁沫，文丁又都之；帝乙迁沫，纣又都之”。《史记》记载：“沫邑，殷王武丁始都立。”再迁北蒙（今安阳），沫都废置。

武丁城，朝歌的前身；沫都，武丁城的前身。

朝歌原叫沫乡，又改为沫邑。

神话《封神榜》中塑造的城市。

位于今河南鹤壁市区南部淇河边。

作都城近500年，具有3 000多年的古都史。

殷纣王扩大武丁城，建立行都，在淇县城太行东麓，建了著名的鹿台。

整整用了七年时间，工程才算告竣。楼榭斗拱、飞檐雕梁，画栋金碧辉煌。四周，群峰屹立，白云萦环，婀娜多姿。台前，卧立几排形似各种走兽的巨石，犹如守候鹿台的卫兵。

因城西朝歌山，改沫都为朝歌。

公元前1075年，帝辛即位后，仍袭朝歌为都。

历史记载，“朝歌夜弦五十里，八百诸侯朝灵山”。

一座陪都，军事重镇与田猎、游乐地所在。

安阳殷墟，国王和贵族的宗庙、祭祀所在。

最后都城。一共有四代商王，喜欢待在朝歌。

分工不同。殷墟正式都城，朝歌一座陪都。

《竹书纪年》记载：“纣时稍大其邑，南距朝歌，北据邯郸及沙丘，皆为离宫别馆。”

朝歌，在历史上的地位非同小可。

武王伐纣、周起商灭的历史中，还蕴含着丰富的姓氏文化之根。中华民族从百家姓到千家姓，全国有61个姓氏，或源于朝歌，或同朝歌有着深厚的文化历史渊源。

密不可分。殷墟与朝歌，安阳与淇县。

殷商都城，人口众多，工坊密布。

本就没有城墙，不太利于直接的军事防御。

北有洹水、漳水，西有太行山，东有大河阻隔。

“淇县古城垣是典型的商城”。

南面虽有一片开阔地，却有一座巨城朝歌，安全有保障。犹如秦都咸阳，依靠独特的地理位置，采用“非城郭制”格局，周边有军事重镇守卫。刘邦攻下武关后，让咸阳彻底失去东面的屏障，成了一座“不设防的城市”。秦王子婴无奈之下，只能主动出击，而不是坚守咸阳城。

咸阳只有宫城，无外城墙可供坚守。

朝歌古城，坐落淇县城北的淇县古城遗存。

东有淇河为险阻，西有太行山作屏障，城池南北各有三道城垣。

最外城垣，南至淇县的常屯村，北至淇县的淇水关，南北相距25公里多。

王城为第二道城，北城垣在今淇县工业路东至三海村北部，南城垣在今淇县难关一带。

《淇县志》中，记载“淇邑北门出，西过纣王城”，指纣王的二道城。

宫城即第三道城，坐落于今淇县三海村和西坛村一带。

至今仍称“纣王宫”。左有宗庙，右有祭祖、祭天的社稷坛，西坛村因有社稷坛，得名。

朝歌城垣，巍峨绚丽。

古城垣遗存，部分城墙高约10米，顶宽约130米，基厚约150米；城垣东西宽2公里，南北长3公里，城周10公里，总面积12平方公里。表现了《诗经》记载的“版图千里，维民所止”。

淇河，史称“淇水”。

发源于山西省陵川，经辉县、林州、鹤壁到淇县，于浚县淇门入卫河，全长161公里。

沿岸风光旖旎、风光俊美，被誉为“北方漓江”。古往今来，在淇河抚育的陈旧的土地上，演周易、说封神、话春秋、道列国……尽管算不上大江大川，但也是一条稀有的文明河、诗河。

天然太极图，位于淇河南山段，河水形成反“S”形流向，两岸青山如同阴鱼、阳鱼，惟妙惟肖，成就一幅天然的阴阳太极图。相传，周文王在此夜观天象，日研神图，发现太极的神奇天然图形，演绎八卦，成为周易玄学的文化基础。

天赐诗经，地赐淇河。

《诗经》中，至少有44篇源于淇水“卫地”。

6首18次，直接咏“淇”。

刺秦王的荆轲，入朝鲜建国的箕子，文曲星比干，变法强秦的商鞅，培养出纵横家苏秦、张仪等的鬼谷子，军事家孙膑、庞涓，都从淇县走出。

古灵山，女娲修真处、商纣王降香处。

正因商纣王对女娲出言不逊，才直接导致“封神演义”发生。

由于殷都没有城墙，而朝歌墙高城坚，在武王起兵后，商纣王就自然选择驻守朝歌抵抗。但为何不依靠朝歌坚城，而选择在牧野决战呢？

根据《尔雅》记载：“邑外谓之郊，郊外谓之牧，牧外谓之野，野外谓之林。”牧野，并非特指一地，一种区域划分。牧野，应该介于“牧和野”之间。

《说文解字》解释：牧邑在“朝歌南七十里地”，“周武王与纣战于牧野”。

汉代的70里，约合25公里，卫辉市区所在地。

兵力不够，背靠朝歌坚城，打不过，可退回。

只是没想到“内鬼”临阵倒戈，导致一败涂地。

儒家宣传，“武王一夜克商”，真实历史至少需要2天时间。

“二月甲子”，正值冬季。

临河布阵。《周语》记载，“王以二月癸亥夜阵，未毕而雨”；《吕氏春秋》记录，“天雨，日夜不休，武王疾行不辍”；《六韬》介绍，“武王东伐，至于河上，雨甚雷疾”。

如今中原偏北地区，属于温带季风性气候，冬季干冷，少有淫雨霏霏。在商周之际，远比现在温暖湿润。当时的黄河北岸属于亚热带气候，全年不结冰，冬天不降雪，而是降雨。

大雨下个不停，战斗冒雨进行。

在暴雨之中，临河交战，血水被雨水冲入河流，染红河水。混杂着血水的河水上，漂浮着木杵（木质盾牌）。残酷的场景被《武成》篇记载，留下了“血流漂杵”的文字……

牧野之战的规模与后世许多战争相较，只是一场“小规模”的战斗。

一次没有战争的战争。

战功最大的是“利”。70万、或17万刑徒之说，夸大、附会、臆测。“武王伐纣”，被后世赋予浓重的神圣色彩，成为解决天命更易、朝代更迭重大“历史难题”的满分“标准答案”。

武丁时期，国都朝歌附近能征召的军队数量，最多就2万人。

到了商末，实力大减。

商纣王临时能征召2万人已是极限，前提是朝歌人口必须得10万以上。临时拼凑出2万人的军队，对抗周武王的3.5万“国际联军”，临时组建的队伍无法与久经战阵的精兵对抗，惨败在情理之中。

夏商时代的国家，并非后世想象中的泱泱大国。

灭夏时商汤的部众，不会超过10万人；灭商时周武王的部众，最多不到30万人。

武王伐纣出兵3.5万，已是倾国之兵。

正义之战，统一国家的历史战争。

聪明、胆略、思想高超。

周文王暗地进取、以进为退，夺取战略主动权，胆略卓识，先发制人，选贤任能，既是用人之道、也是用将之道，重将、选将、用将。以治为胜，教诫为先；总文武者，军之将帅。周太公望运筹帷幄，调大将南宫适、洪锦各率5000人马，左右两面夹击商军，商军哪里能抵挡训练有素的精锐的猛攻，一触即溃。

强弩之末，商纣王借健硕的体魄，杀出一条血路，逃回朝歌。

商军溃败，不堪一击……

攻占朝歌之后，“国际联军”随即兵分四路，向东南方进发，征讨商的残余势力、忠于商的方国。剩余的商军主力，又处于东夷的包围下，两面受敌，大部分商军被消耗殆尽。

武王克商后，兵抵朝歌，迁九鼎于朝歌。

“封神大战”，蓄谋已久。

犹如“二选一”，没有中间路线。

战场上靠实力说话，软弱、气馁、老残，都将被淘汰。

物竞天择，自然界规律，也是战场定律。

蜀周同族。武王伐纣，并不仅是“替天行道”，还含有报仇之意。仇恨实是古羌、东夷两大族群长期敌对的产物。带有一些民族解放战争的意思，与后来女真族、契丹族的战争类似。

汤武革命不是请客吃饭，牧野之战也不是穿插着大型乐舞的宝莱坞大片。

脱去赋予的神圣光环，利用商纣王自负的心理，打商纣王个措手不及。

本质上，灭商之战是一场两军主力的野战，更是一场经典的闪电式的斩首之战。

商纣王自焚于朝歌。

战争情节和明朝朱棣用武力篡夺皇位几乎一致。

纣亡国灭，600年社稷毁于一旦。

得人心者得天下。

百姓政治上的拥护，对国家作战重要。

联合作战消耗大，需“同盟国”人民共同作战，合作多赢。

“武王伐纣”，中国军事战争开辟新的战略，战略要点、作战方式都为后世学习，在决战前夜，以“车战”为主占据朝歌，出其不意，抢夺马匹，使朝歌城里无一马匹可用。

有主有辅，高度重视战争策略。

车战技术，用兵思想，方位进攻，创新了中国古代战争的形式。

战车，西周时期的主要战争工具。

车战，也成为西周时期的战斗特征。

“驷乘”，车战以22人为编制与4人共乘之法，车上随带兵器，舆侧接敌，左右旋转。迂回、长途追击等各种形式实行，两线配置改为环形配置。

延古至今。周氏父子“以进为退”“伐谋”“伐交”三者并用，标志着中国古代军事思想的进一步发展，从整体上全面看待战争，从军事理论上看待对方的性质、范围和内容。

中国象棋的起源。

明代《五杂组》介绍：“象戏，相传为周武伐纣时作，即不然，亦战国兵家者之流，盖彼时重车战也。”春秋兵制模仿武王伐纣时的军队建制，即将、帅、车、马、士、兵、卒等。

常态，漫长的历史中，落后文化战胜先进文明。

科学技术决定生产组织的选择空间，意识形态对暴力组织起控制作用。虽然落后族群的科技水平低下，但是采取更有凝聚力的意识形态组织军队，便可在暂时落后的情况下翻盘“上位”。

周灭商，犬戎灭西周，秦灭六国，五胡乱华，辽金西夏，元清两朝，都是落后战胜先进，游牧或半游牧文明战胜农耕文明。落后文化军事组织制度的不断“优化”，先进文明处于守势。

鼓舞士气，采用“外循环”。从周边小国入手，拉入阵营，扩大范围，“同盟”作战。诸葛亮曾在《隆中对》中，提出“联吴抗曹”的思想，“同盟”的延伸运用。

黄帝，“外循环”的鼻祖，建立军队部落联盟的首领。

最初的军队，来自自己的族人。从部落里专门选拔一支脱离农业生产的队伍进行训练，南征北战。与蚩尤的大型军事部落联盟作战时，黄帝自身的军队不够，不得不从其他部落征兵。

在《史记》里，司马迁在“五帝本纪”开篇，有一段冷峻的描述：“诸侯相侵伐，暴虐百姓，而神农氏弗能征。于是轩辕乃习用干戈，以征不享，诸侯咸来宾从……以与炎帝战于阪泉之野，三战，然后得其志。蚩尤作乱，不用帝命。于是黄帝乃征师诸侯，与蚩尤战于涿鹿之野，遂禽杀蚩尤。而诸侯咸尊轩辕为天子，代神农氏，是为黄帝。”

笔调平淡，故事的背后，却是尸横遍野、血流成河，不知多少部落消散于时光深处。战争中残存的部落，失去独立性，成为黄帝大旗下的一员，就连前朝天子炎帝都不能幸免。

内外“双循环”。黄帝打败神农氏炎帝，最后又骑着貔貅（大熊猫），击败东夷的蚩尤，最终统一华夏腹地，即今天的陕西、山西、河南、河北、湖北与山东地区。

炎黄子孙。

炎帝、黄帝第一次混血。

打败战神蚩尤，融合远古的东夷人。

中国人血统的真正开始。

尧舜禹时期、黄帝时期类同。

史料记载，尧攻三苗。

大禹也率部，攻三苗。

军队，部落里选出来的强壮男子组成。

《竹书纪年》记载：“帝启，元年癸亥，帝即位于夏邑，大飨诸侯于钧台。诸侯从帝归于冀都。”在带兵打仗过程中，大禹有了自己的亲信。儿子启，跟随大禹进行征战的武士，才有“大禹死后，夏启带领诸侯攻进冀都（陶寺），夺取政权建立夏朝”的后事。

商朝建立前的黄、唐、虞、夏之时，五帝之国已经形成以部落中的勇者，为兵源的半常备军制度。到夏朝晚期，商族首领成汤崛起，先后征服了韦国、顾国，又大败昆吾国。

商汤以70辆战车，6 000人的军队伐夏。

《吕氏春秋》记载：“殷汤良车七十乘，必死六千人…遂有夏。”

商汤的军队规模已经较大。内外“双循环”，部队里除了商部落里的本族人，包括被征服的“葛、温、韦、顾”等部落降民。军队里，分为两类士兵：“众和庶”。

《尚书》记载：“格尔众庶，悉听朕言。”

众，有一定身份、地位的商族人。

庶，被征服部落尚未完全融入商族的降族。

与后世蒙古、女真等少数民族进攻中原时，军队分本族军、降族军，性质同样。

“汝曰：‘我后不恤我众，舍我穑事，而割正夏”。商汤伐夏的军队，大半为临时征召。

处于半军事民主制、半统帅制阶段。军队里的众人，有的不愿意出兵，想安心种庄稼。

有的认为，夏部落的事情与他们无关，不想出征，“夏罪其如台”？

商汤还需要做好思想工作，恩威并施。不过，对不听话的人，以“杀你全家”恐吓：“尔不从誓言，予则孥戮汝，罔有攸赦。”商汤的兵制，选兵于民的民兵制阶段。

降族，属于半强制性征兵的民兵制阶段。

军队尚未形成军、师、旅的概念。

到了武丁时期，甲骨卜辞中有不少征伐的记录。

“旅”的概念出现。甲骨卜辞：“登妇好三千，登旅万。乎伐羌。”

妇好的部众3 000人，已经出现西周时代“以士为兵”的兵制。妇好就是受封于商王的统帅，要带领自己的3 000人出征作战。“平时为民，战时为兵”，半专业性质的半常备军。

目前所见甲骨文中，殷商出兵人数最多的一次。

科学技术决定生产组织的选择空间，意识形态对暴力组织起控制作用。虽然落后族群的科技水平低下，但是采取更有凝聚力的意识形态组织军队，便可在暂时落后的情况下翻盘「上位」。

武丁之妻妇好，统兵出战，相当于御驾亲征。

周人再一次成功采用“外循环”。

字斟句酌。历史上，史官们记史颇为认真，斤斤计较。

帝王和史官的关系，复杂微妙，一要“自称我长”“掩恶扬”，一要“直书其事，不掩其瑕”；一要文过饰非，一要“君举必书”；一要为自己树碑立传，一要对后人“申以劝诫”。

大相径庭。两种目的，两个标准。

形成两种力量的尖锐矛盾、较量。

《史记》以一位历史见证者的角度记叙。

战争支柱，以仁为本，仁义才是战斗力、凝聚力、赢得战争胜利的基础。战争准则，师出有名，《礼记》主张“师必有名”；师出无名，一定会遭到众人反对，结局必定失败。

“仁者无敌”。按照这个模式，“武王伐纣”被后人打造。

《牧誓》，一篇简短的战前动员令。大战前，周武王一手拿着明晃晃的大钺，一手持着指挥大军的白旄旗，走上战车——前线指挥台，面对排列成战阵的军队，举行庄严的誓师典礼。

将士为决战做好准备，手中的戈褶褶生辉。

周武王目光如炬，声洪如钟，每一个字铿锵有力，掷地有声。

天下诸侯三年前，已决心从周灭商，共建新的国家。商朝还有几个好人在位，人民还有幻想。过了三年，微子、箕子被逼走，比干被害死，人民希望破灭，周武王发兵。

不断证明，讨伐商纣王的合法性。

列举四条罪状：妇人干政、不修祭祀、不任用亲族、收容并任用罪人。

《牧誓》说：“今日之事，不愆于六步、七步，乃止齐焉。勖哉夫子！不愆于四伐、五伐、六伐、七伐，乃止齐焉。”前进六七步，就停一下，刺几刀，就停一下。

“戒其贪杀”，禁止“追逐”。

“恭行天罚，不妄侵掠”。

周文明的境界：宣战、约战。

禁止偷袭、禁止不宣而战，不许埋伏，不许谎报参战人数。

《左传》记晋楚大战，晋败，“晋人或以广队不能进，楚人惎之脱扃。少进，马还，又惎之拔旆投衡，乃出。顾曰：吾不如大国之数奔也”。晋军逃跑，楚军不能追击。

一如《牧誓》所说，“不愆于六步、七步，乃止齐焉”。

晋军一个笨蛋逃跑时，车被路障卡住，楚军帮他脱困。再跑，军旗被卡住，楚军再帮他拔掉被卡旗子。逃出后，晋军幽默地回敬：你们楚国的逃跑技术厉害啊。

类似案例，充斥于周代文献。“穷寇莫追”“五十步笑百步”“不顾不成列”，成语流传至今。还有不扰平民，及时释放俘虏，不伤害受伤者。商朝屠杀俘虏，祭祀坑动辄几千人。

《牧誓》要结束残暴的丛林社会，以“礼”来规范人们的行为，包括战争。

宣布商王的罪行：“牝鸡无晨；牝鸡之晨，惟家之索。”

妇好帮助夫君治国，值得推崇。但是，王朝处理公共事务，“王＋政治协商会议”的体制。王家的女人参与政务，就会侵犯各国诸侯派来的“政协委员”的权力。

宣布商王的罪行：“昏弃厥肆祀，弗答；昏弃厥遗王父母弟不迪。”不敬先祖，不重用兄弟。不敬祖的人，断子绝孙，做事无所畏惧，没有底线，可怕，可恶。兄弟亲属，互相不合，至少一方的人品有问题。商王与微子、箕子、比干等亲戚，闹得你死我活，里面肯定有问题。孝顺，家庭和睦，这样的人，才可靠。

战争、家庭、家族的“礼制”思路。

周朝建立，“制礼作乐”的手绘草图。

有专家学者，得意洋洋地评价：《牧誓》对华夏文明的意义，类似雅典伯里克利《在阵亡将士葬礼上的演讲》之于欧洲文明，林肯《葛底斯堡演讲》之于美国。

夏商周三代，近两千年的文明积累，跃迁至文化的高级阶段。中国人被孔子的哲学义理连接，没有出现过大规模感化人心、颠覆王朝的宗教，更没有西方历史上血腥尖锐的宗教对立……

事实真相。颠覆人们往常的认知，令人不敢想象。

“(纣)好酒淫乐……使师涓作新淫声，北里之舞，靡靡之乐”。

在《史记》中，司马迁这样记载。

商纣王，既聪慧又任性，靠自学占卜技术，将祭司赶出权力之坛，将只让贵族上任的不成文规矩破坏，让平民掌握职权。贵族离开掌控政权的舞台，成为第一个得到中央集权的君主。

商朝最后一位君主，从小学课本，到小说故事、影视剧里，了解的是暴政、昏庸无道——历代昏君的经典教科书。六项罪状，分别是：酗酒、近女色而听女人的话、不认真祭祀、自大、不重用亲戚贵族、任用身份低微的人。

种种“罪恶”，大部分为杜撰、附会，并非史实。

许多文献称赞商纣王聪颖勇武、才华横溢，难得的英主。

《史记》里称，“长巨姣美，筋力超劲，手格猛兽”。

《帝王世纪》称，“能倒曳九牛，抚梁易柱”。

一场国与国之间，由“国仇家恨”引发的复仇。

英雄行径。商纣王“帝辛”并没有逃跑，在眼见事不可为、无力回天，决心与社稷共存亡，豪迈地走上了鹿台，自焚而亡。同时自杀的，还有纣王唯二的两个夫人，其中一个就是妲己。

不惜抹杀史上真正事实的孟子，也不得不承认，商纣王在位期间一直善治遗风、重用贤者，商朝才能被统治较长时间。酒林肉池，夜夜笙歌，是因商朝特有的文化导致。商朝的女子比较开放，夜夜笙歌，自己的兴趣、爱好，纣王酗酒是因酿酒技术并不高超，喝酒感觉与喝饮料无异，既然不会醉，自然不会妨碍朝政。

被黑三千年。

残暴荒淫，多为后世的污蔑。商纣王在身处的王族斗争时代中，做了加强王权、抑制族权的事，操之过急，具体行为或许存在过激不当之处，最终落到身死国灭、为天下笑的下场。

实为王权、族权的斗争。

“箭跺式人物”，前朝的亡国之君，成寓言的典型案例。

与暴君毫不沾边，一些性格上的特质，还是明智的选择，即便拿奴隶来生祭，也只是商朝特有的文化。因为不给祭司、贵族权利遭到嫉恨，“失利者”才会四处散播谣言。周王朝强行夺取国家，自当仅是「仁者无敌」，还不能建立伟大的社稷。以「家」为核心的思想，民族统一以文化的统一为前提。融入北方游牧民族的阳刚、血性，中华文明才会平衡。

把末代帝王描述得越坏越好。特别是《封神演义》，把纣王描写得越来越坏，许多看过书的人，直接信以为真，纣王名声也是越来越差。

无论是《殷本纪》《周本纪》，还是其他文献，都提到商纣王宫中的荒唐不羁。后世误解，实是引入上古中亚地区流行的“株离之舞”，引入胡风文化的目的，为政治改革营造社会氛围。

《甲骨文合集·630记载》：“癸酉卜，贞，多妣献小臣卅、小妾卅于帚。”

殷商的西部敌人中，有吐火罗人、白狄、义渠、犬戎等，来自中亚。之前，战俘一般用来殉葬，纣王改革制度。俘虏而来的西土战俘，纣王组织起来表演歌舞，代替原先的祭祀仪式。

统一祭祀。并非图谋一人享乐，而是为统一天下。

自我神化。采用某种祭天帝的仪式，祭祀祖父、父亲。

将自己神化为与天帝等齐的神祇。

极为“大逆不道”。信仰神灵的时代，祭祀重要，国家宗族延续的象征。殷商初期，也封了夏人后裔杞、缯两个国，继续祭祀祖先社稷。改革祭祀制度，“存其祀”自就消失。

改革超前，行为超常。

人心惶惶。引发既得利益者贵族阶层的不安、四方诸侯的恐惧。

周武王举兵反叛时，八百诸侯反叛，纷纷起兵响应。

挖掘历史文献下隐藏的历史真相，寻找最接近客观事实的历史。

天下从来没有不流血的战争，不管正义，还是非正义，即使是无需动刀、动枪的政治斗争，也是血流满地。受了儒家思想的影响，追溯始作俑者，儒家学派拥有“亚圣”头衔的孟子。

战争非常惨烈，人员死伤很多。

孟子以不可置信地口吻来说："仁人无敌于天下，以至仁伐至不仁，而何其血之流杵也"。孟子认为仁义的人无敌于天下，否认事实："吾于《武成》，取二三策而已矣。"

倒戈只是一部分，血流漂杵却是大多数。

支持商纣王的有许多，大都成"血流漂杵"的那部分。

商纣王的"至不仁"，未必更甚于秦二世。

周武王作为附庸国，以下犯上，从外部入侵中央，"至仁""正义"，未必高于刘邦、项羽进攻秦二世。孟子却说周武王在战斗中，兵不血刃、不犯杀戒地颠覆商王朝，实为遮蔽众听。

"尽信书，则不如无书"。王充曾经强力反驳，在著作《论衡》中提到："察《武成》之篇，牧野之战，血流浮杵，赤地千里。由此言之，周之取殷，与汉、秦一实也。而云取殷易，兵不血刃，美武王之德，增益其实也。"哪个朝代取代前朝时不流血，"兵不血刃"的真实缘由，就是为凸显周武王的美德，增加美誉度。

古往今来，看透武王伐商的实质，王充当为第一人。

仅是"仁者无敌"，还不能建立伟大的社稷。

以"家"为核心的思想，民族统一以文化的统一为前提。

融入北方游牧民族的阳刚、血性，中华文明才会平衡。

商纣王几乎成为历史变革的经典“祭品”。

周人崛起的历史，一部对戎狄血淋淋的征服史。

灭商前，周人自称“小邦周”“小国”。

农耕小国，经济、文化落后，只有百里的土地。

周文王，姓姬，名昌，俗称“姬昌”。

继位后，请来渭水支流磻溪垂钓的72岁的姜子牙，拜为“太师”，统帅三军，继续争夺地盘。《后汉书》记载：“乃文王为西伯，西有昆夷之患，北有猃狁之难，遂攘戎狄而戍之，莫不宾服。乃率西戎，征殷之叛国以事纣。”不但征服周边的戎狄，还替殷商讨伐反商势力。

在《论语》中，孔子说：“三分天下有其二，以服事殷，周之德，其可谓至德也已矣。”周人只是赢得天下大多数的民众，作为周朝的臣民，孔子一心想当周朝的官，忠实拥护周礼。

为周人灭商的正义性，寻找合理论据。

为正统的地位辩护，为武王伐纣唱赞歌。

周文王并不是殷商的忠臣。

《诗经》也证明：“后稷之孙，实维大王，居岐之阳，实始翦商。”

翦商，就是灭商。武力打天下，几代周王都是杀戮戎狄人口无数，占领大片戎狄的土地。

战争血淋淋，没有正义可言。

周灭商、秦灭六国，性质相同的灭国战争。

一个新崛起的大国，必然要挑战现存大国。

牧野之战前，周武王在战场上列数纣王帝辛的罪行，鼓舞士气，用以稳定军心，治兵之道。战争的目的，保存自己、消灭敌人。《孙子兵法·谋攻篇》指出："是故百战百胜，非善之善者。"善于用兵，便可大获全胜。"致人而不致于人"，注重于战场上的灵活性，夺取主动权，采取具有针对性的制胜方法。在战争中，曾采用车战与人力相结合的战法，符合孙子"强调奇正"的思想。

从迁徙史、战争史、居住地看，周人的民风，更接近于西戎。

战争中，"钺"有军事权力。

朝堂上，"钺"有政治权力。

祭祀中，"钺"又拥有神权。

《尚书》记载：作为周族军队的最高统帅，周武王伐纣时，左手拿着黄钺，右手拿着牦牛尾装饰的白色旗帜，用这两件"标志性"器物作为权力的信物，行使天子最高指挥权。

威风凛凛。率军向商都朝歌前进。

商朝的奴隶主们，早已跪在城外迎接。

让大臣们安抚吓得魂飞魄散的贵族："你们不要怕，上天给你们带来福音。"

惩罚暴君。来到纣王烧死的地方，恨从心起，亲自射了三箭，还不解气，用轻剑砍杀，又用黄钺斩下头颅，挂在大白旗上示众。再到纣的嬖妾处，二女也都已自杀，对着纣王的妲己的尸体，也射三箭，然后割下她们的头，挂在小白旗上示众。

殷商是武王的姥姥家，纣王还是老表，更是他家的恩人。

离开商都。武王为祖父、父亲、哥哥报仇雪恨，回到军营里。

周公对康叔说，有一群人在一块喝酒，你不要放纵他们，把他们全部逮捕，押送到我这里来，我要把他们杀掉。对那些有意犯罪者，即便犯的罪很小，也要把他们杀死。

对殷商遗民说，我分给你们土地，是为了让你们敬事我们周国，如果你们不敬事我们周国，不但要收回土地，而且要惩罚你们。强力推行"顺我者昌，逆我者亡"的政策。

君权谁授？

孟子说："天子不能以天下与人。尧荐舜于天，而天受之；暴之于民，而民受之；故曰，天不言，以行与事示之而已矣。天视自我民视，天听自我民听。"

农耕文明，安土重迁。「不假求于外」，中华民族的性格底色。在大河流域赐予的天然沃土上，农人只要辛勤付出，一分耕耘，一分收获，不求空间扩张，唯望时间绵延，生活小康。

“王者，往也，天下所归往”。

周人共识：文王受命在前，武王伐纣在后。

“受命”与武力无关，与是否一统天下无关。

受命的唯一依据，人民“愿意往”“虞芮质阙成”。

“近者悦，远者来”。

只有得到人民爱戴的才是王。以仁政，德政，让人民心悦诚服，心甘情愿。如果被人民厌恶，抛弃，人民他往、叛变，王没有权力，以武力胁迫人民“往”。

“万邦有过，罪在朕躬”，只能反省自己，承认“天命靡常、惟德是辅”，自己要“禅让”，对新王“避诸海隅”，让人民有“诛一夫”“迎王师”而“他往”的权力。

正如纣王军队前徒倒戈，邹人不管邹鲁战争。

权力天授，统治者无权私相授受。

在《论语》中，孔子的学生子贡读前人之事，发出感慨：“纣之不善，不如是之甚也。是以君子恶居下流，天下之恶皆归焉。”商纣王，根本没有传说中的那么坏，原来好多事，被后人安在他身上。通达世故的君子，绝不让自己沦落到那样的境地，一旦落到，所有的坏事，就都会被安在你的身上。墙倒众人推。

子贡，孔子得意的学生，儒商鼻祖。

众人都在向商纣王泼脏水，却能独立发声。

简单的历史循环。

惊人地相似，也惊人地巧合。

夏王朝能够延续，并非个个帝王英明、神武，只是其他部落，未能形成强大势力；等到商部落悄悄地成长、壮大、难以抵挡，夏王朝的寿命，就进入倒计时，商汤伐夏是大势所趋。

现在轮到了商王朝。

商纣王有智慧、聪明，越是有智慧，越是痛苦。“荒淫无度”，可能是因深知商王朝，病入膏肓，必将在自己手中灭亡，并不会因为自己贤明、有智慧，或者各种各样的“罪恶”改变大势。

大厦将倾，非一木能支。

细节上的“巧合”，都是“人为”制出。

目的就是抹黑上一个朝代最后的继承者。

当商部落强大到足以吞并时，夏王朝最后的帝王，注定会被“预定”成荒淫无道的昏君。

如出一辙。等到周部落强大，商王朝也“同此冷暖”。甚至，用来抹黑夏桀的“执行文案”，被周王朝再次复制，只是更换了人物：夏桀换成商纣，商汤换成周文王，妹喜换成妲己。

到了春秋时期，子贡发现惊天“秘密”，才感慨“纣之不善，不如是之甚也”。

儒家倡导“文德”。孔子尽管赞成西周灭商、为民请命的大义之举，但对不得不使用武力，多少还是持保留态度。对牧野之战中“血流漂杵”的惨烈场景，孟子特别耿耿于怀。

农耕文明，安土重迁。“不假求于外”，中华民族的性格底色。在大河流域赐予的天然沃土上，农人只要辛勤付出，一分耕耘，一分收获，不求空间扩张，唯望时间绵延，生活小康。

关键差异：中国重文、西方尚武。

西方的文明源头，古希腊、古罗马，典型的海洋文明，受制于肥力不足的半岛盐碱地、雨热不同期的地中海气候，为了弥补人口增长，导致的粮食缺口，只能向外部的农耕区不断扩张。

重中之重。古罗马人征服埃及后，掠走面包、面包师。

直至古罗马灭亡，欧洲形成封建领主制。

“领主”，古代英语词源“守护面包的人”——生怕别人抢回去。直到如今，从扩张、殖民、霸权主义，一路走来的西方世界，仍然难以理解中华民族的对外关系中传统的“不假求于外”。

中华文明具有的连续性、容纳性、开放性的特质。

文明的过程，本质上不断否定野蛮的过程。

中国古文明在青铜时代，并没有为外部力量或内部因素所中断。

整个东亚史是“文化归汉史”。数千年中，周期性遭遇蛮夷入侵，抵抗、崛起、复兴，已经成为中国历史的主轴之一，形成“华夷之辨”“夷夏之防”的基本文化理念、史观。

周代虽是封建割据，但与欧洲不同，一直是宗周一大家与楚吴越东夷几小家。宗周文化承袭商文化，语言、文字有统一潜质，就算吴国强大，也知道攀附姬家，对华夏的认同感远远强于现在欧美彼此间的认同。

周武王追封父亲姬昌为文王，分封各路诸侯。

霸权更替。周朝并没有完全消灭商朝，受降殷纣王的嫡系、太子武庚的部族，封在殷商故地，分封周王室的管叔、蔡叔与附近驻军，以监视叛乱行为。殷商故地的封国仍是商朝的延续。

更多的残余势力仍盘踞淮岱，随时准备卷土重来。

姜子牙想要杀光所有殷人，建议：“臣闻之也；爱人者，兼其屋上之乌；不爱人者，及其胥余。”周公说：“使各居其宅，田其田，无变旧新，惟仁是亲，百姓有过，在予一人。”

两全其美。周武王封纣王之子武庚于殷都，延续商汤的宗祀。姜太公也有道理，为防止叛乱，将殷商王畿之地一分为三，封给三个弟弟管叔、蔡叔、霍叔，监视武庚与殷人，史称“三监”。

商纣王叔父箕子，不愿臣服，率领5 000族人逃向燕地，进入河北，向更遥远的辽东进发，后入朝鲜，随同带去诗书礼乐、医巫阴阳的知识与百工技艺。在公元前1120年，箕子建立朝鲜国。

史称箕氏朝鲜。在大同江流域今平壤一带。

箕子，本名胥余，与微子、比干齐名，史称“殷末三仁”。

箕子东渡，“外循环”建立国家的第一人。

一如公元前257年，古蜀王子“蜀泮”在交趾复兴“蜀国”一样。

一场史诗般的迁徙。尽管已是840多年后。

“教以礼仪田蚕，又制八条之教”。箕子以礼仪为治国之本，以礼仪教化民众，纯化民风，组织民众修建都邑，颁布八条法令，将朝鲜带入有成文法的文明时代，被人称为“君子国”。

顺水推舟。周武王“因以朝鲜封之”，使周室又多一个藩国。

西汉初期，燕王卢绾部将卫满灭掉箕氏朝鲜。

箕子在高句丽、王氏高丽、李氏朝鲜等朝鲜王朝，都被奉为始祖、神祇。

“殷人东渡美洲论”。英国学者梅德赫斯特，在1846年翻译《尚书》时提出假说，认为武王伐纣之时，可能有大批的殷人渡海逃亡，遇到到风暴后，泛海至美洲。

1968年，美国学者迈克尔·科在《美洲最初的文明》一书中，认为公元前1000年出现在中美洲的奥尔梅克文明与武王伐纣的时间吻合，奥尔梅克文明很有可能是中国传播过来。

公元前1044年，武王去世。

成王幼小，周公摄政，“一年救乱，二年克殷，三年践奄，四年建侯卫，五年营成周，六年制礼乐，七年致政成王，北面就群臣之位”，完成了一个世界政治史上的奇迹，不仅成功实现“以小治大”“以一治众”的目标，“成康之际，天下安宁，刑错四十余年不用”，创造性地建立起一个“世界性”政治秩序，大治天下。

西周定都镐京（今西安西南）为宗周，又兴建洛邑（今洛阳老城）为成周。

东西两都，同为国家政治文化、经济中心。

开创中国古代政治史上的两京制。

公元前1000年，第二代国王周成王与诸侯四夷，聚会共庆。

“中”由“天”衍生。洛邑所在区域，与“天中”（天的中央）对应的“地中”（大地的中央）。周王只在“天地中央”的洛邑，接受“四方”诸侯朝拜，形如北天极形成同心圆结构。

北天极，地轴和天球于北方相交的一点，最亮的一颗星被称为“北极星”。北半球星空旋转的虚拟中心点。中国的天文学体系中，把它看作天上的宫殿，叫做紫微垣。孔子说：“为政以德，譬如北辰，居其所而众星拱之。”

展示着王朝的威严、繁荣。

象征正统王权的九鼎，在洛邑明堂中放置。

坛上挂着红帐子，用黑羽毛作装饰。

天子周成王面朝南方，冠冕上没有垂珠，朝服八彩色，腰间插着大圭。唐叔、郇叔在左，周公、太公望在右，都有冠冕，也没有垂珠，朝服七彩色，都

黄河中游的炎、黄两大部落，碰撞融合，结盟东进，战胜以泰山为中心的太昊、少昊集团，建立起号令黄河流域各部落的大联盟，击败江汉流域的苗蛮集团，融合组成汉族先民华夏族。中国历史上第一次民族大融合。

腰插笏板，依傍天子站在坛上。

王公贵胄，盛装出席。

四方诸侯，远道而来，带着作为贡品的特产，分列祭坛四周。

“万邦来朝”。交通不便，能让天下诸侯云集，本就彰显中央王朝国力强盛，号召力强，能调动指挥天下军马。驻扎着西周最强大的军事力量。“西六师”，周人的嫡系，“殷八师”（成周八师），投靠周人的殷人部队，关系类似清朝八旗和汉人绿营一样。

城市规模宏大。“郛（郭）方七十里”，郭城面积比王城大八倍。

3 000人为师，八师就是2.4万人。

城中还有大量的普通居民，以供养军队，人口规模有10多万人。

《逸周书·王会》记载了“成周之会”的盛景、到场各方国的贡献。

“蜀人以文翰，文翰者若皋鸡”。

“皋鸡似凫”。到了春秋前期，古蜀国由采集文化转为农耕文化，赴中原参加“成周之会”，将“古成都人”视作珍宝的“文翰”（锦鸡）贡献，侧面映证古蜀国在周人眼中的重要性。

大开眼界。在国家的中心，古蜀国见证了想象不到的珍禽异兽。

东北的秽人带来了形似猕猴、叫声像小儿的“前儿”，青丘国带来了长有九条尾巴的狐狸，黑齿国带来了通体纯白的白鹿和白马，白民国带来了形似狐狸、背上长角的“乘黄”，区阳国带来了外形像猪、长着一前一后两个脑袋的“鳖封”……

来自沿海东越的诸侯们则带来了文蜃、玄贝、大蟹，义渠国带来了形似白马、能食虎豹的“兹白”，氐羌带来了鸾鸟，巴人带来了比翼鸟，禺氏国带来外形似马的“騊駼”，大夏国带来长着大象般长牙的兹白牛，犬戎带来有着白色身体、红色鬃毛、金色眼睛的文马，匈奴带来了体型巨大、四腿无毛的狡犬……

博览方物。中国历史上真正举办的“首届进博会”。

周成王光芒四射，让人不敢直视。终于完成父亲周武王“宅兹中国，自兹乂民”的遗愿，而在场的所有人，也在新建的国家的中心，见证日常生活中想象不到的珍禽异兽。

在祭典上，需要用两头赤色的牛做祭品，先要用弓箭将两头牛射死，然后，用刀将牛肢解。不但要弓马娴熟，还要能见血。在诸侯的注视下，完美而精致地完成。

来朝贡的东方属国有28个。

诸侯国与部落联盟有63个。

地域范围涉及今东北三省，安徽省、河南省、江苏省、浙江省、福建省、台湾省与日本、琉球群岛，湖南省、湖北省、广东省、广西壮族自治区、香港特别行政区等地域。

历史定义，中国历史上第二次民族大融合。

黄河中游的炎、黄两大部落，碰撞融合，结盟东进，战胜以泰山为中心的太昊、少昊集团，建立起号令黄河流域各部落的大联盟，击败江汉流域的苗蛮集团，融合组成汉族先民华夏族。

中国历史上第一次民族大融合。

历代王朝最重要的大事，便是修史。代表继承前朝法统，告诉祖宗和人民，本朝才是中国正统。每个朝代修的史，传到清末便是“二十四史”，加上《清史稿》，构成连绵不绝的中国。

中国王朝的使命不是另起炉灶。

责任与义务，是接过自黄帝以来的法统，守护人口、土地和文化。

中原已不是“中心”。

大地上只有“中国”。

周人取代商人成为天下共主。

农业文化对商业文化的征服，裙带关系对近亲婚姻的征服。

开始新一轮早期国家的演化。

四通八达的交通枢纽。

西周时代，以洛阳为中心，在中国建立第一个大公路网，驰道驿路，无远不达。

周朝结束野蛮，走向文明高峰。

仰观天象、俯观地法、进取诸身、远取诸物……

周武王并没有完全征服天下每寸土地。将兄弟子侄、功臣们，分封到各地建立诸侯国。姜子牙被封在齐国，砥砺前行，打下这片土地，其后代又花数百年的时间，才将夷民教化成华夏子民。

根本制度，“分封建国”。

“使帅其宗氏，辑其分族，将其类丑”。

把没打下来的土地，也给提前分封。

很多诸侯带着军队去就封，用武力征服这些土地上的原住民，占有这些土地。

以开放包容的气度纳海内之士，“外循环”与“内循环”组合。

类似于一个联合起来的王国。

“以蕃屏周”。建立一个大小相系、上下递为藩屏的全国统治网络。

“分封建国”，把原本不属中原文明之地，一步步通过文明教化，转变为中原文明的“化内之地”。齐、鲁、燕、晋、秦等地，领先一步开化，楚、吴、越等地，紧随其后开化。

成功地统治汉地18省的大部分区域。

过去，这些土地上“夷狄”居多，多为游牧民族。

即便有农耕，技术也不如中原文明发达。

“外循环”。周以农耕立国，坚持“华夷之辩”，即不看血统，只看文化认同，让那些已转为农耕模式，接受周人文化的民族，彻底成为华夏族。土地，也永久性地成为中国领土的一部分。

传统华夏文明的疆域，周代末年就已经基本定型。

“分君亿疆”。

各诸侯国的疆域之和，差不多是秦国统一六国后的实控面积。

先进制度，先祖得以占据亚欧大陆最优质的领土，传承至今。

“迁侯于宜”。原理一如现代集团公司，封个分公司经理头衔，开拓新地。周王室一如集团公司，把大臣派到各分公司当经理，依靠先进文化、制度，逐渐把适合农耕的地区全部占领。

辅以不断攻伐淮夷，用武力控制东方少数民族地区。

城池分为两道墙，外墙称为“郭”，内墙称为“城”。郭墙之外就是郊野，符合古代汉字“國”的形象。城郭，就是国。以农耕为主的民族便利用城郭体系，制定了赖以生存的“井田制”。

“内循环”。“民惟邦本，本固邦宁”，推行“明德慎罚”，务从节俭，强调人民满意与否直接关系到天下安危，主张“务令（百姓）家给人足，庶几教化可兴，此万世治平之基也”。

总结、借鉴夏商两代亡国的教训，继大禹发布世界最早禁酒警示之后，周公制定、发布中国最早的禁酒令《酒诰》。酒是丧德亡国的根源，构成中国历史上某些时代禁酒的主导思想之一，成为后世引经据典的范例。

推行“修其政，因其俗，简其礼”“修道术、尊贤智、赏有功”的十八字方针，制定“大农、大工、大商”的“三宝”治国方针，实行“通工商之业，便鱼盐之利”的开放政策。

策略归结为两条：“协和万邦”“德治天下”。

“和而不同”，发明了高明的统治方式。诸侯国不是统一模板。各国的定位不同、治国策略不同。周天子分封给他们的人口不同、资源不同。鲁国、侧重于手工业；卫国、侧重于农业。

「外循环」。周以农耕立国，坚持「华夷之辩」，即不看血统，只看文化认同，让那些已转为农耕模式，接受周人文化的民族，彻底成为华夏族。土地，也永久性地成为中国领土的一部分。

“同则不继”，消灭了人的差异，人类就会灭亡。

保护差异，就是保护自己。

有差异，经济必须是“外循环”。

“聚天下之精材，论百工之锐器”，在精工制造层面、互相竞争。

打破各种贸易壁垒，促进统一市场形成，提高经济运行效率的终极利器。

“得民心者得天下”。周朝与商朝，价值观完全不同。遇到天灾，周王的职责是“敬天保民”，天不可惩罚民，如果天怒、就惩罚本王。“万方有罪，罪在朕躬”，周王的口头禅。

中央政府行使“礼乐征伐”。

“天子+四院”共同决策。

“参政议政”的“四院”：“公卿至于列士”，现有执政者，各级官员，参政工具诗歌；瞽史师瞍蒙，诗人、“记者”、作家、文艺工作者。参政分两步，汇报所搜集的民意、研究的民心。百工庶人，劳动者、普通百姓、近臣亲戚，所有人发言后、负责整理。

敬畏历史与新闻的高度文明。

记载历史，始于周朝，负责记载历史的官员为太史，可随时出入朝廷，跟随周王。周王不敢得罪他。史官自身的资格、资历，就是传播管理的最后决策者。面对史官，君主只有尊重。

“在齐太史简，在晋董狐笔”。

新闻的作者，被赋予“神的代言人”的意义。

只有记者有权发布新闻，任何人无权。

知识分子办报。中华民族3 000年以来的固有传统。

跨国交流、研讨，信息共享。

真实、客观，有卫国人读到新闻后说，“晋人三豕过河”。孔子的学生子夏笑着说：“应是晋人己亥过河”。子夏到晋国后探听此事，果然是“己亥过河”。

自成系统的“外循环”，提高新闻质量。

“孔子作《春秋》而乱臣贼子惧”，说的都是周朝“新闻记者”采编、发布新闻。《国风》部分，“记者”采访、编发的“时政民生新闻”，其余多为“文青”的“副刊作品”。

《尚书》解释商朝的合法性、周朝取代商朝的合法性。

“天惟时求民主”。

天，不定时地为人民寻找领导者。

“尧舜之民比屋可封，桀纣之民比屋可诛”，价值截然相反。

还设立“采诗官”，史官从民风、民谣之中，分析民意，发现真相。如果禁止、打击人民表达，或诱惑人民拍马屁，则民意没有价值。有“乡校”，独立的学校，专门议论政治。

“为民求主、以民为本”，以“采诗官”划线，判断真假“执政为民”。

“采诗官”“记者”采风的同时，发现人才。

《周礼》等古籍，早已提到过赛歌赛诗会、选拔官员。

小“记者”采诗，大编辑陈诗。

农忙结束，“男女有所怨恨，相从而歌，饥者歌其食，劳者歌其事”。

农闲时间、底层人民“山歌大会”，真情直接表达。

作家、“记者”，也就赶过来采风。

既有文章，也有诗歌。

郑穆公的孙子、郑国大夫，春秋时期著名政治家、外交家、思想家子产，熟知周礼，知识渊博，文学修养深厚，做过采诗官，碰到的“乡校”，既是诗歌场，也是议政之地。

“宽猛相济”。执掌国事期间，主张保留“乡校”、听取“国人”意见。

不仅是一种姿态，更是一种胸怀。

孔子心目中“君子”的典范。

采诗官有深厚文化素养，深怀敬业精神，行走在笔直官道上，脚步矫健，手中摇动着的木铎，发出清清的脆响，穿越了树林、溪流。田野里唱歌劳作的父老，听到木铎声，愉快地招呼。

采诗官走近农夫，一起坐到柳树的浓阴下，请求父老将新歌唱出。

他，用一柄锋利的小刀在竹简上，吃力却飞快地记录着。

回到王城，在一炬豆火下，整理那些似乎还散发着乡土气息的诗和歌。

担当“新闻记者”、“国家智库”、民意调查、诗歌记录与地方史志者的重任。

“行人振木铎，循于路以采诗，献之太师，比其音律，以闻于天子”。

史官对接天子，“天子命太师陈诗，以观民风”。

具有职权的垄断性，不受任何人干扰地发布新闻。任命，也是自己定。世袭，也任人唯亲，不管他人评价。为了家族的荣誉，为了继承史官的合法性，坚守着真相，以命相搏。

天子诸侯不能管，百姓也无权抱怨“阶级固化”、无权要求“上升空间”。

史官据“风”作“雅”。

“言天下之事，形四方之风，谓之《雅》。雅者，正也，言王政之所由废兴也。政有大小，故有《小雅》焉，有《大雅》焉。”雅，就是正、政，《资治通鉴》的前身。

出现了中国最早的诗歌——《诗经》。

不仅歌颂帝王祭祀，更多的是凡人田间劳作、情爱故事。

《诗经》里有许多篇章，大胆地描写爱情。

《野有死麇》前句意思，一个少女已经动情，“吉士”趁机挑逗……最后三句：“舒而脱脱兮！无感我帨兮！无使尨也吠！”

二人走向密林深处。怀春少女告诉心仪的男子：轻轻地走，慢慢地走，不要急躁，不要碰我腰间的佩巾，不要惹那黄狗吓人地汪汪叫。诗不直接写性，含蓄、自然、健康……

准确地再现男女幽会时，女方既欢愉急切，又紧张羞涩的心理状态。

先民们的天真烂漫和心无杂念，如同狂风暴雨洗后的天空，高远、纯净。

《诗经》中，充满生命的欢欣，荡漾着野性、活力、大自然和美。

孔子评价颇高：“《诗》三百，一言以蔽之，曰思无邪。”

公元前770年至公元前476年，东周的前段，因鲁史《春秋》记载，得名“春秋”；东周的后段因列国争战，称为“战国”。“春秋战国”，中国历史上第一次重大社会变革、文化转折时期。

「轴心时代」。在世界四个迥然不同的地区，中国、希腊、以色列与印度的古代文化，都发生了「终极关怀的觉醒」。超越和突破原始文化，人类文明的伟大传统独立形成。延绵不断。各个文明都出现伟大的精神导师。

整个世界范围内，多地同处战乱时期。

当人们用野蛮、粗劣刀剑相向时，战争迫使人类开始思考如何搭建良善社会。

东方西方的圣贤，横空出世。

人们开始用理智的方法、道德的方式来面对世界。

百家争鸣，一场触及中华民族根本的思想运动。

成就了中华民族历史上哲学与思想文化的高度。

“轴心时代”。在世界四个迥然不同的地区，中国、希腊、以色列与印度的古代文化，都发生了“终极关怀的觉醒”。超越和突破原始文化，人类文明的伟大传统独立形成。

核心价值接近，“周朝天道民本”+“雅典天赋人权”。

表述也接近：人民的基本权益，雅典说是天赋，周朝说是天经地义、天道。

几个地区虽隔千山万水，文化形态不同，文化却多有相通之处。

宗教、思想、城邦、国家，使更多的人，以更有效的方式连接。

形成了人类连接模式的基本框架，为下一步发展奠定基础、铺设道路。

延绵不断。各个文明都出现伟大的精神导师。

在希腊海边，古希腊的哲学家背手，思考人和客观世界的关系；在恒河岸边，印度的哲学家在打坐，考虑人和神的关系；在黄河岸边，中国的哲学家在散步，考虑人和人的关系……

中国哲学家都不太去考虑物与鬼神，印度哲学家认为神是“超验世界”，另外一个高层次的抽象天地。恰恰是中国哲学所缺乏的。因此，玄奘要去印度取经。

公元前600至公元前400年的200年间，中国出现老子（约公元前571年生）、孔子（公元前551年生），西方出现苏格拉底（公元前469年生）、柏拉图

（公元前427年生），几位大思想家、哲学家，对后世影响深远。

孔子比释迦牟尼小14岁。

孔子死后10年，古希腊的苏格拉底诞生。

亚里士多德比孟子大12岁，比庄子大15岁。

阿基米德和韩非只差了7岁。

中国人根据老子、庄子的思想和民间鬼神信仰，成立道教；根据孔子、孟子的思想，成立儒教；印度根据佛陀的思想，成立佛教；以色列，成立拜上帝的宗教，后来再衍生为犹太教、基督教及伊斯兰教。

阶层分化，思想家基本来自精英阶层。

老子是图书馆管理员；孔子也是贵族，首创私塾；孟子、墨子衣食无忧，才有机会读书学习；释迦牟尼本身就是王子出身；古希腊推崇文明、思辨，苏格拉底、柏拉图、亚里士多德是哲人阶层；以色列有犹太教的先知们，深受欢迎，也处于社会较高阶层。

精英阶层保障充足，才有更多的时间思考。

《诗》《书》《礼》《乐》《易》《春秋》六经与《老子》《论语》等早期文献，尽管不乏愤慨与焦虑、批评与抨击，更多的还是透露出雍容、华贵、高雅、宁静、从容、自信的气质。

战国中期后，通过《战国策》《商君书》《荀子》《韩非子》等书，感受到的更多是战国时代的高强度、快节奏，敢于挑战的积极姿态，对于意志力、执行力、决断力的赞美、追求。

战国早期的人，崇尚个人意志、提倡进取精神。

未经“焚书坑儒”影响的“清华简”，不同侧面记叙。

《厚父》篇，反复强调敬天重德，周初的德治较商代有明显的进步。“民心惟本，厥作惟叶”一语，继大禹后，在古代文献中最早明确提出“以民为本”的理念。

“民心是一切的根本”，王朝兴亡紧系民心向背。

《尹诰》篇，商汤、伊尹对“民”与“众”的珍视，延续了大禹的民本思想。

《邦家之政》篇，从正反两方面阐述将会导致国家兴盛与衰败的种种行为，告诫执政者要“有所为而有所不为”。

《邦家处位》篇，从肃清吏治的角度，强调选贤任能的重要性，用人失度带来的严重后果。

《治邦之道》篇，全面分析治理国家应遵守的准则，强调尚贤、节用、节葬、非命等思想。

《天下之道》篇，借用攻守之道，说明古代圣王得天下的关键，仍然在于得民心。

《算表》堪称最古老“计算器”，可计算乘法、除法以及开方，填补先秦数学文献的空白。

《心是谓中》只有七支简，充满思辨智慧。

首先，文章强调与身体各“四相”相比，心占据统帅地位。“心，中，处身之中以君之。”心是人的中枢，处于人身体的中心，支配身体。“心欲见之，目故视之；心欲闻之，耳故听之；心欲道之，口故言之；心欲用之，踵故举之。”心作为身体的君主，对其他器官具有绝对的支配作用。其次，文章马上就将身心关系引申到君民关系，“为君者其监于此，以君民人”。

统治者能够借鉴身心关系，就可以治理天下。

春秋晚期的思想家老子、孔子，关于心的论述支离破碎，“心”甚至被作为欲念象征遭到排斥。进入战国时代，“心”成为诸子论述的焦点，各家都争相将心论融入自己的理论体系中。

《心是谓中》敏锐地觉察到，大声疾呼：“君、公、侯、王、庶人、平民，其毋独祈保家没身于鬼与天，其亦祈诸心与身。”呼吁从上到下所有阶层，不要只是向鬼神、上天祈求家庭与自身平安，也要向自己祈求，命运归根结底掌握在自己手里。

《心是谓中》试图把古人深信不疑的“天命”，与本篇重点论述的“身命”概念辩证统一，“人有天命，其亦有身命”“断命在天，苛疾在鬼，取命在人”，最终提出了“人定胜天”的理念。

高调宣扬人的主体性、能动性。动荡的战国时代，为有理想期待、政治目标、利益追求的人，提供活跃的空间、机会，是一个命运的不确定性、改变命运的可操作性，开始广受关注的时代。

洋溢着一种积极、刚健、昂扬、向上的气氛。

扫码听精彩
段落音频

周公制定的“周礼”，把政治和伦理融合。

高度重视文化建设。奠800年的统治基础。

《礼记·祭法》记载，“文王以文治，武王以武功”。

确立标杆。《礼记·礼运》做了描述，“人不独亲其亲，不独子其子”“谋闭而不兴，盗窃乱贼而不作”等景象，即道德高度发达、人民充分自律，这也成为后世统治者的共同政治理想。

“尽知天下第一人”。

西周末年的王朝太史公伯阳父，人称史伯。本是周王室记事、占卜、星宿的太史，后成担任掌管教化的司徒。

通晓五行变化，博古通今，善卜能断，能预知福祸。

助人无数，最后也拯救了自己。

誉为“和宗”。中国历史上著名的思想家、哲学家。最早提出“和实生物，同则不继”的观点，第一次从哲学的高度揭示事物的本质与根本法是“和”。早于老子、孔子时期200多年。

和谐，创造事物的原则。史伯提出：“夫和实生物，同则不继。以它平它谓之和，故能丰长而物归之；若以同裨同，尽乃弃矣。故先王以土与金、木、水、火杂，以成百物。”

土元素与金、木、水、火元素相互融合，才有千奇百怪的物质。

“和”的内涵。相同一物补充相同一物，除了量的增加，不会产生质变。一如土加土，还是土，水加水，仍为水一样。

如果土加水，就成了泥，再加火烧，就成砖瓦或者陶瓷等，产生质变，成为完全不同的东西。土与金属融合，可以形成矿石，金属制品都是由矿石提炼，土与木头融合，可以形成煤炭，供燃烧提供热量。

孔子“君子和而不同，小人同而不和”的观点，孔子之孙子思“中也者，天下之大本也；和也者，天下之达道也”，把“和”的中华传统文化思想，得以清晰、明确地阐述。

史籍记载，在和西周司徒郑桓公谈论周幽王朝政的“时形”，史伯就预言：荆楚和晋、齐、秦四国，将成为“春秋五霸”中的“四霸”；断言，不出三年周必亡的判断，果然应验。

周宣王庶弟郑伯友，郑国开国之君郑桓公。

幽王当政，重用佞臣，内政不修，外攻失利，又有褒姒之乱，把朝廷弄得乌烟瘴气。

众臣子情知不妙，纷纷谋求退路。找史伯商量，讨教落脚之地。

史伯认为：西方、北方的少数民族戎、狄会强盛，郑国不能靠近他们。南方合于民臣之心，功德超过先王，十代也废不了，也不能靠近他们。只有东方的黄河、济水、洛水、颍水之间，可以寄居。

条分缕析，头头是道，详细分析天下形势。

面对周幽王“任人唯亲”，还要废后废太子，史伯大呼：周要完蛋了。

周幽王二年（公元前780年），泾水、渭水、洛水流域，发生大地震。

史伯说：“夫天地之气，不失其序；若过其序，民乱之也。阳伏而不能出，阴迫而不能烝，于是有地震。今三川实震，是阳失其所而镇阴也。阳失而在阴，川源必塞。”

烝，升。镇阴，被阴镇住。天地有阴阳二气，要有序、调合；秩序被打乱，阴气压迫阳气，使阳气伏在下面不能上来，才发生地震。以万物一体的宇宙观，进行阐述。

3 000多年以前，科技并不发达，无法想象如何理解。

还提出：“声一无听，色一无文，味一无果，物一不讲。”

五色不同，交织而成章；五音各异，交响而成乐。一种声响不成音乐，没有听头；一种颜色不成文采，没有看头；一种味道不成美食，没有吃头；一种事物没有比较，无法品评。

二里头文化与后来的商周文明一道，构成华夏早期文明的主流，确立了以礼乐文化为根本的华夏文明的基本特质。在孟子之前，儒学就是礼学，孔子整个思想体系的中心是礼。制礼作乐的完成，标志着儒学的起源。

已经认识到二元，甚至多元的对立统一。

事物的不断生成，不断丰富、发展，“和”的不断展现，矛盾对立统一规律的不断展现。既要尊重客观世界自然的“和”，不能从根本上人为破坏，还要创造各种各样、方方面面的“和”。

延伸到人、事、物的各个层面，都应该理解“和”。

“和”的本质，美美与共，天下大同。

话语内涵。每种文明，都有特殊性、价值性，自我思维的方式、表达的话语，正是民族多样性、世界多样化本身的一种映射。每个民族在欣赏本民族创造的灿烂文明的同时，也应该去欣赏其他民族的文明，将其他文明视为目的而不是手段；在互相欣赏的过程中，促进不同的文明达到一种和谐，呈现为持久、稳定的“和而不同”。

中华文明内在精神的话语表达……

躲避灾祸。为同僚好友谋定落脚之地，也要为自己谋划退路，史伯选的是晋国河上地，后来改称为“史伯村”。现在的山西翼城县隆化镇下辖村。

承上启下。中华文明历史上的关键人物。

哲学观念在今天，仍值得深入探究。

周公敏锐地意识到，音乐“和声”诱导和谐，“同声”诱导人性走向偏激、兽性、不择手段、野蛮杀戮，把音乐纳入“塑造民族特征”的六大工具之一。

和声，有你唱、我来和，你大声唱、我轻声和。

有互相应答应和，你一句、我一句，问答发挥。

观点与态度，在“相和”中沟通；人性，在和声中平和、理性。

“和而不同”。建国纲领，也是创作音乐的原则。

不同，就是不要“同声唱”“高声唱”，禁止任何走极端的行为。

乐而不淫，哀而不伤。

对厌恶之人，“君子绝交、不出恶言”。

彬彬有礼，温润如玉。

孔子说，“殷因于夏礼，所损益可知也”“周因于殷礼，所损益可知也”“周监于二代，郁郁乎文哉”。西周初年，周公总结、继承夏礼、殷礼，在洛邑制礼作乐，创立了一整套完整的典章制度，礼乐文化成为以后几千年我国传统文化的主流和核心。

二里头文化与后来的商周文明一道，构成华夏早期文明的主流，确立了以礼乐文化为根本的华夏文明的基本特质。在孟子之前，儒学就是礼学，孔子整个思想体系的中心是礼。

制礼作乐的完成，标志着儒学的起源。

商承夏制，周承商制。

“制礼作乐”，周公在洛阳完成。

随着人类社会的产生而产生的文化现象。周代确立以“敬天”“明德”为基本内容的政治教化思想、以宗法为根本的国家政治制度、以礼乐为核心的社会规范等，形成一套相当完整的国家运行机制，开后世传承数千年的中国礼制文明先河。

礼仪，伴随社会的进步而不断进化丰富。

《左传》记载：“礼，天之经也，地之义也，民之行也。”

礼仪囊括礼节、仪式两大范畴，前者是个人主观性的言行，后者则属集体性的活动。小至个人，大至一个家庭、一个集体、一个单位、一个国家，皆须注重和推崇必要的礼仪。

周人发明的“人文”，与欧洲话语体系中的“人文精神”吻合。

人，本来的样子，是“质”。

淳朴，混沌，像没吃禁果的亚当、夏娃。

文，事物隐藏的亮点。纺织品的亮点，纹；玉石的亮点，玟；云团的亮点，雯；人的亮点，文。没有亮点、找不出进化方向，“紊”乱。

提炼亮点，让原来的美好更美好，“文明”，使文“昌明”。最终的体现，“聪明文思”，“温其如玉”，教养、修炼，克制力、判断力、定力，智慧、善良。

第一生产力。艺术，就是发掘人的“文”，使“文”达到“明”，表现为先进的价值观、通透的为人处事方式、优雅的生活态度、独立的人格、士君风度。

科技，只是人文的工具。

孔子盛赞周代典章文化“巍巍乎大哉”“郁郁乎文哉”。

“孔子入周问礼”。

“周礼尽在鲁也”。孔子生于鲁国，向往周礼。

鲁国政府财源枯竭，咨询于孔子。

孔子传授了生财之道：税收降低到10%。

低税收、高责任。

鲁国国君反问：我现在征收20%，都入不敷出，降到10%，怎能增加收入？

培育税源。孔子回答：高税收使生产者转移，或者破产、灭失。没有税基，税率再高也没用，降低税收，人民富裕，税基大了，你怎会没钱？况且，降税是仁政，吸引天下人来投奔，自会财源滚滚。

管子“通齐国之鱼盐于东莱，使关税几而不征”，得到孔子高度赞扬。几，稽查，政府有义务在关口审核商品质量，审查违禁商品，比如春天禁止渔猎、不能买卖。稽查，却不要收税。

孟子说：“关市稽而不征。”

自然资源民营，“不专山泽之利”。

税收虽然低，但取之于民、必须用之于民。

政府保障人民的基本生活福利。

社会救济由政府主导，家族与寺庙配合。孟子说：“是故明君制民之产，必使仰足以事父母，俯足以蓄妻子，乐岁终身饱，凶岁免于死亡。”正宗的华夏政权，都会做到救济。

汉朝给老人发鸠杖：政府发给所有老人的“证书”。以皇帝名义发放，又称王杖。凭鸠杖，老人可定期领取粮食、肉、酒。鸠杖持有者摆摊设点，城管不得干预，税务不得收税。

若家里只有一个儿子，该子不交税、不服役、不做官，专门在家服务父母。

孔子不远千里到周王室学习。他倾毕生精力，丰富、发展周公奠基的儒家学说，整理编订《诗》《书》《礼》《易》《乐》等古代典籍，兴办教育，诲人不倦，成为伟大的思想家、教育家。

历代儒家尊周公为“元圣”。

中国文化史上的特殊地位。

孔子55岁时，开始周游列国。

14年过去，治国理念仍得不到诸侯的认可。

68岁时，心灰意冷地回到鲁国，还是也没得到重用，做了个有名无实的闲官。

71岁那年，有人猎获一头麒麟。

孔子说："丘，犹麟也！麟之出，因不遇明王而遭害；丘生不逢时，不遇明王，故吾道难行于世，而终至于穷矣！"穷其一生，"道"也没有实现，无处诉说，"乃因史记作春秋"。

想以一己之力改写历史。诸侯争霸时期，目睹了礼法遭到践踏的各种现象，周游列国，推行自己的治国理念，无一例外四处碰壁，另辟蹊径，把治国理念写进《春秋》，让后世的君主、掌权者都看到书，推行"道"，让大"道"不灭。生命终点渐渐临近，就说："甚矣，吾衰也！久矣，吾不复梦见周公。"连崇拜的周公，都不到梦里。感叹追求的"道"，得不到实现。

十分推崇周公的周礼、儒家理念，年轻时"志欲行周公之道"。

以复兴周礼为目标，提炼成一句话："子不语怪力乱神。"你可以信鬼神，但要注意，别被忽悠瘸了。美好生活不是神的恩赐，得撸起袖子干，能有一点成绩，也要感谢祖宗积德保佑。

删诗书，定礼乐，修春秋，序易传。

日有所想，夜有所梦，经常都梦见周公。

写作《春秋》两年后，公元前479年去世，享年73岁。

汉初的贾谊说："文王有大德而功未就，武王有大功而治未成，周公集大德大功大治于一身。孔子之前，黄帝之后，于中国有大关系者，周公一人而已。"

以小见大。孔子也是个优秀的编辑。

晚年，集中精力整理古代经典，在3 000多篇中，选订出102篇，益于推行教化的圣主贤臣的"小场面"，对少数内容进行与时俱进的编辑。《左传》等引《尚书》文字，分别称《虞书》《夏书》《商书》《周书》，战国时总称为《书》，汉人改称《尚书》。

无与伦比。《尚书》是上古帝王之书，追述中国传统文化的第一经典，记录了尧舜禹时期和夏商周三代国君的诰命、誓言和其他大事，历代统治者的"政治课本"，也是儒家思想的重要来源。

西汉同有"记者"经历的司马迁，为"老记者"孔子写序。

《诗》原存也是3 000多篇，择"可施于礼仪者"305篇，编辑成如今我们看到的《诗经》。

金文逐步发展成表意文字，中华文字系统的一次伟大变革。传统文化的精华，从「简单同一」，向「丰富多元」转化，为秦汉间学术文化从「多」到「一」的整合，奠定广阔的基础。

孔子认为，“和”是富有辩证意义的哲学范畴，一项伦理道德和治国理政的重要准则，更是一种值得孜孜追求和恪守的人生境界。

“礼之用，和为贵。先王之道，斯为美”。

在《论语》中，明确提出“和为贵”的思想。

《乐记·乐论》提出：“乐者，天地之和也；礼者，天地之序也。和，故百物皆化；序，故群物皆别。”有了礼乐的和谐，天地万物就能和谐有序，国家社稷就能和顺安宁，人际关系也就自然和睦了。孟子明确提出：“天时不如地利，地利不如人和。”荀子认为：“农夫朴力而寡能，则上不失天时，下不失地利，中得人和，而百事不废。”

继承和升华。礼乐文明的起源。

以“仁”为核心，孔子儒家思想体系的创立，源于周公创制于洛阳的“敬德保民”，这是政治领域的概念，指一个阶级或阶层，对另一个阶级或阶层生命权和基本生存权的起码尊重。

施行德政，不再使被统治者的应有权利肆意遭到践踏。

以“爱人”作解，把“敬德保民”思想，从政治领域升华到伦理层次，超越了阶级或阶层的局限，扩大为所有人之间的关系，变成了人与人之间的伦理道德要求和处事原则，升华到更高的哲学层次：既区别于神，又区别于动物，既有低层次的动物性，又有中层次的社会性，更有高层次的道德性，舍利取义、泛爱一切同类，。

“礼乐文明”。现存《周礼》《仪礼》《礼记》中，包括各种典章制度、礼仪规范。都在操作、实践层面，把礼乐提到了君子立身之本的高度。

确立以“仁”为内在本质和理论根据，以“礼”“乐”为表现形式的儒学思想模式。以“仁”统“礼”“乐”，以“礼”“乐”辅助“仁”，而又用“礼”约束“仁”。

首倡将本属于贵族阶层的周礼，推广、普及到庶民当中去。

儒家思想谦逊温和。

法家思想严厉。

道家思想悠哉游哉。

还有纵横家、阴阳家和墨家等众多的思想流派。

金文逐步发展成表意文字，中华文字系统的一次伟大变革。传统文化的精华，从“简单同一”，向“丰富多元”转化，为秦汉间学术文化从“多”到“一”的整合，奠定广阔的基础。

形成完整的文化体系、先进的政治管理制度。

周朝近乎完美地取代商王朝，用文化统一了中华大地。

百家争鸣，周文化的发展和升华。

成为中国历史上巨星云集的时代。

华夏文明的春秋战国时期。

公元前770年至公元前221年，持续发展着辉煌的商周文化。

爱琴海文明的古希腊时代。

公元前800年至公元前146年，传承着克里特、迈锡尼文化。

公元前776年，第一届古代奥林匹克运动会召开，几乎与“平王东迁”同步。

城邦时代。200多年中，希腊人口持续增长，开启向外殖民扩张的步伐，势力逐渐遍布小亚细亚、北非等地中海沿岸区域，城邦林立，人口流动频繁。城邦中的佼佼者，斯巴达和雅典。

周人优化、升级商朝的文字和分封制度。

大规模分封，将大量周室宗亲派驻各地。

诸侯林立。周天子实力虽强，但却先后面临南方楚国、东方齐国的挑战。

同一时段，波斯帝国在“高地亚洲”崛起。

公元前550年，波斯首任皇帝居鲁士统一波斯全境，开始大规模的军事扩张。短短50年间，征服现西亚、中亚的广袤地区，北非东部和东欧的少部分地区，建立了横跨亚、非、欧的庞大帝国。

唯独古代中国的文明，一如既往地流传不息。

西至埃及，东到印度。波斯帝国生产的地毯，通过“西北走廊”、早期北方丝绸之路，送到了春秋时代的中国地区。与此同时，波斯人也惊叹于中国所传来的丝绸。

向西，威胁欧洲，与希腊人展开长达40年的恶战。

城邦林立，并不意味着不想重现迈锡尼覆盖全希腊的霸业。雅典首先出手。刚被波斯人覆灭的吕底亚故地上的米利都人掀起反叛，史称“爱奥尼亚起义”。雅典、厄瑞特里亚出兵援助。

趁火打劫，激怒波斯帝国皇帝大流士一世。

公元前492年，“希波战争”爆发。

深远意义。战争使世界文明格局，发展为东西并立的态势。

最终以波斯失利而告终，保卫欧洲东部的希腊文明。

与东方的“武王伐纣”相同，雅典人也是“以少胜多”。

在爱琴海边的“马拉松战役”获胜后，一位名叫费里皮德斯的士兵跑回雅典报捷，因为极速跑了大约42公里，报捷后倒地身亡。用生命传捷报，马拉松长跑的来源。

西方史学中最早的一部历史著作。

《希波战争史》与《史记》，并称为东西方史学奠基之作。

迅速崛起的波斯，走向下坡路。

“厉始革典”的失败，标志着周朝王权持续衰落……

异曲同工。东西方新一轮更为惨烈的战事即将爆发。

希腊半岛，再起内战。

公元前478年，雅典凭借在“希波战争”中的威望，巧借“抵御波斯人复仇”之名，顺势组建“提洛同盟”，欲构筑一个势力庞大的海上帝国。最终，在西西里海域被科林斯重创。

公元前404年，雅典向斯巴达投降。

雄霸爱琴海的时代，沦为历史的回忆……

东方的“春秋争霸”，同样日益激烈。晋楚争霸100多年，虽以联姻的形式告一段落，却依旧难以消弭双方的“警惕”。晋国通过扶持吴国，牵制楚国的做法，曾险些造成楚国的灭亡。

楚国始终支持越国崛起，意图包抄吴国。

吴越争霸，成为晋楚中原争霸的副本。

公元前482年6月5日，在吴国国力达到鼎盛之际，吴王夫差，北上黄池(今河南新乡封丘县南)，称霸中原，如火如荼的军容，逼迫中原各国承认其霸主地位。不久，吴国就被越王勾践所灭。

中国已经是战国初年，赵魏韩三家分晋……

希腊神话肯定「分争」的价值观念。华夏传统思想强调「统一」和「合」，与自身一直以人伦为本关系极大。古希腊各个民族、城邦、个人之间，以对立、竞争、斗争，甚至战争为主轴。

大敌退去，罗马帝国解体后的遗产真正的继承者，拜占庭、阿拉伯。文明的传承，东地中海地区远比西地中海地区，更具传承人的资格，更带有文明的连续性。

中心在君士坦丁堡、巴格达。

腓力二世走帝国扩张之路，一如秦国，也搞类似的“商鞅变法”。

亚里士多德，一如同一时期的商鞅，“外循环”到马其顿“应聘”，当了王子亚历山大的老师，教授“形而上学”和“植物学”。马其顿大搞军事化，对外扩张，在希腊半岛引起惊慌。

“帮主”雅典组织反马其顿同盟，类似“合纵连横”。

虽有一支强大的海军，却经受不住“马其顿方阵”冲击。

公元前431年3月，第二次“伯罗奔尼撒战争”爆发。

雅典执政官伯里克利，曾自信地向全世界宣布：“我们雅典人体制优越，绝不可能去羡慕别的国家。这，不是由少数人统治别人的体制，而是大多数市民参与的体制，就叫民主制……”

公元前405年的夏末，最终斯巴达领导的伯罗奔尼撒联盟获得战争胜利。

“民主投降”。在东方“世袭制”体系下不可能有的激情、豪迈的演讲，却被如期而来的27年漫长的战争诘难、拷问，璀璨繁荣的雅典，被根本没有民主却野蛮、骁勇的斯巴达人所摧残。

斯巴达在希腊半岛南部，也是古希腊城邦之一，喜战好斗，类似中国的秦国。把战火燃遍希腊世界的每一个角落，使得整个希腊由盛转衰，最后被北部的马其顿王国所征服。

马其顿王国是希腊的终结者，还是类似秦国。

只是，意想不到，马其顿是通行希腊方言的城邦国家，却被希腊人视为蛮族。

命同秦国。“国际弃民”，秦国被中原不理不睬，视作戎狄，“孤秦”。

公元前403年，雅典投降的第二年，周天子正式承认赵、魏、韩三家的诸侯地位。

相对弱小的魏国奋发图强，广纳天下贤才。

雄霸中原。魏国在经历“李悝变法”“吴起改革军制”后，立足于三晋同盟发展。

霸占河西之地，迫使野心勃勃的秦国，80多年不敢出函谷关。

崛起的楚国的北伐，齐国在桂陵之战、马陵之战中的打击，魏国逐渐被周边大国的军事威胁所笼罩，尤其陷入对秦国东出函谷关的恐惧中，再难重现当年雄风……

吴起先后参与魏国、楚国的变法。命运相同，两国并未彻底改变原有的贵族旧秩序。

希腊城邦霸主的斯巴达，缺乏海军力量，为获得波斯舰船的支持，出卖了希腊人在小亚细亚的利益，导致陷入孤立状态。最终，在底比斯的攻势下，迅速丢掉了泛希腊地区的领导权。

公元前356年，秦孝公“招聘”商鞅入秦。

国力大增。“商鞅变法”后，秦国逐步形成以耕战体系、军功制度为重点的举国体制。

山东六国，再难阻挡秦国统一天下的步伐。

公元前352年，马其顿军队攻占希腊北部，为征服全希腊、建立霸业扫清障碍。

公元前338年，商鞅去世的那年。

在凯洛尼亚城附近，雅典联军惨败。年仅18岁、腓力二世的儿子亚历山大大出风头，击溃了希腊盟军中最精锐的底比斯神圣军团，正式敲响了希腊独立城邦、民主体制的丧钟。

前337年，腓力二世亲自主持召开“泛希腊会议”，相当于秦始皇登基，宣布自己的希腊霸主地位，璀璨的希腊城邦时代到此寿终正寝。希腊的兴起和衰败，基本相当于春秋战国时代。

从“荷马时代”到爱琴海文明，希腊半岛、爱琴诸岛和小亚细亚西海岸连成一片。万千的岛屿中，古希腊文明主体形成。产生了财产私有制和贫富贵贱的分化，巨额财富与恃强凌弱。

城邦之间，生死存亡竞争激烈，贫富贵贱分化剧烈。

竞争，社会生产生活的根本特征。

战争，显示各部族首领英雄威武勇猛本色的大舞台。

提高声望。英雄们渴望通过奋勇大战，打败或杀死对手，掠得财物和女人。

大部分个体的生产实践能力很低，需要一种权威来维系：华夏先民心目中是作为天、地、人中枢的天子；在古希腊现实中缺乏强大的“主观意志”，便将这种权威力量赋予万能的神灵。

华夏不同，在长期定居农耕中，逐渐形成“聚落”。

中心意识。广场象征性极强，团结和凝聚力的标志。

贵族的聚集地，在含有亲缘关系的聚落群中，具有政治、军事、文化和宗教等中心的地位，建有太庙、大室一类的庙堂建筑物。与中心聚落周围的普通聚落，形成半从属的主从关系。

中心意识的各个聚落，奠定了华夏不同于古希腊社会的国家起源特征。前者明显地体现尚“一统”的价值观，后者的城邦形态表现尚“分争”的价值观。

殊途同归。沿着同一个规律，从低配向高配发展。

既不可能出现东方的西方化，也不可能出现西方的东方化，东西方只能是互相取长补短的汇合。

神本思想与民本思想。

文明特色，体现在作为中西民族最初思想系统之中。

西方，只有神才有智慧。与古希腊神话价值观呈现出鲜明的差异，先秦的民本思想，没有绝对无限权威的神灵。华夏先民推崇的英雄，主要是那些德披日月、功盖天地与“政在养民”的圣人。

《管子》：“圣人一言之解，上察于天，下察于地。”

《墨子》：“圣人之德，盖总乎天地者也。”

崇尚“道”，圣人之所以为圣人，正在于“得道”。

民贵君轻。《老子》：“圣人无常心，以百姓心为心。”黄帝、尧、舜和禹等领袖人物，都被作为远古盛世的得道圣王来崇拜。价值取向就是无私爱民，以百姓的意志为他的意志。

“天下乃天下人之天下”。

不是一家一姓，不是一派一帮。

《尚书多士》：“天命靡常，唯德是辅。”

先秦诸多文献记载、文物强调，圣王是受天命而代行天职者，获得上天帝眷顾的条件不是勇力、血统，而是仁德。有仁德者，才能受天之命。在《论语》中，孔子诠释“仁者，爱人”。

希腊神话中的英雄都有智有勇，而华夏先民记叙中的圣王必须有德。

希腊神话中的英雄，扮演的是普通人的监护人的角色，在《荷马史诗》和其他英雄故事中俯首可拾。华夏神话传说中的圣王，是以为人师表的高风亮节，教化、带领万民。

《荀子》记载：“君者何也？曰：能群也。能群也者，何也？曰：善生养人者也亲之，善班治人者也安之，善显设人者也乐之，善藩饰人者也荣之，四统者俱而天下归之。”

《尚书》记载，周公对召公说：“天不可信，我道惟宁王德延，天不庸释于文王受命。”

“民为贵，社稷次之，君为轻。”孟子提出：“桀纣之失天下也，失其民也；失其民者，失其心也。得天下有道，得其民，斯得天下矣；得其民有道：得其心，斯得民矣。”

利民，终极价值观。

国君，民望所在，行为好坏决定着民心向背，民心决定着国家的存亡。若想国家强盛，国君必须“民为邦本”，在治理上下功夫，更要寻找有能力的贤能之人辅佐。

战争、掠夺，古希腊神话反复渲染的主题。

先秦价值观，却是对战争进行理想的区分。

一面，肯定必要性和作用，拯民于水火，为仁政的实行，开辟道路。《韩非子》：“上古竞于道德，中古竞于智谋，当今争于气力。”《商君书》记载：“国之所兴者，农战也。”

一面，慎战倾向。《韩非子》记载，“兵者，凶器也”，“主多怒而好用甲兵，简本教而轻攻战者，可亡也。”慎战中，带有鲜明的“民为邦本”理念。

希腊神话肯定“分争”的价值观念。华夏传统思想强调“统一”和“合”，与自身一直以人伦为本关系极大。古希腊各个民族、城邦、个人之间，以对立、竞争、斗争，甚至战争为主轴。

即使文化上的长期融合，政治经济关系的日趋紧密，逐渐产生具有共同祖先、宗教信仰和生活习惯的同一种族的思想，联盟仍以神的自由独立与城邦的独立存在为前提。

先秦文明强调，天地人和谐统一观念。伏羲、女娲、神农、黄帝、尧、舜、禹，通德神明，作为伦理楷模，起着由上及下的道德教化作用，“政之所兴，在顺民心；政之所废，在逆民心”。

希腊神话中的英雄，唤起人的畏惧之感，先秦文献、文物中的圣王，唤起人的崇敬之感。圣王主政带来的太平盛世，君明臣贤，万民拥戴，政通人和，重点在于顺从或违背百姓的愿望。

时节有常，风调雨顺，五谷丰登，圣王尽量把导致人际冲突的因素，融入到普遍的和谐之中，即使描写战争，也强调“正义之师”对暴乱的诛伐。华夏先民反对暴力战争的价值观。

黄帝讨伐蚩尤，大禹征讨三苗。

先秦文明传播大一统的国家观念。统治者、领导者通过发挥自身的凝聚力、向心力，使天下的臣民百姓与自己同心同德、一心一意，达到王霸天下的目的。

《管子》中讲：“故有国之君，苟不能同人心……则广地众民，犹不能以为安也。”

《韩非子》：“人主者，天下一力共载之，故安，众同心共立之，故尊。”

《荀子》：“上下一心，三军同力，是以百事成而功名大也。”

华夏文明，广域王权文明。

古希腊文明，城邦文明。

孔子的最高理念是礼法。

柏拉图的最高理念是理式。

都是中西政治思想的源头大师。

一个尚仁，一个尚智；一个靠仁者，一个靠智者。

孔子思想“仁”为核心，以“礼”“义”为两翼的伦理思想精髓，使人们行为温文尔雅；柏拉图在“善”的统辖下，以“正义”为准则的理性主义伦理学，使人们行为相当严厉。

政治上，都存在以国王为轴心的君主制国家形态的阶段，不同之处在于古希腊是一个公民社会，公民们拥有广泛的政治、经济权利，而且是一种城邦的集体领导制，军队由公民组成。

希腊的地理环境、城邦文化的鲜明个性。使古代希腊有关对人的价值的看法，沿着一条人本主义的道路发展。尊重人的个体价值，从人的自然性上得出人生平等的思想。

春秋战国时期“民为邦本”，重要有两点：人与自然关系上，突出人的地位和作用；人类社会关系上，强调民的作用。时间顺序上，前者体现于春秋时代，后者勃兴于战国时期。

春秋时的诸子百家研究，基本上围绕如何治国平天下、统治人民的经术，即“王道”和“霸道”之辩；中华文明的思维注重整体，考虑各个因素之间的相互联系，是一种整体观的思维。

文明策源地，古希腊文明唯一能与华夏文明媲美的文明。

前后历经近800年的塑造，亚历山大大帝东征后，虽然人死地分，但希腊化的浪潮席卷整个亚非欧交接地区，后继的罗马延续古希腊文明的衣钵，一直深深地影响如今的欧洲文明。

“车同轨，书同文”。

秦国兼并六国的同时，统一度量衡，形成完善的中华文明。

四千年传承不绝至今。

古希腊文明多次被取代，多次长时间的中断、倒退。

现在的希腊人信仰东正教。

原生文明。西方以美索不达米亚文明（两河文明）为代表，东方则以中国文明为代表。

两大农业体系。中国黄河流域，以种植粟和黍为主的旱作农业体系，长江流域，以稻作农业为主的两大农业体，使中华文明拥有的基础更为宽广，两大体系互为补充，使文明传承至今。

两大原生文明中，只有中国具有融合一统的“国家能力”。

欧美，国家产生文明。

中国，文明诞生国家。

西方以美索不达米亚文明（两河文明）为代表，东方则以中国文明为代表。两大农业体系。中国黄河流域，以种植粟和黍为主的旱作农业体系，长江流域，以稻作农业为主的两大农业体，使中华文明拥有的基础更为宽广，两大体系互为补充，使文明传承至今。

亚欧大陆，亚大欧小。

夏商周时期，华夏文明核心在洛阳一带，被称为“中国”。

西周时期，完善分封制，逐渐形成一个以宗周为核心的“华夏”“诸夏”，即“中国”“中原”。“分封”的意义，将华夏文化传播到周边各族，让南北各大民族集团开始接受、融合。

长城内外是故乡。

炎黄文化，经历许多改变。不同文化的加入，汉文化好像在华夏文明演进的最高位置上。史前文化的多元，经夏商周三代的不断滚动，越滚越大，形成“秦汉归为一体”的大一统局面。

“中国”，相对“四裔”而言，没有地理意义上的绝对的中心，对四裔具有吸引力。四裔对中国有向往，周边文化就进入核心地区，与中国融为一体。

循环漩涡，既有辐辏，也有辐射。

雪球越滚越大，形成了“大一统”。

“大一统”一词，最早见于《春秋公羊传》。孔子作《春秋》，在记载列代周王即位时，总冠以“王正月”字样，《公羊传·隐公元年》解释称：“何言乎王正月，大一统也。”

春秋战国，周王朝崩溃，多个诸侯国崛起。

向“四夷”扩张，奠定中国传统疆域的基础。

秦国统一西戎和巴蜀；楚国统一长江中下游；齐国统一东夷地区；燕国向辽东扩张；赵国向河套扩张。华夏和东夷、西戎、吴越、北狄、巴蜀、南蛮等融为一体，形成“地东至海暨朝鲜，西至临洮、羌中，南至北向户，北据河为塞，并阴山至辽东”的广阔疆域。中华文明的核心地区，称为“汉地”“内地”。为形成汉族奠定基础。

“汉地”的王朝，自称“中国”。

和而不同。中国自古“夏中有夷，夷中有夏”的多元整体。

没有内亚就没有中国，不管古代，还是现在，抑或是未来。

“中国”一词，本指天下至中的土地，被视为天下中心，也被称作“中原”“中土”“中夏”。西周时期，周天子分封诸侯71国，指天子之国和各分封诸侯列国的整体疆界范围。

与传统“五服体系”一般，有许多方位层级。

“中国”一词，有五种不同的含义。

帝王所在的国都，首都。

天子直接统治地区，京畿。

中原地区，开始仅局限于关中、河洛一带，后扩展至黄河中下游广大地区。

内地，《史记》记载：“天下名山八，而三在蛮夷，五在中国。”

历史上华夏，自汉代始，朝野上下和文人学士，习惯将汉族所建立的中原王朝，称为“中国”，逐渐由演变为指代建都于中原的政权与所辖的民众，最终成为国家、民族的专称。

内外“双循环”，不以与中国中心政治关系上的远近划分，根据内亚、中亚本土的“地理身体”来确定。内亚人口、文化，都是跨境，与外亚有亲族或文化、宗教的联系。

欧亚草原上“局限政权”此起彼伏，构造复杂，既有族群身份，又有政治体身份。政权更迭，只是统治阶层更换，底层百姓并没有随着政体的瓦解消失，新的族群身份，也随之诞生。

“内亚”包含三层含义：第一，指内陆欧亚地理范围中地域、文化特征最为典型的蒙古草原地区；第二，政治体的典型特征是游牧帝国；第三，经历从野蛮落后的形象，到草原文明核心的过程。

中华文明在民间层面的交流，谁也拦不住，那些掌握双语甚至多语的人，可以游走在充满孔隙的边界两侧，开辟一个模糊的“过渡地带”，一个让双方文化交流、融合的公共空间。

从东边开始，东北三省有朝鲜族，与朝鲜、韩国同一民族；赫哲族、鄂伦春族和鄂温克族，在西伯利亚、远东边境，有同民族亲属；内蒙古和蒙古国，曾同为一个政体，在20世纪才分异；哈萨克族，在蒙古国西部和哈萨克斯坦有民族亲缘关系；柯尔克孜族、乌孜别克族、塔吉克族与吉尔吉斯斯坦、乌兹别克斯坦和塔吉克斯坦，有同族的关联。

在中国叫“鄂温克”，在俄罗斯称为“埃文基”。

中国的是柯尔克孜，境外的叫“吉尔吉斯”；还有国内的乌孜别克，外面叫作“乌兹别克”等。

诸多北方民族，在语言、文化上，与域外民族相通。

新疆哈萨克族、柯尔克孜族、乌兹别克族、塔吉克族，与对应的中亚国家有历史渊源。

维吾尔族是回纥人的后裔，在中国以外没有同族，但是穆斯林与中亚、中东、南亚、东南亚等伊斯兰国家，都有宗教上的关联。西藏与拉达克地区以及尼泊尔、不丹有宗教和民族上的联系。

贵州、云南的许多民族，在泰国、缅甸都有同族。

“追梦中国”。中原王朝的建立者中，除了来自中原地区以汉族为统治民族的政治体外，还包含来自“内亚政权”的统治民族。无论是前者，还是后者，均具备“文化政体”的特征。

天下文明的“本土文化体系”。

“三圈”。核心圈、中间圈与外圈。

“四海无虞”。每个圈都超社会，相互又重叠。

一个“文化政体”，由一个中心和围绕旋转的卫星国、属国组成。政体中的权力，不是通过武力对边缘领土的控制来实现，而是通过道德权威和声誉的累积，获得边缘领土人民的钦慕、尊重。

不是零和关系，“主体间”的相互承认和信任。

中国的内外“双循环”，无论硬实力，还是软实力，不是建立在消灭族性、文化，而是在承认、尊重多元的基础上，在“主体间”建立共同的价值体系，追求与导致真正的和谐、和平。

中国或可真正成为中心，吸引并获得外亚的尊重。

“文化认同”，一个文明从秩序输出，转向秩序输入的一个转折点。希腊城邦时代和春秋战国时期，秩序生产和输出期。罗马帝国和秦帝国的成立，标志着由秩序从一方，输入到另外一方。

已经把原先的积累下来的秩序资源消耗殆尽，然后转入不可避免的灭亡过程。意味着新一轮文明的开始，一种解放、重头开始，一如罗马灭亡以后日耳曼人重新启动文明。

只是新的文明，仍然是要以多国体系为起点，才能重新开始。

“远人不服，则修文德以来之”。

农耕与游牧两大区域，政治、文化相互渗透的程度，大大加深。

历史上，中国就是一个开放、资源丰富、没有阻隔的世界性国家，一边吸引野心勃勃的游牧民族来猎取财富，一边又是一个吞噬猎人、异族文化的巨大漩涡，使外来的游牧民族有来无归，化为中国人。

文明吸引力，边缘趋向中心。古代强盛的中国，不存在东西方对立，北方游牧民族野心勃勃，中原王朝先送礼与和亲，如还不能和平相处，就怀柔游牧部族中认同农耕文明理念的人民。

天下居中、八方辐辏之地。

文明中心，财富、资源、人口等，高度密集地。

中原文化的强大，主要依赖于政治、经验的成熟，并不是军事、经济实力占有多大优势。

一些国家处在文明交流网络的边缘，信息来源狭隘，导致在政治上不成熟、社会运作方向偏斜，终在与中原文化的对峙中渐落下风，甚至有的还没来得与中原文化直接对峙，就先行衰落。

汉族本来就是民族大融合的产物。“汉”的字面意思，广汉、银河，所有的水、星辰集合在这里。汉，本来就是包容、汇聚的意思。民族主义、排外思维、本位主义，本就与汉无关。

“自觉认同”。中国和内亚之间的征战、贸易，使农耕民族与游牧民族相互影响，无意识中形成中华民族，成为“自在”实体，长期不和的民族开始“意识”到“中国人”的身份，“自觉”地认同中华民族。

「中国」概念形成：地理，四周向中心的聚合；民族，多民族的不断融合；文化，多元化的凝聚。「最初中国」，民族与文化的多元一体化，在持续不断的交流、融合中形成、壮大。

不是以征服、被征服的名义，纳入中华民族，而是内亚人发挥自身的能动性来实现，成为中华民族有机组成部分的原内亚征服者，被认为不再与汉人敌对，进而划清与外部世界的界限。

中华文化的连接信道。

把中原农耕文化与东北渔猎文化、北方草原文化紧密联系，通过不同文化间相互碰撞、交流、融汇，为中华文化的多元一体格局，民族认同、国家认同的同一性，奠定基础。

“中国”概念形成：地理，四周向中心的聚合；民族，多民族的不断融合；文化，多元化的凝聚。“最初中国”，民族与文化的多元一体化，在持续不断的交流、融合中形成、壮大。

一以贯之。中华民族在数千年的历史实践中，创造、延续的中华文明，从来都富有一种“天下”情怀。无论是儒家的“大道之行，天下为公”的理想，还是法家的“以天下之财，利天下之人”的主张，道家追求的“藏天下于天下”的境界，无不契合着“天下一家”的叙事逻辑。小处，追求家和万事兴；大处，追求协和万邦。

“天下一家”。

中华文明形成和而不同、以和为贵、天下大同的文化传统。

文明的内核相通，文明的表征多样。

作为客观存在，不同文明之间的差异，折射出的欣赏者从不同角度，发现的各具特色的美，既不能粗率地以高低优劣来判断，更不能以对立竞争的心态来对待。

要融合，不要冲突。

要协调，不要对立。

要互鉴，不要敌视。

不同文明形成同呼吸共命运的多元一体格局，须以更加包容和开放的心态来面对。

“内循环”保证凝聚。

“外循环”保证活力。

与西方传统不同，中国通过“双循环”，不断发展自己的文明。

阶层开放、上下流动。

中华文明“内循环”开放性的重要体现。

先秦时期，提倡“明明扬侧陋”，让新生力量在社会管理中发挥作用。战国时期，主持大国变法的商鞅、吴起等，大都不是本国人。

对外来文化，中华文明历来抱有开放、包容的态度。

输血西方。中华文明两次的哺育，历史上两次源自中亚、内亚的剧烈能量爆发，都有力地重构了世界，让西方实现弯道超车，早于中国实现了现代化。

蒙古军的西征，带去了火药、指南针、印刷术等先进的技术。火药炸碎骑士兵团，指南针为大航海时代的到来，提供技术支持，印刷术为书籍廉价流转提供可能，引发欧洲的文艺复兴。

“逐鹿中原”。

华夏文明的延续，争夺核心都是中原。

内亚位居西亚、东亚之间，文化输出的方向，总是从西向东。小的王国，甘心接受依附的地位，羁縻、册封、朝贡；大的王国，觊觎皇位，逐鹿中原，时刻以大中华霸业为梦想。

无论是农耕民族，还是游牧民族，只要占据中原，就会称“中国”。

到了元朝，灭金国、西夏、吐蕃、西辽、大理、南宋，首次统一东亚大陆，“大中国”疆域的首次统一，也是东亚的农耕和游牧民族首次统一。

民族国家认同，不是族群同质性的产物。

独立性、连续性，由文化的包容性而产生。

“一超无强”。“一超”，在东亚地区的体量实在太大，政治、经济、军事资源，均处于绝对优势地位，大陆东端长期没有任何一个集中、统一的政权，能够与之分庭抗礼；“无强”，占据了东亚地区雨养农业区最为精华部分，周边所有政权，或偏居海隅，或避居雨林，或待在青藏高原上自成一统，政治、经济实力都很差，都没有威胁古代中国统治核心地区的能力。

“中国”，在文化区域聚合而成的大空间当中展开，超越中原，包含中原、草原、西域、高原与海洋诸地理区域的大空间。“中国史”，几个亚区域聚合而成的空间体系的文化演化史。

“西北走廊”地带，亚区域整合起来的关键。

唯一的一条同时连接中原、北部草原、西域绿洲与青藏高原各个方向的走廊，可以把这四大亚区域同时收入视野，在一种远超越于中原的宏大格局中，审视这个多元体系的演化历程。

中国疆域的形成，由农耕民族和游牧民族共同创造。

“大一统”的国家。西周，靠血缘纽带、亲戚关系，实现“大一统”；秦靠法律制度、统一标准。两股力，一热一冷，共同锻造出“中国”的概念。“大”，国土大、疆域大；“一统”，制度、政令、文化统一。不管是周边征服内地，还是内地征服周边，没有一个统治者会采取种族主义的做法，把别的族群赶走。赶走，就没有“天下”“中国”。

“朝”和“朝代”不等同。

“朝代”的定义：建立国号的开国君主，世代相传的整个统治时期。一些诸侯领地或者小国，被称为“国”。秦国，在一统天下后，才叫“秦朝”。

朝，代表中央，既是疆域，也是时间上的延续，通常比国的范围更大。

“朝”在现代，类似国家、王朝；“朝代”，后人作的历史时间划分。

有“朝代”存续时间，与“王朝”国祚重叠的情形。

朝和朝代一样。秦汉唐宋元明清等，“朝”的兴亡，也是“朝代”的兴亡。

有时，朝与朝代不同。魏晋南北朝与五代十国，“朝”或小国的时代。

“南北朝”的“朝代”，明显不是只一个“朝”。

“大一统”的模式，中国古代的世界化。

中国疆域的凝固，从春秋时代开始。

王朝递嬗，政权更替，不可胜数，却没有一个曾以“中国”作为正式国名。

直到辛亥革命后，中华民国成立，才把“中国”作为“中华民国”的简称。

“中国”才是具有国家概念的正式名称。

1949年，“中国”成为“中华人民共和国”的简称。

中国和西方，历史的路径不同，最大差别在政教关系。

中世纪欧洲，一如五胡十六国，小国林立，书不同文，车不同轨，封建贵族与部落长老差不多。欧洲

西方传统是「分」，从中世纪到现在，一直小国林立，即使合起来，也合中有分。文化基因、传统一直影响着他们。欧洲国家认同希腊，希腊城邦的特点，小国寡民。中国历史的底色。西周大一统、秦代大一统，制度整合、学术整合、宗教整合，走向帝国的三件事，全部做到了。到东汉结束，就连造反的模式，也固定下来。

只有宗教大一统，没有国家大一统。中国正好相反，国家大一统，宗教多元化。

欧洲都是小城邦。古代历史上也出现过两次“大一统”：马其顿帝国、罗马帝国。马其顿帝国昙花一现，罗马帝国“摔碎”，再也粘合不起来，导致近500年来欧洲战争频仍。

驾驭“一体”与“多元”，世界政治的永恒课题。亚欧大陆两端的文明，在差异巨大的自然环境下，乘着迥异的历史洪流，走上了截然不同的发展道路。

中国聚多散少，西方聚少散多。

西方传统是“分”，从中世纪到现在，一直小国林立，即使合起来，也合中有分。文化基因、传统一直影响着他们。欧洲国家认同希腊，希腊城邦的特点，小国寡民。

中国历史的底色。西周大一统、秦代大一统，制度整合、学术整合、宗教整合，走向帝国的三件事，全部做到了。到东汉结束，就连造反的模式，也固定下来。

周公之梦。孔子的梦，恢复西周大一统。

梦没做成，有人接着追梦。

真正再造大一统，不是别人，是秦始皇。

人类历史，划分为史前、古代文明、轴心时代与科技时代等四大阶段。

作为人类轴心时代的几大原生文明，只有中华文明完整跨越了四个阶段。

秦岭山脉，中华的「父亲山」。
统领东西南北方的中华芯脉。
牵手两大母亲河的中华脊骨。

唯有跨越秦岭的王朝，才算真正的大一统。否则，半壁江山，甚至偏安一隅。有志于统一中国的政权，必然要争夺军事屏障秦岭，谁先控制秦岭南北，谁就拥有博弈的主动权。

关中平原，中国最早的「天府之国」。
文字记载上，比成都平原早 800 多年。

天佑大秦。「变法」期间，六国之间打得难解难分，成都平原的古蜀国自娱自乐的「内循环」，正好为关中平原的秦国提供战略安全期，着力「外循环」。

南北文化，在古汉水一带，争夺与融合。
秦蜀咽喉。对南北政权的分合影响重大。
得汉中，南北一体；失汉中，南北对峙。

第八章

关中平原与成都平原

一部古蜀邦交史。

一部战争史、迁徙史、文化史。

在中原战区，秦国有胜有败，甚至胜少败多。

“蜀既属，秦益强，富厚轻诸侯”。

古蜀国的成都平原富饶，为秦国垂涎。《华阳国志》序介绍，“秦资其富，用兼天；汉祖阶之，奄有四海”，强调蜀国富饶，“得其布帛金银，足给军用”。

周朝建立后，古蜀国仍然与周保持较好的传统交往。

埋头“内循环”，抬头“外循环”。

杜宇执政末期，正是商王朝接近灭亡之时。

几百年来就与商朝不合，在伐纣的洪流中勇往直前。

连绵淫雨中，戴着面具“前歌后舞，凫噪欢呼”。

古蜀军队，“以战死为吉利，病终为不祥”，骁勇善战，战斗力强。“前歌后舞”对商纣军队“歌舞凌之”，一种鼓噪夸张、类似歌舞的战斗方式，不是以艺术和审美为目的的歌舞。

神圣之战，从始至终伴随着舞蹈和歌曲。

大战前夕，古蜀士兵通宵载歌载舞，等待拂晓：大战冲锋时，伴随着舞蹈和歌曲，一边舞刀弄枪，一边发出吼叫，悠长宛转的嚎叫增添军威，用请神明附体的舞蹈仪式来增添勇气，在面具的变换中，制造出紧张恐怖的气氛，然后，向敌军战阵中冲去。

面具，“古成都人”狩猎时，带在脸上既吓唬猎物，又给自己壮胆的器物。面具后来用于战争前后的祭祀、庆祝，再扩展到庆祝活动的舞蹈之中。如今，大部分面具仍然保留在戏台上。

川剧、京剧、傩戏、藏戏里的面具，各具特色。

非洲人、亚洲人、南美人，都有久远的面具发展史。

阵前歌舞。戴着面具的嚎叫与怪异的舞蹈，一种激励士气、恫吓敌人的战前准备，只是动作夸张，声音喧嚣。一边舞刀弄枪，一边发出吼叫，对敌人的一种威慑。这，应是川剧的起源。

语言“活化石”。对“伐纣”的支持，深得蜀人民心。“死瘟商”，四川方言中至今还在流传的话语，谴责那些作恶“找死”的人。当年古蜀国，参与灭殷商的口号。

数千年流传下来的方言，“口碑”的力量。“覃父癸”铭青铜觯，参加武王伐纣时的战利品，或是周王颁赐的掳获物。《尚书》记载，巴蜀之师参与灭商战争的见证物。

在“巴蜀之师”的强力帮助下，周人建立新的周王朝。

大厦将倾，总有迹可循。

西周的历代君王，自周武王建立政权后，起起伏伏。

后世君王良莠不齐。以穆王西征为起点，周王室开始埋下被“清盘”的缘由。

对西戎，纵然胜了，却早已不再是之前的“以德服人”模样，而是变成武力征讨。

再后来，周厉王把“德行”抛在脑后，导致百姓对王室的印象坏到极点。王室能恢复，不得不说“共和行政”的两位功臣，周公与召公功不可没。

当历史的方向盘，交到周幽王手中时，没有看到国家的弊病，依然放飞自我，我行我素，最终引发了终极之乱，这是《史记》中司马迁的解读。

西戎，既与西周王朝的发祥有关，同时又亲手埋葬西周王朝。

从经济、科技发展来看，西周的灭亡也是必然的；从“地方”到“中央”，各个诸侯国在西周王室的大伞下，得到足够的发展时间、空间，劳动工具、经济实力发生变化，诸侯们权力、力量日趋强大，心态“水涨船高”；“天下大势”也在发生变化，当周武王的后代子孙，把先王们积攒的德行透支之时，天下之变，便是周王室为首的大势像一个诺大的摇篮，边缘延伸、排列，秦岭、大巴山、巫山、乌蒙山、峨眉山、邛崃山等，摇篮的轴心是成都平原，与江南同为显赫的富贵红尘之地，核心还是成都城区。

所趋，已经不可逆转。

蜀夏同族。商革夏命时，古蜀人助夏攻过商。

蜀周同族。古蜀国与周王朝共起，却并未与周王朝同亡。

地方千里。到了开明王朝空前强大。

从开明二世开始，南征北伐，争城夺野，频频用兵。

到了开明三世，古蜀国边境西推至青衣江流域。芦山一带成为西方门户；大举向南兴兵，沿岷江南下，征服僚（指夜郎）、僰（今四川宜宾到云南昭通地区）之地，成为蜀国附庸。

向西，“攻青衣”。

青衣，一个古地名，在今雅安市芦山、宝兴、泸定与阿坝州金川县附近。

促进成都平原农业经济，与青衣江流域以畜牧业为主的经济，深度交流。

向南，“雄张僚”。

广大“南中地区”，已为古蜀国所控制，成为古蜀国的南疆。南中地区，即今天的云贵高原和川南地区，“西南夷”生活地带，资源充足，富于铜、锡、铅等古代最重要的战略资源。

朝东，与楚抗衡。

“经济梯递”。“伐楚，取楚兹方。于是楚为关以距之”。古蜀国势力范围到达鄂西地区，促进成都平原与长江中游地区的稻作农业、水利灌溉技术的交流。

形成了“东接于巴(今重庆)，南接于越(今贵州中部)，北与秦分，西奄峨(峨眉山)嶓(嶓冢山)”的疆界。

泱泱大国，“西南诸侯之长”。

首屈一指。开明王朝还拥有附庸属国，丹犁国(今四川丹棱)、僰国(今四川宜宾)、獠国(寮国，今老挝)等，甚至，还分封下属的诸侯，苴侯(今广元昭化一带），享侯爵待遇。

经济、文化都比较发达，并不弱于中原王朝。

对外政治扩张。不仅出于军事目的，经济意图也明显。控制不同生态的地区，占有不同类型的资源，将政权建立在地理多区位、物资多资源、经济多样化的广阔坚实的基础上。

四处开疆拓土，强化政治统治的经济基础。

向北，与秦争夺汉中平原。

汉中平原富庶程度可与成都平原媲美。

《华阳国志》赞美汉中："厥壤沃美，赋贡所出，略侔三蜀。"

争夺汉中，既出于军事目的，更看重经济资源。

"以褒斜为前门"，汉中平原曾纳入蜀国版图。

"攻秦，至雍"，与秦展开了长达数百年的对汉中地区激烈的争夺战。

对异族滋扰的打击，毫不留情。

有一次，面对僚人等异族滋扰时，开明王领着军队自温江饮马河，一直往西，追到了天全、泸定一带；一直往南，杀到了荥经、汉源一带。僚人、讫人，很长一段时间，连临邛都不敢进。

到战国中期，古蜀国已成为一个幅员辽阔的强大国家。

"全域成都"。一幅壮阔、辽远的山水画面。

疆界，"东接于巴，南接于越，北与秦分，西奄峨嶓"。

山如城郭，成都平原好似人们生活的城市空间。

平原的自然之势，想象空间极大。

在《蜀都赋》中，左思把成都之门，延伸到玉垒（汶川与茂县交界的九顶山）、灵关（宝兴、天全一带）一带，"廓灵关以为门，包玉垒而为宇"。《华阳国志》中，更是把蜀都描述得四至完备：北以汉中褒斜谷为前门，中间以玉垒山、峨眉山为城郭，西部以汶川、茂县盆地为牧场，南部以云南、贵州的南中地区作为苑囿，城前以岷江、渠江等为池沼。

成都之门在边缘，在"古成都人"能够企及的地点。

北控汉中地区，在汉水上游，与楚、秦、巴角逐；东边接于巴族；南包凉山州、云南北部，役使着氐羌与西南夷众多部落，以今天青神、芦山一带为后门，将玉垒山、峨眉山作为城墙，以岷江、渠江、绵远等作为水池，将岷江上游适于放牧之地作为畜牧资源，以今天四川凉山、宜宾一带与比邻的云南、贵州等地作为花园，与越族相邻。

以成都为轴心线，西边龙门山，东边龙泉山。

两座山脉，一西一东，逶逶迤迤，向南长来。

龙泉山脉，山脉长200公里，宽10公里，山体细长，南北走向，将西端的平原从整个平原区切割出，称为“川西平原”，地缘中心是成都主城区，也被称为“成都平原”。

龙泉山脉，北起安县，经绵阳、德阳、中江、广汉、金堂，绕开成都主城区，经龙泉、双流、简阳、仁寿、眉山、青神、井研，南达乐山，呈东北西南走向，长而狭窄，一如墙垣。

岷江与沱江两大水系的分水岭。

成都平原，两座山脉夹持出的一块平展、水滑的地带。

广义的成都平原，介于龙泉山和龙门山、邛崃山之间，北起江油，南到乐山五通桥，包括北部的绵阳、江油、安州间的涪江冲积平原，中部的岷江、沱江（绵远河、石亭江、湔江）冲积平原，南部的青衣江、大渡河8个冲积扇重叠联缀的冲积扇平原，总面积2.3万平方公里。

天府文化的主体区域。

狭义的成都平原，指都江堰、绵竹、罗江、金堂、新津、邛崃6地为边界的岷江、沱江冲积平原，面积8 000平方公里，构成平原的主体部分，为成都平原腹地。俗称“川西坝子”。

天府文化的核心区域。

中国古老的盐业中心。

《华阳国志》记载，“李冰凿广都盐井”“县有鱼田盐井之饶”。

盆地东部，地形明显复杂。与龙泉山脉形态和走势相类似的山体，相对均匀地分布在大巴山和云贵高原之间，叫作“川东丘陵”“川东山地”。巴人活动的核心地区。

平原与山地的分割线华蓥山，南端是巴渝文化的地缘中心重庆。

由于龙泉山，整个成都平原被看作一个盆地。

青藏高原与四川盆地独特自然条件的恩赐。西面成都平原，东面川中丘陵，南面平原、浅丘、深丘、低山，高低错落。北段，沱江切割成金堂峡，南段，岷江切割成的平羌三峡。

宽窄成都。龙泉山既是城区的防御，也是市际的边界。

“胡焕庸线”的屏障。富饶平原与方山丘陵的自然分界线。

“汤继强线”的原点，“T型经济带”的经济“发动机”。

远远超出区域中心城市的概念。

扩展至青藏、云贵的山原壮形。

像一个诺大的摇篮，边缘延伸、排列，秦岭、大巴山、巫山、乌蒙山、峨眉山、邛崃山等，摇篮的轴心是成都平原，与江南同为显赫的富贵红尘之地，核心还是成都城区。

远古来自各方部族迁徙的最后节点。

“生命走廊”。中国三大民族走廊的“枢纽”。

西北端，由甘青高原西行，进入“西北走廊”，连接北方丝绸之路。

东南端，经“僰道”与“南岭走廊”贯通，到达广州，会合海上丝绸之路。

国际走廊。连同南北两条丝绸之路，像两个头向外、尾相连的巨大的Y字。

两端连接东方、西方两大文明。

拥有天然参与中国历史的能力。

空间特点，决定封闭性和开放性。

平原西北缘，由岷山连接的龙门山脉包围着。东南缘，有龙泉山脉横亘。只留下岷江河谷，作为泄水孔道。平原地面并不完全水平，自西北向东南倾斜，有一条条鱼脊形的高地。

都江堰、郫都、成都城区，基本上三点一线，排列在冲积扇中脊线上；龙泉山脉南段山前过渡带，沿着平原与台地的交界处，又有成都、双流、新津三城一字排开，直抵岷江河谷。

城市之间，彼此相距大约20公里，相互沟通。

客观地理。“藏羌彝走廊”多条文化交流路线的自然归点：岷山山区南下的部落，落脚点郫都、彭州，归宿是成都；沿岷江北上的部落，落脚点是天

两端连接东方、西方两大文明。拥有天然参与中国历史的能力。空间特点，决定封闭性和开放性。

府新区、双流，归宿也是成都。

盛产稻粮，人文荟萃的渊薮，也盛产英才。

既是物质上的富庶，又是文化上的昌盛。

经济实力雄厚。对内开展各项改革。

首先，效仿中原礼制，建立宗庙礼乐制度。

《华阳国志》记载：　“……未有谥列，但以五色为主，故其庙称青、赤、黑、黄、白 帝也。”宗庙礼乐制度，以世代定居的农业经济为基础。

“酒”，改用汉语“醴”称。中国古代祭祀用酒为醴，酒一宿熟为醴。“酒”或“醴”，说明开明统治时期，成都平原粮食丰获，有足够剩余酿酒用于祭祀。

其次，就是迁都。

《华阳国志》记载：“开明王自梦郭移，乃徙治成都。”

迁都成都，基于地理、政治与经济的原因。

成都平原水患经开明王鳖灵的整治，颇长一段时间，再没遭受洪水袭击，变得适合发展生产。湔、毗、雒、绵四水已无大害，越毗河而南营邑于成都与广都，便于疆理成都平原西北。

开明王朝沿袭杜宇王朝的君主制政体。

王位世袭制度。

《蜀志》介绍，“王蜀凡十二世”，王室立太子，别子为群公子，与诸夏同制。王朝的职官，有太傅、丞相、郎中令等，皆为朝官。效法西周分封制，封王室弟子边防重镇，以为屏障。

封君为一方之长。

阶层分为统治阶层、被统治阶层。

统治阶层，拥有一切权力，包括蜀王、王室子弟和姻亲、王朝大臣、封君，与各地大大小小的“王”“侯”（族长）。被统治阶层，主要是农奴、工商业者和其他平民等，奴隶只占极少部分，通常指的是王室和大小统治者的家奴。

到开明五世时，删去“中原人”妄称的“帝号”。

开明九世，从祭祀到礼仪，大张旗鼓的“变脸”。

“立宗庙，以酒为醴，乐曰荆，人尚赤”。

群雄之中，开明王不愿以“夷狄”身份出现。

用正统的“黄帝后裔”之名，与众王平起平坐。

盛世强君。从开明六世到开明十二世，一直处于内忧外患的战争阴影、对外扩张的理想中。秦国与蜀国对于汉中要塞的争夺，更是一场紧张而持久的拉锯战，双方屯积重兵，你争我夺。

既有军事攻伐，也有商旅往来。

交好，战争间隙的暧昧时光。

同床异梦，各怀鬼胎。蜀国与秦国两国边境相对平静。不仅战事稀少，还有使臣往来，互有馈赠，但又都希望对方在与对手的交锋中受损，以便渔翁得利，使自己成为“天下霸主”。

公元前387年的中国，大地一片宁静。

乌云翻滚。成都平原的古蜀国与渭水一带的秦国，战争一触即发。

与东北方被“吴起占领秦之洛阴、合阳”和其他五城相比，秦国在西南方的军事态度，更为坚决、强硬、积极。南郑（今陕西汉中）刚刚丢失，秦国便再次攻取，司马迁称为“伐蜀，取南郑”。

“据有巴蜀之地”。

到了公元前377年，蜀国从汉水南下伐楚。

尽管吴起已死，“变法”却已深入楚国的五脏六腑。虽然蜀军以迅雷不及掩耳之势，一路高歌，占领兹方。兹方距楚都江陵（湖北荆州），还有400多公里，楚人就已经“为扞关以拒之”。

扞关，在今天湖北长阳县西。

取胜无望。东征受挫，不得不退兵。

非常满足。在对秦国、楚国的军事行动中，开明王一度战果辉煌。

大争时代。“凡有血气，必有争心”。

秦国变法图强。壮大军队，网罗人才。

在陈仓“故道”通往的成都平原战略上，秦国逐渐彰显强硬的国家姿态。

冲突与较量。

秦国与古蜀国的军事磨擦，已长达300年。

同期中原，刀光剑影，硝烟弥漫。

各路诸侯，粉墨登场。

圈占土地，扯起大旗。

为了在史无前例的战争中获得胜利，军营与军营间、帐篷与帐篷中，出没着许多足智多谋、踌躇满志的人，头戴方巾，身穿布服，转动着三寸不烂之舌，以足够的耐心、坚韧不拔的精神，向不同的主子推售自己的强国计谋，试图实现人生价值，也让社会认同自己的价值。

中续百家争鸣，后启大秦帝国。

关东六国，合纵之战。

合纵者，合众弱以攻一强也。

从公元前318年楚、燕、韩、赵、魏首次合纵之战，到公元前246年赵、魏、韩、燕、楚五国合纵攻秦，70多年间，六国合纵攻秦之战，发生了五次。六国合纵地域，广于秦五倍，兵多于秦十倍，名将辈出、雄兵百万，在五次大战后竟然没有使秦灭亡，反而秦国恒强、六国愈弱。

“以五国精锐，攻一城而不克，其无能可知”。

秦军发出鄙视的感叹。

五次合纵之战，六国不能灭秦，秦却看穿六国的虚实、懦弱。

秦国从孝公始共七世雄主，到秦王嬴政时，东出击六国，已是大势所趋。

“秦是西戎”。秦人的原始故乡，游牧民族。养马，大规模地饲养马匹，根本性特征，家马随同马拉两轮轮辐战车，一道被从欧亚草原南下的雅利安人，带入了“西北走廊”……

乌克兰南部，4 000年以前就是养马族的原始故乡。

养马习俗，逐渐从南俄草原向南，传入安纳托利亚和伊朗地区。

犬戎族一直活跃于“西北走廊”上，涉及地域，由陇东地区的泾水流域到渭水流域，到陇山以西的渭水以南，进入西汉水流域。围绕今甘肃天水一带，犬戎曾同秦进行过长时期的激烈争夺。

春秋时代，秦岭以南，非楚即蜀。

断断续续。国力难分伯仲。

秦国与古蜀国，围绕汉水上游重镇——汉中展开激战。

早在春秋初年，开明王朝建立初期，便已剑指北方。

公元前676年，秦国还没有正式迁都雍都。

“攻秦至雍”。鳖灵的儿子、开明二世卢帝便率蜀军北上，逆汉水，从“故道”杀出，越过渭水，从天而降，出现在“平阳宫”（今陕西眉县西）附近。秦国为突如其来的“入侵”惊骇不已。难道是汉中的褒国发兵前来？可旗帜却明显不是褒国的。

两军激战，秦军退守雍都。

图腾时代，神兵天降，容易摧垮防守意志。秦军不敢久战，并非怕死胆怯，而是害怕亵渎神灵。雍都刚修筑不久，城高池宽，足以容纳10多万军民，秦军躲进城，一直到“神兵”粮尽退去。

雍都在关中西部，陕西宝鸡附近。

事后，秦人才知，汉中南方尚有一个古蜀国。

古蜀国灭了汉中的褒国，再北上攻击秦国。

雍地，在今天的陕西凤翔一带。

整个关中平原，实际掌握在古蜀国手中。

古蜀国的富裕强大，让秦国惊出一身冷汗。

公元前451年，世界史上有件大事。生活在爱琴海边的雅典人民主投票，通过法律，父母双方皆为雅典公民者，才能获得公民权，法律使雅典公民的人数减少。奴隶主民主政体日益完备。

古希腊奴隶制民主政治的杰出代表伯里克利，完全掌握国家政权，利用奴隶血汗和提洛同盟的的贡金，主持重建被波斯人破坏的雅典卫城，以纪念“希波战争”的伟大胜利，配套雅典在希腊的霸主

「天河注水」。秦国在陇西天水一带起家，并非「大漠戈壁，金戈铁马」，而是一块水木茂盛的风水宝地，山水灵秀，林木密茂，「土地肥沃，水草丰茂，宜牧马养畜」。

地位，把希腊古典建筑艺术推向顶峰。

希腊文明，属于城邦文明。

城邦的属性，小国寡民与各自独立，各城邦缺乏本原文化，没有融合一统的“国家能力”。城邦居民探索世界时多遇海洋。远洋航行需要的勇气极大。与江河文化不同，海洋文化造就欧洲人喜欢冒险的天性。

与关注道德、伦理的东方文明不同，古希腊更关注数学、哲学和政治。在四万多有投票权的公民背后，数十万没有投票权的奴隶，参与运转的经济社会，逐渐成为哲学家研究的中心。

奴隶制经济、民主政治、海上霸权和古典文化。

在希腊的海洋文明繁荣之时，亚洲大陆上则是风云变幻。

在中国已是群雄并起，奴隶制尚占据主导地位。

“史官”闲得无聊，全年并无大事可记。唯一不安定，成都平原上的古蜀国、渭水一带的秦国不断交恶。中国还未统一，因争夺土地而起诸侯间的战争，从未消停，人们早已司空见惯。

蜀国遇到挑战，必须迎击邻国秦人的攻击。

两国国力相差并不大，在“南郑”（今汉中）展开激战。

这一年，秦国率先出手，迅速拿下汉中，剑指古蜀国……

秦人的发祥地，在西汉水上游。

汉江之水天上来。

天际的银河，先秦称“汉”。

蕴含着天人感应思想。甘肃东南部，位于中国的几何中心，因与陕西略阳以北的嘉陵江上游同在古汉水流域，对应着“银汉银河”的“天河之水”，山地，名为“天水”，大江，名为“汉水”。

大禹“治水”的主力部队“川军”，在这里曾有浓墨重彩的一笔。

《禹贡》中记载："嶓冢导漾，东流为汉。"

汉水又称"沔水"，古代人们寄托政治理想、激发生活情趣的河川。

关中西部，周秦文化之发祥地。

洋洋荡荡，一条汉水。

"天河注水"。秦国在陇西天水一带起家，并非"大漠戈壁，金戈铁马"，而是一块水木茂盛的风水宝地，山水灵秀，林木密茂，"土地肥沃，水草丰茂，宜牧马养畜"。

在《诗经·秦风》中，《蒹葭》自豪地描述天水："蒹葭苍苍，白露为霜，所谓伊人，在水一方。"在水一方的水，指的就是流经陇南市西和、礼县的西汉水。

秦最早不是出自西戎，而是成都平原、山东曲阜一带。

如今的甘肃礼县，重要的祖居之地。

非子的封地，建城邑的"秦"地，在犬丘东北方，现在的甘肃天水。

祖籍，父系祖先、祖辈的家族长久居住过的地区。

秦始皇的祖籍，秦国世代居住的土地。

秦国始祖，名"秦非子"，商朝重臣恶来的五世孙。

三国中的典韦，号称"古之恶来"。

勇猛过人。在京剧中，被画为黄脸。

手中的短戟，为一双40公斤的铁戟，一长一短，长短互补，轮动如飞，因为驱虎过涧而出名，能攻能守，无人能及身五步。曹操唤典韦为"恶来"，还认出其铁戟是商纣王时期神将飞廉之子恶来的武器。

恶来，秦始皇的第三十五世祖。

飞廉同时是秦国、赵国的祖先。

往上溯源，蜀与秦当是"同乡"，秦与赵当是"同族"。

秦人与蜀人，渊源特殊。

秦人先祖之一的伯益，远古居于成都平原的"老成都人"，大禹治水战友，"北漂大军"中蜀族部落首领。"川军"北上中原中，柏灌氏其中一小支，早就在秦"故地"甘肃天水定居。

伯益协助大禹治水有功，被赐姓"嬴"，号秦嬴。

夏启继位，伯益"隐匿"，两个儿子被分别分封。

长子大廉，被封到秦地，开创廉姓，名将廉颇是其后世子孙。

次子若木，被封于徐，开创徐姓，后代数不胜数。

非常有名。大廉的后人飞廉与其子恶来，被商纣王赏识，嬴姓在商朝时成为显贵大姓。

殷商末年，飞廉父子都是商纣王的得力干将，一个善走，一个有力。“助纣为虐”的代表人物。武王伐商，牧野之战，恶来被处死，父亲飞廉因之前被纣王派到北边出使，逃过一劫，幸存下来。

《清华简·系年》第三章中，记载：“飞廉东逃于商盍（奄）氏。成王伐商盍，杀飞廉，西迁商盍之民于邾虏以御奴之戎，是秦先人。”商朝覆灭，飞廉由商都向东，逃奔东方大国商奄。

奄国，即在今山东曲阜。

秦的先人，原在东方的“商奄之民”。

飞廉躲到奄国，不忘旧主，不断活动，鼓动大家反周。

周武王去世，商纣王儿子武庚和武王兄弟管叔、蔡叔一起叛乱。

周公带病东征，平定“三监之乱”，然后继续往东，把参与叛乱的东方部落也平定，把参与叛乱的嬴姓人、与飞廉关系紧密的族人，强制从山东迁到甘肃（今甘谷县一带）。

秦族本是东方九夷中的畎夷。

时居今山东省曹县境内，地名为垂，也叫“犬丘”。

上古时期部族迁徙频繁，地名也随族而迁。

到礼县境内后，名前冠以“西”，称“西垂”，西犬丘。

从山东曹县，到甘肃礼县，路程艰难、遥远，用两条腿丈量，需要极大的决心和毅力。携妻带子走向先祖之一的“故地”时，支撑心灵，是生存的原始欲望，还是伺机雄起的宏图大志？

冬雪消融，春暖花开。

抵达关中槐里（今陕西兴平），作短暂停留后，带着后裔们辈辈相传的“我们来自大槐树底下”的悲壮、美丽故事，继续西进。鹰一样的眼睛，一直在进行着对理想与现实的搜寻……

西迁后，秦人最早的居住地“邾虏”。

根据《禹贡》和《汉书》验证，即今甘肃礼县西北。

商末战乱时西迁的华夏族。

到了恶来五世孙秦非子时，已经沦为为周王养马的官吏。

秦非子因善牧马养畜，受封于祖先生活的方圆五十里秦地犬丘。算不上诸侯，甚至不如士大夫，只是“附庸”，依附于大国的小国。周王只是把秦非子派到千河、渭河的交汇地，继续驯马。

世代为周王室养马，马大蕃息，“分其土为附庸”，分封嬴姓的非子为周的诸侯。非子以秦地为城邑，开始重新奉祀“老成都人”伯益——光荣嬴姓的祖先之一，号为“秦嬴”。

周朝布置的任务：驻守边疆，防御西北的戎人。

子孙与戎族为土地展开长期争斗。

再建新功。西周时，威胁到中原王朝的是戎族。公元前821年，秦庄公击破西戎，有功之臣，被周宣王再次赏赐犬丘之地，即今天的天水，并获封“西陲大夫”，跻身大夫之列。

旅游达人。周穆王，了解西方风土人情的第一人。

远方神奇，让人向往。在回祖先后稷“母国”（西王母国）成都平原祭祀后，西巡历时两年多，行程35 000多里(古里)，堪称继大禹之后，中国有文献记载的最早的“一带一路”探索者。

具有开创意义的伟大壮举。

史上著名“驴友”。《左传》记载：“昔穆王欲肆其心，周行天下，将皆必有车辙马迹焉。”风一般的任性男人，周游天下，到处留车马的痕迹，充满智慧，统御四方，威震宇内的君王。

“乐之忘归”。喜欢打猎，四处游玩，也好大喜功，找个“不进贡”的借口，征伐西戎，仅仅“得四白狼四白鹿以归”（白狼、白虎为氏族图腾），“自始荒服者不至”，威信大失。

直接导致与周边外族的决裂。

西周由盛转衰的转折点。

公元前771年，周幽王“烽火戏诸侯”，被犬戎攻破都城镐京。

西周覆灭。周人恨西戎，蔑称为“犬戎”。

不得不东迁，直接“甩锅”，把关中“承包”给秦人。

周穆王，了解西方风土人情的第一人。远方神奇，让人向往。在回祖先后稷「母国」（西王母国）成都平原祭祀后，西巡历时两年多，行程35 000多里（古里），堪称继大禹之后，中国有文献记载的最早的「一带一路」探索者。

秦人保护周平王迁都有功，赏赐岐山以西的土地，封为诸侯。

取代西周地缘真空的秦国人，也开始强势挑战晋国。

秦国人居住在渭水中游，以放马和作战的形式，抵御戎狄入侵。

一边与西戎作战扩充实力，一面对关中的周遗民剿抚并用。

在族群构成上，秦国是由少数东夷、周人，大量底层西戎构成。在“文化认同”上，因为继承周朝的故地、遗民而自称为“夏”。继承周朝文化的秦国，顺便想继承周朝的地缘优势。

历经十几代秦国君主辛苦经营，到秦穆公时期彻底灭掉犬戎。

犬戎流窜于陕北、山西北部。

“秦霸西戎”。西戎部落的一支义渠戎，与秦人爆发长达100多年的战争，缠斗到中国历史上第一位“太后”——芈八子执政的时代。宣太后执掌秦国朝政数十年，是史上太后掌政的开端。

权力、荣誉、巅峰、低谷……

秦始皇的高祖母，抛除历史作品的升华，坚韧不拔的意志力、高明的政治远见、手段，身怀天下，传奇性的人生，极具有争议的爱情，完成一次为时人、后世连连惊叹的传奇逆袭。

功劳不逊于张仪、司马错攻取巴蜀。

“犬丘”，又叫“西犬丘”，非子在获封附庸国前居住之地。

礼县县名源于地名“李店”，元设李店文州元帅府，改“李”为“礼”。

群山之中。隶属于甘肃陇南，陇南市北部，长江二级支流西汉水上游；东邻天水、西和，西接宕昌、岷县，南连武都，北与武山、甘谷接壤。东与辽阔的关中平原相连，南面直通四川。

“秦皇故里”。秦族、秦文化的发祥地。

古老神奇。西汉水上游。

自然环境优越，文化底蕴深厚。

黄河与长江分水岭地带，仰韶文化和巴蜀文化交会。

甚至还出现齐家、寺洼等多种文化对峙交融、相映生辉的人文景观；也是蜀魏角逐、仇池割据的中心地区，更是氐、羌、吐蕃民族，与中原王朝军事对抗、商贸往来的边境重地。

礼县县城东面8公里处的西汉水北岸。

一条连绵的山脉。西秦岭一支强悍的龙脉，自雷古山发脉，经礼县，北上驻跸后东西展布，崛起少祖朱圉山，再掉头南下，直奔西汉水而来。纵贯40余公里的悠扬进军中，即将探及河水之际，山列一伏一起，开阔的谷地开始收紧，分散的群山渐渐闭合。北南走向、长约800米的大堡子山，先缓缓下降，再突然高高举起，像连绵的群山中独独伸出的高昂龙头，矗立于北岸。

“土堡”雄浑博大，层层叠叠的黄土堆积。

稳稳地盘踞在连绵群山的最南端。

挡住了向西通往礼县的去路。

以东，为西汉水河谷地带，平坦开阔，一马平川；西侧山势险峻，永坪河自北而南，注入西汉水，狭窄蜿蜒。西面、南面石壁陡峭，不可攀登，东面较缓，北面与起伏的群山相连接，南岸隔河与山坪城址相对。

厚实圆润。两河夹一山。

环境优越，山水特异。

山顶宽阔而平坦，如同一方静卧的端砚，让人感到视野开阔、舒适。

站在山上，延绵的群山朝拜而来，广袤的秦川大地沃野千里，蜿蜒流淌的西汉水、燕子河交汇，万千气象尽收眼底。有气吞万里如虎的雄壮，有千里龙脉归此地的神奇，气韵不凡。

水绕山环。肥沃川塬、林草茂密、牛马成群的丰腴之地。

大堡子山躺着秦人的先祖。

风水宝地。孕育出一个强大的大秦帝国。

秦，今陕西省的简称。

狭义的秦人，即指陕西人。

古秦国领土，不仅包括陕西关中，还包括甘肃天水、平凉、庆阳、陇南和宁夏南部等地。20万平方公里。在这片土地生活的人，在秦国时期都属秦人。

周人崛起于庆阳，秦人肇基于天水。

“秦王扫六合，虎视何雄哉！”

熟悉风水，到过大堡子山的李白，心里涌现对历史、自然、生命、天地精神的认同和正在逼近的伟大，想象力丰富，在《古风》中，大胆形容秦始皇扫平六合的壮举为“虎视”。

早期秦文化的发源地。

在大堡子山出土的“秦公簋”，多有“秦公作铸用鼎”“秦公作铸用壶”“秦公作宝簋”等铭文，与《清华简》的记载相互验证。秦始皇祖先的第一陵园，位于礼县的西垂陵园。

秦人发祥地“西犬丘”在礼县。

秦人在陕西建立辉煌的伟业，也是陕西被称为“秦”，将横贯陕西中部的主要山脉称“秦岭”，将渭河平原称“秦川”的原因。“三秦”，指潼关以西的秦朝故地关中地区。项羽灭秦后，三分其地为雍、塞、翟三国，总称“三秦”。

并非独立的诸侯国，中原诸侯的附庸。

秦襄公采取与宿敌西戎的和亲政策，换来秦人得以休养生息和发展的良机。

平定犬戎之乱后，秦国才作为一个独立的公国，登上历史的舞台。活动区域，主要在甘肃东部、东南部的渭河上游与西汉水上游的礼县、天水、甘谷一带。

秦庄公是第一个居住在西犬丘的秦国君主。

秦襄公是最后一个死在西犬丘的秦国君主。

历史比小说要精彩。被周所灭的商的忠臣的后裔，在几百年后也灭了周。

“关中”一词，始于战国时期。

函谷关成为秦国最重要的关塞，地理位置重要。

一条分界线，函谷关以中的区域，关中地区。

楚汉时的“关中”，以函谷关和崤山为分界点。

汉朝时，汉武帝下令将函谷关的位置，向东迁移150公里。还包括部分豫西弘农地区。迁徙和道路的改修，函谷关军事价值大不如前，军事要塞的名号逐渐衰落，西边的潼关开始兴起。

北宋统一全国后，重新划分行政区域。

关中地区被潼关以西区域所代替。

现代广义上的关中地区，泛指陕西的中部地区。

关中平原的广袤，号称“八百里秦川”，换算成现在的公里制，400公里。实际测绘，从黄河到宝鸡峡，东西直线距离，290多公里。换算成华里，580多里。关中平原南北最宽处，也就90公里，180华里。海拔约325至800米，长约360公里。南北宽窄不一，东部最宽达100公里，西安附近约75公里，眉县一带仅20公里，至宝鸡逐渐闭合成峡谷。

位于中国现有版图的中部，基本上处在圆心上。

测量中国大地坐标的原点，测量时间的原子钟。

中国时间、空间的原始点。

地处暖温带，气候温和，四季分明，水草丰美，原始农业最发达的地区之一。在诸侯割据、群雄争霸的年代，为防备敌国的进攻、进攻敌国，西面设大散关，东面设函谷关，南面设武关，北面设萧关，把围拢在四关之中的地方，就称作“关中”。

《鸿门宴》：“沛公欲王关中，使子婴为相。”

《过秦论》：“始皇之心，自以为关中之固。”

地处潼关以西、宝鸡以东的平原地带，称关中平原、关中盆地。

介于横贯陕西的秦岭、渭北北山山系之间。

四面高山环绕，地势险要。

可进可退，可攻可守。「龙兴之地」。周朝、秦汉和隋唐都在关中的长安、咸阳等地区建都。中国最早的「天府之国」。文字记载上，比成都平原早800多年。原始农业最发达地区之一。

南有秦岭横亘，西有陇山绵延，北有黄土高原和长城，东有华山、崤山以及晋西南的山地，更有黄河环绕。山川环报，气势团聚，位置极佳。关中平原像一个巨大的水池，下水道则是东面的函谷关。

重要关隘。地理位置决定。

黄河从北往南，在潼关、风陵渡附近，遇到秦岭，转弯向东流。在黄河到达洛阳的这一段，南有秦岭，北有中条山。中间的黄河峡谷，古代中原通往关中的唯一通道。

沟通古长安与洛阳的必经之地，称为“崤函古道”。

《读史方舆纪要》中，有“自新安以西，历渑池、硖石、陕州、灵宝、阌乡而至潼关，凡四百八十里”的记载。守住函谷关，也就守住了东方国家进入关中的唯一通道。

“披山带河，四塞以为固”。

成为不少帝王选择在关中建都的原因。

黄河最大的支流。横贯华夏大地的秦岭之上，陇中高原和黄土高原的护卫之下，黄河飘逸的几字甩了一个优美的尾，在落笔转折之处，有一条贵气无比、身价非凡的河流——渭河。

绵延流淌。从发源地一路向东，流经甘肃、宁夏和陕西三省区，全长818公里，在陕境内502公里，流域面积6.71万平方公里，占总面积的三分之一。难怪能够创造出壮美的一片平原，成为关中的“母亲河”，最终也使自己汇入黄河，归于大海。

呈东西走向，占陕西全省总面积不到20%，长约360公里，从秦岭到北山，从宝鸡峡到潼关。由于秦岭北麓的渭河常年冲积淤泥，从而形成平原地势。冲积而成的平原，又叫渭河平原。

“山河四塞，百二秦关”。几大高原中，长400公里，宽不足100公里的平原，土壤质量非常好，只占陕西面积的不到五分之一，但是生活的人口却是陕西的一半以上。

“四塞之国”。被函谷关、大散关、萧关、武关四关包围，渭河平原正好处在四关之中。关中地区是盆地，包括渭河平原、渭河谷地、丘陵，在陕北高原和秦岭山脉之间。

极富战略色彩。

可进可退，可攻可守。

“龙兴之地”。周朝、秦汉和隋唐都在关中的长安、咸阳等地区建都。

中国最早的“天府之国”。文字记载上，比成都平原早800多年。

原始农业最发达地区之一。

在关中，渭河由西向东，横贯关中平原，曾以水草丰美而著称，被誉为关中平原的“母亲河”。中、下游渠道纵横，自汉至唐，皆为关中漕运要道。干流与支流泾河、北洛河等，均有灌溉之利，中国古代著名水利工程，郑国渠、白渠、漕渠、成国渠、龙首渠，都引自这些河流。肥沃富饶与秦岭，也功不可没，秦岭的北麓发源了6条河流。

自古自然、经济条件优越。

水热条件适宜农作物的种植。

公元前338年，战国著名的纵横家、外交家和谋略家苏秦，到秦国游说秦惠王时，就称关中“田肥美，民殷富，战车万乘，奋击百贸，沃野千里，蓄积多饶”，“此所谓天府，天下之雄国也”。

《前汉书》记载，秦末汉初杰出谋臣、西汉开国功臣、政治家，与韩信、萧何并称为“汉初三杰”的张良，劝说刘邦定都关中：“左崤函，右陇蜀，沃野千里……金城千里，天府之国。”

从刺客到谋士，最终看破红尘。张良就像刘邦的幕僚一样，隐藏在他身边，多次挽救刘邦于险境，一路走来，从佐策入关、下邑奇谋、暗度陈仓等，似乎无往不利。

《禹贡》中，把关中的黄壤土，定为上上等。

最适宜种植农产品的土地。

经过周、秦、汉三朝的开发，加上大力兴修水利，关中平原沃野千里，支援了关中都城的经济。西汉时，已是全国最富庶的地区，粟米的储备，牲畜的数量，均达到前所未有的程度。

在《史记》中，司马迁称，“关中之地，于天下三分之一，而人众不过什三；然量其富，什居其六”。占全国面积的三分之一，人口只占十分之三，但却拥有全国十分之六的财富。

关中背后的河西走廊，通往“西域”。“外循环”。攸关华夏命运的走廊。

周穆王西游，与西部世界交流的神话版本载于《穆天子传》。

气候上，属于半干旱、半湿润的季风气候与大陆性气候。更接近亚欧大陆的内部环境，农作物产出不如中原、长江沿岸平原。需要贸易补充物产，帮助丰富区域间的经济文化互动。

占据沟通东亚和中亚的有利地理位置。

游牧力量“贮藏地”。

多种经济成分并存、多种民族杂居、多种文化荟萃之地。

内亚史和中国史之间，自始至终都存在着大幅度的重合、叠加。

文化概念，并非地理概念，边界具有易变性。

内亚经常处在各个部族、分裂政权的对峙、攻伐，军事技术的演变重要，各部族的竞争压力颇大，军事技术的进化速度极快。一拨人带着先进的军事技术进入中原，之后慢慢陷入停滞的状态，然后新一波技术更新引起下一轮对中原的入侵。

“文化梯递”。在布达佩斯和大同之间来回移动，天然障碍很少。

“地理阶梯”。如果在西安和昆明之间来回移动，天然障碍颇多。

中国历史具有多元性、整体性。

双方彼此接触并对对方产生相当大的影响。

北方游牧族群与中原汉族，存在着相对独立、兼容、融合的文化和生活方式。内陆亚洲在草原社会、中原王朝的历史变迁中，都发挥了重要的作用。

游牧文明与农耕文明之间，除了正常交流外，剩下就是争斗“中原”。中华民族早在夏商周以前就是一个整体，只是农耕文明与游牧文明之间，划分“敌我”的倾向性较为严重。

长城分隔两边的内亚人、中原人。

中华民族的形成，“文化认同”的结果。

“内亚性”与“中原性”的合并而致。

华夏文明的承载者，与来自内亚的游牧民族之间的冲突对抗、交流、互动，构成历史发展的一条基本主线。由北而南，由西北往东南的“中原”战争，成为中国朝代更迭的基本规律。

千丝万缕。诸夏各地，与夷、蛮、戎、狄诸民族集团。

戎，秦汉以前对西北游牧族群的统称。

在大禹以前，尧帝就曾听从舜的建议，将战败的三苗部族，迁徙到西方去“归化”西戎部族。1 000多年过去，戎族以渭河上中游及其以北、以西地区为活动中心，向西、向东延伸。

历史上出现过许多戎族的分支。

主要由羌人、少量东迁的印欧人组成。

活动中心位于农耕区与畜牧区的交接之地，兼备优良的农耕与畜牧条件。

秦国向内亚的游牧部族学习，减小君臣之间的权力距离。

缩小君主到民众的距离，举国上下如同身体一般连贯完整。

一个泛文化圈与贸易辐射路线之地。

“胡化”，较浅层次的文化接受行为，指代的许多具体事物、现象，都与“内亚性”有关联。如今日常生活中常用的一些汉语词汇，如“马”“哥哥”“荷包”等，词源上可能就来自内亚地区。

秦国本身就具有较强的西戎色彩。

面对游牧民族机动灵活的游动狼群抢食，绝对不会为所谓的尊严，在弱小时攻击比自己强大的族群。自知之明，明知自己只是狼，难挡猛虎利爪。懂得用最小的代价，换取最大的回报。

一直把杀出关中、称霸中原作为主要使命。

嬴秦部族原本世代居住东方，在殷商后期和西周早期，几支秦人部族陆续迁徙到西陲之地，以流亡者、戍边者的身份扎根，在艰苦斗争中站住脚，逐渐发展壮大。

公元前677年，到了秦穆公的时代，不断东进的秦国，已经收复岐山以东的西周故土，占有关中的大部分地区。从收编的泾河、渭河流域的周朝遗民中，全盘学习、接受周礼和文字。

百里奚、伯乐等名臣都善于牧马。中原诸侯将人才比喻为美玉，将千里马与人才挂钩的比喻，出自秦文化。秦国祭祀的三牲，有着殷商文化特色、游牧特色的骝马、黄牛和羝羊。

在文化和认同上，继承周朝的故地、遗民而自称为“夏”。

继承周朝文化的他们，顺便想继承周朝的地缘优势。

戎夏混血的大国晋国，同样位于黄土高原上，地缘、民风与秦国比较类似。秦穆公以联姻的方式控制不了晋惠公，晋文公独立外交的意志，注定了“秦晋之好”的破裂。

华夏文明的承载者，与来自内亚的游牧民族之间的冲突对抗、交流、互动，构成历史发展的一条基本主线。由北而南，由西北往东南的「中原」战争，成为中国朝代更迭的基本规律。

春秋时期，楚国多数时背对古蜀，满足于获得少量铜与土盐。

秦人有着区别于山东六国的习俗，喜欢配带游牧风格的短剑。

战国初期，经过一轮轮整合，集结成了大约20多个实体诸侯。

天水，秦人小试牛刀之地。

游牧经济向农业经济缓慢过渡，游牧生活仍占主导。

“在西戎，保西垂”。

与西戎各族杂居，以保卫西周门户，攻伐相争，既能积极从先进的中原文化中吸收养料，促进自身社会制度进步、经济飞速发展，又能在同戎人的频繁接触中，融入游牧文化中剽悍、勇敢，长于骑射征伐的风格，不断壮大，书写了一部波澜壮阔的创业史诗。

地理文化因素，形成粗犷豁达、坚韧不拔的精神；尚武好战、积极进取的精神；广纳人才、博采众长的开放精神；质朴而率直，不事虚浮，主动性强，服务于现实的务实精神。

西北牧马，欲王天下。

一匹匹雄劲的战马，孕育出秦人统一的伟梦。

战国七雄中，秦国文化独特，一种草原文化，百姓停留在“淳朴忠厚”的半野蛮状态，尚武团结：“秦中士卒，以军中为家，将帅为父母，不约而亲，不谋而信，一心同功，死不旋踵。”

考古发现，秦国的大小贵族，几乎人人佩刀，北方草原风格的短剑，与山东诸侯区别较大。农牧业并重，贵族们的食谱以食肉为主，短剑不仅是贴身武器，也是食肉的工具和身份象征。

秦国战车与周、楚和晋的最大区别。

战车形制，没有中国式的战车部件：车轼。

考古证明, 战车与中亚的亚述、波斯战车, 阿姆河宝藏中出土的黄金战车形制相同。

“商鞅变法”后, 在生活层面, 秦国革除了戎狄家族混居, 喜好私斗的旧俗, 还大刀阔斧地加速社会制度的变革。向西方获取资源、战争策略的思路, 却也早在秦穆公称霸时代就已经奠定。

戎狄的战马、尚武的作风, 在山东六国中赢得“虎狼”的威名。

简单、质朴、粗放与功利主义的气质, 与法家文化一拍即合。

法家诞生于晋国故地, “法家故西北民族之精神”。

陕西话以天水话为基础, 又叫秦州腔, 简称“秦腔”。

秦岭山脉，中华的“父亲山”。

横贯中国中部的东西走向山脉。

与阿尔卑斯山脉、落基山脉，并称为“地球三姐妹”。

狭义秦岭。位于陕南渭河、汉江之间的山群，东起灞河与丹江河谷，西止于嘉陵江，绵延约500公里。横亘在汉中、宝鸡之间的主峰太白山，海拔3 771.2米，终年积雪。“关中八景”之一。

一寸高一寸险。

高度差约是泰山的2.5倍，比“五岳”最高的华山还要高1 600多米。

广义秦岭。西起甘肃南部，横贯陕南，延及大别山，东止张八岭，众多山岭被纳入，长约1 600多公里，简称“大秦岭”，涵盖岷山、米仓山、大巴山、武当山、伏牛山、桐柏山。

“命运共同体”。大小秦岭，在漫长的地理变迁中。

壮美、巍峨，恒久耸立在中国心脏地带。

渭河(黄河支流)与嘉陵江、汉水(长江支流)的分水岭。

蓝色星球送给中国的珍贵礼物。

“中国南北分界线”。被地理教科书，轻描淡写为“800毫米等降水量线”“温带季风气候与亚热带季风气候分界线”。翻过秦岭，江湖路远，一不小心就成了生离死别。

寒潮被秦岭阻挡，不易南下，东南方向来的暖湿气流被秦岭阻碍，湿润气流，不易进入西北，秦岭南面的汉中平原、成都平原，没有亢旱之虞、霜冻之灾。也让西北地区越加干旱。

远古时期，秦岭、淮河南北分别开启了长江文化、黄河文化的历史进程，对应不同的文明、文化，一面水田耕作，一面旱地耕作；一面多以船为交通工具，一面以马为交通工具；一面的人们表现出温婉、柔情，一面表现出豪放、高冷；一面“土壤硬实”“水脉畅通”，一面“政治梯递”“经济逆高”。

这些带来中国人文差异、文化的多样。长江、黄河的最大支流均发源于秦岭，汉江、渭河把秦岭南北的色彩、气质汇入中国版图，让秦岭成为中国特性资源的集大成者，统揽南北方迥异的风采。

座座山峰，大自然匠心妙手的传世杰作。

独特的象征之美。人，南方和北方不一样，就连橘子都不一样。“桔生淮南则为桔，生于淮北则为枳，叶徒相似，其实味不同。所以然者何？水土异也”。

秦岭自西向东，气势磅礴，逶迤而东。

陕西是核心区域，止于河南境内。

“巴掌大”的秦岭余脉。

在河南西南部山区，孕育出灿若星辰的众多绝美风景。

有人把秦岭在进入河南后，形成的扇形余脉形容为手指状。再诗意一些，更像仙女散花的纤纤玉指。当秦岭把最为峻峨挺拔的脊梁，留在陕西后，又把所有的婉约、秀美全部留在河南。

大秦岭借九天仙女之手，洒下的片片花瓣。

是历史经纬，还是文化厚道？

从仰韶文化，到千古经典《道德经》，从秦王扫六合，到刘邦项羽的入关之约，从“大禹导洛自熊耳”的开天辟地壮举，到杜甫经行崤函古道创作《石壕吏》的凄惨悲凉。

深远影响着中国历史进程。

统领东西南北的中华芯脉，牵手两大母亲河的中华脊骨。

密不可分。长江、黄河，共组中华文化基因的双股结构。

双条性、同体性、贯穿性、同向性、同形性、阴阳性。

美美与共，天下一统。

唯有跨越秦岭的王朝，才算真正的大一统。否则，半壁江山，甚至偏安一隅。有志于统一中国的政权，必然要争夺军事屏障秦岭，谁先控制秦岭南北，谁就拥有博弈的主动权。

由北向南，翻越秦岭，可以迅速控制汉中盆地、四川盆地、成都平原，就可以顺长江、汉江东进，直至攻取荆楚、湖湘，进而平定江东。秦国翻越秦岭，灭巴蜀、设郡县，经营好巴蜀，进而扫平楚国，统一天下有了物质基础；刘邦初封于巴、蜀、汉中，后翻越秦岭北上，攻取陇西、北地和上郡，进而略取关中，最后东进击败西楚，建立大汉王朝。

三国末期，西晋控制大秦岭，经营巴蜀后，以楼船下益州，攻灭东吴，三国一统；隋代取代北周，控制大秦岭，经略巴蜀后，灭南陈，一统江山……

控制秦岭，不等于就能统一中国。

没有控制秦岭，一定不是大一统的中国。

长江、黄河，位于“秦岭—淮河”南北两侧，北面黄河，短而为阴，南面长江，长而为阳。一北一南，一阴一阳，整体构成“太极结构”，实现阴阳平衡。“阴”“阳”可以相互转化。

统一秦岭南北，拥有长江、黄河，才能够真正地稳定、繁荣，称为大国。

地理在中国是经世之学。

东西，以晋陕峡谷间的黄河为分界线；南北，由秦岭、淮河分界。

“地理阶梯”，天然地呈现。西高东低、由西向东俯冲的态势。

从大禹治水起，一统江山者就注意到中国二、三级地理阶梯的重要性。

东周时代，秦、晋、楚三强，依托地理阶梯线，俯冲向东方。

易守难攻。周人的成功本身，就是占据更高地理阶梯。

得益于古蜀、羌族联盟、西部小国的支持，利用居高临下的俯冲态势，击败殷商，主要势力向东，开始大规模的经济、文化传播。统治核心所在的第二级地理阶梯，维持武力统治的保证之一。

周人族群嫡系和主要同盟的领土，大都在第二级阶梯的黄土高原、关中地区。

在二、三级阶梯分界线的东西两侧，分封燕国、晋国、郑国、息国、邢国、卫国等姬姓诸侯国，组成一道面对东方的防线。防线后方，三门峡、汾河河口等地，都有两个、三个一组的姬姓诸侯防御。北起燕山南麓，南达南阳盆地。

确保主要的通信线路、行军路线掌握在“本家人”手里。

天然屏障。除险峻的太行山外，还包括关中、洛阳东西向的轴线，连接着东西洛阳、丰镐两大据点。通道崎岖、狭窄、林木茂密、高山耸立，有利于防御者出击，却不利于侵略者进入。

蒙古高原和河西走廊。是游牧民族迁徙、融合的内陆海洋，黄土高原是游牧海洋的南岸。不断地融合、征伐，源源不断地产出精兵猛将，保证晋地、关中一带统治者的武力优势。

国内国际“双循环”的交通要道。南北干线，大同到洛阳、洛阳到荆州的古道；东西干线，沿渭水和南河（灵宝到郑州的黄河）去连云港的道。南北东西，构成一个“大十字”。

围绕“大十字”，合纵，晋楚合纵，连横，齐秦连横。

大禹带领军队，征伐“三苗”部落，中国的第一次大一统。

武王克商、周公东征，中国的第二次大一统。

秦灭六国，中国的第三次大一统，还是从陕西征服中国。

东方色彩。两大民族的对峙独特。

对四周落后的国家民族，采取相对宽松的政策，不断地反省、学习中，文德武功，实行“华君夷民”政策，周边民族融合与中原汉人，形成文化上的融合，民族习性发生质的飞跃。

时有战争爆发，总体上却能和睦相处，谁科技、文化先进，谁就占据富饶的黄河中游地区。失败者承认成功者的统治地位，成功者也没有残酷地迫害失败者；文化上互相学习、促进。

最终形成民族、文化上的彻底融合。

在《史记》中，司马迁总结说：“夫作事者必于东南，收功实者常于西北。故禹兴于西羌，汤起于亳，周之王也以丰、镐伐殷，秦之帝用雍州兴，汉兴自蜀汉。”

辛亥之后，中国的再统一，还是从北方统一

有人把秦岭在进入河南后，形成的扇形余脉形容为手指状。再诗意一些，更像仙女散花的纤纤玉指。当秦岭把最为峻峨挺拔的脊梁，留在陕西后，又把所有的婉约、秀美全部留在河南。

南方。

蜀道之难，难在秦岭。

巍然突起，地形极为雄伟。秦岭崖陡壁峭，山脉主脊偏于北侧，北坡短而陡峭，河流深切，形成许多峡谷，通称秦岭“七十二峪”；南坡长而缓，有许多条近于东西向的山岭、山间盆地。

山脉艰险，阻隔着南北的流通。

探索、修凿、剔石……

无数代先祖为穿越秦岭，踏出一条故道。

遗留蕴涵丰富的历史积淀。

远距离的流动，自然有流动的通道。

中国古代，有两条著名的景观大道。

穿越秦岭巴山的蜀道、经过三峡的川江水道。

中国交通史上，值得骄傲的不仅有横跨欧亚、长达7 000公里的丝绸之路，还有由天梯云栈构成的汉中栈道、巫盐古道。汉中栈道早于万里长城的一项伟大工程，古代先民为穿越秦巴大山开凿出的生命之路。

如诗似画，有史有歌。

既险且奇，有声有色。

文献记载，在6 000年前，就有南北来往的古道。

商周以前秦岭山间，已有穿越秦巴山区的故道。

大禹从汶川到舜的帝都(山西省永济县境内)作司空、生活于崇州的父亲鲧赴中原治水，父子俩先后从成都平原、岷江上游，向北翻越龙门山、巴山、秦岭，到达中原地区治水。

大禹至少两次翻越秦岭，到汉水源头“嶓冢导漾，东水为汉”。

冷兵器时代。控制大秦岭，关键在于交通。

狭义蜀道，古代由长安通往蜀地（四川、重庆）的道路。

广义蜀道，大关中区域（包括甘肃天水）与成都平原之间通行道路的总称。

大秦岭交通要道，称“秦岭栈道”。自西向东，依次分别是：陈仓道、褒斜道、傥骆道、子午道。东段，还有两个通道：峪谷道、武关道。前四道，穿越川陕，后两道，穿越陕鄂。

川鄂陕三省的古栈道网络。

褒斜道最早开发，经过褒、斜两水河谷，得名。

傥骆道路程较短，仅次于子午道，最难走。

陈仓道路程较长，比较好走，如今的宝成铁路，沿这线路修筑。

子午道路程最短，也好走，因位于长安正南而得名。

还有一条连通陈仓道、褒斜道的短程栈道，称连云道。

祁山道大部分甘肃境内，也属关中通往成都平原的一条重要通道。

汉中属梁州之域。

《禹贡》记载，大禹时分天下为九州，“华阳黑水惟梁州”。

夏、商、周三代的“王化”之区。春秋战国秦、蜀、楚争夺的地带。

西周王朝的“南国”，南北文化转换的“轴心”。

分割南北。秦岭、淮河一线，隔开关中平原和汉江谷地。

“秦巴咽喉，襟陇带蜀”。

山川形胜独特。北面，横亘高峻险拔的秦岭，与宝鸡（古名陈仓）、关中平原相接；南面，经浑厚绵长的巴山（米仓山）与四川相接；西抵陇山，与甘肃接壤；东连熊耳山、伏牛山，与安康接壤；大巴山延绵于川、陕、鄂边境，与武当山、荆山、巫山等山相连。

群山环抱中，生长出南北窄、东西长的盆地。

镶嵌在秦岭、巴山之间。

一派成都平原风光。

不闻气壮山河的安塞腰鼓，不见古老沧桑的巍峨雄城。

长江最大的支流。在两道天险之间，发源于陕西境内的汉水，从西南部的宁强县发源，自西向东横贯汉中全境，在盆地中留下一块广袤的冲击平原，流经沔县（现勉县）称沔水，再往东，安康到丹江口段，就是“清可濯缨，浊可濯足”的沧浪之水，最后，在汉口龙王庙汇入长江。

汉中的“汉”、武汉的“汉”的出处。

汉族之称，起于刘邦。

称“汉族”族群之前，名称一直是“汉人”。

《尚书》记载：“江汉朝宗于海。”

“汉”字与“江”字一样，原本用作河流名称。

春秋战国时期，诸侯国太多，便以各自的国名区分，鲁国的就叫鲁人，秦国的就叫秦人，齐国的就叫齐人（“齐人之福”）。楚国地处偏远南方，常常被中原诸国，鄙视为“楚夷”。

周朝时，遵循周礼。

《史记》，作用不容忽视。司马迁认定黄帝是天下共祖，各族皆黄帝子孙；宣扬大一统思想，崇尚统一，反对分裂，叙述汉族形成的历史，树立多民族统一国家的观念，影响极其深远。

“汉人”称谓，始于汉代，沿用至今。

“汉”的起源，在楚汉争霸时期。

当时，天下群雄揭竿而起，诸将约定：“先入定关中者王之。”刘邦率20万大军于蓝田大破秦军，首先攻入关中（咸阳）。按约定，刘邦应为肥沃之地的“关中王”。

“鸿门宴”。项羽率40万大军，劫掠关中。

气势汹汹。刘邦只好忍痛让出到手的肥肉，退到汉江上游，当了小小的“汉王”。

汉水，亦称“汉江”。

古称宇宙，为星汉。

汉水的流向，与天上银河相同，提到“汉”，就联想到天。

秦巴间有水，形似星汉，称“汉水”；水边有城，称“汉中”；刘邦封汉中，为“汉王”；汉一统天下，称“汉朝”；汉朝境内子民，称“汉人”；形成文字，称“汉文”；所用语言，称“汉语”。

刘邦欣然以“汉中”为根据地，干起了“革命”事业。一统天下，便以“汉”为国号，延续了400多年。

民族的得名，先有民族实体的存在。

不是得了名，才成为一个民族实体。

“汉族”的名称虽始于汉代，民族当中的人民，早于汉代以前就存在。与朝代一样，也在不断发展、变化、大融合，将不同来源、背景的中国人，熔铸成一个大家共有的身份认同。

民族统一，是思想的统一、文化的统一。

诸侯割据，百家争鸣。

春秋战国时期，各家理念不同，相互辩难，却普遍表现出对大一统的向往。《荀子》记载：“四海之内若一家。”

“大一统”观念，促进秦汉大一统局面的形成。

春秋以后，楚国纵横于汉水、长江流域一带，经

800多年的扩张经营，文明程度越来越高，民族之间的融合，也越来越深。

秦一统天下，周边各族、各国，开始称中国人为“秦人”。

真正意义上的国民身份认同感，产生在汉代。

因“秦”的统一，武力统一，思想上仍是百家争鸣，法制数变，百家无所适从，貌合神离，原先六国民众并不认同秦人的身份，统治的时间又短暂，有人发出“楚虽三户，亡秦必楚”的誓言。

大一统观念还没有根深蒂固。汉武帝一定程度上解决北方游牧民族的威胁、侵扰，致使汉朝民众民族情绪高涨，自我认同得到质的飞跃，国民不再以原先七国属地自称，真正意义上完全以大一统的国名为自我身份认同，凡天下汉朝国土之所在，皆为大汉臣民。

“汉”便取而代之，“秦人”的称呼，被人遗忘。

《汉书》评价刘彻：“雄才大略。”

司马迁评价刘彻：“孝武纂极，四海承平。”

《史记》，作用不容忽视。司马迁认定黄帝是天下共祖，各族皆黄帝子孙；宣扬大一统思想，崇尚统一，反对分裂，叙述汉族形成的历史，树立多民族统一国家的观念，影响极其深远。

汉武帝推行思想统治政策——罢黜百家，独尊儒术。儒家逐步发展，成为此后2 000年间统治人民的正统思想。不利于学术文化的发展，在当时却有益于专制制度的加强、国家的统一。

身份自我认同的概念，被永远传承。

政治、经济强大的民族，才能促进人民的认同感。除了对思想上的统一，汉朝在政治、经济方面的成就，更使得人民发自内心的“文化认同”，愿意自称是“汉人”，以这个身份为傲。

齐头并进。

政治、经济、文化，造就大汉成为盛世王朝。

中原之国人，即中国。

“宅兹中国，自兹乂民”。周武王话的实际含义：我在殷墟、镐京的中间，建立一个城邑、城郭或国家，自然能够起到安定两地民众的作用。我已经住在中间，治理我的国家，抚育我的民众。你们这些人没有知识，听王来教育你们。有爵位在天，完成了使命，敬受祭享。

“夏”，《说文解字》的释义为，中国之人也。

孔子第32代孙孔颖达解释：“中国有礼仪之大，故称夏。”

第三种解释：“夏者，大也。”

懂礼仪的族人，就叫夏人、夏族，统称为诸夏。

夏朝，中国历史上第一个世袭王朝，深远影响。

古籍里“夏”，有“中原”之意，区分于四方的“蛮夷戎狄”。

“汉人”的称呼流行前，远古先民都以“华夏族”作为族群名字。“华”和“夏”同意，连发音都一样，互相通用。合在一起时，代指“中国”。

泱泱大国夏朝，人们将文化程度高的地区称为“夏”。直到周朝，才出现将“华”“夏”两字并用的情况，《春秋左传正义》记载：“中国有礼仪之大，故称夏；有服章之美，谓之华。”

夷人、狄人，各方都有。

夷、狄、戎、蛮，并没有固定的地域分配。

中华民族的形成、壮大和发展，四个人功不可没。

大禹，夏商周三代文化的源头和根基，安定“九州”，初定

“五服”。

周公，并下鸟夷，一直到了东方，到了海边。

秦始皇，并下南方的越，到了福建、广东、广西。

汉武帝，开拓西南，统治范围扩展到了云南、贵州。

礼仪之邦。中国人的服饰非常美，属于优雅的国度，拥有高度发达的文明。古籍中“华”字圣洁尊贵、崇高显赫，“华夏”合为一体时，展示出的就是大国风范，泱泱华夏。

沿用至今。即使“汉人”一词出现，“华夏族”一词也没有消失。

西周的礼制、春秋战国的诸子百家。

历史层累叠加后的产物。

最早，中原指天下至中的原野。

逐渐演变成了黄河中下游地区。

黄河中下游地区所代表的中原，不是诞生华夏文化、华夏文明的“古中原”。

“中原”一词，最早出现在《诗经》中，意为原野，原野的中位。后在典籍、文献中出现，内涵逐渐改变，范围逐渐扩大，在历史事件中的出现频率逐渐增加，成为“中国”的代名词。

《诗经·小雅》记载，“兽之所同，麀鹿麌麌；漆沮之从，天子之所。瞻彼中原，其祁孔有”，“中原有菽，庶民采之；螟蛉有子，蜾蠃负之”。“中原”，通过诗句描写的场景与动植物可以看出，一个河流湖泊纵横、鹿群遍地的广袤平原中的沼泽地区。

“漆沮”，关中北部的漆水、沮水，渭水支流的石川河，也称“姬水”，黄帝部落的重要活动区域，周文化的重要发祥地。黄帝、周族都以“姬”为姓。指的是“关中平原的原野”。

“中原有菽”。中原是一个产豆类作物的地区，不同于北方产粟黍；“螟蛉有子，蜾蠃负之”，两者都是南方昆虫，说明“中原”处于南方水稻主产区，也生产大豆类作物的南北交界地区。

古“中原”的原始自然环境，既不是干旱少雨的黄河流域，也不是长江流域地区。能同时具备上述情景的地理环境，只有南北气候分界的淮河流域——淮河以北的淮北平原。

上古历史名词，华、夏、南、淮、夷、天下、中国、中华，同义。

中国与淮夷、南淮夷同义。

《诗经》形成于南淮夷地区。《民劳》中，有“惠此中国，以绥四方”,《荡》中,有“女炰烋于中国,敛怨以为德”;《桑柔》中,有“哀恫中国,具赘卒荒”。“中国”特指淮河涂山的淮夷地区,也是古“中原”的原始所指。

狭义“中原”,专指关中平原,随着周文化的传播,包含关中(陕西)、晋南和豫西。洛阳以东,不属于中原。唐代后,以长安为中心的中原文明,让位于以北京、南京、开封、杭州为中心的运河文明。清代以来,“中原”泛指“汉地十八省”“北方农耕区”,也代指整个中国。

广义的“中原”。《辞海》解释,“黄河中下游汉人居住地”,包括关中、陕北、宁夏、甘肃东部、山西中南部、河北中南部(含北京)、山东西部、河南、安徽、江苏淮河以北地区。

长江、黄河,中国的大“两河流域”。

渭河、泾河,中国的小“两河流域”。

夹角周原,华夏族的祖根地,中华文明之基。

文明不是单一的工业生产能力、技术水平的发展程度。

更多的是一个民族的文化底蕴、历史沉淀。

不同文明,有纵向的传承、横向的融通与纵横的互动。

南北融合,内外“双循环”。把古蜀、江汉、长江作为一个整体研究,把北方、中原和黄河作为一个整体研究,长江文化、黄河文化,两者最终在中原汇成一脉,形成今天的华夏文明。

汉朝威名远播中外,汉人也因此得以扬名天下。

对于邻国的骚扰,更是发出那个时代的最强音:犯我强汉者,虽远必诛!

树立了“汉人”前所未有的尊严。

政治上,汉朝开始给百姓编户,发放“身份证”;经济上,扩大商业交流,促进农业生产;军事上,击败匈奴,版图变得辽阔,威名远播,甚至连遥远的古罗马,都知道这个东方的强国。

威名远播。十分强大,军队又以勇武著称,外族人便称汉朝的军队为“汉兵”,汉朝的使者为“汉使”,汉朝的人为“汉人”。匈奴人常称赞汉人为“好汉”。

即便出现大唐盛世,曾短暂自称为“唐人”,依旧没有磨灭“汉”的称号。西方各国仍称唐朝使臣为“汉使”。

无论文化,还是历史,奠定汉朝国号作为华夏民族族称的基础。

汉族，把历史上不断进入中原的民族，融合到汉族中。

文化概念，不是血统概念。

“裔不谋夏，夷不乱华”。

《左传》记载孔子的话语。意思是，除了血缘外，还要看文化的认同。通过思想的统一，以达到政治的统一；通过军事的统一，以达到版图的统一；通过文化的统一，以达到天下的统一。

入中国者为汉，入夷狄者为夷狄。愿意学习并发扬汉文化，为立身之本、行之准则的人，皆可算作汉人。汉人不是由单一部落发展而成，而是兼并诸多部落，形成的一个庞大群体。

5 000多年来，历代先人能够守住这片沃土，传统文化的滋养、凝聚，作用不可替代。人们有了共同的文化认同，都认为自己是华夏子孙，才能自觉维护国家和民族的统一。

历史上，也出现过外族入主中原，也都能认同中国传统文化的现象。

华夏民族与华夏文化，历经4 000多年的政治变迁，统治中心的不断迁移，对华夏民族身份与华夏文化的认同，一直是中华大地上各地区人民共同的、唯一不变的认同。

精神纽带。“文化认同”，一个民族共同体中长期共同生活，所形成的对本民族最有意义的事物的肯定性体认，核心是对一个民族的基本价值的认同，民族共同体生命延续的精神基础。

比政治认同、社会认同、族群认同等，具有更深远的内涵。

“天池大泽”。汉水上游略阳一带，有巨大的山间水道型湖泊，河道大多通航，交通便利。从汉中，逆流而上，舟行可抵达陇西入陕；顺流而下，行船可一直抵达荆楚，至东海。

联系陇南、汉中、荆楚间的重要通道。

精神纽带。「文化认同」，一个民族共同体中长期共同生活，所形成的对本民族最有意义的事物的肯定性体认，核心是对一个民族的基本价值的认同，民族共同体生命延续的精神基础。比政治认同、社会认同、族群认同等，具有更深远的内涵。

顶端的关中平原，上游的汉中盆地，中游的南阳盆地、襄宜平原、下游江汉平原，不仅是中国历史上开发较早的水稻农业区，还以南北交会、地居要冲，为历代兵家必争之地。

有“江河淮汉”“维天有汉”之说。

连接中原、西南、岭南间的必经之地。

孟子用“水由地中行，江、淮、河、汉是也”，论述天下大势的治乱顺逆。

大禹从嶓冢山疏导漾水，东注汉水。茂密层林间，还能见到被古人认为是“汉江源头”的石牛洞，洞中横卧着石灰岩受流水侵蚀形成的“石牛”。大禹北上治水，牵来的“镇水神牛”。

南北文化，在古汉水一带，争夺与融合。

地缘，南北纵向，川陕之间的枢纽门户。

东西横向，有陆路和水路连通甘肃、湖北等。

既占有天然的地理交通特殊位置，还拥有气候、物产优势。

汉中不南、不北，冬暖夏凉，四季分明，稻麦两熟；大河横贯东西，汉江、嘉陵江流经，构成丰富的水系；群山四方环绕，土地肥沃，美丽富饶，“气候居南北之适中，物产兼东西之共有”；空气质量绝佳，养育出“一笑亡国”的高冷美人——褒姒，衍生了“烽火戏诸侯”的史话。

烽火台用的狼烟，应用到军事上，在秦汉时期。

周幽王娶来自申国的王后，生太子宜臼。

又娶褒姒，生了伯服。

周幽王宠爱褒姒，想废了宜臼，改立伯服为太子。

公然破坏嫡长制行为，在极为重视礼乐的周朝，天理不容。

宜臼一看大事不妙，出逃到势力还比较大的舅家申国。

先下手为强。周幽王宠爱褒姒、伯盘，害怕申国，一不做二不休，和伯盘一起带兵攻打申国。无法和周王室抗衡，申国的盟友曾国，去联合西边的犬戎一起反击。

犬戎没想一锅端了西周王室，实属“用力过猛、误操作”。

周幽王更没料到突然会杀出犬戎军队。

公元前771年，正值周幽王统治的第11个年头，被杀。

梦魇之地。天子所住的中心之地，已成民众不敢面对的梦魇之地。男女老少在戎族的铁蹄之下，死的死，逃的逃，曾经无比信服的周幽王，也在战争中身首异处。

大肆抢掠。犬戎满意地带着周幽王的宠妃褒姒退却了。

夕阳如血，镐京城外，骊山上的烽火台，依然在熊熊燃烧，滚滚浓烟还在向天下诸侯，传递着镐京生灵涂炭的战事。军队撤离后，徒留无数个烽火台，在寒风中无助地耸立着。

犬戎攻破镐京，带走褒姒，把周天子拉下了神坛。

镐京被洗劫一空，犬戎也退却了，生活却还得继续。

春秋乱世，就从犬戎攻破镐京那一刻，正式拉开序幕。

西周灭亡后，宜臼并没有顺利登上王位。宜臼和朝廷对立，大臣们拥戴周幽王的弟弟为王。叔侄之间又展开长达21年的战争，最终，在晋国国君的支持下，宜臼获胜，是为周平王。

落败的天子不如侯。跌落神坛，被周幽王废掉的太子姬宜臼，战战兢兢中登上王位。镐京已经残破不堪，根本无力抵挡犬戎的二次进攻，周平王决定把都城东迁至洛邑，中国历史迎来东周时代。

《清华简·系年》记载："幽王起师，围平王于西申，申人弗畀，曾人乃降西戎，以攻幽王，幽王及伯盘乃灭，周乃亡。"原太子宜臼继承王位，是为周平王。

次年（公元前770年），周平王将都城由镐京向东迁至洛邑（河南洛阳）。

史称"平王东迁"。

春秋战国的历史正式开始。

政治斗争不断激化，还是实力说了算……

关中地区本是周王室的发家福地，东迁后，就把这块地拱手让给秦国。数百年后，正是自己无暇顾及的这块地，孕育出了让天下闻风丧胆的强秦，最终，周王室也倒在强秦的脚下……

褒姒，历史长河中，因昏君无道而导致亡国，一个最冤枉的替罪羊。

中国历史开国，一般没有女人的事。

只要一亡国，必定要扯出个美女来。

《史记》中，记叙周幽王"烽火戏诸侯"；《吕氏春秋》版本则为击鼓戏诸侯，"幽王欲褒姒之笑也，因数击鼓"。不管点燃烽火，还是擂击大鼓，都只能应用在相邻城市之间的示警。

不可能传到很远之地，能让各路诸侯同时看到预警，并来勤王中国历史开国，一般没有女人的事。只要一亡国，必定要扯出个美女来。（褒姒）命运跟妲己、西施类似，政治牺牲品，一如所有政治联姻的女子，一颗普通的棋子，如果不是遭遇亡国的危机，也不会在大浪淘沙中，被历史留下痕迹。

救援？

《史记》，一部历史作品，也是一部文学名著。

司马迁在撰写两周历史时，曾经感慨文献严重不足。唯一比较翔实的《秦纪》，也是“不载日月，其文略不具”。不少“空白之处”，只能发挥文学家的文采，进行有底线的渲染。

为表现褒姒“亡国妖妃”，在“烽火戏诸侯”前，还“加”写一段故事。

曾有两条神龙，降落在夏帝的院子，说“我们是褒国的两位君主”。

夏帝开始占卜，根据卜者的要求，收集龙的唾液，放在木匣中保存。

夏朝灭亡，木匣子传给殷商，再传给周朝，直到周厉王打开盒子，结果，龙的唾液留到庭院中清除不掉，变成黑色的蜥蜴，进入后宫，被一个8岁的小奴婢遇到，在15岁时怀孕了。

生下一个女孩，小奴婢将其扔掉。

到了周宣王时期，有童女唱，“檿弧箕服，实亡周国”，卖桑木作的弓箭之人，即灭亡周国之人，周宣王发现有夫妻在卖，派人追捕，夫妻逃跑的路上，看到了被小奴婢遗弃的女孩，就收养，一起逃到褒国。褒国后来得罪了周王室，为了赎罪，把长大的女孩献给周幽王。

这，就是褒国公主褒姒。命运跟妲己、西施类似，政治牺牲品，一如所有政治联姻的女子，一颗普通的棋子，如果不是遭遇亡国的危机，也不会在大浪淘沙中，被历史留下痕迹。

“地形连楚阔，山势入秦豪”。

农耕基地，具备养民、屯兵，支援军事的有利条件。

相比于成都平原和关中平原。

“风气兼南北，语音杂秦蜀”。

深居陕南，却深藏江南特有的妩媚与灵气。

“南有嘉鱼，烝然罩罩”“南有乔木，不可休息；汉有游女，不可求思”，《诗经》中的许多篇章，反映了古人对汉水的赞美，对生活的憧憬，对美好的向往。

秦始皇以“汉水游女”为女神，立祠于汉中祭祀。

屈原将汉水女神转化为“湘君”“湘夫人”，纳入文学的畅想中。在汉代扬雄、马融、张衡、王逸，魏晋时期的阮籍、陆机、何逊，唐宋时代的李白、孟浩然、苏轼等的文学作品中，作为汉水女神的“游女”“汉女”，都是寄情的对象。曹植在《洛神赋》中，将“汉滨游女”“南湘二妃”与他心中“翩若惊鸿，婉若游龙”“凌波微步，罗袜生尘”的宓妃，相提并论。

汉中中间是汉中平原，四周是崇山峻岭。

与成都平原相同，四周有山川之固。

适合关起门来过日子。

两个大平原，沃野千里，天府之国。

战国是“风起云涌”的时期，许多诸侯国都是“外循环”，将“中国”的范畴，拓展到更远的地带，直接与逐渐强盛的北方游牧民族形成对峙，开启一段全新的历史时期。

向西扩张，与西戎交手，强敌多为半农半牧的游牧部落。

往北，到达六盘山，有的诸侯国已经与匈奴交手，开始修筑长城。

长城最早修建于春秋首霸齐国。《史记》记载：齐宣王乘山岭之上，筑长城，至东海。齐宣王时期，长城工程就已开始，全长达600多公里，防御周边诸侯国的入侵。被誉为“长城之父”。

赵国、燕国也都已经形成自己的长城。

《史记》记载：“燕亦筑长城，自造阳至襄平；筑长城，自代并阴山下，至高阙为塞。”

在长城沿线，修筑坚固的关隘，守卫的军队就地屯垦。虽然短时间内，会引起国家的经济压力，但从长远看，有利于保障国家安全。成本上，这条坚固围墙的修筑费用，远远低于从中原调集粮草的高昂运输成本。只是，规模宏大的高墙，既断绝了极寒灾荒年代匈奴南下掠夺的机会，也灭杀了中原政权北上与草原部落贸易的欲望。

随着战国格局的到来，秦国与其他诸侯国一样，更加重视第二级地理阶梯……

地缘格局和文化传承，深刻地影响了秦国的发展。

秦国是东周的开国诸侯。

诸侯国当中历史底蕴最浅、建国时间最短。

痛则思变。在公元前361年，秦国走上“变法”强国之路。

“孤秦”图强。“周室微，诸侯力政，争相并。秦僻在雍州，不与中国诸侯之会盟，夷翟遇之”。七国诸侯，唯有秦国在黄河与崤山以西，经济、文明程度，较山东六国低得多。

“国际弃民”。秦国被排斥在“中国”以外，被当作“夷狄”。

为融入中原文明，摘掉戎人的帽子，秦国学习周朝礼制，安抚周朝遗民。

穷则思变。秦孝公发布《求贤令》。

只要谁能有计策，让秦国强盛起来，就做高官、封爵封地。

官员，需要识字，才能使行政文书系统运行。

能识字的人，多在中原地区。秦国地处西北，离中原较远，人才缺乏。为在竞争中取得优势，面向国际社会，只有“外循环”，大力吸引中原的人才。

在原先分封制下，只有贵族识字，文字只在铸鼎时才用得上。

举足轻重的风云人物，都是各国的王族，依靠封地取得收入，才有资本，养活众多的文人当参谋。分封的官员已属居次要地位。

真正的行政官僚成主要力量。

铁器、牛耕日渐普及。

百姓不需要依附贵族庄园，成为独立的自耕农。

如何处理与自耕农的关系，是国君必须要面对的问题。

相对于依然采用分封制的国家，魏国能动员的军事力量远远超过它们。春秋时期打仗，几万人参战，规模已经颇大。战国时期，动辄十几万、几十万人厮杀。

长平之战，秦赵合计投入兵力，超过百万。

变法，使国君能够动员的力量，相对于分封制时期大大增强。

政治上，战国形成分封制为辅、郡县制为主的结构。

“战国四公子”，魏国的信陵君魏无忌、赵国的平原君赵胜、楚国的春申君黄歇、齐国的孟尝君田文。都是礼贤下士、结交宾客之人，以养“士”著称，收养几千门客。对内，维护自己的势力以对付政敌；对外，与敌国作政治、军事上的斗争。除春申君以外，其余三人皆是君王后代，合称为“战国四君”。

春秋战国时期，500多年打了300年的仗，人才济济，人才流量巨大，不同的学派，不同的人有着各自的梦想，为自己的梦想努力，想找到赏识自己的君主施展自己的才华，建功立业。

生产力的发展，贵族制瓦解，识字的人逐渐走向社会。文字的载体也变成竹简。比起青铜鼎来，容易携带、成本也低，进一步使文字、知识向社会渗透面扩大，社会人才多了起来。

"筑巢引凤"。好政策，产生人才的"洼地效应"。那些在山东诸国找不到机会、大材小用、受排挤的人才，纷纷来到秦国，商鞅、范雎、蔡泽、张仪、甘茂、姚贾、李斯等人，都是大才。

秦国也不食言，给高官位、高待遇。

"外籍人才"。除受重用、待遇高外，还获得秦王的格外尊敬。

秦昭王除封范雎为侯外，还公开对外宣称："齐桓公得管仲为仲父，今范君亦寡人之叔父也。"范雎进宫每次都由秦王专车接；范雎到王宫，秦昭王都亲自起身迎接，并且还谦虚地向范雎行礼。

秦王嬴政，对吕不韦的尊敬达到了极致，称其为"仲父"。

主政后，求贤若渴、礼贤下士，甚至容忍别人对他不敬。

想见善于搞间谍活动、敢于直言劝谏的顿弱，顿弱提出：如果见面不用参拜，就可以见，否则就不见。竟然答应。顿弱也很有谋略，向嬴政提出了经略东方诸国的建议，嬴政采纳。然后，顿弱亲自出马执行自己的策略，分化瓦解东方各国内部势力，为秦灭六国创造良好的外部环境。

鬼谷子的弟子尉缭，曾经对嬴政语出不敬，并叛离。

嬴政反把他请回，封为国尉，见面时都以平等的礼节相待，衣服饮食也让尉缭与自己一样。

秦国几代君主都能善待人才，尊重、重用并信任人才。

等到统一天下，嬴政从国君变成皇帝。

嬴政认为自己功绩"德兼三皇、功过五帝"，就叫“皇帝”。同时规定：皇帝的命为“制”，令为“诏”，自称曰“朕”。创始皇帝称号，历朝历代的皇帝都很受用，全部一字不改，照抄下来。

秦始皇喜欢秩序、规则、精确和统一，推崇用严刑峻法治国，统一文字、度量衡，连皇帝的称号都要按顺序排列好。身上体现了典型理工男、秩序控的倾向。

人才，达到目标的工具，价值体现在实现目标前。

鸟尽弓藏、兔死狗烹。天下已经没有对手，发现没有必要像原先那样对待人才。尽管没有杀功臣，但对人才的态度已今非昔比。秦国君主与秦始皇的用人策略，彻底的实用主义。

天下无事，人才也不需要，一切听命令就行。博士，无用了；诗书，无用了；说话刺耳，贬黜或杀掉。秦始皇变得志得意满、刚愎自用、唯我独尊，彻底暴露出完全实用主义的底色。

人才雇用的规则与市场经济原理相通。

多个雇主的市场上，人才可以自由进行选择；雇主为得到优秀人才的青睐，纷纷开出优厚的条件，工资高、福利好、提供房产之类的。供应多、需求多，供需双方择优互相选择。

最终，必定有某个雇主得到的优秀人才最多，在竞争中最后获胜，对手纷纷被打垮，破产解体。优胜者摇身一变，成为唯一的雇主，垄断整个人才市场，完全变成买方市场。

春秋战国时期，500多年打了300年的仗，人才济济，人才流量巨大，不同的学派，不同的人有着各自的梦想，为自己的梦想努力，想找到赏识自己的君主施展自己的才华，建功立业。

从列国到大一统，人才面临的就是这种局面变化。

市场完全没有竞争，买方（皇帝）可以为所欲为。

但是，垄断会导致王朝决策低劣、腐化堕落，将加速王朝的灭亡，这使人才又能迎来竞争性市场。帝王任用人才，天下治理得就更有效，王朝也更长久。

反之，天下会快速衰落、灭亡。

人才地位升、帝王地位降，天下得治。

人才地位降、帝王地位升，天下将乱。

进入乱世后的群雄或帝王，不得不再度任用、尊重人才，开启一个新的轮回。中国社会就像市场那只无形的手，当市场供需发生严重矛盾时，能让市场重新恢复、调整供需平衡状态。

中国古代人才与帝王博弈的模型。

在重点人才引进中，秦国主要接纳来自东方的改革家、军事家与外交家。

秦国所有著名丞相，几乎都是“外聘”。

商鞅入秦，年方“而立”，却已洞悉宫廷钻营术。首先，结交秦孝公宠信的宦官，“走后门”得以见君主；然后，依次拿出称帝、称王、称霸三种政治设计。秦孝公特别钟情“强国之术”。

“卒用鞅法”。

司马迁记载，商鞅变法“行之十年，秦民大说”。

文化独特。秦国融合西戎，注入草原文化，百姓淳朴忠厚，尚武团结，“秦中士卒，以军中为家，将帅为父母，不约而亲，不谋而信，一心同功，死不旋踵”。与法家文化，一拍即合。

楚文化远比秦文化更人道、宽容。

秦国地处西北，物产稀少，人民生活贫困。

用“亩产”换算当时的生产力，每亩地产量还不到十公斤。粟米“亩产一斗”的产量并不高。“一斗”计量单位，认折合成现在的度量衡，也仅有6.25公斤。

“诸侯卑秦”。孔子周游列国，有个重点是楚国。“楚昭王兴师迎孔子”，孔子欣然前往。周游列国，却西不入秦。在孔子眼中，秦国是“蛮夷之地”，不可能实行“王道”。

中原国家渐渐改变殉人的风俗时，秦国却变本加厉。

秦武公死时（公元前678年），殉死者66人；秦穆公死时，殉死者多达177人，创历史之最。

明显缺乏楚文化的创造性。很难产生屈原那样富于想象力的文学巨匠，《楚辞》这样的鸿篇巨制，也无法产生像庄子这样洒脱飘逸，或老子那样深刻复杂的哲学家。

屈原自杀，对楚怀王的抗议。

中国历史上士权对君权的一次著名抗议。

“士权”，华夏政权的核心概念。

“天地君亲师”，五权之中，天地是立法权，代表道统、民意。

天地由“士”来解释、总结。

主权在民，但不是“劳动人民”自己表达，而是“天道”“天理”来表达。

师是教化权。治权在君、教权在儒。

“士”的成员包括：“记者”（史官，朝廷官员），言官（朝廷官员，政府两大体系之一），“无官御史”学校师生，“天下无道则处士横议”的处士（无官的文化人）。

君主无权干预新闻出版，无权干预学校。

周文王为了灭商而建立“辟雍”，以“六艺”教授青年士子。

华夏文明具有了鲜明特色：“士”。

法家学派，围绕着君主利益的圆心，建议从人的劣根性出发，推行严刑峻法，把人当成动物一样管理。如同西方的马基雅维利思想一样，法家不追求公平正义，只追求现实功利。

法家文化只有在秦国那片粗粝的土地上，才能开花结果。

楚国属于青春叛逆型，文化发展自成一体。

在审美上追求瑰丽新奇，有着充沛的创新意识。

楚人喜欢筑高台，着奇服，好细腰，戴切云冠。出土的楚文物共同的特点，色彩富丽，线条流畅，造型独特，飞扬恣肆，富于想象力，出奇制胜，出人意料之外。

野蛮却是最有力的武器。

如同历史上许多时期一样，文明不再是国家的护身符。

春秋时期靠近异族的国家都强盛，腹地的国家大多国力较弱。齐国边上有莱夷，秦国、晋国边上有戎狄，楚国边上有黎族，吴国边上有粤族，这五国周边都有异族威胁，因竞争磨砺而强大，也容易“外循环”，开疆扩土。

国与国之间以杀伐为主。

楚国很难真正与中原地区融合，文化发展自成一体，站在战国文化的最高峰，选择了截然不同的道路，秦国选择虚心学习，楚国选择高冷傲娇，最

楚国很难真正与中原地区融合，文化发展自成一体，站在战国文化的最高峰，选择了截然不同的道路，秦国选择虚心学习，楚国选择高冷傲娇，最终，也导致了两个国家不同的结局。

终，也导致了两个国家不同的结局。

商鞅变法，首重取信于民。

信者，诚也。《论语》开篇，记载孔子与弟子的语录，出现六个“信”字，特别强调“信近于义”，无论人际关系，还是国际关系，相互信任是交友结盟、治民睦邻的第一要义。

成功诀窍。不是法治理论的首倡者，却是法治实践的表率。法，制度的总称，变法，就是变革传统政治体制，“法”一立，就不容动摇退缩，“虽乘舆亦不得违法而任喜怒”。

商鞅变法，绝非取消身份、等级与相应特权，而是将血统贵族体制，改造成早在秦孝公父祖辈，已在局部实施的军功贵族体制。取消的贵族特权，只是打破凭借“龙生龙、凤生凤”的血亲关系，生而富贵的寄生性世袭特权，代以军功“明尊卑爵秩等级”的特权体制。

建立军功授爵制度，论功赏罚。

秦国士兵砍下敌军一个首级，就能获得一级爵位、几亩田地以及仆人。

变法初令，似属创新，实为复古。

在《史记》中，司马迁不辞辛苦地追溯秦始皇祖先的发迹史。秦始皇祖先原是替周天子养马的家臣，靠牲畜繁殖，对付西戎有军功，拜爵封侯。商鞅以“法”，帮助秦孝公重振秦穆公霸业的光荣。

商鞅变法，法治思想与政治文化融合的典范。

土地国有，始于商朝的井田制。

中国最早的“土地国有+集体固定耕作”。

国家租给农民耕种。《商君书》记载：“訾粟而税。”

訾，量；税，地租。国家根据田亩总收入，收取租金。

“国之所以兴农战也”。

富国强兵。商鞅变法的重点，是实行“农战”政策，经济改革的核心在废井田、开阡陌，从法律上确立封建土地私有制。土地改革，极大地提高农民的生产积极性，从根本上解决军事发展最核心的问题。稳定的后勤保障、源源不断的兵员供应，以适应战国　农即战，农战结合，基本国策。

堵死“农战”以外的任何出路，勤勉地安心农耕。

减少爵位对农耕的影响。《商君书》介绍：“无以外权爵任与官，则民不贵学问，又不贱农。民不贵学，则愚；愚，则无外交；无外交别则国安不殆。民不贱农，则勉农而不偷。国家不殆，勉农而不偷，则草必垦矣。”

秦人想通过非军功的渠道获得爵位，就必须纳足够数量的粮食。国家既能获益，又不会减少民众对耕种的积极性。《商君书·农战》又规定，商人不得以私人名义买卖粮食，禁止囤积牟利，保护农耕。

在秦兵的眼里，只要砍一个脑袋就有一份功劳，会被折现为土地和官位。长平之战后白起杀了赵国40多万投降的士兵，在秦国的体制下，再正常不过。一方面，没有粮食给他们吃；一方面，人头值万金。

《商君书·垦令》十分符合时代发展的要求。商鞅制定的征税标准明确无误，一定程度上减少官吏从中克扣的可能性，官吏就无法恶意加征。国家的公信力更高，农民对国家的归属感更强。

扫码听精彩
段落音频

秦人在“做梦”，蜀人在“发财”。

此消彼长。秦国崛起之时，古蜀国却躺在“舒适区”里，惯性地忽略掉军事力量的培养，成了“温水里的青蛙”。

秦国兵民合一。

人人各自为战，农时务农，战时出征。

男人上阵下地，女人做饭洗衣。

全民皆兵。战争成了国家一切工作的中心。

措施是“农”，目的是“战”。

“农战”关系中，战争胜利的基础，是农业发展。商鞅变法优化了功勋制度，将“令民归心于农”，看作治理国家、富国强兵的第一要务，农民能够全力以赴地耕作，为战争提供最为核心的保障。

《商君书》记载：“国待农战而安，主待农战而尊，故令民归心于农，则民朴而可正也，纷纷则易使也，信可以守战也！”

相辅相成。“农战”核心在于重农富国，重战强兵，缺一不可。对内全心于农业，尽力务农，辟草垦田，多致粟帛；对外勇于作战，开疆拓土，才能成就“富强之功”。

每临开战，各地以村里乡党为单位，自带老碗干粮，自备锣鼓家使集体出征，秦国建立领功授爵的机制，为国功大者位尊，使每个秦军将士既有爱国之心，又有封侯建功之举。

战争机器。

秦国的每个人都拧在机器上，成为一颗不容松动的螺丝。

“南郑之争”，一场攸关秦国和古蜀国双方生死的重要战争。

措手不及。古蜀国靠剑门山区的葭萌关隘，暂时阻挡了秦军南下。

古蜀王集结兵力反扑。

秦国在南郑修筑城墙，秦国重兵把守，史称“秦左庶长城南郑”。

十年后的公元前441年，付出巨大代价后，古蜀国才将汉中艰难收复。

在《史记》中，司马迁记载：“南郑反。”

中国古代军事地理格局，棋盘型格局。

中原为中央腹地。

四角，关中、河北、东南和四川；四边，山西、山东、湖北和汉中。

秦蜀咽喉。汉中，对南北政权分合影响重大。

得汉中，南北一体；失汉中，南北对峙。

关中、巴蜀共享的天然门户和缓冲地，南北政权的重要衔接带。汉中为南方政权所控制时，双方往往以秦岭攻防天险；汉中为北方政权所控制时，南方政权只能凭大巴山防御。

东西延伸。西出甘肃，东贯湖北，联通长江流域。

东西横贯，比较顺畅、开阔；向南北，要翻越秦巴高山。

“得陇望蜀”。陇西地势高于关中、巴蜀，下攻二地较易。

汉水自古是沟通陇西、陕南与华中地区的水路。

与张仪同出自鬼谷子门下，同学纵横之术的苏秦，在策划“合纵”时，谈到秦国自汉中、下汉水击楚国郢鄢之地的便利：“汉中之甲，乘船出于巴，乘夏水而下汉，四日而至五渚。”

汉水，素有“千里汉水黄金道”之称。

“益州咽喉，若无汉中，是无蜀也”。汉中之险，在于联结成都、雒城（广汉）、剑阁等地，形成首尾相接的阶梯级纵深防御体系。三国之所以能“鼎立”，蜀汉就是依靠汉中与成都的连通。

汉中，夹在两大豪强中间。

命运多舛，北边是秦国，南边是古蜀国。

今天被秦国占领，明天又被古蜀国攻破。

商国与古蜀国的战争，多发生在汉中。

随后，秦国与巴国、古蜀国，多次发生冲突和拉锯战。

公元前451年，楚国势力北扩，置汉中郡（郡治在今安康）。

西守江关，以扼秦军自三峡东出之路。

秦国曾对汉水上游一带，有过几次试探性的进攻，几度占领汉中，大都无功而返。古蜀国再次凶猛地反攻。守城一方与攻城一方。

"汉中"之名，始见于史籍。尽管位于汉水上游，但"地名漂移"之称，沿用至今……

秦国曾对汉水上游一带，有过几次试探性的进攻，几度占领汉中，大都无功而返。

古蜀国再次凶猛地反攻。

守城一方与攻城一方。

高大坚固的城墙，野外的军营寨门、长短不同的刀枪、方圆不同的盾牌、战场的高大树木、双方统帅的指挥所在，军书卷轴摆在案上。双方武士，横着棱口，下颌轮廓、颞弓线条分明，显得气氛凝重森严。双方将领，脸形瘦削，眉弓突出、双目圆瞪，眼轮匝肌夸张突出，表情肃穆深沉。详实而精细，四川一收藏家一套保存完好的古蜀国玉兵阵器物，"记录"了战争场面。

无所不用其极。

除疆场上金戈铁马的壮丽豪迈，也有草庐中决胜千里之外的诡诈奇谋。

战场上，率军将领不需披坚执锐，骑马肉搏，但必须会运筹帷幄，排兵布阵。阵法运用，将领重要的基本技能。古蜀国参与的战争规模宏大，气势非凡，军事实践、军事理论都比较成熟。

"蜀有褒汉之地"。

古蜀国重新夺回汉中，划沔中（汉水上游）与葭萌地为苴国，建宗藩。

在《史记》中，司马迁又记载："蜀取我南郑。"

又再次占据优势。秦国势力退出秦岭以南。

汉中南北有秦岭、巴山两个巨大屏障，成为扫视天下的障碍，视野和发展空间自然受限，难以达到大开大合、长驱直入的军事效应。这，也决定了汉中的回旋余地有限，容纳体量狭小。

获胜的古蜀国，沉浸在骄傲中。10年大战的消耗，不愿再去冒险。收复汉中，并没有作为战略平台，只当作不毛之地。根本没有打算作为胜利的水陆“通道”，一鼓作气歼灭邻国秦人……

“远交近攻”。开明一世、二世和三世都曾经骑着战马，带着强大的军队，手持剑钺，通过强弓、硬弩和锋利的青铜兵器，在古蜀国四面八方的边境上冲锋陷阵，为发现的“新大陆”前赴后继，不断拓展自己的疆土，不仅保有“褒斜前门”，越秦岭，达到渭水平原，一直进逼到秦国都城……

“帝以会昌，神以建福”，颂词不是偶然唱起。

“攻秦至雍”。开明二世“生保子帝” 。

“保”应作“褒”，即殷卜辞中的“缶”，地在汉中褒城。

开明三世“保子帝”，即以褒为名，陕南汉中盆地一带，已全入古蜀国的北部版图……

东界已过嘉陵江，进入长江流域，势力远达鄂西的清江流域。

古蜀国强盛时期，已经具有衣冠楚楚、队列整齐、军旗飘舞、骑着高头大马、手握制式兵器的军队。玉马健壮阳刚，昂首立耳，平身翘尾，四肢刚劲有力，张口露齿，好像正在嘶鸣。

富有张力，力与美的完美结合。

马是六畜之首，古蜀国强大的军事装备。

战国以“万乘之国”“千乘之国”等马拉战车数量的多少，来形容国力强弱。君王将帅以拥有骏马为荣。周穆王拥有八骏；汉武帝为取得大宛汗血宝马，曾经两次远征大宛。

《山海经》记述的天马，“其状如白犬而黑头，见人则飞”。

古蜀时代，战车的价值就等同于现代的重型武器。成语“万乘之国”中的“乘”，指以战车为核心的“百人队”：4匹马拉兵车一辆，车上甲士3人，车下步卒72人，后勤人员25人。

在广袤的成都平原上，战车可以高速行驶，冲散敌人阵型，步兵再跟上挥戈“收割”人头。

古蜀玉器中的骑兵图案，正是古蜀强盛时期的展现。

立体“玉兵阵”，再现了古蜀战争场面。

阵法，古蜀战争中不可或缺的作战形式。

冷兵器时代的战争，并不是拿着刀枪冲上去一阵砍杀。孙子兵法中强调“六如”，“疾如风、徐如林、侵略如火、不动如山、难知如阴、动如雷霆”，就是要说明阵法操练的最高境界。

强大的军队，除要能够把阵型排得整齐之外，还要做到行军时阵型不乱，面对强敌冲锋的时阵型不散，进攻敌军时迅速而阵型不疏。面对不同敌情、地形时，阵型能够快速变换。

强行突击。锥形阵，古老的阵法，前锋如锥的战斗队形，必须前锋尖锐迅速，两翼坚强有力。通过精锐的前锋在狭窄的正面攻击敌人，突破、割裂敌人的阵型，两翼扩大战果。

雁行阵。模仿大雁飞行编队的一种阵法。骑兵的雁行阵，用于快速突击对面敌人的两翼薄弱部位，步兵往往用雁行阵克制敌军的正面冲击。先用横阵面对敌军冲锋面，迅速展开雁行阵。

马其顿方阵，在古代西方军队中最有名，由4 096名步兵组成战斗方阵，每一个方阵都可以独立作战。方阵中步兵携带长约4米的马其顿长矛、一个直径0.7米的圆盾。

精髓在于士兵同心协力、齐头并进。

临阵脱逃者，会受到最严厉的惩罚。

民间收藏的另一幅特大圆形阴刻古蜀文化石板画。

有短兵相接，搏斗厮杀、人和马中箭倒地的画面。

有城墙口守卫站岗、士兵整队待发的画面，还有挑水、煮饭、休憩、习武，以及由长官带领众人双手高举牙璋，跪向纵目大耳人面具，祈求保佑的画面等。

画上共涉及各种人物92个，牛、马、鹿、象、鱼、鸭等近20个，还有多幅表现中国最早渡河工具独木舟的画面。圆形石板画背面，阴刻的一条龙。

在押送俘虏、抬运伤员的玉版画上，有古蜀国人拉弓用箭，射天上的鸟、太阳的图案。

古蜀国的各种形状的箭簇，一个共同特点，在于箭簇底部形状为正三角的倒刺。

让敌方人马被射中后把箭拔出时，会扩大创口面积。

水战，场景壮观。

1965年，成都百花潭出土战国时期的嵌错采桑宴乐射猎攻战纹铜壶。从铜壶画面第三层刻画中，古蜀国激烈的战争场景，攻城之战惊心动魄。

横线代表城墙，斜线代表云梯。守城的一方，有弓箭、礌石、长戈、短剑等；攻城的一方，有云梯、长矛、长戈、短剑。攻的一方处于下风，有的已身首异处，有的从云梯上摔了下来。

图像珍贵。春秋末期，水军是刚形成的新军种。

两条对攻的双层战船上，飘扬着战旗。

左船的战旗，用织物制成，旗上的圆点，表示着最高指挥官的级别。

右船的战旗，用鸟羽修剪、编缀而成，称为旌旗。

上层的士兵正在厮杀，手持长兵器的或刺或钩，持短兵器的近体肉搏。

右船有泅水的士兵，伺机破坏敌船或登敌船格斗，夺取敌船。

左船尾部有人擂鼓助战。

先秦时，称水战用的楼船为“楼舡”。

秦代，称水军为“楼船之士”。

手握制式兵器的骑兵。民间收藏多匹古蜀文化的玉马，或昂首嘶鸣，或低头沉思、或奔走、或静立，马尾或下垂，或打结，皆表现出生动华丽且充满活力的神态。

玉马大都体型丰硕，骨健肉丰，四肢轻捷，小耳小眼，机灵明敏，洋溢着神骏之气，放射出刚烈倔强之威。

玉马通高35.4厘米，长32.5厘米，造型肥硕，臀部大，颈部宽，眼部多刻成三角形，眼睛圆睁。这样的细部镌刻，显示出马的内在精神和韵律，体现了古蜀国繁荣昌盛的景象。

古蜀王出征时骑兵护卫队，当时的战争场景。

马既是战场上的勇士，又是生活中不可缺少的交通工具。

战场信息的获取与传递，主要都是依靠骑兵来完成。

由骑兵进行侦察活动，将侦察的情况回报主帅。主帅根据侦察到的情况，得出下一步采取何种行动的判断，再派遣骑兵传达命令给分散在各地的军队，各支军队再根据命令进行相关的行动。

骑兵还能“遮其粮食，绝其军道”，“败其津关，发其桥梁”，破坏敌军物资运输的通道、毁坏重要的桥梁道路，获取战场交通的主导权，决定在何时何地对敌军开始作战。

“败其携带，出其不意”。

“掩其不备，卒击其未整旅”。

甚至，还组建“特种部队”：战象。

象的庞大体积、重量优势，被广泛使用于古代世界的战场上，包括波斯、埃及、塞琉古、安条克、帕特亚、斯里兰卡，甚至中古欧洲查理曼、腓特烈的战争中，都有战象的使用。

战象骑兵，广泛分布于古代欧亚、北非的常见兵种。《亚历山大远征记》记载，印度人用200头战象配合300辆战车、4 000名骑兵与3万步兵，阻挡号称“世界征服者”的亚历山大的军队。

大象广泛见于上古时代的中原。大舜“象为之耕”，舜将大象用于耕田。甲骨文中常见“获象”的记载，最多一次捕获了250只野生象。经过驯化，野生象就能广泛投入使用。

殷商在修建宗庙等大型工程时，使用驯化的大象，搬运木材等建筑材料。

顺理成章。既被用来耕田、运木材，也被用于战争。

周公东征，驱赶商人的战象部队，创作了《三象》乐舞作为纪念。

春秋晚期，楚国还用大象攻击吴军。到战国时代，野生象逐渐绝迹，《韩非子》《战国策》中只提到“死象之骨”“白骨疑象”。战国初期的中原大地，只剩下大象的骨头遗迹。

比中原地区纬度更靠南的成都平原，存在野生大象。

成都金沙遗址象牙本地所产。根据古代文献记载，当时的长江流域、黄河中下游地区，都有大象存在。晚于古蜀国2 000多年的三国时期，诸葛亮征南中，就用大象作战。

古蜀国各大氏族、部落之间或联盟、或争斗、或迁徙，中途没有停息过。

古蜀发展史，就是古蜀人为了生存与发展的战争史。

战争只是一种政治行为，古蜀国王以其政治智慧制定的政策。大部分战争并非贸然发动，战争前，双方必然都经过精心策划，考量各种后果，才做出决策。战争里存在着理性的因素。

统治者的政治目的，决定着投入战争的力量，决定着宣战、媾和的时机。

偶然性与必然性，也此消彼长。

政治目的达到，就意味着获得实质性胜利。

古蜀国与变法前的秦国、甚至是变法后的楚国交战，并不吃亏，甚至还一度占优。

奴隶制发展，已是强弩之末。

因循守旧。“古成都人”没有变法，固守富饶的成都平原，也没有走上封建制的道路，与楚国交战，竟能旗开得胜，一度还咄咄逼人。南郑抗秦，东征楚国，多为被动的“反击战”。

中国以外。在“田氏代齐”的前475年，波斯就已成为一个疆域远超秦朝的世界帝国，控制面积曾达560万平方公里，波斯王薛西斯一世，就在都城修建“万国之门”，用于接受万国朝拜。

波斯灭亡了刚刚兴起不久的新巴比伦王国。

最早的“超级大国”。征服战争早期，波斯帝国便以四大都城——波斯波利斯、苏撒、埃克巴坦那和巴比伦为辐射中心，建立了四通八达的驿道网。军队打到哪里，道路就几乎就修到哪里。

波斯北方是游牧世界的一部分，而不是另一个“天下”。

「古成都人」没有变法，固守富饶的成都平原，也没有走上封建制的道路，与楚国交战，竟能旗开得胜，一度还咄咄逼人。南郑抗秦，东征楚国，多为被动的「反击战」。

天佑大秦。

秦国变法期间，山东六国之间，拳打脚踢，打得难解难分；古蜀国安居乐业，自娱自乐，正好为秦国提供战略安全期，就像蜕壳的夏蝉一样，在最为脆弱时，顺利地进行一次大蜕变。

东出函谷，表明秦国对华夏正统身份充满渴望。

摆脱西部戍边人的角色，秦国君王为此日思夜想。

欧洲南部战火连天。

公元前338年，希腊各城邦为马其顿所败，失去独立地位。

公元前334年到公元前324年，亚历山大东征。

马其顿军横扫波斯、两河流域。亚历山大率军孤军深入，以进攻为主，连续战斗，进行了数以百计的抢渡江河、围城攻坚，以及山地、沙漠地和平原地作战，多次以速决战胜优势之敌。饱含血与泪的战争。

亚历山大最后战胜并统治波斯帝国，两河流域的政治文明中断。

文明失去存在的条件。楔形文字，渐为外来的希腊文所替代。

打波斯时，秦国已经攻取义渠国，后方基本稳定。

打印度时，开疆拓土，领土、人口都大幅度增加。

对中国，亚历山大不敢轻举妄动。

通过“西北走廊”打来，沿途补给线太长，天文数字的补给运输消耗；跨过喜马拉雅山脉、青藏高原，高难险阻，难以逾越；从阿富汗转入新疆，在草原上就会被再次崛起的匈奴干掉。

记忆犹在。公元前1220年，“鬼方”成为商朝奴隶。

尝试文明共存。东西方在经济、文化上的接触，由偶然地接触发展，到经常性的广泛而深刻的交流、渗透、碰撞，加深了希腊文明、古巴比伦文明、古埃及文明及古印度文明的交流和融合。

很多希腊人来到东方，或随军、或经商、或做官，甚至以移民的身份居住。

不断在东方土地上扎根萌芽，希腊文化结出灿烂果实。

希腊的文化与科学，几乎在各个领域都处于领先地位。

对欧洲和东方深远影响，史称“希腊化时代”。

秦国君臣同德。一手烂牌，经过秦孝公和商鞅二人，勠力同心，在山东“打群架”无暇顾及、古蜀国“内循环”之际，逮空重洗，换得一手好牌，并将牌打得美轮美奂，如行云流水。

“明法度，定律令”。

以法为治，以吏为师。

整个社会形成“贪狼强力”的风俗。

虎狼之师。秦军以“耕战”为核心，战术不择手段，破坏周朝的“战争法”“战争公约”，狼性在战争中放大，以服从命令为天职，没有任何借口，断绝生路，只能激发狼性。

在经常吃不饱的古代，没人会有心思健身保持身材。秦国有“啤酒肚”的将军，基本都是身份地位的象征，有肉吃有酒喝有屋住，长期的滋养才能出现的“啤酒肚”。

爵位越高，在部队的伙食也不一样，普通士兵一般只能满足温饱，英勇杀敌的士兵，不仅米饭管够，还不定期供应各种肉类，那些大腹便便的士兵，都是战斗力极强的战场猛将。

古代选拔士兵和将军的标准是：“弓马娴熟，膂力超伦”。

武艺高超，力大无穷。

就连徒步周游列国的孔子，也是个胖子，力大无穷。

《吕氏春秋》中记载：“孔子之劲，能招国门之关”。放到现代同样适用。世界大力士比赛中选手，各个虎背熊腰，完全没有腱子肉，比拼的项目也是丢圆木、拖卡车、举大石等。

在古代，战场上腱子肉并不实用，比拼的是力气。

实力体现。将军画像，无一例外是虎背熊腰的典型代表。

秦国君臣同德。一手烂牌，经过秦孝公和商鞅二人，勠力同心，在山东「打群架」无暇顾及、古蜀国「内循环」之际，逮空重洗，换得一手好牌，并将牌打得美轮美奂，如行云流水。

力气，古人战斗力的重要衡量标准。《宋史·岳飞传》记载："生有神力，未冠，挽弓三百斤"。未冠，指还没到20岁，就能拉开将近175公斤的弓箭。最低标准，作为一个将军。

楚霸王能够担任扛鼎，以现代的重量换算，鼎将近200公斤。

古文献记载：夏桀"能伸钩索铁，手搏熊虎"；殷纣"能倒曳九牛，扶梁换柱"；明将刘綎"所用镔铁刀百二十斤，马上轮转如飞"等，战力超群的最佳表现。

先入为主。以"八块腹肌"，看待古代官兵的身材而判断战力。

与现代高科技的战场相比，更看重士兵的实战能力，长时间的鏖战中，挺着"啤酒肚"的胖子，往往能坚持到最后，不少士兵不是被武器致死，而是被恶劣的环境、自身体能不足导致。

如今，崇拜健身肌肉，以健康为主，古代以杀敌制胜为主。拥有"啤酒肚"，军官的真实写照。"左手奋七尺大刀，右手执丈八蛇矛"的陈安，也挂着气派无比的"啤酒肚"。身份地位的象征，为实战为练就的身形。

张仪、司马错，狼性文化的典型代表人物……

利用关中平原的发动机，源源不断地向战争机器的供输能量。

让秦国在战争的红利中，停歇不下来……

战国七雄，从公元前656年到公元前357年，在160场国际大战中，秦国只发动过11场。但是，从公元前356年的"商鞅变法"到公元前221年，在96场国际大战中，秦国发动了52场，取胜48场。

楚国，秦国"变法"前的30多年，就任用吴起，进行"变法"。已为"只是近黄昏"的楚国，注入新的生命力，"军舍林中，马饮于大河"，再次成为决定群侯争霸格局的“超级大国”。

洪流之势。“变法”使两国强盛。

固步自封。版图庞大，给“古成都人”带来心理上的优越感。

唇亡齿寒？“变法”已经卓见成效的楚国，要拿巴国试刀。

大军挥师西进，占据邻居巴国的大片领土。

巴人在江关（今重庆奉节）、阳关（今重庆长寿）、弱关（今湖北秭归）一连布置三道防线与楚军对峙。公元前361年，“楚自汉中，南有巴、黔中”，巴人的东方大门向楚敞开，无险可守。庞大的战车队，在江汉平原上冲驰酣战时，在三峡的峡谷沟壑间，巴国军队仍然依靠强健的四肢，翻山越岭，跨江涉水，勇士更多的是用血腥的搏杀，延缓消亡的时间……

奉节以东尽入楚之版图。

城门失火，殃及池鱼。

“古成都人”仍然在富裕、安逸的梦中，没有苏醒。

两面树敌。军事上，秦国、楚国对古蜀国，都占据“地利”。

秦国对成都平原，一直有强烈的占有欲。采取硬攻，只能事倍功半。想发起战事，首先要打通进山道路，秦惠王使用一条妙计后，又精心设计了金钱、美人之计，仍然无济于事……

交通便利。纵横交错的道路，从成都平原腹心，向四面八方延伸，唯有出川之道，异常艰难。东川路、巴岭路，通向偏远蛮荒的东南方，东北方向连接着先进发达的中原文明。

为了秦蜀两国的经济交流，古蜀国开辟古金牛道，连接褒斜道。

褒斜道，沿汉水支流褒水两条河谷而成。斜峪口，在陕西眉县之南，褒谷口，在汉中褒城以北，故名褒斜道。古代由长安去汉中，先入斜谷，后入褒谷，也称斜谷道。全程249公里。

褒斜道南端，汉中褒河镇。褒河，陕南的一条河，以美女——周幽王的爱妃褒姒而闻名，即“烽火戏诸侯”里“一笑倾国”的美丽而幽怨的“冷美人”。褒姒，汉中褒河人。

栈道南端是叫小石门；北端，叫大石门。

汉中盆地，北望关中，南通巴蜀。

蜀道的核心地带，秦人入蜀，蜀人入关的必经之所；连绵无尽的山地中，一小块被汉江浇灌的沃土，让汉中成为微型的“成都平原”“天府之国”。

既是举兵入关的“咽喉要地”，还是屯兵休养的“后方粮仓”。

张良送刘邦入汉中时，指出此地平原广阔，利于农植，可休养生息，为楚汉争霸保存实力。萧何也以为，“语曰天汉，其称甚美”，可“养其民以致贤人，收用巴、蜀，还定三秦，天下可图也”。

韩信与汉高祖君臣在汉中相会，指出“楚必亡、汉必兴”的道理。

“南郑之争”，战略上与三国曹刘之争，区别不大。

《读史方舆纪要》记载：“褒斜之道，《禹贡》发之，而汉始成之。”

《禹贡》记载，大禹治水既排洪行潦，治理水患，又建立水陆交通线路。

导山导河。“岷山导江，东别为沱”。

发源于岷山的岷江，流入成都平原后南，向川南的宜宾，汇入长江。

“江沱”的进水口，在今都江堰南马尔墩。“江沱”首受岷江后，东行经徐埝河故道，东注于毗河，向东直入金堂峡，汇入沱江。沱江尽管源于龙门山，水源的相当大一部分却来自岷江。沱江自西向东，流过成都平原、龙泉山地，向东南于泸州注入长江。

潜水，“一在巴郡宕渠县，一在广汉郡葭萌县”，即今嘉陵江支流渠江与在今广元境内流入嘉陵江的支流。大禹时期在四川盆地的治水活动，主要集中在岷江、沱江与嘉陵江流域。

古金牛道在成都平原所经过的路段，正是岷江、沱江流域。从成都向北，进入绵阳、广元地区后，主要穿越的就是嘉陵江流域；甚至，大段大段地直接利用嘉陵江河谷，为主要路线的通道。

今嘉陵江上游诸水，是时连通今汉江。

《山海经》记载：“又西三百二十里，曰嶓冢之山，汉水出焉，而东南流注于沔。”嶓冢之山，《禹贡》中的“嶓冢”。沔（水），上古时对古汉水上游河段，甚至整个汉水的别称。

“陈仓道”的前身。《禹贡》记叙，大禹带领古羌部落联盟到中原地区，通过这条水陆交通线路，先乘船顺桓水而下，然后，转入今陕西宁强阳平关附近，至四川广元白龙江口的嘉陵江河段，经过古汉水上游，再进入渭河水路、黄河干流。秦以降称“故道”。

故道，老路、旧道之意。

古金牛道一线，跨越岷江、沱江水系，沿着嘉陵江河谷北上，同步形成。

一条南北向的文化交流渠道，围绕民族迁徙的“藏羌彝走廊”网状交通线。天成的古嘉陵河谷走道，连接成都平原与汉水上游地区的通道，后世所称的金牛道是网状路线之一。

“攻秦至雍”，要有道路。

这条古道，就是原始的秦蜀栈道。

《水经注》引三国来敏《本蜀论》记载：秦惠王欲伐蜀而不知道路，刻石牛五头，尾下置金，扭动机关，金便泄下，谎言牛能便金，赠送蜀王，要蜀王自派人去取。蜀王上当。

《华阳国志》等，亦有类似《本蜀论》的记载。

石牛道、金牛道之名，皆源于此。

石牛道自褒谷口向西南，经汉中留坝县、勉县烈金坝（金牛驿）、宁强县五丁峡（金牛峡），再经广元昭化古城，溯剑溪，经剑门关、普安镇、武连驿、梓潼县，西达成都金牛坝。

在广元市的昭化以北，说法异同。

两种说法。自昭化溯嘉陵江上游，经广元、朝天驿、七盘关入陕西宁强；自昭化溯白龙江，经古白水（治今青川沙州镇），再溯刘家河（金溪河），经青川营盘乡五里垭，进入陕西宁强。

第二种说法，真实可信。

白龙江栈道为圆孔，嘉陵江上游栈道为方孔，前者更原始古老。

嘉陵江，古称“漾水”，西汉前直入汉江。两汉时，漾水在陕西宁强阳平关以东发生袭夺，才进四川，成为蜀北比白龙江更大的河。漾水发生袭夺前，广元以北不具备建石牛道的地理优势。

行政区的设置总以交通、经济流向为基础。

白龙江下游乔庄河口、金溪河下游，在公元前201年已置白水县，广元在公元390年才置兴安县。

亮丽地段。广元段，由北至南依次有：沿白江龙而下的白龙湖、古白水遗址、马鸣阁道、诸葛亮造木牛流马的木马山、鲁班峡、飞鹅峡，跨嘉陵江上下游分界的昭化古城，溯清江河的千年古镇宝轮院、剑门关、剑门七十二峰、翠云廊、古剑州、武连驿等，神奇的历史与故事。

也是通向九寨沟、唐家河的最佳路线，出川北上甘肃的必由之地。

大禹与古羌部落联盟、古蜀族部落联盟，最早开辟这条道路。

河两岸的岩壁上，凿有一条难容双脚的鸟道。

在险峻处，排列着钻凿的小石窟。

“古成都人”重视修建道路。

异常醒目。越封闭，越有向外探索的精神向往。

交通便利。纵横交错的道路，从成都平原腹心，向四面八方延伸，唯有出川之道，异常艰难。东川路、巴岭路，通向偏远蛮荒的东南方，东北方向连接着先进发达的中原文明。

开辟“古金牛道”。

打通从蜀至秦的信道。

古蜀国动用上万的“古成都人”，采用“沿溪河成路，岭横越垭，陡峻盘旋，险绝而栈”的方法，以血肉之躯犯险，遇山则火焚水激打洞，逢涧就凿洞插木成栈，每条古道的开通，都是壮士喋血浇筑而成的天路，每一次的跋涉，都是惊心动魄的历险。

以开明十二世麾下的“五丁”为基本单位，组织的一支精锐“特种工程兵”，攻坚克难，几乎承担了古蜀王国所有的艰巨劳役，逢山开道，遇水搭桥，担土运石，伐木聚沙。

“五丁”带有半军事化性质。

“古成都人”有尚“五”的观念，故“五”为编制。

“特种工程兵”，一个个高大孔武、虎背熊腰，臂力过人。

经褒水、嘉陵江，凿通龙门山脉与秦岭山脉。

南段起点，成都金牛大道的营门口。

北段起点，陕西宁强的金牛峡谷。

匪夷所思。凿石筑路，在龙门山脉、秦岭天堑的绝壁沟壑间，工程艰险，耗费巨大。

从北至南，陕西境内有金牛峡、五丁关、西秦第一关等；经黄坝驿入蜀，有七盘关、清风峡、朝天关、明月峡、石柜阁、葭萌关、剑门关等。白龙江一线，还有白水关、飞鹅峡等险隘。

一路上，雄关当道，险隘叠起，云栈连绵，恶水滔滔，行旅之人无不望而生畏，行之胆寒。葬身于险崖恶途、失命于狼虫虎豹者，不在少数，“蜀道之难，难于上青天”名副其实。

许多山体石英石岩质。硬度仅次于钻石的天然矿产，在莫氏硬度标准中，硬度数值达到惊人的7.5，远高于不锈钢5.5的硬度值。即便如今的钢制工具，也难在石英岩上留下痕迹。

没有炸药、机械钻头，何以开凿出如此整齐划一的栈孔？

“火焚水激”。用柴火，把山体烧透，河水来激。热胀冷缩的原理，山体自然地剥落。“古成都人”的智慧穿越2 500年的时光，在智能手机的现代人面前，展示了我们早已忘却的光辉。

史志没有记载修路工匠们的名字，殚思竭虑的开路方法已成为传说，倾尽心血所修筑的栈道也已随时间流逝而逐渐消逝。但近乎“愚公移山”的“五丁精神”，却永远不会，也不该被忘却。

“穷则变，变则通，通则久”。

长城精神在“围”“堵”，以大围墙姿态，拒绝外人进入自己的“家园”。

“修路拆墙”。“五丁精神”相反，象征延伸、沟通与发展，有了解外面、走出去的内涵。互联互通，修自己的路，走自己的路，也让别人有路可走，实际倡导了“一带一路”。

一路上，雄关当道，险隘叠起，云栈连绵，恶水滔滔，行旅之人无不望而生畏，行之胆寒。葬身于险崖恶途、失命于狼虫虎豹者，不在少数，「蜀道之难，难于上青天」名副其实。

中国之中，不在天下之中，而是文明之中。

越南冯原和成都平原相隔不远。

金沙城到越南河内，1 000 多公里。

用「成都模式」来治理。

「古成都人」积极地将成都平原实践多年的农耕灌溉技术传入红河三角洲。靠摘果子、打猎为生的土著部落，为了能够过上相对轻松的生活，开始走出丛林，加入了「古成都人」行列。

「瓯雒国」重复上演「箕子朝鲜」的故事。

「把成都少城搬到广州」。「泮溪」上的行宫，古成都城「少城」中一个「社区」的规模，模式也与「蜀王宫」的规制相同，纵横二三公里。麻雀虽小，五脏俱全，一国国都该有的都有。

文明世界从东向西，第一次「联通」。

中华史上「最大规模的移民与征服」行动启幕。

第九章

有去无回的文明出访

不畏艰险。

“五丁开山”，迎难而上。

在送他们喝壮行酒、高唱战歌，挥泪北上出城的路边，“古成都人”在等他们的英雄回来……

等来的却是不断的死讯。

开明十二世亲自祭拜亡灵，给英雄塑像，厚待壮士家属。后人为纪念他们，将送别壮士的路命名为“五丁路”，将架在河上的桥，命名为“五丁桥”，铭记古蜀先烈不畏牺牲、开天辟地的创业精神。

地名，现在还保留着。

多样立体的格局。

纤夫道、水道、飞鸟道、驿道、栈道。

在悬崖上打洞，工学原理先进。

蜀道，多样立体的格局，纤夫道、水道、飞鸟道、驿道、栈道等。栈道多沿着河岸，在悬崖上打洞，工学原理先进。栈道，功效相当于如今的高速公路，现存世界上最早的国家级道路。

可与万里长城、都江堰水利工程、大运河媲美。

修建与使用，都堪称一条绿色环保的高速公路。

智慧结晶。世界上规模最大的交通历史博物馆。

建城的“古成都人”，以血肉之躯犯险，遇山则火烧水激打洞，逢涧就凿洞插木成栈，每一条古道的开通，都是壮士喋血浇筑而成的天路，每一次的跋涉，都是惊心动魄的历险。

改变着成都平原，也创造着丰富的文化遗产。

沧桑、雄奇之美。从来文人多入蜀，芳树晴岚流诗韵。美学上的崇高之美，吸引数不尽的文人、诗人书写、创作，由蜀道激发的创作灵感，演绎了许多千古流传的动人故事、诗词歌赋。

漫长的历史浓缩，层叠的文化传承，都微缩在空间断面上。

正是不愿被环境束缚的秦巴山区的秦人、巴人、蜀人与“古成都人”，才更加血脉贲张地想冲破现实的枷锁，启发了埋藏于意识深处的智慧潜能，修建了那一道道疏通发展之途的蜀道。

离现在“五丁桥”不到200米，就是蜀王城。

大名鼎鼎。公元前347年，开明九世召拢继续沿“藏羌彝走廊”高山谷地、一路延展而下的古羌人，赶着牛羊，与洪水灾害中幸存的建城的“古成都人”一起，在武担山以南，再建蜀王城。

城区最高地标。比周围高出30至50米，长100余米。

成都城的“龙脊”。城区最高之地，少城的中轴线，由北往南向的长顺上街，以武担山为“靠山”，以红照壁为“案山”，上连凤凰山、下接开明王府，将山川风水格局形表于大城内。

“龙脉”在武担山，延续至今。

一段美丽的爱情故事。

《华阳国志》说：开明九世颇会享乐，修过以珍珠为帘的七宝楼、鹦鹉舟。传说雍州之域的武都有“山精”，化为年轻女子，美背、侧颜，貌美如花，蜀国的美女也难与之相媲美。让人神往。

让人远离成都。武都，在甘肃省成县以西的边远小城。

开明九世把她接到成都，纳为妃子。

宠爱有加。写了一首《东平之歌》取悦。

红颜薄命。王妃不习水土，哀怨地离世。

临终，紧依蜀王难舍难分，又非常思念家乡，要求蜀王以故土、故物陪葬。

伤心欲绝。多情的开明王九世，又作《臾邪歌》《龙归之曲》悼念，焚香烧烛，祷告上苍，“还我妃来”。为用王妃家乡的泥土建墓，派“五丁”到陇南山区，千里迢迢地挑土回成都。

蜀王妃墓高大如山。以家乡用过的石镜一块置于墓前，又以本地泥土将墓堆，叠成了一座小山，高度不亚于后来的皇陵，超过附近房屋的屋脊。后代称为武（五）担山，或“五担山”。

“唐初四杰”的王勃，在《晚秋游武担山寺序》中说：“鸡林俊赏，萧萧鹫岭之居……”鸡林，指佛寺，盛赞秀丽，说这一带如佛所居的鹫岭，竹树萧萧。

武担山的“石镜”，古蜀王妃的墓表，圆形光洁，半埋土中。

杜甫喻为“月轮”，薛涛比为“妆镜”。

古人曾称“蜀镜”，后人称为“史镜”。

“大石文化”。建城“古成都人”灵魂与石砌建筑灵魂的共同载体。

开明九世还修一座西楼，登楼“北望”，隔空遥寄相思。

“开明谱歌醉酒悦美人，王妃抚琴望月思故乡”。在《成都古今记》中，赵抃记载：“望妃楼亦名西楼，闻明妃墓在武担山，为此楼以望之。”首次记录成都“西楼”的出典。

“天府蜀都”。在北宋名臣中，“琴鹤先生”赵抃，在成都平原总共生活9年，五往四入，与成都关系最为密切，以“法治与德治”双管齐下，三度治理成都，名副其实的成都“老市长”。

“雪山下的公园城市”形象的树立，萌蘖于宝墩文化时期，存续于三星堆年代，发展于北宋中期，时间历程正与中国国家精英集团的时代精英，从封建集权离心而出，返回自身，徜徉山水，释放自身诗性精神的历程相吻合。

爱情平等。率先垂范，古蜀王公开发布情书。

中国最早“西楼意象”起源。最初似为实指，慢慢沉淀为泛指伤心地，成为诗词创作中的一个“意象”，不再是实在的楼宇。使“西楼”的意象逐渐虚化，形成具有一定虚拟时空的“西楼情结”，被诗人、词人们反复应用。把逼仄的传统“西楼”空间，立体拓展到“意象”空间。

刘备“称帝于武担山南一百二十步”。

诸葛亮大兴土木，“营南北郊于成都”，在武担山附近营建蜀汉宫城，“列绮窗而瞰江”，借成都城北墙，为宫城南墙，借成都城北门，为宫城南门，与成都城保持着可分可合的关系。

原古蜀国开明王的宫殿区。

中国仅有的三个政治中心之一。

武担山，现位于江汉路西部战区司令部大院内。

“小富即安”。古蜀国的鼎盛和不再进取，也意味着危机临近。

古金牛道基本打通之时，一场灭顶之灾，又不期而至。

公元前300年左右，龙门山区发生了一次与"5·12"汶川地震同等规模的地震。

记忆犹新。前700年左右，"金沙城"遭受特大洪水袭击。

巧合。西周和东周更替。

川茶第一个成为西周王室的贡品。

东周迁都，贡品川茶自然被送到河南洛阳。

山崩地裂。山崩"壅江"，海子溃决。

地震引起山洪泥石流，岷江两岸山体滑坡，河道堵塞，河床提高，引起断流。再一次形成堰塞湖，堰塞湖溃坝后，"巨浪滔天"，再次冲入成都平原。洪灾后瘟疫流行……

十二桥。人烟辐辏、房屋密集的温馨聚落，古蜀人在带回廊、铺设有木地板的建筑中，尽情享受着原始粗犷的生活。预料到洪水迟早要来，在房子下面打埋木桩，以抬高房屋的居住面。

"巨浪滔天"。

席卷整个壮丽建筑，又慢慢地退去。

逃走的"古成都人"，回到居所一望，只见满目泥沙，一片荒凉。

荒芜人烟。有的还沦为墓地。

他们，呆呆地伫立在远处，叹息一声，转过身，走了。

洪水带来的草籽树根，又在遗址上生根发芽。

当洪水以排山倒海之势袭来时，任何远古文明都会颤栗。

大灾之后，成都平原往往发生大瘟疫。

公元前1099年，发生的地震引起山崩、滑坡堵江，进而引起古岷江改道，导致三星堆文明的消亡和金沙文明的传承，以及杜宇时代的严重水灾。

成都古城镇迁移，最大因素是山洪泥石流

成都城的「龙脊」。城区最高之地，少城的中轴线，由北往南向的长顺上街，以武担山为「靠山」，以红照壁为「案山」，上连凤凰山、下接开明王府，将山川风水格局形表于大城内。「龙脉」在武担山，延续至今。

灾害。

毁灭时代，与区域大地震的时代吻合。

金沙遗址被公元前300年左右，龙门山区地震引发的山洪泥石流所毁灭，与2 600年—2 300年前的区域大地震重叠。洪水后的次生灾害，瘟疫流行，大多数人死亡，生产力大大下降，国力衰减。

遗址坑里，大小不同的泥石颗粒散落，象牙杂乱地分散着，还掺杂泥沙，有着山洪冲击造成的“洪痕”、古河道乌木。在“梅苑”内，已经出土6 000件金器、铜器、玉器、石器等礼器，发现被泥沙掩埋的大量象牙、野猪獠牙、鹿角等。

灾难惨烈。“金沙城”被洪水毁灭，“十二桥”被泥沙湮没。

命运相同。与4 500年前被洪水淹没的良渚文明，如出一辙。

次生灾害。洪水之后，成都发生大瘟疫。

许多异兽怪鸟，是灾害的代名词。《山海经》记载：“有兽焉，其状如禺而四耳，其名长右，其音如吟，见则郡县大水。”如旱魃、絜钩、跂踵等。

“絜钩”，瘟疫的代名词，长得像鸭子，却有老鼠一样的尾巴，擅长攀登树木，哪里出现，哪里就有瘟疫，就有灾难。《山海经》记载：“又南五百里，曰山，南临水，东望湖泽，有兽焉，其状如马，而羊目、四角、牛尾，其音如嗥狗，其名曰莜莜。见则其国多狡客。有鸟焉，其状如凫而鼠尾，善登木，其名曰絜钩，见则其国多疫。”

“絜钩”，鼠疫和禽流感，发生在成都平原。

霍乱病。《山海经》还记载：山上生长着一种怪兽，它的形体同牛很相似，但头是白色的，长着一只眼睛，有蛇一样的尾巴，它名叫“蜚”。这是一种不祥之兽，它从河水与水泊中渡过，河和泊就会干涸；它从草丛中越过，草木就会枯死。只要它一出现，天下就会瘟疫流行。

青耕御疫。堇理山中有一种鸟，状如鹊鸟，长着青黑色的羽毛，鸟喙为白色，眼睛和尾巴也是白色。这种鸟，叫作“青耕”，可以抵御瘟疫，经常“青耕、青耕”地鸣叫。

后世，这种传说演变为“灵鹊报喜”的神话与信仰。

复州山，“山中飞翔着一种鸟，状像猫头鹰，却长着一只脚，生着猪尾巴，名字叫跂踵，一种不祥之鸟，如果它出现，全国就会出现大瘟疫”，可能是天花病。

从《山海经》可知，古成都平原多水灾、瘟疫。

北宋《舆地广记》记载：“犀浦县，属益州。李冰作石犀以压水精，穿石犀渠于江南，命之曰犀牛里。县取此为名耳，不在其地也。”

李冰从“古成都人”那里学到知识，受到启发。

“古成都人”屡次面对大规模传染病，从未失去过信心，不仅根据生产、生活经验，对疫病的传播媒介进行合理猜测，也根据社会管理经验，试图对疫病的发生与传播进行管理，进行各种预防、控制方面的尝试，具体措施包括：顺应节气、用巫术进行精神控制、注意公共卫生、派遣医生巡诊与无偿施药、处理尸体、病人隔离等。

初步掌握了一些比较有效的防控、治疗的方法。

瘟疫，由于一些强烈致病性微生物，如细菌、病毒引起的恶性传染病，常见的有鼠疫（黑死病）、天花、霍乱、流感、痢疾等，还有大头瘟、羊毛瘟、疙瘩瘟、吐血瘟等。

《蜀志》记载，三种瘟疫盛行：大头瘟，沾染的人脑袋肿胀，大到像米斗，头发变成暗红色；马眼睛，患者发病后双眸肿痛，直到眼珠溃烂掉落；马蹄瘟，发病后患者从膝盖到脚趾奇痒难忍，直至肿胀成为马蹄状。三种病皆为绝症，中者无法救。

瘟疫流行，中国各个时期死亡人数惊人。

殷墟甲骨文，已有“虫”“蛊”“疟疾”“疾年”等文字记载。

“疫”在中国古代文字学中，指“瘟疫”。

在《尚书》《山海经》《左传》都出现、使用。

三千多年前的商王，都怀疑自己被传染瘟疫。

疑似瘟疫的甲骨卜辞，出自1971年中国社会科学院考古研究所安阳工作队，在殷墟小屯西地发现一个灰坑中的牛肩胛骨上，原文是：“乍 （疫），父乙 ，妣壬豚，兄乙豚，化口。御众，于祖丁牛，妣癸卢豕。”它说的是，疫情突发，为众人祛除疠疫举行一系列祭祀先人的活动。

两辞同卜。大牛肩胛骨卜辞：“乍疫一御众。”

“疫”，“民皆病”之意，描述传染病（疫）不能有效控制。

世界上最早的关于瘟疫的文字记载。

殷商时期，中国已出现过多次致命的传染病的流行，都得到上层的充分重视。

甲骨原文中“疾”字，写作一个“人”字，加一个“爿”字，爿就是

「雪山下的公园城市」形象的树立，萌蘖于宝墩文化时期，存续于三星堆年代，发展于北宋中期，时间历程正与中国国家精英集团的时代精英，从封建集权离心而出，返回自身，徜徉山水，释放自身诗性精神的历程相吻合。

床。意思是，人躺在床上，人字四周还有代表汗滴的点，意思是，病人在床上发热、出汗，无法动弹。

记载商王武丁出现耳鸣现象，重大事件的预兆，或是祖先的提示，或者惩罚。

武丁自己进行占卜，多次给祖先献上几十，乃至上百头羊作为祭品。

殷商时期，病疫瘟疾猖獗，有非理性的“御疫”、殴驱疫鬼“宁疾”，以求“御众”消除疠疫的巫术祭祀活动，通过国家行政防控应对手段、社会群体群防形式、个人的锻炼活动等，理性实施疫情防控应对措施。此外还有隔离防疫、禁止谣传、熏燎消毒、药物医防、饮食保健、洒扫居室、环境清洁卫生、刑罚惩处等，让人们加强个人的身体锻炼，以强壮体魄，抵御疠疫。

“疠”字，见于《尚书》《山海经》和《左传》。

公元前243年，《周礼》记载：“疾医掌养万民之疾病，四时皆有疠疾。”

《吕氏春秋》记载：“季春行夏令，则民多疾疫。”瘟疫，一年四季皆可发生。

中医古籍《黄帝内经》，也有记载。

流行疾病猖獗。东汉张仲景在《伤寒杂病论》序言中，说“余宗族素多，向余二百。建安纪年（196年）以来，犹未十稔，其死亡者，三分有二，伤寒十居其七。感往昔之沦丧，伤横夭之莫救，乃勤求古训，博采众方。”

许多人逃过洪水，却没躲过洪水后的瘟疫。

同一片天空下。

伯罗奔尼撒战争的第二年，瘟疫几乎摧毁希腊城邦。

伯里克利连选连任雅典首席将军，完全掌握国家政权。

雅典进入“黄金时代”。奴隶制经济、民主政治、海上霸权和古典文化臻于极盛。雅典的殖民地遍布爱琴海岸，强大的舰队经常出没于辽阔的黑海领域，通过战争的胜利获得大宗的战略物资、赔款。

希腊奴隶主民主政治的杰出的代表者。

公元前431年，伯罗奔尼撒战争爆发。希腊人同室操戈：一方是雅典阵营，拥有辉煌的殖民帝国、民主制与政治权利的丰富传统，光辉璀璨的文化成就；一方是军国主义、寡头统治的斯巴达阵营。

“波希战争”后，雅典与斯巴达全面争霸。

公元前429年，一场可怕的瘟疫袭击雅典城。高烧、咽痛、腹泻，雅典一半以上居民、四分之一的城邦军队死亡。外敌进逼，城内尸体堆积如山，人心涣散，怨声四起。

“黄金时代”的缔造者伯里克利与妻子、两个儿子都死于瘟疫。

西方世界，群龙无首。

瘟疫影响了整个社会结构，道德也随之崩溃……

国与国之间，果然只有永恒的利益。

发生在整个希腊世界的一场“世界大战”。

瘟疫结束，雅典终败于斯巴达和波斯的联合力量。

脆弱的地缘平衡，旋即引发新的争斗。

雅典人与斯巴达人作战，宗主国与暴动的属国作战。毫不掩饰的功利主义，恃强凌弱的恐吓，对正义与公理的漠视与嘲弄，经济、文化毫无无建树的斯巴达人，高举“解放”的大旗，真实的雅典帝国，建立在赤裸裸的暴力、构筑在与同盟国残暴统治之上，靠横征暴敛、民粹主义维持，民主的理论与实践，却为近代西方政治制度奠定最初的基础。

公元前323年，驰骋天下的王亚历山大，有一天，酩酊大醉后，突然发烧、病倒，死在巴比伦的宫中，年仅33岁。靠武力征服建立起来的亚历山大帝国，随之瓦解。

从巴尔干延伸到印度的庞大帝国，被四位将领瓜分。

同时，也使蓄谋已久的入侵阿拉伯半岛的计划也流产了。给了世界上最大的游牧民族，将近1 000年的和平时间，产生出一门普及的宗教、一位强力的政治领袖——先知穆罕默德，绰绰有余。

古希腊的“黄金时代”一去不复返……

在遥远的东方，古蜀国命似古希腊，成都城一如雅典城。

锐气被洪水、瘟疫重挫。

霍乱吞噬的生命，远远大于洪水。

霍乱来势凶猛，只要一出现拉肚子，两三个小时就没人了。

病死的人没人敢触碰，直到腐朽在床榻之上，也没人掩埋。

国运也被洪水、瘟疫左右。

灾后重建。开明王带领军民，一边在城里掩埋瘟疫中病死已经腐朽的尸体，一边在“十二桥”废墟西北边的武担山一带，修建“北少城”……

系统提高防灾减灾能力。成都历史上经历过很多磨难、经历过瘟疫的反复打击，甚至在洪水、瘟疫中“毁城”，但“古成都人”从来没有被压垮过，而是愈挫愈勇，不断在磨难中成长、从磨难中奋起。

金沙古城消失何以没有文字记载？

人死得太多。先死者，有人集中埋葬；后死者，没人埋葬，更没有人记录。“四塞之国”，道路“难于上青天”，知道者少之又少。扬雄、常璩即便听说过，也不敢相信，没有记入史册。

《蜀王本纪》《华阳国志》和《山海经》上都没有。

“古成都人”不注重文字记录，即“不晓文字，未有礼乐”，“不晓文字”，不知用文字记录，“未有礼乐”，指辉煌的宗教文化被灭。金沙遗址出土文物完整、没有烧毁、砸烂痕迹。

古蜀国富饶强大，几乎不可战胜，只有洪水、瘟疫才会使其灭亡。

成都平原在古代经历多次洪灾、多次瘟疫，墓葬有多种类型。

“古金牛道”已经全线打通。

时机成熟。巴蜀风云再起，当古蜀国进攻巴国时，公元前316年八月，秦惠王遂派大夫张仪、司马错率秦军伐蜀，关中铁骑挥师，通过“古金牛道”一路南下……

之前，秦国咸阳，王宫之内。

争论不休。朝堂之上，存在两种截然不同、针锋相对的声音。

举棋不定。秦惠文王在先灭蜀，还是先攻韩之间。

丞相张仪主张先攻韩，大将司马错主张先灭蜀。重用张仪为相，施行“连横”策略，分化三晋诸国，经过与“合纵”阵营的几番争夺后，在公元前318年，一举粉碎五国合纵，重创魏、赵、韩三国联军，奠定了秦国在七雄中的优势地位。

公元前317年，再次兵出函谷关。

灭杀赵国、韩国的军队8万人。

张仪，著名的纵横家，擅长战略布局，凭借着卓越的口才，做到不战而屈人之兵，实现了三寸不烂之舌，能敌百万雄狮的奇迹，几次凭借着自身的才华化险为夷，在瓦解六国合纵联盟后，认为天下诸侯散沙一盘，已经不足为虑，不必把精力耗费在与诸侯无谓的争斗上。

司马错，秦国著名将领，远距离长途奔袭作战的主要发展者。

黄金搭配。内可安定内政、发展，外可开疆拓土，威慑他国。

灭蜀战役，张仪、司马错共同指挥，灭巴之战全由张仪完成。

围绕征讨韩国，还是巴蜀的争议，仅为政见之别，而非党争。

张仪给出的建议："巴蜀乃戎狄小族，不足挂齿。秦国历代祖宗都是东进，过了黄河，就是天下的中心。执行既定的战略，结好魏国、楚国，先扫除韩国。这才是帝王的大业。"

攻打韩国，出兵三川郡，也就是洛阳盆地。

相国张仪，近年战功并不卓著，自10多年前不战而屈魏国，从而获取河西与上郡后，合纵连横政策的收获也不大，战功也屈指可数，早已没有获得爵位时的意气风发，在秦惠文王面前逐渐失宠。

司马错反驳说："不对。想要使国家富强，必须先开拓疆土，想要使军队强大，必须先让百姓富庶；想要成就帝王大业，必须先树立德望。三个条件具备，帝王大业也就水到渠成。"

地广、民富、博德。

古蜀国地处四川盆地，成都平原粮食充足，人口稠密，富足充实。

战争历来是吞噬资源的"黑洞"。

本质上，拼的还是社会经济实力。

在《史记》中，司马迁记载："汉通西南夷道，作者数万人，千里负担馈粮，率十余钟致一石。"汉军攻打西南夷，每运送一石粮食，就需要在路上消耗掉十倍的粮食。

秦军长期征战，仅靠关中平原发展农业，艰难维持。讨论伐韩，还是伐巴蜀？根本原因在于"家底"不够厚，先解决秦军长期吃饭问题，再解决与山东诸侯国长期作战问题。

以战养战。"兵者，国之大事，生死存亡之道，不可不察"。一个尚武的国度，即使不出函谷关，向东方六国开火，也会和北边、西边的游牧民族交战，实行军功奖励，士卒斗志很高。

张仪以雄辩著称，司马错也善用奇谋。

前者建议不顾巴蜀，而是攻韩，利用魏、楚一起出兵韩国，“临二周之郊”，借此“诛周主之罪，侵楚魏之地”，雄心勃勃，不仅想要诸侯国的城池，还想直接绑架周天子，“据九鼎，按图籍，挟天子以令天下，天下莫敢不听，此王业也”。

计过凶险。秦国挟持周天子，表面风光无限，但司马错强调，“劫天子，恶名也，而未必利也，又有不义之名”。你可以带着秦军将山东各国各个击破，但其他诸侯国，也不会坐由秦国来灭亡；相比之下，伐蜀却有诸多便利，“取其地足以广国也，得其财足以富民，缮兵不伤众，而彼已服矣”，“故拔一国，而天下不以为暴；利尽西海，诸侯不以为贪”。

“得蜀即得楚”，“取其财足以富其民”，秦国可以最小的代价获取最大的利益。韩国之地兵家必争之地，势必引起东方六国的联合。战略储备更多，兵员占比更大。

成都平原的面积，约是三个关中平原的大小。

若被楚人占领，一统的趋势，恐怕无人能挡。

地缘优势，得天独厚。凭借陕西、山西交界处的狭长地带，一面是水流湍急的黄河，一面是难以行军的大山，进可东出争天下，退可安然守雄关。即便吃大亏，退回函谷关内，平安无事。

“一夫当关，万夫莫开”。

最初用来形容关中平原的东大门函谷关。

位于今河南灵宝北约15公里处的函谷关镇王垛村。

沟通古都西安、洛阳的崤函古道，东起崤山，西至潼关，多在涧谷之中。从函谷关至潼关的崤函古道西段，深险如函，古称“函谷道”，函谷关扼守函谷道最险要之处，得名。

一个文化交融的地点。老子在函谷关一带创作

在位的27年中，雄才伟略，雄心勃勃，北伐义渠，西平巴蜀，东出函谷，南下商於，秦国疆域扩大一倍有余，接连击败魏、齐、楚等当世大国，将一个只能「霸西戎」的区域性方国，带到了战国一流强国的位置，为一统天下奠定最坚实的基础。

了著名的《道德经》，有人曾传言，老子西出函谷关紫气蔓延三千里，才有了“紫气东来”这个词。诸侯各国文化互通的一条道路。

从大禹到秦穆公，“一统天下”就要“东出”。

“塬”，一种台状高地，顶部平坦，四周因为河流冲刷而峭壁陡立，往往有数十米乃至数百米之高。黄土高原上的独特地貌，如著名的白鹿原。在今灵宝市北部，有一个东北—西南走向的大原，称“稠桑原”，横亘在黄河和秦岭之间，到处都是密密麻麻的桑树等各类林木，阻断东西之间的通道。北面就是黄河，没有河滩可走。想要通过稠桑原绝非易事。

天无绝人之路。稠桑原上，有一条雨水冲刷而成的裂缝（峡谷）可供通行，长约7.5公里，深50米至70米，谷底宽约10米，最狭窄的地方不到3米宽，史称“车不分轨，马不并鞍”。

“丸泥可塞”。函谷关城位于裂缝东边的入口处，用几颗泥巴蛋子，就能将函谷通道封了，更为奇绝，关口东边还有一条大河——宏农涧河（也称“涧河”），波浪滚滚，向北流入黄河。

去关中，得先过函谷关。

过函谷关，得先过这条河。

秦国四大雄才君王。

两人同年。秦惠王与亚历山大同期。

继位时年龄差不多，国家都已发展到相当高度。

欧洲力捧的超级帝王亚历山大，与罗马帝国的凯撒、法兰西帝国的拿破仑和沙俄彼得一世齐名。当年选择挥军东北，将会与华夏的秦朝交锋，秦惠文王定会用虎狼之师，教亚历山大明白何为战争，秦国会知道在遥远的西方，也有广袤的土地，在东进受阻下，会选择向西扩展疆土的极限在哪？不得而知。亚历山大的选择挥兵东南，进攻印度，拯救刚刚建立的庞大帝国。

在位的27年中，雄才伟略，雄心勃勃，北伐义渠，西平巴蜀，东出函谷，南下商於，秦国疆域扩大一倍有余，接连击败魏、齐、楚等当世大国，将一个只能“霸西戎”的区域性方国，带到了战国一流强国的位置，为一统天下奠定最坚实的基础。

成都平原第二级地理阶梯上的最低洼处，北方到南方的要道。

对楚国而言，致命的弱点。

秦国不仅获得一个盛产粮草的安全后方基地，还多一条伐楚通道。以巴蜀为基地的秦军，向北，可以攻打楚国设置的汉中郡，向东，可以沿着长江顺流而下出巫峡。

楚国的巫郡、黔中郡，就完全暴露在秦人的攻击下。

秦国已走下第二级地理阶梯，突入第三级地理阶梯。

类似“连续剧”，将在后来的西晋统一、蒙古灭南宋的历史中反复上演。

最终，39岁的秦惠文王拒绝张仪的提议，采纳司马错入川的建议：伐蜀。

图谋已久。战略大师、秦国名将司马错，历史学家司马迁的八世祖，曾经多次派人乔装入川，深入成都平原，对沿途地形研究细致。为入主成都平原，早就做好战争前的各种准备。

秋天，当蜀国“惩罚”巴国时，秦军从陇西出发。

顺风顺水，水路入蜀。

张仪、司马错率秦军，利用航运之便，兵分两路，通过褒斜道，运兵方便的古汉水，水陆并进，到达武都（今陕西略阳）后，不向东进入汉中，悄悄地向南，沿着古汉水的陈仓古道，直入故道水（嘉陵江），浩浩荡荡，直杀广元……

奔腾不息。原古汉水，从陕西宝鸡南面发源，流到略阳的“天池大泽”，一条向南流入四川，经广元、南充，在重庆注入长江；一条向东流入汉中，贯穿半个湖北，在武汉注入长江。

古老江流。汉水上游河道大多通航，水路交通便利。

楚国占据汉中，一直试图消灭巴蜀，进攻巴国颇有成效，巴蜀两国也在交战，完全可能先灭巴后灭蜀，但因古汉水的存在，必须逆江而上，秦军从陇西顺流而下，明目张胆地“截胡”。

天助秦国，水助秦军。

闪电攻蜀。

举国之力。30万军队入蜀，民夫却征了30万，修葺褒斜道、金牛道。

褒斜道在未修栈道前，仅为谷道。

绝险处须攀缘而行，艰难辛劳，不可言状。

栈道并不完整，坑坑洼洼，百步九折萦岩峦，以手抚膺坐长叹。

轻视中原强国的真正国力。一向不可一世的古蜀国，没想到秦军水陆并进，来如闪电，已抢占牛头山，以逸待劳，就等蜀军「入瓮」。原来「地利」的葭萌关，成了蜀军的鬼门关。

过了褒斜道，秦军一路南下，势如破竹，古蜀国沿途设下的关卡和据点，形同虚设……

秦军兵临葭萌关（今广元昭化镇）。

天灾与瘟疫并行。这年，成都的冬天寒冷，时而狂风大作，时而冰雪交加。地震次生灾害延续，瘟疫流行，正在组织人力抗震救灾的开明十二世，不得不亲率20万大军赶到，仓促应战。

葭萌关又称天雄关、牛首雄关，设在牛头山腰的险要之处。

剑门天下险，夔门天下雄。

剑阁之险，于剑门关东西绵延100多公里，在大剑山中断处，形成垂直高度近300米，底部最窄处仅50米的天然隘口，古代出秦入蜀的必经之处，被称为自然天成的天下第一关隘。

在《蜀道难》中，李白赞叹："剑阁峥嵘而崔嵬，一夫当关，　万夫莫开。"

进入蜀地，走到剑阁时，要么选择走龙门山脉，要么走剑山方向，龙门山脉就如同不能攀登的悬崖，大军想从这里通过，根本就不可能，因此只能转而走剑山。

剑门关破，蜀地不存。

牛头山是剑门山向东延伸的余脉，海拔1 214米。

横亘于嘉陵江、大剑山之间，四周群峰昂首，与剑门群峰遥相呼应，被白龙、嘉陵两江所环，因山势雄似一巨形昂首的牛头，得名，像一把利剑插在剑门与昭化之间。

剑门关东北约20公里处。城关三面环山，两面临水，"北枕秦岭，西凭剑关，全蜀咽喉，川北锁钥古称'四战之地'。虽为弹丸之城，而有金汤之固也"。金牛古道，穿城而过。

"先有路，后有城"。

如今漫步剑门关口，还必须走过宽约1.5米的金牛道。

水陆两便。“白天千人拱手，夜晚十万明灯”。

从葭萌关城头望去，山形如一头卧牛，牛头、牛身、牛尾毕现。

轻视中原强国的真正国力。一向不可一世的古蜀国，没想到秦军水陆并进，来如闪电，已抢占牛头山，以逸待劳，就等蜀军“入瓮”。原来“地利”的葭萌关，成了蜀军的鬼门关。

旷野河谷。战车开不进山区，入山区的主要是步兵。

秦军前列，司马错着力打造的铁鹰锐士，只有600人。

战国时期，共有四支最为强大的军队。

魏武卒。魏国吴起训练，手执一支长戈、身上背着五十支长箭与一张硬弓、同时携带三天军粮，总重超过25公斤，连续急行军50公里，还能立即投入激战。

胡刀飞骑。赵国赵武灵王训练，全部是轻骑兵，机动力强，来去如风。

技击之士。齐国训练，配合战车作战的轻骑兵，武艺高强，弓马娴熟，剑法超群，熟练掌握军阵阵法，最具技巧性的兵种。

铁鹰锐士。司马错训练的铁鹰锐士，选材标准综合了前三种精锐的标准，都是勇冠天下之辈，人数很少，司马错只选出来区区600人，秦国全盛时期也不过1 600人左右。

冲锋在前。一般战斗中，也就10多个铁鹰锐士带领冲锋，像魔兽一样杀开一条血路，后面的大部队趁机掩杀。司马错带足600铁鹰锐士，在这次葭萌战斗中，悉数参战。

一触即发。

葭萌关外，生死肉搏。

蜀王，比较自信。论兵力，蜀国并不比秦国少；论领土面积，蜀国也与秦国相当。而且蜀国一直是四川盆地、成都平原的霸主，对于关中的秦国，开明十二世并没有放在“高位”重视。

战时，杀声震天。

鲜血，染红整条江水。

半人半鬼般的秦军把蜀军撂倒一大片时，古蜀国军队才意识到秦军个个都是杀神。

“葭萌之战”，开明十二世兵败牛头山。

退至梓潼，与秦军再战。

蜀军大将“五丁”（弟兄五人）战死。

刀剑锋利。秦军挥师南下，开明王且战且退，退守成都。

秦军成功之因，也是韩信成功之因，更是诸葛亮失败之因……

“武都大地震”，“暗度陈仓”成为绝响。

陈仓道，从关中西侧穿越秦岭，历史久远称“故道”，周秦时称“周道”；以道路北端入山处陈仓名为“陈仓道”；因秦岭北侧大散关，又称“散关道”；翻越秦岭南行，入故道水嘉陵江，又称“嘉陵道”。

现名“川陕公路”。

川陕要津。北起雍城，南出褒溪口，绵延400多公里。

绕山越岭。秦军在陈仓道上的行军路线为：自咸阳，循陇关道西行，至雍城(凤翔南)，折至陈仓(宝鸡东)西行，过渭河古渡，南进大散关，翻越秦岭，至黄花川，沿故道水行至凤县，折西南沿故道川，经两当、徽县至略阳，接沮水道抵汉中，或经略阳境内的陈平道，至大安驿，接金牛道入四川。

西周时，开明二世就再次开辟“周道”。

沿着“先辈足迹”，在大禹治水北上、武王伐纣时“川军”出川“古道”的基础上，古蜀人为了迁徙，踏出一条从有部顺漆水，向豳地的道路。为了征战，古蜀国向北开辟了一条通向密须(今平凉灵台)、阮(今甘肃泾川南)、共(今甘肃泾川北)的通道；秦岭南部，在巴蜀与先周间，很早就有来往的古道。

开明二世率领蜀军，攻雍城，进军路线就是陈仓道。

在宝鸡渭水南岸，西周有散国的封地。

秦岭北边的清姜河西岸，有大散岭、大散关、散水。

在宝鸡益门古镇的西北边，有散国国君散宜生的庄园，庄园毁于大地震滑坡之中（现仍有滑坡的痕迹），清乾隆年间，出土了周厉王时期的青铜器“散氏盘”，铭文中记有“周道”。

益门古镇，雄踞巍峨陡峭的西山之中，与汹涌奔流的清姜河，在这里夹峙形成窄小的瓶颈，扼守古道的咽喉，成为“周道”北端口上第一雄镇（关），入蜀第一门户，故名为“益门镇 ”。

《水经注》记载：“扞水出周道谷，在故道县北。”先秦将凤县以南，称“故道县”，历史久远。在故道县北边，还有周道谷。道路初开、走向，无标准规定，周朝建立后，开辟了“周道”。

西周时，道路规划、管理，都有突破、创新。

把道路分为国中(城区)、鄙野(郊区)。

由名为“匠人”“遂人”的官吏管理。

国中道路，分为四种，南北为经道，东西为纬道，围城为环道，出城为野道；郊外道路，分五个等级，容车三轨的路，容车二轨的道，容车一轨的涂，走牛车的畛、走马的田间小径。

东周时期，重视交通，常修常管，连接秦岭南北的“周道”，甚至能决定国家的存亡。《国语》记载，东周单子经过陈国，看见道路失修，河川无桥梁，旅舍无人管理，预言国要亡。

秦惠文王打通陕西到四川的道路，再次修筑褒斜栈道。

楚汉战争时，韩信一面让部将带小部队出子午谷，做出进攻陇西的态势，吸引秦军主力，一面率主力从古汉水源头散关杀出，沿陈仓（今宝鸡）“故道”突入关中，打得秦军措手不及。

“明修栈道”，连通陇西、鄂西的畅通水道，舟楫便利；“暗度陈仓”，沿“故道”一路靠近陈仓，在粮草、兵员的输送上，利用畅通的古汉水水系，顺利地完成部队的战略集结。

军事地理。逆地理阶梯线、反逆俯冲东方之势。

天助地利。史上唯一由汉中反攻关中的成功战例。

公元前186年初，武都道（今陕西略阳、宁强一带）爆发一次规模不低于7级的大地震，时断时续，余震持续，整整八个月，山崩地裂，陕甘交界地区被震得面目全非，古汉水在宁强阳平关处上承西汉水，地震使汉水河道在中游与原有的上游中断，西汉水与故道水脱离原始的汉水水系，转而南入今广元市辖区，构成新的嘉陵江水系与嘉陵江河道。

古汉水被震成嘉陵江、汉江两条江。

陈仓古道也被震“崩”，不复存在。

《汉书》称：“（高后二年）春正月乙卯，地震，羌道、武都道山崩。”

“武都大地震”造成，今汉江中源汉嘉分水岭一带巨大的山体滑坡，古汉水上游形成规模巨大的堰塞湖。堰塞湖天然坝体（汉嘉分水岭）的存在，导致古来贯通的水路交通被切断。

地震活动引起的大型山崩，今汉嘉分水岭的形成，“天池大泽”消失，山势阻断，嘉陵江袭夺古汉水，形成武都、天水通道走廊，秦岭也被分成地理意义的两部分，“西秦岭”出现。

阳平关（今陕西勉县）和嘉陵江之间的道路，被震得崎岖难行。

溢流改道。与之并行的白龙江，分割岷山与西秦岭，两江合并于广元昭化镇。

类似情形，后来也出现。1933年，叠溪（今茂县北部）发生7.5级地震，在迭溪城下等地，岷江两岸的山体崩塌，形成三座100多米高的天然坝，将岷江切割成数段，形成堰塞湖。

三国时期，诸葛亮出师，将汉中作为北伐的基地，因要连续跨越巴山、秦岭，艰险难行，常规车马不便同行，蜀军只能用畜力车、人力车、旱船、滑索、桥子、背架等，粗笨的交通运输工具，在“难于上青天”的金牛道上艰难行走、运输，于是发明了运输粮食的“木牛流马”。

军事行动本质，“千里负粮以邀一日之战”。

用兵路途遥远、艰辛，军需物资成本高，经济消耗极大，从而影响持续作战能力。

无可奈何，不得不一次次地因为粮草供应不足退兵。

屡次北伐，蜀汉皆无功而返的重要原因之一。

如果不是“武都大地震”，中国的历史会改写。

“栈道之乡”。通过汉水，南方伐北方将成为常态，汉中和成都平原的战略地位十分险要，将变为夺汉中而得天下。通过汉水，再到天水，中国向西域的扩张更加便利，对西域的控制范围，将更加广阔……

“葭萌之战”的“西汉版”。

汉朝占据长江上游，轻易征服南方政权。

从“南郑之争”到“葭萌之战”，汉中的军事价值远远大于经济价值。秦国“闪电战”攻灭巴蜀，占据楚国上游，取得战略优势，顺着古汉水，攻取汉中、黔中等郡，使楚国一蹶不振……

“武都大地震”后，汉中的经济价值远远大于军事价值。当钟会、邓艾伐蜀时，虽能迅速夺取汉中，但却受阻于金牛道上的剑门关一带，以10多万大军攻打剑阁数月，依然无功而返。

曹操消灭汉中张鲁后，惊呼汉中之地为天狱。

诸葛亮也堪为汉中谷道所苦，每条天道运粮，都是重中之重。

“上邽之战”，本来大胜司马懿，却因为粮尽退兵；“五丈原之战”，干脆在关中屯田取粮，不全指望从汉中运粮，准备长久之计，只是生命却没战胜时间，“出师未捷身先死”。

能深远影响军事形势千年的大地震，只有“武都大地震”。

多少功名，都在地震之下，化作一抔黄土……

从「南郑之争」到「葭萌之战」，汉中的军事价值远远大于经济价值。秦国「闪电战」攻灭巴蜀，占据楚国上游，取得战略优势，顺着古汉水，攻取汉中、黔中等郡，使楚国一蹶不振……

穷追不舍，司马错不给古蜀王半点喘息之机。

无力回天。在固守成都城的最后两天，开明十二世传位于10岁的小儿子，后人称“蜀泮”“开明泮”，决定辗转南迁，战术上防御性地转移到云南，战略上决定性地南下攻击交趾。

“蜀泮”在武担山出生，开明十二世为避免“宫斗”，让儿子5岁就离开蜀王宫，以幼稚之躯，回到以穿青衣（青黑色）著名，又有青羌之称，河流得名“青衣江”的领国，跟着辅臣工匠皋通训练以马船、粮船、坐船、战船混合的水军编队……

青衣羌国建于公元前816年。

雅州《樊敏碑》，称为“青羌”。

汉代文献称为“青衣”“羌氐”。

比喻为都蛮獠类，源自氐羌的“神都”“神荼”。

国都在今雅安宝兴灵关镇。

领地，今雅安至乐山的青衣江流域。

汉代青衣羌国，领雅安、卢山、名山三地，扩展至宝兴、天全、峨眉、乐山等地。

北周，置平羌郡，郡治今乐山市。

峨眉为平羌县，乐山城为平羌镇。

代代相传。在成都平原，仍然保持古蜀淳厚的千古遗风，在蚕丛主要的活动的岷江、湔江河谷、青衣江流域，仍然是一派桃花源似的乡风民俗，同时，仿照青衣神的衣着，仍然着青衣、裹青帕，唱着祭祀青衣神的带哭腔的山歌，怀念青衣神。

以蚕丛为祖神的青神，栽桑养蚕一直贯穿于历史的进程中。

青衣县，青神最早设县时的县名。

县城所在地，在与中岩西寺隔江斜对的瑞丰镇，地处岷江航道主要码头，西魏恭帝（554年）时，成为县城所在地，直到北周，更名青神县仍为县城，到唐武德八年(625年)才迁走。

文明中心。“西眺雪岭，东望长松”。

风水宝地。龙泉山，中国山川的主龙脉。

龙泉山脉的长松山，离成都20公里，城市东面第一高峰，海拔为1 051米，“诸山皆发脉于此”，也是往西的芦溪河、往东的绛溪河的水脉源头。芦溪河，下游是黄龙溪，沿途栽桑养蚕。

三国魏晋时期，龙泉山是岷江与沱江水系的分水岭，叫分栋山。

北宋天圣四年（公元1026年）改灵地县为灵泉县，分栋山改称“灵泉山”，明代，称“龙泉山”。龙泉街道旧名王店镇、灵泉镇。

追根溯源。成都的官员、百姓，选择在长松山上修建纪念先祖的蚕丛王庙。

在祭祀时，人们依照蚕丛的装束，穿上青衣、裹着青帕，代代习俗相传。

祭祀的队伍中，包括成都府、成都县、华阳县、灵泉县的官员，蜀锦的商户、织户代表，缅怀蜀先祖蚕丛王，誓要利用蜀地的优势资源，将蚕丛王教授的栽桑养蚕、纺织技术发扬光大。

长松山的得名，来自长松寺。

“西蜀天漏”。成都平原洪灾雨水，木船、竹筏众多。

古蜀龙舟，水上指挥作战中心，平时用来运载士卒、军器和粮草给养，加配战具，成为参加军事行动的战船。木船、竹筏在两军对垒，大战一触即发之际，被征集、使用于军事行动。

逐水而居的青羌人，利用水对竹木的浮力，造船操舟，渡涉江河。

古蜀“训练”的水军，依靠青衣江边的崇山峻岭，并未形成“编队”，只能使出平日渔猎的功夫，与训练有素、装备精良的秦军较量，一败再败，向青衣江下游夹江、乐山一带转移……

三路突围。一路，古蜀国的丞相、太傅与太子向北，逃往彭州；一路，“蜀泮”与王室贵族向南，在荥经集结；一路，突围至今眉山彭山区牧马镇、武阳镇、成都双流区黄龙溪镇一带。

《华阳国志蜀志》载：“……蜀王自於葭萌拒之。败绩，王遯走至武阳，为秦军所害，其傅相及太子退至逢乡，死於白鹿山。开明氏遂亡，凡王蜀十二世。”

古蜀国的丞相、太傅与太子“逢”，率部退到湔江故地“海窝子”的“瞿上”继续抵抗，不久也被秦军全部消灭。最后，蜀太子也死于形如覆钟的彭州白鹿顶上。

白鹿顶即白鹿山，白鹿河上游，彭州白鹿镇旁边，海拔1700米，站在顶上，近可看川西平原，远眺也可以观看九峰山、盘龙山，天气格外好时，甚至可以仰视狮子王峰。极佳的观景平台。

在“武阳”，开明十二世被秦军全军包围，死于乱军之中。

享年95岁。生命力旺盛，85岁时还能有个小儿子。

“蜀泮”，在王室贵族保护下，按照老蜀王的“部署”，带领3万强将精兵与皋通的儿子，以“灵关古道”为中轴线，且战且退，向南至荥经，集结各部族武装准备与秦人，殊死一搏。

西南密林。4 500年以前，从成都南下便存在着一条“神秘走廊”，由陆路、水路组成，经过川、渝、滇、黔、湘、桂、粤等省区，往东直达广东的珠江口，往西进入南亚，往南进入越南。

蜀商最倚重的蜀马，很早就传入越南境内。

成都平原的河道上，过去有一种用粗竹做成并挂有帆的竹筏，在越南北部的河道上很常见。日本史学家西村真次认为，竹筏的雏形始于成都平原，随古蜀土著的南迁，传播到越南……

长驱直入，秦军攻破古蜀国都城。

攻下成都，仅仅花了两个月的时间。

在《史记》中，司马迁记载：“十月，取之，遂定蜀。”

在成都城被攻破前，开明十二世就安排在牦牛道的起点、开明王朝的铜冶基地荥经，组织最后一道防线，让快马手持“巴蜀印章”，联络沿途各部族在荥经集结，听由“蜀泮”指挥。

印章雕刻着图案：手持利刃的武士，张开的手、鲜红的心脏。

目报于蜀王各部族首领的徽记，开明王分发给各部族的信物。

巴蜀图语，“图画”和“文字”，又称“巴蜀符号”“巴蜀图形文字”，集中了古蜀文明的神奇。每一个单薄的图符背后，都可能掩藏着一段隐秘的历史，活跃着一群生动的面孔。

可能是巴蜀部落的图腾，也可能是边关重镇商贸通行的信物。

做部族首领，必定有自己的土地、世系，甚至族徽。

古蜀文字出现时间较早，中国除汉字外唯一发现

巴蜀图语，「图画」和「文字」，又称「巴蜀符号」「巴蜀图形文字」，集中了古蜀文明的神奇。每一个单薄的图符背后，都可能掩藏着一段隐秘的历史，活跃着一群生动的面孔。

的先秦文字。

商周至战国时代，古蜀在使用自己的文字的同时，也使用中原文字。

“僰道有故蜀王兵阑”。《华阳国志》记载：在古蜀国的最南端邻近獠僰（今云南曲靖马龙、沾益一带）的地方，还有一处被称作“兵阑”的军事设施，放置兵器的栏架。

荥经，离成都175公里，最早是楚人建立的岷山王国，北接成都平原，东、南、西三面，被海拔达3 000至4 000米的牦牛山、瓦屋山与邛崃山环绕，南下便是邛人、筰人等部落的地盘。

“巴蜀印章”出土共有百方，仅荥经一地就有80余方。

深藏于山中的军事要塞。建筑在一个地势险要的荥河阶地上，以山岩陡坎作屏障，易守难攻。背靠大山，下临荥河的严道城，地势平坦，土质肥沃。

古代汉人与少数民族的分界岭。

大相岭，四川的南北分界线，经常路过的人都知道，阴阳两界，“穿过泥巴山，晴雨两重天”，荥经一边，清风雅雨；汉源一边，阳光灿烂。

《西游记》中的“黄风岭”，原型可能是大相岭。

荥经决战，一如“葭萌之战”。

秦人的强大，已超出“古成都人”的想象。

惨败。“蜀泮”带领残部，分两路辗转南迁。

一路，沿“灵关古道”，逃至今西昌和云南姚安，辗转南下入广西；一路，从宜宾经高县、筠连的“朱堤道”，进入云南，折向东入贵州，借道夜郎国，沿北盘江直去广东，进入交趾。

了如指掌。“蜀泮”与随从对“南方丝绸之路”与路线。

“南越之南”。

古越南人两个脚趾相交，被称为“交趾”。

纠缠千年的历史渊源。交趾属百越的骆越之地，北起广西红水河流域，西起云贵高原东南部，东南至越南的红河流域。越南人祖先貉龙君为“神农氏”后代，泾阳王与洞庭君龙王之女所生之子。

越南官方史籍《大越史记全书》记载，越南第一个王朝是由雄（或雒）王建立的“文郎国”。雄王有一个美艳公主，先世蜀王想要为王子娶其为太子妃，雄王没有同意，导致富裕的古蜀国怨恨……

声东击西。秦军知之已晚。

神秘消失。“灵关古道”上，行色匆匆的迁徙队伍，3万军队、2万匠民，有忐忑不安的官吏，有专司祭祀的巫师，有负责筑城的工人，有制造青铜器的匠人，还有成都城逃出的百姓……

“古成都人”，穿着左衽的细苎麻布衣、丝衣，衣服上还绣有龙、云、人面、回字的图案，衣服袖口窄小，背面比正面长，像长着尾巴一样；梳着高高的椎型发髻，贵族还戴着莲花高冠。

在三足陶盉里，烹煮肉食。

用瓶形陶杯中，装盛酒浆。

把海贝作为财富的象征，作为法定货币进行买卖、收藏、陪葬。

对襟衣，军士中穿着较多的服式。

无领服装，对襟长袖服，窄袖长至腕部，无衣领，两襟相交露出颈部在前面成V字形，腰间系带两周。衣服上有明显凸出的纹饰，上身前后为云雷纹，两肘部为变形的夔龙纹。

军士不论拈弓射箭，还是持矟挥刀，都身心合一，得心应手，进退自如。

一组7个排列整齐、面目冷峻、骑马挥刀的军士，阴森恐怖。数以千计的重甲骑兵驰骋疆场，冲锋陷阵，有如决堤洪水，一泻千里，所向披靡，奋力劈杀。恐怖的血腥格杀战争场面。

沿着“藏羌彝走廊”，“古成都人”继续南迁。

“从蜀宜径，又无寇”。

古蜀王作为西南夷诸族之长，长期控制着西南夷地区，关徼常常开放，从西南夷道出境外，由此至缅、印而达中亚大夏（今阿富汗境）、西亚，实比从西北和北方草原西行，更容易。

沿途，“蜀泮”的背影几乎如影随行。荥经严道古城附近发现一批军事墓葬，出土棺盖蜀纹，大量典型的巴蜀式兵器，铜戈、铜矛、铜剑，上面雕刻着虎的头颅、蛇的尾巴。

一种象形符号，一个符号就是一幅图画。

有完整的故事寓意，但不能作为文字连接起来解读。

图语刻在青铜器、印章上。

以近乎玄秘的方式，代代流传。

结束结绳记事时代，创造出称为“巴蜀图语”的原始文字。分为两类：以图像为主，集中在商周时期的多种兵器、印章上，字数极少；以方块为主，表现在周后期的兵器之一“有胡戈”。

巴蜀图符简化、创新，慢慢成为“巴蜀文符”，形态比较接近古彝（夷）文，文符大多作为印章、器物的标识，抑或类事表达。直到开明时代，才慢慢向“巴蜀文字”转变进化。

丰富的形制、玄妙的纹饰。

巴蜀文字与甲骨文、金文不同，从方块字而非拼音字，直行而非沿途，「蜀泮」的背影几乎如影随行。荥经严道古城附近发现一批军事墓葬，出土棺盖蜀纹，大量典型的巴蜀式兵器，铜戈、铜矛、铜剑，上面雕刻着虎的头颅、蛇的尾巴。

横行。目前发现的“巴蜀图语”达200多种，造型有人形、动物形、植物形、器物形、建筑形、几何形等。

虽然在文字上没多大突破，但此时古蜀的通行语（羌汉）结合羌汉彝三地的发音特点，去异取同，慢慢形成了原始的古蜀通行语——尔玛语（尔苏语前身）。

“古成都人”似乎想通过“巴蜀图语”，表达对古蜀先王的尊敬、怀念。

成都三洞桥战国遗址出土的铜勺勺面上，刻了五个巴蜀符图，上排是鸟文、鱼文，下排为龟文、心文。一处图语，似乎代表一位古蜀先王。鱼文，代指鱼凫；鸟文，代指杜宇；龟文，代指鳖灵；心文，如同虫状，疑为蚕丛。似乎在释说古蜀诸先王永远长寿，带有祈祷之意。

象形功能，看图解意，用符号记录信息的手法。

异曲同工。与现在人们普遍使用的QQ、微信中，一种用符号来表示心情的“颜文字”。

在中华文明的上游，汉字不是独霸天下的存在。在夏王朝之前，文明并非一统，“夷夏东西”，“夷”与“夏”的文化，在相当长时间里交相辉映。

历史凭借地理而生，两千年的对峙，是东西，不是南北。

太行山，“东西”的地理标志，以东，属于夷的文化区，以西，属于夏的文化区。以东，北到辽河下游，南到长江中下游乃至上游，这一半月形地带，应该都属于广义的夷文化区。

因对峙生争斗，因争斗起混合，因混合而文化发展。

夷与商属于东系，夏与周属于西系。

伏羲始画八卦，起初用于记事，被认为是中国文字的始源。

山西陶寺文化的文字与山东丁公龙山时代文字并存的事实，证明中国文字的起源，至少具有两个独立的系统，即东方夷（彝）文字系统、西方夏启建立“家天下”的夏文字系统。

商代甲骨文里，目前发现五条有关“文邑”的卜辞，“癸酉卜貞，文邑受禾”“壬申卜貞，文邑受禾”等。古籍记载，夏禹名叫“文命”，夏代也叫“文夏”；现在推考的夏代王庭叫“文邑”，都强调“文”字。“文”就是修养自己的内心，修养道德。这样的一种文化面貌与太行山以东的夷文化完全不同。《礼记·表记》中说：“夏道尊命，殷人尊神，周人尊礼。”

陶寺最晚期的遗址，实际上是夏启所建的王庭。

权力斗争。“益干启位，启杀之”。

陶寺遗址分成早、中、晚三期，没有城墙的文邑出土在最晚一期，早期、中晚期都发现有城墙。巨大的变化。早期的城墙被推倒，宫庙被毁弃，男人被杀戮，甚至女人被绝嗣。

夏启建立夏王朝，一场“革命”。

在最晚成于西周早期的周易《泰卦》“上六”爻辞中，发现了线索：“城复（覆）于隍，勿用师，自邑告命。”殷商的大邑，没有城墙，不可能有“城复（覆）于隍”之事；商汤灭夏桀的可能性也可以排除，夏朝已经叫“邑”，商汤所建的叫“亳中邑”，不可能有“城复于隍”这样的事。造成这一“革命”性巨变，可能性最大的就是夏启建立他的“家天下”时，开创了文邑制度。

“家天下”王朝，将文邑作为宫廷。

“文邑”为夏代文字，也就是甲骨文的祖先。

“邑”，没有城墙，居住一个族，或一个分族，族与族之间通过环壕限定，环壕只起到防御野兽的作用。在夏商周三代的文献里，王庭统统都叫“邑”，没有城。四面有城楼的叫作“墉”。

《尚书》里记载，盘庚迁殷“于兹新邑”。

西周初期周成王所建洛阳，叫“雒邑”。

《周易》“夬卦”有爻辞云：“扬于王庭，孚号有厉，告自邑。不利即戎，利有攸往。”

王宣命教化于王庭，王庭是没有城墙的邑，“不利即戎”，一打仗就溃，但“利有攸往”，利于王命的传播。诸侯封建于王庭的周围，重要的义务就是拱卫王室。

2004年，在中亚土库曼斯坦首都阿什哈巴德附近的安诺遗址，出土一枚史前石制印章，印面刻有3或4个文字符号，内有红色笔迹。科学测定确认，制作年代距今4 300余年。

甲骨文前还有文字，经过很长时间、甚至千年，才最终演化成甲骨文。

逻辑推测。甲骨文前“处于演化之中”的文字，安诺印章难道是夏朝的文字？

“夷夏交胜”“夷夏东西”的格局，随着夏、商、周三代政治势力的强大，夏文字在殷承夏制、周承殷制的接续中，逐渐成为华夏民族的正统文字，得到强劲的发展。

统治者为实现政治扩张、王权统一的理想，将文字变成最主要的文治教化工具。

“夷夏东西”。从多元到归一，经夏商周三代，成为一统。

“月朗星稀”。夏商时期开始，中原文明在中国地域之内，处于遥遥领先的位置，青铜文明非常发达；以三星堆、金沙遗址为代表的古蜀文明，与中原文明日月同辉，遥相呼应。

独立发展。古蜀文明连续不断向前发展。

令人惊奇。目前仍然没有从发达的古蜀文明中发现文字。距今5 000年左右的良渚文化达到早期国家水准，但只发现刻在玉器上的图像符号，没有发现像丁公陶文那样能多字连缀成篇的文字体系。

青铜文化、马与马车文化、牛与牛奶文化、羊与羊毛加工四大技术，从4 000年前左右，夏代初期便进入东亚夷文化区域。此外，传入夷文化区域的还有小麦、火葬墓和支石墓、黄金崇拜、天崇拜、砖（瓦）等。

三皇五帝传说的合流、五谷六畜技术的汇总等。

长江文化与黄河文化，东亚文化与外来文化，逐渐融合，形成夏文化。

陶寺可能是夏邑。

重中之重。尧、舜、禹时代，以祭祀为大，用玉器祭祀。

打仗次要，战争不是主旋律。

从夏启开始，战争变成主旋律。

青铜兵器的出现，戎与祀成为国之大事；夏启的王位权力通过战争夺取，不是禅让而来，战争正好是陶寺的灭亡和石峁的兴起，中国从“玉帛古国”进入“干戈王国”的主要转折点。

宗教性质的文字，都是象形文。

人神之间的交流，除了嘴，眼睛特别重要。

通过文字、图符完成眼神的交流。

“纵目”，一种眼崇拜，表现眼神深远而精准。

三星堆出土的人像，只有两种经典形象：一种是只有空洞的眼眶，嘴角都往下撇，一副哀苦的样子；另一种则是眼珠夸张地突出，嘴角都笑着上扬，欢快、愉悦模样……

祭祀区5号坑出土的金面具，在古埃及文明和迈锡尼文明中，也有使用黄金面具的呼应。在希腊，有一尊古老的青铜雕像，与“青铜大立人”一样，留下无尽的悬念。

雕像铸造时间，距今3 600多年，左手水平伸展，右手向后举起，无法考证右手握着的是古希腊神话中“众神之王”宙斯的雷电，还是海神波塞冬的“三叉戟”，具体身份无法确认。

硕耳纵目、高大神树、形似汽车方向盘的神秘圆盘……在古埃及、玛雅等文明中，也有引起这类猜想的文物。古埃及的壁画，与“方向盘”造型颇为相似的图案，“方向盘”不是太阳。

与世界的神奇“互动”。三星堆、金沙村与大约同时期其他世界文明的种种“巧合”“互动”，也表明人类文明的绚烂多彩与互鉴共鸣。

三星堆、金沙村两个遗址有不少文物“撞款”。

有个泥塑陶猪呆萌可爱，与“愤怒的小鸟”中的反派绿猪极其相似。

商周年间，古蜀文明就已走“国际化”路线。

向西，“蜀身毒道”。

成都平原就与南亚、东南亚地区发生文化交流。印度地区所发现石斧、有段石锛，沿陆路“蜀身毒道”，进入东印度阿萨姆地区、沿海路进入盘福加。印度河文明哈拉巴发现的束丝符号，与理塘和四川汉墓所见相同。马亚来与马来族的素梦、招魂巫术，与中国南方的楚风亦多相似，竹王的神话，与“西南夷”的信仰同出一源。

向南，与“南岭走廊”贯通。

“灵关古道”从成都出发，经邛崃的“临邛道”，至雅安，上名山、荥经的“青衣道”，汉源，再逾小相岭，登越西的“牦牛道”，连西昌

“建昌道”，至泸沽、会理，渡金沙江，经云南昆明、楚雄，至通海，循盘龙江（清水河），经元江，下红河至越南北部的红河道、安南道相往还。或从成都经夜郎（夜郎道），至番禺（今广州）的牂柯道。南方丝绸之路。

海贝、牙璋等文化交流，也通过红河道实现。

大、小相岭以南，历来是“西南夷”部落的地盘。

越西、西昌、盐源、昭觉、会理等地，沿途留下了不少墓葬与青铜器。

有些部落，定居大渡河以南、金沙江以北。

失去记忆的尔苏人。在四川凉山的甘洛、越西、冕宁、木里，雅安的石棉、甘孜州的九龙等地，分布着一支迁徙而来，总数仅两万余人的族群——尔苏人。躲避战乱、屠杀，逃亡到深山，居住在凉山的甘洛、越西，雅安的石棉、汉源四个县，散落在“灵关古道”地区，史称“河道七场四十八堡”中的二十九个堡。还有4 000人的族群生活在深山，与周围仿佛格格不入。

尔苏人男子，普遍高大英挺，头发微卷，高鼻深目，脸部特征极似三星堆出土的铜人面具。尔苏妇女，多缠黑白布帕，用银泡点缀额前，服饰精美，刺绣水平极高。三星堆玉璋中，一些代表日月星崇拜和时辰的图形，在尔苏人的经卷图画文中也有出现。

不是藏族。甘洛县的尔苏人，古羌直系后裔，被秦军追驱至此。

“滇以北”的安宁河流域，生活着众多少数民族，以邛人最为强大，与夜郎人、滇人、昆明人，鼎足而立。邛人保持着一种恐怖的军事制度，“邛之初有七部，后为七部营军”。

七支部落，七支部队。

战争来了，举族皆兵。

靠亲情、血缘维系的军队，战斗力强悍。

安宁河流域，两侧为山地，中间形成一个宽约40公里的槽型谷地。土地肥沃、日照充沛，邛海和安宁河，提供充足的鱼类资源。邛人自由游荡，大声歌唱，《后汉书》记载，邛人“俗多游荡，而喜讴歌”。占据整个安宁河流域，大概分为越西、喜德、冕宁、西昌、德昌、米易、普格七大区域，每个区域相对集中，又保持一定的距离，对应着邛人的七支部落。

平时沿河而居。

一有战争，就变成七支军队。

充满传奇色彩的七部营军。

邛人亦醉心于拓展疆土，一直试图往大渡河流域渗透。

《华阳国志》载：邛崃山，原名邛笮山，邛人、笮人的分界线，邛人屡屡北上试图翻越，遇到剽悍的笮人，大多无功而返，始终未能有突破性进展，故更名为“邛崃山”。

安宁河谷虽名“安宁”，却危险、杀机潜伏。

团团包围。北临蜀国，南有古滇，东接夜郎，西望笮都，西南则是昆明人。

春秋战国，青铜大量投入战争的时代，环绕安宁河流域的古滇人、笮人、夜郎人、昆明人生活的地域，中国西南出土青铜兵器最为集中的地带。七部营军再剽悍，也难以抵挡锋利的青铜兵器。

扩张草草收场，百般无奈，只有退守安宁河谷。昆明人、笮人、古滇人、夜郎人，一直觊觎着邛人广袤丰茂的领土，如同一个落魄的地主一般，眼睁睁看着自己的领土落入他族之手。

“灵关古道”藏了多少秘密，至今无人能说清楚……

在“灵关古道”上，仿佛隐约还能听到刀剑碰撞的声响、悠长的号角声。

伴着凄婉、悲凉的羌笛。

王室贵族保护着“蜀泮”，按照老蜀王“秘制”的路线，向尚处于莽荒状态的中南半岛挺进。前往百越，与成都平原一样土地肥沃的平原。同祖同源，那里住有同为炎帝后裔的族群……

青铜兵器的出现，戎与祀成为国之大事；夏启的王位权力通过战争夺取，不是禅让而来，战争正好是陶寺的灭亡和石峁的兴起，中国从「玉帛古国」进入「干戈王国」的主要转折点。

忍痛告别家国。

“古成都人”主要分三路向南迁移。

一路，沿岷江而下，先在成都平原边缘的乐山盘桓，不愿走的伤兵、妇女就地留下。

这一路，吸引秦军主力部队，掩护其他两路。

一路，沿“灵关古道”经邛崃、汉源至今西昌，短暂休整，招揽散兵游勇，补足粮草，南渡金沙江而入姚州（今云南姚安），经今云南礼社江、元江，顺利进入交趾，盘占红河平原。

一路，沿青衣江、雅砻江南下，至宜宾、泸州等地入贵州，借道夜郎国入云南。云贵地区为楚国势力范围。稍得喘息，从滇池至文山，再沿泸江（盘龙江）上游，进入越南北部宣光地区。

路途的艰险，丝毫不亚于劫匪的凶悍。

雷雨的天气，山谷中没有悠远的铜铃，只有清脆的马蹄声响。

北纬28度，攀西高原的阳光，温暖的大凉山翻涌的云，留住小相岭湿润的风，滴滴汇聚的清泉，崇山峻岭间的灵关古道，仿佛从古老而幽暗的历史深处，穿越而来……

相同的空间维度，体验不同的时间维度。

真正意义的古道，一条贯通古今的小路。

马帮的蹄印，人的脚步，“得得”叩击着古道边故乡的耳膜，穿过野花满径的石板路，温润着故乡的梦幻。不仅仅是一条路，更是一段历史，一种文化，一份情思。

古道永远维系着故乡。

沉默的古道，满布青苔。

忘记曾经的繁华、喧闹，只有一片静谧、无声。

一天天，一年年，不知多少年月，多少马帮行走，才会形成旷世之作。

以攻代守。从贵州、云南，再到桂西、桂中，艰苦跋涉，千里跃进。

“蜀泮”一面设法与秦军作战斗勇，一面沿途与土著部落周旋斗智，炼就聪明才智，与沿途许多部落联盟，被众多雒越部落推选为首领。加上沿途陆续加入的部落族人，带有10万之众。

并非真正的军队。

由军人带领着的移民队伍。

时间不到两月，到了广州。

随军的匠民，在小皋通随从指挥下，建临时行宫。

地面城池。同是不到两月，在“泮溪”建起一座规划四正、街巷宽敞的微型城市，如江苏常州武进的淹城。几层环水，水护城，城依水，有石兽两只，一只鹿，一只羊。广州建城之始。

淹城建于春秋晚期，距今有近3 000年的历史。

“三城三河”的建筑形制，中国独创、世界唯一。

面积约0.6平方公里，宛如一座深奥莫测的水城迷宫。

与《孟子》“三里之城，七里之廓”的记载相吻合。

吴中平原的中央地区，依山、傍湖、近海，不像帝王都城，而像屯兵的军事堡垒。一说是先祖夏末君主夏桀的离宫，一说是商末周初奄国的国都。应是吴国的军事城堡，战略地位重要。

有“神龟救淹”“双龟造河”等十大传说。

异曲同工。成都筑城传说的“常州版”。

“泮溪湖”南部，用太子“逢”之名，命为“逢源”。

休整几月。为进入“交趾”修养生息，恢复元气。

秦军闻讯，追杀“蜀泮”抵达广州。仍是知之已晚。

抵达交趾的时间在公元前315年末。

遇到的最强大的对手，土著部落政权“文郎国”。地处红河萦回贯注地带，每年雨季必汇为泽国，而潮水涨消，带来肥沃泥沙，宜于垦殖水稻，这里的西瓯、雒越两族也多以农业为生。

结绳记事。土地称“雒田”，百姓称“雒民”。

马帮的蹄印，人的脚步，「得得」叩击着古道边故乡的耳膜，穿过野花满径的石板路，温润着故乡的梦幻。不仅仅是一条路，更是一段历史，一种文化，一份情思。

“雒”即“鸟”，有“雒田”即“鸟田”之说。

雒田在海边，田地的大小，依潮水的上下涨落而定。

文朗国以“东山文化”（越南清化省东山村遗址得名）为代表，以青铜鼓出名。

“蜀泮”与“古成都人”，再不是“得且住，为佳耳”的“小富即安”。在收服西瓯后，常望着雒越的野玫瑰们发呆，血液里的创业基因、心中的扩疆大计，如火焰般燃烧。

地域的逐渐扩展，带给他们难言的幸福和快感。

这种快感，在与瓯雒的争斗中依旧得到延续。

“蜀泮”从11岁进入百越地区，逐渐收降当地的西瓯族，慢慢形成一个强大部落联盟，指挥数百次军事行动，身先士卒。经过40多年的历练，逐渐“独霸”红河三角洲，呼风唤雨……

南越、雒越、西瓯总兵力才5万人。

抵抗秦军后，仅有3万兵力。

古蜀国已历4 800年，开明王已到“十三世”。

文明程度高，与秦国军队、百越部落长期战斗，沙场久经，作战经验丰富。

雒人经济文化长期处于射猎采集阶段，“射生为活，吞噬昆虫”，在曾经富裕、强大的古蜀国“蜀泮”军民面前，慢慢地丧失了赖以生存的平原土地，不得不迁徙到更加荒凉的山区。

《水经注》中写道：交趾北部，“昔未有郡县之时，土地有雒田，其田随水上下。民垦食其田，谓之雒民。设雒王雒侯，主诸郡县；县多为雒将，铜印青绶”。

既无文字，也无政权，更无姓氏。

“文郎国”只是部落联盟，还没有达到国家的层面。“瓯雒”的“瓯”，指“西瓯”（今广西西南、越北的越族），“雒”指“雒越”（今越南西北，古百越族一支）。西瓯、雒越各部落的领袖。

文明与原始的碰撞，战争无可避免。

“废武备而不修，惟日事酒食为乐”。

自恃强勇。雄王不可一世，一如当年古蜀轻视秦军的真正战力。

公元前257年，雄王仍在美人醇酒中潇洒、倜傥，在正当壮年“蜀泮”的一声高呼“冲锋”中，“文郎国”灰飞烟灭。直到蜀军攻入，如梦初醒的雄王，吐血投井。

复兴“蜀国”。

“蜀泮”将西瓯、雒越两国合并，新建“瓯雒国”。

史称“安阳王”。《太平寰宇记》引《南越志》：“瓯雒国安阳王，巴蜀人也，姓蜀名泮。因先祖求雄王之女媚娘为婚，不许，怨之。泮欲成前志，兴兵攻雄王，灭文郎国，改曰瓯雒国。”

雄王子孙。越南官方史书采用的神话说法，最早的王朝是鸿庞氏，首位君主禄续，神农氏炎帝四世孙泾阳王，被封到南方的百越，娶“洞庭君龙王”之女，生“百粤之祖”的貉龙君。

长子称为“雄王”，继承王位，建立“文郎国”。追为国祖。

“文郎国”，传了十八世王，首都在今山岭地区的越溪，地形险要；瓯雒国，首都在今河内以北17公里的东英县境内，一马平川，二者相距颇远；雄王建立的“文郎国”都城，未见有城墙。

在《史记》中，安阳王的瓯骆国，司马迁称作“瓯骆”。

东汉班固的《汉书》中，也叫“瓯骆”。

越南京族（越族）、黎族、水族与老挝龙族的祖先。

建造首都“螺城”。

规模庞大、结构独特的军事防御工程。

重要“粮仓”。今河内和古螺城一带是平原地区，要站住脚，有效地抵御秦军，一定要有城墙的保护。“把成都搬到交趾”，“蜀泮”军民在像故乡成都平原一样肥沃的大平原上建立了国家。

冉冉升起。一个新的古蜀王国在交趾。

略显沧桑。“蜀泮”离开成都平原只有10岁，少年老成，如今已经69岁的安阳王，看不出君王的威严容颜，生存环境所迫，需要处心积虑地运用超常的智慧，才能挣扎出一片天地出来。

定都封溪。“安阳王”，“开明王”的同音异写。

“安阳”读音，在上古时期与“开明”相近。

封溪建城，费时九年。城曲缩如龟。在越南古籍《岭南摭怪·金龟传》中，记载古螺城："筑城于越裳之地……其城延广千丈，盘旋如螺形，故曰螺城，又曰思龙城。"

城"随筑随崩"，便立坛斋戒，祈祷百神。一金龟出现，"助王筑城一月而就"，事与在公元前311年张仪筑成都城略同，俗称"龟城"。地形与方位格局与成都吻合，都适应地舆环境而建。

一脉相承。成都筑城传说的"越南版"。

如今，成都市中区青石桥地段，当年神龟殉难之地，青石桥古名叫"龟化桥"。

又一个三星堆、金沙城仿佛降临。

古蜀文明的延续。由外城、内城和宫城三部分组成，共筑三重夯土城垣，城外有护城河，外城周长8公里，内城周长6.5公里，宫城周长1.65公里。

三星堆商周遗址面积26平方公里，成都春秋战国遗址面积达15平方公里。

都大于中原同期城市。

古蜀的都城建设技术比中原地区发达，都城建设时间也比中原早。

到了汉代，从成都至交趾的水路交通，也比以前更为便利。

四川、云南和今越南北部，已有了经红河航道南北往来的水陆通道。《汉书·地理志》记载："(西随) 麋水西受徼外，东至麓泠入尚龙溪，过郡二，行千一百六里。"

云南的西随水（金平北部一段红河）与交趾麓泠县相接，许多支流入交趾郡尚龙溪，由红河口入北部湾。这打通了中国内地与北部湾沿海的交通，为西汉更好地经营南方提供了便捷的途径。

瓯雒国建立后，"安阳王"不断召唤成都平原的子民，前去安居乐业……

越南的京族、芒族，百越之中的"骆越"（雒越）。

漫长的历史时期，雒越中融入了占人、高棉人，形成今天的越南人。

中国中原地区，也有大量的汉人迁徙越南。

越南语中有70%以上的词汇，来自汉字。

语法与汉语的语法却差别很大。

越南语中的汉字词的发音，保留中古汉语的发音，汉字不是表音文字，可“书同文”，不必“语同音”。在古代，要做到“语同音”也很难，在漫长的历史时期，汉语的语音发生的变化很大，越南语中的汉字词，保留的是中古汉语的发音，加上汉字传播到越南，发音也会融入越南当地人的语调、声调，就很难听得懂越南语中的汉字词。

冯原遗址。位于越南北部红河三角洲地区。属于新石器晚期至青铜文化的过渡时期，距今约4 000年，根据同时期中国和越南的史料对比，基本确定冯原遗址的玉璋由中国传入。

史学界通常把公元前316年看成古蜀国的终点。

安阳王南迁到交趾建国，这段历史是否也该改写？

古蜀国、秦朝兴盛之时，正是马其顿王国的“希腊化时代”，第二次“布匿战争”开始，迦太基被罗马削弱；埃及托勒密的第三位法老逝世，继位的托勒密四世治国上没有才能，受到臣子的控制，爆发了南叙利亚战争；古印度属于孔雀王朝时期，依然是奴隶制王朝；商纣王的叔父箕子去朝鲜半岛北部，早已另立国家，历经多代，史称“箕子朝鲜”……

融入富裕的农业帝国“宅兹中国，自之牧民”。

已走下第二级地理阶梯，突入第三级地理阶梯。

相当于新蜀国的“瓯雒国”承前序后的崛起，更近似于丛林法则，从老虎到狐狸，生态链不断萎缩，红河三角洲的民族整合与被动融入，古蜀国以农耕文明的绝对优势，在遭遇“困境”后，通过刀耕火种，反而拓展生存空间。二三级地理分界线的岭南丘陵、三级地理分界线的海洋，永远是滂民的避退之路。

“瓯雒国”重复上演“箕子朝鲜”的故事。

“文化梯递”。东南沿海、东南亚一带，居住着百越等松散的部落，组织程度非常低，国力残弱，社

用「成都模式」来治理。越南冯原和成都平原相隔不远。三星堆到安阳的直线距离，大约1 000公里。金沙城到越南河内，大概也就1 000多公里。

不断扩大文明边疆，周边族群不断加盟、内卷，或内化，就是认同中国主流文明，放弃非主流文明的过程。

会环境、经济思维与第二级地理阶梯的族群更加接近，更易建立统治秩序。内陆腹地民族的选择，永远是向东、向南。使得东亚长期游离于主流文明之外，也在无形中，救东亚数次。

迄今为止的最后一次选择，在1949年国民党军队，溃退宝岛台湾。

“双循环”。中国的“天下”，没有边界。

不断扩大文明边疆，周边族群不断加盟、内卷，或内化，就是认同中国主流文明，放弃非主流文明的过程。农耕文明不是从天上掉下来，荒土之上，屯邸田园、贵戚士人的存在本身，依赖于文化不间断的输入。在商品交易相对匮乏的时代，自足农业本身的弹性空间大，庶民可以吃得简单点，贵戚的屯邸和士人的田园，也已满足肉食和水果之需。

不管族群、肤色、出生地，只要信奉“仁义孝悌爱国爱家”的价值观，就能做中国人。中华民族即便国破、家亡、人口锐减，只要价值观在心里，迟早会吸引更多认同它的人，然后，重新崛起。

血脉相连。

历史上，越南人和“古成都人”是“近亲”。

越南北部等地的出土文物，与三星堆玉戈、玉璋、玉环、玉璧等礼仪用具极为相似。

玉璋与三星堆出土的玉璋，几乎如出一辙。

上万件铜镞、100多件铜锄的发现，令人震惊。

考古发掘出土的大量珍贵文物，不少在成都都能找到“娘家”。

开明王朝盛行船棺葬、成都十二桥船棺葬，一度被认为是古蜀王的家族墓葬，而在越南海防、朱芹、朱山、越溪等地却屡有船棺出土，尽管年代稍晚，大约相当于中国的秦汉之际。

墓中出土的铜斤、环首铜削、铜拍，在成都也都能找到“原型”。

越南历史上最早的政权，以“文郎国”为第一代，

“瓯雒国”为第二代。从古至今，越南人都把安阳王作为祖先来敬奉，把安阳王建立的蜀朝，作为越南历史上的朝代来记载。

在河内，还有一条大道名为“安阳王大街”，一条路名为“媚珠路”。

河内叫HA NOI，HA就是河，NOI就是内。

红河上的一块冲积平原的城市，叫“河内”。

“同宗兄弟”，成都人和越南人在文化上。

在瓯雒国，祭祀仍是重要内容。

模式相同，尽管赶不上金沙时期的奢华与繁荣。

人口约20万，疆域约横跨整个越南中部、北部地区。

“古成都人”积极地将成都平原实践多年的农耕灌溉技术传入，完全靠摘果子、打猎为生的土著部落，为了能够过上相对轻松的生活，开始走出丛林，加入了“古成都人”行列。

带入先进的文明。

“教民耕稼农桑，始有君臣尊卑之等，父子夫妇之伦”。

河内一带位于红河三角洲的腹地。

经常洪水泛滥，控制洪水成为社会建设工作的主要部分。

“蜀得陆处”，来自成都平原的“古成都人”善于治水，“导江治河”，改“堵”为“疏”，“随山刊木”，从大禹治岷江、沱江、涪江，到鳖灵开金堂峡、玉垒山、乐山离堆，发展农业、福泽百姓，都把治水事业放在首位。瓯雒国模仿治理岷江，建造了堤防、运河系统以牵制红河，灌溉稻作的三角洲。既便于洪水分流，又有利于舟楫、灌溉。

用“成都模式”来治理。

越南冯原和成都平原相隔不远。

三星堆到安阳的直线距离，大约1 000公里。

金沙城到越南河内，大概也就1 000多公里。

在1 000多公里路线上的广西、云南，都找到了跟三星堆相同的一些器物，在越南发现与成都金沙文物相似的器物，不算“新闻”。

“外循环”，文化强大以后，一定会传播出去。

“古成都人”。越南文明不可缺失的“催化剂”。

壮观的迁徙。给越南文明带去古蜀文明的精华。

扫码听精彩
段落音频

心念故园，情系北方。

聊解“乡愁”。

珠江三角洲与红河三角洲大小相仿。

公元前251年，在瓯雒国境内离成都最近的城市番禺城，安阳王重建行宫。

“把成都少城搬到广州”。“泮溪”上的行宫，古成都城“少城”中一个“社区”的规模，模式也与“蜀王宫”的规制相同，纵横二三公里。麻雀虽小，五脏俱全，一国国都该有的都有。

为两千年的古城格局正式定调。

行宫大殿之上，安阳王已达75岁，当了6年的国王，已经有几多白发，面容带着几分越人的桀骜，也保留着一些“古成都人”的样貌，端坐在木头制成的王座之上，不怒而威。

两条水道之间的一处高岗。

位置在今中山四路北面旧仓巷以西一带，约是今文德路、北京路向北延伸线、省财政厅一带。珠江江岸在今西湖路一带，依山傍水筑城。亦有防御外敌的作用。

天地造化，气势雄浑。

广州城北靠五岭，南临珠海，市内有白云山坐镇。

珠江是独特的广府城市景观。

马路建设也基本同与珠江流向保持一致。

与成都相似。“上风上水”的“水上人家”。延续至今的“龙脉”，成都城区的“武担山”与广州城区的“番禺山”。“神秘链条”，继“越南版”后，成都筑城传说又有了“广州版”。

古广州的核心区域，历代官衙、署衙都建于此。

“云山珠水”。走出大殿，安阳王北看白云山，南望2 000多米宽的“珠海”，左右两条宽阔的古水道，既是天然的护城河，又能提供充足的淡水资源，基本符合成都城的“建城战略”。

秦军进入广州前，已有安阳王在公元前315年建立的行宫。

泮溪公园，“蜀泮”行宫的旧址。与“泮溪”相随的地名还有“龙津”，末端还有一个“东龙里、胜龙新街、金龙里、祥龙里”的小区，外围还有一些叫“泮田”等的地名。

安阳王收服土著西瓯，统治十区，号为“南岗部”，应是广州东部的“南岗”，广州的“南岗”并无“岗”。黄埔区偏北地域，还有叫“泮田”“泮涌围”的原始地名。

“围括岭”，一条南北通道穿过的一处盆地。适合做大型的埋伏战场。可能赵佗所带的秦军并不“纯粹”，而是从赵国老主人那里所带来，曾经在这里遇到“蜀泮”军队的埋伏。

沿着“仁威庙”西院墙外，由南往北一条中轴线街道，名为“新都里”。

古蜀三都：新都、成都、广都。

“新都”，“蜀泮”亲自带来的古蜀国地名。

珠三角地区，一片溺谷湾，广州古城位置恰在海湾顶部，地处珠江岸边，离河口有段距离，白云山脉与海湾的接合处，犹如飞龙吸水之地。联系白云山系、珠江水系的一条“生态轴”。

“蜀泮”没有沿珠江北岸筑城，一如没有把城西界建于文溪西支流东岸，把城北界建于越华路以南高坡一样，因是情系成都的行宫、抵御秦军的“前线指挥部”，还用不着大修城池。

与一条古水道息息相关。源头在白云山东麓，沿着山麓蜿蜒流淌，流过今天的上塘、下塘，经过越秀山麓，又分为两支，一支往西南流，经过今天的大石街，注入西湖；另一支往东南流，大致沿着今天的小北路、旧仓巷的方向，向南注入珠江。

“天下之中”。番山禺山，广州古城的胚胎。

“广州之上”。伴山两侧水道，哺育着城池生长。

适应水网生活。“泮溪”师法成都，既满足农耕文明的需要，又达到海洋文化的择址的要求。强调土地肥沃，水源充足，在最大江河的入海口，既联系广阔的经济、资源腹地，又是便捷出海、泊船的基地。与成都城选址有所不同，效仿在红河三角洲建古螺城，满足了“在海性”“向海性”的人文聚落空间形态选地的条件。

当开明王子“蜀泮”，率领“古成都人”由“藏羌彝走廊”迁徙，“将兵三万”，按照老蜀王“秘制”的路线，主要分三路上“南岭走廊”，向尚处于莽荒状态的中南半岛挺进，“讨雒王雒候，服诸雒将”，没有想到，会在交趾建立“安阳国”，会在广州的泮溪公园，建成心念故园的行宫——“岭南版成都”。

都城雄伟，文明先进，军队锐不可当。

文明碰撞。不知不觉中，异乡成故乡。

从成都→广州→交趾，秦汉之际的100多年。从中国第二级地理阶梯，击入第三级地理阶梯，从“长城·藏羌彝”传播带，到“长江·沿海”半月形传播带，从人口地理学的“胡焕庸线”，到空间经济学的“汤继强线”，从川南神秘的“灵关古道”，到红河三角洲的百越部落，“古成都人”与古蜀文明一次有去无回的出访。

安阳王统帅的5万“古成都人”，把生命毫无保留地投入到百越之中，人生却不曾厚待，历史也永远的遗忘，甚至连居住的地方，也在离开5年后、安阳王15岁时，“与咸阳同制”兴筑。

成都由蜀都变为蜀郡治所。

公元前311年，秦国宰相张仪，按咸阳建制，在蜀城的基础上，向东、向南拓展城址，兴筑成都城垣，称“秦大城”，由大城、少城构成。大城是新城，军事政治中心；少城为旧城，经济中心。

城中有城，“经营版筑，役满九年”。二城并立。

后世称为“秦城”，又称“张仪城”。

成都城市历史上，最完整、最巨大的城垣。

顺应水势，坚持因势利导，构筑中轴线、打通“微循环”，城垣走向与大致河流平行。城垣呈西北、东南走向，形状非方非圆，东西狭而南北长，实现采光、集热、通风与山川河流地势的整体协调，成为不规则的长方形，曲缩如龟壳，后世又称为“龟城”。

城周回十二里（5.2公里），高七丈（17.1米）。

城墙下部皆筑有粮仓，城上建有多座“观楼”和“射栏”，既可驻扎士兵，又可贮存武器，充分体现城垣的军事意义，也展现了城垣的雄伟、壮观。

城外东、西、北面，掘有千秋、龙堤、柳池、天井等池。

大城在东，少城在西。

两城并列、相连，大城西面和少城东面共用一段城墙。

称为“层城”“重城”。

秦大城比清皇城略大，少城比清满城稍小。

城垣格局或显或隐，承续2 000多年。

中国古代城市格局的一种重要类型。

两城在功能上，也不大相同。大城，作为蜀侯、蜀相和蜀郡守的治所，又是秦移民聚居的区域，成都的政治中心。少城，成都县治所在和商业区，成都的经济中心。

“北寺南市”。

少城的结构布局，仿照秦都咸阳。

“北寺”，少城北部，官署所在地。成都县令、管理手工业的“铁官”“盐官”，管理商肆的“市官”等机构的长、丞等行政官员，驻这一地区。“南市”，规划整齐的商业区、民居。

建构人居“建筑基准线”。

从金沙遗址到浣花溪，到百花潭、商业街片区。

咸阳、洛阳、开封等古城，都是正南北方向。

偏偏“古成都人”的方位概念，与中原地区不同。

“北偏西”与成都平原的风向、水流，关系密切。整个成都平原为北偏东，走向与北偏西恰好垂直，“古成都人”恰如其分地利用、调节，才有了“北偏西”这个独到的视角。

古蜀的富庶，得益于水沿河而建的城市布局，也埋藏下洪水隐患。

宝墩文化时期传下来的筑城传统，就是修筑高大的城墙，既为防洪，也为防御。

十二桥遗址泥土掩埋的房屋构建，由西北向东南方向倒塌，一次大洪水遗迹。

从成都→广州→交趾，秦汉之际的100多年。从中国第二级地理阶梯，击入第三级地理阶梯，从「长城·藏羌彝」传播带，到「长江·沿海」半月形传播带，从人口地理学的「胡焕庸线」，到空间经济学的「汤继强线」，从川南神秘的「灵关古道」，到红河三角洲的百越部落，「古成都人」与古蜀文明一次有去无回的出访。

三星堆遗址的堆积层中，也发现厚20厘米至50厘米的淤泥，也是洪水遗迹。

大洪水摧毁三星堆城、金沙城，却没有摧毁文明。

恰恰相反。洪水过后的腐殖质上，文明枝繁叶茂地生长。

形成东、西二城倚背相连的形势。站在大城西垣，向西展望，少城又像是大城的外城，可算大城的前卫。后世，每当成都发生战事，攻城者往往先进攻少城西南，屏障作用尽可“一窥”。

又在成都的西北、西南兴建郫(今郫都)与临邛(今邛崃)二城。

三城呈品字形而立，互为犄角，构成防卫线。

秦在蜀地统治的重要据点。

成都城高23.3米，郫都城高20米，邛崃城高16.6米。随着时间变化，郫都城址已经迁移，只有成都、邛崃在原址上，不断更迭，堪称成都平原的“双城记”。

天府文化风水古城的范本。

金沙江流域的原住民丹、犁等部族，世居险要山地，与古蜀国和平相处，对秦国管辖下的成都平原蠢蠢欲动，发动叛乱。司马错带兵征讨，“在蜀西南姚安境内，本西南夷”。

“西南夷”，汉代统称西南地区的土著民族。如今的四川凉山、甘孜、阿坝地区的土著民族为“西夷”，今云南、贵州、广东、广西等地的土著民族属“南夷”。

秦军第一次深入金沙江以南地势险要的地区。

公元前285年，秦蜀守张若，率兵取“笮”及“江南地”。

“笮”在今四川盐源、盐边一带地区，汉时曾置定笮、大笮等县。“江南地”，指“笮”的金沙江对岸的今丽江、楚雄境域。沿“灵关古道”南下，目的是消灭“蜀泮”南下的残余反抗力量，开拓疆土。

公元前221年，秦王嬴政麾下大将王贲，战国四大名将之一王翦的儿子，领兵灭掉六国中最后一个残存的政权——齐国，秦国彻底统一了天下，在成都通往云南、贵州的崇山峻岭中，起于僰道（今宜宾），终于今云南曲靖，修筑“五尺道”（约为1.4米），全长1 000多公里，与安南道(昆明至越南)衔接，到祥云与博南道相互连。东可通越南、西可达缅甸，不日到印度、阿富汗。

“西南丝绸之路”东路。

与秦长城、阿房宫、始皇陵、灵渠、直道、驰道，并称秦朝七大工程。

“开明肇其端，李冰集大成”。

为充分利用岷江水资源，提高防灾减灾能力，公元前256年左右，蜀郡太守李冰父子，在鳖灵开凿的基础上，组织修建都江堰，“把岷江搬到成都”，促使成都平原发展，润泽千万人。

“放水仪式”，一种水图腾。

纵贯150公里。岷江在成都城优美、潇洒地绕一圈，又在下游归入岷江。

“上善若水”，天人造府。“天”与“人”共同创造水旱从人的“天府之国”，达到了一种“天人合一”的“风水上乘”的境界，筑造“超稳态”富庶、闲适的“天府成都”。

岷江美丽，美在“人水和谐”。

郫都也被誉为古蜀文明发祥地、长江上游农耕文明源头。

“栈道千里，无所不通，唯褒斜绾毂其口，以所多易所鲜”。

在安阳王在广州建行宫“泮溪”的同年，秦国在穿越秦岭通往汉中沿褒水、斜水而行的悬崖绝壁间，“穴山为孔，插木为梁，铺木板联”为栈阁，全线接通褒斜道，被称“蜀道之始”。

号称“中国第一栈道”。

在《史记》中，司马迁记载：“栈道千里，通于蜀汉，使天下皆畏秦。”

差不多同期。北逐匈奴，南戍五岭。

安阳王在位时，适值秦汉“平定百越”时期。

公元前214年，灵渠凿成通航。

僵持不下。“旷日持久，粮食绝乏”。

秦始皇令监御史禄，在今桂林兴安县境内“以卒凿渠，以通粮道”，开凿连接湘水与漓水，全长34公里的灵渠，联接了长江、珠江两大水系，构成遍布华东、华南的水运网。

桂林有两条名震天下的河水，南部阳朔境内的漓江，北部兴安境内的灵渠。灵渠工程分铧嘴、大小天平、南北渠、泄水天平和陡门5个部分。穿越南岭，北渠的宽度大于南渠，调节水量。

后人称赞史禄，“咫只江山分楚越，使君才气卷波澜”。

短小、精巧……

有一种柔媚的女性美，恰好和北方长城的粗犷、雄性交相辉映。

一条为征服而生的运河，“世界古代水利建筑明珠”。

在安阳王在广州建行宫「泮溪」的同年，秦国在穿越秦岭通往汉中沿褒水、斜水而行的悬崖绝壁间，「穴山为孔，插木为梁，铺木板联」为栈阁，全线接通褒斜道，被称「蜀道之始」。

“北有长城，南有灵渠”。

解决后勤之需。大批粮草经灵渠运往岭南。

秦军在百越战场上兵锋凌厉、势如破竹。

灵渠的丰功伟绩，长城望其项背。竖立长城，阻隔北方民族的南下，目标却始终难以实现；开凿灵渠，却像一柄打开广袤的神秘世界的拓疆利剑，依靠它，把版图扩大将近一倍……

公元前212年，特派大将蒙恬率30万军队、民夫修建“秦直道”，全长700多公里，从陕西甘泉宫直达内蒙古包头九原郡。世界公认的第一条“高速公路”。与长城呼应的世界奇迹。

沿途每隔40至50公里，建一个行宫。有的行宫面积很大、十分豪华。志丹境内任窑子行宫占地28万平方米，安塞红花园行宫占地10万平方米，用于巡行、避暑的高规格建筑。

比罗马大道宽3至8倍、长15倍、早200多年。

“化外之地”。50万平方公里的土地。

“长江·沿海”半月形传播带内。

《汉书·地理志》记载，百越的分布“自交趾至会稽七八千里，百越杂处，各有种姓”。从今江苏南部，沿着东南沿海的上海、浙江、福建、广东、海南、广西与越南北部，长达4 000公里的半月圈内，古越族人集中的分布地区；古越族人局部零散分布之地，还包括湖南、江西与安徽等地。

百越民族，亚洲南部一个古老的民族群体，分为以浙江为中心的东越、以版纳（今西双版纳）为中心的西越。支系很多。较大的有吴越(今苏南浙北一带)、闽越(今福建一带)、扬越(今江西、湖南一带)、南越(今广东大部)、西瓯(今广西一带)、骆越(今越南北部、广西南部一带）。

“大分散，小聚合”的居住形态。

南越是部落名，不等同于南越国。

“越”或写作“粤”。古代“越”“粤”相通。

“百越”是统称，大小无数越人部落的归纳。

“百”并非实数，“各有种姓”的泛称。

部落到底有多少，即使安阳王与南越王心细如发，也未必知晓。

越人，有生越与熟越之分。

生越，散布各地大小的部落。

熟越，代表者是昔年的越国。

“北拘于胡，南卦于越”。

围攻岭南。公元前218年，秦始皇以长公子扶苏为帅，任嚣、赵佗等人为将，令尉屠睢发兵50万，分五军南征百越，“一军塞镡城之岭，一军守九疑之塞，一军处番禺之都，一军守南野之界，一军结余干之水”，每军要占领五岭一个主要的隘道，实现统一中国的宏图大志。

中华史上“最大规模的移民与征服”行动启幕……

虎狼之师。屠睢率领20万大军南下。

作为副帅，赵佗与主帅任嚣同征南越。

公元前214年，秦朝平定岭南，设置岭南三郡。

南海郡郡治，在今广州；桂林郡郡治，在今广西贵港；象郡郡治，在今广西崇左。

任嚣首任南海郡尉，节制三郡，故称“东南一尉”。

南海郡下，设博罗、龙川、番禺、揭阳四县。

龙川地理位置、军事价值都重要，辖地颇广，包括今广东龙川、连平、五华、兴宁、河源、和平、新丰、海丰、陆丰等县和紫金、平远两县的部分地方。赵佗为龙川县令。

南海郡治、番禺县治，即今广州市越秀区。任嚣与赵佗修筑“袤四里”的番禺城（今广州仓边路以西的古番山、禺山上），筑以城墙，以文溪、珠江作为城池的屏障，史称“任嚣城”。

赵佗，生于公元前240年，时26岁。

与赵国王室联系，千丝万缕。

石家庄人。出生在今河北正定，19岁时就获得秦始皇的赏赐，得到一把御赐的护驾宝剑，随后就跟随出巡，负责保卫安全。东征西讨，仗剑跃马，凭赫赫战功，从士兵跃升为将军。

《岭海剩》称：“佗略定杨粤，拜龙川令，筑台于惠州长乐县。”

选择龙川筑治所。地理条件优越，三面环山，东临大江，江水如龙流动，群山似虎眈眈，又处于古龙川中心地带，可利用水道到达龙川所辖的绝大部分地区。广东最早的县城之一。

龙川县城又称“佗城”，因赵佗得名。

赵佗曾要求秦朝从中原地区迁居居民至岭南。

一举两得。秦朝从中原迁来50万人，除了一些犯罪被贬的人、遭到贬职的官员之外，大多是“贾人”，朝廷重农抑商政策的打击对象，既惩治“商人”，又“渗透”了岭南。

“得风气之先”的“兴王之地”。

开发岭南的“试验田”，播种中原文化的“起跑线”。

唯一留在历史名册上的县令。

用兵岭南，当秦朝军队深入到岭南地区，就遭到顽强抵抗。

未知世界。到处树木丛生，野兽遍地，每个角落令人窒息的瘴气满布，笼罩着每个人，神出鬼没的森林与猎人，更是恐惧之源，一个原始蛮荒世界，将是当中幸存者的未来家园。

西瓯人撤到深山密林，发挥善于爬山越岭、驾船荡舟的长处，利用当地山高、河多、谷深的地形，采取机动灵活的战术，白天隐伏于山林之中，晚上四出偷袭秦，使秦军处处挨打。

还袭击运粮的队伍，使秦军夜不能寝。

秦军亦因不服水土而爆发疫病。

《大越史记全书·蜀纪》记载：一天夜里，越人在西江畔三罗（今广西陆川珊罗镇）设下埋伏，突袭屠睢所领秦军主力。猝不及防。屠睢中了两支毒箭，由马背跌落，全身发紫而亡。

群龙无首。秦军四处逃散，慌不择路。

在《史记》中，司马迁记载：“而越人皆入丛薄中与禽兽处，莫肯为秦虏，相置桀骏以为将，而夜攻秦人，大破之，杀尉屠睢，伏尸流血数十万，乃发适戍以备之。”

主将被杀，粮食不继，减员大半。

尸横遍野，濒临覆亡的绝境，秦军仍然没有退缩，百越军同样不作任何妥协，战斗依旧激烈地进行着。一方，为保家园，血战到底；一方，失败等于耻辱，后退等于死亡。

秦军还是“百足之虫，死而不僵”。

百越族人也奈何不得强大的秦军。

形成“秦军三年不解甲弛弯”之势。

秦始皇何以劳民伤财修筑长城、灵渠？

从成都武担山的「西楼」「石镜」，古蜀王率先垂范公开发布爱情平等的情书，到广州番禺山的「泮溪」的「琼玖永好」，将逼仄的传统空间，立体拓展到岭南的「意象」空间。

历史给出答案。千古一帝，奠定中国政治制度基本格局。

焚书坑儒，坑死的460人，并未有株连之罪。

历史上，常说是儒生，实为方士之流，一些卢生、徐福的拥趸。

康有为说："秦坑儒，儒生未因此而绝。议礼者三十余人，皆秦诸生，皆未尝被坑者。其人皆怀六艺，学通《诗》《书》，逮汉犹存者也。然则以坑儒为绝儒术者，亦妄言也。"

鲁迅更是提过："秦始皇实在冤枉得很，他的吃亏是在二世而亡，一班帮闲们都替新主子去讲他的坏话了。不错，秦始皇烧过书，烧书是为了统一思想。但他没有烧掉农书和医书；他收罗许多别国的'客卿'，并不专重'秦的思想'，倒是博采各种的思想的。"

地区稳定，可以高枕无忧的时候，秦始皇仍然一如既往的勤奋、努力和警惕，在《史记》中，司马迁记载，秦始皇"日批奏折百二十斤"。换算为今天的计量单位，也有30公斤。相当于每天处理公文近10万字。"皇帝之功，勤劳本事。上农除末，黔首是富。普天之下，抟心揖志"。每日只睡4到5小时，少有娱乐，连皇后都不立。

为国事操劳，只活了49岁。

在位期间，更从无错杀，冤杀一位功臣。

励精图治。从公元前219年开始，短短11年间，出巡5次。

战国后期，秦国国君与齐国国君曾一度称"帝"。

3岁逃亡，13岁登基，39岁统一天下的男人。

扫六合，建秦朝后，认为功劳盖过三皇五帝。

"今名号不更，无以称成功，传后世"。丞相王绾、御史大夫冯劫、廷尉李斯等认为，秦王政"兴义兵，诛残贼，平定天下”，功绩“自上古以来未尝有，五帝所不及”，援引传统的尊称，说“古有天皇，有地皇，有人皇，人皇最贵”，建议采用“秦皇”头衔，秦始皇在“三皇五帝”这四个字中取两字，显然不能取“三五”，取了“皇帝”二字。

将自己称为“始皇帝”，即中华文明史上的第一位皇帝。

“百越之战”。秦统一六国后，最惨烈的一战。

灭“蜀泮”的安阳国（瓯雒国），并非一蹴而就。

“乃使尉佗将卒以戍越”。

公元前210年，赵佗伐安阳王。

《水经注》引《交州外域记》记载：“后南越王尉佗举众攻安阳王。”

安阳国顽强反击，“瓯骆相攻，南越动摇”。

地处南海郡上峰的桂林、象郡，也趁乱建国立王，给南海郡稳定带来威胁。

与瓯雒国的战争，一直与神弩相联。《金龟传》中记载，双方在北江的仙游山交战，因安阳王拥有一具威力强大的神弩，每发可杀三百人，赵佗的军队大败。退守武宁山，遣使讲和。双方约定以平江（天德江）为界，北为赵佗界，南为安阳王界。

传说，有只神龟在瓯雒国居住三年，临行时，神龟脱其爪化为神弩。

《越史略》记载：皋通造柳弩一张，“十放，教军万人。”安阳王来自成都平原，跟雒人作战，处于优势。也让南越王赵佗，吃尽苦头，“一发杀三百人”，越军闻之丧胆。

到了北宋初期，《太平广记》《太平寰宇记》还把神弩的威力夸大，“一放杀越军万人，三放杀三万人”。千弩齐发，一放杀三百人或有可能，小皋通也只不过是一个善于治弩的大臣。

武力胜不了，请和、求亲。

赵佗使“美男计”，派遣儿子赵仲始向安阳王之女求婚。年迈100的安阳王，有个叫媚珠的女儿，粉妆玉琢，见当人质的太子赵仲始十分英俊，一表人才，一见钟情，真心相爱……

公元前209年，赵仲始娶媚珠公主，入赘安阳王。

二人完婚后，住在古螺城的王宫内。

上门女婿。安阳王视赵仲始为己出。

"王侯将相宁有种乎"？

秦末，农民起义如火如荼。起义一月，便拥有1000骑兵、数万步兵；攻到函谷关时，仅部下周文就有千辆战车、数十万士兵。建立"张楚政权"，陈胜自认"陈王"，吴广为"假王"。

整个中国历史，汉人对于北方骑兵一直被动防御。

没有内忧，只剩北方外患。统一六国后，秦国和匈奴一打就是10年。北方的诸侯，已经没有精力再去迎击，扶苏带领30万大军，直接在北方驻守10多年，还修建绵延万里的长城，来抵御匈奴，把游牧民族阻拦在农耕文明的院墙外边。不是没有雄心攻占漠北，越过长城的土地，不能够用以耕种，付出的战争成本得不偿失。

要到达北方草原作战，需要大量的粮草。从中原调运，一旦战线拉长，光路途中的消耗，就是真正前线所需的上百倍。国家收入建立在农耕基础上，就算有了颇大的草原干什么用？

坚固围墙的修筑成本，远远低于从中原调集粮草的高昂费用。

内外交困。秦始皇突然病亡，朝纲大乱。赵高谋害皇帝长子扶苏，立幼子胡亥为帝，后又杀胡亥立子婴，反过来又被子婴所杀。朝廷里，杀大将、杀丞相、杀老臣……

帝国瞬间陷入迷茫。

北方大乱，打得昏天地暗。

赵佗与任嚣一起征杀了4年。

任嚣已经病重，密切关注天下局势，临死前，将最信任的下属赵佗召来："中原扰乱，番禺，负山险，阻南海，东西数千里，颇有中国人相辅，此亦一州之主也，可以立国。"

当即颁布文书，让赵佗接任南海尉的职务。

公元前206年，任嚣病逝。

龙川令赵佗接替南海郡尉。

手握三郡军政管理大权。

赵佗以合理借口杀秦朝所置长吏，以亲信代理郡县守令。

断绝军事要道，"绝道聚兵自守"。

洞悉广州防御要领，避免战火蔓延到百越与岭南地区，严封五岭的四关：横浦关、诓浦关、阳山关、湟溪关。断绝四条新道：江西入广东南雄一路，湖南入广东连州一路，湖南入广西贺县一路（潇贺古道）和湖南入广西静江一路。构筑捍卫番禺的三道防线：乐昌—仁化—南雄防线，英德—清远防线，石门要塞防线。要逾五岭攻南越，不破三道防线，到不了广州。

兼并了桂林郡、象郡，打击越人势力，掌握了岭南的控制权。

经历众多患难的安阳王，已是风烛残年的老人。

多少君王年少、壮年时大多雄才伟略，到了老年时变得昏庸。

收服九大头人，灭杀雄王，现在又打败强敌南越的赵佗，俯仰自得，有站在世代巅峰之感。对造神弩的大臣小皋通，也不再如昔日礼遇。小皋通归隐，走前对安阳王说：“珍惜神弩。”

南越王宫内，树木繁茂，鸟语花香。

流水潺潺。“曲流石渠”的一个转弯处，水流驱动着两个罗伞在转动。赵仲始与媚珠公主在王宫里漫步。旁边有个小孩，欢乐地追逐着蝴蝶。小孩，他们的儿子：赵昧。

凄美爱情敌不过战争情势。

“始令珠取父弩视之”。赵仲始引诱媚珠偷看神弩，再窃取神弓，用假弩换走灵弩。学会了制造弩和破坏弩的秘法，公元前207年，“便逃归报赵王”。借口说要回去省亲，把灵弩带走。

担心两国开战后，将与媚珠失散，临走前对媚珠说：“夫妇恩情可不能忘，如果两边打起来，我来找你，怎么才能见到你啊？”

媚珠说：“不要担心，我随身带着鹅毛被，拔毛做路标，你就能找到我。”

瓯雒国失去神弩，再无招架之力。

安阳王带着女儿媚珠逃亡。

“认鹅毛追之”。跟着鹅毛标识，赵仲始穷追

一部向西发展，远足缅甸，今缅甸有「仁安羌」地名；一部向南发展，到了柬埔寨，故今柬埔寨有20万古羌遗裔；越南史籍记载，他们的祖先是来自成都平原的古羌与「古成都人」。

不舍。

到了海滨。安阳王下马，海中浮出一只金龟，指着媚珠说："是贼也，盖杀之。"

媚珠临死前发誓："想不到我一片痴情，却被人利用。愿我死后，能化为珠玉，以此化解亡国丧家之痛和夫君背弃之耻。"

赵仲始追到海边，抱起媚珠的尸体失声痛哭，归葬于古螺城。

最初，一见钟情，最后，生离死别。

不久，媚珠的坟冢化作玉石。

公元前205年，赵仲始思念媚珠，将"曲流石渠"改建为"琼玖永好"。

又一段"成都版"凄美的爱情故事。

一脉相承。与140多年前的开明王九世类似。

从成都武担山的"西楼""石镜"，古蜀王率先垂范公开发布爱情平等的情书，到广州番禺山的"泮溪"的"琼玖永好"，将逼仄的传统空间，立体拓展到岭南的"意象"空间。

血脉相连。"西楼情结"的具象化。

你不负我，我必不负你。赵仲始怀念媚珠，设计制作"媚珠玉佩"。"玉佩"落地，"画眉鸟"断开。"画眉鸟"断，媚珠亡。来到当年沐浴梳妆的井栏旁边，洗澡时幻看到妻子的影子，内心悲痛欲绝，在家国大义、儿女情长面前，舍情取义，投井而死。

殉情媚珠，终年38岁。

儿子赵眛，二人爱情的结晶。

"眛"，取自妻子名字"媚珠"的"目""朱"。

湄公河的"湄"，与"媚"的字形有关联。

"泮"，也可能是湄公河"没"了的那个"公"。

决定瓯雒国命运的神弩，终究只是传说。安阳王得神龟之助走进大海，回应先祖鳖灵带领民众凿开玉垒山，治理成都平原水患的功绩。最终，仍然不能逃离"独在异乡为异客"的命运……

秦国发动三次战争，才勉强打败了"蜀泮"。

秦国军队锋利的刀剑割断动脉，相对周边的部落级对手，安阳国即为当时百越之中最强盛的势力，面对完成大一统的巅峰之军，结果跟与父辈的"蜀国"一样，只能灰飞烟灭。

公元前206年左右，瓯雒国被南越王赵佗征服灭亡。

110年前，秦国战略大师司马错通过“闪电战”刀锋，击破古蜀国。

110年后，古蜀国王后代安阳王的瓯雒国，再被秦国将军赵佗击败。

年过百岁的安阳王带着残余部众，乘船散落到世界各地。

来源于“灵魂不灭”和祖先崇拜的信仰。

死后讲求回归。“古成都人”的亡灵，必须经过故地湔江河谷的“天彭门”，把死者灵魂送到过去祖先居住过的地方去与祖先团聚。沿水路送魂，船棺也就成去世先民的“载魂之舟”。

不是终点。瓯雒国残部：一部向西发展，远足缅甸，今缅甸有“仁安羌”地名；一部向南发展，到了柬埔寨，故今柬埔寨有20万古羌遗裔；越南史籍记载，他们的祖先是来自成都平原的古羌与“古成都人”。

有的人南逃到中南半岛其他地方，有的人漂流到吕宋（菲律宾）、印尼、琉球、日本、北极（爱摩斯基人）……下海乘船逃亡的地方叫下龙湾，龙下海的地方。

不知所终。

究竟什么地方，才是“古成都人”南迁的终点？

楚汉相争，汉胜楚败。

公元前205年，成皋之战。

西楚霸王项羽、汉王刘邦，围绕战略要地成皋(今河南荥阳汜水镇)，展开的一场决定楚汉兴亡的持久的争夺战。战争史上，后发制人、疲敌制胜的一次成功典范。

同年，赵佗迅速“击并桂林、象郡”。

南征百越。岭南三郡并为一体，政治上归于一统。据有岭南（今广东、广西大部、越南北部），建立了疆土“东西万余里”的南越国，定都番禺（今广州），自立为“南越武王”。

公元前204年，将任嚣城向西扩张，以西文溪为护城河，扩大为周长5公里的大城。于今广州中山四路一带，东起今旧仓巷一线；西临今广大二巷、小马站一线；南界，在今西湖路北侧，南城门，在今北京路与西湖路交界处以北。俗称“越城”“赵佗城”。

今北京路，基本处于“赵佗城”的中心轴线上。

南越王宫博物馆，以“赵佗城”的遗址为基础建成。

广州的城市史，远超过北京、南京等著名都城。

比周定都西安更早。西安作为“镐京”的历史，只在西安长安区的西北角，不像广州一直在城市中心。安阳国是古蜀开明王子“蜀泮”建立的国家，广州因文明而起步的真正起点。

《粤记》说，“广东之文始尉佗”。

灭安阳国后，赵佗为了便于统治，将其地划分为交趾、九真两郡，设立户籍官，清查二郡的户口，制定政治制度、赋税制度，传播汉族文化，使二郡开始有了文字、文字记载的历史。

由奴隶社会初期，跃进到封建社会。

古蜀文化对越南的历史影响巨大。前后近百年，政权统治52年，在秦灭安阳国时，“古成都人”已经与当地雒民普遍通婚两代人以上，通婚的“混血儿”，越北壮语系少数民族的祖先。

越南人长期以来都是十分热衷成都平原、“古成都人”。

“古成都人”，多族群地域性联盟共同体。

雒姓源于安阳王，出自古瓯雒国，以国名为氏。

与瓯雒国的雒民，联系密切。流经三星堆、金沙遗址的湔江，在《汉书·地理志》里，也称“雒水”。如今三星堆所在地广汉，仍然叫雒城镇，既是真实还原历史，更是尊重古蜀文化。

古螺城现仍存着历史久远的安阳王庙。

庙前有口古井，传说赵仲始于此自尽。百姓传说，媚珠是因爱而冤死，鲜血流入大海，为蛤蚌所饮后，化为明珠。如以井水洗涤，明珠会更加晶莹明亮、灿烂夺目。

古螺城的媚珠庵供奉的无头石像，正是安阳公主媚珠。

有成都人、广州人，到越南河内旅游，建议抽暇去观赏螺城遗址、安阳王庙。

桄寺位于演州县演安乡慕夜山上，距离荣市约30公里。

供奉着瓯雒国的皇帝安阳王。

去旅游的成都人可以顺便向2 200多年前的“老乡”问个好。只是，在问路时，要记住越南文中的“安阳王”读作 An Duong Vuong，“螺城”读作 Co Loa Thành。

安阳王与“古成都人”不知所踪。他们把有关秦朝的消息带向世界各地。有人认为，东方强大的“秦”势不可当，用印度语翻译到西方，“秦”就变成“China”，中国这个名字，就在世界上流传开了。

治国有方，“和辑百越”。

赵佗带领10万兵士长驻岭南，起初以“中国人相辅”“以其党为假守”，尊从习俗，让越人参加政权管理、鼓励秦朝士兵与越人通婚，因地制宜，以越人“自治”，实行民族融合政策。

“使人上书，求女无夫家者三万人，以为士卒衣补，秦皇可其万五千人”。理由含蓄，朝廷再数额上打了五折，1.5万中原寡妇、未婚女子，浩浩荡荡加入支援边疆的行列，成为部队家属，“与越杂处”，对于稳定士兵扎根戍边，推动广东的开发，起到积极作用。

以身作则。赵佗脱掉中原的官服，穿上越人的服饰，头发的造型也效仿越人的模样，称自己是“蛮夷大长老”。带头让自己的儿女和越人联姻，结为亲家。

岭南地区秦汉时期南迁客家先民的精神首领。

文治武功。先进的中原文化、生产技术，给包括越南在内的“南越”带来繁荣，极大地促进农耕业的发展，打开民族融合的大门，对传播中国文化意义深远，连现代越南人都感同身受。

注意在民族融合过程中，利用中原先进的文化、伦理道德教化、诱导越人，教育他们赡养老弱、废除群婚。推广汉字、汉语，教育越人“习汉字，学礼仪”，从而使“蛮夷渐见礼化”。

“秦汉一徙”，迅速推动岭南地区文化的发展和社会进步。

贡献巨大。谱写了中国大一统“和而不同”的文明史。

文化认同，形成万人共戴一君的观念。

然而，也形成一些积重难返的弊端。

让中国人集中力量，创造出世界最持久的古代文明，一旦统治者年幼或者一意孤行，整个国家就会陷入巨大的风险。这一问题，随后出现的罗马帝国、大汉帝国，最终也没能解决。

《大越史记·赵纪》称，赵佗“英武之成，岂让汉高”。

越南史学家黎嵩的赞评，代表许多越南人的看法：“赵武帝乘秦之乱，奄有岭表，都于番禺，与汉高祖各帝一方，有爱民之仁，有保邦之智，武功慑乎蚕丛(安阳王)，文教振乎象郡，以诗书而化训国俗，以仁义而固结人心，教民耕种，国富兵强……真英雄才略之主也。”

建元四年（公元前137年）去世，享年103岁。

结束了81年的统治，葬于今广州。

“多为疑昉”。深恐将来陵墓会被人盗掘，甚至抛尸荒野，后事安排非常缜密，坟墓藏得十分隐秘。出殡时，灵车分别从广州城四门同出。没有人能知道真正装有遗体的棺材葬在何处。

太子先死，赵佗死后直接传给孙子赵眜。

赵眜，史称“南越文王”。

西汉南越王博物馆，今天广州解放北路象岗山上，就是赵眜的陵墓。

“超长待机”。中国历史上寿命最长的地方统治者，熬死了秦朝的3位皇帝、汉朝的4位皇帝。陵墓可能在今天的越秀山主峰越井岗一带，即今天中山纪念碑附近的岗腹深处。

两广与越南一带的“拓荒者”。

越秀山上有越王台，赵佗经常在这里接待北方使节，大宴群臣，举行祭祀典礼。归汉之后，又在越王台西北面的固冈之上，筑了一座“朝汉台”，每年登台望汉而拜，以表臣服。

“神秘石渠”。越秀区中山四路发现南越国王宫的“曲流石渠”——“琼玖永好”，蜿蜒曲折，贯穿整个御花园，整体流向竟然是个“几”字形走向，与黄河的总体形状几乎一模一样。

南越王不仅向往着北方，甚至还有统一中原的雄心。

建元六年（公元前135年），唐蒙出使南越。

番禺（今广州）城里的南越王赵眜，用产自夜郎国的枸酱款待，说夜郎国至少有10万精兵。唐蒙向汉武帝报告，成都到广州有路可通，建议利用夜郎国的10万精兵，收服南越，统一岭南。

元鼎六年（公元前111年），岭南正式“归汉”。

50万平方公里的国土，纳入中国统一的版图。

汉武帝设交州刺史，实行三大基本政策：“与民生息”“因其故俗治，毋赋税”“诸雒将主民如故”，维持原有“制度”和“官吏系统”，与民生息，不用纳税，类似“一国两制”。

岭南“九郡”中的交趾、九真、日南三郡，大致在今越南的中、北部地区。

这几处地方被中国统治的时期，被越南称为“北属时期”“郡县时代”。

随着汉人的大量迁入，越汉杂处的居住格局形成，华夏族与越南土著族群通婚不断，导致越南自立后的多位王朝建立者，父系是华夏族的后裔，而

安阳王与「古成都人」不知所踪。他们把有关秦朝的消息带向世界各地。有人认为，东方强大的「秦」势不可当，用印度语翻译到西方，「秦」就变成「China」，中国这个名字，就在世界上流传开了。

母系则为越人。

国防巩固，疆域最盛。“东西万余里”，南越国东包汀江以东的福建永定、平和、漳浦，与闽越相接；北以五岭山脉与长沙王吴芮领地相连；西至广西环江、河地、东兰、巴马、德保、百色一带，与句町国、夜郎国为邻；南达今越南北部、中部的大岭，与马来人原始部落相邻。囊括今日广东、广西、海南三省与越南地区。

古代中国几乎所有的大一统政权，均直接控制着东亚“两江一河”（长江、黄河、珠江）流域最为肥沃的雨养农业区，都以以上三个农业区为核心确立统治（“中原”“平原”与“江南”）。

“甚有文理”。成为南迁北人向往的乐土。

赵佗被毛泽东誉为“南下干部第一人”。

汉文帝刘恒修建的赵佗先人墓地，在今石家庄市新华区赵陵铺镇。2006年，在墓地遗址基础上修建赵佗公园。公园里，还有一座四米高的赵佗铜像，左手拿书卷、右手执剑，十分传神。

石家庄市新华区，还有一条赵佗路。

直到今天，广州市发掘出的越王井，仍然作为重要的文化遗址被保存。

南越王国宫署遗址，被誉为“东方的庞贝古城”。

秦代的造船厂，在南越王国宫署的附近。

两千年前广州，已达上乘的造船技术。

岭南文化的主要代表是广府文化。

在《史记》中，司马迁描述：“番禺，亦天下一大都会。”文化中心、千年商都，从南方丝绸之路的发源地成都，到海上丝绸之路的发源地广州，都拥有独特的历史商业文化魅力。

赵佗，开拓南越的先驱，几乎奠定汉代中国的南疆规模。

一位英勇善战的军事家、颇具魄力和治国才华的政治家。

大涛奔涌。前无古人的辉煌篇章、惊天动地的浓墨重彩。

越南北方随南越国一道并入西汉，先后成为东汉、三国的吴国、晋等中国王朝的一部分。千年以降，大量的中国北方人，或因履职，或因避祸，或因发配，或因戍守，或因投机，纷纷迁徙到古越南土地，带着相对高端的文明和工具，渐渐地同化、稀释了土著居民。等到唐朝末年时，当地的居民使用着中国字，说着中国话，受中国制度管束，已经与中国人差别不大。

儒家文化区，"越人"后代，汉族的一支。

越南的独立，在交趾的"古成都人"，建立的地方政权，形成越南前身。像一个叛逆的孩子，一边拼命反抗着父权，一边慑于中华力量，不得不与父亲保持良好关系，几番挣扎，抗争，回归，分离，终于摆脱父权，成为一个独立的人。

越南历史，一段向北努力摆脱羁绊，向南拼命扩张的历史。

南岭山脉宛如有力的臂膀，拥抱着面向海洋的广东、广西两地，神奇、富饶的岭南地区，紧紧地依偎在南中国的怀抱中。珠江充满激情，纵横千里，上下万年，孕育出灿烂的广府文化。

只有"面朝大海"，才能"春暖花开"。

广州也是历史悠久的三朝古都。

与成都一样，属于典型的古今重叠城市。

"多元一体"，洋溢着强烈地域文化精神的个性人格。

生死存亡一次次，革故鼎新一场场，慷慨悲歌一幕幕，岭南豪杰一代代。岭南在中国历史舞台叱咤风云，以摧枯拉朽的气魄，张扬着岭南人的独特精神，从繁复多彩的历史与现实情境中采撷优秀的文化因子，在复杂纷纭的政治、经济变化中，梳理鲜明的文化特质，构成了高古雄迈、瑰伟奇绝的岭南文化史诗。

成都，中国唯一处于内地，却享有"海洋性气候"的"飞地"，"栈道千里，无所不通"，"外循环"外与"海外"探索的精神向往，生生不息。广州，坐落在东南亚季风带上的港口，天然的避风港、停泊地。而与大海的搏击，人们很早就开始与"海外"的交流。

地理形态上，有诸多异曲同工。

广州北部。岭南山脉，城建成本高，有流溪河水源保护区，需要限制大工业的发展，采取"北抑"策略，只是"抑"字不好听，改成"北优"。

成都西部。青藏高原，经济腹地颇小，有都江堰灌区、龙门山生态保护区，环境生态重要，需要对产业门类、发展规模进行控制，"西控"即为此意。

广州东部。丘陵地带，基本农田较少，建设用地多，靠近香港、深圳，广深高速、广深铁路的起点，城市开发可以高歌猛进，于是采取"东进"策略。

成都东部。也以丘陵地带为主，靠近重庆，成渝双城经济圈"过国家认同、民族认同、文化认同。民族从来都不是静态的、固定的，文化、地理意义远大于血统。民族在动态的演化过程中被「发明」，定义自我的共同体决断的产物。来自历史文化的原料，也许古蜀文明正是天府文化、广府文化创造自我的决断时，能重点援引的历史资源。

渡地带”，发展掣肘少、需求大、呼声高，可以大踏步前进，“东进”二字非常贴切。跨过龙泉山，拥抱发展空间更阔大、空间格局更优渥，一如广州跨过珠江水网，收获南沙新区。

广深市区相距约100公里，成渝市区相距超200公里。

都是大区中心，综合枢纽，综合实力突出。

空间格局直接决定城市的运营效率、居住体验与美学价值。

“大古都”名副其实，完美体现中华文明起源“满天星斗”的情况。

元封四年（公元前107年），推翻“箕子朝鲜”自立的“卫氏朝鲜”，被汉武帝给灭了，朝鲜半岛北部地区并入汉朝的版图，建立乐浪郡、玄菟郡、真番郡、临屯郡，史称“汉四郡”。

同一时期，朝鲜半岛南部兴起马韩、辰韩、弁韩三个带有部落性质的国家。

韩国的国号，来源于这三个国家。

2世纪的亚欧大陆，有汉帝国、贵霜帝国、帕提亚帝国、罗马帝国。

“四大帝国”相连。人类的农耕地区，汉帝国位于亚欧大陆的最东端，并深入中亚、东亚；贵霜帝国位于中亚和北印度，帕提亚帝国（安息帝国）位于波斯，罗马帝国位于环地中海地区。

文明世界从东向西，第一次“联通”。

以儒家文化为代表的汉文化圈正式成立，华夏族逐渐被称为“汉族”。

一种同心圆、洋葱式的国家结构。

核心部位，“天子”直辖的“编户”，外圈与“天子”保持密切联系、接受“天子”册封的“内臣”，再往外与“天子”保持较为密切的联系、时不时接受“天子”册封与赏赐、关系时好时坏的“外藩”，最后，与“天子”关系不密切的“朝贡”国。不管是“编户”“内臣”“外藩”，还是“朝贡”政权，理论上都属于古典中华文明体系的范畴，构成从古代到近代、一以贯之的华夏文明，甚至整个东亚、东南亚文明体系，均可被视为“古典中国”的广义范围。

国家认同、民族认同、文化认同。

民族从来都不是静态的、固定的，文化、地理意义远大于血统。

湖广民众在天府之国，经过数百年生息演化后，与千百年来不断从中原迁徙到岭南来的数百万北方人的情况一样。各族各部因蜀地、岭南独特禀赋而形成相似的习俗、文化、精神，已经具备共同体的潜质。

源于地域禀赋的精神，历史渊源可上溯至古蜀。

民族在动态的演化过程中被“发明”，定义自我的共同体决断的产物。来自历史文化的原料，也许古蜀文明正是天府文化、广府文化创造自我的决断时，能重点援引的历史资源。

中国之中，不在天下之中，而是文明之中。

中国之中，不仅在历史之中，而终将会是世界之重。

「天下之中」的向心力。

开放性、发展性、创新性。历史上，成都经历过很多磨难，成都城甚至在洪水后的瘟疫中「毁城」，从来没有被压垮过，而是愈挫愈勇，不断在磨难中成长、奋起，砥砺前行……

自然条件优越、历史积淀深厚、文化底蕴独特，一种以文化、美学为优先的生活方式，孕育出「创新创造、优雅时尚、乐观包容、友善公益」的天府文化，贯通历史、当下和将来。

从5 000多年前的古蜀文明开始，优先、富庶、巴适、安逸的成都生活就已成习惯。1 000年时间做探索，2 000年时间打基础，2 000年时间做传承，历史的沧桑，仍旧焕发着迷人的魅力。

「汤继强线」柔性突破「胡焕庸线」。引领世界城市3.0时代的一次重要机遇。

第十章

「双循环」的「摆渡人」

一部人类文明史，一部人类不断迁徙的历史。

安阳王“蜀泮”与他的部族，成都平原最早、走得最远的移民。

与此同时。一波一波袭向成都平原的“移民浪潮”，风起云涌。

正力敌六国之师。秦国急切需要为大一统提供后援。

“戎伯尚强”。秦灭巴蜀，置巴郡、蜀郡。

古蜀国灭亡，蜀人、巴人、氐人、羌人等部落的部分贵族与部落成员，纷纷外逃。

氐人，向西北迁徙到青藏高原边缘地区，成今天的白马藏族一支；巴人，向东回缩至川东与重庆一带，部分形成今天的土家族一支。

羌人，一部分，迁徙至塔里木盆地南沿，融入维吾尔族，建立婼羌部落，居住地后来成为如今的新疆若羌县，中国面积最大的县，约相当于2个浙江省的面积。一部分，翻过巴颜喀拉山脉，通过岷江上游支流的河谷，至雅鲁藏布江流域，成为发羌、唐牦等羌人部落。一部分，继续南逃，并与沿海的小黑人种群混血，成为当今东南亚各民族的祖先。

驻留在岷江流域的部分古羌，今日羌族来源之一。

血脉跳动至今。保留了中华民族最远古的血脉。

固守西南的蜀人，变成秦国百姓，生命、生活、迁徙，汇入在历史长河之中。在秦、汉、唐、宋、元、明、清的民族融合、迁徙中，和来自各地的移民，共同塑造如今的川人、成都人。

精神中的放旷、洒脱，正是在充满磨难的迁移中浸泡而出。

“改造”成都平原，统一之路重要里程碑。

一部移民史。成都平原，多民族聚居区；成都，一个由移民组成的平原、中心城市。不管是秦朝时期的“万家实蜀”，还是清朝时期的“湖广填四川”，在历史的各个时期，都有大量的人口移民来到成都。

古蜀国灭亡后，成都平原人口迅速下降。

贵族的外逃，使得原有的政权体系解构。

古蜀地区留下了巨大的人口空缺。

稳定统治，秦国进一步加强中央集权。

政治引领。立蜀侯为傀儡，三立三杀。

《后汉书》曾记载，秦国保留古蜀统治阶层的地位，虽然指派了官员进行治理，实际上还是让当地的首领代为管辖，在赋税政策上向土著倾斜，世代赠送美女，将赋税减到最低。

稳固统治。统治者向被统治者示好，避免激起民族矛盾。

两种文化和意识形态，稍微发生摩擦都可能引发动荡。

“后院”起火，将不利于统一大业。

“其民爵比不更，有罪得以爵除”。

颁布诸多优惠政策，巴蜀贵族犯罪，可以用爵位抵罪。

分封制、郡县制并用，巴、蜀、汉中三郡31县，在不到30年间，扩大至41个县。

军事改造。仿照咸阳，修建了成都城、郫城和临邛城。

还修筑了江州（今重庆）城、阆中城。

城市中都修有高大的城墙，上有观楼和、射阑，下设粮仓，街道、府舍、市肆与民宅样样俱全，为秦国提供驻守、掌控政权的便利，同时，还促进当地盐铁行业、农业经济的发展。

经济改革。延续时间最长，波澜壮阔。

统一，军事实力的角逐，也是国力的比拼，强大的军队加雄厚的国力，才是真正的王者；移民，是为经济改革服务。迁“秦民万家入蜀”，将古蜀纳入中华文明的核心圈。

“缘法而治”。大量移民、屯兵，发展农业生产。公元前314年，一纸令下，六国王公贵族、地主富贾，与秦人为敌者，秦国国内作奸犯科者，流放至蜀。秦惠文王死后，法令被子孙延续。

负责戍卫任务的秦国军队，也一支支踏上征途。

规模浩大。迁徙队伍按照一家五口计算，有5万人之多。

移民中心：成都。

迁徙长达100年，使成都平原持续成为“热点”。“实蜀”政策，一直延续到西汉晚期，长达300余年，持续秦国六代人，史上最早、持续时间最长、规模最大的一场大移民运动。

秦国派了军队，任命了官员。

从中原六国走来的陌生脚步，一次次地叩响富饶、神秘的成都平原。

对“移民”，迁徙等于“永别故里”。

“征服”天下的一个“举措”。

惟有民众都融入，才是真正的“融为一体”，“移民”能加快这一进程。

秦王朝自然考虑到，“移民”，快速补充人口的最佳选择。

形成独特的刑罚。《汉书》记载：“秦法：有罪，迁徙之于蜀汉。”

“流放”，成为一个独特的惩罚罪人的刑罚。

千里之遥。蜀道奇险，通行不易。

“跨界团队”。身份不同，往日僻静的古蜀道，出现一批批的长途跋涉者，由秦国相国及赵国、魏国等的达官贵人、百姓、戴着镣铐的犯人组成。离目的地成都，还有一段遥远的距离。

风尘仆仆。并非一次旅行，而是一次无奈的迁徙。

一批又一批，都是命运不能由自己左右的人。

不愿远离家乡，种种原因又不得不移民，到陌生的地方开启新的生活。

伴随着秦朝军队的南征北伐，大量流离失所的人出现。

强大的秦国，令他们走在一起。

大多来到成都，也有一些就在入蜀沿途，扎根安居。

艰难的迁徙，一次永别。

离开故乡与家中的亲人，一生都不知能不能再回故土。

无奈背井离乡。对成都，大多数人感到陌生：会有肥沃的耕地么？听说蜀人“左言”，讲起话来难懂无比，外乡人很难听清楚，会跟家乡人一样淳朴么？旅途的劳累、前途未卜的失落……

在《史记》里，司马迁记载：“巴、蜀道险，秦之迁人皆居蜀。”

川、甘、陕三省结合部。始于青川县沙洲镇和营盘乡，即汉代白水县城的白水关，至广元昭化（葭萌关），一共长约60公里。秦灭蜀，走的是从陕南到青川再到昭化的线路。

距秦地不远。部分入蜀移民留驻，将郝家坪作为族群墓地。

青川战国木牍，记载了秦朝“移民实蜀”的历史烟云。

正面，记载公元前309年秦武王，命令左丞相甘茂更修《田律》等事；背面，为与该法律有关的记事。四川最早的农田水利政府文告，大规模开发四川地区、成都平原的珍贵历史见证物。

从繁华都市商埠里，迁到荒凉边远地区。

除了迁入蜀地罪人，一些富商大贾也成迁徙的对象。

公元前238年，迁徙队伍中流放的吕不韦，自是牢骚满腹。

秦始皇诛杀了嫪毐后，“诸嫪毐舍人皆没其家而迁之蜀”。

与嫪毐关系密切的吕不韦，秦始皇令“其与家属徙处蜀”。

本是一介商人，年轻时的一单生意，造就一生的富贵。

贵为相国、文信侯，曾经权倾一时，门客扬言造反，被嬴政诛杀，难逃其咎，被贬居蜀中。眼看经营几十年的政治生意，血本无归，在蜀地又不知道将受到何种待遇，悲难自禁，绝望之中饮鸩自尽，死在入成都平原的途中。

移民中最赫赫有名的一位，将政治当作生意来做。

破产后，也只能选择个商人，最极端的抵抗方式。

随着吕不韦的下台，家人和众多门客，也成了流

迁徙长达100年，使成都平原持续成为「热点」。「实蜀」政策，一直延续到西汉晚期，长达300余年，持续秦国六代人，史上最早、持续时间最长、规模最大的一场大移民运动。

放的对象。

富商大贾来自赵、魏、楚等国。

家有千金之财，皆是当地望族。

秦灭六国后，秦人的掌中之物。

有钱有势，秦人生怕他们留在故土滋事，便发配至蜀。正中下怀，强留在故土，与虎谋皮，命运难测，到了成都平原，秦王朝可能鞭长莫及，反能一心经商，安享太平。

蜀地历来产铁。《禹贡》明确记载：华阳、黑水惟梁州，“厥贡璆、铁、银、镂、砮、磬、熊、罴、狐、狸。”梁州的主要地域是四川盆地，上贡的物品清单内赫赫醒目：“铁”。

镂，或称“刚铁”。

砮，又叫“砮石”，也能火烧成铁，质地相当刚利。

《华阳国志》也列举了“铁”，用“饶”字形容。

铁的产量高。

也有人主动要求入蜀。赵国卓氏的话，颇能代表商贾们的心理，“吾闻岷山下之沃野，下有蹲鸱(芋头)，至死不饥。……民工于市，易贾。乃求远迁”。迁入成都应该比现在好，肯定不是坏事。

流放途中，只有卓氏夫妇推车步行。

卓氏祖先原是山东有名的冶铁商。辗转迁到成都平原，来到临邛(今邛崃)，见有储量丰富的铁矿、天然气，盛产的富铁矿“大如蒜子”，却无人开采，大喜过望，定居下来。“开关梁，驰山泽之禁”。随即，大量招揽滇、蜀两地百姓上山采矿，交由随行的铁匠铸铁……

“即山鼓铸，贾于椎髻之民”，继续操起老本行。

卓氏采矿，只需上缴政府少许银两，一本万利。

战国年间，铁器在蜀地尚不流行，卓氏的铁器极受百姓欢迎。

几年下来，赵国卓氏富甲天下，单家中仆僮就有千人之多。

传到卓王孙，铁冶生意做了近百年，生产的铁器，行销四川、云南，甚至远到交趾。

汉朝专门在此设立铁官，专管铸铁。

汉唐中国“五大铁城”之一。

邛崃人很早就以天然气煮盐。

《华阳国志》介绍，“取井火煮之，一斛水得五斛盐”。世界上最早开发、使用天然气的记载。诸葛亮曾亲临邛崃，考察火井。晋代左思《蜀都赋》中，“火井沉荧于幽泉，飞焰高煽于天垂”的描述，记叙、描写出了一个繁忙的场面。

“骑龙山”下曾发现过一处汉代冶铁遗址，遍地炉渣铁块、弃掷的生铁，当地人称“铁屎坝”。这处冶铁遗址，尽得“临邛道”之利，铁器一旦铸成，即可上“灵关古道”，远销西南。

如今在火井镇、南宝山镇，还能看到埋藏在地下一米多深的古代陶制的天然气管道。

卓王孙，主营工矿业，兼营商业、金融业。

铜铁矿中，有工奴800至1 000人，炼铁作坊工人多达2 000人。

冶炼出铜、铁后，制作成铜器、铁器，通过组建的通商马队，东去成都、长安，西达康藏，南下滇缅，远销南北和境外“椎髻、纹身”之地，与丝绸、蜀布等一起，直达印度，再运回犀、象、珍玩、管马、牦牛等，供应巴蜀和中原所需。

冶铁铸钱。汉文帝赐蜀人邓通铜山，批准铸铜钱、铁钱。在原先宽泛的岷山之中，有了一处叫“铜官山”的地名，临邛之南2.5公里，便纳入“岷山脚下”之地，改称为“铜官山”。

“红顶商人”邓通，将政府治矿铸钱的“特许银行”，以“岁取千匹绢”的“租金”，将特许铸造五铢钱的专利权“转让”给卓王孙，并以邓通的名义发行于天下，卓王孙便将“铜官山”脚的一片土地买下，既用于制作生产陶器，又进行金属冶炼铸造钱币、铁器的场所。

在《史记》中，司马迁命名为“铜官山麓”“陶铸之所”。

范围扩展到“基方十里”，涵盖原先的整个城关镇范围。

“垄断经营”。卓王孙所铸铜钱、铁钱，流通于市。

邓通，风度翩翩的美男。今四川乐山人。

有断袖之癖的汉文帝的深爱之人。原是“船拐子”，机缘巧合，成了宠臣。不仅封为上大夫，还得到严道铜山赏赐，让他自己铸造钱币使用，出现“邓氏钱布天下，其富如此”的场景。

成都平原出现民营企业和资本主义的萌芽。

“富甲天下”。中国最大铁业资本家。《史记》记述：卓王孙“铁山鼓铸，运筹策，倾滇蜀之民，富至僮千人。田池射猎之乐，拟于人君。”生活奢华，仆人过千，与皇帝相比也不差。

立竿见影。大批的移民，带来了秦地先进的生产技术，依托巴蜀得天独厚的生产条件，当地经济开始飞速发展。成都城再显生机，江州（重庆）等城池拔地而起，成为著名大城市。

中国首富，一子两女。

长女卓文君，邛崃第一大美女。

美貌和智慧。“白富美”的卓文君，琴棋书画，样样精通，尤通音律。不仅出身富贵，而且姿色出众，身材婀娜窈窕，“眉色如望远山，脸际常若芙蓉，肌肤柔滑如脂”。

鲁国程郑，秦汉时期“四大铁王”，也靠在临邛铸铁发家，富比卓氏。

《史记》记载：“程郑，山东迁虏也，亦冶铸，贾椎髻之民，富埒卓氏，俱居临邛。”

在《华阳国志》中，常璩说程郑：“富绛公室，豪过田文。”

田文，战国时期有门客三千的齐国孟尝君。

卓氏、程郑的派头不输孟尝君。

强制性地迁徙移民以来，还有另一类移民。

众多逃亡者和流民，携妻带子因避难，来到成都平原。据《汉书》记载，扬雄家族，也是典型的逃亡奔蜀者的后人。汉之前，商鞅的老师尸佼、扬雄的祖上，因避难而入成都。

尸佼，神秘的先秦时空学者，诸子百家中杂家的代表。

强调“兼爱百姓，务利天下”，“使天下丈夫耕而食，妇人织而衣”。

“四方上下曰宇，往古来今曰宙”。最完美的描述时空宇宙概念的文字，出自尸佼。《汉书》中记载：“尸子，名佼。鲁人，秦相商君师之。鞅死，佼逃入蜀。”商鞅造反失败，尸子逃脱秦国的追击，潜逃到成都平原，并没有招兵买马替商鞅报仇，发奋著书，把自己的思想写成了二十卷，大约六万余字的《尸子》。著书立说成功后，才死。

一举两得。既扩充蜀地人口，又削弱六国势力。

移民中，有善于铸造、经商者，将大量的财富、中原地区的金属冶炼技术、农耕方法带到成都平原。不仅对经济发展起到积极的作用，客观上也加速区域文化之间的融合。

《华阳国志》中，描述了这些“移民”发家致富后的“奢华生活”，“故工商致结驷连骑，豪族服王侯美衣，娶嫁设太牢之厨膳，归女有百两之车，送葬必高坟瓦椁，祭奠而羊豕夕牲……”。

影响巨大。伴随“移民”，民俗文化与带来的文字。

“奢侈不期而至”。也包括奢华之风，常璩就流露出“批判”意识。

秦汉帝国的交通路线，编织一个庞大的道路网，由纵横主干道，经过分支，一步一步地从核心地带，渗透到各处。移民开拓新的分支道路，就将中国的行政权力，“移”进了新的地区。

海路交通没有可寻的主干道、分支道，只是从一个港口，到另一个港口，跳跃式的连结，不同于陆路交通，而后者能够编织为持续存在的道路网，网罗新的地区于中国的版图内。

迁移每一个人，都意味着要安置住宿点，划拨土地、住处。

无论人力，还是物力，成本都是巨大。

稍有不慎，迁民行动就会造成动乱。

在2 000多年前，凭着政策得当、管理高效、手段坚决，完成这场史无前例的大动作。

立竿见影。大批的移民，带来了秦地先进的生产技术，依托巴蜀得天独厚的生产条件，当地经济开始飞速发展。成都城再显生机，江州（重庆）等城池拔地而起，成为著名大城市。

春秋战国前后，秦国存在550年，“秦王”也已传到第31代。秦王室的历史，可一路追溯到商纣王时期，作为正式承认的诸侯王，却是从周幽王十一年（公元前771年）秦襄公被封为诸侯开始。

“奋六世之余烈”来形容。

完成统一并不是嬴政一个人的功绩，历代先祖不断奋斗的结果。

开疆拓土，一统六国。秦始皇的辉煌，是站在先辈们的肩膀上得到。550年诸侯国历史、30位秦王的积淀，才换来秦王嬴政10年的爆发，换来“千古一帝”开创第一个大一统王朝的成就。

扫码听精彩
段落音频

成都平原，强秦的“发动机”。

著名感慨。在《史记》中，司马迁写下一句：“蜀即属秦，秦以益强。”

盐铁等城市手工业，也成支柱产业。随着秦国大军的东征西讨，大批的六国俘虏，也源源不断进入成都平原。每一批移民，都成为经济发展的助力。领先列国的眼光、资源整合能力，打造出了最大的“新增长极”。

国家统一，在于文化统一。

进一步废除巴蜀文字，大力推行小篆。

巴蜀，秦国大力推行文字统一措施的第一站。

标准统一。“书同文，车同轨”。

独特的文字，极富“一体化”色彩的文化普及。

皇权，神经中枢。

移民，神经末梢。

铁蹄所到之处，移民就“撒”到哪里。

移民像帝国的种子一样，生根发芽，枝繁叶茂。

对普通百姓，除了远离故乡，在新地方的生活与过去的生活区别不大。到了成都平原，有人分得几亩薄田，日作暮休；有人在成都城，以经商谋生，祖传的手艺在故土司空见惯，并不新鲜，到了成都平原却成了绝技，“一招鲜，吃遍天”。

过上了定居生活，许多人与当地女子结婚生子，俨然成了半个成都人，有生之年，再也没有走出过蜀地。耳濡目染，渐渐成为已经能听懂“蜀语”的“新成都人”。

消除敌对情绪，人口结构渐渐“重组”。

秦民，慢慢成为成都平原的主要居民。

移民和原住民混合居住，已经形成文化认同体。

与移民同时来到成都，还有大规模的秦国军队。

古蜀国新亡，迁徙入蜀的豪强、犯人随时可能造反滋事。

精锐部队。秦将陈壮、张若、张仪，先后率大军至蜀。

令人不解。迄今官方史料中，都未曾提及驻蜀秦军的详细信息。

在秦国，将士为国戍守四方，能得到国家的最高荣誉，史官何以没有记载？战国时期，秦国军队曾经带着盐和长戈，走到中国许多地方。世人已无法通过史料，获悉入蜀的秦军的信息。

2 000多年后，才揭开神秘面纱。

1992年3月，在成都龙泉驿区，上百座墓葬井然有序地排列。

墓主，2 000多年前戍守成都的秦国士兵。

墓葬分区四个，代表不同兵种，朝向正东方。

历史上，墓葬的朝向，往往能代表死者临终前的信仰、愿望，“古成都人”的墓葬北偏西，朝向故土岷山。秦在蜀的东北方，戍守蜀地的秦军许多人到死，都没能回到故土。

东方秦国，秦兵死后的墓葬一律朝着故乡。

墓坑土穴结构，上宽下窄，墓室凹凸不平，布置潦草。

几块椁板，象征性地置于墓坑中。秦国士兵的地位并不高。数以十万计的秦国士兵来到蜀地，历史并不曾厚待他们，就连死亡后，都只能以最卑微方式的安葬。

墓葬出土遗物透露了秦国士兵的生前生活。

兵器，锋利的铜矛；餐具，众多圆底陶罐、尖底盏。

货币，“秦半两”，少则几枚，多则二三百枚。士兵们一生的积蓄。

墓葬中除了兵器、陶器、钱币，还有镰刀、斧头和凿子。

士兵们不但要卫戍蜀地，还需自给自足，从事劳动生产。

与秦向岭南派遣50万的戍边部队一样，来到成都的特殊移民，都扎根平原，与成都融合，入乡随俗，用“古成都人”特有的圆底罐、尖底盏大吃海喝，一些人还用上了色彩鲜艳的漆器。

相互影响。曾经水火不容，早已成了过去。

文化的统一、融合，战争的根本目的。

移民对古代巴蜀方言的形成，影响重要。带入的语言，主要是战国时期的秦方言，在同古巴蜀语言的接触过程中成为胜利者，奠定蜀地方言的基础。

在墓葬中，一枚铜印上赫然刻着两个汉字——杨悲。

士兵的名字，军营一名下层文员，每当军中要发布命令时，便在公文上盖上印章，一来二去，名字已经像军令一样，为每个士兵所熟识。跟许多士兵一样，死后也没能叶落归根。

战友将他埋葬在公共墓地，把伴随大半生的铜印，一同放进。

在秦王朝长达一个世纪移民政策的驱使下，一批又一批的六国富商巨贾、罪人、百姓来到蜀地，与此同时，负责戍卫任务的秦国军队，也一支支踏上了征途。

移民们耕作、经商，娶妻、生子，生活很快像从前一样。

秦国士兵仍然只能固守在岗位上。

征战，和平。

和平，征战。

一支支的秦国军队，在战争与和平的特殊轮回中，失去青春的韶华，成为孤独的思乡者。

移民对古代巴蜀方言的形成，影响重要。带入的语言，主要是战国时期的秦方言，在同古巴蜀语言的接触过程中成为胜利者，奠定蜀地方言的基础。

唐卢求《成都记》说：秦惠文王移民，要“皆使能秦言”，让他们全部能够说秦国话，具有推行“车同轨，书同文”的同化政策目的，结果就是导致巴蜀地区逐渐改说华夏语。

刘逵注左思《蜀都赋》引《地理志》：“是时，蜀人始通中国，言语颇与华同。”

“古成都人”开始和中原频繁往来、交流，语言与华夏族大致相同。远古时期巴蜀地域的“左言”，到秦朝时发生很大变化，开始融入华夏语言，成为成都平原方言的源头。

后称古巴蜀方言为“蜀语”。

以华夏语言为主体，兼有巴蜀土著语言底层的一支地域方言。

“吏治帝国”的政治考量与“回到春秋”的文化视野。

古蜀文化，中华文明的重要源头。

古蜀语，华夏语的地域分支之一，成为华夏语、汉语的重要源头。

从“旧石器→新石器→青铜器”，古蜀文化构成完整的序列，与中原文化一道，成为长江、黄河文明的重要起源。秦人入蜀后，蜀语吸收秦语等的成分，成为独具特色的华夏语地域方言。

《山海经》中，有不少四川方言。

根据地域名称、行政归属的演变，把上古、中古时期的蜀地人语，称为“蜀语”；把宋元明时代的蜀地人语，称为“蜀方言”；把清代以后的蜀地人语，称为“四川方言”。

“蜀语”一词，始见于晋代葛洪的《抱朴子》。

“蜀方言”一词，始见于南宋黄希的《补注杜诗》。

“四川方言”，由于张献忠明末在四川建立大西政权，清军又多次清剿，原有四川人已经十去七八，“湖广填四川”后，更是成为一种混合语。

蜀语就是蜀方言，但不能称为“四川方言”。用“蜀语”一词，是因历史上的蜀方言与今天的四川方言，相去甚远。四川方言，以上古、中古蜀语为“底层”，发展变化而来。

早在商周时期，蜀语与秦语、晋语、齐语、楚语等华夏语就有交集、交流，蜀语也是一种华夏语语言，甚至是一种优势方言。从蜀语，到蜀方言，再到四川方言，既有传承，也有消亡。

推广方言上，生活在成都平原的历史名人，功不可没。

扬雄，西汉蜀郡（今成都郫都区）人，24岁到长安为官，中途两次回到家乡。

出蜀后，著有《方言》，收录20条古蜀语词。

蜀地将短衣、短袄，叫“曲领”，长安称“襦”。

苏轼，21岁出蜀，讲的方言在海南，至今都有影响。

文字中的“鲜翠”“元修菜”等蜀语，比比皆是。

长期生活在成都的杜甫，在《闻斛斯六官未归》中，有一句“荆扉深蔓草，土锉冷疏烟”。“土锉”，一种蜀语，表示一种炊具，今天的砂锅。

陆游在《邻曲》里，写下“拭盘堆连展，洗酺煮黎祁。”“黎祁”，指成都人做的豆腐。作品中，还屡次出现“三老”“招头”等蜀语词，指的是船工。

性格在语言上，诙谐、幽默。

四川方言谚语“跸倒不怄，爬起来怄”“不大不小，刚刚管倒”“人对头了飞机都要刹一脚”之类；歇后语“罐罐头发豆芽——没得一根伸展”“红萝卜头撒海椒面（儿）——显不出来”“抱鸡婆打摆子——又扑又颤”“盘古王耍巴浪鼓儿——老天真”“沙盘上写字——要不得嘛，抹了就是”“土地老汉儿掉在井里头——要淘神” “缺牙巴啃猪蹄子——横扯筋”之类，即为明证。

“外戎内华”。南北族群融合中，形成了成都人的性格特征。

二律统一。一面，体现在能“兼取各种文化思想，自由不羁，具有更多的个性色彩”；一面，体现在成都人较少受理性的束缚，保留秦民较多的原始性，具有一定的“蛮性”“野性”的色彩。

方言中，有成都城的历史、形成了成都人的文化。

如影相随，渗透进生活的方方面面，在数千年的历史长河中，塑造着成都人的精神与性灵。作为地域文化、地域人群特征的重要体现、表现形式，具有丰富的特性、宝贵的价值。

历史长河中，蜀语混合了多种语言，而非单一语种。

天府文化中的包容特质，也可追溯至此。

成都平原开放包容，不管是朝廷命官，还是乞食的难民，都敞开怀抱迎接。

原本就是一座正宗的移民城市。

2 000年后，清末的《成都通览》中，记载：“现今之成都人，原籍皆外省人。”

“成都人”都是外省人：湖广25%，云贵15%，江西15%，广东、广西、江浙、陕西10%，河南、福建、山东、山西、安徽、甘肃5%。

魏源在《湖广水利论》中，较早提及“江西填湖广，湖广填四川”的典故。

在成都，一首竹枝词写道：“大姨嫁陕二姨苏，大嫂江西二嫂湖。戚友初逢问原籍，现无十世老成都。”家庭成员的原籍五湖四海，已没有超过十世的“老成都”。

移民潮不仅波及城市，也影响到广大乡村。

在外地人眼中，全都是地地道道的成都人。

移民的进入，不同地域文化的碰撞，各个文明的彼此交流、成就的移动空间，在共同体聚居中形成自发秩序资源的能力，迁徙来往留下足迹之地，秩序水位的自然流向，对不同文化的秩序输出，虽然一如黑洞一样广大、黑暗，但它不仅是“外循环”时周边民族与文明连结与互动的重要地区，更是“内循环”时人群杂糅“失落环节”的语言辐辏。

巴渝文化、中原文化、荆楚文化、吴越文化、南粤文化……

同形成于先秦的古蜀文化之间的碰撞，持久、激烈。

成都平原就像一口巨大的川味“火锅”，无论土著，还是移民，无论先来，还是后到，进入这口“大锅”，五涮六，七上八下，就会变得川味十足，逐渐变成“新成都人”。

分分合合，合合分分。

移民者带来自己的文化、技术、生活习惯……

改变了成都，给成都平原带来了“不一样”。

碰撞、融合的过程，一种区别于原古蜀文化的新文化诞生了。

各地移民文化习俗，相互渗透、融合过程中同化、消弭，开始以崭新的勤劳果敢、奋发向上且富有生命力的“川汉子”“川妹子”形象，活跃于全国各地，逐渐形成独树一帜的社群特点。

早期的罗马帝国，却没有成都这些必要的“经历”。

罗马，与秦汉同时代，西方文明的最大规模政治体。

欧洲史上大规模的政治体，无不以罗马为精神象征。

成都平原就像一口巨大的川味「火锅」，无论土著，还是移民，无论先来，还是后到，进入这口「大锅」，五涮六，七上八下，就会变得川味十足，逐渐变成「新成都人」。

结果千差万别。欧洲现在的古希腊古罗马文明，是文艺复兴时期重新挖掘出来的。大部分古希腊古罗马思想著作、艺术作品，被后世欧洲人重新发现。欧洲的文明有着长时间的断裂。走向统一，文化共识，中国无论是思想，还是艺术，绝大部分都源于诸子百家。

“一体”与“多元”。两个都建立在农业社会之上，都要处理土地兼并与小农破产的关系、中央与地方的关系、政权与军阀的关系、本土文化与外来文化的关系。两者的结果完全不一样。

罗马之后再无罗马，只有多个信仰基督教的蛮族封建王国。秦汉之后，却继续兴起融合胡汉的隋唐大一统王朝。相似的基础，相似的挑战，不同的路径，不同的结果。

秦汉的独特价值，在于“一体”“多元”并存。

“一体”保证凝聚，“多元”保持活力。难在同时保持“一体”与“多元”。当“一体”完全压倒“多元”，就开始僵化。当“多元”完全压倒“一体”，就开始分裂。欧洲自古就各自为政，除了地理、民族、文化外，关键是经济、语言文字的“多元”。

秦国文化机构素来重视，对于幼儿的启蒙教育。

广泛沿用。秦始皇命李斯创作《仓颉篇》、中车府令赵高作《爰历篇》、太史胡毋敬作《博学篇》，三人作品共三篇二十章，后人称“秦三仓”。《仓颉篇》，幼儿启蒙识字书籍。

耳濡目染。移民渐渐已经能听懂蜀人的“左言”，“古成都人”对小篆也不再陌生。

第一次将中原文化注入巴蜀文化的血管中。

真正确立了古蜀文化与中原文化的大融合。

与长江、黄河共同组成中华文化基因的“双股结构”、共构阴阳“太极结构”密不可分。

中华文化“多元”基因传承。

珍贵的非物质文化遗产代代相传，离不开四川话乃至全国各地方言的传承与保护。

文化互嵌，互鉴融通。

秦代以来，既有汉民屯边，又有边民内迁，还有中原之民迁徙南方，历经几次民族大融合，各民族你中有我、我中有你，迁徙者成了跨文化的“双语人”，起着“双循环”的桥梁作用。

中华民族具有“多元”的起源，各族人民互相融，最终凝聚为“一体”。源自各民族文化上的兼收并蓄、经济上的相互依存、情感上的相互亲近，中华民族追求团结统一的内生动力。

文明发展的过程，本质上是一种不断否定野蛮的过程。

一以贯之。改革、开放，中国历史始终。

重要动力。守正、创新，中国历史发展。

《周易》中，已有“变易”的思想。

《汉书》记载：“为政而不行，甚者必变而更化之，乃可理也。”

汉字，“通古今、达四方”的超时空力量。

中华文明传承的载体。

铸牢中华民族共同体意识的文化纽带。

铭刻着中华民族久远的文化记忆，涵养着中华民族的文化认同，见证并推动中华民族多元一体的历史进程。圣哲的经典通过汉字，滋养一代代中华儿女自强不息、厚德载物。

“大一统”刻在民族基因里。

国家被视为中华文明的象征和守护者。

守护中国的人口、土地和文化。

维护中华文明的统一，神圣的责任。

说相同的话、读相同的书、做相同的事、有相同的敌人、信奉相同的价值观。

中国每次动荡之后，都有强大的复合力量推动统一。

自古以来，中国金融资本的地位在国家政权之下。只要政权还在正常运转，就会尽力驯服金融力量，服务社会发展。

西方的思想体系，用民族国家概念看待中国，西方人根本无法理解，对中国上千年的存在、延续异常困惑。英国学者马丁雅克不断强调：中国不是一个国家，而是一个伪装成国家的文明。

国家可被击败、更替。

文明只要有人推崇、传承，就一直存在。

中华民族一直以超强的繁衍能力、超常的适应能力、超级的实用主义精神，实现着外部领土的扩张、内在血统的融合。不信奉中国的价值观，即使有中国的户口本，精神上也被开除国籍。

天设地造。

成都，岷江水系从分散到聚合的关键点。

既是中国西部南北交通的孔道，又成为中国南北文明的交会地。

5 500年历史选择的结果，不是靠一时一势的人为意志能造出的。

经济内循环，文化外循环。

农耕文明重要的经济特点。

矛盾运动。静态的农业社会的小农生活方式，与动态的工商社会的古典城市生活方式，构成了古蜀文化既善于交流、开放，又善于长期保持稳定、安定的多彩画面。

对成都商人的记载，最早见于《史记》《汉书》 。

战国时代，成都平原的繁荣、富庶，离不开成都商人。

“蜀身毒道”，早在商代初期，3 500年以前就已形成。

大量的成都商人，那时就已在商路上……

成都的丝绸远销南亚，被印度阿萨姆人称为“蜀布”。

“古成都人”手中丝滑的蜀锦，顺着“一带一路”行销域外。

异域商贾也带着成串的海贝，来到成都平原。罗马商队曾载着阿拉伯的香水、印度的香料和稀有木材、成都的蜀锦，从叙利亚的大漠中，走过巴尔米拉城的华丽柱廊道。

“货贿山积”。在商朝，成都就是发达的一线城市，充满向外扩张的活力，以北方丝绸之路、海上丝绸之路“外循环”的辅助，通过两个“Y”结合部，形成一个巨大的“X”形的交通，汤继强线“T型经济带”，把整个成都平原联通，保证外部经济、技术的流入，更促进商业的繁荣、文化的融合，手工与商业的发展，又进一步促进对内对外商路的开拓需要。

异域文明与古蜀文明，在商贸不停歇的脚步中碰撞、迸发。

强吸收，不是弱接受。

古蜀文明与中华文明的特点。

外来文化，从来没有割裂华夏文明，反倒融入中国的历史长河中。

秦无“文”有“器”，成都贡献给秦朝的“丹青”，即色彩艳丽的印染、化妆品原料，为汉代色泽艳丽、制作精美的“漆器”、黄润细密的“蜀布”，奠定了精神物质和生活美学的基础。

“天下粮仓”。

“六国卑秦，不与之盟”。战国七雄中，秦国经济最落后，被称“孤秦”，兼并经济发达而军事落后的古蜀国，一举成为“富饶轻诸侯”的“超级大国”。成都平原至少占全国经济总量的40%。

到了西汉，成都社会、经济进一步繁荣，人口增多，成为仅次于首都长安的中国第二大城市。

“巴蜀熟，全国足”，“女工之业，覆衣全国”。据《汉书》的记载，成都的户数高达76 256户，仅次于首都长安的80 800户。成都与长安、临淄，时称为全国三大城市。

当之无愧。类似于当今“北上广”的一线城市。

在《史记》中，记载了12位货殖高手和富商大贾，首推的就是蜀商，卓氏、程郑，被司马迁列为西汉12位之首，中国首富。被司马迁看重，是因“古成都人”的财富、能量、活力惊人。

汉武帝一生，一直没有停止开疆拓土。

成都平原丰富的人力资源、“不知饥馑，水旱从人”的丰裕物产，为汉帝国建立打下了基础。一直到东汉时，帝国的许多重要城市，都是“府盈西南之货，朝多华岷之士”。

一幅繁盛景象。

客商流连、车水马龙、人声鼎沸。

商道上没有高大雄伟的关城，没有史诗般的战火硝烟，过路人没有见过“四边伐鼓雪海涌”的浩瀚，也没有闻听“三军大呼阴山动”的誓言，而雄奇险绝，却不逊色于六月飞雪的大漠边关……

行走最多的还是马帮。

驮着邓通制造的钱币，驮着卓文君家冶炼的铁器，驮着锦官城的丝绸绵缎……

中国最古老的国际贸易通道。

元狩四年（公元前119年），汉武帝钦命张骞由“北方丝绸之路”，再次出使西域，寻找贸易通道，惊奇地发现连长安也殊难见到的蜀地特产，蜀锦、邛竹杖、苎麻麻布、铁器等，在地中海沿岸比比皆是，仰身长叹，原来在我之前已有人捷足先登。“吾贾人往市之身毒国（印度）”，断定西南有一条通往印度的隐秘商道——“蜀身毒道”。

他，身在国外，还不知“蜀身毒道”早已存在，“蜀泮”南下交趾的“灵关古道”。司马相如又予以打通后，忙于与卓文君谈情说爱、饮酒作赋，没有及时将功劳上报朝廷。

张骞所言，迄今邛竹杖的最早记载。

到了唐代，“史记三家注”之一的张守节，在《史记正义》中补充说，“邛都邛山出此竹，因名邛竹。节高实中，或寄生，可为杖”。邛竹杖本是商贾、行旅登山、赶路时的手杖，带到异域，深受欢迎，从而大量贩运，成为与蜀布、枸酱齐名的特产了。

今邛崃、荥经间的大相岭，也称“邛崃山”，便是邛山。

联系成都平原与中亚、南亚的重要孔道，历来被行旅、马帮惊为天途。

在张骞凿空西域、开通北方丝绸之路以前，南方丝绸之路一直是通往东南亚、西亚的唯一通道，至少可以追溯到商周时期，即“蜀泮”建瓯雒国之前的越南冯原文化时期。

正是蚕丛氏为沿线土著，带去那吐丝如云的“天虫密道”，拒不降秦的开明十二世的小儿子“蜀泮”，在王室贵族保护下，按照老蜀王的“部署”，带领3万精将猛兵，以“灵关古道”为中轴线，且战且退，战术上防御性地撤至云南，战略上决定性地南下攻击交趾的“秘道”，经广东，达交趾，建瓯雒国、称“安阳王”。一条雄踞百年的路线……

西汉王朝用了将近100年的时间，通博南、渡澜沧水，开通在中国境内的最后一段“永昌道”，将司马相如修筑的“灵关古道”（西夷道）、“五尺道”（南夷道），连成一线。

比北方丝绸之路的开通，还早两个世纪。

不仅是南亚，蜀商也开辟了中亚市场。

商业足迹覆盖面广。开创性的对外商贸。

1936年，在中亚的阿富汗喀布尔以北约60公里处，发掘出一座始建于公元前4世纪的古城——亚历山大城，城址中发现了许多中国的丝绸，也被认为部分是蜀商运抵。

公元前4世纪是战国时期，可见成都商人的商业影响力。

成都商人还将商品、古蜀文化传播至百越之地。今越南北部东山文化遗址出土的凹刃玉凿、领玉璧、玉璋等，都与三星堆、金沙出土物样式一致。

东北亚，俄罗斯境内阿尔泰山以北的巴雷泽克谷地，曾经出土不少中国丝织品，朝鲜平壤附近的墓中，出土了一批蜀布和广汉郡的漆器，都被认为与蜀商有密切的联系。

西汉时期，成都平原外贸主要输出蜀锦、茶叶、漆器、铁器等产品，当时卖到身毒、大夏的物品不只邛竹杖、蜀布，只是张骞仅仅看到这两种。

成都商人对外贸易的成功，极大鼓舞了汉武帝和张骞开通丝绸之路的决心。

影响了中国和世界2 000多年。

先秦时期，成都平原与北方的汉中、关中地区，西北甘肃、青海地区，南面的云南地区，东面的湖湘、江浙地区，联系都十分密切，开辟出无数条通往外界的曲折道路。

许多陆路，由人行马驮的小道，拓展为走马行车的大道。

嘉陵道、褒斜道、子午道、傥骆道、剑阁道、阴平道、米仓道、越巂道、僰道、南方丝绸之路(今称)和长江上游的水路等10多条，为蜀商与外界商贸提供了非常便利的条件。

陆路相对难行，水路交通却非常发达。

发达的水路，离不开优秀的中华先祖。

异域文明与古蜀文明，在商贾不停歇的脚步中碰撞、迸发。强吸收，不是弱接受。古蜀文明与中华文明的特点。外来文化，从来没有割裂华夏文明，反而融入中国的历史长河中。

大禹在川西高原岷山地区、川东与重庆地区治水；春秋时期，开明帝鳖灵凿玉垒山，分引岷江水入沱江，减轻岷江对成都平原的危害；蜀郡太守李冰父子治理岷江，修筑都江堰工程，将岷江分为内、外二江，内江流经成都城外，东流而下，在嘉州与青衣江汇合，至今宜宾与金沙江相汇。古代成都的水上交通十分便利。

经三峡，出夔门，可直达吴楚。

纳入秦国版图后，成都平原处于相对和平、安宁的环境中，为商业的发展提供良好的条件。其他各地，在秦统一天下后得到短暂的喘息，后来又发生秦末农民起义、楚汉战争，战火四起、满目疮痍。

社会经济保持稳定，商业发展一枝独秀。

《汉书》记载：“巴、蜀、广汉本南夷，秦并以为郡，土地肥美，有江水沃野，山林竹木疏食果实之饶。”从夏商起，成都平原农业持续发展，西周时已是富庶的农业经济区域。

巴蜀作为地域概念，在战国、秦汉时才形成。

战国时期，蜀文化与巴文化达到融合状态，形成基本整合的巴蜀文化。

狭义，特指先秦时期的巴文化、蜀文化。广义，指从古至今以四川盆地为中心，以历史悠久的巴文化、蜀文化为主体，包括周邻地区各少数民族文化在内的多元复合文化的总汇。

古蜀文化，指从远古时期到春秋早期，以族属命名的中国古代文明源流之一，以成都平原为中心的川西一带，一种追求和谐的内陆农业文化，地域特色浓厚，浪漫独特，光辉灿烂。

青羊宫文化称晚期古蜀文化。

大体相当于战国时代至汉代早期。

古蜀文化与中原文化同源。

发展轨迹，呈现为一个向心结构。

长效、持续“双循环经贸结构”。除农业外，成都平原自然资源丰富，还为冶铁、盐业、纺织等工商业的商品交换需求，为成都商人经商，提供良好的经济基础。

先秦时期，成都就有多条联通外界的通道，既有由岷江、沱江，通向巴、楚，汇入长江，抵吴越的水路；又有北联关中、南接滇僰的陆路；还有水陆相继，通达南越的商道。

西汉时期，道路交通建设如火如荼。

汉高祖五年(公元前202年)，萧何发成都平原“万船”，载军粮沿江而下支援前线；江南、山东发生水灾，汉武帝两次诏令调拨“巴蜀之粟”，以解江南之困，输送了数以万石的巴蜀之粟。

《成都记》记载：“百姓享其利，蜀人始通中国。”

先乱后治。一种建设性的竞争思想。

开创性、超前性和风险性意识强烈。

经济一体化，前导是政治一体化。

打破各种贸易壁垒，促进统一市场形成，提高经济运行效率的终极利器。

政策引导。秦始皇曾对以畜牧与贩卖织物致富的乌氏倮、开采丹砂的巴寡妇清倍加赞赏。乌氏倮和巴寡妇清，因为有经商头脑、懂得致富，受到秦始皇的赞赏。

西汉时期，多次出台吸引移民、发展商业的优惠政策。

文帝“除盗铸钱令，使民放铸”，对巴蜀商业的发展最为利好。

“法律贱商人，商人已富贵矣；尊农夫，农夫已贫贱矣”。

在法律上，商人地位虽然不高，但实际获利却最好。

成都商人掌握先进冶铸技术，与汉初朝廷对私营盐铁的宽松政策相互作用，让成都平原冶铁业迅速发展成为龙头产业，并推动了农业、手工业、交通建设、商业等行业的发展。

为成都商人做大做强，提供坚实基础。

据《汉书》统计，仅仅只在成都地区的商贾人户，就已经达到7万多，首都商贾也仅仅只在8万多而已。经济、文化合二为一，在一定程度上，成为各朝代重要的经济枢纽、中心城市。

世界商业史上，成都商业位居前列。

杰出代表。成都商人会发现地理区位优势，利用巴蜀丰富的矿产获取利润，跨出平原、冲破盆地的束缚，尝试突破传统、改变自我、超越自我。一如卓氏看中临邛有丰富的铁矿资源就迁移到那里，除了铁矿资源，还了解到有廉价的劳动力、良好的商业氛围，不久就富甲天下，成了西汉前期首富。

冒险精神。成都商人的优秀品质，为追求丰厚利润，跋山涉水，飘洋过海，将商品带到西亚、东南亚、东北亚等地，敢于开辟新的贸易商道，与尽可能多的人进行商业往来。甚至，为取得高额利润，也敢以身犯险，从事走私贸易。

「成都制造」成为古代「一带一路」上优质产品的代名词。行于「灵关古道」，惊心动魄。与历史胜迹情景交融，更能勾起无限联想。一路行去，满眼成画，所遇皆诗。

古老东方的财富之都。

不仅是当时中国顶级的商业城市，也是欧洲处于黑暗的中世纪城市衰落时期时，世界第一流的商业城市，滚滚而来的商业财富，集中于成都平原的城市群。

载入史册。成都商人的财富，名列同期富商排行榜前茅。

商业成就，十分卓著，亦被史家视为经商致富典范。

“蜀地肥饶，兵力精强，远方士庶多往归之”。

统一后，“古成都人”感受到安定、繁荣。

消化融合能力，无与伦比。

“成都制造”成为古代“一带一路”上优质产品的代名词。

行于“灵关古道”，惊心动魄。

与历史胜迹情景交融，更能勾起无限联想。

一路行去，满眼成画，所遇皆诗。

行止崇州、大邑月冷、邛崃听雨、名山闻鸡、荥经履霜、汉源夜雨、越西骑牛，诗人、画家根本不用无病呻吟、弃笔不作，反倒是思绪万千，应接不暇……

时至今日，当年的“成都热”已是历史，曾惊艳多少客人的古道，或许也多隐没在历史尘烟中，不变的依是成都人代代传承的勤劳、智慧。

传承着来自营盘山、宝墩城、三星堆、金沙城的古蜀文化的髓脉，也融合着中原文明、江浙之韵、湖广之风、荆楚之神……个性反差极大的文化，交织融注，形成独特的“成都味道”。

成都天府国际机场，航站楼构型取意“太阳神鸟”，空管1号塔台的外形酷似太阳神鸟盘旋上升，“成都人”将翱翔太空的美梦寄托在太阳神鸟上，飞天梦想通过天府国际机场圆梦。

天府新区的迷蒙细雨中的氤氲。

浣花溪畔的万朵金桂香的飘荡。

"快耍, 慢活", 成都人的生活方式。

两个平行世界构成, 三环路内的中心老城, 三环路外的国际新城。

同一城市, 两种生活方式。

太古里的美女, 似乎不用上班, 软件园的帅哥, 好像不用下班; 人民公园里的人, 爱喝盖碗茶, 环球中心的人, 更爱喝星巴克; 水碾河路南的人吃饭, 在老小区楼下苍蝇馆子, 铁像寺水街的人吃饭, 要开车去街边吃麻辣烫; 东城根街, 几乎正宗的成都话, 天府三街, 疑似标准普通话; 住九里堤的人, 穿着拖鞋遛狗散步, 住金融城的人, 穿着"阿玛尼"发微信。

西住百花潭的人说, 每走一步, 都是成都的历史; 东居龙泉驿的人说, 每加一升油, 都是成都的明天, 城北的人, 认为安逸巴适才是生活的意义; 城南的人, 觉得努力奋斗才是生命的真谛。

龙之梦酒店就能坐高铁, 离世界更近。

到杜甫草堂需要一刻钟, 离成都更近。

二元状态。城市个性与消费状态。

而且, 生长在成都这片土地的人, 最忠烈的人群。

曾经历过几次具有毁灭性的浩劫。

每次浩劫后, 又迁来新的人口, 组成"新成都人"。

"蓉漂", 一次次地变成了"成都人"。

5 500年里, 成都"抱团取暖"走了过来……

秦汉为界，华夏文明的历史分期。

中文，就是中国文化的一道防线。

“内循环”保证凝聚，“外循环”保证活力。

难在同时保持“双循环”。当“内循环”完全压倒“外循环”，就开始保守僵化。当“外循环”完全压倒“内循环”，就开始外强中干。古蜀国除不可抗拒的天灾外，亡于只顾“内循环”。

富裕自足的“小农社会”。

“强大的国家能力”。公元前221年，秦始皇推行“书同文，车同轨”，统一度量衡的政策，由丞相李斯负责，在原有大篆籀文基础之上，进行文字简化，小篆横空出世。

隶变是古今汉字的分水岭。

在2002年出土的里耶秦简，证明统一的文字是古隶书，而不是篆书、小篆，在3.7万枚里耶秦简中，绝大多数内容，都是古隶书文字，完全否定以小篆统一文字的说法。

小篆只出现在碑文、印章上，凸显皇室的高贵不凡。

隶书取代小篆，秦朝开始第二次汉字简化之路。

明争暗斗，“小共同体与大共同体”。

国家历史成本的付出，蜀人对于古蜀亡国灭鼎，有切齿之恨。

蜀王后裔除武力抗秦而外，文化上的抗争更剧烈、长久。

选址之争，最为典型。从蚕丛立国起，到开明十二世，3 000多年的发展，以“君长莫同书轨”为本，创造了世所瞩目的古蜀文化，有国有治，有典有策，文明程度相当高。秦灭巴蜀后，采取强制性措施，加速巴蜀文化融入秦文化的自然历史过程。但从“古成都人”的立场看，毁策灭典，难以接受。反抗文化专制的斗争，波澜迭起。

重建成都城，彻底摧毁古蜀王朝在蜀人心目中的偶像。

为维护成都旧城的形象，巫师们巧妙地抵抗。

蜚声四起。筑成之初，数次垮塌，舆论哗然，城墙屡筑屡垮，皆言没有任用蜀人选址造成。蜀郡守无可奈何，只好请来“古成都人”。土著巫师以“神龟卜址法”，城址仍选在“武担山”。

顺行地势，再行筑城，城再也没有垮塌过。首战告捷，土著巫师既保住蜀王旧城，又赢得公开进行占卜活动的合法权利。“筑城之争”，对于巴蜀原始宗教巫鬼信仰的延续、发展，意义重要。

成都平原历来盛行巫鬼之风，内容五花八门。

内外呼应。成都城的巫师们围绕筑城选址进行斗争时，在青衣江流域坚持抗秦的开明王后裔，也得到皋通部族的相助，抗争活动风生水起。在瓦屋山一带的皋通部族大造“神弩”，用以坚持抗秦斗争。

青衣习俗来源于蚕丛，遗风流传至今。

开明第三世，攻取青衣。成为附庸国。开明十世后，主要力量部署在秦蜀边境，又给青衣羌以发展机遇。瓦屋山区、青衣江流域，成为古蜀贵族立足抗秦的最后根据地。

秦军大举攻伐，正面迎战。既不向东退却，也不向西躲避，表明都城虽在成都，根基却在眉（山）嘉（乐山）一带。秦军不是“闪电战”“定点清除”，开明王完全可能据险抗衡退守。

顽强抗争。古蜀王被秦军射杀于武阳，开明王后裔盘踞在青衣江流域，不仅有青衣羌的势力以资依托，更有“前则跨蹑犍牂，枕寄交址，经途所亘，五千余里”广大地域的“战略后方”。

秦军发兵攻楚，使反秦武装力量在青衣江流域，重新聚集。

秦王国在蜀地的统治，采取封侯、郡县合一的“双轨制”。

三封蜀侯：通国与子恽、子绾，皆蜀王子孙，个个都谋反。

有恃无恐，就因在青衣江流域的武装力量的支撑。

谋反相继失利，被秦王蜀侯诛杀。

为了防范“古成都人”的反抗，秦王朝采取强制手段，将开明王后与世界平行的古蜀文明，终因固步自封、小富即安，无法顺应时代，不能与时俱进，被历史洪流淘汰、湮没，空留「五丁力士」「杜鹃啼血」的故事，在成都平原的丛林里泣血哀啼。秦国的成功放大了古蜀国的失败。

裔驱赶到青衣江以西的瓦屋山丛林中，派重兵“封山”戍守；又将楚庄王及楚国贵族后裔也流放至此，一同看管……

“夕阳无限好，只是近黄昏”。

曲终人散。

夕阳那一抹鲜艳固然动人，但与朝阳相比，只有凄美。

曾经盛极一时的富饶王国，经济、文化在华夏“第一方阵”至少2 000年，与世界平行的古蜀文明，终因固步自封、小富即安，无法顺应时代，不能与时俱进，被历史洪流淘汰、湮没，空留“五丁力士”“杜鹃啼血”的故事，在成都平原的丛林里泣血哀啼。

秦国的成功放大了古蜀国的失败。

历史或许就在于一个“事实”的差异。

架空历史。征服者的秦国，作为心理满足，凸显“足智多谋”，掩盖了历史真相，把天助秦国，水助秦军，“地崩山摧壮士死，然后天梯石栈相钩连”悲壮又浪漫的千古绝唱，“改编”成“石牛计”“美女计”，将古蜀王“修撰”成好色贪财的“白痴”，荒诞又有几分喜剧色彩的情景剧。还添造在“葭萌”，开明王“兄弟不和”的故事。

“古成都人”没有这么愚昧愚蠢。

“变法”取得成功的强大秦国，更非那么荒谬可笑。

弥天大谎。“其编造当在秦楚之际”。从秦灭蜀至秦汉的100多年间，“金牛道”并无具称，《战国策》《史记》等历史典籍，都记有司马错、张仪等灭蜀大事，却未记叙行程与所经道路。

司马错、张仪等，不可能对名利双收战绩，谦虚地隐而不报。

对功盖万世的“史诗级之战”，司马迁却何以没有具体记叙？

司马祖氏两大传统，文史世典周史，武将建功立名。

武职的光辉，比史职更闪光、夺目。

出身史官世家的司马迁，受过高度的职业训练，才学、见识非凡。

西汉，史官具有五分介于人神之间、人天之间的地位，必须忠实地记录所见、所识的历史，对神、对天，都有一种责任。如果违背自然现象谱写，会遭到神罚天谴，大于任何尘世间君主帝皇对个人利益的损害，甚至对个体生命的剥夺。

“史学之绝唱，无韵之离骚”。

著《史记》时，司马迁本着真实、严谨，注重有始有终，以备考据。

对后世研究汉朝之前历史的重要性，毋容置疑。

司马错，战略大师。秦国第一名将。

商鞅变法，秦国统一的第一块基石。

司马错攻占巴蜀，第二块重要基石。

商鞅提拔了司马错，临死前又向秦惠文王推荐。

白起，司马错手下的士兵。组建铁鹰锐士，挑选士兵，不在乎门第高低，只在乎能否打仗。不管贵族、平民，还是奴隶，都可能进入锐士。司马错将他提拔，才有后来的大秦战神。

电视剧《芈月传》的历史背景。

战略大师。相比白起用兵见长战神本色，王翦用兵贵在老谋深算，引起后世兵家重视，司马错用兵以谋略见长，注重把握时机，“胜兵先胜而后求战，败兵先战而后求胜”，在战争谋略策划阶段，就已稳操胜券。一如孙子所言：胜者无智名，无勇功。看似平平常常，缜密精深却无处不在。最大功绩，破六国合纵攻秦大军。

“得蜀即得楚”的战略主张，“葭萌之战”“浮江攻楚”的大手笔，走出了秦统一中国的关键一步棋。伐蜀定蜀，把秦国的疆域扩大近一倍，人口增加近三分之一，秦国的综合国力翻番。

司马错和张仪，相辅相成。

司马迁的精神楷模，为突出八世祖司马错的雄才大略，丰功伟绩，在《张仪列传》中，使用“舌战张仪，力主伐蜀”殿前讨论，对“攻蜀利弊论”辩论的场面与辩词，透露出纵横家的头脑，本领过人、洞察力超常，让中国古代第一谈判专家，连横之策的倡导者张仪都哑口无言，将司马错的功业生动、具体的记叙，抒发、赞颂对八世祖司马错的热爱。

毫不保留的记叙，司马迁及时地写进《史记》。

陕西韩城人司马错，与李冰是大同乡，也是司马迁大同乡。

对都江堰水利工程记载，也较为详细。

堪比商鞅的历史功绩，体现了司马错卓越的政治眼光和智慧。

有勇有谋、极富远见的将帅之才，见识明显高张仪一筹。

生平两场大战：灭蜀、攻楚。

司马错经营巴蜀，完成了对楚国迂回的战略包围，居高临下攻楚，意义重大。

打连环牌。公元前280年，便率大军，由陇西入川，增补巴蜀军队10万，乘坐大船万艘，载米600万斛，沿涪水（今乌江）南下，绕过楚国在秦楚边境的大军，再次“闪电战”攻到楚国后方。

楚军主力集结边境前线，后方空虚，遭突然进攻，猝不及防……

最后楚国被成功收入秦国的版图。

攻楚之战，“葭萌之战”的“如法炮制”，司马错智胜。典型的“避实击虚”战术，开创中国战争史上早期的战略大迂回战例。无论战术决策，还是战役指挥，都到达超乎寻常的地步。

司马错激励着司马迁，实现要在历史之卷上，书写一笔的伟大志向。

对于成都的战略地位，司马迁确认，“蜀既属秦，秦以益强，富厚，轻诸侯”。公元前316年秋天的“灭蜀之战”，无论对成都历史，还是中国历史，甚至世界历史，都有重要意义。

司马错建议并发动的战争，司马迁自是了然于心。

西汉中期距离秦灭亡的时间并不久，司马迁是司马错的八世孙，相差只有180多年。对功盖万世的“史诗之战”的过程，却没有着笔记叙，连秦史中的重大问题记叙都记不周全，原因何在？

一战可定。军事地理上，战略地位有利，顺风顺水。

以秦攻蜀，如同豺狼逐群羊。

不费吹灰之力。稀松平常，毫无亮点。

天助秦国，水利秦军。古蜀国经历一次与“5·12”同等规模的地震，次生灾害频发，瘟疫流行，古蜀王与“古成都人”忙于灾后重建，秦国“趁人之危”，审时度势，抓住战略机遇，“趁水打劫”，有悖伦理，更非仁义之师。

而且，公元前186年的“武都大地震”，军事地理发生“逆向变化”，古来贯通的水路交通被切断，使得“暗度陈仓”成为绝响。到了西汉中期，汉中的经济价值远远大于军事价值，才真正成为入蜀的咽喉之地，扼守在汉江、嘉陵江上游之间，进可出蜀入关中，退可固守，过崎岖难行金牛道，运输只能用木牛流马类粗笨的交通工具，在“难于上青天”的的道上艰难行走、运输。

西汉水、嘉陵江虽与汉水之间，已非同一水系。

“资料”不足，“事实”不够，难以“考据”。

如果大写“灭蜀之战”，还会暴露其有悖伦理的一面，让后人耻笑。

在军事史上，司马错超过汉朝开国帝王刘邦、项羽。

“岂非天哉，岂非天哉！非大圣孰能当此受命而帝者乎？”即便歌颂汉高帝刘邦，“说不尽的太史公”也称其为“大圣”，当上皇帝完全不是凭借道德才能，而是靠运气(天命)的结果。

修史态度严谨，不会因为个人原因，改变内心的标准。

在《史记》中，司马迁对秦灭蜀只能简单记载：“十月取之，遂定蜀。”而“灭蜀之战”的精彩过程，却是“无始无终”。“葭萌之战”的历史真相，就被司马迁的“认真”而“疏忽”。

秦军能够多年战无不胜，除了上升的国势、强君能将的种种原因外，还在于建立起一套完备的牵涉到整个国家体制的“秦军法”。依靠最先进、最高效率的军事制度，秦军成为天下最强大的军队。

秦汉之际的史事，一片空白。

秦从中原向成都平原移民，古蜀文化从政治上消失，相对独立发展的进程受阻。到西汉中期，古蜀文化急剧衰亡，传统墓葬、器物器形、纹饰符号，都急速减少，甚至消逝。

司马迁不是神，也会出现疏忽性的“试错”。如今，随着地下文物的不断挺身而出，《史记》中的记载已经有多处被推翻。不过，司马迁的“试错”，更多是客观性错误，而非主观性错误。

“家祖情结”与“个人认真”，造成重大“遗漏”。

刘禹锡曾写诗《登司马错古城》，“将军将秦师，西南奠遐服”。

足见司马错的历史功绩。

只可惜是司马迁的祖先，不然早就名扬四海。

“说不尽的太史公”。笔下的项羽、刘邦，英雄气洋溢又血泪悲情，豪情慷慨又众声喧哗，个个人物缺陷成堆，但仍然光芒四溢……能够让现在的千万中国人，仍为自己拥有的历史为荣。

优秀的史学家，能够精确地表达想要表达的东西。

伟大的文学家，表达的东西远远比想要表达的东西多。

作为文学家，也许比作为历史学家的司马迁要更加伟大。

需要补充。司马错整整36年的征战经历，不是老死，就是病死，而不是被害死。

一直以来，我们都沿袭司马迁在《史记》中的记载。

“金牛计”，又称“石牛粪金、五丁开道”。

秦国用“金牛计”灭蜀的故事，在正史中没有记载。

《水经注》中引用《本蜀论》记载的“金牛计”，论述“金牛道”“石牛道”得名缘由。《华阳国志》里面，也记载“金牛计”的故事，与《本蜀论》中略有不同，但大体的情节相似。

因为司马迁的“遗漏”，凸显秦国“足智多谋”的“改编”，以讹传讹。不仅西汉才子扬雄都“信以为真”，在《蜀王本纪》里，把古蜀形容成“蜀左言”“不晓文字，未有礼乐”的蒙昧之地，连东晋常璩也信以为真，写作时不敢采用开明王九世凄美的爱情故事，在《华阳国志》里，还明确将“五丁力士”，列为“虚妄”“缪言”，大加抑绌。在一些文献中，才会有西汉初期蜀郡太守文翁，因见“蜀地辟陋有蛮夷风”，而大倡教育，使得蜀地转化为“好文雅”之邦的举措。

近乎于寓言的谎言，至今还在被添油加醋地传播……

以至于现在还有人指出，越南有的人攀附古蜀国的历史，制造古蜀王子南迁的故事。

连广州拥有4 400年文明史、至少2 300年城建史，也随之被遮蔽。

“百代都行秦政法”。

“轴心文明”观和中国的“超大规模性”。秦文化是政治文化、制度文化。借着统一的政令制度，与强大的社会组织、动员能力，形成了中国2 000年来在庞大组织面前的管理“奇迹”。

秦从中原向成都平原移民，古蜀文化从政治上消失，相对独立发展的进程受阻。到西汉中期，古蜀文化急剧衰亡，传统墓葬、器物器形、纹饰符号，都急速减少，甚至消逝。

两全其美。一方面实行安抚政策，准其立国，一方面又大举移民，在青衣国、丹犁国之间，逐渐形成一个汉民插居地带，成为中原经临邛，通住邛国、滇国的主要通道。一直延续到汉代。

汉室曾将淮南王刘长谪贬至蜀地戍守，因病死途中未果。

开明王后裔被集中在瓦屋山一带，与青羌融合，形成“獠”人势力，使得古蜀文化，特别是原始宗教“五斗米道”完整地保存下来。秦灭楚，楚王后裔被流放后，又带来荆楚文化与古蜀文化合流。

楚庄王后裔严君平的道学思想，楚蜀文化的结合。

汉武帝时期，古蜀文化与中原文化融合，蜀地“言语颇与华同”。

秦朝太短，汉朝时间比较长。

秦汉帝国，压住地球的分量。

先秦每一个重大史实背后，都缠绕着剪不断、理还乱的争议与疑惑。

古蜀的历史归于平静，只有传说被纳入历史。

“古成都人”的史志，只留下几粒微尘，飘荡在故纸之间……

"天下之中"向心力的"成都版"。

"古成都人",中国最大的移民群体。

不是古羌部落,生活在成都平原人的代称。

不是单一传承,不同民族、族群共融在成都平原。

"蜀人",并非少数民族,蜀地各族群的泛称。

除柏灌是古蜀原住民外,第一代蜀王蚕丛,从"西北走廊"来到"岷山石室",与出生在汶川的大禹一样,来自古羌部落;鱼凫"田于湔山",来自江汉地区;望帝杜宇"从天"而坠,来自云南东北的"千年游子";最后一代蜀王开明王鳖灵,也是来自楚巴的巴人之后。

本地"古成都人"、外来移民,族群不断融合的结果。

智慧选择。无论是5 500年以前的"营盘山人",还是4 000年以前的"宝墩人",无论是3 000年前的"三星堆人",还是十二桥文化的"古成都人",建筑诸如城墙、房屋、街道、祭祀坑,还有用于国家祭祀的羊子山土台,都朝着北偏西的方向。即使如今的成都,依然明显受到古蜀方位系统影响,中轴线走向斜行,由东北向西南,建筑,朝北偏西方向。

难道是怀念祖先的故土?

"方位系统"特殊。若今天我们从成都主城区出发,沿着北偏西的方向一直走,经过郫都区,过都江堰,到达岷江,顺流而上,就到达岷江上游面积最大的河谷冲击扇平原"茂县盆地"。

北偏西的方向,与遥远的传承有关。

古老、悲壮、荒凉之美。

古蜀国灭亡，带来一次古蜀文化的大转移、大传播。

古蜀文化影响到东南亚地区。

李冰修建都江堰，继承了大禹衣钵。

一脉相承。从大禹治涪江、岷江，到鳖灵开金堂峡，再到李冰治都江堰、文翁治沱"穿湔江口"，高骈改府河道，是成都五次治水事业的高峰。发展农业、福泽百姓，执政者都把治水事业放在首位。

艰难远行。"古成都人"有规律地周期性迁居。

3 000多年的迁移治水，3 000多年的沧海桑田。

一部长江上游古代文明起源与发展的历史。

一部古蜀先民不断寻找最佳定居地的迁徙史。

中华文明的根魂，在长江、黄河。中国的江河文明，在世界上具有唯一性，中国的文化基因强大稳定，具有自我修复、永续传承的能力和特征，产生了"1+1>2"的非线性放大效应。

6 000年前，当第一代蜀王蚕丛，率领古羌部族由四川、甘肃、青海交界地带，伴着凄婉悲凉的羌笛，跨黄河，翻越岷山深处的崇山峻岭，沿着民族迁移的"藏羌彝走廊"，由西北向东南，裹挟着浑碧的岷峨雪浪，沿岷江河谷迁徙，居高临下，向着美丽而神秘的成都平原迁徙时，没有想到，那里会成为自然生态环境一流、人文鼎盛、经济繁荣的"天府之国"，会出现"成都"。

时光在流逝，历史在延续。

辉煌的历史和文化。营盘山、宝墩城、三星堆、金沙城、十二桥，在历史文献中找不到任何记载，古蜀文化仍然还保持着强大的惯性，延绵发展，始终充满活力，一方面与外来文化迅速融合，一方面仍在继续发展演变，秦汉以后成为蜀文化，一种地域文化，专指以成都平原、岷江流域为中心，在古蜀文化根基上发展的独具特色的区域文化，源远流长、传承至今。

在古蜀先贤的基础上，李冰，以江为"合点"，建造都江堰，将成都平原打造成人类"天人合一"的实体样板，人称"天府之国"；诸葛亮是确定天府文化核心地点的人物，《隆中对》广为流传，确定成都才是天府之国；李白，以诗为"合点"，把"天人合一"的"一"凝聚到诗上，创造出"天人合一"的诗歌样板，给中华奉献出神仙般的飞扬诗章。

"天人造水"的奇特和伟大。都江堰令江水做两次弯道运动，让

「诗意地栖居」。「天府文化」以成都为坐标，成都平原人民精神追求的结晶，代表从「古蜀人」到「成都人」独特的精神标识，中国传统文化从文化自觉到文化自信的创造性展现。

河水形成充分的扰流，把沙石翻起，随水流排泄到外江。同时，河水到宝瓶口，出现狭窄运动，流水立刻提速，快速流向成都平原。

岷江流进成都平原，成为一条“天人共造”的江。

雪山、山地、平原“与水和谐”，一部“古成都人”与自然融合的进化史。

“天府之国”，人与自然和谐相处。

治水成功的商周、汉唐、两宋，成都都是中国的顶级城市。

成都城，天府文化诞生、延续和拓展的中心。

“诗意地栖居”。“天府文化”以成都为坐标，成都平原人民精神追求的结晶，代表从“古蜀人”到“成都人”独特的精神标识，中国传统文化从文化自觉到文化自信的创造性展现。

古蜀国最后的国都，千年的国都史。

在秦汉以后，成都作为国都还有167年历史，加上陪都4年，共171年。历史悠久、影响很大，创造了许多的“中国第一”。“大古都”名副其实，完美体现了中华文明起源“满天星斗”的情况。

成都平原尽入大秦版图，秦岭南北的文化融合也进入快车道，逐渐被北方来的秦文化与东南来的楚文化涵化，历经千载沧桑的古蜀文明，融入多元一体的中华文明大家庭中，但仍然保留了独具一格的特色。

因水而兴，因水而荣。

因水而困，因水而发。

拥有5 500年以上的文明史、3 000年以上的城建史。

在中国开发最早、持续繁荣时间最长。

“天人共力”，古蜀文明最独特之处。

成都平原，世界上“天人合一”的第一样板。

中华奉献给人类的一种至上思想境界。

造江、风水、持续、生活，最亮丽的四大特色和个性。

城市精神、气度勃发的最好体现。

城市想象力、生命力旺盛的绝佳象征。

天府成都，文源深、文脉广、文气足。

古蜀文化，长江文化、黄河文化的“双联体”的“结晶”。

地理位置的差别、混合民族的基因，发展上又有差异性和独特性。

繁衍生息，跨越时空几千年的时代。

演绎着天府文化源头的灿烂历史。

“富”“安”“适”，天府生活的本质内涵。

巴适、安逸、和美，成都生活的社区场景。

“劳而有果”。有冲突，多动口不动手，骨子里不需要靠械斗获得食物的习惯。守着自己的田地就完全够吃，根本不用靠侵略、战争来获得食物和财富，甚至很少用阴谋的手段获得财富。

“由安而乐”。生活有乐、乐于勤劳的良好生活心态、生活习惯。

天府文化因富庶闲适而优越雅致，因开放创新而引领时尚。

苏轼父子等开创的“蜀学”，蜀文化根基上成长，精神文化上的创造。

文化源流。古蜀文化、蜀文化，天府文化生发的土壤和基础。

从汉赋的恢宏磅礴，到杜诗的清新闲适，再到花间词的雍容华美，西蜀画的富丽典雅，“蜀学”的思辨超越，苏轼诗文的千年而下，无不充分体现天府之国地域文化的先进性、示范性。

在5 500多年的历史长河中，自然条件优越、历史积淀深厚、文化底蕴独特，一种以文化、美学为优先的生活方式，孕育出“创新创造、优雅时尚、乐观包容、友善公益”的天府文化。

一个贯通历史、当下和将来，具有开放性、发展性的地域文化。

对广袤、苍茫的长江上游蕴含的历史气韵、人伦风习，充满着复杂深邃的情感、多重历史文化哲学思辨，支撑着天府文化生生不息，携带着个人情感记忆，在新语境下的生活美学表达。

既是对古蜀文化、蜀文化精髓的凝练，也是对现代文化建设和发展的引领。

古蜀文明是一个多源融合的文明。

“内循环”。大移民带来大交流、大开放。

“外循环”。大开放带来大发展、大交流。

21世纪的“成都人”，从天下来，再到天下去。

精神有光，灵魂有香。

一座融合历史与现代、充满生机与奇趣的美妙城市。

往往到了成都，就是成都人，自带归属感。

不断完成文化的蜕变和新生。

5 500年未变的“开放”基因。

从蚕丛，到开明氏，再到李冰、文翁入蜀；从刘备入川，到西晋的八王之乱，再到清代的“湖广填四川”大移民；从抗日战争，到进军西南，再到三线建设；从改革开放，再到“一带一路”；从在兴隆湖畔首次提出中国“公园城市”的理念，到天府新区生动践行“山水林田湖城”生命共同体营城理念，营造“出门即公园，处处皆场景”的高品质宜居生活典范。成都向上而达观，兼容南北，贯通东西，取各家之长，融以独特滋味，正逐渐形成一份独特的“中国方案”。

以生活为导向，3.0时代的城市建设样本。

让城市自然有序生长，筑城聚人之根，美好生活之本。

5 000年前，东亚大陆上有夏人、夷人，3 000年前有殷人、周人、楚人、羌人、犬戎人，2 000年前有匈奴人、鲜卑人、越人，1 000年前有契丹人、回纥人……如今大家都是中国人。

追溯史上波澜壮阔的大迁徙时，那些“松茂古道”曾经匆忙的古羌的背影，那些赶着牛羊将都城从“金沙城”，迁移到西北边“武担山”一带的“古成都人”的身姿，那些“灵关古道”上行色匆匆的流淌着成都平原血液的迁徙队伍，从“长城·藏羌彝”传播带，到“长江·沿海”半月形传播带，从“西北走廊””到“南岭走廊”，从“胡焕庸线”到“汤继强线”，那些曾经给成都平原带来光荣与梦想的先民，再次清晰地出现在我们视线中……

无论远眺可以望见的雪山，还是绿荫环绕的城市景观；无论朴实、温暖的人情，还是对“蓉漂”的欢迎、包容；无论传统文化的深沉、内敛，还是“新时尚之都”的国际范……

天府之国，既是中国的“天府”，也是世界的“天府”。

从5 500年以前的古蜀文明开始，优先、富庶、巴适、安逸的成都生活就已成习惯。1 000年时间做探索，2 000年时间打基础，2 000年时间做传承，历史的沧桑，仍旧焕发着迷人的魅力。

现在，“汤继强线”柔性突破“胡焕庸线”。

世界觉得成都人，是中国“双循环”的“摆渡人”……

中国经济的“第四极 ”。“T型经济带”，以成都为原点，短线向北延伸至西安、向南是昆明，长线延伸至重庆，“枢纽点”变成“机遇点”，引领世界城市3.0时代的一次重要机遇。

留白增绿，执窄放宽。

成都从三星堆、金沙城的“小双城时代”，跃入成都地区、重庆地区双城经济圈的“大双城时代”。

世界最大城市森林公园龙泉山，由成都平原的生态屏障，升级为世界最大的城市绿心，变“两山夹一城”的逼仄，为“一山连两翼”的宽阔，第一次突破“两江环抱、三城相重”的3 000多年的城市格局，无缝融合，平原、丘陵、山地“与水和谐”。

山的使命，城的时代命运。

锦江、湔江、牧马山表现历史与今天，沱江、嘉陵江、龙泉山昭示明天与未来。

宽窄成都，由窄到宽的晋级。

跨越龙泉山，城市能级“裂变式”提升。

再往东，“川东丘陵”，成渝地区双城经济圈的另一极——重庆，成渝相向发展潜力无限，新兴极核正在酝酿；再向外，中国（四川）自由贸易试验区川南临港片区，新机场+泸州港，为向西向南开放提供想象。

西部中国双城记，中国双核经济区。

“雪山城市”，东京、加德满都、日内瓦、米兰、慕尼黑、洛杉矶、西雅图，还有国内的丽江、乌鲁木齐……经纬度、气象、地质差异等，每座城市观雪山，都有其独特的风光。

世界“雪山城市”中，成都高标独具。

拥有海拔落差超过7 000米的景观视野。

雪山之于成都，庄严、神秘的震撼一景。把雪山

雪山之于成都，庄严、神秘的震撼一景。把雪山映衬在层叠的现代建筑之上，城市便有了颇具仪式感的天际线，与自然也有和谐共处的平衡点。成都人的幸福感，就在抬头看天、偶然望远时。

映衬在层叠的现代建筑之上，城市便有了颇具仪式感的天际线，与自然也有和谐共处的平衡点。成都人的幸福感，就在抬头看天、偶然望远时。

东看朝霞，西望雪山。

青山为底、绿道为轴、江河为脉。

雪山见证着城市的生长，也留下5 500年文明的记忆。

享乐天堂，美女摇篮，美食故乡。

成都已拥有超过1 700万的常住人口，实际管理人口超过2 100万。市域面积超过1.4万平方公里，建成区面积近1 000平方公里。城市规模庞大，让世界上大多数“雪山城市”黯然失色。

独一无二。2 000多万人同在一个城市里，遥望着绵延千里的雪峰天际线。

“汤继强线”与“T型经济带”。

空间经济视角。成都、重庆两市“硬核区域”，已成为名副其实的超强两极，先后成为国家中心城市。西安是国家明确建设的3个国际化大都市之一，国家中心城市、西南中心城市昆明，也成为区域经济发展龙头，是中国面向东南亚、南亚开放的门户城市。

国际经济视角。区域经济发展“新大陆”，“T型经济带”以成都为原点，以省内数百个园区为支点，以“一带一路”为轴、“T型经济带”为面，打造点、轴、面带动的国际产业合作新模式。

“T”的上半部分，拉通成德绵乐，连接重庆，辐射西安和昆明；“T”的下半部分则串起资阳、内江、宜宾、泸州等地，形成一个经济新格局，两条经济带。

“大T”中的“小T”：“**—**”，茂县、汶川、绵竹、什邡；“**|**”，湔江经济（文化）带，无缝链接沱江经济（文化）带，彭州、新都、青白江、广汉、金堂、简阳、资阳……

成德、成资、成眉的平面距离几乎相等，构成以成都为圆心的外圆，分别辐射、带动三大子片区，即以德阳为支点辐射绵阳，以资阳为支点辐射遂宁和内江，以眉山为支点辐射乐山和雅安，层层交叉，环环相扣，资源互通，经济互补，文化互动。

“速度经济”。成渝地区双城经济圈，处在长江经济带，与长三角、珠三角两极，都能够有效联动，具有承东启西、连接南北的区位优势；也是“一带一路”建设的重要节点，开创了陆、海、国内外联系，东西方双向互助、全面开放的新格局，成都也从腹地跃升到开放的前沿，从“后卫”变“前锋”，具有贯通全球的战略优势，在国际经济循环中也同是重要节点。

两种优势助力“双循环”。

世界“雪山下的公园城市”。

“源”从绿色生态来，“泉”从历史文化来。

拥抱世界、走向未来的鲜明特质、持久优势。

脚下，成都平原肥沃丰饶；抬头，眺望西岭雪山清新奇丽。成都是全球千万人口以上城市中罕见的能看到雪山的一个。成都人，亲近雪山是本能，亲近绿道是习惯，亲近蓝天白云是喜好。

城市住在雪山下，公园就在家门口。

如田园诗般书写自己的生活。

田园、花园、生活的美感。

欣赏、参与、消费，烟火气也可浪漫到巴适。

“机遇之城”。成渝地区双城经济圈，从“公园城市首提地”，到“践行新发展理念的公园城市示范区”战略规划的全面落地，寄予成都率先探索中国特色新型城镇化道路的时代使命。

成都人说：至死不“渝”。

重庆人说：乐不思“蜀”。

相向而行。成都“强势东进”，重庆“一路向西”。

“成”竹在胸，游刃有“渝”。

最终格局，“一家亲兄弟，成渝零距离”。

畅通“内循环”，加持“外循环”。

用“人民至上”的理念，书写中国的“制度优势”。

融入“双循环”，唱好“双城记”，建好“示范区”。

雪山、绿色、历史、公园，从城市的点缀，变为城市底色。

以5 500年历史的深厚底蕴、3 000年立城的文化积淀，打造中国“公园城市示范区”。

世界成都，“近者悦，远者来”。

21世纪，中华文明演进的缩影。

后　记
AFTERWORD

我愿意永远当成都的娃娃

易旭东

缘起崇州"三城论坛"

难忘之日。2020年5月16日，崇州"三城（爱情之城、创造之城、美酒之城）论坛"在崇州市川酒博物馆举行。来自省内的文化、策划、建筑等多个领域的代表40余人参加了论坛。

论坛由汤继强与我共同发起。

文化情缘。四川金盆地(集团)董事长余刚赞助。《方志四川》全程报道，连载了我的"主旨演讲"。

论坛上，汤继强说："为什么习近平总书记提'公园城市'建设要在成都首提，就是成都太有条件了。我们研究'公园城市'，专门做了5+1个指标，这个指标里我们体现了成都'巴适''安逸'的独特性价值，成都为什么幸福指数高，因为成都巴适、安逸，我们要抢占话语权，我们要有这个自信，我们要让这个城市的人民自信，让人民幸福，这才是我们该做的事情。"

掷地有声。汤继强呼吁：文化人要有担当使命;应该站在天地之间发初心，站在天地之间谋未来。

文化自信、历史自信、经济自信、地理自信，正本清源，能不能把被遗忘、误传的古蜀文化——天府文化的源头，也是中华文化的重要源头之一真诚、客观地"呈现"？

四年前，我就已在记叙"成都根魂"，虽有"计划"，仍属"小打小闹"。

我，用了近两个月的时间，消化"继强呼吁"……

4500年以前，成都人和埃及人一样面对洪水。

3500年以前，成都人和古巴比伦人一样玩着青铜器。

2500年以前，成都人和希腊人一样思考哲学。

2000年以前，成都人和罗马人一样四处征战。

1500年以前，成都人和阿拉伯人一

样无比富足。

现在，“在成都的街头走一走”。

听主创揭秘，“我命由我不由天”，是哪吒，也是成都；看汉服秀，从“冷门”到“热卖”，是生意，更是文化；探网红打卡地，评小吃必吃榜，“川西林盘”还能焕发新活力；蓉欧班列开路，连通发展新机，“慢城市”也可生出“二次元”。

和谐统一的大美城市形态。天更蓝、山更绿、水更清、土更净、景更美，绝不是过眼云烟，从“产城人”到“人产城”，“成都式”幸福来自这座城市，大写的“成都人”清晰可见。

2020年8月，决定全情投入。

写作期间，得到四川省地方志工作办公室的指导，成都市地方志编纂委员会办公室、四川省传统文化促进会的支持，成都时代职工文学创作院的扶持，在中共成都市青羊区委宣传部统筹下，得以顺利完稿。

国家统计局成都调查队喻志强，成都经信局张文军，四川省新闻工作者协会陈欣，阿坝州陈刚，郭素梅，成都金牛区邓熠，作协杨君伟，都江堰市王国平，新都区谭宁君，郫都区李志能，成华区蒋松谷，四川东来文旅陈俊，四川杜甫酒业彭作权，四川和德儒雷邦，成都浣花雅集朱再炯，成都神鹤药业李明劲，成都亚林古建筑设计公司李亚林，崇州融媒体中心尹君等50多位老友新

文化自信、历史自信、经济自信、地理自信，正本清源，能不能把被遗忘、误传的古蜀文化——天府文化的源头，也是中华文化的重要源头之一真诚、客观地“呈现”？

朋、媒体同行，刊发相关文章的《巴蜀史志》《方志四川》《成都方志》《现代艺术》《四川经济日报》《四川政协报》《四川文化网》，首发连载的《上风》杂志、自媒体《君伙库》等报刊、平台的众多读者留言，不少读者甚至“收藏”连载文章，希望并鼓励我“写成一本书”。

汤继强更是直言相告：“你有这个能力，通过新时代文化呈现方式，让西部文化呈现在中国舞台和世界舞台上，为推动成渝双城经济圈建设、新时代西部大开发提供文化支持、思想助力。”

新闻从业的首任上司江功举，鼓励我：大好事，卸下负重，轻盈前行；我大学毕业论文的导师何开四，“热烈祝贺，煌煌大作”；时年《成都工人报》的分管领导李小新，希望我如当年一样，写出高质量文章。

同年10月，西南财经大学出版社社长冯卫东“闻风而动”，当即表示“尽全社之力出版”，并安排社长助理、策划编辑一直“跟踪”。

四川文艺出版社总编辑张庆宁、成都时代出版社副总编辑庞惊涛，一直关

注写作进度。

令我动容。2021年元月，远在北京的中国工人出版社总编辑董宽读了部分章节，赞美“仍是大手笔，激情不减当年”，希望在第一时间读到全文，并说“争取二月到成都出差，面谈出版其他图书事宜”……

资深媒体人、文创人、书法家刘光欣然为本书题写书名。

众多难以言表的鼓励、支持。

心中的“三个原乡”

每一座城市都有自己独特的历史和文化，岁月时光的积淀，历史留给后人的精神财富。不知出处、来路，难以看清前路。身为成都人，关注每天生活的城市，既是尊重，也是责任。关注自己生活的城市的历史，也是关注她的今天和明天。也只有用心、用情的关注、投入，才能写出无愧于时代的作品，为今天丰富多彩的生活鼓与呼，体现出文化自信。

不是所有对成都的爱，都能天长地久。生命中有很多注定，都像一首美丽的诗，没有起始，没有终结、约定，也没有守候。不管年轻，还是年老，所做爱家乡的事，都是注定要做的事。

我，一个老成都人，心有“三个原乡”。

亲情原乡，在崇州黑石河畔。

母亲的出生地。承载厚重记忆。

父亲去世，遵照遗愿，与他的岳父、岳母葬在一起。一种传统的继承，崇州成为真正的老家。

亲情浓郁的文脉。

《华阳国志》的故乡。乡梓先贤常璩，中国地方志的鼻祖，提倡天府文化的第一人，见识广博、视野宏阔和格局高远，除了深厚的爱国情怀，还积极上进、勤奋专注。个性极为鲜明。

心灵原乡，在“瞿上城”。

父亲的出生地。满目苍绿的生命摇篮。如今牧马山西麓腹地的“九倒拐”一带。

父亲在这里出生，尽管6岁到了成都。少年时代，每次随父亲从双流走路到新津花源镇，绵绵起伏的牧马山，就一直在左边随行，回成都时，在右边陪伴，城垣一般，若隐若现的神秘。

写作期间，又两次“重走少年路”，经过曾经熟悉的杨柳河时，仿佛看见、听见“第一代成都人”，沿江迁徙的杂踏足音、围山狩猎的呼喝腾跃、江中渔获后的水花迸溅……

写作原乡，在龙泉山深处的山村。

成都门户，巴蜀文化的交会地。

在这片厚实、鲜亮的黄土地上，我生活了四个年头。20岁的我，在那间依山傍溪的屋里，开始了人生的写作。

“三个原乡”，内在动力。亲情原乡、心灵原乡、写作原乡，时不时在月白风清、星烁如晨的静夜，悄悄地从地下升华而出，反射着微微的月光，如星如华，独立中宵。

少年时代，父母教我像个“男人”，“老大要有老大的样子，要带好弟弟妹妹”；后来看连环画，为《三国演义》里的“英雄”、《水浒传》里的“好汉”、《岳母刺字》里的“岳家军”入迷；再大点，偷看外国“禁书”：《钢铁是怎样炼成的》《青年近卫军》《卓娅和舒拉》——在那个年龄段，“半真半假”知道了，“男人应该是个英雄、是个好汉”。

成人后，“建安风骨”让我明白了男人立世，“竹林七贤”使我知道了生活方式，“荆公风骨”“苏轼人格”教我懂得了“以礼法自持”，以儒家的独善内省，道家的心向自由，来完善自身人格，明白人生真正的价值。

“左手执剑，右手调琴”。一直想成为这样的“成都男人”。成不了，趁阳光正好、微风不噪，还有几分青春的力量、蓬勃的激情，做注定要做的事，在写《成都传：雪山下的公园城市》中去完成。这，也是文风表面有成都人的“婉约”，本质上却溅下重庆人的“豪放”的始因。

“新闻记者”转身“史志记叙”。

我，就是换了一种名义来感恩父母、热爱家乡。

“史志记叙”与心中的“三个原乡”密不可分。更与35年记者生涯形成的职业习惯无缝对接。

“爱成都”打上个人标签

一道极为复杂的综合类考题。

一次系统的古蜀文明“深度旅游”。

人们普遍陷入“信息过载”的困境中，每天似乎接触到大量的“新闻”，信息真真假假，甚至让一些新闻同行也越看越迷糊。究其本质，是因现在是一个“人人都是记者、小编”的时代。

泛滥而庸俗的历史改编的文艺作品，唯收视率马首是瞻的传媒界，不惊爆眼球不收兵的各种炒作，各种低俗、八卦、恶搞、幼稚的文化，源源不绝地送去堵塞受众大脑和思路的咽喉要道。

目前史志写作、传播与评价过程中的悲哀。

难以避免的悲哀，让人无言以对。

众多的局外人、陌生人和不懂史志者，却是对评价、批判史志，充满难以想象的热情。围绕种种史志外围的社会学争吵、新媒体爆点和公众的狺狺，史志记叙愈益重要，难度空前增加。

躬身盛世，“存史、育人、资政”。

我，必须“发声”，为“公园城市”恢复名誉。

从“史志旧闻”到“新闻特写”，把“公园城市记叙”当作责任。

心与时代互动。感恩谦卑，从历史的卷帙中，寻找成都的诗意。